北京顺义年鉴

BEIJING

2022 SHUNYI NIANJIAN

北京市顺义区党史地方志办公室 编

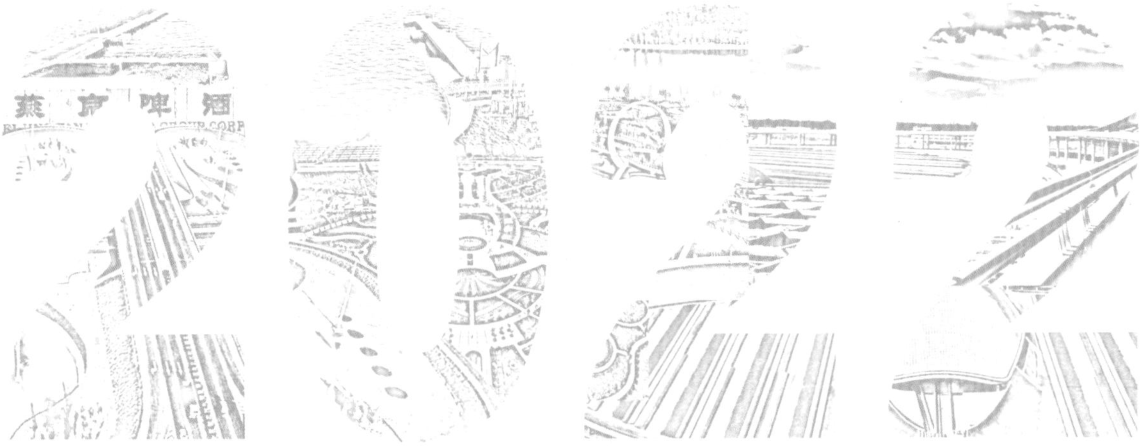

北京出版集团
北 京 出 版 社

图书在版编目（CIP）数据

北京顺义年鉴. 2022 / 北京市顺义区党史地方志办公室编. — 北京 : 北京出版社, 2022. 12
ISBN 978 - 7 - 200 - 17365 - 9

Ⅰ. ①北… Ⅱ. ①北… Ⅲ. ①顺义区—2022—年鉴 Ⅳ. ①Z521. 3

中国版本图书馆 CIP 数据核字(2022)第 143868 号

审图号：京 S（2020）030 号

责任编辑　杜冬梅
英文翻译　杨浚铖
索引制作　刘书峰　何艳艳
版式设计　品欣文化
责任印制　武绽蕾

北京顺义年鉴 2022
BEIJING SHUNYI NIANJIAN 2022
北京市顺义区党史地方志办公室　编
*
北京出版集团　出版
北京出版社　出版
（北京北三环中路 6 号）
邮政编码：100120
网　址：www. bph. com. cn
北京出版集团总发行
新华书店经销
北京市顺平印刷厂印刷
*
889 毫米 × 1194 毫米　16 开本　31. 25 印张　920 千字
2022 年 12 月第 1 版　2022 年 12 月第 1 次印刷
印数　1—1000

ISBN 978 - 7 - 200 - 17365 - 9
定价：280. 00 元

《北京顺义年鉴》编辑部

主　编： 金向东

副主编： 费连荣　刘阿娜

编　辑： 兰　岚

特约撰稿人名单

（以姓氏笔画为序）

于子嘉　于金龙　王　凡　王　健　王　娟　王　萧　王　彪
王　超　王　瑀　王　微　王　颖　王　薇　王一康　王乐欣
王海微　王曼洁　王跃文　王竟然　王渐苏　王瑞军　王鹏为
王新刚　王麒嘉　仇文君　尹　梦　尹冰心　邓晟国　石燕斌
占俊杰　卢江娟　卢丽萍　田建秀　史　超　史浩宇　冯小辉
司亚莉　邢　星　邢雪华　毕桂榕　吕　婷　朱　江　朱　彤
朱凤齐　乔　倩　任立春　刘　东　刘　莉　刘　倩　刘　琳
刘　翠　刘之海　刘少鹏　刘英楠　闫　旭　闫兴河　米　月
安　颖　许　坤　孙　超　孙东立　杜　娟　杜占龙　李　利
李　欣　李　响　李　娜　李　贺　李　振　李　莹　李　倩
李永萌　李红燕　李君美　李欣馨　李振宇　李爱民　李爱军
李常富　李德胜　李颜宁　杨　帆　杨　艳　杨　宸　杨　超
杨　葛　杨凤跃　杨书艳　杨刘晨月　杨海军　杨海红　肖建忠
吴天强　何　姝　辛郝新　宋　扬　张　旭　张　欢　张　佳
张　亮　张　祥　张　萍　张　晨　张　晶　张　静　张乃迪
张卫华　张红梅　张林玥　张晓静　张家印　张继峰　张梦培
张琪悦　张琳境　张满鑫　陈　烨　陈　曦　陈立东　陈更硕

陈宝江	邵永振	邵洪生	武红静	苗宇晶	直欣欣	金月荣
周　畅	周　静	周　蕊	周莹蓝	郑若倩	单　昕	单凤莲
单江玉	赵　永	赵　欣	赵　翠	赵丽媛	赵海龙	赵跃昕
赵德军	柳茂林	段小岩	段云雁	段苏桐	侯亚军	侯思曲
侯晓慧	施薇薇	祝晓芸	姚　蓉	姚佳琦	袁　鑫	袁永章
聂燕秋	贾　楠	柴　虎	倪秋颖	徐振阳	高　倩	高子赫
郭子龙	郭丹青	郭晶明	桑文强	曹　进	曹珍珍	曹海华
崔秋红	康爱军	梁小叶	董　旭	韩　飞	韩　熙	粟　树
曾旭红	曾海丽	甄　雨	虞海燕	廖　蕊	潘广伟	薛　萌
薛　鹏	魏济江					

编辑说明

一、《北京顺义年鉴》是一部由中共北京市顺义区委员会和顺义区人民政府主办，北京市顺义区党史地方志办公室主持编纂的地方综合年鉴。自2007年开始逐年编纂并公开出版，一年一卷，本卷为第16卷。

二、《北京顺义年鉴》坚持以马克思列宁主义、毛泽东思想、邓小平理论、“三个代表”重要思想、科学发展观、习近平新时代中国特色社会主义思想为指导，坚持辩证唯物主义和历史唯物主义的立场、观点、方法，存真求实，全面、客观、系统地记述区域发展情况。

三、本年鉴采用文章和条目两种体裁，以条目体为主，用规范的语体文、记述体，直陈其事，文字力求言简意赅。

四、《北京顺义年鉴》以出版年号为卷次名称。本卷全面记述顺义区2021年政治、经济、文化和社会发展等各方面的基本情况和重大事件，记述时限为2021年1月1日至2021年12月31日。凡在本书中直书月、日的，均指2021年内的日期，文中“年内”指2021年。书中涉及其他年份的时间均标明年份。

五、《北京顺义年鉴》采用分类编纂体例，由类目、分目、条目组成。全书条目标题统一用黑体外加【 】表示。本卷设有特载、专文、大事记、区情概览、中国共产党顺义区委员会、顺义区人民代表大会、顺义区人民政府、政协顺义区委员会、纪检 监察、民主党派、人民团体、法治、军事、临空经济、经济管理、农业 农村、工业 商业、旅游业、交通 邮电、生态环境、城乡建设与管理、应急管理、科技、教育、文化、卫生健康、体育、社会生活、街道 镇、人物 荣誉、统计资料、附录共32个类目。

六、文中除“民主党派”部分外，未标明党派的“市委”均指“中共北京市委”，“区委”均指“中共顺义区委”，“党员”均指“中共党员”，“党建”工作均指“中国共产党建设”工作。

七、入鉴的材料均由各撰稿单位确定专人撰写，并经主要负责人审核。部分资料由编辑部收集。主要数据和统计资料由顺义区统计局提供，部分资料由各相关部门提供。由于统计口径等原因，相关部门的个别数据与统计资料不一致，以统计资料为准。照片由各相关单位提供。

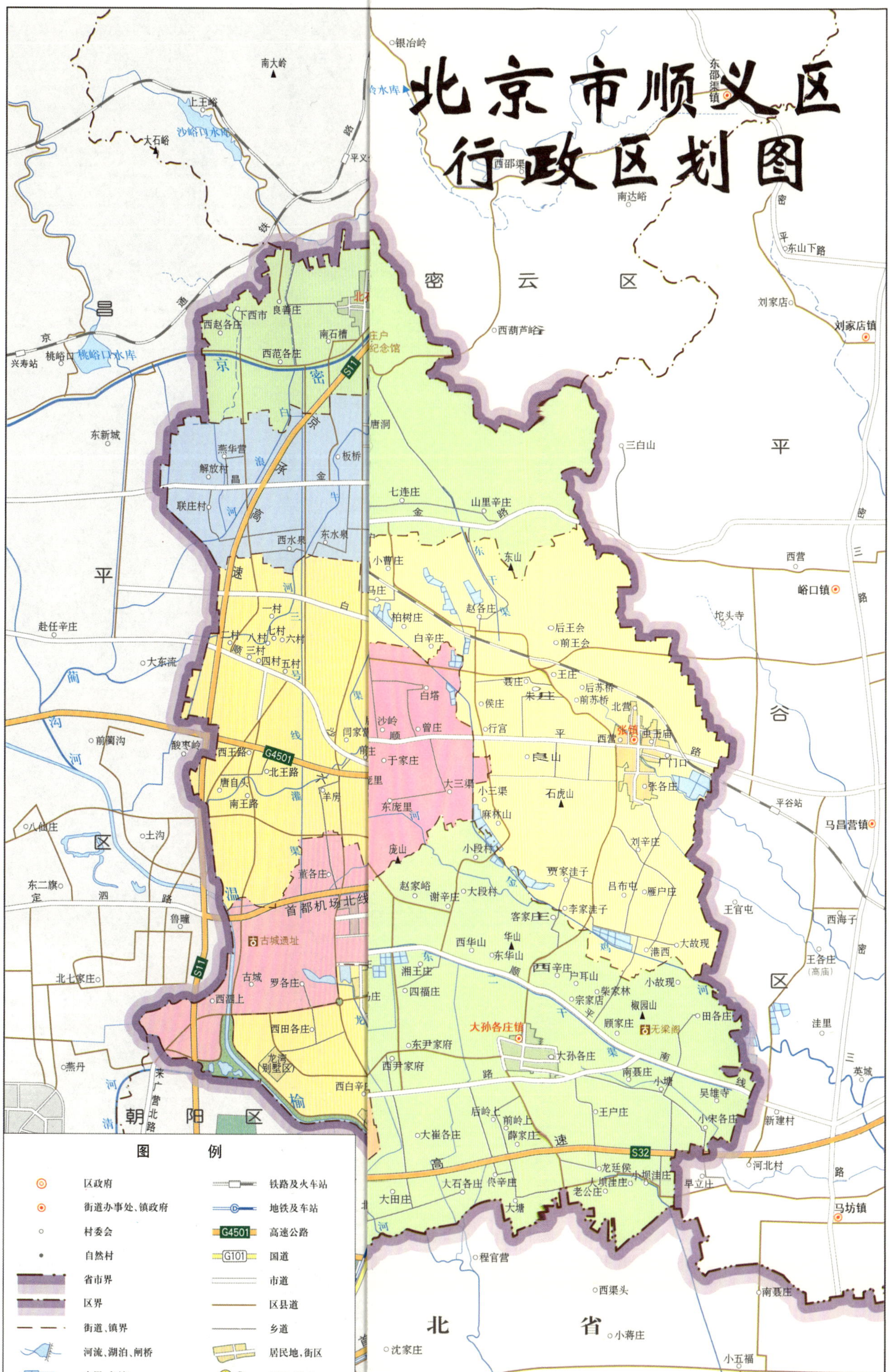

审图号：京S（2020）030号　　资料截止日期：2019年12月

数 说 顺 义

★ 地区生产总值：2076.8亿元

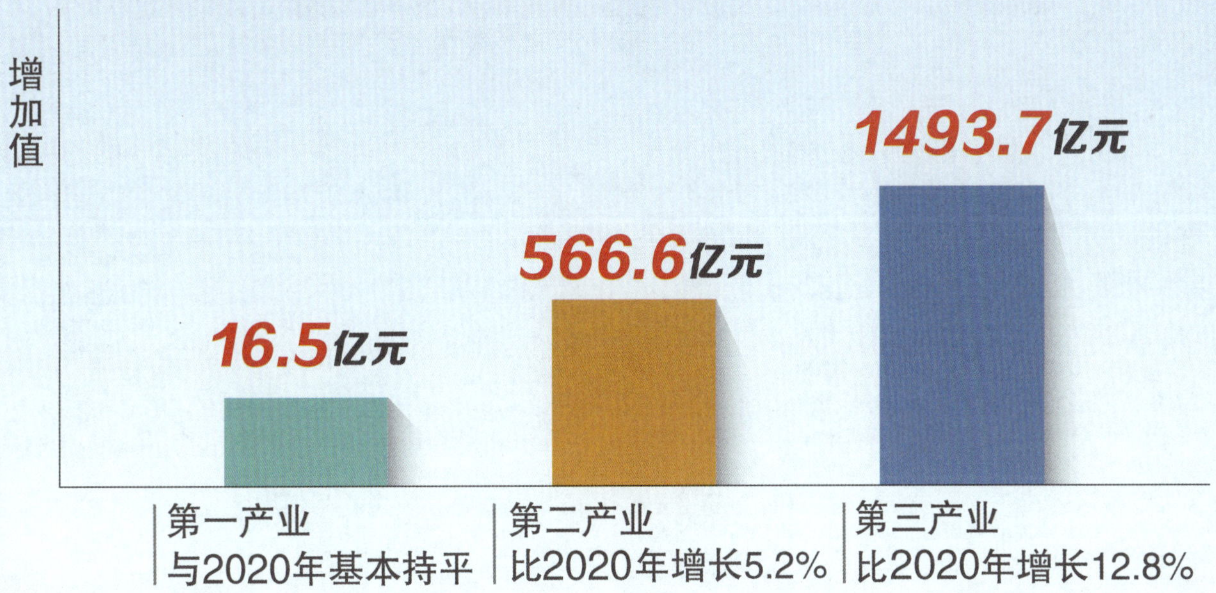

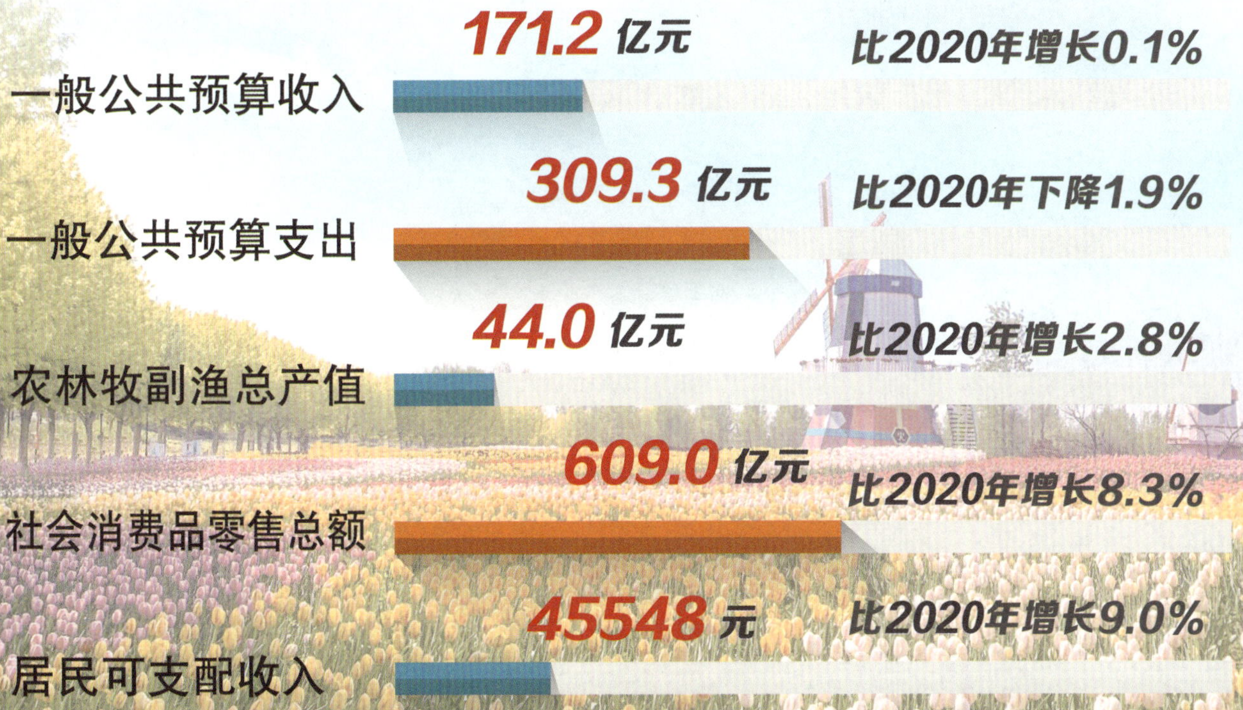

5月28日，2021年顺义区“兴正气家风　守清廉本色——监督走进‘科级+’廉洁文化建设系列活动”举办（区纪委区监委）

7月5日，区委全面依法治区委员会第三次会议召开（区司法局）

9 月 23 日，在基层党校工作会上，为第一批顺义区干部教育培训现场教学基地授牌（区委党校）

年内，北京海关与顺义区人民政府座谈交流会召开（区政府办）

年内，中国共产党北京市顺义区第六次代表大会召开（区政府办）

年内，国测集团、顺义区政府、国家电力投资集团举行项目签约仪式（区政府办）

3 月 18 日，区财政局三级专班联动走访北京车和家信息技术有限公司（区财政局）

4 月 14 日，国家税务总局北京市顺义区税务局与北京银行顺义支行、北京银行绿港国际中心支行签订“银税互动”合作框架协议（区税务局）

4 月 28 日，北京“两区”建设线上推介会——新加坡专场举办（区投资促进服务中心）

5 月 29 日，第六届北京顺义樱桃采摘旅游文化节——樱桃评选环节（区文化和旅游局）

7 月 22 日，第 30 届北京国际燕京啤酒文化节在中粮 · 祥云小镇启幕（燕京啤酒集团）

8 月 2 日至 10 月 7 日，北京市消费扶贫双创中心顺义供销益家分中心在区政府行政中心、政务中心设立 3 个展销点（区供销社）

8 月 30 日，空港中心与冬奥机场运行团队召开冬奥服务保障工作对接会（空港建设管理服务中心）

9 月 2 日，区审计局审计组人员在顺义区向阳小学施工现场了解重点民生项目进展情况（区审计局）

9 月 19 日至 10 月 7 日，祥云小镇户外艺术季启幕（区商务局）

9 月 28 日，以“产城共生焕新城市活力”为主题的 2021 北京顺义第四届文旅发展高峰论坛顺义区举办

12 月 31 日，第三代半导体等先进产业标准化厂房项目建设全部完工（科创集团）

“一带一路”展示中心（天竺综保区）

3月7日，顺义公安分局民警到物流寄递企业开展安全检查（顺义公安分局）

4月3日，区司法局在奥林匹克水上公园开展以“美好生活·民法典相伴”为主题的普法宣传活动（区司法局）

4月9日，顺义公安分局举办警营开放日活动（顺义公安分局）

4月29日，顺义法院执行法官陈继明为151名务工人员发还涉民生执行案款300余万元（区法院）

年内，区检察院举办检察听证公众开放日活动（区检察院）

年内，区检察院支持区农业农村局与赔偿义务人开展生态环境损害赔偿磋商（区检察院）

年内，顺义公安分局举办“5•15”经侦宣传活动（顺义公安分局）

年内，顺义公安分局举行第一届警察节升旗仪式（顺义公安分局）

4 月 14 日，区城管执法局执法人员开展施工工地执法检查（区城管执法局）

4 月 28 日，国网首都电力共产党员服务队在天竺镇楼台村开展线下服务宣传日活动（国家电网，侯占泉）

5月1日，区应急管理局执法队在赵全营镇前桑园村督查属地应急值班值守（区应急管理局，李兴磊）

9月30日，柏白路路面施工完工（区公路局）

10 月，建设中的温榆河公园顺义一期（区园林绿化局）

10 月 15 日，北务综合检查站、李桥镇龙塘路综合执法站组织相关部门在重点路段开展“百吨王和渣土运输”货车专项治理行动（区交通局）

11 月 15—19 日，组织顺义区具有保障房资格的轮候家庭开展专项配租工作（燕顺投资公司）

年内，春节景观布置——燕京桥周边（区城市管理委）

年内，极端天气过程中，市政控股完成供气保障（市政控股）

年内，生态补水期间开展河道维护抢险（区水务局）

年内，市政控股开展城市防汛工作（市政控股）

年内，实施村庄内街坊路硬化及修缮工程（区新农办）

3 月 16 日，围绕“汇聚社工力量 推动社区治理 助力乡村振兴”主题，区委社会工委区民政局联合区社会工作者协会，义祥、睿治社会工作事务所，在石园北一社区、旺泉澜西园二区开展“社工宣传”活动（区委社工委区民政局）

4 月 28 日，团区委联合胜利街道建新南二社区开展“聆听老兵讲历史 励志青年正能量”主题团课活动（团区委）

4 月 29 日，团区委在区委党校组织开展“青春心向党　奋斗为强国”——2021 年顺义共青团“五四”青春诗会活动（团区委）

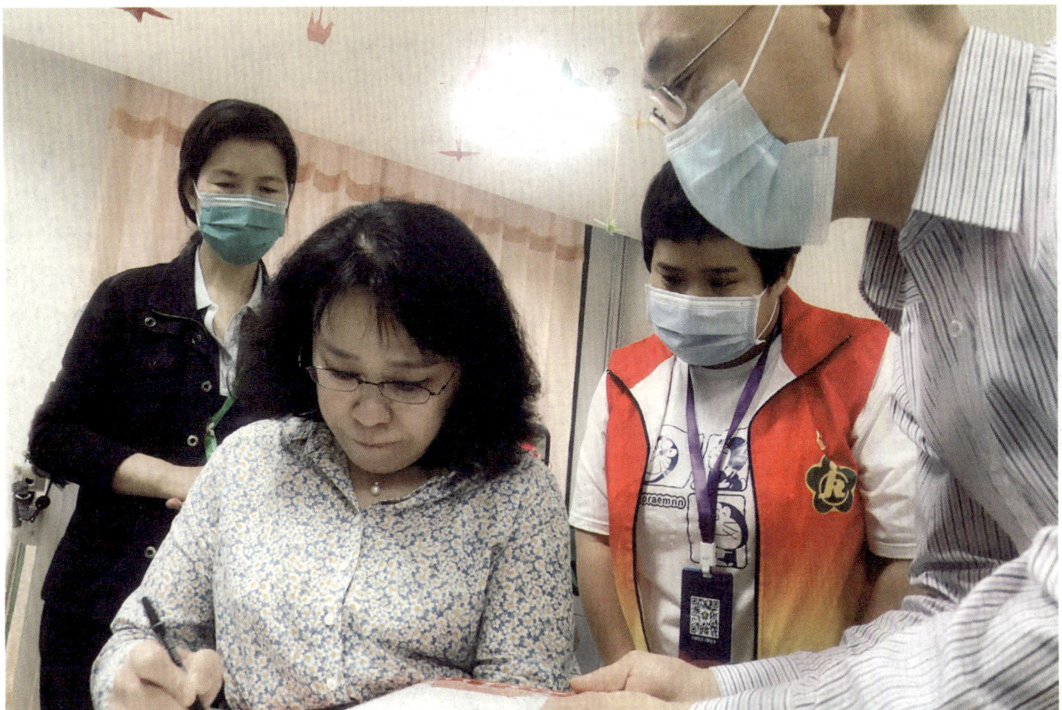

5 月 19 日，中国残联主席张海迪（右三）在区残联《党旗轮绣手册》上题字寄语（区残联）

9 月 30 日，顺义区在潮白烈士陵园举行烈士纪念日活动（区退役军人局）

年内，“巾帼心向党 • 奋斗新征程——永远跟党走 ‘顺意姑娘’百姓宣讲展示活动”举办（区妇联）

年内，区委社会工委区民政局联合区人力社保局开展顺义区第三届养老护理员职业技能大赛暨2021年全国养老护理职业技能大赛北京市顺义区选拔赛（区委社会工委区民政局）

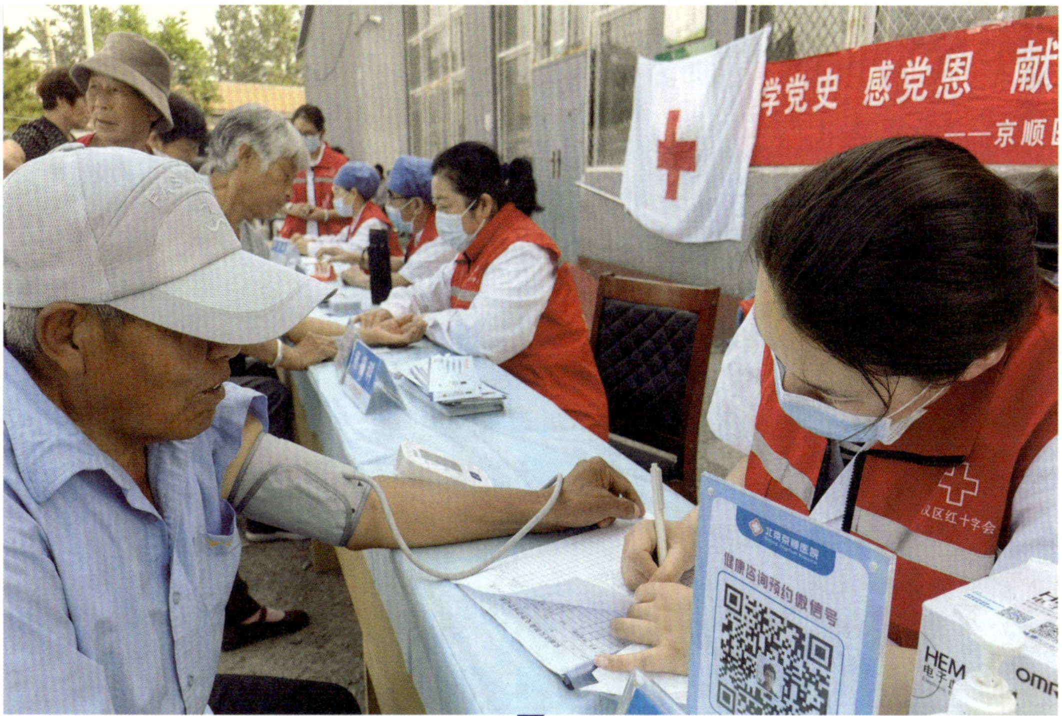

年内，区红十字会联合北京京顺医院开展义诊活动（区红十字会）

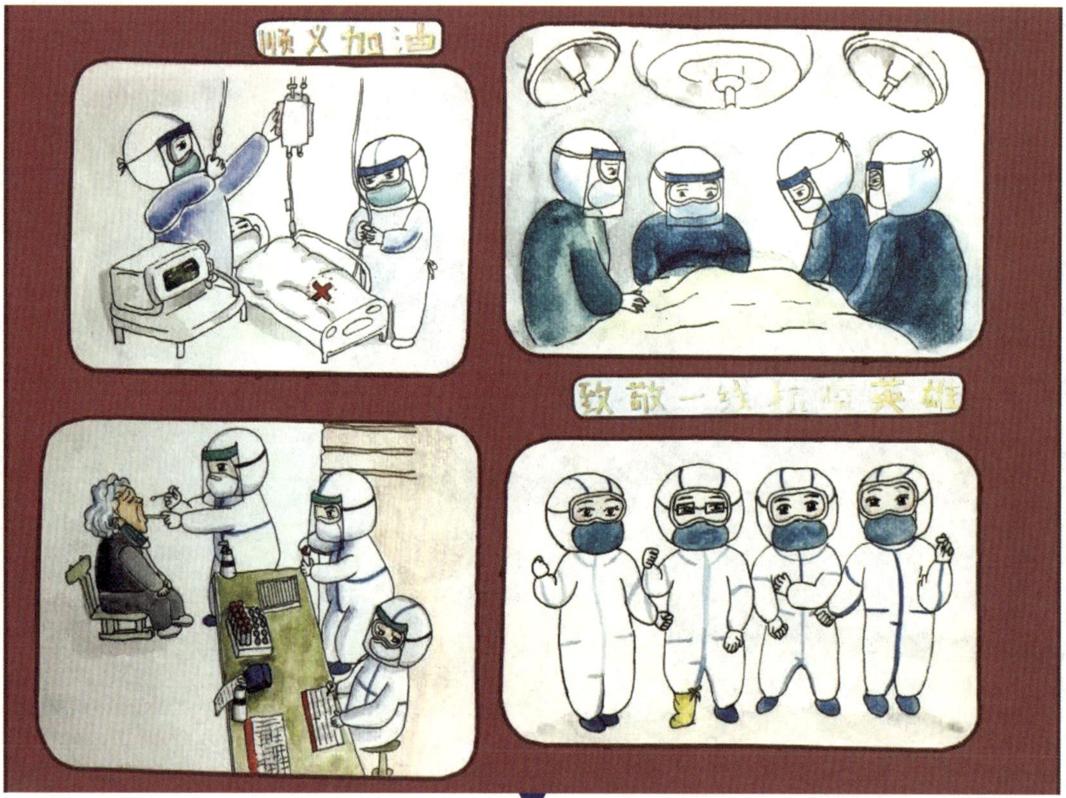

1月22—26日，顺义区少年宫金帆书画院开展“抗击疫情　顺义加油”优秀绘画作品展（区教委）

5月19日，顺义融媒记者在河北省张家口市万全区种植棚采访（区融媒体中心）

6 月，举办庆祝建党 100 周年“永远跟党走”歌曲传唱活动（区文化和旅游局）

6 月 15 日，北京城市学院与区卫健委献血办联合开展“世界献血者日”主题宣传活动（区卫健委）

7月，顺义区首家部队图书馆分馆——执勤第八支队“卫士图书馆”武警分馆启用（区文化和旅游局）

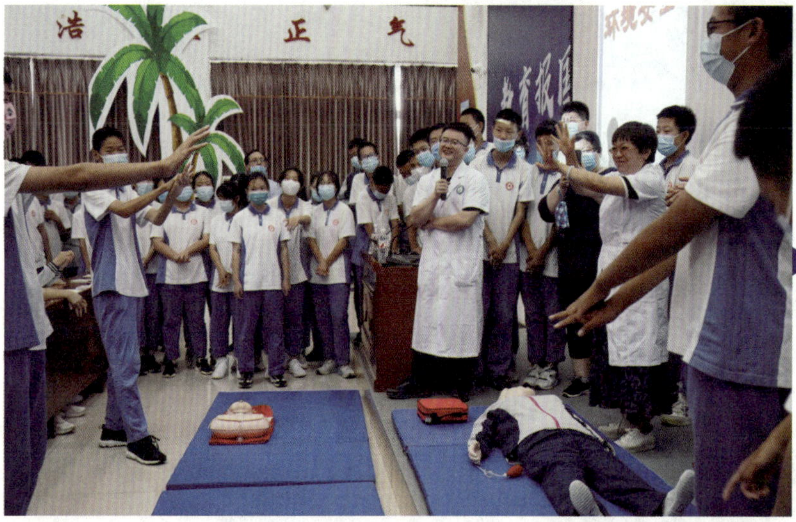

7月9日，在顺义十二中开展“把握黄金四分钟 提升全民救援力”公众培训活动（区卫健委）

9月22日，李桥中心小学探索实践课后服务（区教委）

年内，“2021 年顺义区全民科学素质提升行动暨全民健康生活方式宣传月主题活动”举办（区科委）

年内，第九期顺义区公共场所双语标识纠错工作开展（区政府外事办）

年内，顺义区组队参加“我要上全运”北京市健身气功选拔赛（区体育局）

1 月，后沙峪镇第二届“后沙峪榜样”揭晓（后沙峪镇）

1 月 15 日，南彩镇政府工作人员为因疫情封闭的鑫顺苑小区居民发放生活物资（南彩镇）

1 月 28 日，北小营镇马辛庄村村民魏东将一面锦旗送到北小营镇市民诉求处置中心，感谢中心工作人员帮助其找回入党材料（北小营镇）

3 月 8 日，仁和镇妇联为仁和镇疫苗接种点的女性医护工作者送上节日鲜花（仁和镇）

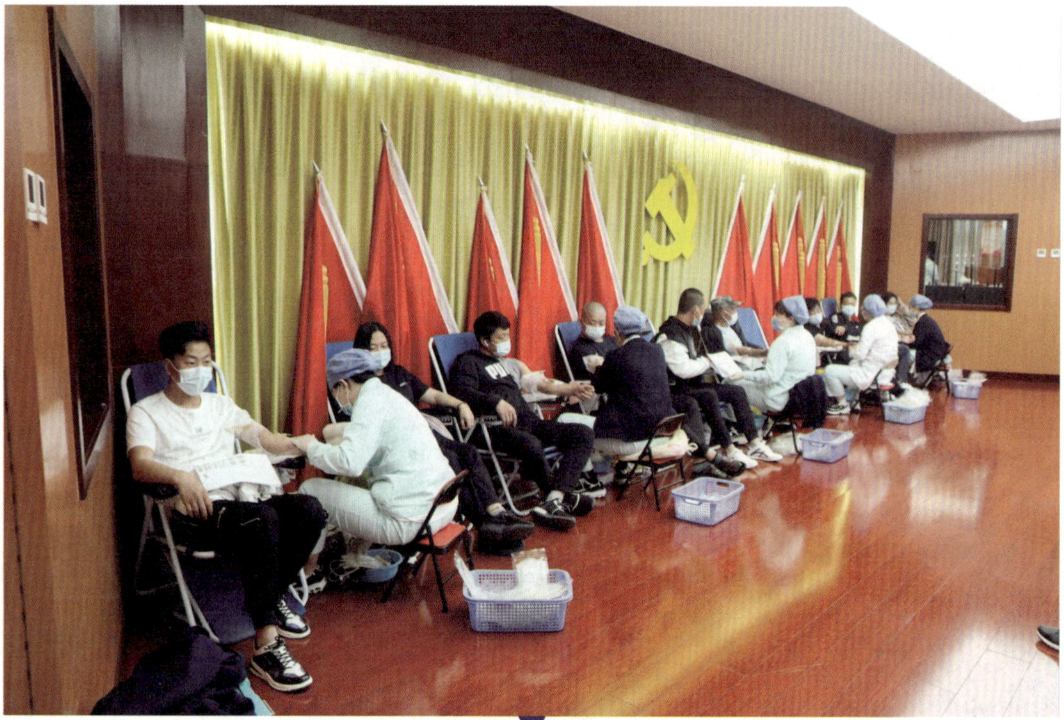

4 月 21 日，张镇组织无偿献血活动（张镇）

6 月 4 日，旺泉街道办事处开展“人与自然和谐共生”主题宣传日活动（旺泉街道）

6月29日，木林镇市民活动中心邀请非遗传承人张艳开展“永远跟党走”剪纸活动（木林镇）

8月27日，南法信镇在党群活动中心举办百姓宣讲活动（南法信镇）

9 月 10 日，石园街道石园东区园艺驿站通过区园林绿化局验收（石园街道）

10 月 20 日，北石槽镇组织镇中心小学六年级学生在未成年人活动中心开展青春期健康知识专题讲座（北石槽镇）

12 月，胜利街道办事处开展消防演练（胜利街道）

年内，北务镇果蔬丰收（北务镇）

年内，大孙各庄镇开展新任“两委”干部集体廉政谈话和培训（大孙各庄镇）

年内，光明街道办事处为党龄满50年的老党员代表颁发“光荣在党50年”纪念章（光明街道）

年内，李桥镇打造专属LOGO（李桥镇）

年内，龙湾屯镇柳庄户村入选第二批全国乡村治理示范村名单（龙湾屯镇，杨丰羽）

年内，天竺镇镇域企业北京多宝力劳务派遣有限公司对口帮扶努日木镇努合吐嘎查村开展种植养殖精尖兵技术培训（天竺镇）

年内，赵全营镇开展巾帼巧手制党旗活动（赵全营镇）

年内，马坡镇有序推进共有产权房项目（马坡镇）

年内，杨镇环库路获评 2021 年度“北京市最美乡村路”（杨镇）

年内，牛栏山镇北孙各庄村有 400 余年历史的并蒂莲盛开（牛栏山镇，杨鸽）

目 录

区情概览

专 文

特 载

大事记

中国共产党顺义区委员会

顺义区人民代表大会

顺义区人民政府

政协顺义区委员会

纪检 监察

民主党派

人民团体

法 治

军　事

临空经济

经济管理

农业 农村

工业　商业

旅游业

交通 邮电

生态环境

城乡建设与服务

应急管理

科 技

教 育

文 化

卫生健康

体　育

社会生活

街道 镇

荣 誉

统计资料

附 录

索 引

CONTENTS

The CPPCC Committees of Shunyi District

Discipline Inspection and Supervision

Democratic Parties

People's Organization

Rule of Law

Military

Airport Economy

Economic Management

Agriculture and Countryside

Industry and Business

Tourism

Transportation, Post and Telecommunications

Ecological Environment

Urban and Rural Construction and Services

Contingency Management

Science and Technology

Education

Culture

Health

Sports

Social Life

Street and Town

Honor

Statistical Information

Appendix

Indexes

基本地情

顺义区地处北京市东北部，面积1021平方千米。北接怀柔区、密云区，南接通州区，东部与平谷区接壤，西部与昌平区、朝阳区相连。境内绝大部分为平原，地势北高南低，东部、东北部有部分低山丘陵，平均海拔约35米。属温带大陆性半湿润季风气候，四季分明，年平均气温13.3℃，年降水量1005.3毫米。境内有大小河流20余条，分属北运河、潮白河、蓟运河三大水系。顺义区北界、东界被燕山山脉环抱。

人文历史

全区下辖北石槽镇、北务镇、北小营镇、大孙各庄镇、高丽营镇、后沙峪镇、李桥镇、李遂镇、龙湾屯镇、马坡镇、木林镇、南彩镇、南法信镇、牛栏山镇、仁和镇、天竺镇、杨镇、张镇、赵全营镇12个镇、7个地区办事处（加挂镇牌）和光明街道、空港街道、胜利街道、石园街道、双丰街道、旺泉街道6个街道办事处，共426个村民委员会、157个居民委员会。年内，有常住人口1324004人，比2020年增加115986人，增长9.60%；有户籍人口666387人，比2020年增加4312人，增长0.65%；有流动人口545943人，比2020年增加34644人，增长6.78%。

经济和社会发展

※

“两区”建设

服务业扩大开放综合试点示范区126项任务全部完成，推出航材共享等全国首创政策14项。新增市场主体5548家。获批首都机场临空经济示范区，获批中德经济技术合作先行示范区，设立海外联络处3个，组建中德智能制造产业协会，园区集聚德资企业70余家。引进优质金融机构150余家，千亿级央企私募证券基金、全国首家外商独资保险资管公司等项目相继落户，基金管理规模突破2.4万亿元。新国展二期会展、三期配套居住项目建设全面启动。《文化保税助力文物和艺术品贸易全产业链发展》案例入选国家文化出口基地首批创新实践案例，《文化艺术品和文物进口综合服务平台》《以标准化促进药品跨境贸易便利化新方式》2个案例在全市推广复制。王府井集团数字新零售项目签约，支持免税资质企业中免集团开展跨境电商网上销售业务。获颁全市首个“北京法定数字货币试验区”，数字货币线上购买机票、机场巴士数字货币支付全覆盖等4个应用场景落地。首都国际机场被确定为“空中丝绸之路”建设的起点。出台区级促进航空货运发展措施，对新设立基地的航空货运公司、进出港货量增长公司等予以直接资金奖励。新增开第五航权国际货运航线1条。

经济建设

受汽车产业结构调整和疫情冲击影响，面对全区工业总产值从2016年的3136亿元降至2020年的1488亿元的严峻形势，每周调度重点项目、每月分析经济走势，全年完成地区生产总值2080亿元，较2016年增长22.6%；完成工业总产值1543亿元，较2016年下降50.3%。新增税源5.3万户，完成一般公共预算收入171亿元，较2016年增长24%。持续强化投资管理，全年完成固定资产投资492亿元，同比增长2.4%；5年来累计完成固定资产投资2414亿元。《北京创新产业集群示范区（顺义）发展规划实施方案》印发实施，30项重点任务、35项重点产业项目及21项配套设施工程实现全年阶段性目标。全区有高精尖产业项目136个，投资总额925.7亿元。明确“3+4+1”产业发展方向，新引进亿元以上项目127个，注册资金371.39亿元，同比分别增长14.4%、6.7%。理想汽车北京绿色智能工厂开工建设，奔驰顺义工厂实现量产，北京理工华创电动车技术有限公司等核心零部件项目签约落地。促进第三代半导体材料及应用联合创新基地投入运营，迪希埃（北京）半导体技术有限公司、北京中博芯半导体科技有限公司等5家企业入驻。威乐水泵全球第二总部、博世工业4.0创新中心等27个德资项目落地。汉飞航空、中科院工程热物理所等一批航空航天产业重点项目签约落地。落实“9+N”4.0任务分工方案，277项任务全面完成。完成世界银行营商环境评价和北京市各区营商环境评价迎评工作。累计完成改革任务1000余项。顶格落实减税降费政策，为企业和社会减负超过240亿元。建立“管家式”服务体系，先后走访服务企业1.1万家次，量身定制“服务包”，有区、镇（功能区）“服务包”企业700余家，226条服务措施企业满意度100%。

商业　对外贸易

累计完成社会消费品零售总额609亿元，同比增长8.3%。完成实际利用外资8.75亿美元，全市排名第三名。累计吸引合同外资14.5亿美元。完成进出口额1217.4亿元，全市排名第七。其中新设企业吸引合同外资6.6亿美元，服务业、制造业分别占比76.4%、23.6%。研究制订《顺义区打造“双枢纽”国际消费桥头堡助力北京国际消费中心城市建设实施方案（2021—2025年）》，明确“5+8+5”的总体思路，确定102项任务清单、31项政策清单和42项项目清单。《顺义区“十四五”时期商业发展规划》《顺义区“十四五”时期会展业发展规划》《顺义区“十四五”时期推进建设国家服务业扩大开放综合示范区和中国（北京）自由贸易试验区发展规划》编制完成。组织顺义区商业企业成立顺义区促消费联盟，以区域电商平台顺品汇为依托，举办顺义消费季和汽车消费季活动，发放汽车消费券3994.58万元。带动线上4S店销售各型号车辆11321台，销售额26.11亿元。累计组织中粮祥云小镇、华联、新世界、顺商集团等重点商圈和重点企业开展170余场线上线下促销、文化活动（包含17项直播活动）。

建筑业　房地产开发

全区固定资产投资实际完成296亿元，其中建安投资117.4亿元，超额完成任务8.4亿元。分别占到全区总完成量的65.8%和54.0%。各类保障性住房开复工总面积约616.8万平方米，其中住宅面积382万平方米，总套数约4.7万套。筹集各类政策性住房5126套，完成全年任务的104.6%。新增可销售商品房14847套，建筑面积160.04万平方米；办理现房销售备案66件，涉及房屋12284套，建筑面积92.3万平方米。销售新建商品住宅7222套，同比减少0.08%，销售面积110.2万平方米，同比增加31.39%，销售金额516亿元，同比增加82.96%。办理存量房业务21757件，同比增加7.83%。

旅游业

全区有等级旅游景区8家。全年旅游接待总人数1029.3万人次，旅游总收入101.4亿元。《顺义区促进文化和旅游业发展扶持办法》印发。扶持范围涉及旅游公共服务设施、产业融合、公共文化服务活动、精品民宿、旅游商品设计研发等九大类。完成拨付产业扶持资金1042.61万元，拉动社会投资3610.778万元。龙湾屯镇入选第一批全国乡村旅游重点镇。“中粮·祥云小镇”入选首批市级旅游休闲街区名单。

农　业

完成粮食播种面积11600公顷、产量6.8万吨，位列全市第一。蔬菜播种面积6333.33公顷、产量28.5万吨，位列全市第三。生猪存栏11万头，位列全市第二。龙湾屯镇果蔬“三品一标”基地入选全国第一批种植业“三品一标”基地。杨镇东焦各庄村（草莓）、龙湾屯镇山里辛庄村（酥梨）入选全国“一村一品”示范村。新建133.33公顷高标准农田，完成复耕面积4046.67公顷。完成第二批131个美丽乡村建设任务，

城乡建设与管理

分区规划高标准编制实施，专项规划编制有序推进，356个村庄规划实现全覆盖，《顺义区“十四五”土地资源保护利用规划》经区政府同意印发实施。坚持减量集约发展，完成8平方千米减量任务。坚持疏解功能谋发展、整治提升促转型，累计拆除违法建设1788万平方米，退出一般制造业企业321家，疏解提升商品交易市场12个，拆后还绿441.47公顷。承接中心城区适宜功能、产业和人口疏解转移，主动服务城市副中心、大兴机场建设，深化与昌平区结对协作。实施《关于加快顺义新城建设提高综合承载力三年行动计划》，安排重点工程283项，总投资2200亿元。市郊铁路通密线开通运营，R4线一期、M15号线东延项目纳入全市轨道交通第三期建设规划，首都机场捷运线、京密高速二期加速推动。梳理棚改拆迁收尾、土地一级开发、市政重点工程三大“拔钉子”问题546个，累计拔除374个，释放土地资源162公顷。完成土地供应50宗，实现收益727亿元。紧盯“两件小事”，北京顺义物业服务集团有限公司组建完成，住宅小区物业服务实现全覆盖；开展北京市垃圾分类示范小区（村）创建工作，完成创建示范小区（村）86个，其中示范小区59个、示范村27个，覆盖全区25个镇、街。生活垃圾无害化处理率100%。

生态环境建设

举全区之力坚决打赢污染防治攻坚战，累计投入资金超过110亿元，《顺义区污染防治攻坚战2021年行动计划》各项任务指标全面完成。PM2.5年均浓度33微克／立方米，同比下降5.7%，较2016年下降36微克／立方米。完成煤改清洁能源工程，17万余户村民实现清洁取暖。全区6个市级考核断面（包括2个国家级）全部达标，Ⅰ～Ⅲ类断面占比50%，市级以上断面初步消除劣Ⅴ类水体，黑臭水体全部消除，全区污水处理率95.5%，跨界断面补偿金下降97%。实施潮白河生态补水，顺义段22年来首次全线通水。完成新一轮百万亩造林绿化建设任务1704.87公顷，通过实施“留白增绿”、小微绿地、城市森林、休闲公园等建设工程，实现顺义建成区公园绿地500米服务半径覆盖率提升至90.6%。受污染耕地和地块安全利用率保持100%。《顺义区国家森林城市建设总体规划（2020—2035年）》以区政府文件形式印发实施。

科技　教育　文化　卫生　体育

全区技术合同认定登记成交额37.5亿元。落实《北京市促进科技成果转化条例》，“新型冠状病毒（2019-nCoV）基因组数据分析综合平台”“全画幅高效红外智能编码测温仪”等18项区级科技成果在全市范围内开展成果汇交。科技政策资金兑现8399.5万元。兑现《顺义区加快科技创新促进科技成果转化实施细则》，支持科技项目800余个，财政资金约2.7亿元。兑现首都科技条件平台成员单位资金奖励、创新券配套资金补贴174.79万元，合作共建单位服务费120万元。

有教育单位224个，全年教育总投入79.11

亿元。后沙峪二小、向阳小学开工建设，南彩第一幼儿园等7所幼儿园投入使用，新增学前学位2610个。落实“七有”“五性”幼有所育普惠率90.66%。“双减”工作有序推进，在全市率先启动课后服务和延时托管，实施课后服务“5+2”模式，即学校每周5天都开展课后服务，每天至少2小时，结束时间不早于17:30；无证学科类校外培训机构实现动态清零。顺义区国家教育考试综合管理平台建设完成投入使用，涵盖顺义区所有标准化考点，满足考区、考点、考场协同工作需要，数据实时在国家平台共享，实现对高考、中考、学考、成考、自考等其他类型国家教育考试全覆盖。

顺义区首个大型公共文化综合体——区文化中心全面启用。镇街综合文化中心建成率、面积达标率和功能完备达标率均达到100%，文图分馆建成率100%，有村社文化室487个，覆盖率100%；农村“文艺演出星火工程演出”730余场、“周末场演出”60余场、“百姓周末大舞台”50余场；“顺义公共文化云”平台上线。高丽营镇凭借“评剧”入选北京市2021—2023年度“中国民间文化艺术之乡”。马坡镇马卷村五虎棍、火绘葫芦技艺分别入选《北京市第五批市级非物质文化遗产代表性项目名录》传统舞蹈类和传统美术类。

有在册医疗机构810家，其中三级医院6家、二级医院5家、一级医疗机构（含社区卫生服务中心）39家。有执业（助理）医师（包括西医、中医、中西医结合）4564人，注册护士4385人。编制床位5489张。平均每千常住人口拥有执业（助理）医师3.45人、注册护士3.3人。新成立区麻醉质控中心、临床输血质控中心，累计建设病案、药事、院感等质控中心17家。有新冠核酸检测机构14家，单日最大检测能力9.1万例（1:1），其中区级核酸检测基地单日检测能力3000例。

全区人均体育用地面积4.59平方米，全市排名第二。投入2732万元为镇街村建设室内外健身场所30处，对2013年配建全区公园、村居及浅山各镇的212处（4514件）健身器材全部更新换代。拨付仁和镇、空港街道等15个镇街450万元，用于争创北京市体育特色乡镇、全民健身示范街道创建及成果巩固，全区有60%镇街获得北京市“双创”称号。

精神文明　民主法治　平安建设

区人大出台《关于开展第八个五年法治宣传教育的决议》，区委全面依法治区委员会守法普法协调小组召开小组会2次，普法依法治理工作会1次，制发红头文件10件，统筹推进全区普法与依法治理工作。区五届人大七次会议及闭会期间，共提交区政府办理人大建议124件（会上123件、会下1件）。其中城乡建设管理类55件，占比44%；综合经济类36件，占比29%；社会发展类32件，占比26%；法治建设类1件，占比1%。

顺义区国家安全人民防线建设小组成立，国家安全人民防线建设不断强化。全区基层调解组织共开展矛盾纠纷排查31669次，预防纠纷1061件，调解纠纷3914件，调解成功率98%。编制《顺义区扫黑除恶规范制度汇编》，整理收录相关部门工作机制100余项，全面巩固扫黑除恶制度机制成果。《顺义区扫黑除恶常态化实施办法》印发实施。围绕“五个过硬”，紧扣“四项任务”，抓牢“三个环节”，完成50余项具体任务。围绕“6+N+n”，全面整改48项顽瘴痼疾，建章立制68项。

专　文

关于顺义区高端制造业开放发展路径的思考

区委书记　高朋

推进高端制造业开放发展，衔接国内外产业和产品链条体系，是顺义区促进创新开放融合发展建设产业强区的客观需要，是助推全市“五子”联动融入新发展格局的内在要求。未来一段时期，顺义区将以“产业开放+园区开放”为主线，以率先建成具有全球影响力的临空经济创新引领先行区、具有国际竞争力的港产城融合发展示范区、在全市和全国自由贸易试验区建设中走在前列为定位，持续深化北京创新产业集群示范区（顺义）、中德国际合作产业园建设，积极打造具有国际竞争力的先进制造业基地。

一、顺义区高端制造业开放发展的机遇和挑战

（一）高端制造业开放发展面临的机遇

从国际形势看，和平与发展仍然是时代主题，全球化大趋势不可逆转，人类命运共同体理念深入人心，特别是可以对标CPTPP等高水平国际经贸规则，RCEP（《区域全面经济伙伴关系协定》）、中欧CAI（《中欧全面投资协定》）条款在顺义区先行先试，有利于拓展高端制造业的国际合作空间。

从国内形势看，近年来，我国制造业的外商投资“负面清单”不断缩减，汽车行业将全部取消限制，21个自贸试验区成为吸引外资高地，《外商投资法》取代“外资三法”成为外商投资领域基础性法律，这些都有利于顺义区放大“两区”政策叠加效应。同时，国家新能源汽车政策的生产企业及产品准入管理制度不断优化，对第三代半导体在研究开发、进出口、投融资、人才、知识产权、市场应用、国际合作等多方面的支持力度在加大，我国空域管理改革和低空空域开放也在加大力度。

从北京市发展看，“五子”战略布局全面展开，“两区”建设叠加优势明显，都为顺义区加快高端制造业开放发展提供了重大机遇。同时，北京市出台了一系列支持新能源汽车发展的优惠政策，智能网联汽车重点布局北京经济技术开发区和顺义、房山等区，推动北汽集团在京落地新款车型项目；支持第三代半导体企业开展关键核心设备的研发及成果转化；支持航空航天产业发展，巩固和发挥“南箭北星”的基础优势，培育北斗创新及融合应用产业生态。

（二）高端制造业开放发展面临的挑战

从国际形势看，随着世界百年未有之大变局加速演进，单边主义、保护主义等逆全球化抬头对世界经济复苏带来更多不稳定性不确定性因素，经济全球化进程受到重大干扰。同时，新冠肺炎疫情影响广泛深远，电子信息、汽车制造、机械加工、化工材料等行业深受影响。另外，随着一些发达国家对我国的技术封锁力度加大，技术引进的难度将明显增大。再者，全球制造业回归带来制造业格局的再次调整重塑，在一定程度上压缩了顺义制造业开放发展空间。

从国内形势看，虽然以高端化、智能化和绿色化为典型特征的先进制造业发展趋势日益明显，但我国产业分工在全球价值链体系中仍处于劣势地位，先进制造业的发展水平落后于美、日、德等国家。我国先进制造业核心技术和零部件研发能力薄弱，

80%的芯片依赖进口，缺“芯”、少“核”、基础软件、工业软件受制于人等“卡脖子”问题明显。

从北京市形势看，首都发展中不平衡、不充分问题依然存在，城乡之间、区域之间差距依然明显，平原新城功能承载力和人口吸引力还需进一步提升。同时，交通拥堵问题尚未根本改善，空气质量持续改善难度加大，优化空间布局、推动城市更新任务艰巨。这些发展难题都给顺义区开放发展特别是高端制造业开放发展带来不利影响。

二、顺义区高端制造业开放发展的成效与不足

（一）顺义高端制造业开放发展的成效

北京中德产业园发展成效显著。自1989年首家中德合资企业Ameco（汉莎航空与中国国际航空合资成立的飞机维修企业）落户以来，顺义区已先后聚集了700余家外资企业。区内制造业体系与德国高度吻合，60多家德资企业先后在此设址开厂，年产值超过500亿元。同时，广泛开展产业促进、知识产权保护、标准制定、联合研发、人才培养等多领域合作，促进产业园成为德国先进制造业集群的聚集地、中德隐形冠军发展的战略高地以及中德、中欧国际交往与开放创新的重要窗口。

中关村顺义园发展成效突出。园区集聚了北京奔驰、北京现代、北汽越野、理想汽车、京环装备等五大整车企业，以及150余家上下游零部件企业，年产值千亿元。目前，园区累计引进创新型企业800余家，新增注册资金300亿元，高新技术企业由106家增加到487家，形成汽车产业、电子信息、装备制造、都市产业、生物医药五个优势产业集群，聚焦发展新能源智能汽车、第三代半导体、航空航天三大创新型产业，积极培育高端装备、生物医药、新材料和集成电路等战略新兴产业。

顺义临空经济示范区发展成效明显。经过20多年发展，园区已集聚了国航股份、机场集团、中国航油、中国航材、空中客车等航空企业400余家，航空资源和航空企业总部集聚度全国领先。航空领域制度创新成果突出，依托“两区”建设，累计推动10项航空服务领域创新制度落地，新引进外资企业43家。目前，示范区实现年均总收入5500亿元左右，临空经济规模居全国前列，率先进入港产城融合发展阶段。

（二）顺义高端制造业开放发展的不足

区域经济发展存在短板和不足。汽车制造等传统动力大幅削弱，战略新兴产业体量仍然较小，经济持续稳定增长的基础尚不牢固；经济发展总体水平与消费需求不匹配，现代服务业发展不平衡、不充分造成需求与供给不匹配；创新能力和引领功能偏弱，创新驱动发展面临挑战，这些都给顺义区高端制造业开放发展带来困难。

开放型经济发展遇困难和问题。开放发展要素综合优势还没有充分挖掘，全球价值链分工水平尚需提升，产业基础能力和产业链水平不高。优势产业的一些关键核心技术、共性技术和关键零部件仍然依赖于人、受制于人，区域性产业链和供应链不完善，原材料和零配件自我配套能力不足。全区年实际利用外资自2019年以来受国际经济形势变化、疫情冲击等影响增长缓慢。

三、国内典型地区制造业开放发展的经验借鉴

当前，国内代表性区域依托自身的区位优势和产业基础，在高端制造业产业集群培育，引进外资、技术、人才，构筑开放发展平台，优化营商环境等方面均积累了丰富经验。

（一）世界制造中心成为高端制造业开放发展的标配

目前国内高端制造业的区域中心，均以打造世界制造中心为开放发展目标，统筹配置全球高端制造业核心要素。如苏州市加快完善打造世界制造业中心基地的顶层设计和实践路径，上海自贸试验区的临港新片区着力打造世界级的“东方芯港”，深圳市提出打造具有国际竞争力的产业链供应链，支持链主企业主导或参与国际行业标准的制定和修订。

（二）营商环境成为高端制造业开放发展的最优品牌

打造营商环境升级版、加快招商体制机制改革，正成为代表性地区推动高端制造业开放发展的“头号工程”。例如，广州天河区对标对表世界银行、国家营商环境评价方法、指标，聚焦服务效能、要

素保障、规则衔接、创新驱动、法治生态等关键目标，用改革的思路和方法破除深层次体制机制障碍。苏州市灵活运用并不断创新敲门式招商方法，向全球发布多语种的开放创新合作热力图。深圳市持续深化招商体制改革，建立由招商部门、产业部门、政府投资基金、专业机构等组成的制造业重大项目引进工作团队，构建了产业部门与政府投资基金联席会议机制。

（三）园区开放成为高端制造业开放发展的高地

目前国内部分地区推动高端制造业开放发展中，均把平台建设和产业园区开放作为制高点。比如，中德（沈阳）高端装备制造产业园，成为“中国制造2025”与“德国工业4.0”战略对接的重要平台载体。太仓中德产业园，用20多年打造中国的“德企之乡”，为德国企业营造宾至如归、安居乐业环境。江苏镇江新区航空航天产业园，以一站式“保姆服务”助力企业发展，探索建立“全周期+全链条”企业服务模式。

（四）集成政策成为高端制造业开放发展的优势

在制造业利用外资上，上海、天津、长沙等地不仅落实“负面清单”政策，而且制定出制造业招商引资鼓励目录的“正面清单”。在引进国际人才上，深圳建立与国际接轨的高层次人才引进和管理制度，广州支持南沙粤港澳人才合作示范区、中新广州知识城国际人才自由港等海外人才高端创新平台建设，成都探索更优外籍人才永久居留政策和先行先试技术移民制度等。在利用自贸区政策上，有上海自贸试验区临港新片区汇聚高水平研发主体、打造科技成果转移转化平台、支持落户跨国公司等设立内部孵化器等经验。

四、顺义区推动高端制造业开放发展的路径

未来一段时期，顺义区将坚持招商引资和营商环境两手抓、引进增量和服务存量两手硬，确保工业总产值突破历史峰值，实现制造业振兴发展，打造世界先进水平的高端制造业基地和全球重要的制造业创新聚集地、制造业高水平开放合作先行地和国际一流的制造业营商环境高地。

（一）优化开放发展环境，打造营商环境升级版

持续提升企业服务质量。继续优化4.0营商环境，率先打造5.0营商环境，形成具有顺义特色的国际一流的营商环境。深入推进“一网、一门、一次”改革，落实企业“服务包”制度和管家式服务机制，推行“证照分离+审管联动”模式，提升政府国际版门户网站服务水平。优化外资企业和国际人才管理服务，加强涉外商事法律服务，建设涉外商事“一站式”多元解纷中心，提升“一网通办”涉外服务专窗功能，方便外籍人员及时准确了解投资、工作、生活等政策信息。

推动“港产城”融合发展。落实新城空间结构，延续传承城镇历史格局，强化滨水组团式布局特色，面向未来可持续发展，优化提升城市功能，促进国际空港与顺义新城融合发展。深化国际人才社区建设，以宜居社区、邻里交往、教育文化、创新事业、医疗健康、交通网络、生态低碳、服务配套、管理治理等九大场景为重点，加快国际人才公寓、国际学校、国际医院、示范街区、创新创业平台等要素建设。打造国际化生活空间，借鉴望京、浦东新区等多地经验，建立多部门信息联网、管理联动、精准服务的国际化社区治理机制。

（二）构筑开放发展平台，建设国际产业园区

加快推进北京中德国际合作产业园建设。提升产业链合作水平，优化提升汽车制造等成熟产业链，拓展航空航天、新型医疗器械等战略性新兴领域。培育和引进德资亚太区域及以上层级的总部和共享服务机构，鼓励德企增资扩股及利润再投资，进一步扩大规模、增加技术改造和研发投入。加强内外资企业协作，建立双向投资、合作机制，提升德企与顺义本土企业黏合度。推动本土企业嵌入德资企业供应链体系，促进德企和民企在资本合作、市场对接、人才交流、管理模式互动、技术转让、研发机构共用等领域深入务实合作。鼓励德企设立研发机构，申报高新技术企业和工程技术研究中心，推动创新成果的本地化应用。打造一支懂产业、会管理的专业化队伍，提高服务能力和水平，吸引创新

要素集聚，努力培育转型升级新动能。

深入推进中关村科技园区顺义园建设。重点发展新能源智能汽车、航空航天、智能装备等产业，与中德总商会、中德科技园控股有限公司、德国易途咨询有限公司等9家企业进行项目合作签约，加强与以色列、瑞士、丹麦、韩国等关键创新小国科技合作。鼓励园区企业合作共建技术平台，支持技术研发、概念验证、工业设计、测试检验、中试熟化、规模化试生产等公共科技服务平台建设，为中小企业提供专业化服务，政府适当给予资金补贴，纳入园区公共服务平台体系。

深入推进首都机场临空经济示范区建设。争取一批国家级、市级重大科技项目，在顺义区加速落地，促进区内企业开展各类研发机构建设。实施高新技术企业倍增计划和知识产权战略，打造一批双创基地、孵化转化基地，推动“场景+”的创新政策和应用场景建设。依托天竺综保区促进开放，借鉴国内自由贸易试验区和国外自由贸易港的开放措施，创新拓展区域功能，打造以投资贸易便利化、自由化为支撑的开放政策先行区。

（三）提升开放发展实力，培植创新产业集群

提升三大产业集群能级。建立主导产业“链长制”，实现项目全生命周期管理，做好铸链、补链、延链、强链文章。滚动实施智能制造三年行动计划，持续培育智能制造标杆企业和“专精特新”企业，推进智能制造协同创新和示范应用。大力培育新能源智能汽车产业集群，推动奔驰新能源不断投放全球竞品车型、理想汽车旗舰工厂全面投产，设立顺义新能源汽车技术研究院，建设京津冀地区重要的汽车产业基地、中国新能源智能网联汽车产业发展重要聚集区。大力培育第三代半导体产业集群，依托国家重大产业布局，推动国联万众、瑞能半导体等项目产能释放，推进国家制造业创新中心、国家技术创新中心、国家重点实验室等国家级载体平台落地，设立顺义第三代半导体技术研究院积并引进国内外一流的第三代半导体领域研发及生产型企业。大力发展壮大芯片制造，推动化合物半导体产业实现由国内引领向国际领先跨越。大力培育航空航天产业集群，支持中航发、天马、北斗导航等项目落地发展，做实做强航空发动机、航空复合材料、航电系统和航空关键零件智能制造，发挥航天五院科技及产业资源优势，推进航天特色园区建设。依托首都国际机场优势资源及北京天竺综合保税区、首都机场临空经济示范区等平台优势，大力发展航空维修、航天技术服务、地理信息、北斗导航、卫星遥感等高技术服务。

培育三大战略新兴产业。加快培育新一代信息技术产业，强化工业互联网标识解析国家顶级节点、“星火·链网”等基础设施赋能作用，围绕云计算与大数据服务、人工智能、工业互联网、区块链、5G智能硬件与系统服务等产业，培育顺义新一代信息技术产业体系。重点打造北京智能计算产业研究院、北京虚拟现实产业技术研究院，无缝对接中科院计算机所、北航虚拟现实技术与系统国家重点实验室，拓展与知名高校院所开展校地合作的新模式新路径，培育光峰华影、航天图景、中影光峰等一批行业领军企业。加快培育智能装备产业，围绕高档数控机床、增材制造、智能传感控制、智能检测装配、节能环保等关键技术装备，培育壮大智能装备产业。加快培育医疗健康产业，围绕生物医药、生物科技和基因工程、医疗器械、大健康诊疗等，培育壮大医药健康产业。加快中关村医学工程健康产业化基地、中国数字医疗总部基地、吉源生物等重点项目建设。

（四）汇聚开放发展资源，利用“两区”建设机遇

充分发挥“两区”政策叠加优势。坚持先进制造业和现代服务业深度融合，对接高标准国际经贸规则，深度参与全球制造业产业链供应链重构重组。促进新能源智能汽车产业、第三代半导体产业、航空航天产业和新一代信息技术产业、智能装备产业、医疗健康产业等领域投资贸易便利化、自由化，聚焦先进制造业领域的开放发展，推出一批科研开发、项目审批、产业链协同等改革创新政策。引进一批高端研发和制造项目，对接引进具有核心技术主导权的头部企业、具有国际竞争力的隐形冠军和独角兽企业予以政策支持。支持龙头企业建设全球售后服务中心和面向“一带一路”沿线国家和地区的跨

境寄递服务网络、国际营销和服务体系，加快落地一批高端市场主体和重大项目。

高标准引进外资外商。持续深化产业链精准招商，绘制产业链招商图谱，瞄准行业头部企业、“链主型”企业、独角兽、隐形冠军、“小巨人”等，量身定制供应链产业链招商地图。加快推动多维联动招商，加强与国内外知名网站和专业招商网站合作，建立动态“互联网+”招商网络平台。积极发展总部经济，支持符合产业园区定位的世界500强、跨国创新型企业、GaWC机构在园区内发展。

持续集聚国际高端人才。借鉴硅谷和苏黎世的“人才资源谷”模式，充分利用海高大厦创新产业平台，围绕创新产业集群建设和“两区”建设方向，设立产业发展急需人才数据库，制定人才引进目录，靶向引进“适销对路”的产业人才。强化市场化运营，聘用引才大使，利用猎头、股权投资机构、平台转化等，完善引进国际高端人才的政策体系，定向对接急需的国际高端人才。

积极引进国际先进技术。推动实施更加开放包容、互惠共享的国际科技合作，深化“一带一路”国际科技合作，探索国际合作新模式和新路径。深化与欧洲国家在智能制造、创意设计、新能源智能汽车技术领域的合作，加强与俄罗斯、以色列、日本等国家和地区的科技合作。支持科技领军企业等加强全球研发布局，设立海外研发推广中心和中外联合研究中心。

加快“走出去”步伐。支持企业参与全球产业链供应链重塑，引导对外投资合作平稳有序发展，推动顺义产品、服务、技术、品牌、标准“走出去”。优化对外投资结构和布局，加强与亚洲、欧洲国家在传统产业和新兴领域合作。鼓励多元化投资方式，以实物投资、股权置换、联合投资、特许经营、小比例投资、初创企业投资、设立联合基金、研发合作等多种方式开展对外投资。

积极融入国内大循环。细化顺义制造业融入京津冀协同发展行动方案，搭建互通交流的平台，加速资金、技术、劳动力等资源在京津冀区域的自由流动。增强与周边地区的跨界联动，全力服务保障城市副中心建设发展，以强化顺义与“三城”合作为主线，围绕基础设施共享、科创产业发展等重点领域，推动地区联动发展。加强与长三角、粤港澳大湾区主要城市和重点企业的联系，建立完善联动机制，健全战略合作和常态化合作机制。

深化招商机制改革。创新产业招商模式，完善全区产业地图，编制产业链图谱、供应链家谱、企业分布图谱、核心技术图谱、市场分布图谱，培养一批“产业专家”“谈判专家”。探索多元招商方式，采取以商招商、代理招商、集群招商、定向招商、专业招商、驻点招商、对赌招商等多种方式，对接国内外知名企业，引进战略投资者。积极推进“互联网+”新模式应用，开展“云招商”。推行委托招引，加强与国内外政府派驻机构、各类商会协会、华人华侨社团和本地企业驻外机构的对接合作，在经济发达地、人才集聚地设立“双招双引工作站”。

围绕“两区”建设，加快创新驱动产业转型升级

——基于打造新能源智能汽车产业集群研究

区委副书记、区长 龚宗元

当前，全球新一轮科技革命和产业变革蓬勃发展，汽车产业与能源、交通、信息通信等领域创新技术加速融合，汽车产品形态、产业生态格局面临重大调整，集电动化、智能化于一体的新能源智能汽车已成为全球汽车产业转型发展的主要方向和打造世界经济持续增长新动能的着力点。新能源智能汽车产业作为我国重点发展的战略性新兴产业，代表了新一轮科技革命、能源革命和信息技术革命深度融合、协同发展的方向，也是我国应对气候变化和推动绿色发展的战略举措，将有效助力碳达峰、碳中和战略目标的落实。面对新形势、新要求，顺义区应紧抓“两区”建设等重大机遇，补足新能源智能汽车短板，培育转型升级新动能，重塑产业竞争新优势，以培育具有强带动力的龙头企业为重点，完善电动化及智能化产业体系，提升产业技术自控力和引领力，加强关键共性技术研发、重大技术集成与应用示范，建立懂产业、会管理的专业化队伍，加快推动新能源智能汽车布局落子，努力成为国际一流的先进制造业基地，助力首都北京打造万亿级新能源智能汽车产业集群。

一、我国新能源智能汽车产业发展现状及趋势

（一）新能源汽车产业发展现状

发展战略导向鲜明。2014年5月，习近平总书记考察上海汽车集团时指出“发展新能源汽车是我国从汽车大国迈向汽车强国的必由之路”，为我国汽车产业转型升级和创新发展指明了方向。2020年10月，国务院印发《新能源汽车产业发展规划（2021—2035）》，明确提出到2025年新能源汽车新车销售量达到汽车新车销售总量20%左右等目标。经过多年努力，我国已形成了较为完备的支撑新能源汽车产业政策体系。**产业进入加速发展阶段。**我国新能源汽车基础材料、基础零件、电机、电控、电池及整车各方面都取得了实质性突破，截至2021年底，全国新能源汽车保有量达784万辆，与上年相比增长59.25%，销量连续7年位居全球第一（2021年，我国新能源汽车产销分别完成354.5万辆和352.1万辆，同比均增长1.6倍），市场渗透率达到13.4%。**新能源汽车企业全球竞争优势明显。**核心技术创新和品牌升级力度不断加大，比亚迪等车企新能源汽车市场竞争优势明显，宁德时代、比亚迪、中航锂电等电池企业已经成为全球新能源汽车重要零部件供应商。

（二）智能汽车产业发展现状

战略方向与支持政策明确。从2015年开始，国务院及相关部委陆续发布了一系列智能网联汽车支持政策。2020年2月，国家发改委等11部门联合印发《智能汽车创新发展战略》。近期，国家相关部委又相继出台了智能网联汽车准入管理意见、测试示范管理规范、数据安全管理规定等政策措施。**技术创新与示范应用成效显著。**我国智能汽车产业正处于技术快速演进、产业加速布局的商业化前期阶段，呈现强势发展势头，国内企业在感知、通信和控制等方面持续自主创新，关键技术不断突破，产业发展取得积极成效，基本与全球先进水平处于“并跑”阶段。**道路测试及场景示范积极推进。**截至2021年7月底，我国已有27个省（市）出台智能网联汽车道路测试管理细则，建设了16家智能网联汽车测试示范区，包括北京在内的16个城市先后被住建部、工信部确定为智慧城市基础设施与智能网联汽车协同发展试点城市。以京津冀、长三角、珠三角地区为核心，已建成十多个国家级智能网联汽车示范区和国家级车联网先导区，地方级示范区建设和载人载物智能汽车示范应用陆续展开。

（三）国内汽车产业仍存在突出问题和短板

产业链供应体系面临严峻挑战。一是发达国家汽车产业具备深厚技术储备，中资产业链短期难以超越；二是我国虽已建立相对完整的汽车产业供应体系，但在自动变速器及其零部件、电机控制器IGBT关键部件、燃料电池零部件、智能网联汽车控制系统等方面仍存在短板；三是我国部分车用矿产资源进口依赖度较高，铂、锂等金属矿产资源仍需大量进口。**芯片供应问题越发凸显。**中低端芯片设计已与国际基本同步，高端芯片设计与国外先进水平差距较大，芯片设计工具市场长期被国外垄断。2020年，我国汽车芯片进口占比达95%，芯片市场严重依赖进口，缺芯已经成为影响汽车市场增长的重要因素。**智能汽车产业发展配套环境仍需完善。**各地测试示范区重复建设现象较严重，没有明确的差异化建设目标。现有开放道路测试车辆整体数量较少，研发测试主体单一，智能汽车开放场景使用率不足。

二、顺义区汽车产业发展历程与进展分析

顺义区作为北京汽车工业发展的主力军，有力地促进了北京汽车工业的战略重组和产品升级，是北京汽车工业的龙头引擎和首都经济高质量发展的重要助推器。顺义汽车工业发展起源最早可**追溯到1955年创建的北京市汽车修配厂第二分厂**（之后更名为北京第二汽车制造厂，简称北二汽），**1985年，北二汽在顺义建立了占地900亩的新汽车生产基地，**之后以顺义厂区的5.8亿元优良资产和1000多名优秀员工支持了北京现代。**2002年10月，北京现代汽车有限公司落户顺义，**实现了“当年筹建、当年出车”，仅用63个月累计产销100万辆，创造了令业界称颂的“现代速度”。**2002—2016年，顺义区传统燃油车产业快速发展，**成为全区第一大支柱产业，支撑全区经济稳居全市前列。**2017年以来，顺义区汽车产业进入转型升级期，**开始向新能源智能方向发展。目前，顺义区形成了以研发设计为引领、以整车及核心零部件制造为基础，以汽车金融、汽车销售、展示体验、共享出行、无人驾驶等业态为延伸的产业生态，已培育了千亿级汽车产业。截至2021年底，全区集聚了230家中外知名企业，累计生产汽车1240余万辆，培育和吸引了近万名研发人员和18万名产业工人。

（一）产业链条不断拓展，产业规模不断壮大

整车领域，以北京奔驰新能源、北京现代、北汽越野、理想汽车、京环装备特种车5大整车企业为支撑，成为首都产业强区和汽车产业大区。**核心零部件领域，**拥有海纳川等核心汽车相关零部件企业150余家，形成了完整的零部件供应链体系，特别是新能源汽车核心零部件产业链加快布局，荣盛盟固利、理工华创等产业化项目相继落地。同时，**研发设计环节**已集聚宝马中国研发中心、北汽集团研究总院等多家企业。

（二）新能源汽车加快推广，充电环境持续改善

公共领域电动化成效显著。截至2021年底，全区新能源汽车推广应用规模近6000辆。公交领域，全区公交车已实现100%新能源化。出租车领域，已推广纯电动出租车174辆，骏马运营区域电动小客车500辆。**充电服务网络不断强化。**采取市场化模式，大力推进充换电基础设施建设。截至2021年底，全区已建成充电桩近4900个，充电服务半径达4.2公里，圆满完成了北京市“充电服务半径小于5公里”的目标。

（三）智能汽车产业快速布局，产业生态成效显著

创新生态示范区初具规模。围绕“一廊、一镇、六园、多点”总体布局，全力规划打造200平方公里智能网联汽车创新生态示范区，国家智能汽车与智慧交通（京冀）示范区顺义基地已投入运营，开放全市里程最长、应用场景最丰富的77条408公里公开测试道路，率先允许无人配送车公开道路运营，吸引了50余家企业开展道路测试。**智能网联应用企业加速集聚，**滴滴、美团、中科睿芯、万集科技、图森未来、中科星图、中安永恒、星云互联等80家涉及出行服务、智能芯片、传感器、激光雷达、高精度地图、信息安全等产业链重点企业已落户顺义。**世界智能网联汽车大会**永久落户顺义，并成功举办四届，借助大会平台优势，构建了“产业联盟+创新中心+测试场+车联网+开放测试道路+运营示

范+基金+特色产业园”八位一体的生态体系。

（四）完善和优化政策支持，营造良好产业发展环境

新能源汽车领域，2017年5月，顺义区印发《关于顺义区加快促进新能源汽车推广应用实施意见》，全面推进重点应用示范、基础设施建设和用车配套服务创新。2017—2019年，顺义区连续3年出台置换补贴实施细则，累计推动燃油车置换新能源车524辆，补贴金额1765.48万元。**智能汽车领域，**发布了《顺义区智能网联汽车创新生态产业示范区发展规划》，积极打造智能汽车与智能交通深度融合发展的新模式。继2020年宣布打造“全域低速无人配送应用示范区”之后，又出台了《无人配送车管理实施指南》，为全域开放提供保障。此外，与市经信局、首钢基金等共同筹建了规模100亿元（首期10亿元）的北京新能源汽车核心零部件基金，大力扶持相关企业健康发展。

三、顺义区汽车产业面临的挑战与问题

受产业发展外部环境和企业自身因素影响，顺义区汽车产业进入转型升级期之后，增长动力大幅削弱，创新能力和引领作用不足，出现产业转型升级压力大、新方向发展进展缓慢等问题，对比国内汽车产业优势区域存在一定差距。

一是汽车产业整体规模持续下滑。受疫情、国内汽车产业结构调整等因素影响，顺义区汽车产量、产值、税收从2017年开始连续下滑，亟待扭转。2016—2021年，龙头企业北汽集团在顺义生产汽车由151.49万辆下降至27.16万辆，下降幅度达到82.07%；工业产值由1556.87亿元下降至410.54亿元，下降幅度达到73.63%；税收贡献由148.7亿元下降至22.2亿元，下降幅度达到85.07%。

二是主流车企转型发展动力不足。作为顺义汽车产业龙头企业，北汽集团、北京现代等面临转型升级瓶颈，对产业的带动作用下降明显。由于产品以生产传统燃油车为主，受近年传统燃油车产销量下滑、关键技术创新能力不足、产品技术和市场竞争优势减弱等因素影响，整车龙头企业带动作用弱化。

三是汽车零部件企业发展迟滞。重点汽车零部件项目落地数量较少且较慢，奔驰零部件项目主要在亦庄经济开发区；理想汽车尚未投产，上下游零部件尚需对接。同时受汽车产量下降、上下游配套相对封闭、环保限产等因素影响，部分零部件企业存在设备更新落后、产能不足、资金周转困难、经营效益下降等问题。

四是新能源汽车产业生态不完备。合资企业发展新能源业务内生动力不足，北京奔驰新能源车型布局较少，新培育的理想汽车处于市场起步期。电池、电机及其他新能源关键零部件本区内配套企业较少，新能源汽车产业生态体系及功能尚不完备。氢能与燃料电池汽车发展基础较为薄弱，动力电池回收利用体系及可市场化运作的商业模式尚未建立。

五是智能网联汽车产业推进缓慢。缺乏整体性的智能网联汽车产业顶层设计，政策支撑相对薄弱，产业链条缺少激光雷达、传感器等硬件供应商和算法、模型等软件供应商。虽然全区智能网联汽车产业起步较早，但需进一步明确发展方向并加快推进。

六是推广应用场景有待于进一步挖掘。新能源汽车推广方面，新能源环卫车辆尚未全面普及，私家新能源汽车推广面临社区充电服务供给不足等问题。智能汽车示范应用方面，尚未纳入北京市智能网联汽车先行区实施范围，不利于头部企业集聚。

七是新能源智能汽车支持政策不健全。区内以落实国家和市级汽车产业政策为主，对国家最新产业政策导向、示范应用政策响应不及时，现有政策以综合性政策为主，缺乏专门的汽车产业政策，引导汽车产业转型升级成效不明显。依托“两区”建设推动新能源智能汽车领域政策创新力度不够，尚未出台针对新能源汽车、智能汽车、氢燃料电池汽车的发展规划、指导意见、行动方案等具体专项政策，也没有针对企业在新能源智能汽车项目落地、产品开发等方面的细则性政策。

四、典型地区发展的经验与启示

从新能源智能汽车产业优势地区发展历程来看，培育龙头企业是完善区域产业链的主要环节，通过龙头企业带动产业链和产业生态体系构建是新能源智能汽车产业领先区域的重要经验。

（一）上海市特色亮点及经验启示

规划及支持政策先行。2015年之前上海就出台

了力度较大的新能源汽车购置补贴、示范推广及充电基础设施支持政策。2017 年 9 月，上海在全国最早发布燃料电池汽车规划。2018 年以来，上海相继发布了一系列智能网联汽车发展支持政策。**龙头企业带动新能源汽车发展。**上汽集团、特斯拉、上海电驱动、大郡电机等龙头企业对产业的发展起到了极好的带动作用。**率先开展智能汽车示范应用。**上海创新布局“四全一融合”智能网联汽车测试场景，打造了错位互补的四大测试示范区。

（二）深圳市特色亮点及经验启示

政策体系与特色政策共同打造。2018 年以前，深圳市已形成了涵盖技术研发、示范推广、车辆购置及运营、充电基础设施建设等环节的新能源汽车支持政策体系，之后又出台一系列鼓励性政策推动新能源物流车辆普及应用，率先将电动物流车运营环节纳入补贴范围。**支持政策体系建设和政策创新不断加快。**对以往的智能网联汽车支持政策进行延伸和补充，允许载人、城市环卫作业和载货及其他专项作业等智能网联汽车应用示范活动。**产业管理先行先试。**2021 年 3 月，深圳市人大颁布了《深圳经济特区智能网联汽车管理条例》，成为全国首个以立法形式来规范智能网联汽车管理的城市。

（三）合肥市特色亮点及经验启示

聚焦产业发展精准施策。在对产业实施深入研判、产业链条进行全面梳理、进入时机进行精准把握之后，通过引入龙头企业、补齐产业链短板、合理运用资本手段等一系列有针对性的举措，培育产业链、打造产业集群。**示范推广赋能产业发展。**2009 年，合肥入选首批国家“十城千辆”节能与新能源汽车示范工程，并成为全国新能源汽车推广应用的典范。**强化人才储备与科技研发。**合肥拥有丰富的高校与科研资源，开展了大量原创性研究、基础研究，为企业输送大批技术创新人才的同时，也为产业的技术创新奠定了强大理论与试验基础。

（四）柳州市特色亮点及经验启示

准确研判发展路径和出台政策措施。结合新能源汽车产业启动期和本地城市居民出行特征，选择宏光 MINIEV 和新宝骏等微型纯电动汽车产品作为主推车型，出台了激励性较强的一揽子政策措施。**健全配套服务设施，支撑车辆规模化应用。**通过政企联动，成功打造“十分钟充电圈”用车生态，充电设施数量和密度已经超过了加油站。通过推广小型新能源专用泊位，节约面积 12.7 万平方米。

（五）北京经开区特色亮点及经验启示

出台专项政策。2020 年，发布了《北京经济技术开发区关于加快四大主导产业发展的实施意见》，专项制定了汽车产业 8 条政策。2021 年，发布《示范区应用场景清单和配套支持政策》，广泛邀请行业领域机构、企业参与智能网联汽车场景创新。**引进和打造产业平台。**推动中国汽车工程学会、国家新能源汽车技术创新中心、中国国际智能网联汽车技术年会等一批重要国家级平台、新型平台落地。**创新工作机制。**市政府专门成立由市主要领导挂帅的北京市高级别自动驾驶示范区建设工作领导小组，建立跨部门、专职、专业的工作专班，统筹全市行政和技术资源在经开区试验探索。**与国家部委紧密互动。**积极对接国家部委，紧跟产业顶层设计规划。目前，北京市高级别自动驾驶示范区被住建部和工信部联合认定，并争取到国家发改委重点专项支持。**探索商业应用可持续发展。**重点解决初期投资大、收益不足的问题，设立新型产业主体，探索新商业模式，实现可持续发展。**加大精准招商力度。**编制了高端汽车与新能源智能汽车产业图谱，摸清强链、补链目标开展精准招商。

五、顺义区新能源智能汽车发展的思路及措施建议

（一）总体思路

按照“高端制造走在前列”的要求，主动迎接“电动化、智能化、网联化、共享化”的汽车产业变革，积极融入全国及北京市新能源智能汽车产业新格局，通过“两区”建设探索政策创新，加快推动新能源智能汽车产业布局落子，全力助推北京市打造全球新能源智能汽车科技创新高地，为全市打造万亿级新能源智能汽车产业集群贡献顺义力量。

优化产业发展政策环境，大力推动围绕新技术应用的政策创新。把握新能源汽车、智能汽车、氢燃料电池汽车技术路线特征及产业进展，结合新能源汽车大规模推广应用、智能汽车强化测试、氢燃

料电池汽车示范推广等需求，创新支持政策及配套措施，完善新能源智能汽车产业政策体系。

以提升创新能力为核心，构建新能源智能汽车创新发展的产业生态。聚焦核心技术，着力形成产业技术自控力和引领力，加大关键共性技术研发，加快关键技术成果转化与应用，加快产业创新平台建设。积极开展新能源智能汽车、氢燃料电池汽车等新技术推广应用，加快公共服务领域电动化替代，建设高水平智能汽车示范区，开展氢燃料电池汽车示范，营造良好充电补能环境。

以集群化发展为主线，持续做大做强新能源智能汽车产业。发挥传统汽车产业基地长板优势，鼓励和支持整车制造企业不断提升智能制造水平、产品档次和产业附加值。重点引进和培育具有强带动力的整车龙头企业，导入国内外优势核心零部件资源，补齐产业链短板，完善新能源汽车及智能汽车产业体系。

（二）发展目标

力争到2025年，顺义区新能源智能汽车产业实现年产值2000亿元，工厂智能化与绿色发展程度大幅提高，车联网基础设施全区覆盖，逐步构建创新能力强、产业化水平高、配套设施完善、示范应用领先的新能源智能汽车产业体系。

到2035年，新能源智能汽车产业实现年产值突破4500亿元，在动力电池、电机电控、驱动系统、轻量化系统、智能网联等关键技术领域形成世界级领先优势，培育集研发设计、智能制造、汽车金融、智能网联、检验检测、自动驾驶、创新应用等七大生态功能于一体的国际新能源智能汽车创新发展高地。

（三）主要措施建议

1. 营造良好政策环境，赋能企业创新发展

研究制订产业发展规划。吸收借鉴国内领先地区成功经验，把握新兴产业发展规律，与国家及北京市相关发展战略、产业规划对接，加紧研究制订《顺义区新能源智能汽车产业发展规划（2022—2030）》，为全区汽车产业发展提供战略纲领和行动指南。**创新新能源智能汽车支持政策。**立足补齐新能源智能汽车产业发展政策环境等短板，转变发展理念，重点培育新兴增长点，围绕技术创新、模式创新、生态创新，结合新能源智能汽车发展目标和技术研发、龙头企业培育、示范应用、创新平台、产业生态建设等重点工作，充分利用“两区”和中德国际合作产业园建设有利契机，创新新能源智能汽车产业发展引导政策。**完善无人配送支持措施及管理规范。**选定区域开展无人配送商业化示范，制定产品准入、检测等各环节管理办法和实施细则。**强化新能源智能汽车金融支持。**深入落实“两区”建设方案关于支持汽车金融和汽车融资租赁发展的要求，推动汽车金融产业高质量发展。

2. 落实创新驱动战略，抢占产业竞争先机

加快建设创新发展示范区。建设新能源智能汽车创新驱动发展前沿阵地、首都高校和科研院所新能源智能汽车科技成果转化与产业化基地、新能源智能汽车创新发展示范区。**强化创新平台和创新生态。**支持龙头企业和制造业创新中心，聚焦关键技术，开展联合攻关，推动智能座舱、智能车联网、自动驾驶平台等研发和产业化。争取清华大学、北京大学、中科院等院所高校设立创新成果转化中心，建设新能源智能汽车等中试基地。**加快新能源智能汽车关键技术创新。**加强整车电控、动力电池系统、电机驱动与传动系统等基础研究，引导区内企业与国内各类领军企业合作。

3. 加快存量企业升级，提升产业发展水平

以整车龙头企业带动产业集群化发展，推动传统汽车企业加快电动化、智能化转型，高水平建设新能源智能汽车产业集群，发挥龙头企业集群带动作用，加快推进现有传统整车项目改造升级，支持区内低效整车产能兼并整合，提升产能利用率，尽快扭转区内汽车产业规模下滑的现状。推动整车企业牵引跨领域产业协同发展，重点依托第三代半导体产业发展优势，以北汽集团、理想汽车、京环装备等整车企业为牵引，构建创新联合体，推动碳化硅汽车芯片器件在区内整车企业验证应用，尽快形成区域性上下游高效协同、就近配套的产业链协作关系。

4. 大力培育优势增量，筑实筑牢发展动能

补齐新能源汽车关键零部件短板。依托整车生产制造基地优势，重点引进宁德时代动力电池等核心零部件项目，以及车辆控制器、车用电器等高附加值汽车电子电气产品研发和生产制造企业，加快发展车用大功率永磁同步驱动电机和车规级功率器件。**培育氢燃料电池汽车产业。**聚焦车用氢燃料电池和制氢、储氢、加氢关键技术研发及标准体系建设，积极培育和引进燃料电池关键零部件和核心材料企业。争取现代汽车燃料电池汽车车型在顺义落地生产，加快氢能供给保障体系建设。**加快智能汽车产业化发展。**积极引入一批智能网联汽车毫米波雷达、车用传感器、智能芯片、精准地图等研发设计与产业化项目，大力发展自动驾驶、智能座舱、车路协同等系统解决方案，加快培育智能汽车领军企业。

5. 积极开展推广应用，加快重点方向示范

开展燃料电池商用车试点示范，借助物流企业活跃、货运场站多、应用场景丰富优势，优先推广燃料电池物流车、环卫车及重卡，探索燃料电池无人配送车试点应用。**开展智能汽车测试与示范应用。**加快规模化示范应用，进一步开放自动驾驶测试道路和测试场景，支持企业探索更多自动驾驶落地场景，开展商业化示范运营，打造具有顺义特色的无人配送商业化运营示范区。

6. 精准招商引优引强，多措并举落地生根

发挥高层精准对接优势。加强市、区领导与优势企业高层对接，高效导入产业链优质资源，促进现代全球首发新能源车型在顺义基地投放生产。**建立"一链一策"强链补链机制，**建立由区政府主要领导担任链长、主管区领导担任副链长、部门和属地任成员的工作机制。**制定新能源智能汽车招商路线图，**开展补链强链，分领域明确招商对象，研究制定新能源智能汽车产业链招商路线图和时间表。**强化招商政策支持力度，**对重点项目采取"一事一议"方式，全力保障项目落地。**重点开展新能源智能汽车关键零部件项目引入，**重点在全球新能源智能汽车供应体系中导入产业链优质配套资源，招大引强。

六、"十四五"时期顺义区新能源智能汽车产业重点推进工作建议

（一）利用优势存量资源加快推进产业集群建设

推动奔驰新能源项目尽快达产，下线纯电动EQE车型，积极争取奔驰新车型、车用芯片、自动驾驶等业务板块落户顺义，推动区内优质零部件企业为北京奔驰配套。协助北京现代二工厂、三工厂产能综合利用，抓住北京现代产品技术更新调整契机，充分利用韩国现代技术实力，重点生产伊兰特、第五代途胜L、全新ix35和库斯途等高销量车型，推动北京现代电动化转型，吸引电动化、智能化配套企业集聚。

（二）做好做优理想汽车后续服务工作

强化理想汽车北京绿色智能工厂发展的战略定力，支持理想汽车打造纯电动汽车技术创新平台，开展高端纯电动乘用车设计和研发制造。为理想汽车总部基地和研发中心落地提供高效服务。协助区内核心零部件企业与理想汽车对接，纳入理想汽车供应商体系。推动宁德时代、地平线芯片等理想汽车上下游核心零部件项目落户顺义，助力理想汽车打造标杆工厂、世界灯塔工厂。

（三）加快完善新能源汽车产业链供应链

开展新能源汽车强链补链工程，推进采埃孚电驱系统项目加快落地，理工华创、海斯坦普等新能源汽车核心零部件项目开工建设；立足中德产业园建设，重点引进北京奔驰上下游德资配套零部件企业；围绕理想汽车整车生产基地，在基地周边利用空间资源建设核心零部件供应基地。走访摸排区内整车企业和零部件企业存在问题，充分利用服务包机制，为企业解决实际问题。对于新能源智能汽车核心零部件重点项目加快产能批复、用地等审批手续，完善顺义新能源智能汽车供应链及产业链。

（四）做强智能汽车产业集群

发挥世界智能网联汽车大会永久会址平台优势，提升自动驾驶测试赛规格水平，与国内外智能网联权威机构、高端智库等开展深度合作，积极引入毫米波雷达、自动驾驶芯片、高精度地图等项目；支持区内车企与百度、华为、腾讯、美团等科技企业开展深度合作，推动传统车企向智能网联化转型升级和软硬件技术转化；加强车规级芯片与第三代半导体产业发展深度融合；推动顺义智能网联汽车产业纳入市级平台统筹发展；成立智能网联汽车生

态联盟，进一步探索研究智能网联运营模式，助力智能网联与智能汽车融合发展的新一代智慧交通“顺义模式”样板建设。

（五）培育氢燃料电池汽车产业

一是研究制定氢燃料电池汽车产业政策。研究制订顺义区产业发展战略规划、示范应用实施方案、配套细则及产业发展目标。二是健全组织机制。建议成立专门氢能工作领导小组，以区经信局为领导小组办公室，各相关部门为成员单位，明确思路目标和职责任务分工。三是做好氢燃料电池汽车示范工作。以首都机场和城市物流运输需求为主线，明确氢燃料电池汽车推广数量、类型和应用场景，构建经济、绿色、高效、稳定的制储运加车用氢能供给体系。四是围绕现代汽车谋划氢能发展。引进现代汽车氢燃料电池汽车产品及生产能力，带动相关氢能及燃料电池部件企业落地，打造中韩氢能产业合作园区。五是加快培育氢燃料电池汽车产业。坚持本地培育与外部引进两手抓，先打造核心产业链，再完善产业生态，以氢燃料电池汽车采购订单招引优质氢燃料电池企业落户。

（六）开展无人配送政策创新

依托美团、毫末智行等科技企业抢占无人配送技术研发、产业高地。积极向北京市申请无人驾驶配送示范区，争取测试场运营牌照，适时推出“培育壮大无人配送产业”的有关政策。支持无人配送公司在顺义区规模化测试运行，与企业共建“低速无人配送示范区”。推动低速无人配送设备身份合法化，推动“没有驾驶员”无人配送新型设备进入工信部产品目录。探索对无人配送设备分类管理，早日实现无人配送设备身份合法化。

（七）实施人才专项工程

借鉴经开区“人才十条”等政策，尽快启动实施新能源智能汽车人才专项工程，打造一支懂产业、会管理的专业化队伍。吸引高精尖人才来顺落户、扎根和创业，对新能源智能汽车领域做出突出贡献的企业人才及科技创新一线创新创业人才、高技能人才制定相应奖励措施。

（八）强化金融渠道保障

鼓励针对特定产业园区和特定产业方向定向设立产业基金，积极与首钢基金共同筹划规模20亿元的新能源汽车及智能制造（二期）股权投资基金，加快设立区内新能源智能汽车产业基金，培育和引入一批“三电”、车规级芯片等核心零部件项目，以“投资＋引入”方式推动新能源智能汽车发展。扩大优质金融信贷供给，引导金融机构与新能源智能汽车优质项目精准对接，设计专属融资服务产品，加大信用贷款、中长期贷款支持力度。

特　载

中共北京市顺义区第五届委员会向区第六次党代会的工作报告

中国共产党北京市顺义区第六次代表大会，是在我们党领导全国人民开启全面建设社会主义现代化强国的新征程、首都发展将进入率先基本实现社会主义现代化的新阶段、顺义平原新城社会主义现代化建设掀开新篇章的重要时期，召开的一次重要会议。大会的主题是：以习近平新时代中国特色社会主义思想为指导，深入贯彻党的十九大和十九届二中、三中、四中、五中、六中全会精神，深入贯彻习近平总书记对北京重要讲话精神，团结动员全区各级党组织和广大党员干部群众，铭记百年史、扬帆新征程，在首都平原新城社会主义现代化建设中奋勇争先。

在“两个一百年”奋斗目标历史交会期，党的十九届六中全会审议通过的《中共中央关于党的百年奋斗重大成就和历史经验的决议》，开创性阐述了“两个确立”的决定性意义，系统性总结了“四个历史时期”的伟大成就，全局性概括了“十个坚持”的历史经验，是指导我们以史为鉴、开创未来，走好新的赶考之路的行动指南。回望奋斗路，在党的领导下，顺义潮白儿女始终站在时代潮头，彰显了担当风采。新民主主义革命时期，敢于斗争、不怕牺牲，书写了八百扁担砸蛋捐局、冀东大暴动、焦庄户地道战等革命史诗；社会主义革命和建设时期，艰苦奋斗、发愤图强，涌现了大规模修建水利设施、集体养猪“北学顺义南学金山”等奋斗故事；改革开放和社会主义现代化建设新时期，锐意进取、敢为人先，率先探索了农业适度规模经营、工业园区化、发展临空经济等创新举措；中国特色社会主义进入新时代以来，在习近平总书记对北京重要讲话精神指引下，砥砺奋进、攻坚克难，在棚改、疫情防控、对口扶贫、重大活动服务保障等工作中，铸就了一批有重要影响力的“顺义速度”“顺义经验”。眺望新征程，我们要更加紧密地团结在以习近平同志为核心的党中央周围，传承伟大建党精神，勿忘昨天的苦难辉煌，无愧今天的使命担当，不负明天的伟大梦想，努力为党和人民争取更大光荣。

现在，我代表中共北京市顺义区第五届委员会向大会做报告，请予审议。

一、过去五年的工作回顾

区第五次党代会以来的顺义发展，极为不易，极不寻常。面对错综复杂的国内外形势、艰巨繁重的改革发展稳定任务，在市委坚强领导下，区委以习近平新时代中国特色社会主义思想为指导，增强“四个意识”、坚定“四个自信”、做到“两个维护”，以决胜全面建成小康社会为主线，以服务首都发展为统领，以纵深推进全面从严治党为保障，以建设“业强城优生活美”的首都重点平原新城强化共识、凝聚力量，团结带领全区人民，勇毅前行、砥砺奋进，党的建设坚强有力、经济发展调中有进、政治生态净化重构、精神文明持续提升、民生福祉显著增进、生态环境明显改善、民主法治更加健全、疫情防控形势持续向好，胜利完成各项目标任务，顺义发展再次站在新的历史起点上。

五年来，我们贯彻新时代党的建设总要求，树牢抓好党建是最大政绩的理念，以高水平党建引领高质量发展。坚持把学懂弄通做实习近平新时代中国特色社会主义思想作为首要政治任务，一体学习贯彻党的十九大，十九届二中、三中、四中、五中、六中全会精神和习近平总书记对北京重要讲话精神，“两学一做”学习教育成果巩固深化，“不忘初心、牢记使命”主题教育实现常态化制度化，党史学习教育和“我为群众办实事”实践活动扎实开展，党管意识形态持续深化，党员干部理想信念更加坚定。坚持大抓基层，各级党组织战斗堡垒作用、党员先锋模范作用充分发挥，走群众路线、攻坚克难的能力进一步提高。坚持好干部标准，选人用人好评率保持全市第一。圆满完成两次村（社区）“两委”换届，高标准推进区镇换届，各项指标历届最优。创新人才发展体制机制和政策措施，持续深化国际人才社区建设，人才规模和结构质量实现双提升。始终强化党的全面领导，区委把方向、管大局、做决策、保落实的能力持续增强。区人大及其常委会主动融入全区发展大局，监督刚性和实效进一步增强；区政府精准施策、狠抓落实，推动经济社会持续健康发展；区政协发挥协商民主优势，坚持建言咨政和凝聚共识双向发力；天竺综保区聚焦服务贸易特色，推动转型升级迈出坚实步伐；区法院、区检察院、市公安局顺义分局在依法治区中履职担当；工青妇组织桥梁纽带作用持续发挥；各民主党派、工商联、无党派人士、新的社会阶层人士和老干部关心顺义、献策出力；民族、宗教、外事、侨务等工作都有了新进展，党管武装和双拥共建更加有力。各方力量充分凝聚，推动顺义发展不断向前迈进。

五年来，我们坚持首善标准，树牢“第一国门”意识，以精益求精的工作作风，严谨细致参与服务保障了一系列重大活动。伴随我国日益走近世界舞台中央，首都大事、喜事越来越多。党的十九大鼓舞人心、催人奋进；改革开放40周年大会隆重热烈、历史铭记；新中国成立70周年庆典气势恢宏、礼乐交融；建党100周年庆祝活动盛大庄严、乐和天地。五年来，我们还迎来了“一带一路”国际合作高峰论坛、亚洲文明对话大会、北京世界园艺博览会等重大活动。区委积极适应重大活动服务保障常态化需要，以最强组织、最佳状态，坚决扛起守护国门安全、展现首都风采的政治责任。全体区领导下沉一线、周密调度，各属地各部门协调联动、冲锋在前，广大党员干部群众无私奉献、昼夜值守，安保维稳周密细致，实现了重大活动期间全区刑事警情“零接报”，重点区域周边治安“零发案”，全区范围“不冒烟”。 特别是在新中国成立70周年庆祝活动中，作为群众游行第三分指挥部，成功组织伟大复兴篇章9个方阵2.5万人接受党和国家领导人检阅；作为群众联欢第九分指挥部，圆满组织近3000人参加群众联欢，央视直播16次呈现精彩画面。在建党 100周年庆祝活动中，精心组织近500人观演文艺演出、近2000人观礼庆祝大会，圆满完成天安门广场7万余人的餐包、服务包填装配送任务。重大活动服务保障，持续激发了全区党员干部群众的爱党之心、强国之志，凝聚起奋进新时代的磅礴力量。

五年来，我们始终站位全局、服务大局，从讲政治的高度，坚决认真贯彻落实了中央、市委部署的一系列重大任务。“三大攻坚战”是决胜全面小康的重中之重，我们善作善成、圆满收官，助力5个受援地全部脱贫摘帽，连续3年代表北京市圆满完成国家脱贫攻坚东西部扶贫协作成效考核任务。区内脱低任务提前完成，低收入户收入增幅居全市前列。深入推进互联网金融专项整治，营造了安全稳定金融环境。PM2.5年均浓度累计降幅50.7%，在全市率先完成煤改清洁能源工作，碳减排占全市减排总量近五成，在全市贡献最大。城乡污水处理能力显著提升，劣V类河流断面全部消除。耕地土壤保持零污染。完成平原造林任务居全市前列。“三件大事”是十九大报告对北京工作的重点部署，我们做到了紧抓不放、高效推进。制定服务“四个中心”功能建设、提高“四个服务”水平等十余个工作意见和方案，精心编制了分区规划。“疏整促”进度持续位居全市前列，京津冀协同发展 重点领域不断取得新突破。冬奥主物流中心、国家残疾人冰上运动比赛训练馆在顺义投入使用，顺鑫农业、燕京啤酒成为冬奥赞助商。党建引领“吹哨报到”改革是市委破解基层治理难题的开创性举措，我们践行了民有所呼、我必有应。“赋权、下沉、增效”为街道创新工作夯实了基础，部门属地协调联动的合力持续迸发，在全市率先取消300余项社区事务，垃圾分类和物业管理两个“关键小事”获得有效破解，“接诉即办”成绩走在全市前列。在解民忧纾民困中，党群关系更加融洽，干部作风更加优良。

五年来，我们贯彻新发展理念，围绕实现“业强城优生活美”，推动经济社会事业取得一系列重大进展。经济发展调中有进。地区生产总值突破2000亿元，保持了全市第五。高精尖产业结构加快构建，制造业逐步向智能制造转型升级，智能制造标杆企业数量居全市第二，金融业成长为第三大支柱产业，年增加值跃居全市第五。国家高新技术企业增加3倍多，规模以上文化企业数量增加54.1%。新城建设持续加快。机场周边国际化提速，仁和、马坡等城市组团织补了更多现代化设施，老旧小区改造等城市更新项目进展有力。市政设施经受住多次极端天气考验，公路网密度跃居京郊首位，成为“四好农村路”全国示范区。新政务服务中心成为全市入驻业务最全、领域最广的区级综合性政务服务大厅。对河东地区的政府投资占比由31%提升至50%。全部村庄基本建成美丽乡村，数量居全市前列。文化氛围更加浓郁。大运河（潮白河）文化带保护传承有力开展，焦庄户地道战遗址成为“红色打卡地”。镇街综合文化中心建有率由44%提高至100%，区新时代文明实践中心投入使用，“三馆一院”周周有活动、月月有主题，评剧《李昆》等原创作品接连涌现，音乐剧、歌剧等精彩不断。民生福祉显著增进。积极回应群众关切，高规格举办教育工作大会，制定促进教育优先发展的意见，落实国家“双减”政策，推动实施“五优”战略，高考本科录取率达95.7%，创历史新高。医疗卫生持续进步，连续两年在卫生发展综合评价中位列平原新城第一。解决了房产证办理难问题近万户，实施了惠及4万余人的11个棚改项目，前进村、太平村回迁安置和樱花园小区产权置换等历史遗留问题取得重大进展。充分就业区成果持续巩固，居民人均可支配收入增速居全市前列，城镇单位在岗职工平均工资居平原新城首位。

五年来，我们弘扬斗争精神，以忠诚坚定的政治立场、坚韧不拔的意志品质，经受并战胜了一系列重大考验与挑战。一系列重大腐败案件，影响极其恶劣、教训极其深刻，使全区政治生态遭受严重破坏。面对这一重大考验，区委立场坚定、态度坚决，以强烈的政治担当诠释忠诚本色，坚决拥护中央查处的严重违纪违法腐败案件，坚决划清界限、积极配合查办，迅速制定落实11条肃清措施；坚决拥护市委查办的腐败案件，坚持猛药去疴、重典治乱，制定实施了深刻吸取案件教训的17条措施和重构风清气正的良好政治生态的意见；坚持立行立改、不搞变通，全面做好中央扫黑除恶督导和中央、市委巡视反馈问题整改，从严从实抓好政法队伍教育整顿；坚持刮骨疗毒、壮士断腕，将肃清恶劣影响情况作为区委巡察重点内容、作为全区各单位重要政治任务，坚决把党风廉政建设和反腐败斗争进行到底，累计立案1190件，同比增长240%，处分937人次，同比增长201%。目前，“2+8+N”系列措施扎实落地，全面从严治党责任进一步压紧压实，党员干部违纪违法行为明显减少，亲清新型政商关系基本形成，选人用人正确导向更加鲜明，风清气正的良好政治生态得到有效修复。新冠肺炎疫情暴发以来，国际疫情持续蔓延、国内局部聚集性疫情和零星散发时有发生，北京所有国际客运航班、空运入境货物都在首都国际机场，全区外防输入的任务艰巨、压力巨大。面对这一重大考验，区委坚持人民至上、生命至上，带领全区人民众志成城，坚决筑牢“第一国门”防线，14小时实现新国展集散点从入场筹建到投入使用，累计接转分流入境抵京人员近5万人，转运里程超过6万公里，为首都防疫做出突出贡献。境外输入引发顺义区局部聚集性疫情后，第一时间进入应急状态，面对20年来最低温的严寒挑战，区委靠前指挥，广大党员干部奔赴一线，全区人民齐心协力，夜以继日开展流调溯源、密接转运，紧急调用40家酒店集中观察近万人，3天完成全员全域核酸检测，28天有效控制疫情扩散，50天实现中风险地区全部清零。目前，疫情防控常态化措施抓细抓实，人物同防落实到位，机场入境进京人员、国际货站和进口口岸，做到各环节闭环管理不松一毫、各类高风险人群摸排管控不漏一人，全区疫情防控形势持续向好。疫苗加强免疫接种率居全市前列。“十三五”时期，顺义区汽车产业进入结构性调整，工业总产值断崖式下降，从峰值的3100多亿元，降至2020年的不足1500亿元，降幅超过50%；临空经济进入战略性调整，叠加疫情冲击影响，与2019年同期相比，首都国际机场旅客吞吐量下降超过60%。面对这一重大考验，区委把稳增长摆在更加突出位置，面对困难不畏惧、直面问题不气馁、争分夺秒不懈怠。狠抓惠企纾困，量身定制并积极兑现服务包，落实减税降费政策，实施了促进航空货运发展若干措施；狠抓龙头带动，加快推进了总投资660亿元的奔驰新能源、理想汽车、新国展二、三期三大产业项目，新增了理工华创、国联万众、汉飞航空等头部企业，落地了国开制造业转型升级基金、全国首家外商独资保险资管公司等优质金融机构150余家；狠抓增量引进，靶向施策制定深化招商引资体制机制改革实施意见，新引进注册资金3000万元以上项目近1700个，实际利用外资总额近50亿美元，全域全员招商成为全区强烈共识。通过艰苦卓绝的努力，地区生产总值和一般公共预算收入迈上了新台阶，其他主要指标企稳复苏的态势也已经明朗。实践证明，发展不会永远一帆风顺，面对困难挑战，只要我们迎难而上、奋勇拼搏，就没有迈不过的沟、跨不过的坎！

五年来，我们强化使命担当，着眼赢得新一轮发展主动权，坚持打基础利长远，主动作为抢抓了一系列重大机遇。以北京城市新总规实施为标志，首都发展进入了减量发展、创新发展的新阶段。市委围绕推动首都新发展，做出了加快疏解非首都功能、提速城市副中心和平原新城建设，大力发展高端制造智能制造，申报自贸区、国际消费中心城市，推动“五子”联动融入新发展格局等重大部署。区委紧紧跟随、抢抓机遇，有力推动顺义站在全市发展最前沿。围绕提升区域发展功能定位，紧抓北京城市新总规编制契机，立足资源禀赋，密切加强与市规自委、市发改委等部门沟通协商，在“一核一主一副、两轴多点一区”的全市空间布局中，推动顺义成为“多点”首位，为承接中心城区适宜功能、产业和人口确立了优势。组织各方力量彻夜研究论证，成功将顺义作为北京创新产业集群示范区纳入总规。迅速组织编制示范区发展规划，并上报市委审议通过，规划建设范围100平方公里，聚焦发展新能源智能汽车、第三代半导体、航空航天三大千亿级创新型产业集群，成为首都建设国际科技创新中心的关键支撑。围绕提速平原新城建设，主动对接投资600多亿元的首都国际机场“再造国门”计划，健全了与机场集团、国航等定期商洽机制，谋划并推进了总投资360亿元的R4线东延、机场捷运线、京密高速二期三大基础设施项目，为加快港产城融合夯实了基础。制订提升区域综合承载力等方案计划7个，部署了近百项具体任务，人民群众关注的M15号线东延南彩等轨道交通项目，已成功纳入全市轨道交通第三期建设规划项目库。围绕进一步扩大开放发展，积极争取国家部委、市委市政府大力支持，抢抓先行先试发展机遇。我区被列为全市首批服务业扩大开放综合试点之后，区委主动把握全市申报自由贸易试验区的重大机遇，高位调度、统筹推动、深度参与申报工作，特别是抢抓总体方案即将颁布的最后窗口时间，区政府、天竺综保区反复与商务部、市商务局、市规自委对接，夜以继日补充完善资料，最终在“两区”建设方案中、国际商务片区各组团内，实现顺义面积最大、未开发土地占比最高、纳入清单项目数量最多。积极争取并成功获批中德经济技术合作先行示范区，成为国内首个以“经济技术合作”为主题的国家级对德合作园区，博世工业4.0创新中心、莱茵科斯特中国区总部等27个项目入园落地。抢抓北京建设国际消费中心城市重大机遇，成功纳入“双枢纽”国际消费桥头堡。目前在全市“两区”建设中，顺义产业项目储备数、落地数、在推数均居全市第一，为未来发展积攒了后劲。抓机遇不容易，把机遇转化为发展的强大动力更不容易，我们更要百倍用心、千倍用力！

同志们，事非经过不知难。回望这五年，经受的困难考验之大刻骨铭心，肩负的职责使命之重砥砺初心，抢抓的重大机遇之多振奋人心。在奋斗历程中，最让我们感恩的是，以习近平同志为核心的党中央始终心系首都建设和发展。围绕“建设一个什么样的首都，怎样建设首都”，习近平总书记九次视察北京、十六次对北京发表重要讲话，为我们更好地服务首都发展提供了根本遵循。最让我们感念的是，市委高度重视平原新城建设，蔡奇书记十六次来顺义指导工作，为我们推动各项事业发展明晰了路径。特别是提出“平原新城看顺义”，要求在“两区”建设、高端制造和新城发展上走在前列，极大振奋了我们干事创业敢担当的信心决心，有力鞭策了我们赶超跨越新征程的坚定步伐。最让我们感动的是，全区2300多个基层党组织、7万多名共产党员，在急难险重任务中奋不顾身、一往直前，涌现了“国门先锋”“空港红领”等党建品牌。广大人民群众热爱顺义、心系家园，积极踊跃支持重点工作，涌现了老干部星火护河队、“文明蓝”城市志愿者、“柠檬黄”文明引导员等志愿服务品牌。在这五年中，每个人都是主人翁、每个人都是奋斗者、每个人都很了不起！在此，我代表中共北京市顺义区第五届委员会，向全区党员干部群众，向各民主党派、人民团体和各界人士，向中央驻顺单位，向驻顺部队指战员、武警官兵、公安民警，向所有关心、支持顺义发展的领导、同志们、朋友们，表示衷心的感谢和崇高的敬意！

回望这五年，我们深切地体会到，做好顺义工作，必须把抓好党建作为最大的政绩，加强党的全面领导，纵深推进全面从严治党，强化政治引领、思想引领、组织引领，坚决做到“三个一”“四个绝不允许”，始终在思想上、政治上、行动上同以习近平同志为核心的党中央保持高度一致；必须以服务首都发展为统领，旗帜鲜明讲政治，在服务首都“四个中心”功能建设、提高“四个服务”水平中谋思路、找定位、善作为，确保顺义发展与建设国际一流的和谐宜居之都始终同频同向；必须强化“第一国门”的责任担当，首都发展与中华民族伟大复兴紧密一体，顺义是“第一国门”所在地，我们既要强化底线思维，守土尽责防范各类风险隐患，也要增强形象意识，努力推动改革发展各项事业在全市走在前列、争当示范；必须坚持发展是第一要务，无论顺境逆境，都要以咬定青山不放松的执着韧劲，立足新发展阶段、贯彻新发展理念、融入新发展格局、推动高质量发展，确保经济发展行稳致远，坚定不移打造首都发展新的增长极；必须践行以人民为中心的发展思想，树牢问题导向，精准服务群众需求，及时兑现民生承诺，把实事办到群众心坎上，才能凝聚全区上下万众一心的巨大动力，建设好“业强城优生活美”的首都重点平原新城。这些体会是五年来的实践经验，我们要一以贯之地长期坚持。

同时我们也清醒地认识到，发展中还面临许多问题和挑战。一是常态化疫情防控任务艰巨，当前全球疫情仍处于大流行状态，境外输入多次引发国内聚集性疫情，顺义作为“第一国门” 所在地，持续筑牢外防输入防线责任重大、压力巨大。二是经济企稳复苏态势还需巩固，经济下行压力较大，产业结构仍在调整，发展机遇叠加优势还未充分释放，创新动能需要再激发，招商引资需要再强化，营商环境需要再优化，发展质效需要再提高。三是新城发展还需加快，机场周边国际化需要提速，城乡基础设施需要健全，城乡接合部治理难度加大，推进新型城镇化需要加快，乡村振兴更要加大力度，人居环境整治还需加强。四是民生福祉还需增进，“七有”“五性”发展水平和人民群众的期待相比有不小差距，教育、医疗、养老等公共服务供需仍处于“紧平衡”，“接诉即办”成绩还有提升空间，人口服务管理工作需要加强。五是全面从严治党还需深化，良好政治生态的重构成效需要巩固，推进“2+8+N”整改举措还要深入，重点行业、部门和岗位监管监督力度还需加大，群众身边腐败问题和顶风违纪问题仍屡有发生，党风廉政建设和反腐败斗争依然任重道远，个别干部改革创新勇气不足、担当实干精气神不够。针对这些挑战和问题， 我们要高度重视，采取有力措施加以解决。

二、今后五年的指导思想和奋斗目标

新起点，新征程。今后五年，是我们党领导全国人民向第二个百年奋斗目标进军的第一个五年，是北京走在全国前列，率先基本实现社会主义现代化开好局、起好步的关键五年。我们要增强政治责任感、历史使命感，在首都平原新城社会主义现代化建设中奋勇争先，为新阶段的首都发展贡献更大力量。

改革开放以来，敢为人先的顺义人民先后走过了建设首都农副产品生产基地打造京郊粮仓、建设产业强区争当京郊发展排头兵为代表的两次创业历程，始终奋发有为地服务首都大局。北京颁布实施的城市新总规，对顺义的功能定位、产业发展、民生建设等都提出了新要求、新目标，顺义发展进入了又一次干事创业的新时期。我们要持续强化艰苦奋斗的作风、一往无前的勇气、改革创新的精神、干事创业的担当，以第三次创业的奋进状态，推动各方面工作业绩实现新城中最优、全市在前列，努力绘就首都重点平原新城社会主义现代化建设的新画卷！

今后五年的指导思想是：以习近平新时代中国特色社会主义思想为指导，深入贯彻党的十九大和十九届二中、三中、四中、五中、六中全会精神，深入贯彻习近平总书记对北京重要讲话精神，增强“四个意识”、坚定“四个自信”、做到“两个维护”，立足新发展阶段、贯彻新发展理念、融入新发展格局、推动高质量发展，以服务首都发展为统领，以改革创新为动力，以满足人民日益增长的美好生活需要为目标，以风清气正的良好政治生态为保障，统筹发展和安全，服务“四个中心”功能建设，提升“四个服务”水平，落实“平原新城看顺义”的目标要求，树牢“第一国门”意识，坚持在“两区”建设、高端制造、新城发展上走在前列，加快建设“业强城优生活美”的首都重点平原新城，为全市率先基本实现社会主义现代化起好步贡献顺义力量。

今后五年的奋斗目标：围绕落实“国门空港城、创新前沿地、宜居示范区”的功能定位，聚焦实现“十四五”规划目标和二〇三五年远景目标，坚持把党的全面领导贯穿于各领域、各环节，奋力推动以下工作取得更加明显的进展。

党的建设坚强有力。地方各级党委总揽全局、协调各方的领导核心作用充分发挥，科学执政、民主执政、依法执政水平进一步提高。党组织战斗堡垒作用和党员先锋模范作用不断增强，为民服务、担当尽责意识持续强化。全面从严治党进一步深化，遵规守纪、廉洁从政自觉性持续增强，风清气正的良好政治生态巩固提升。

服务首都发展成效彰显。服务“四个中心”功能建设更加有力，“四个服务”水平持续提高。重大活动服务保障常态化机制更加完善。区域文化软实力明显增强。首都国际机场、新国展等国际交往设施功能更加完善，具有国际影响力的会展和赛事活动持续聚集。科技成果产业化重要承载地的优势充分发挥。

“两区”建设走在前列。服务国家、北京市战略需要更加有力，开放体制不断创新、开放水平不断提升，具有全国影响力的可复制可推广创新制度持续涌现。加快打造贸易投资便利、营商环境优质、创新生态一流、高端产业集聚、金融服务完善、国际交往活跃、监管安全高效、辐射带动作用突出的改革开放新高地，成为全国、全市开放发展的样板。

高端制造走在前列。制造业高端化、智能化、现代化水平大幅提升，新能源智能汽车、第三代半导体、航空航天等产业集群蓬勃发展，高精尖产业结构充分构建，成为国际一流的先进制造业基地。高新技术企业存量大幅提升，工业总产值再创历史新辉煌。碳排放总量得到有效控制，碳达峰碳中和工作走在全市前列。

新城发展走在前列。空港国际化、新城现代化、新型城镇化、新型农村社区化实现联动发展，港产城充分融合、多组团集约紧凑的格局率先构建。航空港枢纽功能更加完善，市政基础设施和公共服务设施更加健全，对首都功能的承载力、城市副中心的支撑力、周边区域的辐射力持续增强。滨水田园的风貌更加鲜明，宜居宜业的品质更加优良，成为首都平原新城中的典范。

乡村振兴取得明显成效。都市型现代农业的质量效益、服务保障首都发展的能力明显提高。政府投资向农村和河东地区持续倾斜。乡村建设行动富有成果，农村人居环境整治成效巩固提升，生活设施和公共服务短板加快补齐。集体经济持续健康发展，农民增收渠道更加多元。

人民生活更加幸福美好。实现更高质量充分就业，中等收入群体不断壮大。健康顺义建设全面推进，教育“五优”充分显现，社保、住房、养老、文化、体育等公共服务体系更加健全。基层治理精准高效。平安顺义建设深入推进。成功创建全国文明城区。

三、以服务首都“四个中心”功能建设统领顺义发展

“四个中心”功能建设，是首都发展的核心要

义。我们要主动站位、坚决服务，把蕴含其中的巨大能量释放出来，形成高质量发展的强大推动力。

坚持重大活动服务保障常态化。健全完善重大活动服务保障机制，突出抓好所承担的北京冬奥会（冬残奥会）、党的二十大等重大服务保障任务，确保重大活动服务保障工作始终滴水不漏、万无一失。持续实施机场周边安全发展综合提升三年行动计划，持续强化规划管控、安全防控、隐患治理，确保活动举办平稳安全。完善机场周边保障政务、便利市民的综合配套设施，促进政务功能与城市功能有机融合。主动对接驻顺中央党政军机关下属单位需求，做好服务保障。

加强区域文化软实力建设。深化大运河（潮白河）文化带建设，高标准抓好潮白河通航工作，传承“一道三城”脉络，塑造农耕文明、工业文明、红色文化、张堪廉政文化、京东民俗等特色标识，让历史和现代相映、文化和城市相融。加强国家对外文化贸易基地（北京）建设，促进版权运营、艺术品等文化贸易，打造展示中国文化的重要窗口。培育文化领军人才队伍，不断提升顺义文化影响力。建设公共文化服务体系示范区，促进供给多元化、内容品质化，丰富群众精神文化生活。

打造首都国际交往重要门户。加快新国展二、三期建设，同步推动周边市政配套项目规划实施，打造组团式会展综合体，大力承办专业展、新兴展、国际展。持续办好世界智能网联汽车大会、HICOOL全球创业者峰会等国际交流活动。打造特色示范街区，高标准建设国际人才社区。全面推进国际医疗、国际教育、国际人才公寓建设，持续优化国际化环境。发挥临空优势，积极参与“一带一路”建设，深化城市间国际合作和友城联谊。

建设科技成果产业化重要承载地。健全与“三城”常态化清单式对接机制，推动科技创新成果在顺义转化落地。围绕创新产业集群和智能制造关键技术突破，扶持产学研协同创新，扶持领军企业提升研发层次和创新能级，培育引进更多隐形冠军、科技独角兽、“专精特新”企业。抓好国家双创示范基地建设，不断完善“众创空间＋孵化器＋加速器＋科技园区”全链条孵化育成体系。建设国家高新技术企业培育库，推动国家高新技术企业突破2200家。发挥海高大厦辐射带动作用，推动HICOOL产业园向海创城升级发展，抓好北京高水平人才高地建设试点工作，促进海外人才和创新要素持续集聚。

四、加快建设首都重点平原新城

严格落实分区规划，坚持一张蓝图绘到底，加快实现港产城充分融合、多组团集约紧凑的格局，持续提升蓝绿交织、清新明亮、水城共融的风貌，建设人民满意的高品质平原新城。

构建协同联动的新城发展格局。抓牢平原新城建设提速的重大机遇，一体推进空港国际化、新城现代化、新型城镇化、新型农村社区化进程。空港国际化聚焦机场周边镇街和功能园区，衔接“再造国门”计划，适应建设国际人才社区、国际消费桥头堡等配套需要，加快推进国际化进程。新城现代化聚焦新城中心区各组团，加强基础设施、公共服务设施建设，深化以老旧小区为重点的城市更新，促进“一刻钟服务圈”全覆盖，持续提升现代化建设和治理水平。新型城镇化聚焦各镇和城乡接合部，加快解决整建制搬迁集体资产处置难题，做好村民上楼后的收尾工作，稳妥推进撤镇设街和撤村建居。加快杨镇新市镇建设，强化示范带动作用。支持各镇培育特色小镇，带动镇中心区的部分村庄就地城镇化。支持城乡结合部有条件的镇试点探索可自我循环、多元主体共赢的新型城镇化路径，保障农民权益、增进社会公益。新型农村社区化聚焦城镇集建型、整治完善型、特色提升型村庄，支持有条件的村庄开展社区化建设、管理和服务，率先向新型农村社区转型。支持社会资本参与美丽乡村建设，融合都市农业、生态观光、休闲度假等业态，建设以田园风光、浅山生态、滨水亲水等为特色的多类型田园综合体。

持续提升区域综合承载力。坚持立足长远、适度超前规划建设，加快推进提升综合承载力方案实施。大力推进R4线东延、城际铁路联络线二期、市郊铁路通密线提质增效，机场陆侧捷运线等轨道交通工程规划建设。持续强化与中心城区、城市副中心便捷交通，加快京密高速、通怀路等工程建设，完善北京东北部高速公路网和公路“主动脉”。深入开展“疏整促”专项行动，腾退空间优先用于产业转型、留白增绿和公共服务配套。加快智慧城市、海绵城市、韧性城市建设，不断增强城市运行保障能力。创新人口服务管理，优化结构，提高素质，释放人口红利。

厚植绿色宜居的生态底色。突出“蓝绿交织”，持续打赢蓝天保卫战，深化“一微克”行动，创建国家森林城市，加快温榆河公园顺义段等公园建设，强化土壤风险管控与污染修复，让蓝天绿林常在。突出“清新明亮”，落实建筑形式、建筑体量、第五立面、色彩管控要求，精细开展城市设计，见缝插绿编织小微绿地、口袋公园，让青山黛瓦常伴。突出“水城共融”，强化水源地保护，全面消除黑臭水体，促进水系连通循环，让滨水亲水常态化。促进河长制、林长制、田长制协调联动，发挥工作合力。落实碳达峰碳中和战略部署，推动绿色循环低碳的生产方式、节约健康环保的生活方式成为主流，显著提升可持续发展能力。

紧密融入区域协同发展。积极承接中心城区适宜功能、产业和人口，大力支持城市副中心建设，增强与朝阳区在国际交往、文化交流等领域的互补融合，加深与大兴国际机场临空经济区共赢发展，拓展与昌平区结对协作，深化与周边区域生态环境共建共享。加强与廊坊北三县设施网络、疫情防控等方面的协作。落实好支援合作各项任务，助力结对地区巩固脱贫攻坚成果。

五、坚定不移打造产业强区

产业是发展的根基，产业兴旺，才能区域繁荣。聚焦构建“3+4+1”高精尖产业格局，坚决做实做强做优实体经济，全力打造首都发展新的增长极。

坚决发展高端制造智能制造。持续深化北京创新产业集群示范区（顺义）、中德国际合作产业园建设，坚决打造具有国际竞争力的先进制造业基地。坚持招商引资和营商环境两手都要抓、引进增量和服务存量两手都要硬，坚决做强新能源智能汽车产业，推动奔驰新能源不断投放全球竞品车型、理想汽车旗舰工厂全面投产；坚决做优第三代半导体产业，推动国联万众、瑞能半导体等项目产能释放，打造国际第三代半导体创新高地；坚决做大航空航天产业，支持中航发、天马、北斗导航等项目落地发展，确保工业总产值突破历史峰值，实现制造业振兴发展。建立主导产业“链长制”，实现项目全生命周期管理，做好铸链、补链、延链、强链文章。滚动实施智能制造三年行动计划，持续培育智能制造标杆企业和“专精特新”企业，推进智能制造协同创新和示范应用。加强数字经济基础设施建设，发挥工业互联网标识解析国家顶级节点优势，为智能制造充分赋能。

高标准推进“两区”建设。坚持“产业开放+园区开放”主线，落实“3+7+N”发展格局，发挥天竺综合保税区、首都机场临空经济示范区、中德国际合作产业园三大园区主体作用，推动航空服务、跨境金融、文化贸易、商务会展、数字贸易、医疗健康、国际寄递物流七大产业创新发展，带动全区科技创新、高端制造等多个领域扩大开放。实施园区发展建设三年行动方案，进一步明确重点产业的承载区域和细分方向，探索特色化差异化发展路径，打造园区核心优势。发挥政策清单、任务清单、项目清单牵引作用，实现实际利用外资增速、新增市场主体数量居全市前列，航材、医药、文化艺术品等重点领域的全国核心竞争力更加凸显。加快建设首都产业金融中心、北京新兴金融聚集区、首都离岸金融发展先行区，推动金融业增加值持续跃上新台阶，成为新的千亿级产业集群。

高水平建设国际消费桥头堡。深入落实北京市和我区实施方案，按照“5+8+5”工作思路，全面提升机场及周边五大区域消费承载力，着力培育航空服务、保税免税、会展消费、时尚商业、文旅体育、医疗健康、国际教育、汽车消费八大消费品牌，加快推进强功能、畅流通、提流量、广辐射、补短板五大行动，全力打造具有中国特色的世界级空港型国际消费枢纽。服务机场和航司拓展第五航权、国际快线的发展需要，满足1亿人次旅客、20%以上国际中转客流的消费需求，五年内加快培育2～3个重点商圈，吸引国内外知名品牌开设首店、创新店、旗舰店100家以上，持续增加免税保税、离境退税商店数量，大幅优化国际消费体验环境，带动顺义夜间经济、冰雪运动、盛夏消费等业态蓬勃发展，逐步成为国际旅游消费胜地。

六、示范引领京郊乡村振兴

民族要复兴，乡村必振兴。围绕率先基本实现农业农村现代化总目标，强化以城带乡、以工补农，助推农业全面升级、农村全面进步、农民全面发展，争当首都乡村振兴亮丽名片。

服务首都发展促进农业高质高效。强化保障功能，服务首都要保持农产品适度自给能力的战略需要、重大活动服务保障需要，发挥顺义粮食、蔬菜、生猪等产量在全市规模领先优势，切实维护好市民的“粮袋子”“菜篮子”。强化生态功能，立足首都“大京郊小城区”实际，将农林牧渔发展与优化生态环境紧密联系起来，塑造优美的田园城市好风光。强化富农功能，适应居民消费提档升级需求，培育更多特色产业村和“一村一品”示范村镇，推动品种培优、品质提升、品牌打造和标准化生产，加快建设特色农产品优势区。强化示范功能，持续深化“国家现代农业示范区”“国家都市型现代农业示范区”“国家绿色农业发展先行区”建设，建设全国一流的都市型现代农业。

实施乡村建设行动促进农村宜居宜业。深入落实五年计划方案，促进美丽乡村建设全面提质。强化规划引领，深入开展基本“无违建乡村”创建。促进基础设施和公共服务提档升级，推动农村卫生户厕全覆盖，生活垃圾分类基本实现，生活污水处理设施持续健全，形成以小城镇、中心村为核心的30分钟公共服务圈。深入实施乡村绿化美化工程，抓好首都森林城镇、森林村庄创建工作。持续推进农村人居环境整治提升，健全长效管护机制，实现一时干净向时时净、处处美转变。加强传统村落保护发展，分类提升农房建设质量，推进装配式农宅、零碳排放农宅示范建设。推进示范村创建培育，打造一批“业强、村美、民富、班子强”的乡村振兴样板村。

畅通增收通道促进农民富裕富足。优化帮扶通道，持续巩固低收入农户脱低帮扶成效，确保收入逐年递增。开展集体经济薄弱村专项帮扶行动，做好镇级集体资产清产核资，促进集体经济健康发展。拓宽就业通道，统筹奖补结合等各项措施，引导企业招用更多农村户籍、农转非劳动力。推动农民在城乡公益性服务岗位、重大工程项目中稳岗就业，确保“零就业家庭”动态清零。健全创业通道，深入推进合作社质量提升整区推进试点工作，持续开展家庭农场示范镇和示范户创建，发展多种形式适度规模经营，提升新型职业农民收入。

七、共建共享人民向往的美好生活

牢记让人民生活幸福是“国之大者”，坚决办好群众身边的小事、社会治理的难事、共同富裕的大事。

提升“接诉即办”工作效能。落实北京市接诉即办工作条例，建立健全党委领导、政府负责、民主协商、社会协同、公众参与、法治保障、科技支撑的工作体系。将“接诉即办”与“吹哨报到”有效衔接，坚持条块结合、一单到底，以持久耐心确保响应率保持100%，以更强责任心推动满意率和解决率持续提升。用好民生大数据，以“每月一题”集中攻坚、主动治理高频共性问题，推动“接诉即办”向未诉先办转变。健全完善督查督办、监督问责、考核奖惩等机制，充分调动基层治理的主动性。

提高“七有”“五性”水平。将群众诉求与“七有”“五性”监测评价结果紧密结合起来，辩证施策、靶向发力，高于全市平均水平的要持续提高、争做标杆，基本同步的要提升强化、建立优势，相对滞后的要补齐短板、迎头赶上，推动全区“七有”“五性”发展水平走在全市前列、新城首位。突出抓好养老保障服务、生活不能自理特困人员集中供养、城镇登记失业人员就业、人均公共文化服务设施建筑面积提高等领域工作，确保短时期内就能让人民群众看到明显改观。高标准落实“双减”政策，大力实施教育发展“五优”战略，深入推进教师交流轮岗，促进学前教育普惠发展、义务教育优质均衡发展、高中教育特色发展，确保教育质量在平原新城中保持领先，加快迈入全市第一梯队。全面构建覆盖城乡、服务均等、公平可及的医疗健康和公共卫生服务体系，持续深化医药卫生体制改革，进一步加强国家慢性病综合防控示范区、国家健康促进区建设，全方位全周期维护人民群众生命健康。统筹推动住房保障、社会保障等民生事业，更好满足人民群众对美好生活的新期待。

推进全国文明城区创建。突出“创建为民、创建靠民、创建惠民”，深入推动新一轮全国文明城区创建三年行动计划，落细落实八大任务和14项专项行动，既要美化城市的面子，更要整治背街小巷、老旧小区、农贸市场周边等城市的里子。深化新时代文明实践工作，落实好北京市文明行为促进条例，持续开展“礼让斑马线”等活动，讲好“顺义文明故事”，大力推动市民文明行为养成，充分调动全区人民的积极性、主动性和创造性，做到全域创城、全民创城。

循序渐进走向共同富裕。发挥政企校合力，持续提升劳动者职业技能水平、就业创业能力。有序推进城乡居民保障待遇从制度一体向水平均等提升，逐步实现本市就业农村劳动力基本纳入城镇职工保险体系。落实机关事业单位分配政策体系和工资正常调整机制，加强绩效管理。完善区属国有企业市场化薪酬分配机制，向生产一线和高技能人才倾斜，优化工资总额管理方式。推动居民人均可支配收入增速与经济增长基本同步，收入分配差距逐步缩小，中等收入群体规模持续扩大。

八、下大气力激发改革内生动力

坚持发展出题目、改革做文章，以更大力度推动全面深化改革向系统集成、协同高效迈进，释放更多的改革红利、积聚更强的发展动力。

优化招商引资体制机制。强化招商力量、信息资源、要素配置、项目落地、利益分配的区级整体统筹，压实属地招商、“一把手”带头招商、管行业必须管招商责任落实，加快构建衔接紧密、上下联动、全域全员的一体化招商引资格局。完善市场化招商机制和薪酬激励制度，着力提升招商队伍专业化水平。搭建多元化招商平台，大力开展产业链精准招商。推动招商政策集成供给、招商要素完善到位、招商服务优质高效。

创新推动功能园区改革。坚持优势互补、集聚提升，进一步健全完善功能园区协同发展机制，稳妥有序推动天竺综保区、临空经济核心区融合发展。以市场化改革和去行政化改革为导向，持续创新园区管理模式，充分授权赋能，推进机构设置和职能配置协同高效。强化园区经济发展和投资服务职能，推进重大项目建设和生产要素向园区集中，打造各具特色的产业集聚区。

持续深化国有企业改革。全面落实国企改革三年行动实施方案，把党的领导全面融入公司治理，建立健全现代企业制度，加强和完善国有资产监管，促进国有资产保值增值、国有企业做大做强。聚焦主责主业，推动国有资本向促进区域产业发展、关系国计民生、保障公共服务等领域集中，深化各领域国有资产专业化整合，优化投资布局和规模结构。

落实营商环境改革升级版行动。着眼加快打造市场化、法治化、国际化的一流营商环境，一体推进简政放权、放管结合、优化服务改革，探索实施一批突破性、引领性改革举措，促进全链条优化审批、全过程公正监管、全周期提升服务。探索区块链、人工智能等信息技术赋能，让群众享受“秒批”“无感审批”的高效便捷。以加强信用监管为着力点，打造覆盖各地区各部门、各市场主体的信用“一张网”。

加快推进农村“三块地”改革。巩固农村土地承包经营权确权登记颁证工作成效，依托市级产权交易平台，促进土地承包经营权高质高效流转。落实区级管规划、管用途、管合同、管程序、管监督、管查处的权责，持续加强农村集体土地管理。完善宅基地及建房联审联办机制，分区分类解决落实村民户有所居。依法依规盘活利用闲置宅基地及闲置住宅，提高资源利用效率。

九、切实维护安定团结和谐局面

发挥民主法治效能，不断发展全过程人民民主，统筹安全和发展，从更高层面、更宽领域谋划推进“法治顺义”“平安顺义”建设，携手共绘美好蓝图、共建美好家园。

持续加强民主政治建设。贯彻落实中央人大工作会议精神，支持和保证人大及其常委会依法行使职权，强化人大对“一府一委两院”的监督实效。支持政府加快职能转变、提高行政效能。支持政协围绕团结和民主提高政治协商、民主监督、参政议政水平。支持区法院、区检察院、市公安局顺义分局依法开展工作。持续完善大统战格局，加强对民主党派的领导，巩固和发展最广泛的爱国统一战线。发挥好群团组织作用，把各自联系的群众紧紧凝聚在党的周围。做好新形势下老干部和关心下一代等工作。完善双拥和军民共建机制，巩固发展军政军民团结局面。

深入推进全面依法治区。深入落实习近平法治思想，一体推进法治顺义、法治政府、法治社会建设，全面推动科学立法、严格执法、公正司法、全民守法。强化党政主要负责人法治建设第一责任人职责，增强党员干部法治思维和依法行政能力。推动司法体制综合配套改革，完善司法救助体系，全面提升司法能力、司法效能和司法公信，努力让人民群众在每一个司法案件中都感受到公平正义。加快法治社会建设，强化法治宣传教育，完善公共法律服务体系，让法治成为共同信仰和生活方式。

坚决守好“第一国门”安全阵地。防范化解政府债务、金融等领域风险，注重网络等新型领域安全，坚决守住不发生系统性风险的底线。推进平安顺义建设再深入。全面排查化解社会矛盾纠纷，完善预警预防体系，防范化解各类安全稳定风险，严厉打击各类违法犯罪活动。全面抓好交通安全、公共安全、消防安全、生产安全、食品安全、汛期安全，加强综合防灾减灾救灾能力和应急体系建设，确保群众安全、城乡安定、社会稳定。

慎终如始抓好常态化疫情防控。坚持“外防输入、内防反弹”不动摇，完善常态化防控机制，强化科学精准防控。坚决筑牢“5+2+1”外防输入体系，严格外航机组、国际航班、境外抵京、机场第三地入京、涉奥人员闭环管理，落实冬奥主物流中心和机场货运口岸两类入境货物防控要求，做好机场周边疫情防控工作。持续守好疫情“三道防线”，做到风险人员排查管控不漏一人，11类症状健康监测、9类重点人群核酸筛查全面到位，社会面疫情防控全覆盖无盲区。加快疫苗接种进度，提高“应接尽接”比例。深入开展爱国卫生运动，提高公众防疫责任意识，持续巩固防控成效。

十、深入推进新时代党的建设

全区各级党组织和广大党员要从百年党史中汲取奋进力量，深入落实新时代党的建设总要求，全面加强党的领导，纵深推进全面从严治党，为首都重点平原新城社会主义现代化建设提供坚强政治保障。

旗帜鲜明讲政治，锻造坚强有力的领导集体。坚持把党的政治建设摆在首位，增强“四个意识”、坚定“四个自信”、做到 “两个维护”，不断提高政治判断力、政治领悟力、政治执行力，坚决做到“三个一” “四个绝不允许”，始终在思想上政治上行动上同以习近平同志为核心的党中央保持高度一致。带头严格执行党内法规，带头履行管党治党主体责任，坚决做到“五个必须”， 坚决防止“七个有之”。加强区委常委会自身建设，坚持民主集中制，严格落实党委议事规则和决策程序，发挥好区委议事协调机构作用，把党的领导落实到全领域、各环节。

持续强化理论武装，不忘初心坚定理想信念。抓牢思想政治建设，坚持用习近平新时代中国特色社会主义思想武装头脑、指导实践、推动工作。巩固拓展党史学习教育成果，深入推进“四史”学习和“我为群众办实事”实践活动，弘扬伟大建党精神，传承红色基因，赓续红色血脉。坚持以政治学习为根本，强化党委（党组）理论学习示范带动作用，不断提升全区党员干部的理论素养、政治素养和实干能力。牢牢把握意识形态工作领导权，紧扣主旋律、弘扬正能量，大力弘扬社会主义核心价值观，坚决守好意识形态主阵地。

树立正确选人用人导向，选贤任能培育中坚力量。把政治标准放在首位，突出忠诚干净担当，突出实践实干实绩，持续选树和重用提拔落实上级部署争先型、重点工作碰硬型、勤奋敬业实干型干部。注重倾斜一线，坚持干部在一线培养、组织在一线选人。坚持严管厚爱结合、激励约束并重，完善干部考核评价机制，加强日常管理监督，动态开展职级晋升，有序推动轮岗交流。坚持系统培养、梯度配备，着力锤炼“七种能力”，加大优秀年轻干部培养储备力度。持续做强“梧桐工程”人才工作品牌，实施重点人才倍增计划，加强对各领域优秀人才的政治引领和政治吸纳。深化国家中长期青年发展规划试点工作，创造良好条件引导青年成长成才、建功立业。

夯实基层组织建设，固本强基提升整体功能。加大党支部联合体建设力度，加强基层党组织规范化建设，推动组织生活更加民主规范、工作运行更加科学顺畅、考核评价更加客观公正。坚持“行业带动，属地孵化”，以快递、互联网、律师、金融等行业为重点，推动“两新”组织、新业态新就业群体党建工作全覆盖。统筹推进机关企事业单位、城市农村等各领域党建，把党的组织优势巩固好、发展好、发挥好。加强基层党组织“带头人”队伍建设，优化基层干部队伍结构。落实党组织和党员干部“双报到”“双联系”等制度，不断增强党的影响力和凝聚力。严把发展党员入口关，实施“国门先锋”党员培训计划，推动党员教育培训五年规划落细落实。

纵深推进全面从严治党，持续巩固良好政治生态。深刻把握新的赶考之路对全面从严治党、党风廉政建设和反腐败斗争的新要求，深刻汲取重大腐败案件教训，深入落实“2+8+N”措施体系，加快重构、持续巩固政治清明、政府清廉、干部清正、政商亲清、社会清新的良好政治生态。严格落实全面从严治党主体责任、第一责任、监督责任、“一岗双责”。锲而不舍落实中央八项规定精神，坚决纠治“四风”。以党内监督为主导，推动各类监督有机贯通，着力强化对“一把手”和领导班子的监督，对重点领域、关键岗位的监督，推动监督向基层延伸，深化巡察监督、派驻监督，进一步规范权力运行。始终把纪律挺在前面，综合运用“四种形态”，深化以案为鉴、以案促改、以案促治。把严的主基调长期坚持下去，一体推进不敢腐、不能腐、不想腐，有腐必反、有案必查，全面巩固反腐败斗争压倒性胜利。

同志们，光荣是拼搏获得的，梦想是奋斗实现的。干事创业敢担当是每名党员干部的职责所在、价值所在。要坚持作风建设永远在路上，淬炼功成不必在我、功成必定有我的思想境界，弘扬越是艰险越向前的斗争精神，对中央和市委定下的事，积极主动担、不折不扣干；对符合规律看准的事，大胆创新试、紧锣密鼓干；对前进路上难办的事，迎着困难上、顶着压力干，以在状态、敢创新、争一流的实干作风，推动顺义各项事业蒸蒸日上、欣欣向荣！

同志们，让我们更加紧密地团结在以习近平同志为核心的党中央周围，在市委坚强领导下，铭记百年史、扬帆新征程，在首都平原新城社会主义现代化建设中奋勇争先，以优异成绩迎接党的二十大和市第十三次党代会胜利召开！

政府工作报告（节选）

——2021年12月16日在顺义区第六届人民代表大会第一次会议上

区委副书记、区长 龚宗元

各位代表：

现在，我代表顺义区人民政府，向大会报告政府工作，请予审议，并请区政协委员提出意见。

一、过去五年工作回顾

过去的五年，是顺义发展史上极不平凡、极为不易的五年，也是全区上下凝心聚力、攻坚克难的五年。五年来，我们始终坚持以习近平新时代中国特色社会主义思想为指导，全面贯彻党的十九大和十九届二中、三中、四中、五中、六中全会精神，深入落实习近平总书记对北京重要讲话精神，在市委、市政府和区委的坚强领导下，在区人大、区政协的监督支持下，勇挑重担、锐意进取，坚决打赢“三大攻坚战”，认真抓好“三件大事”，全力推动区域经济社会发展各项工作，较好地完成了本届政府确定的各项目标，实现了“十三五”圆满收官和“十四五”良好开局。

五年来，我们深入落实首都城市战略定位，主动服务“四个中心”功能建设，提升“四个服务”水平，更加充分融入全市发展大局。一是重大活动服务保障有力。强化首都意识、坚持首善标准，全区联动、狠抓落实，圆满完成庆祝新中国成立70周年大会、建党100周年庆祝活动等系列重大活动服务保障任务，充分激发了全区广大党员干部和市民群众的爱国之心。**二是区域文化软实力持续增强。**成功纳入全国文化中心建设总体框架，编制实施大运河（潮白河）文化保护传承利用规划，研究推进安乐故城遗址修复等项目。在全市率先出台文化产业发展中长期规划，深入推进国家对外文化贸易基地、国家文化出口基地建设，优质文化产品加快“走出去”“引进来”。区文化中心实现对外开放，25个镇街综合性文化中心全部建成，群众家门口的“文化味”越来越浓。**三是首都国际交往门户功能不断提升。**牢固树立“第一国门”意识，全力支持“再造国门”计划，实施首都机场周边地区安全发展综合提升三年行动，推动港城深度融合发展。积极服务保障北京冬奥会、冬残奥会筹办，顺鑫控股、燕京啤酒成为官方赞助商，国家残疾人冰上运动比赛训练馆、冬奥主物流中心投入使用。成功获批首都国际人才社区建设试点，全市首座“海高大厦”顺利落户，连续两届成功举办HICOOL全球创业者峰会，区域“国际范”进一步凸显。**四是科技创新生态更加优化。**积极助力北京建设国际科技创新中心，纳入全市“三城一区”科技创新主平台，高标准编制实施北京创新产业集群示范区发展规划。相继获批国家双创示范基地、国家知识产权试点城区，出台创业摇篮计划等扶持政策，全区国家高新技术企业达到1594家，较2016年增长3倍，技术合同成交额达到77.6亿元，较2016年增长近5倍，创新驱动发展动能更加强劲。

五年来，我们坚持稳中求进工作总基调，积极促进产业转型升级，加快构建现代化经济体系，推动高质量发展迈出坚实步伐。一是经济发展稳中有进。受汽车产业结构调整和疫情冲击影响，全区工业总产值从2016年的3136亿元降至2020年的1488亿元。面对严峻形势和挑战，我们顶住压力、迎难而上，每周调度重点项目、每月分析经济走势，全力推动经济稳增长，2021年预计完成地区生产总值2080亿元，较2016年增长22.6%；预计完成工业总产值1543亿元，较2016年下降50.3%。扎实开展财源建设，新增税源5.3万户，预计完成一般公共预算收入171亿元，较2016年增长24%。全力扩大消费规模，编制完成打造“双枢纽”国际消费桥头堡实施方案，沃尔玛山姆店等商业项目开业运营，预计完成社会消费品零售总额613亿元，较2016年增长16.4%。持续强化投资管理，五年来累计完成固定资产投资2414亿元。**二是高精尖产业结构加快构建。**明确“3+4+1”产业发展方向，加大招商力度、抓好项目落地、积蓄发展动能。奔驰新能源汽车项目正式投产，理想汽车北京绿色智能工厂全面开工，理工华创等核心零部件项目签约落地，成功举办世界智能网联汽车大会并成为永久会址。促进第三代半导体产业集聚发展，引进泰科天润、中电科光电总部基地等优质项目22个，7万平方米三代半标准化厂房实现竣工。持续壮大航空航天产业规模，汉飞航空、中科院工程热物理所等一批重点项目签约落地，成功举办第十届中国卫星导航年会。在全市率先出台智能制造三年行动计划，智能制造标杆企业数量排名全市第2。**三是“两区”建设扎实推进。**服务业扩大开放综合试点示范区126项任务全部完成，推出航材共享等14项全国首创政策。迅速掀起“两区”建设热潮，新增市场主体5548家，试点政策和落地项目数量均排名全市前列。顺利获批首都机场临空经济示范区，天竺综保区政策创新水平全国领先、主要指标持续高速增长。成功获批中德经济技术合作先行示范区，设立三个海外联络处，组建中德智能制造产业协会，园区集聚德资企业70余家。引进优质金融机构150余家，千亿级央企私募证券基金、全国首家外商独资保险资管公司等重大项目相继落户，基金管理规模突破2.4万亿元。新国展二期会展、三期配套居住项目建设全面启动。**四是营商环境明显优化。**累计完成改革任务1000余项，区域营商环境始终保持平原新城前列。顶格落实减税降费政策，为企业和社会减负超过240亿元。建立“管家式”服务体系，先后走访服务企业1.1万家次，量身定制“服务包”，积极为企业发展排忧解难。

五年来，我们认真践行以人民为中心的发展思想，围绕全面建成小康社会，不断提高“七有”“五性”水平，促进民生福祉显著改善。一是脱贫攻坚与乡村振兴有效衔接。强化区内低收入农户帮扶，实现3个低收入村全部消除、2486户低收入农户全部脱低，低收入农户人均可支配收入年均增长15.8%；深入开展对口帮扶，助力5个受援地全部脱贫摘帽、11万余名贫困户全部脱贫。深入落实乡村振兴战略，农业增加值稳居全市首位，农村人居环境整治全面开展，配置垃圾桶33万个，铺设污水管线2950公里，6368个户厕、626个公厕改造全部完成，农村生产生活环境有效改善。**二是河东地区基础设施短板加快补齐。**滚动实施促进河东地区发展三年行动计划，累计安排重点工程305项，拨付财政资金66亿元，全区占比由2016年的31%提升至2021年的50%。复兴大桥等重点项目建成投用，新建和修缮道路300余公里，普惠性幼儿园覆盖率达到100%，村级文化室、养老照料中心实现全覆盖，河东地区发展基础更加坚实。**三是接诉即办守初心暖民心。**坚持把接诉即办作为服务群众的重要抓手，整合资源、完善机制，累计受理群众诉求83万余件，解决率和满意率分别达到91.1%、92.7%，获得群众来电表扬3000余件。累计办结民生实事149项，一批群众关心关切的问题得到有效解决。**四是群众住房条件持续改善。**竣工保障性住房2.78万套，启动实施杨镇中心区等11个棚改项目，惠及4万余人，对接核心区定向安置房项目主体结构封顶。动迁12年的前进村、太平村回迁安置房项目相继开工建设，樱花园小区产权置换签约2000余户，解决房产证办理难项目近万套，28个老旧小区改造加快实施。**五是公共服务供给更加均衡优质。**每年将财政支出的85%以上投入民生领域，真正让发展成果惠及全区人民。始终把教育放在优先发展的战略地位，累计投入教育经费233亿元，新建和改扩建学校19所，新增学前学位5040个、中小学学位6600个，引进北师大附中、黄城根小学等重点名校，全区义务教育免试就近入学比例达到99%，高考本科录取率达到95%以上，社会教育网络全面普及。加快推动医疗设施建设，友谊医院顺义院区主体结构封顶，北医三院顺义院区土地一级开发取得授权批复，区中医院迁建工程完工，村级医疗机构实现全覆盖。建设运营养老服务驿站、老年餐桌近百家，服务老年人40余万人次。**六是社会保障体系不断完善。**连续10年被认定为全市充分就业区，全区居民人均可支配收入年均增长8.1%。城乡居民基本养老保障待遇较2016

年提高67%，210家定点医疗机构实现门（急）诊异地就医实时结算，为残疾人等发放补贴超过5亿元。城南体育中心投入使用。建设提升便民商业网点546个，“一刻钟社区服务圈”覆盖所有城市社区，群众生活更加便利。五年来，我们全面推动社会事业发展，积极创建全国文明城区，连续五届获评全国双拥模范城，民族宗教、国家安全、外事侨务、对台、新闻、档案、保密、气象、地震、人防、慈善、红十字等各项工作取得新进展。

五年来，我们深入落实北京城市总体规划，统筹开展疏解整治和优化提升，全面加强城市精细化治理，推动平原新城综合承载力持续提高。一是规划体系更加健全。分区规划高标准编制实施，专项规划编制有序推进，356个村庄规划实现全覆盖，顺义发展蓝图更加清晰。坚持减量集约发展，顺利完成8平方公里减量任务。**二是“疏整促”专项行动纵深推进。**坚持疏解功能谋发展、整治提升促转型，累计拆除违法建设1788万平方米，超过之前10年的2倍，退出一般制造业企业321家，疏解提升商品交易市场12个，拆后还绿6622亩。积极承接中心城区适宜功能、产业和人口疏解转移，主动服务城市副中心、大兴机场建设，深化与昌平区结对协作。**三是基础设施不断完善。**实施提高综合承载力三年行动计划，安排重点工程283项，总投资达到2200亿元。市郊铁路通密线开通运营，R4线一期、M15号线东延项目纳入全市轨道交通第三期建设规划，首都机场捷运线、京密高速二期加速推动。梳理棚改拆迁收尾、土地一级开发、市政重点工程三大“拔钉子”问题546个，累计拔除374个，释放土地资源2430亩。完成土地供应50宗，实现收益727亿元。**四是精细化治理水平进一步提升。**深入落实物业管理和生活垃圾管理条例，区属国有物业集团组建完成，住宅小区物业服务实现全覆盖，生活垃圾无害化处理率达到100%。深入实施“街乡吹哨、部门报到”改革，推进社会治理重心下移。取消社区事项300余项，切实为基层减负增效。**五是生态文明建设全面深化。**举全区之力坚决打赢污染防治攻坚战，累计投入资金超过110亿元，PM2.5年均浓度下降到35微克/立方米以内，较2016年下降36微克/立方米，力度之大、成效之好前所未有。全市规模最大的煤改清洁能源工程圆满完成，17万余户村民实现清洁取暖。小微水体整治、农村污水治理完成率均位列全市第1，黑臭水体全部消除，全区污水处理率提高到95.5%，跨界断面补偿金下降97%，达到历史同期最好水平。实施潮白河生态补水，顺义段22年来首次全线通水。完成平原造林8.7万余亩，公园绿地500米服务半径覆盖率达到90.6%。受污染耕地和地块安全利用率保持100%。**六是安全稳定形势持续向好。**金融风险防范机制不断健全，社会治安环境持续提升，生产安全事故起数较2016年下降86%，连续21年未发生森林火灾。信访及时受理率、按期答复率保持100%。成功创建食品安全示范区，食品安全抽检合格率达到99%以上。

五年来，我们严格落实全面从严治党责任，始终坚持依法行政，坚定不移深化改革，加快建设人民满意的服务型政府。一是思想政治建设更加深入。牢固树立“四个意识”、坚定“四个自信”、做到“两个维护”，巩固深化“两学一做”学习教育成果，扎实推动“不忘初心、牢记使命”主题教育常态化制度化，深入开展党史学习教育。严格落实意识形态工作责任制。**二是依法行政水平不断提升。**自觉接受人大、政协监督，累计办结人大代表议案建议631件、政协委员提案814件。全面推行政府法律顾问和专家咨询委员会制度，严格落实重大行政决策法定程序，依法行政考核成绩持续保持全市前列。**三是重点领域改革稳步推进。**全市入驻业务最全、领域最广的区级政务服务中心投入使用，3000余个政务服务事项实现“不见面”审批，67个事项实现“跨省通办”、26个事项实现“跨区通办”，群众办事更加便捷高效。“放管服”改革深入实施，政府权责清单全面建立。国资国企改革有序推进，经济功能区改革成效显著。**四是党风廉政建设持续深化。**坚决肃清重大腐败案件恶劣影响，深入落实全面从严治党要求，加快重构风清气正的政治生态。着力开展招投标等重点领域整顿，健全完善制度，实现全区政府采购、工程建设等项目纳入公共资源交易平台，制度笼子扎得更紧更牢、权力运行更加规范高效。

2020年，面对突如其来的新冠疫情，全区广大党员干部群众携手并肩、众志成城，坚决筑牢疫情防控铜墙铁壁。我们全力做好新国展入境集散点服务保障，持续加强外航机组、国际航班、境外抵京等重点人群排查管控，定期开展首都机场周边地区全员核酸检测，牢牢守住“第一国门”防线；我们果断应对处置区内局部聚集性疫情，迅速封控管理重点区域，3天内完成全域全员核酸检测、28天有效控制疫情扩散、50天实现中风险地区全部清零，推动抗疫斗争取得重大成果，展现了“顺义速度”、体现了“顺义温度”，切实守护了全区人民的生命安全和身体健康！

同时，我们持续加强常态化疫情防控，强化重点人群、重点区域管理，有序推进新冠疫苗接种，坚决织密织牢疫情防控安全网；我们统筹抓好疫情防控和经济社会发展，扎实做好“六稳”“六保”工作，第一时间出台纾困惠企政策，实施国企房租减免计划，支持企业控疫情、稳增长，努力将疫情影响降至最低。

各位代表，五年发展成之唯艰，五年耕耘硕果累累。五年来，我们主动站位全市发展大局，立足区域功能定位，紧紧围绕人民日益增长的美好生活需要，团结奋斗、砥砺前行，推动全区经济发展进入新阶段、城市建设开启新局面、社会事业取得新进展。这些成绩的取得，得益于市委、市政府和区委的坚强领导，得益于人大、政协的监督和支持，凝聚着社会各界的关心和帮助，饱含着全区人民的智慧和汗水。在此，我谨代表区政府，向全区人民，向各位人大代表、政协委员，向各民主党派、人民团体和各界人士，向驻区中央、市属单位，部队和企业，表示衷心的感谢！

在看到成绩的同时，我们也清醒地认识到，发展中还存在许多困难和不足：**一是**当前国外新冠疫情持续蔓延，作为首都机场所在地，全区“外防输入”任务艰巨；**二是**产业结构仍处在调整阶段，新的发展动能还在培育，企业经营仍面临不少困难；**三是**民生保障还有短板弱项，优质教育、医疗等资源供给与群众期待相比仍有差距；**四是**城市治理需要更加精细，污染防治、环境整治还有不足，长效机制还需健全完善；**五是**回迁安置、工程建设等领域还存在难点、堵点，解决历史遗留问题仍需动真碰硬；**六是**政府工作效能要进一步提升，抓产业、促发展的专业能力有待增强；**七是**反腐败斗争形势依然严峻，重点领域还要强化监管、制度还要继续完善。对于这些问题，我们将更加努力工作，勇于担当、埋头苦干，拿出务实有效的举措全力推动解决。

二、今后五年工作的总体要求和奋斗目标

今后五年政府工作的总体要求是：坚持以习近平新时代中国特色社会主义思想为指导，深入贯彻习近平总书记对北京重要讲话精神，立足新发展阶段、贯彻新发展理念、融入新发展格局、推动高质量发展，以服务首都发展为统领，以改革创新为动力，以满足人民日益增长的美好生活需要为目标，以风清气正的良好政治生态为保障，统筹发展和安全，服务“四个中心”功能建设，提升“四个服务”水平，落实“平原新城看顺义”目标要求，树牢“第一国门”意识，坚持在“两区”建设、高端制造、新城发展上走在前列，加快建设“业强城优生活美”的首都重点平原新城，为全市率先基本实现社会主义现代化起好步贡献顺义力量。

今后五年的奋斗目标是：围绕落实“国门空港城、创新前沿地、宜居示范区”的功能定位，聚焦实现“十四五”规划目标和二〇三五年远景目标，推动以下工作取得更加明显的进展。

一是经济发展再上新台阶。

二是创新发展实现新突破。

三是开放合作进入新阶段。

四是绿色发展开创新局面。

五是乡村振兴迈出新步伐。

六是民生改善取得新成效。

七是安全保障达到新高度。

三、2022年重点工作

2022年是新一届政府的开局之年，也是实施“十四五”规划承上启下的关键一年，抓好经济社会发展各项工作，责任重大、意义深远。**我们**将在市委、市政府和区委的坚强领导下，坚持稳中求进工作总基调，统筹抓好疫情防控和经济社会发展，继续做好“六稳”“六保”工作，积极融入全市“五

子联动、协同发展”重大战略部署，持续推动经济稳增长，促进产业转型升级，提升综合承载力，坚决完成全年各项任务目标。我们将更加关注民生工作，认真践行以人民为中心的发展思想，恪守为民宗旨、厚植为民情怀，始终站在群众的角度想问题、做决策、抓工作，让顺义人民拥有更丰富、更直接的获得感、幸福感、安全感！

按照上述要求，对接“十四五”规划安排，综合分析研判形势，我们提出2022年全区经济社会发展的主要预期目标是：地区生产总值同比增长6%，一般公共预算收入同比增长3%左右，社会消费品零售总额同比增长6%，固定资产投资同比增长3%，规模以上工业总产值同比增长6%，城镇登记失业率低于4.5%，居民收入稳步增长，生态环境质量持续改善。

为实现上述目标，2022年我们将重点做好以下几方面工作：

（一）坚决守住安全底线，统筹抓好重大活动服务保障、疫情防控和安全稳定工作

精益求精完成服务保障任务。

慎终如始抓好疫情防控工作。

持之以恒维护区域安全稳定。

（二）促进高质量、深层次改革开放，在打造首都重要增长极上实现新突破

持续增强经济发展韧性。

强化“两区”政策功能创新。

大力促进数字经济融合发展。

深入推进营商环境改革。

（三）加快集聚高端要素、优化产业生态，着力打造首都创新驱动发展前沿阵地

提升招商引资专业化水平。

完善优化创新创业生态。

抓好三大创新产业集群项目建设。

提速现代服务业高端化发展。

（四）不断完善城市功能品质、提升综合承载力，加快建设首都重点平原新城

提升城市规划和建设水平。

强化城市精细化管理。

持续改善生态环境质量。

（五）深入推动农业农村现代化、促进农民增收致富，努力推进乡村振兴取得新成效

发展壮大农村集体经济。

推动农村建设治理提质增效。

加快区域城乡协调发展。

（六）不断健全基本公共服务体系、提升“七有”“五性”水平，切实改善群众生活品质

落实教育发展“五优”战略。

增加优质医疗资源供给。

不断完善住房和社会保障。

推动公共服务普惠共享发展。

（七）不断提升工作效能，以实绩实效加快建设让人民群众满意的法治政府、廉洁政府、服务型政府

始终坚持党的领导。

始终坚持依法行政。

始终坚持高效履职。

始终坚持清正廉洁。

大事记

1月

11日，北京市顺义区第五届人民代表大会第七次会议开幕。区领导高朋、龚宗元、车克欣、周颖博等出席。主席团常务主席、大会执行主席车克欣主持会议。会议采取视频与现场相结合的方式进行，189名人大代表出席。会议表决通过顺义区第五届人民代表大会第七次会议选举办法，表决通过北京市顺义区第五届人民代表大会第七次会议关于北京市顺义区第五届人民代表大会监察和司法委员会主任委员人选的表决办法。

12日，北京市顺义区第五届人民代表大会第七次会议闭幕。大会以举手表决的方式通过大会总监票人、监票人及各分会场主监票人、监票人名单。龚宗元全票当选为顺义区人民政府区长，李慧哲全票当选为顺义区第五届人民代表大会常务委员会委员、区人大监察和司法委员会主任委员。会议表决通过顺义区第五届人民代表大会第七次会议关于《顺义区人民政府工作报告》的决议、《顺义区2020年国民经济和社会发展计划执行情况与2021年国民经济和社会发展计划》的决议、《顺义区2020年预算执行情况和2021年预算》的决议、《顺义区人民代表大会常务委员会工作报告》的决议、《顺义区人民法院工作报告》的决议、关于《顺义区人民检察院工作报告》的决议。

22日，京哈高铁（北京—承德段）开通运营，顺义西站正式投入使用。

2月

7日，中国共产党北京市顺义区第五届纪律检查委员会第七次全体会议以视频会议形式召开。区委书记高朋参加会议并讲话。区委副书记、区长龚宗元，区人大常委会主任车克欣，区政协主席周颖博，市纪委监委相关部门人参加会议。区委常委、区纪委书记、区监委主任刘国强主持会议。会议传达学习十九届中央纪委五次全会精神和市纪委十二届六次全会精神，对推进全面从严治党和纪检监察工作高质量发展进行部署。刘国强代表区纪委常委会做《勇担新使命 奋进新征程 为庆祝中国共产党成立一百周年 推动首都重点平原新城建设高质量发展提供坚强保障》工作报告。会议审议通过刘国强代表区纪委常委会所做的工作报告。区委、区人大常委会、区政府、区政协、天竺综保区管委会领导，区法院、区检察院领导及各部委办局、中心、公司、经济功能区、人民团体主要负责人，各镇、街道党政正职等在主会场和分会场参加会议。

是日，北京市“两区”建设吸引的全国首家外商独资保险资管公司——安联保险资产管理有限公司在顺义区取得筹建期营业执照。

25日，全国脱贫攻坚总结表彰大会在人民大会堂举行。区政府投资项目资金运行服务中心主任许静荣获全国脱贫攻坚先进个人，顺鑫控股集团有限公司企业管理部荣获全国脱贫攻坚先进集体。

是月，由中共北京市委宣传部、首都文明办主办的“2020北京榜样”颁奖典礼举行。顺义区“快递小哥”杨敬山当选“2020北京榜样”年度榜样人物，“传播中国声音”刘琛、“马路神探”霍岗伟获年榜人物提名奖。

3月

3日，顺义区文化中心正式对外开放，总建筑面积6.38万平方米，包括博物馆、图书馆、文化馆、大剧院。

15日，顺义区委书记高朋主持召开全区党史学习教育动员部署会，对全区党史学习教育工作进行动员部署。区委副书记、区长龚宗元，区人大常委会主任车克欣，区政协主席周颖博参加。会议传达学习习近平总书记在党史学习教育动员大会上的重要讲话精神和全市党史学习教育动员大会会议精神。区委、区人大常委会、区政府、区政协、天竺综合保税区管委会领导，区法院、区检察院领导，区法院、区检察院、市公安局顺义分局分管负责人及各部委办局、中心、公司、人民团体主要负责人，各镇、街道、经济功能区党政领导班子成员分别在主会场和分会场参加会议。

19日，顺义区召开全区政法队伍教育整顿动员部署会。市政法队伍教育整顿第五指导组组长顾晓园，区委书记、区政法队伍教育整顿领导小组组长高朋出席会议并讲话。市政法队伍教育整顿领导小组第五指导组副组长孙启、于文科及指导组全体成员，区政法队伍教育整顿领导小组副组长贺亚兰、张晓峰、张豫、李旭辉及成员单位主要负责人，领导小组办公室全体人员，区委政法委机关全体干部，以及区各政法单位班子成员及内设机构、下属单位负责人参加会议。区委常委、区委政法委书记、区政法队伍教育整顿领导小组副组长张晓峰就教育整顿工作进行部署。

3月22日至4月12日，顺义区对位于北小营镇东乌鸡村的东汉末年古墓开展考古发掘，发掘面积170平方米。出土汉代陶器等残片20余件。通过墓葬结构形制以及出土残片确定为东汉末年砖墓，距今有1800余年历史。

是月，国家残疾人冰上运动比赛训练馆建设项目通过工程竣工验收。项目规划总用地面积18000平方米，新建建筑面积31473平方米，为北京2022年冬奥会的配套项目，包括残奥冰球比赛训练馆（含冰球馆、冰壶馆）、综合楼。

是月，顺义区制订并印发《顺义区推进中国（北京）自由贸易试验区建设实施方案》，实施方案明确顺义“两区”建设将以制度创新为核心，提出五大方面85项任务措施。

是月，顺义区2021年南水北调入潮白河回补地下水工程全面启动。工程起点为京密引水渠李家史山分水闸，经小中河、东水西调干渠、东忙牛河，入潮白河牛栏山橡胶坝上游水源地，全长15千米。

是月，“北京天竺（天竺综保区）综合保税区跨境贸易便利化标准化试点”国家级项目报批成功。

是月，顺义区博物馆收到首批民间捐赠文物5件，分别为汉代铁剑1把、恐龙蛋化石1对、汉画砖3块。

4月

6日，顺义区首次启用新冠疫苗“移动接种车”，为中关村顺义园的企业员工提供上门疫苗接种，实现流动式接种服务。

20日，北京顺义物业服务集团有限公司正式挂牌成立。区委常委、副区长徐晓俊参加揭牌仪式。区委组织部、区国资委等相关部门、属地及区属相关企业负责人参加揭牌仪式。

截至4月25日晚，全区19个镇426个村全部完成村委会换届选举工作，共选举产生新一届村委会班子成员2024人，其中主任426人、副主任74人、委员1524人。

27日，由顺义区委宣传部主办、区融媒体中心承办的“榜样的力量”——第八届顺义区道德模范发布仪式举行。杨力生、刘冰、张江、任志梅、陈领、麦育亥、李保忠、高彩芬、吴淑玲、绳桂玲、苗地、秦立哲12人当选第八届顺义区道德模范。区委常委、区委宣传部部长贺亚兰参加。

29日，顺义区首个非公企业党校——中共北京市顺义区胜利街道工委非公企业党校在华玺瀚楟社区胜利街道非公企业党群服务站正式揭牌成立，首期非公企业党建联络员培训课同日开讲。

是月，北京葫芦艺术庄园和北小营镇革命教育基地被评为北京市爱国主义教育基地。

是月，顺义区在全市率先出台《加强公共资源交易平台进场交易政府采购项目的监管措施》，确保政府采购项目依法依规执行。

5月

20日，顺义区政务服务局与通州区政务服务局、朝阳区政务服务局、大兴区政务服务局、北京经济技术开发区审批局、北京经济技术开发区政务服务中心共同签署《关于实施政务服务“跨区通办”联动机制框架协议》，开启“跨区通办”政务服务新模式。

28日，顺义区与天津市津南区、山东省滨州市、河北省张家口市万全区实现政务服务“跨省通办”。与三方分别签订《政务服务“跨省通办”合作协议》，实现全区31项政务服务事项可在三地办理，以及天津市津南区20项、山东省滨州市140项、河北省张家口市万全区18项政务服务事项可在顺义区办理。

6月

21日，区党史地方志办公室组织编写的《中国共产党北京市顺义区历史（1933—2012）》由中共党史出版社正式出版。

23日，以“点亮红色记忆　展望国门新篇”为主题的顺义区庆祝中国共产党成立100周年座谈会召开。区委书记高朋主持会议并讲话，区委副书记、区长龚宗元，区委常委、区委组织部部长张金玲，区委常委、区委宣传部部长贺亚兰参加。座谈会上，7位优秀基层党员代表结合自身情况先后发言。

是日，经顺义区委、区政府批准，北京临空经济核心区正式发布北京市首个航空货运产业扶持政策——《促进顺义区航空货运发展的若干措施》（顺政办发〔2021〕6号）。

24日，顺义区召开“两优一先”表彰大会，表彰顺义区优秀共产党员、优秀党务工作者和先进基层党组织。区委书记高朋，区委副书记、区长龚宗元，区人大常委会主任车克欣，区政协主席周颖博参加。会上，宣读区委关于表彰顺义区优秀共产党员、优秀党务工作者和先进基层党组织的决定。区领导为受表彰代表颁奖，为老党员代表颁发“光荣在党50年”纪念章。

28日，顺义区乡村振兴局挂牌成立。

是日，首都机场“大阪—北京首都—大阪—安克雷奇”航线正式开通。

7月

13日，顺义区召开政法队伍教育整顿总结大会，深入学习贯彻习近平总书记关于开展政法队伍教育整顿的重要指示精神，按照中央、市委统一部署要求，全面总结顺义区教育整顿工作，部署下一阶段有关工作。市政法队伍教育整顿领导小组第五指导组组长顾晓园，区委书记、区政法队伍教育整顿领导小组组长高朋出席会议并讲话。会议宣读关于对顺义区政法系统先进个人和先进集体表彰的决定，总结全区政法队伍教育整顿工作总体情况。市政法队伍教育整顿领导小组第五指导组副组长孙启、于文科及指导组全体成员，区政法队伍教育整顿领导小组副组长张金玲、张晓峰、刘国强、赵为民、张豫、李旭辉及成员单位主要负责人，区委政法委班子成员及机关全体干部，区各政法单位班子成员及内设机构、下属单位主要负责人参加。

是日，由市经济和信息化局、市投资促进服务中心指导，德国汽车工业协会和顺义区人民政府联合主办的第一届“中德汽车产业发展合作论坛暨中德汽车产业链CEO峰会”在顺义区举行。区委副书记、区长、北京天竺综保区管委会主任龚宗元，工信部装备一司汽车发展处调研员陈春梅，工信部装备中心博士研究员张艳，区委常委、副区长徐晓俊参加。活动邀请来自国家有关部委、行业组织、前沿专家，以及近百家中德汽车企业共同参与，采用线上线下结合的方式，围绕汽车产业电动化智能化产业创新、行业管理与政策趋势、产业链合作等层面开展全领域深入探讨与系统交流。

21日，中国共产党成立100周年庆祝活动顺义区服务保障工作总结大会召开。区委副书记、区长龚宗元主持会议，区人大常委会主任车克欣，区政协主席周颖博参加。区委统战部、区委宣传部、区委政法委、区城市管理委、区应急管理局5个工作机构代表进行发言。区委、区人大常委会、区政府、区政协、天竺综保区管委会领导，区法院、区检察院领导出席会议，区庆祝活动领导小组各工作机构及相关单位主要负责人，各镇、街道党政正职参加。

是月，顺义区12～17岁人群疫苗接种工作启动。设城南体育中心、马坡赛马场、后沙峪临时接种点、杨镇临时接种点4个接种点。

是月，顺义区新“特种设备检验系统”正式上线，在全市率先实现特种设备检验行政许可一次办结。

8月

2日，由国家文化和旅游部、国家发展改革委联合开展的全国乡村旅游重点村镇名录遴选推荐工作中，顺义区龙湾屯镇入选第一批全国乡村旅游重点镇（乡）名单。

26日，顺义区“两区”建设一周年新闻发布会举行。新华社、《人民日报》、《香港商报》、《北京日报》、北京广播电视台等近20家市级以上主流媒体受邀参加。区商务局、区经济信息化局（中德国际合作产业园）、临空经济核心区管委会、天竺综保区管委会主要负责人以及驻区企业代表介绍顺义“两区”建设一周年工作成果、园区建设发展成效、企业政策受益及业务创新等情况并回答记者提问。

是月，顺义区首家部队图书馆分馆——执勤第八支队“卫士图书馆”武警分馆正式启用。分馆面积120平方米，馆藏图书13400册，涉及军事、科技、文学、历史、法律等学科类别。

是月，顺义区首个抗疫专题展览——“最美的样子·疫中有大义”在区博物馆开展。展览面积约260平方米，分为“初心使命”“医者仁心”“国门卫士”“爱家管家”“春暖花开”，展出纪实照片179张、字画37幅、请愿书12张、防疫海报14张、防疫手册9本以及各类实物展品等总计超过300项。

9月

2日，顺义区首个“先税后证”股权转让变更登记办理完成。

24日，顺义区第三批自动驾驶测试道路通过验收，本次验收通过道路51条，道路里程双向265千米。

30日，顺义区在潮白烈士陵园举行烈士纪念日公祭活动。区委书记高朋宣读祭文，区委副书记、区长龚宗元主持公祭活动，区人大常委会主任车克欣、区政协主席周颖博参加。

是月，中国银行顺义支行为北京现代汽车金融有限公司办理跨境融资业务，金额达5亿元，实现“两区”新政下，支持自贸试验区内汽车金融公司开展跨境融资业务的在京首发。

10月

是月，顺义区全面启动新冠疫苗加强针接种工作，全区启用接种点25个（临时接种点23个、固定接种点2个）。各接种点由二级及以上医疗机构建立点对点医疗保障，派驻医疗急诊急救人员开展疑似预防接种异常反应监测。

是月，北京市政府公布52项北京市第五批市级非物质文化遗产代表性项目名录，顺义区马坡镇马卷村五虎棍、火绘葫芦技艺分别入选传统舞蹈类和传统美术类。

11月

11日，顺义区以视频会议形式召开“以案为鉴、以案促改”警示教育大会。市纪委市监委宣传部副部长高明，市纪委市监委第六监督检查室副主任任哲与会指导。区委副书记、区长龚宗元主持会议，区人大常委会主任车克欣，区政协主席周颖博及区委、区人大常委会、区政府、区政协、北京天竺综保区管委会领导参加。会议通报2020年度警示教育大会以来受到处分的处级干部。

是月，2021年度乡村文化和旅游能人支持项目由文化和旅游部发布，顺义区吉祥八宝葫芦手工艺品传承人牛成果入选。

12月

6—8日，中国共产党北京市顺义区第六次代表大会召开。大会主席团常务委员会委员高朋、龚宗元、宋建明、张金玲、贺亚兰、张晓峰、刘国强、张爱冬、张艳林、徐晓俊、方洁、李增明、赵鹏、刘怀生出席。区人大常委会主任车克欣、区政协主席周颖博受邀参加。高朋代表中国共产党北京市顺义区第五届委员会向大会做题为《铭记百年史 扬帆新征程 在首都平原新城社会主义现代化建设中奋勇争先》的报告。到会代表以无记名投票的方式，选举出中国共产党北京市顺义区第六届委员会委员41名、候补委员8名，中国共产党北京市顺义区第六届纪律检查委员会委员29名。大会通过《中国共产党北京市顺义区第六次代表大会关于中共北京市顺义区第五届委员会工作报告的决议》和《中国共产党北京市顺义区第六次代表大会关于中共北京市顺义区第五届纪律检查委员会工作报告的决议》。

15—16日，中国人民政治协商会议北京市顺义区第六届委员会第一次会议召开。区委书记高朋，区委副书记、区长、北京天竺综合保税区管理委员会主任龚宗元，区人大常委会主任车克欣，区委副书记张金玲等区领导到会。高朋讲话。区五届政协主席周颖博受政协北京市顺义区第五届委员会常务委员会委托，向大会报告工作。贺亚兰当选政协北京市顺义区第六届委员会主席，单成刚、李衍、王鉴远、杨凤辉、于宝鑫、周鑫当选政协北京市顺义区第六届委员会副主席，王颀当选政协北京市顺义区第六届委员会秘书长。马玉梅等49名委员当选政协北京市顺义区第六届委员会常务委员会委员。会议听取并审议通过《政协北京市顺义区第六届委员会第一次会议期间委员提案审查情况的报告》《政协北京市顺义区第六届委员会第一次会议政治决议》。

16—18日，北京市顺义区第六届人民代表大会第一次会议召开。267名区人大代表出席会议。宋建明当选顺义区第六届人民代表大会常务委员会主任，张晓峰、张爱冬、丁文强、张尚强、陈小燕当选顺义区第六届人民代表大会常务委员会副主任，马元春等29人当选顺义区第六届人民代表大会常务委员会委员。龚宗元当选顺义区人民政府区长，张艳林、徐晓俊、李向英、杨大胜、冉灏、冯江全、杜跃当选顺义区人民政府副区长；刘国强当选顺义区监察委员会主任，王晓艳当选顺义区人民法院院长，姜淑珍当选顺义区人民检察院检察长。大会听取北京市顺义区第六届人民代表大会第一次会议议案审查委员会关于代表议案审查情况的报告。会议表决通过顺义区第六届人民代表大会第一次会议关于《顺义区人民政府工作报告》的决议、《顺义区2021年国民经济和社会发展计划执行情况与2022年国民经济和社会发展计划》的决议、《顺义区2021年预算执行情况和2022年预算报告》的决议、《顺义区人民代表大会常务委员会工作报告》的决议、《顺义区人民法院工作报告》的决议和关于《顺义区人民检察院工作报告》的决议。

23日，由顺义区人民政府、中国德国商会共同主办的2021北京中德产业合作发展论坛在顺义区举办，北京中德产业园正式开园。市委常委、副市长殷勇以视频方式为论坛致辞，国家发展改革委国际司副司长潘江，国家发展改革委国际合作中心副主任刘建兴，市经济和信息化局副局长彭雪海，市发展改革委、市投资促进中心等委办局有关领导，区委书记高朋，区委副书记、区长龚宗元，区委常委、常务副区长张艳林，中国国际投资促进中心、中欧国际交易所、德国联邦外贸与投资署、德国各州驻华联络处等300余家知名德企及协会机构代表以“线上+线下”方式参加论坛。

29—30日，2021第三代半导体创新发展峰会暨国际第三代半导体创新创业大赛大中小企业融通专业赛在顺义区举办。区委副书记、区长、北京天竺综保区管委会主任龚宗元出席峰会并致辞。大赛有入围项目52个，13个项目进入决赛。

是月，顺义区龙湾屯镇果蔬“三品一标”基地入选农业农村部公布的第一批全国种植业“三品一标”基地。

是月，顺义区实现社区居委会全覆盖。

中国共产党顺义区委员会

重要会议和活动

【市委书记到金马工业区检查疫情防控有关工作】 1月1日，市委书记蔡奇一行到金马工业区检查疫情防控有关工作并召开座谈会。区领导高朋、龚宗元等参加。

（区委办）

【中国共产党北京市顺义区第五届委员会第十二次全体会议】 1月8日，中国共产党北京市顺义区第五届委员会第十二次全体会议召开。全会深入学习贯彻党的十九届五中全会、中央经济工作会议精神和习近平总书记对北京重要讲话精神，贯彻落实市委十二届十五次、十六次全会精神和蔡奇书记到顺义调研指示精神，总结2020年工作，部署2021年任务，审议通过《中共北京市顺义区委关于制定国民经济和社会发展第十四个五年规划和二〇三五年远景目标的建议》。区委书记高朋代表区委常委会做工作报告，就该建议向全会做说明并讲话。全会审议区委常委会抓党建工作情况报告，讨论关于全区经济社会发展工作的报告。区委书记高朋，区委副书记、区长龚宗元，区人大常委会主任车克欣，区政协主席周颖博等出席会议，区人大常委会各委室主任，区政协各室主任，天竺综合保税区管委会各处室、中心负责人，各部委办局、公司、中心、人民团体党政正职，各镇党委书记、镇长、人大主席，各街道工委书记、办事处主任，全体区党代表参加。

（区委办）

【顺义区委议军会议】 1月30日，顺义区委议军会议召开。区领导高朋、龚宗元、车克欣、周颖博等出席。各相关单位主要负责人参加会议。

（区委办）

【顺义区2020年度镇街、区直党（工）委书记抓基层党建工作述职评议考核会议】 2月20日，顺义区2020年度镇街、区直党（工）委书记抓基层党建工作述职评议考核会议召开。市委组织部有关人员，区领导高朋、龚宗元等出席。

（区委办）

【2021年深化“疏解整治促提升”促进生态文明与城乡环境建设推动高质量发展暨精神文明建设工作及背街小巷环境精细化整治提升动员部署大会】 3月24日，顺义区2021年深化“疏解整治促提升”促进生态文明与城乡环境建设推动高质量发展暨精神文明建设工作及背街小巷环境精细化整治提升动员部署大会召开。区领导高朋、龚宗元、车克欣、周颖博等出席，区委委员、区纪委委员，各部委办局、公司、中心、人民团体党政正职，各镇党委书记、镇长、党委委员，各街道工委书记、主任、工委委员，各村（居）党组织书记参加会议。

（区委办）

【全区领导干部会议】 3月29日，顺义区全区领导干部会议召开。区领导高朋、龚宗元、车克欣、周颖博等出席。各部委办局、公司、中心、人民团体党政正职，各镇党委书记、镇长，各街道工委书记、主任参加会议。会议传达市委主要领导到顺义区调研讲话精神。

（区委办）

【中宣部副部长、中央广播电视总台台长参加绿化共建林揭幕活动】 4月11日，中宣部副部长、中央广播电视总台台长兼总编辑到顺义区参加绿化共建林揭幕活动，区委书记高朋，区委副书记、区长龚宗元等参加。

（区委办）

【服务保障中国共产党成立100周年庆祝活动动员部署会议】 6月11日，顺义区服务保障中国共产党成立100周年庆祝活动动员部署会议召开。区领导高朋、龚宗元、车克欣、周颖博等出席。各部委办局、公司、中心、人民团体主要负责同志，各镇党委书记、镇长，各街道工委书记、主任等参加会议。

（区委办）

【中国共产党北京市顺义区第五届委员会第十三次全体会议】 7月29日，中国共产党北京市顺义区第五届委员会第十三次全体会议召开。全会深入学习贯彻习近平总书记在庆祝中国共产党成立100周年大会上的重要讲话精神和习近平总书记对北京重要讲话精神，贯彻落实市委十二届十七次全会部署和市委书记蔡奇对顺义工作的指示要求，总结2021年上半年工作，部署下半年任务。区委书记高朋代表区委常委会做工作报告并讲话。全会书面审议2021年上半年经济社会发展情况和下半年工作安排，审议通过《关于召开中国共产党北京市顺义区第六次代表大会的决议》。区委书记高朋，区委副书记、区长龚宗元，区人大常委会主任车克欣，区政协主席周颖博等出席会议，其他区委委员、候补委员、纪委委员参加。

（区委办）

【全区领导干部警示教育大会】 11月11日，全区领导干部警示教育大会召开。区领导高朋、龚宗元、车克欣、周颖博等出席。各部委办局、公司、中心、人民团体党政正职，各镇、街道班子成员，村、社区党组织负责人等参加会议。

（区委办）

【中国共产党北京市顺义区第五届委员会第十四次全体会议】 11月20日，中国共产党北京市顺义区第五届委员会第十四次全体会议召开。全会决定，中国共产党北京市顺义区第六次代表大会于2021年12月5日至8日召开。全会听取区第六次党代会筹备工作情况的报告；讨论并通过中共北京市顺义区第五届委员会向中共北京市顺义区第六次代表大会的报告和中共北京市顺义区第五届纪律检查委员会向中共北京市顺义区第六次代表大会的报告，决定将这两份文件提请中共北京市顺义区第六次代表大会审议；讨论酝酿中共北京市顺义区第六届区委委员、候补委员和纪委委员候选人预备人选；听取审议全区党费收缴、使用和管理情况报告；审议区委常委会抓党建工作情况的书面报告。区委书记高朋，区委副书记、区长龚宗元，区人大常委会主任车克欣，区政协主席周颖博等出席会议，其他区委委员、候补委员、纪委委员参加。

（区委办）

【中国共产党北京市顺义区第六次代表大会】 12月6日，中国共产党北京市顺义区第六次代表大会开幕。区委书记高朋代表五届区委做题为《铭记百年史　扬帆新征程　在首都平原新城社会主义现代化建设中奋勇争先》的报告。会议听取和审查中国共产党北京市顺义区第五届委员会的工作报告；审查中国共产党北京市顺义区第五届纪律检查委员会的工作报告；选举中国共产党北京市顺义区第六届委员会；选举中国共产党北京市顺义区第六届纪律检查委员会。

（区委办）

组织工作

【概况】 年内，深入学习习近平新时代中国特色社会主义思想和党的十九大、十九届历次全会精神，全面贯彻新时代党的建设总要求和新时代党的组织路线，认真落实全国、全市组织部部长会议及区六次党代会部署要求，始终牢固树立“第一国门”意识，聚焦主责主业、狠抓工作落实，围绕发展大局、奋力担当作为，不断提升全区党建工作整体水平。

（区委组织部）

【重大活动服务保障】 年内，做好中国共产党成立100周年庆祝活动服务保障，严格资格联审产生庆祝大会观礼人员1954名和文艺演出观演人员475名，人选资格通过率97.7%。协调区属国企北京燕京啤酒集团公司、北京顺鑫农业股份有限公司为庆祝活动提供服务包7.5万个，供应食品5.6吨。召开顺义区“两优一先”表彰大会和座谈会，完成“光荣在党50年”纪念章颁发工作，开展“共产党员献爱心”捐款活动，制作《顺义脊梁》建党百年专题片，策划系列宣传活动。

（区委组织部）

【筑牢“第一国门”疫情防线】 年内，从严抓实社区（村）疫情防控工作，建立“区—镇（街）—村（居）”三级网格责任体系，引导党员干部精准下沉，组建国门先锋突击队，筑牢社区（村）防线。指导各属地勘察搭建采样点111个，累计采样检测369万人次。划拨388万元专项党费支持防疫工作，向全区32家医疗卫生单位和523个社区（村）配送暖心物资。推进入境轮值接转工作，聚焦信息登记、核酸检测、集中观察、期满分流“四步工作法”，累计接转服务入境人员1万余人。

（区委组织部）

【区镇换届选举】 年内，筹备服务区第六次党代会，选举产生新一届区委委员41人、区委候补委员8人及区纪委委员29人。压茬推进区人大代表、区政协委员推荐提名及服务保障工作，产生区人大代表286人、区政协委员286人。指导19个镇（地区）召开镇党代会，选举产生党委委员194人、纪委委员133人、镇（地区）党代表2116人。

（区委组织部）

【村和社区“两委”换届选举】 年内，严肃换届纪律，组织纪检、公安等15个部门，先后开展13轮资格联审，累计集中审查22007人次，筛除“十不能”问题人员67人。历时123天，完成全区426个村、151个社区“两委”换届工作，实现“五全面、四提升，两优化、一保持”目标。全国社区建设部际联席会议第19期简报印发专刊《北京市顺义区村（居）委会换届实现各项指标历届最优》，呈报国务委员及中组部、民政部。

（区委组织部）

【村和社区干部教育培训】 年内，创新运用网络加密直播间的形式，开展新一届“两委”干部任职和履职能力提升培训，持续开展“科班”培养、学历教育、集中轮训等，累计培训农村后备干部15期761人。连续举办13届村干部大专班，984名村“两委”干部和后备干部取得国家承认的大专学历。严格落实村（社区）书记区级备案管理制度，累计完成7批次591名村（社区）书记的备案管理工作。

（区委组织部）

【推动社区（村）治理20条落地】 年内，将社区（村）治理20条分解为62项具体任务，通过部门联动、属地推动、社区（村）自治的“三级联动”机制，强化协调，累计召开推进会8次、情况交流会10次。实施“挂号销账”，定期调度指导，任务完成率100%。

（区委组织部）

【基层党建水平全面提升】 年内，谋划基层党建述职评议考核，筹备全区党（工）委书记党建述职会，指导全区2652家基层党组织逐级开展党建述职，实现党建述职主体100%全覆盖。开展“国门讲堂、红领培优”党建培训，首次实现村（社区）、国有企业、“两新”组织等8个领域党组织书记以及党务工作者党建培训全面覆盖。

（区委组织部）

【“两新”党建工作扎实推进】 年内，聚焦新业态、新就业群体，抓好党建试点工作，强化“关心关爱”举措，形成“16家党群中心驿站+15个社会资源驿站+36个暖蜂驿站”的暖心体系。建立行业和属地双重管理模式，加强对顺丰、圆通、申通等北京总部企业的组织指导，实现全区18个新就业群体党员党组织100%全覆盖。

（区委组织部）

【党员队伍教育管理】 年内，严把党员发展入口关，举办发展对象培训班4次，完成市级下达的1500个发展党员计划。继续推进农村发展党员违规违纪问题排查整顿，对1084名新发展党员进行区级联审。依托“双报到”工作机制，引导在职党员参与疫情防控、垃圾分类、全国文明城区创建等工作，组织77家单位定点报到。指导全区2429个基层党组织召开党史学习教育专题组织生活会，组织党员开展党性分析，查摆不足，整改提升。

（区委组织部）

【干部队伍建设】 年内，新录用公务员118人、选调生8人。完成第四期“梧桐工程——干部人才引进计划”全国选才，引进应届硕博毕业生52人。统筹职务、职级两个序列，完成科级领导职务提拔任用101人、职级晋升511人次，处级领导职务提拔任用99人、职级晋升240人次。加强与中央单位、外省区市干部双向交流，全年选派8名干部到中央、结对帮扶地挂职锻炼，接收10名外派干部来顺义区挂职交流。全年举办“国门讲坛”专题讲座11期，培训处、科级干部2.49万余人次。

（区委组织部）

【干部管理监督】 年内，建立“1+1+X”换届风气监督制度体系，组织开展“六必谈”7715人次、“四必训”9879人次、“四必看”9716人次。在重要节点推送《关于严明换届纪律的警示通告》，向区属各单位下发“一报、一书、一折页”7410份。组织签订《严肃换届纪律承诺书》，发放调查问卷1342份，开展个别谈话推荐、考察谈话2030人次，成立巡回督查组9个，对19个镇开展2轮换届风气巡回督查和现场督导。有序推动干部监督日常工作，对区人大机关等13家单位开展选人用人及不担当不作为专项检查，通过发放调查问卷、开展谈心谈话、“12380”信访举报等方式，发现问题、提出建议、抓好整改。

（区委组织部）

【第二届“HICOOL全球创业者峰会暨创业大赛”服务保障】 年内，完成第二届“HICOOL全球创业者峰会暨创业大赛”服务保障，吸引80余个国家和地区的4018个创业项目5077名创业人才参赛，引入46个参赛项目落地顺义，引进专家人才59位。

（区委组织部）

【人才发展环境持续优化】 年内，制订出台《顺义区“十四五”时期人才发展规划》，明确重点任务、重点工作、保障措施，统筹推进全区人才工作科学发展。修订印发《顺义区实施“梧桐工程”促进高精尖产业引才聚才的若干举措》，出台HICOOL专项人才政策，补齐全区创新创业发展的政策短板。

（区委组织部）

【人才社区建设】 年内，研究制定《顺义国际人才社区建设实施意见》《顺义国际人才社区建设发展规划》。持续推动特色示范街区建设，中粮祥云小镇国际商业示范街区逐步完善，北京昭德麦可林医院投入使用。持续加强多元文化融合，组织“学中国风 共顺义情”系列文化活动30余场。

（区委组织部）

【组织部门建设】 年内，持续开展“组工干部下基层”活动，引导机关干部深入一线摸情况、解难题，在服务基层的过程中练就好作风。提升“顺义组工”微信公众号等媒体影响力，推送信息292期1120篇，总阅读量116万余人次。

（区委组织部）

宣传工作

【概况】 2021年是中国共产党成立100周年，也是“十四五”开局、全面建设社会主义现代化国家新征程开启之年。全区宣传思想文化战线坚持以习近平新时代中国特色社会主义思想为指导，全面贯彻党的十九大和十九届历次全会精神，突出庆祝中国共产党成立100周年主题主线，贯彻落实中央、市委和区委关于宣传工作的重要部署，理论武装、舆论引导、思想教育、文化建设、文明培育等各项工作取得新进展。

（区委宣传部）

【理论武装】 年内，区委理论学习中心组围绕习近平生态文明思想、习近平总书记“七一”重要讲话、习近平法治思想等内容开展集体学习15次，参加市委理论学习中心组扩大学习14次。完成市党史学习教育宣讲团、“永远跟党走”百姓宣讲团、学习贯彻习近平总书记“七一”重要讲话精神基层宣讲团和北京市学习贯彻党的十九届六中全会精神宣讲团到顺义区巡讲服务保障任务。区委主要领导带头宣讲党的十九届六中全会精神，党史学习教育区委宣讲团等38支队伍深入基层宣讲360余场，组织开展3期顺义区百姓宣讲骨干培训班。

（区委宣传部）

【庆祝中国共产党成立100周年】 年内，2次组织475名观众到“鸟巢”观看《伟大征程》文艺演出。组织2000余名干部群众参观学习“不忘初心 牢记使命”庆祝中国共产党成立100周年大型成就展，组织党员干部群众和青少年走进焦庄户地道战遗址纪念馆等基地，举办主题活动160场。开展66场“永远跟党走”歌曲传唱活动，组织1070名志愿者参与城市运行服务保障。在社区宣传栏、橱窗布置宣传画面940余处，在街道悬挂灯笼灯饰3650余个，增设立体花坛10处，更换标语横幅3430余处，营造庆祝建党100周年浓厚社会氛围。

（区委宣传部）

【党史学习教育】 年内，组建区委党史学习教育领导小组“1+7+10+1”工作机构，组织召开领导小组及其办公室专题会议16次。成立区委党史学习教育指导组，推动党史学习教育在126个处级单位2658个基层党组织7.17万名党员中全面铺开、走深走实。1038名处级以上党员领导干部以普通党员身份参加专题组织生活会，各级党组织书记讲专题党课1716次。创编《中国共产党北京市顺义区历史（1933—2012）》《顺义党史百题知识问答》等书籍。刊发区委党史学习教育工作简报195期。组织“庆祝中国共产党成立100周年——发展成就特刊”主题采访活动，《北京日报》头版2次刊发顺义区学习习近平总书记重要讲话精神报道。“七一”当天推出逐梦专版《顺义：立足百年新起点，奋发有为走在前》。开展“百集栏目学党史、百堂课程讲党史、百位党员话初心、百名青年感党恩、百首红歌传精神”系列宣传报道，区内媒体推出《顺顺学党史》等精品栏目800余期。创排评剧《李昆》《使命》等红色剧目，《心中的歌儿献给党》主题MV点击量破百万次。打造“红色文化怀旧”等10条红色旅游线路，接待近60万名游客参观体验。开展“我为群众办实事”实践活动，区级33项重点任务清单、处级1040项“未诉先办”实事清单全部完成，7.3万余件党员“微实事”清单超额完成。

（区委宣传部）

【意识形态】 年内，修订完善《顺义区落实党委（党组）意识形态工作责任制实施细则》和《顺义区党委（党组）网络意识形态工作责任制实施细则》，全年研判会商4次，通报意识形态情况4次，更新阵地管理台账4次。围绕大事要事、敏感节点进行意识形态审核把关10余次。与区委第13轮巡察同步开展意识形态专项检查。连续5年将意识形态工作责任制落实情况纳入党建工作考核体系。

（区委宣传部）

【“扫黄打非”】 年内，组织“护苗”“清源”“净网”等专项行动，严肃查处涉“黄”涉“非”以及政治性有害出版物，检查各类场所1万余家次，查办案件112件，没收各类非法物品1373件，收缴非法小广告8076份，发现并督促整改各类隐患问题400余处。高丽营镇获评全国“扫黄打非”进基层示范标兵。

（区委宣传部）

【新闻舆论】 年内，围绕全国文明城区创建、“两区”建设等重点工作策划宣传工作。邀请中央和市级媒体入区采访17次，在市级以上媒体平台推送新闻报道3万余条，6次登上央视《新闻联播》、39次登上《人民日报》《北京日报》专版头版。完成北京市新冠肺炎疫情防控工作新闻发布会任务23次，10次召开“两区”建设新闻发布会，3次召开创城新闻发布会。不断深化融媒改革，加大融媒产品创作力度，推出《顺顺学党史》《创城有我》《主播说新闻》等融媒产品300余件。围绕区委、区政府中心和重点工作，累计推出新闻报道1.86万条、专题102期、报纸82期。助力创城，集中推出《顺顺讲文明》等10余个专题，发布信息400余条。坚持疫情防控宣传引导常态化，持续推出宣传报道3885篇，曝光单位和企业77家。健全完善市、区两级网评员队伍，开展网络舆论引导100余次。加强新媒体和自媒体监管，组织开展网络媒体座谈会30次。加强网络舆情监测，发送《舆情提示》2486期，清理各类不良不实信息540余条，稳妥处置金马工业园区环境阳性、质疑小学学区划分不合理等24起舆情事件，推动解决1583件网民诉求。

（区委宣传部）

【公共文化服务】 年内，开放新时代文明实践中心（区文化中心）“三馆一院”，年接待市民群众70.65万人次。创建北京市公共文化服务体系示范区，25个镇街综合文化中心建筑面积和功能完备达标率实现100%，487个村居文化设施建有率99.18%，全区人均公共文化服务设施建筑面积1.6平方米。加强实体书店建设，对53家书店和79个项目提供近1000万元资金扶持。举办全民阅读活动300余场，开展“我们的节日”主题活动631场，受众270万余人次。组织“农村文艺演出星火工程”演出825场，放映公益电影1.47万场。

（区委宣传部）

【文化行业监管】 年内，推进政务服务事项一网通办，审批设立出版物零售单位140家、电影放映单位2家。全面掌握新闻出版及电影行业企业底数，建立企业开复工及人员入境返京管理台账，督促企业落实“四方责任”。开展安全生产检查和整治行动588家次，发现整改问题688处，消除安全隐患84项。

（区委宣传部）

【文化产业】 年内，完成《关于温榆河文化产业发展调研报告》，推动温榆河文化产业带重点工作落实。组织召开领导小组和办公室会议4次，制发《顺义区推进全国文化中心建设2021年重点任务清单》及4个专项组折子工程，统筹推进6项市级重点任务和64项区级折子任务如期完工。制订《顺义区文化产业发展三年行动计划（2021年—2023年）》，利用5000万元专项扶持资金扶持项目30个、服务企业34家。参展中国服贸会，80余家文化企业亮相文旅服务专题。举办2021年顺义区文创大赛活动。举办文化产业人才提升培训班4期，服务产业人才2500余人次。不断优化营商环境，吸引德云社等企业落户，规模以上文化企业139家，实现营收171亿元。

（区委宣传部）

【党建引领】 年内，发挥区委宣传思想工作领导小组作用，贯彻落实《中国共产党宣传工作条例》。加强系统党员干部“四力”培训，开展系统“大调研”工作，《顺义区支持实体书店高质量发展的调研与思考》在《北京调研》刊载。加强政务信息报送，在市委宣传部《宣传系统快报》刊登信息数量位列全市第五。

（区委宣传部）

统战工作

【概况】 年内，区委统战部以贯彻落实《中国共产党统一战线工作条例》和中央、市委统战工作会议精神为引领，推进统战工作理论、机制、实践创新，构建大统战工作格局，提升履职尽责能力和水平，凝心聚力推动首都新发展。

（区委统战部）

【2021年暖侨慰问】 春节前夕，在做好疫情防控工作的基础上，区委统战部、区政府侨办开展暖侨敬老“四个一”（一次走访、一笔慰问金、一封慰问信、一张体检表）慰问工作。慰问老年归侨侨眷代表41户，为74名归侨侨眷办理体检手续。

（区委统战部）

【组织台胞开展参观活动】 6月18日，区委统战部（区台办）组织在顺台胞代表30余人前往顺义区文化中心参观区历史文化展、非遗展及“两区”建设规划展。

（区委统战部）

【统一战线学党史活动】 7月9日，区委统战部部长传达学习习近平总书记“七一”重要讲话精神并讲授专题党课。区各民主党派、工商联负责人，区党外代表人士联谊会班子成员以及民族宗教界代表人士等60余人参加。

（区委统战部）

【统一战线助力新农村发展】 10月14日，市委统战部、九三学社市委、中国农业大学、北京农学院、北京农业职业学院和九三学社顺义支社在赵全营镇兴农天力农机合作社举办科技小院授牌仪式，顺义区新增1家市级科技小院“兴农天力农机合作社”。

（区委统战部）

【顺义区侨联成立大会】 12月2日，顺义区归国华侨联合会成立大会暨第一次归侨侨眷代表大会召开。北京市侨联主席，区委统战部部长出席会议并讲话。会上顺义区侨联筹备工作领导小组做《关于成立顺义区归国华侨联合会筹备工作情况的报告》，大会选举产生顺义区归国华侨联合会第一届委员会委员13名，选举主席1名、副主席3名、秘书长1名。大会完成各项议程。

（区委统战部）

【区委统战部持续推进行业防控工作】 年内，行业防控组坚持外防输入、内防扩散的原则，开展巡查检查，加强行业指导督导，做好风险人员排查，抓好社会面防控，落实好全员核酸检测、重点人群疫苗接种等工作，指导各行业主管部门、中央和市属驻顺单位、航空公司等行业单位7927家、从业人员

51万余人次，实时动态开展风险人员排查，累计排查各类重点人群29287人次。各行业系统单位新冠疫苗前两剂总完成率均在95%以上，第三剂总完成率82.7%。完善排查工作机制，持续开展执法检查，做好工地、工厂、商务楼宇等重点领域防控。组织5支检查队伍按照一周一覆盖的频次开展执法检查，累计出动检查车辆近4万台次、人员8万余人次，检查各类经营主体19万余家，确保相关行业领域全覆盖、重点点位无遗漏。加强机组人员服务保障，累计服务机组人员25.20万人次，处置外航机组人员阳性事件101起113人次。

（区委统战部）

【庆祝中国共产党成立100周年服务保障】 年内，顺义区作为归口推荐单位组织人员参加庆祝大会，区委统战部负责牵头组织73名参会人员、300余名保障人员参加演练活动2次，组织1368人参加"七一"庆祝中国共产党成立100周年大会。

（区委统战部）

【"统战大讲堂"活动】 年内，区委统战部举办"统战大讲堂"，此次培训聚焦基层统战干部队伍能力提升，着力扩大参训面，将各镇、街、功能区及相关部门基层统战工作者纳入培训范围，邀请中央社会主义学院教授讲解《中国共产党统一战线工作条例》。区委统战部、各民主党派、工商联（商会）领导班子，各镇、街、功能区负责统战工作的科室负责人等100余人参加。

（区委统战部）

政策研究与改革

【概况】 年内，区委区政府研究室（区委改革办）围绕中心、服务大局，把握"以文辅政""改革协调"职能定位，聚焦"文稿写作、调查研究、专家咨询、深化改革"四大主业，以高质量党建引领工作、推动改革，助力区委、区政府科学决策，助推全区经济社会高质量发展。

（区委区政府研究室）

【文稿起草】 年内，充分发挥"以文辅政"职能。完成《中共北京市顺义区委关于制定顺义区国民经济和社会发展第十四个五年规划和二〇三五年远景目标的建议》、区第六次党代会报告、区委五届十三次全会报告、党的十九届五中全会精神宣讲等重要文稿起草工作。深入研究全区重点工作。完成区委常委会议、区级议事协调机构会议涉及重要事项文字材料170余篇，涵盖区域发展全局和群众关心关切的重点、热点、难点问题，为领导决策提供科学依据。助力区级重要文件出台。推动《关于顺义区促进教育事业优先发展的意见》《关于重构风清气正的良好政治生态的意见》《关于进一步深化招商引资体制机制改革推动高端制造业创新发展的实施意见》等区级重要文件出台，助力首都重点平原新城建设。

（区委区政府研究室）

【大调研工作格局巩固提升】 年内，聚焦区域发展的重点领域，突出抓好战略性、前瞻性课题研究。牵头负责并完成2021年区委、区政府主要领导年度调研课题——《顺义区高端制造业开放发展路径研究报告》《围绕"两区"建设，加快创新驱动产业转型升级——基于打造新能源智能汽车产业集群研究》；主动聚焦全区重点工作，完成《顺义区建设国际消费桥头堡的工作思路》《顺义区临空经济转型升级发展思路研究》《顺义区城乡接合部推进新型城镇化的路径研究》《顺义区"接诉即办"改革工作相关情况的报告》等专题调研报告，持续深化成果运用推广。贯彻落实领导干部带头调研等各项制度，提高调研工作的指导性、针对性、可操性。围绕党史学习教育、疫情防控、复产复工、安全生产等各项工作深入一线、开展下基层调研，其中局级领导调研近1900次，看问题调研1300余次；处级领导调研近70000次，看问题调研57600余次。加强调研统筹管理力度，实施全流程督促指导。年初征集局级、处级年度调研课题，制发年度调研计划，内容涵盖中央及市委、市政府部署的重点工作、全区实际工作中的热点、难点和基层反映强烈的突出问题等多个方面，年中及时督促督导，全年收集调研成果190余篇。

（区委区政府研究室）

【调研成果转化与平台建设】 年内，做好《顺义调研》刊发工作。建立2021年调研成果课题库，严格执行审批制度，全年编辑刊发《顺义调研》9期、各类文章104篇。结合党史学习教育，推出党史专刊、人大专刊，向全区推广优秀经验做法。做好宣传推广工作。加大向市级刊物推送力度，累计在《北京调研》《北京农村经济》等市级刊物上刊登调研报告27篇；落实《关于加强境内因公出京调研考察拓宽干部视野促进区域高质量发展的办法》，推动4篇优秀外出考察学习成果全区共享。做好宣传阵地管理工作。向区委办、区政府办、区委组织部等单位报送信息69条。办好“顺义改革”微信公众号，全年完成图文编辑463篇，阅读总次数38万次，覆盖总人数27万余人。突出党史学习教育等重点内容，组织学习贯彻区第六次党代会精神、网络安全教育、创城等主题宣传活动，开展党史学习教育专栏115期。

（区委区政府研究室）

【牵头推进“街乡吹哨、部门报到”】 年内，推进改革任务完成。全面贯彻落实市委、市政府改革部署要求，推动《关于加强新时代街道工作的意见》106项改革任务收官。不断扩大改革影响。牵头完成《关于加强新时代街道工作的意见》实施情况评估工作，凝练顺义改革经验，宣传顺义改革成果，《顺义区党建引领开创基层治理工作新局面》《“小”楼门撬动“大”治理》等成果被学习强国等重要媒体平台转载，“顺义改革”微信公众号连续刊发6期改革典型案例集，全区改革氛围日益浓厚。保障街道工作有序衔接。按照新时代市委关于全市街道工作和“吹哨报到”改革工作的总体要求，新组建区级街道工作专班，主动配合完成交接工作，巩固好街道工作改革成果。

（区委区政府研究室）

【全面深化改革各项任务纵深推进】 年内，强化改革顶层设计。召开区委深改委全体会4次，审议议题7个，增设“接诉即办”改革专项小组，增设后，区委深改委设改革专项小组12个。聚焦任务抓好统筹协调。对标市委深改委2021年工作要点和工作要求，制定《区委全面深化改革委员会2021年工作要点》，明确12个领域39项改革任务，凝练18项折子工程重点推进。围绕亮点加强宣传推广。深挖改革特色亮点，发布改革动态，征集“微改革”“微创新”典型案例，在全市进行推广宣传。落实改革推进每月督察制度，督促各主责单位按期、保质完成，客观评价各项改革任务的落实效果，确保改革方向不偏离、改革任务不落空。

（区委区政府研究室）

【专家智库建言献策作用强化】 年内，完成专家换届工作。凝聚34名专家学者智慧和力量，助推首都重点平原新城建设。有序组织专家调研座谈。指导各牵头单位围绕“两区”建设、第三代半导体产业发展等重点工作10余次邀请专家调研座谈，着力破解制约发展难点问题。切实发挥专家决策咨询作用。围绕全区主导产业发展、重点任务推进、重要文件起草等工作，征集各类意见和建议70余条。

（区委区政府研究室）

网络安全与信息化

【与拉萨网信办开展结对共建】 年内，区委网信办机关党支部与拉萨市委网信办党支部联合构建“组织建设互促、党员干部互动、党建载体互融、支部携手共赢”的基层党建工作联动机制，共同学习贯彻习近平总书记“七一”重要讲话精神、在西藏考察期间重要讲话精神，共同学习发扬“老西藏精神”。召开“我为网民办实事”主题视频交流座谈会，在网络综合治理、应急指挥中心平台建设方面加强合作，完善“应急指挥+网络诉求办理”工作模式。全年两地为网民解决各类重点实事1100余件。

（区委网信办）

【设置网上宣传主题，形成宣传矩阵】 年内，围绕中央、市区重点工作，组织区内自媒体、新媒体联盟成员单位召开座谈会，部署重点宣传工作。全年围绕中国共产党成立100周年、党的十九届五中全会精神、“十四五”规划开篇、党史学习教育、北京冬奥会和冬残奥会、创建全国文明城区、“我为群众办实事”等重大主题，精心组织策划宣传，推送相关权威报道2500余篇。市区联动开展系列网上宣传活动。组织开展"第二届'京彩'网络正能量""第二届'追寻先烈足迹'短视频征集展示""中国正能量2021'五个一百'网络精品征集评选展播"等活动，收集上报作品30余件。

（区委网信办）

【新媒体防疫宣传矩阵建设】 年内，引导区内自媒体、新媒体联盟成员单位转发权威报道，转发转载疫情防控政策和防护常识等1000余篇；制作宣传海报、短视频、H5等系列新媒体产品，微博阅读量突破100万次，抖音短视频播放量突破300万次。

（区委网信办）

【加强监测处置，筑牢网络阵地】 年内，将区内4073个互联网群组（微信群3411个、QQ群658个、钉钉群4个）建立台账，宣传贯彻《顺义区互联网工作群组使用管理规定》，按照"谁建群，谁主管；谁使用，谁负责"原则，实行本单位备案+群主负责制+实名制管理，压实主体责任。充分发挥《促进顺义区新媒体规范发展的办法（试行）》作用，推动顺义在线、顺义社区网等5家区属重点新媒体做好备案，推行总编辑负责制和第一联系人制度，组织召开新媒体座谈会30余次，对从业人员加强教育培训，严格规范网络传播秩序。加强监测预警，回应"网民诉求"。累计监测发现涉顺信息3875条，其中疫情防控类639条（占比16.49%），交通出行类496条（占比12.1%），住房保障类307条（占比7.92%），教育教学类258条（占比6.66%）。发送《舆情提示》2486期，督促各单位做好处置，及时化解风险因素。推动解决网民诉求1583件，实现网上"民有所呼，我有所应"。推出"三刊一会"（《舆情简报疫情专刊》《值班早报疫情专刊》《事件专报疫情专刊》和舆情研判疫情专会），重点对涉顺信息进行研判，进一步规范舆情监测、研判、处置流程和相关舆情产品。全年印发《舆情简报》252期、《值班早报疫情专刊》288期，召开舆情研判会90余次。及时稳妥处置网络舆情事件24起。

（区委网信办）

【网络安全风险排查】 年内，区委网信办同市公安局顺义分局、区政务服务管理局等部门开展关键信息基础设施的自查整改、远程检查、现场检查、攻防演练等一系列网络安全检查，发现隐患问题87个，督促修补漏洞317个。

（区委网信办）

【在线网络安全检测】 年内，区委网信办组织专业技术力量对区内各类网站开展在线网络安全检测，发现并修补各类漏洞1028个，向重点单位发送《网络安全提示》70期，及时提醒做好安全隐患修复。对全区26家重点单位信息系统和网站进行渗透测试，渗透10家单位，占被测试单位的38%；发现可利用的高危漏洞48个。联合市公安局顺义分局督促各单位完成整改。

（区委网信办）

【网络与信息安全通报预警】 年内，编发《顺义区网络与信息安全信息通报》25期，向全区通报网络安全风险情况和形势，提示各单位及时开展系统隐患排查和安全加固工作。

（区委网信办）

【国家网络安全宣传周活动】 10月11—17日，区委宣传部、区委网信办、市公安局顺义分局等单位共同举办顺义区国家网络安全宣传周活动。本次宣传活动覆盖全区机关、企事业单位120余家、大中小学校73所，参与群众18万余人次，发放宣传资料5万余份，张贴海报8000余张，利用辖区200余块LED大屏幕、公交车载电视进行宣传6000余次，宣传片、网上课题等视频播放量5000余次，举办专题培训讲座40余场，利用网站、论坛、公众号、微信朋友圈等宣传相关贴文1200余条。

（区委网信办）

机构编制

【健全加强党的全面领导的制度安排】 年内，深入贯彻落实《北京市顺义区区属议事协调机构和临时机构管理办法》，保障党对"两区"建设、扫黑除恶等重大工作任务的集中统一领导。持续检查73家议事协调机构、35家临时机构履职情况，推动议事协调机构和临时机构高效规范运行。加强党的部门归口协调，制定印发顺义区《关于落实归口领导归口管理有关要求的通知》。

（区委编办）

【重点领域体制机制改革创新】 年内，聚焦“两区”建设，健全区委领导协调机制，组建工作专班，推进落实赋权工作，加强自贸区国际商务服务片区顺义组团的建设管理职责。推动中关村顺义园管理机构改革，健全完善创新产业集群示范区、中德产业园的管理机构，理清区经济信息化局、管委会、属地政府之间的职责关系，设置聘用制部室，促进主导产业发展。研究提出临空经济核心区和天竺综保区管理机构整合设置方案，搭建内部管理架构，促进天竺综保区与临空经济核心区融合发展。

（区委编办）

【深化事业单位改革试点工作完成】 年内，组织实施《北京市顺义区深化事业单位改革试点实施方案》，系统优化全区涉改事业单位，重组园林绿化、城管指挥、机关事务3家处级事业单位，精简处级事业单位6家（2家按处级架构管理）、科级事业单位58家。推进从事经营活动事业单位改革，探索保留事业单位和人员事业身份，实行企业化管理，稳妥推进转企改制。选取部分试点，探索政事权限清单、探索实行机构职能编制规定、完善章程管理三项制度试点。借助事业单位改革，进一步盘活资源，核减收回事业编制，重点补充党的建设、“两区”建设、产业发展、城市运行、公益服务等领域工作力量，为区直机关工委、区商务局、区经济信息化局、区城市管理委、区委社工委区民政局等部门增加行政事业编制。

（区委编办）

【机构改革成果巩固深化】 年内，按照市政府下放行政权力的相关决定，动态调整区政府部门权力清单，涉及11家单位67项职权事项。落实市级关于参公事业单位规范管理要求，制定参公事业单位的“三定”规定。深化综合行政执法体制改革，稳妥推进人员过渡，完成区级重点领域执法队伍组建工作。牵头协调推动执法重心下移，提高执法综合效能。持续深化街乡管理体制机制改革，落实北京市街道职责规定和乡镇职责规定。完成对全区6个街道的评估工作，持续推进资源、服务向基层下沉。加强机构编制实名制管理，进一步提升机构编制数据质量，统筹推进北京市顺义区第二次机构编制核查与本年度机构编制统计工作。

（区委编办）

【加强民生领域机构编制服务保障】 年内，建立中小学教师周转池制度，核定周转编制100名，储备用于区教委所属中小学。新设立中、小学3所，幼儿园4所，缓解学位紧缺压力。推动3家学校跨区域合作办学，保障高质量教育资源引进。成立社区卫生服务中心2个，并按照七普常住人口足额为社区卫生服务机构核增人员额度。推动区文化中心开馆，核增人员额度用于提升文化馆、图书馆、博物馆服务质量。

（区委编办）

【动态管理区政府部门权力清单】 年内，为进一步落实市政府下放行政权力的相关决定，按照市委编办的工作要求，更新顺义区政府部门权力清单，调整2次67项职权事项，其中行政许可44项、行政确认3项、行政强制4项、行政检查2项、行政裁决1项、其他行政权力13项，涉及区发改委、区住建委、区水务局等11家单位。

（区委编办）

【街道机构改革评估】 年内，按照市委编办《关于印发〈北京市街道行政管理体制改革评估工作方案〉的通知》（京编办发〔2021〕23号）要求，重点围绕改革任务完成情况、实际运行情况及改革成效3个方面，对全区6个街道开展评估工作，主要采取实地检查、查阅资料、征求区级部门意见、召开街道工作人员座谈会及社区工作人员座谈会、开展群众认可度调查等方式。要求各街道以街道行政管理体制改革评估为契机，进一步推动改革任务落地，做到以评促改、以评促优。

（区委编办）

【乡镇机构改革阶段性评估】 年内，在第二次机构编制人员核查工作中，区委编办将全区 19 个镇纳入实地核查范围，同步开展乡镇机构改革阶段性评估工作。通过召开座谈会、实地查看挂牌情况、现场查阅资料等方式，全面了解乡镇职能履行、机构设置、编制使用、人员备案等情况。

（区委编办）

【机构编制执行情况抽查】 年内，结合区属二级班子“一把手”选人用人情况离任检查，区委编办对各镇的机构编制执行情况进行抽查，重点检查相关单位是否存在超编进人、超职数配备领导干部、私自设立机构等情况。通过查阅网站信息、查阅公众号信息、电话随访等途径，抽查各单位机构编制执行情况，纠正机构编制问题，强化机构编制意识。

（区委编办）

【第二次机构编制核查】 年内，按照市委编委《关于开展第二次全市机构编制核查的通知》（京编委发〔2021〕7 号）要求，区委编办在全区范围内开展核查工作。制订并以区委编委名义印发《顺义区第二次机构编制人员核查实施方案》，明确核查范围、内容、时间和工作要求，成立机构编制核查信息数据组和实地核查组。制定《关于机构编制核查工作的指导说明》《北京市机构编制实名制管理系统维护指南》等配套文件，解答各类问题，指导具体操作。组织单位自查，要求各单位全面核查本单位的机构编制现状，及时更新相关信息、维护系统内容，对特殊情况做出书面说明，并将相关内容按要求予以公示。按照不低于核查单位总数的 30% 的要求，选取 30 家单位进行实地核查，通过查验资料、比对数据，全面了解各单位核查工作进展情况。针对进展较慢的单位逐一进行沟通，跟踪问效，再次明确时间节点、强调工作标准，确保各单位按时完成核查工作。

（区委编办）

【人员“实名制”管理】 年内，落实补充人员计划制度。配合组织部制订 2021 年度行政（参公）补充人员计划，办理招录公务员入编审批手续 118 人；制订 2021 年度事业单位补充人员计划，办理招录事业单位人员入编审批手续 381 人。落实工资统发三方联审制度。依托“实名制”管理信息平台，进一步加强与区人力社保局、区财政局的沟通联系，审核区直行政、事业单位工资发放人员，每月审核 17679 人次，从制度上预防“吃空饷”等违规行为。完成日常人员调配工作。完成新增人员、调整人员等入编手续 2017 人次。

（区委编办）

【事业单位法人电子证照申领】 年内，通过改进申领流程，创新申领方式，限定申领时限，研究线上申领流程等方法，保证事业单位法人电子证照申领工作快速有序推进。结合深化事业单位改革后事业单位法人登记事项变动相对集中的实际，采用“变更优先、同步领取”的工作思路，督促事业单位进行法人变更登记时，同步申领电子证照，避免事业单位反复“跑腿”。

（区委编办）

【事业单位法人清理规范】 年内，对全区事业单位法人开展摸底排查，厘清“废止”“冻结”的事业单位法人历史沿革。将深化事业单位改革撤销和设立的事业单位目录与事业单位网上登记管理系统进行数据对比，建立以举办单位为主体的清单式台账。在摸清底数的基础上，制定印发《关于做好事业单位法人登记清理规范工作的通知》，明确清理范围和目标、任务和要求，并通过顺义区事业单位登记管理工作群等渠道，加大宣传和培训力度，提高各主管部门和事业单位办理注销登记的责任意识，明确具体操作流程和工作要求。坚持严格审核，特别是对历史遗留问题多、存续时间长的“僵尸”单位提交的申请材料认真审核，彻底清理隐患。严格执行拟注销公告期满 3 个月的法定程序，不搞变通，确保国有资产不流失、债权债务合理处置，维护注销登记事项的真实性和严肃性。不断提高服务意识，针对有部分事业单位因时间久远导致基本资料缺失、人财物无法实施清算等情况，与事业单位、举办单位及相关职能部门对接沟通，在严格遵照事业单位法人注销登记规定程序的基础上，相应简化办事流程、调整上报资料、出具债权债务承接证明，确保注销登记法定程序规范、责任明晰。对清理工作进展缓慢的单位安排专人跟进服务，提出解决方案和办理意见，解决举办单位困难，提高工作效率。

（区委编办）

【事业单位法人登记及机关群团赋码】 年内，做好事业单位法人登记工作。完成475家事业单位年度报告审核工作，完成事业单位法人设立登记18家，变更登记196家，注销登记142家，机关、群团统一社会信用代码证书初领、变更41家。推进事业单位“双随机、一公开”工作，抽取28家事业单位，核实登记事项和年度报告公示内容，对发现的问题，要求事业单位限期整改。推进事业单位法人信用体系建设，加大事业单位法人信息公开力度，将日常设立登记、变更登记等事项在“信用顺义”平台公示。

（区委编办）

巡察工作

【概况】 年内，开展4轮巡察监督，巡察区属二级班子党组织23个，发现问题3030个，移交问题线索23个，完成五届区委巡察全覆盖任务。

（区委巡察办）

【区委第十二轮巡察】 2月24日至3月19日，先后召开区委巡察工作领导小组会议、区委书记专题会议、区委常委会会议，研究审议区委第十二轮巡察情况，发现问题2614个，移交问题线索11个，提出建议171条。

（区委巡察办）

【区委第十三轮巡察】 3月27日至6月11日，区委派出6个巡察组，采取“一托N”方式，对区人大机关、区政协机关、综保区管委会机关（含天竺综保区综合服务中心）、区委政法委、区委统战部、区法院党组、区市场监督管理局党组、区退役军人事务局党组、区医疗保障局党组9家单位开展巡察，对区供销社党委、龙湾屯镇党委、北小营镇党委、牛栏山地区党委4家单位开展“回头看”。发现问题264个，移交问题线索6个，提出建议125条。

（区委巡察办）

【区领导带头督促巡察整改】 8月11—19日，区委6个巡察组向区委第十三轮巡察党组织反馈巡察情况，9位区领导分别出席分管、联系被巡察党组织反馈会，就整改工作提出要求并跟踪督办。

（区委巡察办）

【区委第十四轮巡察】 8月16日至9月30日，区委第十四轮巡察派出6个巡察组，采取“一托N”方式，对区司法局党组、文旅集团党委、区城管委党组、区住建委党组、市政控股公司党委、空港开发公司党委、区人力社保局党组、旺泉街道工委、区卫健委9家单位开展巡察“回头看”。发现问题152个，移交问题线索6个，提出建议69条。

（区委巡察办）

【巡察课堂进党校】 9月24日，区委巡察办主任在区委党校为全区新任处级干部培训授课，通报巡察发现16方面86个共性问题以及相关违纪违法案例。

（区委巡察办）

【涉粮问题专项巡察】 10月13日至11月30日，区委派出涉粮专项巡察组，对区商务局党组开展专项巡察。

（区委巡察办）

【推动巡察整改落实】 年内，区巡察办推动区委第十一轮、第十二轮、第十三轮巡察反馈问题整改，完成整改问题3124个，完成率98%。

（区委巡察办）

【疫情防控监督检查】 年内，区委巡察机构紧盯防疫措施落实、物资调配、生活保障、人员聚集等开展监督检查，同时将被巡察党组织落实疫情防控责任情况纳入巡察重点，出动620人次、检查点位115个，发现并督促整改问题133条。协助开展防疫电话排查工作，涉及巡察干部32人次、电话号段1700余条。

（区委巡察办）

老干部工作

【概况】 年内，区委老干部局坚持以习近平新时代中国特色社会主义思想为指导，持续增强“四个意识”，始终坚定“四个自信”，坚决做到“两个维护”，以老干部的口碑作为评价工作的标尺，坚持和完善离退休干部制度机制，发挥老干部工作制度优势，加强离退休干部政治建设、思想建设和党组织建设，提升离退休干部服务管理质量，组织引导离退休干部发挥优势作用，建立党建引领老干部工作向基层延伸的制度机制，引导老同志服务“四个中心”功能建设，提升“四个服务”水平，落实“平原新城看顺义”的目标要求，树牢“第一国门”意识，为顺义区“两区”建设、高端制造、新城发展建言献策，为打赢新冠肺炎疫情防控阻击战，持续推进区域治理体系和治理能力现代化，建设“业强城优生活美”的首都重点平原新城贡献老干部力量。

（区委老干部局）

【老干部工作成果】 1月，区委老干部局被首都文明办评为2018—2020 年度首都文明单位标兵。7月，在北京老干部大学举办的“永远跟党走——北京市离退休干部庆祝中国共产党成立100周年书画艺术作品展”中，有3位老同志的作品入选参展。

（区委老干部局）

【春节走访慰问离退休干部】 春节前，区委老干部局走访慰问离退休干部。通过走访、致慰问信、送年货、电话慰问、微信视频等线下线上相结合的方式，确保特殊时期慰问工作的开展。

（区委老干部局）

【离退休干部党史学习教育培训班】 4月12日，区委组织部、区委老干部局、区委党校联合举办顺义区离退休干部党史学习教育培训班。顺义区委常委、组织部部长出席并作开班动员，顺义区委党校分管日常工作的副校长参加。会议由区委组织部副部长、老干部局局长主持。培训班为期5天，社区离退休干部党支部书记、委员、处级退休党员代表90余人参加。培训班综合运用专题辅导、集中授课、情况通报、现场教学、经验交流等多种形式开展培训学习。

（区委老干部局）

【“我看建党百年新成就”座谈会】 4月26日，区委老干部局组织开展“我看建党百年新成就”专题调研座谈会。区委组织部副部长、老干部局局长参加，副局长主持。座谈会上，几位离退休干部结合自身经历，从卫生医疗、农业农村建设、教育、基层党建、日常生活等方面的变化，畅谈中国共产党成立100年来党和国家各项事业取得历史成就，分享切身感受。

（区委老干部局）

【庆祝中国共产党成立100周年书画展】 6月28日，由区委老干部局举办的庆祝中国共产党成立100周年书画展开幕。区委组织部副部长、老干部局局长，区美协主席，区老干部书画艺术团团长和老干部大学师生代表、部分老干部书画艺术团团员参加开幕式。区委老干部局四级调研员、区老干部大学校长主持开幕式。本次参展的100幅作品中有书法作品70幅、绘画作品30幅。

（区委老干部局）

【“七一”前夕走访慰问离休干部和困难党员】 “七一”前夕，部分区领导分别走访慰问全区部分离休干部和困难党员，为他们送去组织的关怀和温暖。

（区委老干部局）

【“7·18”民主日活动】 “7·18”民主日活动期间，区委老干部局副局长、机关党支部书记前往木林镇小韩庄村开展“一助一”活动。与小韩庄村就疫情防控常态化工作、文化场所建设、村容村貌提升工作等问题进行交流，结合“三务公开”工作实际，开展好民主日活动。

（区委老干部局）

【“奋斗百年路　启航新征程”主题文艺宣讲】 7月23日，区委老干部局举办“奋斗百年路　启航新征程”主题文艺宣讲活动。区委常委、宣传部部长、区委党史学习教育领导小组副组长兼办公室主任参加。活动以大合唱《东方红》拉开帷幕。来自老干部艺术团、老干部朗诵艺术团的团员们以多种艺术形式，表达老同志对党的热爱和感恩之情。

（区委老干部局）

【党史学习教育系列展览】 7月27日，举办离退休干部书画作品展、摄影展、百名入党志愿书陈列展等党史学习教育系列展览。

（区委老干部局）

【老年节走访慰问】 重阳节前夕，提前印发《关于做好2021年老年节走访慰问离退休干部工作的通知》，安排部署全区各单位、各部门对离退休干部开展走访慰问活动。

（区委老干部局）

【电话问候全体老同志】 10月23—24日，区委老干部局逐一电话问候全区2011名老干部。掌握老同志在京在顺、接种疫苗等基本情况，并建立详细台账。传达疫情防控要求，少聚会，戴口罩，非必要不出京不出境，尽量减少外出活动等。摸排、收集老同志存在的难处和意见建议，为开展服务保障提供依据。加强与离休、高龄、独居、重病等老同志的沟通联系，掌握老同志的思想动态，切实为老同志排忧解难提供帮助。

（区委老干部局）

【老干部座谈会】 11月17日，顺义区委书记高朋主持召开老干部座谈会，听取大家对顺义区第六次党代会报告的意见建议。顺义区委常委、区委组织部部长参加。老干部代表发言，围绕顺义区第六次党代会报告畅谈感受体会。与会人员结合顺义区经济社会发展实际，围绕经济建设、民生福祉、城乡面貌、文化发展等方面提出意见建议。高朋认真听取发言，并就老干部们关切的有关政治、经济、文化、教育、科技等方面内容做解答回应。

（区委老干部局）

【工作征求意见座谈会】 11月24日，区政府组织召开工作征求意见座谈会，就《2022年政府工作报告（征求意见稿）》向老干部征求意见建议。区委副书记、区长龚宗元，区委常委、常务副区长，区委常委参加。区政府办主要负责人就《2022年政府工作报告（征求意见稿）》的起草背景、框架结构和主要内容进行说明。老干部代表们分别发言对报告的完善提升和顺义区经济社会高质量发展提出意见建议。

（区委老干部局）

区直属机关党建

【概况】 年内，区直属机关工委领导所属机关党的工作，保证党的路线、方针、政策及区委的指示、决定和部署在区直机关的贯彻落实。负责制订所属机关党的基层组织建设规划，领导基层党组织搞好思想建设、组织建设、作风建设。负责宣传党的路线、方针、政策，对党员干部进行形势、任务教育及社会主义精神文明教育。负责所属机关党员干部理论学习与培训，做好所属机关干部队伍建设工作。负责所属基层党组织的建立、换届、任免等组织工作。领导区直属机关工委系统的机关党的纪律检查工作，领导所属机关纪检监察工作。

（区直机关工委）

【思想理论武装】 年内，区直机关工委以政治建设统领机关党建各项工作，引导机关党员干部深入学习习近平新时代中国特色社会主义思想，全面贯彻党的十九大和十九届历次全会精神。学习贯彻《中共中央关于加强党的政治建设的意见》《关于加强和改进中央和国家机关党的建设的意见》等重要文件精神。贯彻落实蔡奇书记到顺义调研指示要求和区第六次党代会精神。制定并印发《2021年区直机关党建工作要点》。贯彻落实《顺义区落实党委（党组）意识形态工作责任制实施细则》要求，定期研究部署工委意识形态工作，全年专题研究2次。及时向宣传部报告意识形态工作情况。在重要时间节点开展意识形态教育。严把各项活动中的意识形态工作关，确保国庆节日装饰、百姓宣讲选手稿件、十月金秋作品不出现意识形态问题。举办“五月的鲜花”“十月金秋”“永远跟党走”百姓宣讲等机关文化活动，进一步宣传机关文化。利用微信公众号和《机关工作简报》宣传系统各机关党组织在中心工作、重点任务中的经验做法和先进典型。推送疫情防控先进典型“党员风采”4期，“党员先锋岗”先进事迹7期。编发《机关工作简报》（党史学习教育专刊），每月1期。展播庆祝中国共产党成立100周年机关工委系统基层党组织微视频8条。

（区直属机关工委）

【党建主体责任全面落实】 年内，强化包片督导责任制。每季度开展一次巡回督导检查，检查各机关党组织的机关党建重点工作、“三会一课”、领导干部双重组织生活、谈心谈话、中心组学习等制度的落实情况。召开2020年度机关党组织书记抓基层党建述职评议考核会，评出优秀基层党组织27家，较好38家，强化考核结果运用，全面提升抓机关党建责任意识。深入落实工委与各单位党组（党委）、各机关党组织书记2个联系机制，深入开展机关党建专题调研，与新任职一把手、党建考核排名靠后、日常工作推动不力等单位就机关党建工作开展沟通，全年与11家单位一把手开展座谈交流。履行行业防控组成员单位工作职责。年初，分2次组织协调系统单位约3000名机关干部在数小时内完成约14.5万个电话排查任务。召开3次动员接种推进会，推动系统单位机关干部疫苗接种工作。机关工委为全区第一个接种率100%的单位。

（区直属机关工委）

【机关党建工作基础夯实】 年内，贯彻落实《中国共产党支部工作条例（试行）》《中国共产党党和国家机关基层组织工作条例》《北京市贯彻落实〈中国共产党党和国家机关基层组织工作条例〉若干措施》，根据修订内容结合工委工作实际，调整部分工作程序，并将学习《条例》《若干措施》纳入党建考核，要求各单位党组（党委）、各机关党组织认真组织学习，推动“三会一课”、党员教育管理、党组织建设等工作科学化、规范化、制度化开展。严格发展党员流程，在程序上把好入党确定关、培养关、发展关、接收关、转正关，坚决防止“带病入党”。全年发展党员173人。加强困难党员帮扶，组织申请生活困难党员29人。划拨7万元慰问困难党员10人，国家级表彰获得者17人，抗战时期入党老党员1人。开展顺义区第六次党代会代表选举相关工作，完成42家基层党组织人选的资格联审、考察等工作，依法选出45名出席区委第六次党代会代表。严格执行机关党组织任期制度、换届选举制度。及时完善换届工作台账，通过提醒、指导等办法，结合疫情防控工作，及时调整部分机关党组织换届选举工作节奏，确保疫情期间换届选举工作不出问题。严把换届选举人选考察关。严肃换届纪律，严格工作程序。全年完成换届21家、调整人选18家，成立机关纪委2家，新成立党组织1家。

（区直属机关工委）

【党史学习教育】 年内，履行对系统单位党史学习教育指导职责，组建6个督导组，每组每月实地督导3～5家单位。把党史学习教育落实情况，纳入模范机关创建、“两优一先”评选、文明单位创建等考核评价体系。

（区直属机关工委）

【“我为群众办实事”实践活动】 年内，做好系统和本单位党员微实事清单、2021年度实事清单、“红色代办”等党群服务活动清单的部署、汇总。4585名党员按照微实事清单开展服务活动，3672名党员参与桶前值守，74个党支部完成红色代办党群服务工作。

（区直属机关工委）

【纪念建党100周年系列活动】 年内，组织系统8名党务工作者参加“庆祝中国共产党成立100周年大会”和专场演出活动。完成71名老党员的“光荣在党50年”纪念章颁发工作。开展“党员先锋岗”评选活动，授予系统471名党员“党员先锋岗”的光荣称号。为10名获得“党员先锋岗”荣誉称号的基层一线党员代表现场授牌。组织40名新发展党员参与顺义区庆祝中国共产党成立100周年入党宣誓和重温入党誓词活动。参与“两优一先”评选工作，推荐区优秀共产党员9人、优秀党务工作者10人和先进基层党组织8个，完成27名人选前期考察、公示等工作。

（区直属机关工委）

【机关党风廉政建设】 年内，严格落实中央八项规定精神，防止“四风”问题反弹或出现新动向，在中秋、国庆节等关键时间节点前，以教育提醒、廉政信息等形式进行节前教育9次；结合“每月一警示”、节前教育，传达通报警示教育案例23起。对系统单位机关党组织节前提醒3次，提醒其协助配合本单位党组做好节假日警示教育工作。推进机关廉政文化阵地建设，行政中心、政务中心餐厅全年播放纪检监察宣教片、党建采风宣传片 312 次，张贴爱国主义教育桌签 852 张。通过实地走访、发放问卷等形式，开展机关党组织纪检监察队伍现状专题调研。结合调研成果，协助制定机关内部及系统单位机关纪委（纪检委员）工作制度。

（区直属机关工委）

【“一助一”工作】 年内，各帮扶单位充分发挥支部在学习资源、组织建设等方面的优势，带动村级党支部建设与党员教育管理，实现工作联抓、活动联搞、服务联动、思想联做。全区 135 家委办局、区属国有企业等参加“民主日”活动。利用电话、微信、视频等方式，开展“不见面”参加“民主日”活动。“一助一”办公室开展“送福下乡”活动，为浅山五镇低收入户购买 542 份慰问品。各帮扶单位领导主动走访入户，进行“一对一”结对帮扶，加强政策宣传讲解。各帮扶单位提供帮扶款物 1000 余万元，资金主要用于各类防疫物资采买、疫情防控、人居环境改造、垃圾集中回收点等基础设施建设。精心编发“一助一”工作简报 6 期。

（区直属机关工委）

党校教育与科研

【概况】 年内，区委党校以习近平新时代中国特色社会主义思想为指导，深入贯彻《中国共产党党校（行政学院）工作条例》，围绕年初区委常委会提出的坚持党校姓党原则，强化政治统领；聚焦主责主业，强化本领锻造；推进智库建设，注重成果转化的目标要求，充分发挥干部教育培训主阵地主渠道和决策咨询作用，认真抓好党员领导干部理论教育、党性教育和区委重大决策部署教育，深入开展理论研究和成果转化。

（区委党校）

【领导干部上讲堂】 年内，按照同级党委主要负责人到同级党校调研指导、参加重要活动或与学员座谈每年至少 1 次的要求，区委书记高朋在党校开展优秀党务工作者、优秀共产党员和先进基层党组织表彰活动，面向全区党员领导干部开展警示教育，多次对科研课题和服务保障工作作批示，提要求。区“两会”期间，区长龚宗元及人大、政协主要领导了解党校工作，对科研课题给予具体指导。区委副书记兼党校校长主持召开基层党校工作会议，为处级班学员作开训动员，深入调研“四史”教育和教科研工作，定期听取工作汇报。区政协主席贺亚兰多次深入党校调研党史学习教育开展情况。常务副区长等多位区领导对党校科研成果先后 12 次做批示、提要求。区委组织部协调统筹教学基地开发与建设、课程设置等工作。

（区委党校）

◆3 月 18 日，顺义区委党校 2021 年春季学期开学典礼举行（区委党校）

【区委党校开展常态化疫情防控】 年内，落实常态化疫情防控工作措施，加强日常健康教育宣传和人员管控，落实监测、流调和日常消杀等防疫措施，统筹做好教职工和宾馆等服务保障团队及离退休老干部的疫苗接种工作。配合全区开展疫情流调 1000 余条，防控督查 3 轮，核酸检测、居家观察、社区（村）卡口管控等落实情况抽查 6 轮，约 3000 点位 5000 人次；下沉社区配合执勤约 300 人次。

（区委党校）

【重大活动服务保障】 年内，服务党代会、人代会、政协会等重大会议活动 1569 场次 5 万余人次。8 人抽调到区委纪检巡察、换届选举、党史学习教育指导、疫情防控、创城和接诉即办专班工作。

（区委党校）

【党校教育】 年内，区委党校完成处级干部理论进修班、十九届五中全会精神专题研讨班等27期，线上“国门讲坛”11期，培训3.3万人次。教师深入基层宣讲281场。区委党校举办各类培训班，坚持把党史学习教育作为主要内容，突出主业主课地位。

（区委党校）

【党史学习教育】 年内，成立“四史”教育工作室，自编10本“四史”辅导教材，总字数近100万字。成立红色文化工作室，挖掘顺义郝兰英剪纸艺术中蕴含的红色元素，开展专题展览。开展“我在党校过政治生日”全链条沉浸式教学活动，重温入党誓词，重忆入党经历，重问入党初心。成立以党性教育为核心内容的新时代文明实践基地。把“四史”教育、红色文化教育和“我在党校过政治生日”纳入基地平台，供全区各基层党组织点单学习。与区融媒体中心共同打造“红色讲台微党课”和建党百年访谈节目，录制并播放党史百年微党课33期。遴选8名骨干教师，组成党史教育和十九届五中、六中全会精神宣讲团，开展宣讲50余场，线上线下受众12万人次。与区委组织部共同评选挂牌13家干部教育现场教学基地。在胜利街道成立全区首家非公企业党校，开展教育实践活动。

（区委党校）

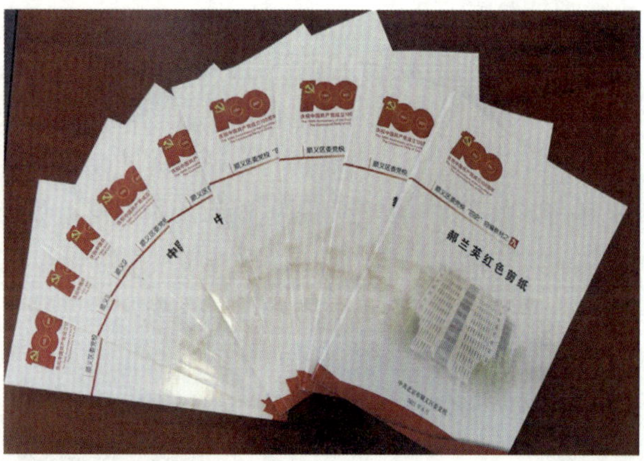

◆年内，区委党校自编10本“四史”辅导教材助力党史学习教育（区委党校）

【重大决策部署纳入教学内容】 年内，将区委、区政府重大决策部署作为教学重要内容，安排顺义区情、功能定位、“两区”建设、党建工作、意识形态工作、接诉即办、民族宗教、乡村治理、安全生产、环境保护、构建高尖精产业结构等教育培训内容。

（区委党校）

【科研咨政】 年内，针对“两区”建设、数字经济、汽车产业、航空航天产业、第三代半导体产业发展现状与问题，围绕国有企业党务工作者队伍建设、农村人居环境整治、国际化配套服务环境改善、全面从严治党向基层延伸、基层治理体系现代化等内容，确定调研课题。形成《关于营造国际化配套服务环境服务顺义中德国际产业园发展的建议》《以技术引领新能源智能汽车产业发展》《顺义区航空航天产业应抓住发动机与航材等关键环节》等科研成果。编辑《党校干教信息》20期，转化为《顺义信息》（参阅）12期。完成各类科研课题10项，其中市级课题5项、咨政类课题4项、校级课题1项。

（区委党校）

党史编研

【概况】 年内，区史志办坚持以习近平新时代中国特色社会主义思想为指导，深入学习贯彻党的十九大和十九届历次全会及习近平总书记重要讲话和重要指示批示精神，树牢“四个意识”，坚定“四个自信”，坚决做到“两个维护”，以庆祝中国共产党成立100周年为契机，深入开展党史学习教育，以党建引领党史、地方志事业高质量发展。

（区史志办）

【组织参加北京市“永远跟党走”党史知识竞赛】 5月25日至6月21日，初赛期间，全区7万余人参与北京市“永远跟党走”党史知识竞赛初赛，总成绩235787分，在全市17个参赛单位（16个区和北京经济技术开发区）中排名第六进入复赛。6月27日，从全区前十名选手中精选3名选手参加现场复赛，取得76分，在20支参加复赛队伍中排名第15。

（区史志办）

【《中国共产党北京市顺义区历史（1933—2012）》出版】 6月21日，区史志办组织编写的《中国共产党北京市顺义区历史（1933—2012）》由中共党史出版社出版。全书36万字，设11章44节，随文图片 102 张、表格 2 张。

（区史志办）

◆6月21日,《中国共产党北京市顺义区历史(1933—2012)》出版(区史志办)

【史志宣传月活动】 6 月，区史志办开展“共享伟大荣光 共铸复兴伟业——庆祝中国共产党百年华诞”史志宣传月活动。起草“点亮红色记忆，展望国门新篇”顺义区纪念中国共产党成立 100 周年座谈会、“顺义党史百题问答”活动、《中国共产党北京市顺义区历史》及自编教材出版发行会、“百年峥嵘 顺义印记”——顺义区党史档案陈列展、党史书籍“七进”活动、编纂《北京市顺义区抗疫大事记》6 个方案，开展史志宣传月各项活动经费的请示，开展各项活动。

（区史志办）

【“顺义党史百题问答”活动】 史志宣传月期间，区史志办以《中国共产党北京市顺义区历史（1933—2012）》为依据，编写“顺义党史百题问答”，印制手环，累计送出 2652 个；印制党史百题笔记本，累计送出 1500 本。通过区委组织部的“顺义组工”微信平台推送《顺义党史百题问答》专刊 4 期。

（区史志办）

【顺义党史及自编教材出版发行会】 7 月 8 日，顺义党史及自编教材出版发行会在顺义区委党校召开。市委党史研究室、市地方志办公室副主任，市委党史研究室、市地方志办公室第二研究处二级调研员，区委组织部分管日常工作的副部长，区史志办主任，区委党校分管日常工作的副校长以及《中国共产党北京市顺义区历史（1933—2012）》（简称《顺义区党史》）编审委员会成员单位主管领导和各镇街主管领导参加。会上，区史志办、区委党校有关领导分别介绍党史基本著作和党史自编教材编纂工作情况，并向《顺义区党史》参编单位代表赠送相关书籍。

（区史志办）

【《焦庄户筑就保家卫国“地下长城”》在《北京日报》刊发】 7 月 15 日，《北京日报》踏寻北京红色印记专栏刊发顺义区专题《焦庄户筑就保家卫国“地下长城”》。

（区史志办）

【“七进”活动】 7 月，区史志办开展送党史资料书籍进企业、进农村、进机关、进校园、进社区、进军营、进网络的“七进”活动。选送资料书籍《中国共产党北京市顺义区历史（1933—2012）》《北京顺义年鉴 2020》《潮白河风物志》等。累计送出 1000 余册。

（区史志办）

【送书进社区主题党日活动】 12 月 6 日，区史志办党支部开展“红色代办”党群服务活动，组织党支部党员到光明街道绿港家园社区，联合开展送党史资料书籍进社区活动，向社区赠送《中国共产党北京市顺义区历史（1933—2012）》《北京顺义年鉴 2020》《潮白河风物志》、党史百题问答手环、党史学习笔记本等 50 余本（册）。

（区史志办）

【百集栏目学党史媒体宣传】 年内，配合区融媒体中心，以《中国共产党北京市顺义区历史（1933—2012)》为基础，推送顺义党史故事。在顺义电视台《顺义新闻》栏目开设《顺义红色百年瞬间》子栏目，在北京顺义 App 等新媒体平台推出《顺顺学党史》专栏，在顺义广播电台陆续推出《中国共产党百年瞬间》《百炼成钢》栏目，在《顺义时讯》推出《奋斗百年路，启航新征程，学党史、悟思想、办实事、开新局》专栏。

（区史志办）

顺义区人民代表大会

综 述

【概况】 年内，组织召开人代会1次、常委会会议7次，主任会议17次，听取和审议“一府一委两院”专项报告16项，开展工作视察、执法检查、专题调研21次，做出决议决定11项，任免国家机关工作人员70人次，督办代表建议124件，完成区五届人大七次会议确定的各项目标任务，有效推动“一府一委两院”工作的开展。

（区人大常委会）

【党建工作】 年内，常委会党组始终坚持党的全面领导，自觉维护区委总揽全局、协调各方的领导地位，坚持重大事项向区委请示报告，全年向区委请示报告工作46次；落实党组议事规则，健全完善党组工作机制，出台落实意识形态工作责任制的具体举措；召开党组会28次，就年度党建工作和常委会工作情况报告、党建工作责任清单、党史学习教育、巡察工作等进行专题研究和部署；制定出台《区人大常委会党组抓党建工作责任清单》《区人大常委会党组书记抓党建工作责任清单》《区人大常委会党组班子其他成员抓分管领域党建工作责任清单》；党组班子成员认真履行“一岗双责”，开展换届谈心谈话61人次；坚持“第一议题”学习制度，组织理论学习中心组学习14次，专题学习研讨5次；严格落实意识形态工作责任制，切实守好人大机关意识形态阵地。

（区人大常委会）

【党史学习教育】 年内，区人大常委会机关认真贯彻中央、市委、区委有关部署和工作要求，紧紧围绕学史明理、学史增信、学史崇德、学史力行的总要求，坚持聚焦主题、紧扣主线，坚持把握节点、有序推进，坚持教育党员、服务群众，坚持注重实际、创新方式，精心组织实施，从严从实推进。立足工作职责，开展“我为群众办实事”实践活动，为群众做好事、办实事、解难事；坚持围绕中心、服务大局，把党史学习教育激发出来的热情转化为干事创业的成效，达到“学党史、悟思想、办实事、开新局”的目的。

（区人大常委会）

【常态化疫情防控】 年内，区人大常委会贯彻市委、区委决策部署，认真做好各项防控工作。常委会向全区各级人大代表发出参与防控工作的倡议，常委会领导分赴联系镇街和农村、社区检查督促疫情防控工作，人大机关组建下沉志愿队参与有关镇街的防控工作，全区各级人大代表履职尽责，工作在疫情防控第一线。

（区人大常委会）

【区委第十三轮巡察】 年内，区人大常委会机关始终配合区委第一巡察组对区人大常委会机关开展的巡察工作，制定整改任务清单，明确32项整改措施，建立整改台账，对照反馈问题找准“症结”，所有问题立行立改并长期坚持。

（区人大常委会）

重要会议和决议决定

【区第五届人民代表大会第七次会议】 1月11—12日，区五届人大第七次会议在区委党校举行。会议表决通过《关于顺义区人民政府工作报告的决议》《关于顺义区国民经济和社会发展第十四个五年规划和二〇三五年远景目标纲要的决议》《关于顺义区2020年国民经济和社会发展计划执行情况与2021年国民经济和社会发展计划的决议》《顺义区2020年预算执行情况和2021年预算的决议》《关于顺义区人民代表大会常务委员会工作报告的决议》《关于顺义区人民法院工作报告的决议》《关于顺义区人民检察院工作报告的决议》。大会选举龚宗元为顺义区人民政府区长，李慧哲为顺义区第五届人民代表大会常务委员会委员，表决通过区人大监察和司法委员会主任委员名单。新当选的人员进行宪法宣誓。

（区人大常委会）

【区五届人大常委会第三十五次会议】 2月25日，区五届人大常委会第三十五次会议举行。会议安排会前学法，由中国政法大学法治政府研究院副教授就习近平法治思想开展专题辅导；传达北京市第十五届人民代表大会第四次会议精神；听取审议并通过顺义区人大常委会2021年工作要点；听取审议顺义区2021年为群众拟办重要实事，并做出决议；听取审议区政府关于2020年法治政府建设情况的报告；表决通过区人大常委会关于接受李黎辞去顺义区第五届人民代表大会代表职务的决定；表决通过有关人事任免事项，免去：焦荣民北京市顺义区人民法院审判员职务，马晓利等8人人民陪审员职务，任命：李冬梅等150人为顺义区第八届人民陪审员。

（区人大常委会）

【镇人大主席联席会】 3月23日，区人大常委会召开本年度第一次镇人大主席联席会议。会议通报《顺义区人大常委会2021年工作要点》，并就工作要点的指导思想、主要内容和重点任务做说明。

（区人大常委会）

【区五届人大常委会第三十六次会议】 4月29日，区五届人大常委会第三十六次会议举行。会前学法安排中国政法大学教授就规范性文件备案审查相关内容做专题辅导。会议审议通过《北京市顺义区人大常委会规范性文件备案审查工作办法（修订草案）》；听取和审议《区五届人大以来备案审查工作情况的报告》；通报区人大常委会组成人员2020年调研成果评审情况；接受盛德利辞去顺义区第五届人民代表大会代表职务的请求；决定人事任免，免去：郭崇峰顺义区交通局局长职务，任命：马建辉为顺义区交通局局长，袁日晨为顺义区科学技术委员会主任。会议为新任命的人员颁发任命书，并组织宪法宣誓。

（区人大常委会）

【组织开展区、镇人大换届选举工作】 8月3日、5日，区人大先后召开区人大常委会会议、全区动员部署会议。结合全区实际，在区委出台换届选举工作意见的基础上，配套出台具体的实施方案，并分别制定选民登记、提名推荐候选人、投票和总结阶段工作安排意见，制定倒排工期表。区选办建立工作周例会、问题日汇总反馈和督导检查等工作机制，成立3个督导组，覆盖全区25个镇街，通过听取汇报、查看资料、沟通交流等方式，督导检查换届选举工作。11月5日，全区近50万选民分别在1582个投票站和10个流动投票箱参加投票选举，依法选出新一届区人大代表286名，镇人大代表1232名。

（区人大常委会）

【区五届人大常委会第三十七次会议】 8月3日，区五届人大常委会第三十七次会议举行。会议安排会前学法，由区商务局相关负责人围绕《新开放、新机遇，共创开放顺义新篇章》专题授课。会议传达学习区委五届十三次全会精神；听取和审议《区政府关于顺义区2020年环境状况和环境保护目标完成情况的报告》；表决通过《区人大常委会关于区和镇人民代表大会换届选举有关事项的决定》《关于设立区和镇选举委员会的决定》《区第五届人民代表大会常务委员会代表资格审查委员会委员人选名单》；接受黄建民辞去顺义区第五届人民代表大会代表职务的请求。决定人事任免，免去：杜井龙北京市规划和自然资源委员会顺义分局局长职务，罗旭华北京市顺义区李遂人民法庭副庭长、审判员职务；任命：何剑枫为北京市规划和自然资源委员会顺义分局局长。会议为新任命的同志颁发任命书，并进行宪法宣誓。

（区人大常委会）

【区五届人大常委会第三十八次会议】 9月2日，区五届人大常委会第三十八次会议举行。会议听取和审议《区政府关于顺义区2020年决算草案的报告和2020年度预算执行和其他财政收支情况审计工作的报告》，审查批准2020年决算；听取和审议《区政府关于顺义区2021年国民经济和社会发展计划上半年执行情况的报告和上半年预算执行情况的报告》《区政府关于顺义区2021年预算调整方案的报告》；书面审议《区政府关于顺义区2021年度上半年政府债务管理情况的报告》；听取和审议《区政府关于开展“七五”普法工作及“八五”普法规划情况的报告》，做出关于开展“八五”普法决议；听取和审议《区政府关于〈北京市全民健身条例〉实施情况的报告》《区政府关于加快推进顺义区商业服务业转型升级，提升人民群众生活品质议案办理情况的报告》《区监察委员会关于开展廉政教育工作情况的报告》。决定人事任免，免去朱新生顺义区人大常委会办公室主任职务，张亚芬顺义区人大常委会财政经济办公室（预算审查办公室）副主任职务，孙蕊顺义区人大常委会代表联络室副主任职务；任命王文荣为顺义区人大常委会办公室主任。

（区人大常委会）

【区五届人大常委会第三十九次会议】 9月29日，区五届人大常委会第三十九次会议举行。会议决定人事任免事项。决定接受支现伟、赵为民、刘洋辞去顺义区人民政府副区长职务，李旭辉辞去顺义区人民法院院长职务，张豫辞去顺义区人民检察院检察长职务，并报北京市顺义区第五届人民代表大会备案。会议决定任命张艳林、杨大胜、冉灏为顺义区人民政府副区长；任命王晓艳为顺义区人民法院副院长、审判委员会委员、审判员，决定其代理院长职务；姜淑珍为顺义区人民检察院副检察长、检察委员会委员、检察员，决定其代理检察长职务。会议还进行其他人事任免。被任命人员进行宪法宣誓。

（区人大常委会）

【镇人大主席联席会】 10月29日，区人大常委会以视频会议形式召开本年度第二次镇人大主席联席会议。会议传达学习习近平总书记在中央人大工作会议上的重要讲话精神。李桥镇、高丽营镇人大主席和石园街道人大街工委副主任围绕投票日选举工作、如何组织召开好新一届镇人代会作交流发言。会议部署换届选举期间疫情防控工作和召开新一届镇人民代表大会相关工作。

（区人大常委会）

【区五届人大常委会第四十次会议】 11月18日，区五届人大常委会第四十次会议举行。会前学法，邀请区财政局副局长以视频形式就预算审查监督重点做专题讲座；会议传达学习中央人大工作会议精神；听取审议区政府关于建设北京市公共文化服务体系示范区工作情况的报告；听取审议区政府关于顺义区教育工作情况的报告；听取审议区政府关于国有资产监督管理委员会及其监管的企业2020年度国有企业资产管理情况的专项审计报告；听取审议区政府关于2020年度企业国有资产管理情况的报告；听取审议区政府关于顺义区2020年度预算执行和其他财政收支审计查出问题整改情况的报告的意见和建议；书面审议区政府关于2020年度国有资产管理情况的综合报告、顺义区“两区”建设情况的报告、北京创新产业集群示范区（顺义）建设发展有关情况的汇报、加快推进美丽乡村建设工作情况的报告；实施顺义分区规划（国土空间规划）（2017—2035年）工作进展情况的报告；表决通过关于接受区、镇选举委员会部分组成人员辞职的公告、关于召开顺义区第六届人民代表大会第一次会议的决定（草案）以及顺义区第五届人民代表大会常务委员会代表资格审查委员会关于顺义区第六届人民代表大会第一次会议代表资格的审查报告。会议还进行人事任免。

（区人大常委会）

【区五届人大常委会第四十一次会议】 12月10日，区五届人大常委会第四十一次会议举行。会议传达学习中国共产党北京市顺义区第六次代表大会会议精神；听取和审议区政府关于顺义区2021年预算调整方案的报告；听取区政府关于区五届人大七次会议代表建议、批评和意见办理情况报告；审议通过区六届人大一次会议相关事项；书面审议区政府关于顺义区支持中小企业发展情况的报告（书面），2021年政府债务管理情况的报告，顺义区人大常委会关于顺义区2020年决算草案报告的审议意见的办理情况报告。会议表决通过区人大常委会第106次主任会议关于许可北京市顺义区人民检察院对顺义区第五届人民代表大会代表李艳秋采取取保候审强制措施的决定（草案），通过区人大常委会关于通报表扬优秀代表、优秀建议的决定（草案）以及讨论区人大常委会工作报告（讨论稿）。

（区人大常委会）

【区第六届人民代表大会第一次会议】 12月16—18日，区第六届人民代表大会第一次会议在区委党校举行。大会选举产生顺义区六届人大常委会主任、副主任、委员，顺义区人民政府区长、副区长，顺义区监察委员会主任，顺义区人民法院院长，顺义区人民检察院检察长。会议听取顺义区第六届人民代表大会第一次会议议案审查委员会关于代表议案审查情况的报告；会议表决通过《关于顺义区人民政府工作报告的决议》《关于顺义区2021年国民经济和社会发展计划执行情况与2022年国民经济和社会发展计划的决议》《关于顺义区2021年预算执行情况和2022年预算报告的决议》《关于顺义区人民代表大会常务委员会工作报告的决议》《关于顺义区人民法院工作报告的决议》《关于顺义区人民检察院工作报告的决议》。

（区人大常委会）

监督工作

【《北京市医院安全秩序管理规定》贯彻实施情况检查】 6月8日，区人大常委会执法检查组对《北京市医院安全秩序管理规定》贯彻实施情况开展执法检查。检查组先后到北京市地坛医院顺义院区、北京儿童医院顺义妇儿医院和顺义区京顺医院，查看医院安检设备、一键报警装置和医院警务工作室建设情况。听取区卫健委、区公安分局治安支队关于《北京市医院安全秩序管理规定》贯彻实施情况的汇报。

（区人大常委会）

【聚焦“两区”建设高质量发展】 年内，区人大常委会围绕全区中心工作以及“两区”建设重点任务，新增以区政府“两区”建设情况报告为主，以支持中小企业发展、优化营商环境、产业转型升级、创新产业集群示范区建设等专项工作为支撑的重点审议工作内容。专项审议《顺义区“两区”建设情况报告》《顺义区政府北京创新产业集群示范区（顺义）建设发展情况报告》《顺义区支持中小企业发展情况报告》3个政府专项报告，对2020年度优化营商环境报告、商业服务业转型升级报告落实情况进行跟踪督办。

（区人大常委会）

视察与调研

【区域医疗中心建设情况视察】 4月20日，组织部分人大代表视察区域医疗中心建设情况。视察队伍配备上采取“必点＋自选”方式，深入所有相关单位进行调研，摸清具体情况，列出问题清单。邀请主管区长和相关职能部门主管领导参加监督活动，进行现场办公，列出会议纪要。根据此次监督议题特点，通过市人大邀请友谊医院党委书记、安定医院主任医师参与活动，提出意见建议。区卫健委牵头制订区域医疗中心建设方案，切实推动“区医院规划布局不合理、就医环境差、停车位紧张”等问题解决。

（区人大常委会）

【《北京市生活垃圾管理条例》实施情况视察】 4月23日，区人大城市建设环境保护委员会组织7名委员及区人大代表视察全区实施《北京市生活垃圾管理条例》情况，实地查看石园西区、东兴二区垃圾分类工作，听取相关情况汇报。座谈会上，区政府汇报全区垃圾分类工作进展和下一步工作思路。与会代表结合平时调研中了解到的情况，就做好相关工作提出意见建议。

（区人大常委会）

【《北京市突发公共卫生事件应急条例》实施情况调研】 4月28日，5月18、21日，区人大常委会执法检查组对区政府贯彻实施《北京市突发公共卫生事件应急条例》情况开展分组检查。了解条例在本区的实施情况、工作经验和做法，并对执法检查中发现的主要问题提出改进意见和建议，督促区政府及有关部门采取有效措施。

（区人大常委会）

【全区老旧厂房升级利用情况调研】 5月26日，区人大常委会组织部分区人大代表检查老旧厂房升级利用情况。代表们实地查看位于南彩镇的富荣大厦，详细了解富荣大厦升级利用情况和南彩镇老旧厂房升级利用情况。区投促中心、区发改委、区规自分局、区经济信息化局分别围绕推动老旧厂房资源再利用情况进行汇报。

（区人大常委会）

【《北京市全民健身条例》实施情况视察】 6月18日，区人大常委会副主任带队对《北京市全民健身条例》实施情况进行专项视察。区人大社会建设委委员、部分区人大代表、区体育局主要领导参加。代表们先后到马坡体育中心、仁和文化广场视察室内外体育场馆建设和使用情况，随后召开座谈会。区体育局代表区政府以“十三五”时期体育事业发展专题宣传片展示和汇报的形式，向代表们报告条例落实情况；代表们就进一步促进全民健身和体育产业高质量发展提出意见建议。

（区人大常委会）

【区政府债券资金管理情况视察】 7月9日，区人大常委会组织代表视察区政府债券资金管理情况，前往杨镇查看棚户区改造项目实施进展。区人大常委会副主任出席活动并讲话，区人大财经委委员、部分市区镇人大代表以及区住建委、区财政局、杨镇政府等相关负责人参加。代表们围绕政府债务管理、杨镇地区规划发展等内容展开讨论。

（区人大常委会）

【“加快顺义区商业、服务业转型升级，提升人民群众生活品质议案”办理情况视察】 8月10日，区人大常委会组织代表视察“加快顺义区商业、服务业转型升级，提升人民群众生活品质议案”办理情况。区人大财经委委员、部分市区镇人大代表以及区商务局、牛栏山镇政府、天竺镇政府等相关负责人参加。

（区人大常委会）

【《北京市安全生产条例》实施情况调研】 8月19日，区人大常委会副主任带队调研《北京市安全生产条例》实施情况。区人大社会建设委委员、部分区人大代表、区应急管理局主要领导参加调研活动。代表们先后到公园都会项目指挥部了解在建工程项目进展、施工现场安全生产标准化管理和疫情防控措施落实等情况；到北京光明健能乳业有限公司实地查看企业生产环境及涉爆粉尘作业、涉危使用安全管理工作、有限空间作业和特种设备使用，了解企业安全生产制度落实等情况。听取区应急管理局关于落实条例情况的报告。代表们就如何进一步贯彻落实好条例内容、切实抓好安全生产工作和对正在修订的《北京市安全生产条例》内容等提出意见建议。

（区人大常委会）

【区监委廉政教育工作情况调研】 8月20日，专题调研区监委廉政教育工作开展情况，监察和司法委员会委员和市区两级人大代表、基层纪检监察干部、基层公职人员、党风政务监督员、“接诉即办”部门、法院、检察院代表、法律顾问参加。区监委汇报廉政教育工作开展情况，与会人员对加强廉政教育等方面提出意见和建议。

（区人大常委会）

【“八五”普法规划制订情况调研】 8月27日，专题调研“八五”普法规划情况，监察和司法委员会委员、市区两级人大代表、区纪委宣传部、区委宣传部、顺义公安分局、区法院、区检察院、区网信办等相关部门领导以及区人大法律顾问参加调研。区司法局相关领导介绍全区开展“七五”普法工作及“八五”普法规划制订情况，与会人员对“八五”普法规划提出意见、建议。

（区人大常委会）

【《北京市物业管理条例》实施情况调研】 9月3日，区人大常委会副主任带队调研全区《北京市物业管理条例》实施情况，区人大城建环保委委员等7名区人大代表参加。实地查看香悦四季东区、马坡花园二区物业管理现状。双丰街道与区住建委负责同志分别汇报相关工作。市物业管理协会专家、原市住建委物业处处长介绍全市条例实施情况并提出建议。参加调研的人大代表就进一步提升全区物业管理服务水平提出意见建议。

（区人大常委会）

【北京中德产业园工作进展情况调研】 10月12日，区人大常委会组织开展北京中德产业园工作进展情况调研活动。区人大常委会副主任出席活动并讲话，区人大财经委委员、部分市区镇人大代表及区经济信息化局等相关负责人参加。调研组一行实地查看中德大厦建设进展、办公设施及商业配套情况，听取启迪中德公司关于园区规划、产业布局、企业入驻、服务配套等情况介绍。

（区人大常委会）

【全区农业产业结构情况调研】 年内，区人大常委会组织代表开展全区农业产业结构情况调研工作，听取各单位关于全区调整农业产业机构的汇报，包括发展农村经济合作组织，提高专业化生产水平；引导农民组建林果和蔬菜等农民专业合作社；发展观光农业，促进农民增收等方面工作情况，并就存在的问题、困难及对策和解决办法进行交流和沟通，并形成调研报告。

（区人大常委会）

代表工作

【代表建议办理】 区五届人大七次会议及闭会期间，共提交区政府办理人大建议124件（会上123件，会下1件）。其中城乡建设管理类55件，占比44%；综合经济类36件，占比29%；社会发展类32件，占比26%；法治建设类1件，占比1%。建议按期办复完毕，办复率和代表满意率均为100%。10月上旬，各项建议承办单位针对代表建议落实效果进行跟踪，其中预计本年度能得到解决或部分解决并能取得一定实效的有48件，占比39%，同比2020年提高2个百分点（截至10月下旬，办结40件，占比83%）；列入工作计划，预计2～3年内可以解决或部分解决的有57件，占比46%；受现行政策法规或财力物力等客观条件的限制，需待条件具备时逐步解决的有18件，占比15%。

（区人大常委会）

【信访工作】 年内，接待群众各类来信来访168件193人次。属法院判决、执行问题的23件23人次，属拆迁问题的2件2人次，属宅基地纠纷问题的20件20人次，属行政不作为问题的1件1人次，属干部违纪违法问题的13件13人次，属违法占地问题的4件4人次，属选举问题的5件5人次，其他问题100件125人次。

（区人大常委会）

专门委员会工作

【“关于加快全区协调发展，重点推进河东地区建设”议案绩效评价】 年内，区人大常委会对“关于加快全区协调发展，重点推进河东地区建设”议案采取绩效评价的方式，检验区人大、区政府办理议案工作成效。评价组深入河东9个镇39个重点项目，收集百姓满意度调研问卷3500份，征集问题建议100余条，形成《评价报告》。

（区人大常委会）

【加强和改进备案审查工作】 年内，区人大常委会对《顺义区人大常委会规范性文件备案审查工作办法》进行修订，进一步明确“一府一委两院”、镇人大的报备范围、报备形式和责任分工，完善日常备案制度、工作职责和工作分工。建立常委会听取备案审查报告制度、常委会有关工作机构和备案审查办公室对同一规范性文件同时进行审查的“双轨制”审查机制。加强备案审查信息化建设，按照“两级建设、多级使用”的要求，建立覆盖全区的备案审查信息平台。收到备案审查文件11件，实现“有件必备、有备必审、有错必纠”。

（区人大常委会）

顺义区人民政府

综 述

【概况】 年内，顺义区始终坚持以习近平新时代中国特色社会主义思想为指导，深入贯彻习近平总书记在庆祝中国共产党成立100周年大会上的重要讲话精神，聚焦“一个开局、两件大事、三项任务”，深入落实“平原新城看顺义”和“三个走在前列”目标要求，坚定有序控疫情、保平安、稳经济、强承载、精治理、惠民生，推动全区经济社会发展各项工作取得新进展。

（区政府办）

【“两区”建设】 年内，“两区”建设10项市级任务全部完成，85项区级任务落地83项、实施率97.6%。储备项目411个、预计总投资819.29亿元，落地项目196个，累计新增市场主体5397家，均排名全市第一。“文化保税助力文物和艺术品贸易全产业链发展”案例全国推广，“以标准化促进药品跨境贸易便利化新方式”等案例获北京市“两区”建设最佳实践案例。落地千亿级央企私募证券基金管理公司、全市首家整店引进的跨境电商自提实体店，全国首家外商独资保险资管公司、全国首家外商实际独资控股第三方支付公司、全国首家民航机场系统融资担保公司3个“全国首家”项目落户顺义，在全国首创保税物流供应链监管新模式，天竺综保区获批国家外贸转型升级基地。出台《促进顺义区航空货运发展的若干措施》，新增开第五航权国际货运航线1条。

（区政府办）

【经济稳增长】 年内，加强财源建设，充实专班队伍力量，修订财源建设评估办法，设立财源建设奖励资金，出台京外招商引资工作机制。区领导走访中航集团、首都机场等重点企业400余次，每月对接北汽集团，市级推送333家异常企业全部走访完成，加强拟外迁企业监测管理，挽留天音信息等企业；引导重点存量企业扩大在京业务规模、调整总分公司税收，北京东方雨虹防水技术股份有限公司、SMC（中国）有限公司等企业引入京外税源，累计17户京外企业迁入。新增税源1.25万户，同比增长33.7%。扩大消费规模，编制完成《顺义区打造“双枢纽”国际消费桥头堡助力北京国际消费中心城市建设实施方案》，与王府井集团签署战略协议，推动在首都机场布局口岸免税店，举办促消费活动133场。

（区政府办）

【投资调度更加细化精准】 年内，完善专班机制，实行四级调度，举办全区培训班，一线人员讲解政策流程。出台加强政府投资项目成本管控意见，严控方案变更和投资调整。鼓励各单位开展项目前期工作，保障研究、设计、评估等费用。将征集下年度重点项目时间提前至3月，确保9月形成一批条件成熟的项目纳入实施计划，梳理“十四五”时期储备项目300余项。13项市重点工程全部开工，195项区重点工程开工156项；1—10月完成固定资产投资415.6亿元，同比增长9.2%，较2019年同期增长10.3%。

（区政府办）

【生态环境持续优化】 年内，落实市委书记蔡奇调研温榆河公园建设指示精神，加快推动顺义段建设，顺义一期完成总工程量的86%，二期前期工作加快推进。本年度平原造林完成1473.11公顷（22096.7亩），占总任务的87.7%。持续开展大气污染治理“一微克”行动，1—10月全区PM2.5平均浓度33微克/米^3，同比下降8.3%，动态完成年度目标；1—9月累计降尘量6.1吨/（千米^2·月），排名全市第四。小微水体整治任务全部完成，区、镇、村三级河长巡河任务完成率和问题整改率均达到100%；1—9月，6个市级考核断面全部达标，7个市级生态补偿断面扣缴补偿金下降34.9%、85个区级断面扣缴补偿金下降79.5%。全区受污染耕地、污染地块安全利用率连续10个月保持100%。

（区政府办）

【基础设施建设加快推进】 年内，编制《顺义区关于促进平原新城高质量发展提升平原新城综合承载能力的实施方案（2022年—2025年）》，安排重点项目264项、总投资约850亿元。推进R4线一期、M15号线东延至南彩工程出库研究，完成空间资源要素研究初步成果，首都机场捷运线、京密高速二期加速推进。区文化中心对外开放，电子政务中心、劳动力实训基地竣工验收。

（区政府办）

【城市治理水平持续提高】 年内，深入实施分区规划，街区控规和镇域国土空间规划编制全面推进。“疏整促”任务加紧收尾，27 项市级任务提前或超额完成 13 项，其中拆违 408.17 万平方米，销账 336.8 万平方米；棚户区改造完成 838 户，完成率 139.7%，排名全市第二；施工围挡治理、代征代建道路移交任务完成率均位列全市第一。严格落实耕地保护责任，完成 2766.67 公顷（4.15 万亩）复耕任务。天竺综保区二期围网、京北（大孙各庄）智慧物流园增减挂钩实施方案获市政府批准，开创顺义区建设项目通过增减挂钩方式落实占补平衡工作的先河。组建北京顺义物业服务集团有限公司，提前完成 56 座垃圾分类驿站建设任务，垃圾处理中心焚烧三期完成形象进度的 61%。

（区政府办）

【乡村振兴战略深入落实】 年内，开展美丽乡村规划编制，挂牌成立区乡村振兴局。实施河东地区新一轮重大项目建设三年行动，安排重点工程 107 项。完成 70 个村污水治理工程，整治农村人居环境问题 3.97 万处。健全“村地区管”管理政策。农业增加值稳居全市第一。支援协作内蒙古自治区科左中旗、巴林左旗，西藏自治区尼木县，河南省西峡县 4 个结对地区，区领导带队实地对接，谋划区级项目 35 个。加强与昌平生态涵养区结对协作。

（区政府办）

【持续保障和改善民生】 年内，“接诉即办”承办群众诉求 27.4 万件，“三率”综合成绩 92.77 分，排名全市第五，“七有”“五性”诉求平均成绩 94.88 分，排名全市第二。“每月一题”任务完成 31 项、占全年计划的 93.94%，市级 27 项任务完成 26 项。制订“七有”“五性”水平提升工作实施方案，31 项指标中 8 项居全市第一。连续 10 年动态保持充分就业区，城镇登记失业率控制在 3.3% 以内。推动张庄幼儿园等 7 所幼儿园投用，新增学前学位 2610 个，黄城根小学顺义分校建成投用，后沙峪二小、向阳小学开工建设，北师大附属实验中学顺义分校部分大楼完成结构封顶，诺德安达国际学校完成竣工备案；中小学生在校就餐及课后托管服务得到市领导肯定和群众好评。友谊医院顺义院区地下二次结构墙体基本完成，北医三院顺义院区土地一级开发项目取得授权批复，昭德医院正式投用。张镇养老照料中心等 4 个项目加快推进，建成老年餐桌 35 家、覆盖约 9 万名老年人用餐需求。210 家定点医疗机构实现门急诊异地就医实时结算。对接核心区定向安置房主体结构封顶，沙坨村、临河村、夏县营村、西丰乐村、柳各庄村 5 个棚改安置房项目开工；筹集政策性住房 5126 套、竣工 3700 套；解决翠竹新村等 5 个项目 9866 套房屋历史遗留房产证办理问题。基本便民商业服务功能社区覆盖率 100%。全国文明城区创建扎实推进。镇街综合性文化中心实现全覆盖，北京德云社文化园项目落地。

（区政府办）

【北京创新产业集群示范区加快建设】 年内，有高精尖产业项目 136 个，投资总额 925.7 亿元。新引进御风航空基金等优质金融机构 24 家，恒宇信通等 4 家企业上市。承接“三城”科技成果转化，支持 5 家高校院所 10 个科技成果早期项目在顺义布局。HICOOL 2021 全球创业者峰会暨创业大赛举办，4000 余个创业项目 5000 余名创业人才参加。中关村智造大街在顺义设立中试基地，埃米空间、国联万众获首批北京市科技企业孵化器认定。全区有效发明专利拥有量 4711 件，同比增长 23.2%；国家高新技术企业 1594 家，同比增长 39%、增速全市第一，新申报国家高新技术企业 717 家。加快工业互联网标识解析国家顶级节点建设，上线二级节点 34 家，注册量 49.97 亿、解析量 30.2 亿。新开通 5G 基站 342 个。

（区政府办）

主要工作和重大活动

【第三批自动驾驶测试道路通过验收】 9 月 22 日，第三批自动驾驶测试道路通过验收，双向全长

408.78 千米。

（区政府办）

【新国展二期会展项目开工】 9 月 28 日，中国国际展览中心（新馆）二期会展项目正式开工。

（区政府办）

【历史遗留问题加快解决】 年内，针对土地一级开发、棚改、市政重点工程等历史遗留问题，按照“通堵点、补断点、扫盲点、克难点”思路，梳理三大“拔钉子”问题 546 个，拔除 374 个，释放土地资源 161.6 公顷，实现土地供应 150 公顷，成交额约 330 亿元。

（区政府办）

【第三代半导体创新发展峰会暨国际第三代半导体创新创业大赛大中小企业融通专业赛举办】 12 月 29—30 日，2021 第三代半导体创新发展峰会暨国际第三代半导体创新创业大赛大中小企业融通专业赛在顺义区举办。相关领域专家、学者、企业家、创业者分享专业见解，推动政、企、研三方合作。区委副书记、区长、北京天竺综保区管委会主任龚宗元出席峰会并致辞。大赛有入围项目 52 个，13 个项目进入决赛。三安集团、闻泰集团、中芯绍兴、国联万众等多家企业提出大企业命题及合作需求，大赛参与项目及相关企业与中关村顺义园达成多项合作意向，并签署合作协议。会上，区经济和信息化局介绍顺义区产业发展环境及相关政策优势。与会嘉宾通过主题报告、座谈交流等方式，就打造三代半公共研发平台、打通产业链上下游、推动自主材料器件进入供应链等议题进行探讨。

（区政府办）

【中德产业园建设】 年内，北京中德经济技术合作先行示范区获国家发改委正式批复，成为首个以“经济技术合作”为主题的国家级对德合作园区。产业园集聚德资企业 70 余家，威乐水泵全球第二总部、博世工业 4.0 创新中心等 27 个重点项目落户，跟进洽谈道依茨氢能、莱茵科斯特“双元制”产教融合平台等 59 个项目。加快打造“一中一外”运营管理格局，专业化运营管理团队启迪中德园公司正式入驻，与德国中心、中国德国商会等知名机构建立联络对接；组建中德智能制造产业协会，在柏林、慕尼黑、法兰克福设立海外联络处，举办中德汽车产业发展合作论坛暨 CEO 峰会、北京中德产业合作发展论坛，加快推进商业综合体、中德国际学校、人才社区等一批项目建设。

（区政府办）

◆12 月 23 日，由顺义区人民政府、中国德国商会共同主办的 2021 北京中德产业合作发展论坛在顺义区举办（区政府）

【理想汽车北京绿色智能工厂开工建设】 年内，理想汽车北京绿色智能工厂利用北京现代一工厂现有厂房改造而成，设计最大产能 25 万辆，一期产能 10 万辆，总投资 60 亿元，计划于 2023 年建成投产。为加快推动项目建设，建立市、区两级专项推进机制，项目从正式申请“多规合一”初审到完成前期所有流程用时 80 个工作日，较常规流程节省约 110 个工作日。

（区政府办）

日常政务

【建党百年庆祝活动服务保障】 年内，有序组织 1953 人参加庆祝中国共产党成立 100 周年大会观礼活动，475 人观看庆祝中国共产党成立 100 周年文艺演出《伟大征程》，完成 6000 羽和平鸽集结运送，支持区内 4 家企业完成物资供应。保障区域安全稳定，围绕有限空间、仓储库房、液化石油气等领域，整改安全隐患2.1万项。

（区政府办）

【“第一国门”疫情防线筑实筑牢】 年内，将入境外航、国际航班、境外抵京和第三地入京人员作为疫情防控的重中之重，全面加强国际货站、进口口岸防疫监管措施。率先摸索创造隔离酒店“四方在线、闭环管理”防疫和服务保障模式并在全市推广。加强常态化防控措施，强化国内中高风险地区返京等重点人群排查管控，严格货物消杀，抓好院感防控工作，落实集中隔离和核酸检测要求。推进新冠疫苗接种，实行“日复盘”机制，每天总结、研究推进工作，在首都机场T1航站楼设立全市最大临时接种点，“15分钟疫苗接种服务圈”工作经验全市推广。2020年底境外输入引发顺义区局部聚集性疫情后，全区立即启动一级响应，第一时间封控管理重点区域，开展风险人员摸排，3天内完成全域全员核酸检测，管控密接4382人、次密接7434人，精准锁定传染源，较短时间内实现确诊病例全处置、中风险地区全清零。

（区政府办）

【营商环境不断优化】 年内，《北京市进一步优化营商环境更好服务市场主体实施方案》4.0版涵盖市级277项改革任务、53项自选任务全部完成，营商环境评价位列平原新城第二。开展“一把手走流程”，发现问题90个全部立行立改。搭建完成“顺意办”App，3000余个政务服务事项“不见面”审批，实现67个事项“跨省通办”、26个高频事项“跨区通办”。“服务包”企业548家，超额完成年度目标。创新实施“区域评估+标准地+承诺制+政府配套”改革试点。

（区政府办）

【招商引资专业水平持续提升】 年内，研究制定加强招商引资工作意见及实施方案，召开全区招商引资大会。鼓励“走出去”学习考察，出台加强境内因公出京调研考察办法，区领导带队赴苏州、上海等地调研招商，吸引安联资管、贝宝支付等项目落户顺义。“请进来”提升产业理论水平，建立政府常务会会前学习产业知识制度，邀请重点产业领域专家授课讲解，提高抓产业能力素质。建设并使用招商资源大数据可视化平台，推动项目和落地空间对接。全区新引进亿元以上项目110个，注册资金352亿元，分别同比增长14.6%、35.3%。

（区政府办）

【重点项目落地见效】 年内，奔驰顺义工厂产量3.59万辆、实现产值99.4亿元，将北京现代零部件体系与奔驰新能源、理想汽车对接激活，荣盛盟固利研发总部签署入区协议，理工华创办理开工手续，精进电动洽商入区条款。坚决落实市领导对顺义区第三代半导体产业发展指示要求，成立工作专班，区领导带队与市级部门、机构、企业对接60余次，第三代半导体创新基地厂房装修全面完工，北大中博芯、迪希埃等企业入驻，加快推动国家第三代半导体技术创新中心挂牌，7万平方米标准化厂房竣工，产业投资基金积极筹建。走访中航信、中航发、中航材等企业，半个月内4次对接中科院工程热物理所、1个月内签署入区协议，航天姿轨控等重点项目开工建设。

（区政府办）

【督查督办】 年内，推动“互联网+”重大政务创新，搭建、使用顺义区政府重点工作信息管理平台，将市区重点工程、市区折子实事、会议议定事项等近600项工作纳入平台管理，依托互联网技术实现重点工作督查督办；办理各类事项1208件，其中市级重点任务313项、区级决策任务128项、会议议定事项171项、区领导批示496项、其他领导交派等专项督办任务100余项。针对疫情防控、棚改等工作出动190人次对近百项工作开展实地督促检查，下发《督查通知单》255单，编写《督查与反馈》《督查简报》等工作汇编、专刊近160期，反馈督查工作信息3000余条。

（区政府办）

【绩效管理】 年内，研究制定区政府绩效管理年度实施方案及考评实施细则，组织编制绩效任务表，涉及市、区两级重点任务1242项；组织完成市政府考核沟通、协调及市级任务自查等工作；总结近年绩效管理工作经验做法，形成“一心三环五维”的绩效管理模式，《北京日报》于11月18日刊登报道。

（区政府办）

【建议提案办理】 年内，办理市十五届人大四次会议代表建议10件、市政协十三届四次会议委员提案3件；办理区五届人大七次会议代表建议124件、区政协五届五次会议委员提案152件，全部建议、提案均按期办复，代表、委员满意率100%。

（区政府办）

【公文流转】 年内，接收国务院、市政府及市属各委办局来文4840件，同比增长26%；审核区级单位报送公文4890件，落实精文减会要求，优化文件审批流程，压减区内公文27%；办理区领导批示件19732件，传阅中央、市委清退文件2023件，组织销毁文件2次，发送机要信件148次。

（区政府办）

【文件办理】 年内，以区政府及区政府办名义累计印发各类公文929件，其中上行文138件、平行文507件、下行文135件、无文号等其他文件149件、联合行文49件；完成行政规范性文件送市政府、区人大备案11件；完成31次常务会、35次专题会227个议题的初审。

（区政府办）

【信息宣传】 年内，累计刊发《顺义区情》普刊、专刊、参阅、舆情等各类刊物686期，同比精简44.5%；获区领导批示201条，批示率近30%；累计向市政府办公厅报送政务信息、舆情信息2000余条，被《昨日市情》《今日舆情》采用300余条，获得市领导批示11条，其中《“大阪—首都机场—大阪—安克雷奇”第五航权国际货运航线效益逐步显现》等信息先后获得多位市领导批示；完成国务院办公厅及市政府办公厅约稿信息40篇。

（区政府办）

【重要会议】 年内，区政府召开全体会议1次，常务会30次，专题会34次，严格落实市级缩减会议相关要求，会议数量同比减少9%。

（区政府办）

法治政府建设

【概况】 年内，做好全面依法治区工作顶层设计，全面梳理依法治区工作现状及存在的问题，组织编制全面依法治区工作规划。充分发挥区委全面依法治区委员会协调小组职能，有效运用会议审议、督促落实、调查研究、联络沟通机制，确保各项工作部署落实到位。

（区司法局）

【推进合同示范文本宣传及推广应用】 3月18日，区司法局根据合同监管的要求和各单位实际需求，将国家各部委、北京市政府机关以及各行业部门公开发布的合同示范文本进行整合，发送至各镇、街道，区政府各委、办、局，各区属机构。

（区司法局）

【行政规范性文件管理平台全面启用】 5月1日，区司法局全面启用行政规范性文件管理平台，平台运用新技术手段和大数据方式，采用数据集成、智能分析等技术，将规范性文件进行收集、整理、审核、备案，通过软件系统替代手工操作。

（区司法局）

【区委全面依法治区委员会执法协调小组第三次会议】 6月3日，区司法局组织召开中共北京市顺义区委全面依法治区委员会执法协调小组第三次（扩大）会议。会议审议通过《执法协调小组2021年工作要点》《2021年顺义区行政执法考评指标》《执法协调小组关于贯彻实施〈中华人民共和国行政处罚法〉的通知》，增补区委编办、区发改委、区财政局、区经济信息化局等9家部门主管副职为执法协调小组新成员，进一步提升统筹协调能力。

（区司法局）

【区委全面依法治区委员会第三次会议】 7月5日，区司法局组织召开区委全面依法治区委员会第三次会议，会议传达学习中央全面依法治国工作会议和市委全面依法治市委员会第四次会议精神，审议通过《中共北京市顺义区委全面依法治区委员会2021年工作要点》《关于学习宣传贯彻习近平法治思想和中央全面依法治国工作会议精神的工作方案》等文件，书面审议《中共北京市顺义区委全面依法治区委员会2020年工作报告》《顺义区行政复议体制改革工作方案》《关于调整北京市顺义区推进依法行政工作领导小组设置的建议》相关议题。

（区司法局）

【推进依法行政工作领导小组（扩大）会议】 7月6日，区司法局组织召开推进依法行政工作领导小组（扩大）会议。会议审议通过《2021年顺义区推进法治政府建设工作要点》《2021年度区政府依法行政考核指标任务分解方案》《北京市顺义区推进依法行政工作领导小组工作规则（试行）》，对全年法治政府建设重点工作进行部署，进一步细化依法行政考核内容，健全领导小组会议组织和发文管理工作机制。

（区司法局）

【完成重大行政决策制度建设工作】 8月4日，《顺义区重大行政决策程序暂行规定》（顺政发〔2021〕27号）以区政府文件形式印发实施。

（区司法局）

【政府合同审核备案办法印发】 8月30日，《北京市顺义区政府合同审核备案办法》（顺政发〔2021〕31号）以区政府文件形式印发实施。

（区司法局）

【依法行政】 年内，推动领导干部学法用法工作，组织区政府常务会会前学法4次，专题法治讲座2次，依法行政专题研讨班2期。举办执法权下放培训2期8场，组织4家部门为各镇街讲解电力、垃圾、除四害、环保、水务等方面执法业务。采取“列台账—限时改—定期查”“闭环”工作法，推进依法行政工作领导小组每月调度依法行政重点工作，压紧压实依法行政工作责任。建立“1+4+N”执法培训体系，组织开展新行政处罚法基础法律培训和多场下放执法权业务培训。制定《2021年依法行政专项考评实施细则》，对全区依法行政工作开展专项考评。

（区司法局）

【规范性文件和合同审查】 年内，搭建顺义区报送规范性文件（重大行政决策）审核平台，实现规范性文件审核备案工作全过程电子化、智能化、规范化管理。完成234件区政府会议议题的审核工作，对区政府依申请公开的181件答复进行法律审核，事前审核各类政府合同6249件，事后备案审核政府合同1762件，提出意见建议11791条。完成向市政府备案区政府印发规范性文件11件，各单位规范性文件备案登记18件。

（区司法局）

【法治政府建设示范项目创建】 年内，制订《2021年顺义区法治政府建设示范项目创建工作方案》，设置49个标准示范项目清单，采取自主打造和清单中选取相结合的方式，在全区各单位培育、打造一批示范项目，70家单位申报项目81个。

（区司法局）

【法治政府建设第三方评估】 年内，开展法治政府建设第三方评估工作，委托科研院所对全区法治政府建设整体情况开展法治体检。开展法治政府建设督察工作，撰写《顺义区法治政府建设报告》，对8项督察要点内容进一步细化，总结梳理全区法治政府建设的先进经验，将“1+2”行政调解体制建设项目申报全国法治政府建设单项示范项目。

（区司法局）

冬奥会、冬残奥会保障

【区水务局多项举措为冬奥会、冬残奥会保驾护航】 年内，区水务局成立供水安全专项检查小组4个，对12座集中供水厂和320余座村级供水站的设备设施运行、卫生消毒等情况进行检查，并对7566眼自备井进行抽查，保障供水安全。开展食品饮料行业、化工制药企业涉水行为专项执法检查，对39家食品饮料企业、15家化工制药企业涉水事项开展检查，并建立管理台账。增加水源水、出厂水、管网水水质检测频率，对83条段的小微水体（101个监测站点）开展水质监测工作；加大水质异常情况的分析和观察，做好水质检测详细记录。

（区水务局）

【区司法局冬奥会、冬残奥会法治服务保障】 年内，区司法局开展冬奥会、冬残奥会法治服务保障工作。依托司法所、基层人民调解组织等力量开展排查6172次；制定纠纷稳控与包案化解措施，预防纠纷190件，重点强化“访调”对接工作机制，及时发现、就地化解涉冬奥类初信初访案件。设立“冬奥会法律服务专项团”，20余名律师、公证员、司法鉴定人为冬奥筹办举办提供法律服务保障。组织77家普法联盟微信矩阵开展线上宣传，普法工作者、志愿者“入户”走访线下发力，426个村居广播、211块LED屏等多种载体实现法治宣传全覆盖。

（区司法局）

【区城市管理委冬奥会、冬残奥会城市运行保障】 年内，区城市管理委抓紧抓实冬奥会和冬残奥会城市运行保障工作。依托区级台账系统，围绕首都机场、主物流中心、国家残疾人运动员训练场馆等重点区域，加强清扫保洁、生活垃圾清运、垃圾分类工作，开展专项环境保障。新建国家残训馆周边西侧裕泰路，全长约900米。组织燃热、电力运行开展排查，做好设备运行、应急处置，确保冬奥会、冬残奥会期间燃热、电力平稳运行。

（区城市管理委）

【区外事办助力冬奥会、冬残奥会筹办】 年内，区外事办规范外语标识，推进全区双语标识规范工作，核查完成48个点位和66条道路路段4500块公共标识，纠正不规范标识2033条。联合市级部门启动“迎冬奥倒计时100天国际青少年绘画邀请展”，组织国际学校、公立学校学生参与祝福冬奥绘画活动，收到来自澳大利亚、韩国等10余个国家和地区100余幅绘画作品。向韩国、日本等国家的友好城市宣传介绍北京冬奥会相关信息，邀请对方青少年通过视频、绘画等方式表达对2022年北京冬奥会的祝福。

（区外事办）

【区纪委区监委护航冬奥会、冬残奥会筹办】 年内，区纪委区监委坚持把加强冬奥会监督作为践行“两个维护”的实际行动和落实党中央重大决策部署的重要内容，深入学习贯彻习近平总书记关于“廉洁办奥”的重要指示批示精神，认真研究冬奥会监督工作要点，建立列席会议、定期会商、重点调研、风险排查、廉政谈话5项工作机制。会同区体育局梳理冰雪运动企业扶持资金使用、体育健身器械采购和发放、体育赛事活动服务外包3个重点领域的廉政风险点，督促建立健全体育器械等特殊物品采购制度、体育赛事活动服务准入制度等防范措施；定期约谈业务部门负责人，提醒其严格遵守相关制度规定和纪律要求，并针对内部管理存在的漏洞和薄弱环节及时采取有效措施，严防违纪违法问题的发生。围绕重点任务、重要活动、关键环节以及简化办赛、节俭办赛相关要求落实情况，定期开展会商和监督，督促区体育局按阶段汇报冬奥会运行保障工作完成情况，安排部署下一步工作任务。对李遂镇和顺奥冰世界冰雪运动宣传推广活动进行现场监督检查，当场反馈发现问题，督促相关部门及时制定整改措施，切实整改到位。

（区纪委区监委）

【第四届冰雪嘉年华暨迎2022北京冬残奥冰雪体验主题活动】 12月9日，顺义区第四届冰雪嘉年华暨迎2022北京冬残奥冰雪体验主题活动在马坡镇庙卷村举行。来自马坡镇、高丽营镇、赵全营镇、北石槽镇、后沙峪镇、牛栏山镇、南法信镇的8支队伍80余名残障人士参与其中。本次活动将奥运项目和传统冰上运动，通过VR技术和高新材料技术形式体现出来，让残障人士亲身感受科技和奥运项目的力量。即日起至2022北京冬残奥会开幕，活动将陆续走入全区25个镇、街道，以残疾人温馨家园为载体，让辖区内每一位残疾人，都有机会体验冰雪运动的魅力。

（区体育局）

【区文化和旅游局加快推进城市冬奥文化广场建设】 12月，区文化和旅游局抽调骨干力量，成立工作专班，制定工作规则及任务分工方案，联动属地、区城管委、区园林绿化服务中心等部门，按照冬奥组委相关要求，协同推进冬奥文化广场选址、规划、报批等工作，加快推进城市冬奥文化广场建设进程。冬奥文化广场以2022北京冬奥会城市文化广场基本“元素”为依托，结合顺义公园环境，融入“冰壶体验”、冬奥知识竞猜、吉祥物展览等冬奥主题元素，普及冬奥知识，传播冬奥文化和理念。组织开展志愿者招募活动，并筹备 81 场文艺演出。

（区文化和旅游局）

政务服务

【概况】 年内，区政务服务局从落实好“平原新城看顺义”目标和实现“三个走在前列”的任务要求出发，立足政务服务各项中心工作，服务“两区”建设，提高政务服务水平，提升企业、群众满足感、获得感。

（区政务服务局）

【智能自助文件柜出件服务升级】 1 月 25 日，区政务服务中心升级智能自助文件柜出件服务，涉及区生态环境局、区农业农村局、区卫生健康委等 8 个部门包含排污许可、执业兽医、医师执业证书等 27 个审批事项，办理结果全部可由 24 小时自助服务区的智能文件柜发放。

（区政务服务局）

【媒体记者采访团接访】 5 月 7 日，新华通讯社、《北京日报》、北京电视台等 10 余家媒体记者走进顺义区政务服务中心，先后参观区政务服务中心综合受理专区、不动产登记专区、婚姻登记专区等点位，实地感受 3D 智能室内导航系统、24 小时智能自助文件柜等办事服务，就全市首个“两区”建设“一窗通办”服务专区、三方视频政策咨询等政务服务创新举措展开集中采访报道。

（区政务服务局）

◆5 月 7 日，媒体记者采访团到顺义区政务服务中心采访（区政务服务局）

【“跨区通办”】 5 月 20 日，顺义区政务服务局与通州区政务服务局、朝阳区政务服务局、大兴区政务服务局、北京经济技术开发区审批局、北京经济技术开发区政务服务中心共同签署《关于实施政务服务“跨区通办”联动机制框架协议》，开启“跨区通办”政务服务新模式。首批事项清单涉及对外贸易经营者备案登记、出版物零售单位注销等 26 项高频事项。

（区政务服务局）

【全流程电子化政府采购项目】 6 月 7 日，顺义区首个采用全流程电子化方式完成的政府采购项目，政府采购竞争性磋商项目——顺义区仁和镇党史发展史展厅项目，在顺义区公共资源交易中心完成全流程电子化交易。

（区政务服务局）

◆6 月 7 日，顺义区首个全流程电子化政府采购项目完成（区政务服务局）

【政务开放日活动】 11 月 15 日，区政务服务局以“云开放”形式在区政务服务中心开展政务开放日活动。区应急局、区金融办、区市场监管局、区园林绿化局、区政府外事办等部分政务服务事项审批部门以及区营商服务监督员、百强民营企业政务服务体验员和市民、媒体代表参加。通过线上直播，向市民、企业展示区政务服务中心工商、民政、社保、不动产等事项办理及 3D 智能导航系统、无障碍设施等服务。直播在线观看人数超 2.4 万人，收集问题 300 余条，涉及交通、民政、工商、医保等政务服务领域。

（区政务服务局）

◆11月15日，区政务服务局举办顺义政务“云开放”活动（区政务服务局）

【“跨省通办”】 年内，顺义区与天津市津南区、山东省滨州市、河北省张家口市万全区、贵州省贵阳市花溪区签订合作协议，实现顺义区67项事项可在4地办理；津南区的20项事项、滨州市140项事项、万全区18项事项、花溪区48项事项可在顺义区办理，涉及企业设立登记、医师执业注册等高频事项，形成“标准统一、代收帮办、远程办理、协同联动”的服务模式。

（区政务服务局）

【“两区”建设服务专区】 年内，区政务服务局围绕“3+7+N”工作思路（充分发挥北京天竺综合保税区、临空经济核心区、中德国际合作产业园三大园区的主体作用，重点围绕航空服务、跨境金融、文化贸易、商务会展、数字贸易、医疗健康、国际寄递物流7大产业创新发展，带动全区多个领域推进服务业开放），在顺义区政务服务中心设立全市首个“两区”建设“一窗通办”服务专区，为天竺综合保税区、临空经济核心区3400余家企业提供事项办理“绿色通道”，服务事项涵盖经营许可、医疗健康、交通运输等方面，涉及39个部门的1597个事项。

（区政务服务局）

【顺义区政策兑现服务平台】 年内，采取“线上+线下”模式，在区政务服务中心政策兑现服务专区设立4个综合窗口，实现“一口进出、分类审定、封闭运行”的服务模式。线上汇集23个部门72项涉企政策实现集政策梳理、政策引导、政策申报、政策审核等为一体的政策兑现“新模式”。

（区政务服务局）

【“证照分离”改革政策落地】 年内，梳理改革事项清单，明确审批层级为区金融办、区公安分局、区交通局等23个部门的101个涉企经营许可改革事项，组织相关部门开展自查，开展政策学习、培训和宣传，及时反馈市级部门调整办事指南，加快窗口落地。

（区政务服务局）

【政务服务适老化水平再提升】 年内，梳理26个老年人高频服务事项，延伸至各村居服务站点，实现老年人就近办理。在区级、镇街级政务服务中心设立志愿服务岗，安排专人为老年人提供咨询引导、帮办代办等“一站式”服务；增设老年人窗口、优化设施，“顺意办”App开通“亲情办”“长辈专区”两项特色服务，提高老年群体办事效率。

（区政务服务局）

【社区（村）级综窗受理系统】 年内，在38个社区（村）级示范站点先行部署社区（村）综窗受理系统，实现26项村居级政务服务事项办理标准、申请材料、办理时限等信息实时精准查询，建立“一次一评”“一事一评”评价体系。

（区政务服务管理局）

【“顺意办”App】 年内，“顺意办”App服务内容深化细化，上线惠企政策90余条；打造避免材料重复提交的“一件事”办理服务模式，上线刷脸核验即可办理的民生事项330余项，开发授权办理功能及亲情代办功能，进行适老化改造。

（区政务服务局）

【“一门”“一窗”“一网”改革】 年内，区级依申请7类政务服务事项1923项，委托受理率83.20%，授权审批率84.95%，其中涉企事项集中进驻率98.4%；区级政务服务中心全年累计入厅100余万人次。建成社区（村）政务服务示范站点38个，搭建社区（村）综窗一体化平台，实现“一张网”向基层延伸。

（区政务服务局）

【政府信息公开】 年内，《顺义区2021年政务公开工作要点》制发，全区受理政府信息公开申请845件，同比增加18%，其中区政府本级受理申请156件，同比增加16.4%，申请内容主要涉及征地、拆迁、棚户区改造等方面。

（区政务服务局）

【公共资源交易平台建设】 年内，有992个项目完成开评标并公布中标结果，招标金额227.72亿元，中标金额211.81亿元，节约金额15.91亿元，节约率6.99%。在市级关于各区公共资源交易平台建设运行情况评价考核中，顺义区8—11月连续4个月排名第一。

（区政务服务局）

【获“千人千题”竞赛第三名】 年内，区政务服务局组织区市场监督管理局、区住建委、区规自分局等部门采取“自学+备考+脱产”的学习进阶模式高效备考，在2021年度全市优化营商环境“千人千题”竞赛中，以90.68分的成绩位列全市第三名。在单项指标考试中，办理建筑许可指标成绩位列全市第一名。

（区政务服务局）

外事

【概况】 年内，区政府外事办立足新发展阶段，贯彻新发展理念，构建新发展格局，坚持“实”字为要、“干”字当先，围绕全区经济发展、“两区”建设、产业发展、重大活动，聚焦打造“双枢纽”国际消费桥头堡、中德产业园、高品质社区建设等重点工作，促进区域经济社会发展，促进对外工作取得新进展、新突破。

（区政府外事办）

【第三届顺义区英语歌曲大赛】 10月24日，由顺义国际人才社区办、区政府外事办、区总工会、区教委联合主办的“唱响世界 歌耀国门”第三届顺义区英语歌曲大赛报名工作启动。大赛分为初赛、复赛、决赛3个阶段，青少年和成人2个分组。大赛评委由音乐专业领域相关专家学者、媒体评审团组成。

（区政府外事办）

◆10月24日，“唱响世界 歌耀国门”第三届顺义区英语歌曲大赛报名工作启动（区政府外事办）

【第九期顺义区公共场所双语标识纠错】 年内，开展第九期顺义区公共场所双语标识纠错工作。本期双语标识纠错工作以顺义“两区”建设范围为重点，涉及48个点位、66条道路路段，核查公共标识4500块，其中外语有误或不规范1157块，占比26%。纠正标识信息2033条；协助顺义公路分局、区医疗保障局、区文化和旅游局、区园林绿化服务中心、区政务服务中心、区绿色生态管委会、区妇幼保健院、区文化旅游投资集团完成外语标识校对1427条；通过“顺义外事”微信平台，组织开展顺义市民双语标识“纠错随手拍”活动。

（区政府外事办）

【外籍人员疫苗接种工作】 年内，根据顺义区外籍人员疫苗接种工作方案，区外事办与区卫生健康委、疫苗接种属地等相关部门强化联络沟通，开展区内外籍人士疫苗接种工作。关注疫苗接种舆情，如遇特殊突发紧急情况，立即启动涉外应急机制，做到第一时间反应、第一时间处置，做好矛盾风险化解工作。

（区政府外事办）

【APEC商旅卡宣传推广】 年内，为全区2家企业5人办理APEC商旅卡申请，全区累计申办515张。

（区政府外事办）

【外国人来华邀请手续办理】 年内，为区内重点企业办理邀请外国人来华手续231人次，累计办理

512 人次。

（区政府外事办）

支援合作

【政策衔接】 年内，区委、区政府共召开 5 次区级会议调度全年工作；调整优化全区支援合作结对关系，完成区扶贫协作和支援合作工作领导小组更名及成员单位变更，完成京冀扶贫协作收尾和交接工作；区委、区政府主要领导率队完成 3 省（区）4 地实地对接（内蒙古自治区巴林左旗、科左中旗，西藏自治区尼木县、河南省南阳市西峡县）。接待内蒙古自治区通辽市代表团、巴林左旗代表团到顺义区调研；《2021 年顺义区支援合作工作要点》《顺义区对口协作西峡县 2021 年工作实施方案》印发实施。

（区发展改革委）

【城乡融合项目推进】 年内，累计提供区级各类帮扶资金 6000 余万元（含捐物折款）。共实施市、区两级项目 65 个，属于顺义区监管范围内项目 53 个（其中河南省南阳市西峡县、西藏自治区尼木县市级项目不属于顺义区监管范围），涉及项目资金 1.6 亿余元。其中市级项目 19 个，涉及项目资金 1.15 亿余元，完工率 73.69%，惠及人口 2.9 万余人次；区级项目 34 个，涉及项目资金 5091 万元，完工率 79.41%，惠及人口 7 万余人次。

（区发展改革委）

【打造乡村智慧集聚高地】 年内，新一批 7 名援蒙挂职干部全部轮换到位并开展工作；按照结对地区需求，100 名专业技术人才全部派出；系统内 20 名优秀代表应邀参加建党 100 周年系列庆祝活动；1 个集体、1 名个人分别获全国脱贫攻坚先进集体和先进个人称号；8 个集体、13 名个人分别获北京市脱贫攻坚先进集体和先进个人称号；1 名挂职人才获评北京榜样·支援合作先锋；第九批顺义区援藏工作队荣获西藏自治区脱贫攻坚先进集体称号。

（区发展改革委）

【社会力量参与支援合作】 年内，100 余家企业、社会组织参与结对帮扶活动。安排成员单位中的牵头镇和国企帮助协作地区打造乡村振兴示范村；区委宣传部、区文旅局、工商联、文旅集团等单位在消费帮扶、结对帮扶上持续用力；区融媒体中心免费为结对地区推介宣传，总价值超过 200 万元。

（区发展改革委）

【产业合作规模化发展】 年内，顺义区引导 2 家企业到内蒙古自治区科左中旗投资，新增投入资金 1.2 亿元。引导 4 家企业到内蒙古自治区巴林左旗完成投资 5885 万元。

（区发展改革委）

【劳务协作组织化输出】 年内，顺义区多渠道、多方式促进就业帮扶。共帮助结对地区农村劳动力转移就业 5449 人，其中脱贫人口 2478 人。

（区发展改革委）

【消费帮扶全社会参与】 年内，消费帮扶立体宣传，在中央、市级、区级主流媒体刊播消费帮扶宣传报道；制作结对帮扶地区消费帮扶产品宣传片，并在全区 200 余块户外电子屏幕循环播放；开展全区行政办公区零距离体验购买活动；制订全区消费帮扶任务分解计划，消费帮扶共计 1.6 亿余元。

（区发展改革委）

【农旅产品体验馆“6Z+1”模式】 年内，增加引入网络直播售货模式，拓宽内蒙古自治区巴林左旗农产品进京销售渠道，解决巴林左旗农产品与北京市场供销渠道不畅通、市场信息不对称等问题，带动巴林左旗众多农牧民群众增收致富。“6Z”即农产品物流中转站 + 高端特色产品体验站 + 农产品在京电商销售站 + 农产品线下实体推广站 + 辽文化旅游资源宣传站 + 网络直播售货站；“1”即组织北京地区人员赴左旗旅游服务中心。

（区发展改革委）

【“我在内蒙有只羊”升级版】 年内，吸收内蒙古自治区科左中旗举办活动的先行经验，为巴林左旗升级打造新版“我在内蒙有只羊”。精选当地黑头羊及其杂交品种作为主打肉羊，引入规模化爱心合作社，签订三方协议；制定从养殖户筛选、肉羊饲养出栏、宰杀、包装、运输前检验检疫，全过程标准化管理办法；创新引入风险管理机制，帮助当地脱贫残疾人零风险受益。

（区发展改革委）

【打造龙头企业新名片】 年内，顺义区引导肉牛龙头企业哈林肉业公司，瞄准构建复合型农牧业产业化新发展格局，促进草原生态保护、牧民增收致富的融合发展。2月，哈林肉业公司入选内蒙古自治区第八批自治区农牧业产业化重点龙头企业认定名单。3月，中国肉类食品科学院通辽分中心正式成立，在国家标准基础上，制定专属原材料采购和生产标准，帮助肉牛产业成为脱贫群众稳定增收的重要产业。

（区发展改革委）

【教育援扶】 年内，顺义区实施派副园长、派教师、派班主任的“三派行动”，选派11名教师赴西藏自治区尼木县开展“扶智”工作。通过整学期贯穿式教学，将优秀教育教学理念和方法有机渗透至当地，加强尼木县师资队伍和各项规章制度建设，提升教师专业化水平。

（区发展改革委）

【文化援帮】 年内，引导社会力量广泛参与，通过捐赠游乐设施，援建“振兴数字书屋”和青少年艺术电子图书馆等方式，丰富农牧民及其子女精神文化生活。免费为“尼木三绝”（藏尼纸、尼木藏香和普松雕刻）等传统技艺作品进行版权登记，有效保护创作人著作权，助力传承非遗技艺。

（区发展改革委）

【产业援带】 年内，顺义区通过出资金、送技术、派人才的方式多维度助力西藏自治区尼木县生猪养殖产业发展，带动当地23户农户就业增收，户均分红近1.6万元。

（区发展改革委）

【医疗援助】 年内，顺义区选派医疗技术骨干到西藏自治区尼木县开展技术交流，首次开展胆囊切除手术、胆总管探查+T管引流术、肝包虫囊肿切除术等各类手术。弥补当地医疗短板，助力尼木县创建二级乙等医院。

（区发展改革委）

【构建对口协作新风景】 自顺义区马坡镇与河南省南阳市西峡县五里桥镇土槽村建立结对关系以来，马坡镇先后援助资金586万元，重点建设土槽村综合服务中心项目、乡村生态旅游发展项目等。经过5年努力，土槽村成为周边县、市、区居民周末旅游观光的后花园和娱乐休闲、度假游玩的“网红打卡地”。继2020年整村乡村旅游项目被命名为“马坡理想小镇”，2020年12月被评为省级森林康养基地后，本年度马坡镇再次投入100万元，实施生态园河道治理项目。

（区发展改革委）

信　访

【概况】 年内，围绕平原新城和“平安顺义”建设，区信访办完成中国共产党成立100周年、全国及市“两会”、党的十九届六中全会、顺义区第六次党员代表大会等重点活动信访服务保障工作。获评北京市信访工作先进集体。

（区信访办）

【2021年信访系统业务培训会】 5月27日，区信访办公室组织召开全区信访工作业务培训会。此次培训采取集中培训的方式进行，主要目的是解决各单位在信访业务办理过程中出现的各类实际问题、挖掘基层单位先进经验和做法，围绕信访业务、社会矛盾纠纷排查、信访事项办理及如何有效沟通等方面进行培训。

（区信访办）

政协顺义区委员会

综 述

【概况】 年内，区政协始终把坚持和发展中国特色社会主义作为巩固共同思想政治基础的主轴，把加强思想政治引领、广泛凝聚共识作为中心环节，把统筹新冠疫情防控和全力聚焦全区中心工作履职尽责作为工作主线。召开全体委员会议2次，常务委员会会议5次，组织常委、委员开展工作视察14次，通过座谈协商、提交提案、反映社情民意、专题调研、特约监督等形式就全区重点工作和人民群众关心关注的问题建言献策。全年协调有关部门办理委员提案152件，向区委、区政府有关部门报送《协商意见》3期，提出意见建议51条，履行政治协商、民主监督、参政议政的职能；开展人民政协理论和推动区域经济社会发展的研究，各项工作取得新进展，为推动首都重点平原新城高质量发展做出贡献。

（政协北京市顺义区委员会）

重点工作

【党史学习教育】 年内，开展党史学习教育。组织开展机关暨党支部集中学习32次，党组中心组和机关党组学习11次，组织机关干部参与在线学习、“国门讲坛”专题讲座、市政协视频讲座，参加十九届五中全会专题培训班，到北京市档案馆开展党史学习教育主题党日活动。举办“永远跟党走”委员学党史读书活动23期，举办委员履职能力提升培训班。扎实开展“我为群众办实事”主题实践活动，结合督导检查、履职活动、党员回社区报到，开展“微实事”活动，围绕群众关心的民生问题议政建言。

（政协北京市顺义区委员会）

◈年内，区政协机关党支部到北京市档案馆开展党史学习教育主题党日活动（政协北京市顺义区委员会）

【庆祝建党百年服务保障】 年内，组织机关干部完成庆祝中国共产党成立100周年各项服务保障工作。全年活动主题围绕建党100周年有序开展。

（政协北京市顺义区委员会）

【常态化疫情防控】 年内，区政协领导定期参与疫情形势研判，并在机关传达部署。领导班子带队，各委、室领导干部定期到镇村开展疫情防控督导检查工作。部分干部下沉到社区一线值守，机关党员干部开展对核酸检测调研工作。机关会议活动加强疫情防控，党员干部开展接种疫苗，落实常态化防控举措。

（政协北京市顺义区委员会）

【重点工作督导】 年内，区政协领导班子成员围绕重大活动保障、疫情防控、接诉即办、垃圾分类、安全生产检查、农村人居环境整治、基层党建等工作，分别带队，先后到所联系属地开展督导80余次。

（政协北京市顺义区委员会）

重要会议

【区政协五届五次会议】 1月10—11日，区政协五届五次会议以线下主会场和线上移动议政平台相结合的方式在顺义区行政中心举行。审议区政协副主席单成刚代表常务委员会做的工作报告，审议区政协副主席郭振江代表常务委员会做的关于提案工作情况的报告；讨论政府工作报告，讨论其他报告；区政协副主席刘静做提案审查报告；审议通过政治决议。补选王颀为政协北京市顺义区第五届委员会秘书长，补选王江、岳彩华为政协北京市顺义区第五届委员会常务委员。会议期间收到委员提案140件，经提案委员会审查予以立案136件。区委书记高朋，区委副书记、代区长龚宗元，区人大常委会主任车克欣参加开幕式。高朋在开幕式上讲话。区政协主席周颖博主持开幕式。区委副书记张良出席闭幕式并讲话。

（政协北京市顺义区委员会）

【区政协五届二十一次常委会】 1月11日，区政协召开五届二十一次常委会。审议通过《政协北京市顺义区第五届委员会常务委员会2021年工作要点（讨论稿）》。周颖博就如何贯彻好《常务委员会2021年工作要点》强调3点意见。

（政协北京市顺义区委员会）

【区政协五届二十二次常委会（扩大）】 5月13日，区政协召开五届二十二次常委会（扩大）。围绕文化创意产业建设情况，组织政协委员视察北京当红齐天国际文化科技发展集团有限公司、北京乐石文物修复中心有限公司。研究审议有关人事事项，王振林因工作调整、刘峰因到龄退休，不再担任区政协第五届委员会常务委员。区商务局党组书记、局长通报“两区”建设情况。

（政协北京市顺义区委员会）

【区政协五届二十三次常委会（扩大）】 8月5日，区政协召开五届二十三次常委会（扩大）。常务副区长通报全区上半年经济社会发展情况和下半年工作安排。研究审议岳彩华任区政协科教文卫体委员会主任、专委会工作二室主任。常委、委员围绕顺义区下半年经济社会发展建言献策。

（政协北京市顺义区委员会）

【区政协五届二十四次常委会（扩大）】 11月12日，区政协召开五届二十四次常委会（扩大）。在线观看视察龙湾屯镇柳庄户村和中海外龙湾农场。区委农工委书记、区农业农村局局长通报全区乡村振兴工作开展情况。常委、委员座谈交流。研究审议撤销曾长虹区政协委员资格及常务委员职务的事项，研究审议王平不再担任区政协办公室副主任事项，研究审议李建任区政协办公室副主任事项，研究审议陈胜利正式任职区政协研究室副主任事项。

（政协北京市顺义区委员会）

【区政协五届二十五次常委会】 11月30日，区政协召开五届二十五次常委会。研究审议政协北京市顺义区第六届委员会换届相关事项。协商决定政协北京市顺义区第六届委员会第一次会议的召开时间、地点及会议建议议程（草案）、建议日程（草案）。讨论通过《政协北京市顺义区第五届委员会常务委员会工作报告（审议稿）》《政协北京市顺义区第五届委员会常务委员会关于提案工作情况的报告（审议稿）》《政协北京市顺义区委员会关于表彰五届五次会议以来优秀提案的决定》《政协北京市顺义区委员会五届五次会议以来优秀提案名单》。

（政协北京市顺义区委员会）

【区政协六届一次会议】 12月14—17日，区政协六届一次会议在北京怡生园国际会议中心举行。审议区政协主席周颖博代表第五届常务委员会做的工作报告，审议区政协副主席郭振江代表第五届常务委员会做的关于提案工作情况的报告；视频列席顺义区第六届人民代表大会第一次会议，听取并讨论政府工作报告，讨论其他报告；召开区领导与部分政协委员协商议政座谈会，形成42项协商意见；选举产生政协北京市顺义区第六届委员会主席贺亚兰，副主席单成刚、李衍、王鉴远、杨凤辉、于宝鑫、周鑫，秘书长王颀以及49名常务委员会委员；区政协副主席李衍做提案审查报告；审议通过政治决议。会议期间收到委员提案159件，经提案委员会审查予以立案152件。区委书记高朋，区委副书记、区长、天竺综保区管委会主任龚宗元，区人大常委会主任车克欣参加开幕式。高朋在开幕式上讲话。区政协主席周颖博主持开幕式。区委副书记张金玲出席闭幕式并讲话。

（政协北京市顺义区委员会）

◆12月14日，中国人民政治协商会议北京市顺义区第六届委员会第一次会议召开(政协北京市顺义区委员会)

重要活动

【冰雪运动发展视察】 3月5日，区政协科教文卫体委员会组织部分委员围绕顺义区冰雪运动发展情况，到区城南体育场冰场和水上公园冰雪运动场地开展视察调研活动。听取顺义区冰雪运动场地设施、专业训练、冰雪活动开展等情况介绍。召开顺义区冰雪运动发展情况座谈会，就北京冬奥会服务保障、冰雪设施和服务供给、全民迎冬奥氛围营造、冰雪运动竞技水平提升4个方面听取详细汇报。政协委员围绕顺义区如何促进中小学生冰雪运动可持续发展、助力顺义区竞技冰雪运动更好发展、抢抓冬奥商机促进企业发展等，开展研讨交流。

（政协北京市顺义区委员会）

【《北京创新产业集群示范区发展规划》座谈会】 4月20日，区政协经济委员会组织部分委员围绕落实《北京创新产业集群示范区发展规划》，到北京奔驰新能源智能汽车项目基地和中关村顺义园北京国联万众半导体科技有限公司开展调研并召开座谈会议。

（政协北京市顺义区委员会）

【中小学课后托管服务调研】 4月20日，区政协科教文卫体委员会组织部分委员围绕教育系统课后托管服务情况到东风小学教育集团本部开展调研。

（政协北京市顺义区委员会）

【非物质文化遗产传承保护视察】 4月28日，区政协民族宗教委员会组织部分委员到良山景泰蓝公司和牛栏山酒厂视察非物质文化遗产传承保护发展工作，就加大非物质文化遗产宣传力度、强化资金支持、加强人才培养提出意见建议。

（政协北京市顺义区委员会）

【立法协商视察】 4月29日，区政协社会与法制委员会组织部分委员围绕《北京市接诉即办条例（草案）》，到区政务服务中心、仁和镇综合执法大厅开展立法协商视察调研和座谈活动。

（政协北京市顺义区委员会）

【文化产业发展视察】 5月27日，区政协科教文卫体委员会组织部分委员到区文化中心开展视察，围绕整合资源推动文化产业发展和拓展渠道促进文化成果共享等方面开展研讨。

（政协北京市顺义区委员会）

【水环境综合治理视察】 6月10日，区政协城建环保委员会组织部分委员围绕全区水环境综合治理情况，到后沙峪镇罗马湖和北小营镇箭杆河前鲁段开展视察活动，并提出意见建议。

（政协北京市顺义区委员会）

【委员培训】 6月22—24日，区政协学习委员会组织区政协常委及部分委员，开展为期3天的履职培训。邀请专职教授和政协委员代表，从百年党史历程和启示、习近平新时代中国特色社会主义思想与执政本领、大国安全、中华优秀传统文化与中国式管理、新经济业态区域发展新格局等多层面开展讲解和分析。

（政协北京市顺义区委员会）

【提案协商办理推进会】 7月6日，区政协提案委员会组织部分委员围绕美丽乡村建设类别提案召开协商办理推进会。实地视察高丽营镇一村如意公园和村史馆建设管理使用情况，与会委员从乡村人居环境整治、乡村振兴和“一村一品”规划建设等方面建言献策。

（政协北京市顺义区委员会）

【物业管理视察】 9月14日，区政协城建环保委员会组织部分委员围绕物业管理到后沙峪镇回民营一区和裕龙三区开展视察活动，与会委员分别从小区业委会建设、物业公司监管和小区公共服务设施管理等方面建言献策。

（政协北京市顺义区委员会）

纪检　监察

综述

【概况】 年内，接到业务内信访举报1253件次，全区纪检监察机关立案305件，党纪政务处分268人次，移送司法机关5人，采取留置措施7人。

发送廉洁过节通知和短信提醒7000余条，查处违反中央八项规定精神问题35人。压实疫情防控监督政治责任，综合协调“一办三组”，针对重点管控区域，按照最新防疫要求展开监督检查，向市纪委、区疫情防控领导小组办公室不间断报送疫情防控监督工作情况230余份。在区疫情防控领导小组会上通报20次，累计检查点位3449个，督促整改问题554个，制发提醒函21份，问责党组织4个、相关人员19人。

（区纪委区监委）

【向区人大常委会报告专项工作】 9月2日，在顺义区第五届人大常委会第三十八次会议上，区监察委员会主任就开展廉政教育工作情况向区人大常委会做专项工作报告。这是区监委首次向区人大常委会报告专项工作。

（区纪委区监委）

【龙湾屯镇廉洁文化建设督导调研】 9月7日，区纪委区监委到龙湾屯镇督导调研廉政教育、廉洁文化建设、创城等重点工作。检查组一行首先来到焦庄户地道战遗址纪念馆，实地查看廉政教育基地建设和管理、运行情况；随后赴北京葫芦艺术庄园、柳庄户村等地，督导调研廉洁文化建设情况，听取龙湾屯镇党委党风廉政教育、接诉即办、创城等重点工作情况汇报。

（区纪委区监委）

【冬奥服务保障督导调研】 9月8日，区纪委区监委到天竺综保区、中关村顺义园等地，督导调研冬奥服务保障、疫情防控、“亲”“清”政商关系等工作。要求要认真落实市委、区委工作要求，完成好各项冬奥服务保障任务。要继续压实疫情防控责任，落实检验检疫、消毒消杀、核酸检测、环境监测等措施。相关部门要坚持廉洁履职，着力构建“亲”“清”政商关系，有效结合“接诉即办”等工作，协调解决企业发展面临的实际需求，助力区域经济发展。

（区纪委区监委）

【马坡镇疫情防控督导检查】 10月26日，区纪委区监委工作人员到马坡镇督导检查疫情防控工作。检查组一行先后到药店、诊所、居民小区等地查看扫码、登记、测温等防疫措施落实情况，听取马坡镇党委疫情防控工作情况汇报，了解属地在疫情防控工作中面临的实际困难，并慰问一线工作人员。

（区纪委区监委）

【党员干部社区服务】 年初，组织10名党员干部下沉天竺地区参加为期1个月的防疫值守工作。春节期间，组织63名党员干部到光明街道社区配合疫情防控值守。10月，组织青年党员干部成立顺义区纪委区监委“青年党员先锋队”下沉到光明街道双兴东社区，每天2名干部（共88人次）参加社区志愿服务活动。引导党员干部参与“我为群众办实事”和“垃圾分类我们一起行动——周末守桶我参与”、月末（周末）清洁日等活动，确保“七一”前每名党员至少办1件实事好事；建立党员“微实事”清单台账157件，全部完成；开展“红色代办”党群服务活动，与双丰街道对接，了解属地服务需求，提供资源清单，结合纪检监察职责职能与双丰街道一同开展党章党规党纪、党风廉政建设和反腐败工作相关的宣传教育活动并赠送廉政书籍20册。

（区纪委区监委）

重要会议

【区纪委五届七次全会召开】 2月7日，中国共产党北京市顺义区第五届纪律检查委员会第七次全体会议开幕，区委书记高朋出席全会并讲话。区委常委、区纪委书记、区监委主任代表顺义区纪律检查委员会常务委员会做工作报告。会议传达学习贯彻十九届中央纪委五次全会精神和市纪委十二届六次全会精神，总结上一年度纪检监察工作，部署本年度工作任务。

（区纪委区监委）

【顺义区警示教育大会】 11月11日，顺义区以视频会议形式召开“以案为鉴、以案促改”警示教育大会。市纪委市监委宣传部副部长、市纪委市监委第六监督检查室副主任与会指导。区委书记高朋出席会议并讲话，区委副书记、区长龚宗元主持会议，区人大常委会主任车克欣，区政协主席周颖博及区委、区人大常委会、区政府、区政协、北京天竺综保区管委会领导参加。

（区纪委区监委）

◆11月11日，顺义区“以案为鉴、以案促改”警示教育大会以视频会议形式召开（区纪委区监委）

【顺义区纪委五届八次全会】 11月19日，中国共产党北京市顺义区纪委五届八次全会召开。会议总结过去5年的工作，研究今后5年的工作建议，区纪委委员出席会议。区委常委、区纪委书记、区监委主任代表区纪委常委会做题为《以史为鉴 开创未来 奋发有为 推动新时代纪检监察工作为顺义区现代化建设新征程保驾护航——中国共产党北京市顺义区第五届纪律检查委员会在区第六次党代会上的工作报告》。会议表决通过《中国共产党北京市顺义区第五届纪律检查委员会在区第六次党代会上的工作报告（审议稿）》《中国共产党北京市顺义区第五届纪律检查委员会第八次全体会议决议（草案）》。

（区纪委区监委）

【顺义区纪委六届一次全会】 12月8日，中国共产党北京市顺义区第六届纪律检查委员会第一次全体会议举行。会议以无记名投票方式选举产生顺义区纪委常务委员会委员9名，其中书记1名、副书记3名。

（区纪委区监委）

【派驻纪检监察机构年度工作总结会】 12月30日，区纪委区监委组织召开派驻纪检监察机构2021年度工作总结交流会，传达上级精神，通报派驻纪检监察机构监督检查、审查调查有关情况，总结全年工作，部署下阶段工作任务。会上，17位派驻纪检监察机构负责人依次对本年度派驻工作开展情况进行交流发言，主管副书记逐一进行点评。

（区纪委区监委）

监督执纪

【疫情监督检查】 1月1日，区纪委区监委到马坡镇督导检查疫情防控工作开展情况，看望慰问奋战在一线的工作人员。检查组一行先后来到北京中卓时代消防装备科技有限公司、顺鑫鑫源食品集团有限公司，了解企业生产经营、安全生产、外地职工春节期间安排等情况，并听取企业负责人关于冬奥食品供应和属地负责人关于疫苗接种情况的汇报。

（区纪委区监委）

【仁和镇重点时期服务保障工作督导检查】 6月23日，区纪委区监委工作人员到仁和镇督导检查重点时期服务保障和疫情防控工作开展情况。检查组要求属地抓实、抓紧、抓细常态化疫情防控各项工作，强化对重点场所、重点人群的监管。提高安全意识，严格落实安全生产各项规章制度，加强工地管理，抓好隐患排查，确保施工现场安全。严格日常教育管理监督，对党员干部存在的问题早发现、早提醒、早纠正，及时解决好苗头性、倾向性问题。

（区纪委区监委）

【马坡镇重点时期服务保障工作督导检查】 6月27日，区纪委区监委工作人员到马坡镇督导检查重点时期服务保障工作，看望慰问生活困难党员、老党员及一线工作人员。检查组一行先后来到石家营村、秦武姚村、中晟馨苑小区，听取各点位应急值守、疫情防控、安保维稳等工作开展情况的汇报，实地检查燃气管道、电力设施等运行情况。

（区纪委区监委）

【域内企业重点时期服务保障工作督导检查】 6月29日，区纪委区监委工作人员到顺义区燃气公司、顺义宏达液化气公司督导检查重点时期服务保障工作，看望慰问一线工作人员。检查组一行先后来到燃气公司调度监控中心、高压站及液化气公司，了解公司管理、管道运维、燃气输送等情况，实地检查液化气储存、分装及配送各流程。

（区纪委区监委）

【临空经济核心区疫情防控工作督导检查】 8月6日，区纪委区监委到临空经济核心区驻区企业督导检查疫情防控工作落实情况，慰问一线工作人员。检查组一行到罗森伯格亚太电子有限公司详细了解疫情防控和疫苗接种情况，仔细询问企业经营及产业链供应相关情况，并到企业的生产车间进行实地检查。到海高大厦检查疫情防控工作落实情况。

（区纪委区监委）

【马坡镇重点工作督导检查】 8月31日，区纪委区监委工作人员到马坡镇督导检查重点工作开展情况，马坡镇相关负责人就“接诉即办”,创建全国文明城区，冬奥会、冬残奥会服务保障以及疫情防控等重点工作开展情况进行汇报，区纪委区监委相关负责人就当前存在的问题进行反馈，并提出下一步工作建议。

（区纪委区监委）

【冬奥服务保障专项监督检查】 年内，制订《2022年冬奥会和冬残奥会顺义区运行指挥部监督组监督工作方案》《顺义区冬奥会监督工作重点任务(2021—2022)》，根据《2020年冬奥会和冬残奥会顺义区运行指挥部工作方案》，更新全区任务清单83条，联合区环保局、区城管执法局、区交通支队等部门监督检查169次，组织相关参与冬奥监督工作的人员签订保密承诺书158份。向市纪委报送监督清单、报表26份。

（区纪委区监委）

【规自领域专项监督检查】 年内，区纪委常委会及时传达市规自专项治理工作会议精神，针对全区6月“12345”市民热线举报“违法建设相关诉求较为集中”情况，通过约谈提醒，督促整改。制订《关于深化规划和自然资源领域问题整改监督工作的分工方案》，作为监督组办公室，坚持每月向市纪委报送“一报告两清单”，报送28份。顺义区规划和自然资源领域4项重点整改任务全部完成整改。进一步统筹安排常态化监督检查，坚持“月沟通、月报表”机制，向市纪委报送工作情况12次。

（区纪委区监委）

制度建设

【推进纪检检查工作制度化规范化】 年内，区纪委区监委制发《顺义区纪检监察干部监督工作暂行办法》《关于进一步加强监督检查室与派驻机构工作联系的办法（试行）》等制度文件12个。其中，制定实施《顺义区纪委予以了结类问题线索处置工作办法(试行)》，予以了结89人，开展教育帮扶131人。

（区纪委区监委）

【全面从严治党落实情况调研】 6月3日，区纪委区监委工作人员到顺鑫控股集团公司调研落实全面从严治党工作情况，详细了解集团公司发展历程、文化建设和党风廉政建设情况，听取公司党委关于落实全面从严治党工作情况的汇报，并与班子成员进行座谈交流。

（区纪委区监委）

【违法占地、违法建设专项监督检查】 年内，印发《关于开展全区党员、干部和公职人员涉违法占地、违法建设行为报告的通知》，要求各单位党委（党组）切实履行报告工作主体责任，组织开展本单位、本地区、本系统的报告工作。全区119家处级以上单位均如期完成报告工作，覆盖全区党员、干部和公职人员94621人，其中上报存在六类行为的党员、干部和公职人员1075人。

（区纪委区监委）

【中央八项规定精神落实情况专项监督检查】 年内，制订《关于落实中共北京市纪委办公厅印发＜锲而不舍落实中央八项规定精神纠“四风”树新风工作措施＞的工作方案》，下发《关于开展基层“四风”观测的通知》，组织开展春节、清明、中秋、“十一”等重要节点监督检查，报送工作情况3篇，曝光作风建设典型问题2起。开展联合监督4次，检查点位12个，督促相关单位自查自纠问题6个。落实涉违占违建、停车腐败、“吃公函”3项整治工作，形成将违反中央八项规定精神等案件情况月上报到市纪委的工作模式。

（区纪委区监委）

【停车收费领域整治工作专项监督检查】 年内，开展停车收费领域专项整治。印发《关于组织开展停车收费领域腐败和作风问题专项整治工作的通知》《关于进一步加强停车收费领域腐败和作风问题专项整治工作的通知》，收到各单位上报的台账及工作情况表55份，梳理出公共资源停车场43处，停车场管理单位12家。针对存在问题的2家单位，及时督促整改，均完成整改措施落实。

（区纪委区监委）

【网贷平台风险化解工作专项监督检查】 年内，制订《关于网贷平台风险化解工作专项监督方案》，坚持“1+7”监督格局，充分运用监督执纪问责信息管理系统、检举举报平台、“12388”、“12345”等多渠道发现问题。组织开展现场监督检查20余次，谈话提醒相关责任人53人次，督促相关工作组立行立改相关问题10余个，推动主责部门制定规范性工作文件18份。

（区纪委区监委）

【综保区二期围网建设工作专项监督检查】 年内，制发《关于综保区二期围网建设工作专项监督方案》，组建监督工作领导小组，梳理监督组主要职责，厘清机关相关部室、派驻组工作要求。收集部室及相关单位工作情况清单25份，开展监督检查20余次，发现并督促解决问题10个，约谈提醒相关责任人5人次。

（区纪委区监委）

【党务外包治理专项监督检查】 年内，与区委组织部、区财政局对接会商，联合印发《关于开展党务外包专项治理的工作方案》的通知（顺纪发〔2021〕1号），明确不应外包的事项进行外包、一包了之撒手不管、外包相关制度决策不规范、借外包名义套取经费4方面重点整治问题。撰写报送市纪委调研文章1篇，发现3家单位涉及7个问题，均督促其完成整改，完成市纪委党风室派发问题线索核查1份。

（区纪委区监委）

【建党100周年庆祝活动保障工作专项监督检查】 年内，成立区庆祝活动专项监督工作领导小组，对全区各单位承担100周年庆祝活动任务情况进行全面摸排，建立责任清单，全程跟踪具体事项审议、资金使用等重点内容。开展督导检查8次，深入镇街督导检查5次，检查点位20余个。参加区委宣传部等牵头单位专题会议3次，督促相关主责部门建立完善工作方案和应急预案。

（区纪委区监委）

【创城工作专项监督检查】 年内，按期完成《顺义区纪委区监委用好“四种形态”，综合发挥惩治震慑、惩戒挽救、教育警醒的功效的说明报告》的报送工作。印发《顺义区纪委区监委关于深入开展顺义区全国文明城区创建工作专项监督检查的通知》，梳理创建精神文明城市监督工作情况清单，围绕各责任单位的工作落实情况，形成“每月一调度”“每月一汇总”的工作机制，坚决纠正和防止出现形式主义、官僚主义问题，切实推动专项监督检查工作取得实效。

（区纪委区监委）

反腐倡廉教育

【党史学习教育专题党课】 7月15日，区委常委、区纪委书记、区监委主任通过视频会议形式为纪检监察干部讲党史学习教育专题党课。课后，就换届选举工作进行集体谈话。

（区纪委区监委）

【习近平总书记重要讲话精神专题宣讲】 8月26日，区纪委区监委召开理论学习中心组（扩大）学习，邀请市委党校党史党建教研部主任、教授就习近平总书记在庆祝中国共产党成立100周年大会上重要讲话精神，以及习近平总书记在西藏考察期间重要讲话精神，作专题宣讲。区纪委监委领导班子成员，区委巡察办副主任及巡察组组长、副组长，各镇街、区属国有企业纪委书记，区纪委各派驻纪检监察组组长及机关部室负责人等90余人参加会议。

（区纪委区监委）

【“每月一警示”党风廉政教育】 年内，制订《深化“每月一警示”党风廉政教育工作方案》，持续深化“以案为鉴、以案促改”，拓展“播”“讲”“看”平台。制播《“酒”醒时分——顺义区公职人员违纪违法案》《迷局之后 叩问初心——顺义系列贪腐案警示录》警示教育片，对身边重大案件再剖析、再警示，在镇街党（工）委书记会等区级会议播放警示片10期，督促全区各二级单位自主开展“每月一警示”主题教育活动4689次。区委书记“讲”要求督整改，纪委书记“讲”问题常提醒，区纪委区监委领导班子成员及相关部室人员组成党纪党规宣讲团，在全区范围内开展纪法巡回宣讲17场，警示教育覆盖5000余人。编发《5·15案警示录》，编印政商关系正负面清单口袋书，着力打造张堪文化博物馆廉政教育、看守所警示教育、焦庄户地道战红色教育三大教育基地。

（区纪委区监委）

民主党派

民革顺义总支部

【2020年工作总结暨表彰大会】 3月21日，民革顺义总支部2020年工作总结暨表彰大会召开，副主委做《民革顺义总支部2020年工作总结暨2021年工作部署》报告。新冠肺炎疫情暴发以来，民革顺义总支响应民革北京市委号召，以捐款捐物、社区执勤、谱写公益歌曲等形式，参与抗击新冠疫情工作。顺义总支领导班子及党员参政议政，建言献策，组织党员学习十四届五中全会精神。10余名党员撰写并提交30余篇资政文章和宣传报道。多名党员参加市委组织的各种专题专项活动，聆听市委报告，传达指示精神。

（区委统战部）

【为河南受灾地区奉献爱心】 “7•20”特大暴雨期间，党员们自发捐款捐物、指挥团队到现场救援捐赠，救援及捐款30余人次1.5万余元。党员徐晓栋以北京花海阁文化发展有限公司总部的名义向全国花海阁直营店和连锁店发起号召，捐赠救援物资和食品累计20余万元，并分别从安徽、江苏、河北、山东等地组成救援队，携带救援物资和工具驰援灾区。

（区委统战部）

【总支部换届】 9月30日，民革北京市顺义区总支部换届大会召开，区委统战部副部长参加会议并讲话。会议选举产生新一届总支部领导班子，林金开当选民革北京市顺义总支部主委。民革市委组织处处长，区委统战部副部长出席会议。

（区委统战部）

【学习贯彻十九届六中全会精神研讨会召开】 11月14日，总支部班子与所属支部班子全体成员通过线上视频会议形式，召开学习贯彻十九届六中全会精神研讨会。会议由总支部主委主持，与会人员学习习近平总书记在中共中央召开党外人士座谈会上发表的重要讲话精神和《中共中央关于党的百年奋斗重大成就和历史经验的决议》。

（区委统战部）

民盟顺义支部

【支部换届】 7月3日，民盟顺义支部换届大会召开，选举产生新一届支部领导班子，王雪岩当选为民盟顺义支部主委。区委统战部副部长参加并讲话。

（区委统战部）

民建顺义总支部

【支部换届】 7月5日，民建顺义总支部换届大会召开，选举产生新一届民建顺义总支部领导班子，王庆国继续当选民建顺义总支部主委。

（区委统战部）

【社会公益活动】 7月5日，民建“思源•松柏计划”公益项目启动暨捐赠仪式举办，通过思源仁德慈善基金会向全区1000个符合条件的老年人家庭捐赠价值48.9万元的助老智能终端系统。区委统战部相关分管领导参加。

（区委统战部）

民进顺义支部

【述职评议大会】 3月19日，按照民进市委和区委统战部关于区级组织换届工作的总体部署要求，召开本届支部班子成员述职评议会。民进市委组织处处长、顺义支部班子成员和部分骨干会员代表11人参加。与会成员集中学习《民进北京市委换届文件》，了解换届的政策、原则和整体部署。

（区委统战部）

农工顺义总支部

【第十三届京顺健康节】 5月1日，第十三届京顺健康节开幕，农工党北京市委、区委统战部领导与参加义诊的50余名专家出席启动仪式。农工党北京市委专职副主委一行看望参与义诊活动的专家，对参与抗疫工作的全体党员表示慰问。作为主办单位的京顺医院，活动期间免除挂号费、检查费等费用近 200 万元，惠及群众 20 万人。

（区委统战部）

【京津冀协同发展共建基地揭牌仪式】 6 月 7 日，在中国农工民主党北京市委会与河北省委会的支持推动下，农工党顺义总支与农工党张家口市委在河北北方学院举办京津冀协同发展共建基地揭牌仪式，农工党顺义区总支副主委、农工党顺义区总支副主委以及来自北京的医疗专家和东方书画院的书画家等参加。

（区委统战部）

【第八届“京顺中医文化节”】 10 月 10 日，支持引导农工党总支部践行“为群众办实事”，依托京顺中医堂，启动第八届“京顺中医文化节”。活动以“中医文化针行天下”为主题，推广和宣传中医针灸文化，普及中医知识，用针灸助力“健康中国 2030”行动，中国中医科学院针灸医院几十名中医专家参加。开幕式上，为获得《我与中医的故事》征文活动的前三名获奖者现场颁奖；向顺义区非公立医疗机构协会等赠送《百年中医》。

（区委统战部）

致公党支部

【爱心捐赠】 7 月 14 日，致公党支部联合相关单位，通过区红十字会向区精神病医院捐赠普门 PA-900 特定蛋白分析仪 1 套，包括仪器、试剂、3 年服务保养等医疗设备和服务，价值 7.6 万元。区委统战部相关领导参加。

（区委统战部）

【社会服务委员会成立】 11 月 7 日，致公党顺义区支部社会服务委员会成立大会在北京玉英雅集文化传播有限公司举行。区委统战部副部长参加。

（区委统战部）

九三学社顺义支社

【爱国主义教育】 6 月 19 日，九三学社顺义支社组织社员和入社积极分子 30 余人到顺义区焦庄户地道战遗址纪念馆参观学习。

（区委统战部）

【市九三学社一行到顺义区调研座谈】 10 月 9 日，九三学社北京市专职副主委兼秘书长一行到顺义区开展调研座谈活动。座谈会上，九三学社顺义支社介绍九三学社支社将科技支农作为服务区域发展的切入点，推动在顺义区赵全营镇兴农天力合作社建设九三学社科技支农社会服务基地，并获批市委统战部科技小院相关工作情况；就如何发挥九三学社科技人才优势和顺义区地域资源优势，合作建设好“顺义区兴农天力合作社科技小院”开展交流；围绕九三学社顺义区支社基层组织建设情况，提出要进一步把好新社员发展关，加强支部领导班子建设等未来工作要求。区委统战部分副部长参加。

（区委统战部）

【科技小院授牌】 10 月 14 日，市委统战部、九三学社市委、中国农业大学、北京农学院、北京农业职业学院和九三学社顺义支社在赵全营镇兴农天力农机合作社举办顺义区兴农天力合作社科技小院授牌仪式。党史学习教育市委第九指导组组长，市委统战部副部长，区委统战部部长，区委统战部、赵全营镇党委相关领导参加授牌仪式并座谈。

（区委统战部）

【参政议政讨论会】 12 月 10 日，九三学社顺义支社通过远程会议方式召开 2021 年参政议政讨论会，37 名社员参加会议。与会人员学习顺义区第六次党代会精神，并就如何更好地发挥参政议政作用专题讨论。

（区委统战部）

人民团体

顺义区总工会

【概况】 年内，区总工会带领全区各级工会组织深入学习贯彻习近平新时代中国特色社会主义思想，特别是习近平总书记关于工人阶级和工会工作的重要论述、对北京重要讲话精神，认真落实区委和市总全会确定的目标任务，以党史学习教育为主线，聚焦“一个开局”“两件大事”“三项任务”，着力提升工会组织和服务“两个全覆盖”，团结动员全区职工为“十四五”开好局、起好步贡献智慧和力量。

（区总工会）

【先进典型树立】 年内，做好本年度全国五一劳动奖状、奖章，首都劳动奖状、奖章和工人先锋号推荐评选工作，11 名个人和 9 个集体获评。拍摄劳模事迹宣传片，开展劳模宣讲，利用市、区融媒体平台宣传推广全区劳模工匠、技术技能领军人物、职工创新工作室先进事迹和优秀创新成果。

（区总工会）

【职工文体活动】 年内，开展多项职工文体活动，发挥教育、引导和激励作用，与基层工会形成“阵地资源共建共享，文体赛事同步推进”的工作合力。线上线下相结合开展“最美劳动者·奋进新征程”第六届职工文化艺术节，设置歌唱、舞蹈、书法、美术、绘画、摄影、象棋等赛事，通过“宅家”参赛、“无接触”上报、“图文直播”等方式，吸引全区 10 万余人次参与。开展“送文化进基层”活动，为全区镇街、医院、企业、学校等 36 家单位送去书法、篆刻、国画、声乐、舞蹈、瑜伽、太极拳、乒乓球等培训课程，服务职工 3000 余人次。

（区总工会）

【政策支撑鼓励职工创新提升】 年内，全面落实《顺义区总工会经济技术创新工作三年助推计划实施方案（2020 年—2022 年）》，投入资金 101.08 万元助推职工经济技术创新和技能提升。举办建筑行业工程试验工、工程测量工、有限空间作业大比武 3 场区级技能竞赛，19 名职工在各级技能竞赛中获奖，170 名职工取得等级证书，评选出 8 个区级创新工作室、25 项区级创新成果；与北京城市学院合作开展计算机辅助设计师等 5 个职业（工种）线上技能培训，306 名职工参与。

（区总工会）

【工匠人才培养】 年内，建立顺义区工会系统技能人才库，包含高技能人才、工匠、创新工作室领军人物等 5 类优秀职工群体 326 人。促进新业态劳动者群体素质学历提升，联合区社教中心录制安全生产隐患排查治理等视频课程，制订《顺义区总工会 2022 年会员职工学历提升工作三年助推方案（草案）》，开设物流管理专业学历提升班。

（区总工会）

【集体协商】 年内，充分发挥协调劳动关系三方委员会作用，通过联席会议对全区集体协商工作进行研究部署。以集体协商质效评估为依据，规范协商程序、加强履约监督，增强集体协商的针对性和实效性，巩固集体协商规范化建设成果。制订《新就业形态劳动者劳动保障权益维护试点工作方案》，以新业态劳动者群体权益维护试点工作为抓手，培育北京顺丰速运有限公司和北京极兔供应链有限公司为集体协商典型示范企业。

（区总工会）

【民主管理制度】 年内，实施《顺义区总工会深入推进百人非公企业职代会规范化建设三年行动计划（2019 年—2021 年）》，非公百人企业职代会规范化建设完成率 80%。针对厂务公开机构现状、职工代表大会等民主管理制度建制情况开展自查自检，开展以职代会操作实务等为重点内容的权益工作业务培训班。

（区总工会）

【安全生产和劳动保护】 年内，采取“互联网 +”方式，为全区 2700 余名劳动保护监督检查员建立线上培训平台。组织万名职工参加全国“安康杯”职工安全应急技能知识竞赛答题活动。深入生产一线、施工工地等场所开展职业病防治法宣传活动，发放万余份宣传资料。推进争做“职业健康达人”和第二届职业健康传播作品征集活动，征集上报“职业健康达人”11人，职业健康传播作品6份。举办工会劳动保护干部培训班、应急救护技能培训班，3000余人受益。

（区总工会）

【法律服务与劳动调解】 年内，通过法律热线、法律服务窗口为463名职工解答法律问题，提供公益法律援助383起，涉及工资、保险补偿金等4904.03万元；结案191起，结案数量居全市第二。落实好“吹哨报到”工作机制，配合区政府处理广东松下环境系统有限公司北京分公司等多起群体劳动争议案件，调解劳动争议案件175起，涉及职工529人资金3048.07万元。本年度，区劳动争议调解中心被市总工会、市劳动人事争议仲裁委员会评为“十大金牌调解组织”。12351职工服务热线接到各类诉求430件，全部妥善处理。

（区总工会）

【职工服务阵地建设】 年内，新建暖心驿站182个，建立新就业形态劳动者党建服务试点4家。规范完善“5+X”套餐（悬挂暖心驿站标牌和服务牌，配备含有充电宝、医疗救急用品、雨伞雨衣等物品的暖心包和储物柜，制定资源服务清单、志愿者团队和属地化服务资源清单，为户外劳动者提供饮水、热饭、休息、应急等服务），为1300名外卖配送员、网约车司机提供免费健康体检，为10597名新就业形态劳动者免费投保意外伤害、重大疾病等险种，投入30万元加大宣传，为新就业形态劳动者配发棉手套、脖套、暖贴等物资2.1万份。开展职工之家“学党史、办实事、结对子、开新局”试点活动，选取马坡镇作为试点，完成职工之家建设。

（区总工会）

【关心关爱服务职工】 年内，累计投入222万余元，为一线防疫医务工作者，村镇（社区）基层防疫干部职工，公安、环卫、市政、民政等单位，疫情期间生活困难职工12万余人次送去关怀慰问。向83人次在档困难职工发放日常生活补助和节日慰问金8万元，为53名因病致困职工送去救助金43万元，职工互助保障帮助2333人次得到保险赔付447万元。投入260万元“送温暖”，投入416万元“送清凉”，惠及职工9.3万余人次。为388名全国和市级劳模发放春节慰问金77.6万元，为47名大病、低收入、无劳动能力、特殊困难劳模发放慰问金15.95万元，投入34万元为247名劳模提供健康体检服务。面向全区工会会员开展41项特色服务，28942人次参与。依托服务阵地开展职工素质提升活动14场，开展心理健康等讲座活动19场，4500余人次参与。与消防支队联合举办单身联谊活动，为青年职工搭建交友平台。

（区总工会）

【持续助力疫情防控和文明创城】 年内，工会机关党员干部300余人次参与重点地区疫情防控检查和社区环境卫生清理、卡口值守、桶前值守、文明实践周等志愿服务活动。组织职工志愿者参加《北京市志愿服务促进条例》线上培训和答题活动，在全区职工中开展垃圾分类知识宣传、讲座等活动2425场次，22819人次参与志愿服务。

（区总工会）

【法治宣传教育】 年内，结合《中华人民共和国民法典》颁布一周年、“国际禁毒日”等重要时间节点，开展《中华人民共和国宪法》《中华人民共和国民法典》《中华人民共和国禁毒法》及扫黄打非、防治艾滋病等宣传活动，及时总结典型经验做法，向区普法依法治理工作领导小组上报并在“顺义普法”公众号上刊发。深入培育助推和谐劳动关系企业开展“法治体检”活动，向企业宣传法律法规，深度交流问题，提出完善建议，出具“法治体检报告”，为企业配送1352份培育助推物资。

（区总工会）

【审计监督】 年内，加强工会经费审计监督，对全区120家二级工会进行年度审计，对20名离任工会主席开展经济责任审计，对50家基层工会进行抽查复核审计，严格落实审计回访制度和审计整改督查制度，印发《工会经费使用管理100问》（修订版）手册，举办全区工会财务干部专题培训。严格“志愿账户”监督监管，规范劳动争议调解联动机制服务律所管理。

（区总工会）

【“两新”群体集中入会和非公企业建会】 年内，持续开展新业态、新就业群体集中入会行动，通过职工沟通会加强与网约送餐员、快递员、保安员、护工护理员等群体的联系沟通，以外卖站点为突破口、以配送区域为工作单元，以建立微信交流群等方式，吸引动员新就业形态劳动者加入工会组织。在镇街和功能区创建流动会员联合工会，接收临时单位、无工会组织的会员，办理会籍转接10207人次。推进非公企业建会，新建工会组织54家，吸引入会职工13873人，完成年度工会经费税务代收2.03亿元，返还小微企业工会经费1171.19万元。

（区总工会）

共青团顺义区委员会

【概况】 年内，顺义共青团坚持以习近平新时代中国特色社会主义思想为指导，贯彻落实习近平总书记关于青年工作的重要思想，围绕区委、区政府和团市委各项要求部署，以开展党史学习教育为引领，统筹推动《中长期青年发展规划（2016—2025年）》实施试点和县域共青团基层组织改革试点，完成年度各项工作任务。利用“青春顺义”微信公众号等团属媒体阵地，推送微信843条，阅读量113.85万人次。

（团区委）

【留顺过节系列活动】 春节前夕，联合京外多地团组织开展“把爱带回家 团团在身边”留顺过节青年专属活动，12省64地团组织响应，为留顺青年提供代购年货、代寄贺卡等服务。开展“此心安处即是家”为留顺过节青年拍摄全家福活动，为包括企业青年在内的基层社区（村）工作者、医务人员、警察、一线教师、环卫工人及其他重点行业留顺过节青年166组家庭送去来自团组织的关怀和温暖。面向广大留顺（留京）过节的青少年开展“家乡年味风俗”作品征集活动，通过录制小视频、设计手抄报、制作手工艺品等多种形式，介绍自己家乡的专属年味风俗，征集优秀年味作品1571份。

（团区委）

【区未保委全体会议】 4月20日，顺义区未成年人保护委员会2021年第一次全体会召开。会议听取区未保委工作报告，并对下一阶段重点任务进行部署。审议通过《顺义区未成年人保护委员会委员名单》《顺义区未成年人保护委员会工作制度》《顺义区未成年人保护委员会及委员单位工作职责》《顺义区未成年人保护委员会2021年工作要点》。区委常委、常务副区长、区未保委主任委员出席会议并讲话。

（团区委）

【“五四”主题团日活动】 4月29日，开展“青春心向党 奋斗为强国”2021年顺义共青团“五四”青春诗会活动。区委常委、组织部部长，相关单位领导及青年代表150余人现场参加活动，全区超过1万名团员青年通过直播收看活动。

（团区委）

◆4月29日，团区委在区委党校组织开展“青春心向党 奋斗为强国”2021年顺义共青团“五四”青春诗会（团区委）

【庆祝中国共产党成立100周年顺义区城市志愿服务】 6月12日起，组织招募800余名城市志愿者分别在6个城市志愿服务站点，9个社区（村），顺义图书馆、顺义公园等人流量较大的公共文化机构及公园等开展志愿服务活动。城市志愿服务站点结合实际情况及自身特色，开展“庆祝建党百年，手绘浓情端午手工制作”等特色志愿服务活动20余场，城市志愿者立足自身岗位，开展宣传宣讲、城市运行、便民服务等多种志愿服务，累计服务时长

4000余小时。

（团区委）

【暑期欢乐创享营】 7—8月，组织开展“盛夏有爱 团助成长”暑期志愿公益关爱行动，开设顺义社区青年汇暑期欢乐创享营，招收适龄营员83人，组织开展作业辅导、兴趣拓展、美育培养等托管服务课程60节。

（团区委）

【国庆日主题教育活动】 “十一”期间，联合区委宣传部、区委教工委开展“与国旗合影 向祖国表白”国庆日主题教育活动，举办颁奖仪式。全区62所中小学校，6万余名学生参与，最终评选出区级优秀作品120份，区优秀组织单位20个。

（团区委）

【“红领巾奖章”颁章仪式暨“红领巾心向党”主题教育活动】 10月13日，联合区委教工委、区少工委在黄城根小学顺义分校举行“红领巾奖章”颁章仪式暨“红领巾心向党”主题队日活动。团区委书记、区委教工委副主任、首都师范大学初等教育学院副院长参加。

（团区委）

◆10月13日，顺义区“红领巾奖章”颁章仪式暨“红领巾心向党”主题教育活动举行（团区委）

【共青团思想政治理论培训班】 11月19日至12月1日，2021年顺义共青团思想政治理论培训班举办。全区直属团干部、青少年事务社工、区级青马工程学员、新任职社区（村）团组织书记代表及团区委机关全体干部300余人参加。团区委书记为全体学员作“传承五四薪火，致敬建党百年”——顺义共青团“学党史、强信念、跟党走”主题团课。

（团区委）

【顺义区第二届志愿服务项目大赛】 12月1日，“后沙峪杯”顺义区第二届新时代文明实践志愿服务项目大赛成果展示暨志愿服务交流会举办。大赛于9月6日启动，项目征集围绕文明实践、服务民生、社会治理、文化教育、生态文明、卫生健康、安全应急、其他领域8个类别。评选出一等奖2个、二等奖6个、三等奖12个，获得项目扶持资金和专业指导培训。团市委副书记、北京市志愿服务联合会副会长兼秘书长，顺义区委常委、宣传部部长、顺义区志愿者联合会会长出席活动。

（团区委）

【疫情防控】 年内，动员全区团员青年回社区报到参与疫苗接种、核酸检测、社区防控等工作。在顺义区发生境外输入引发的局部聚集性疫情后，组织动员全区志愿者“战疫再集结”，发布疫情防控相关项目500余个，参与志愿者7000余人。以“无接触”方式慰问隔离青少年，发放“团团暖心包”1210余份，价值17.46万元。到新冠疫苗接种点走访慰问，在接种留观室设置“团团加油站”4个，发放市、区级慰问物资价值9.6万元。开设心理调适课《向光而行了不起的后浪少年》，线上累计收看2.27万人次。

（团区委）

【党史学习教育】 年内，组织全区各级团组织开展“学党史、强信念、跟党走”学习教育，研究制定开展党史学习教育工作指引，开展“请党放心，强国有我”主题团日等活动。推出团干部“讲述党史故事”等系列活动7期，全区累计开展“5+3+1”活动（即团支部分专题开展不少于5次党史学习会；在“五四”期间、七月上旬、国庆节期间开展3次主题团日活动；年底前开展1次专题组织生活会）2.3万场次，63.1万人次参与。区青联、社区青年汇通过公众号开设专栏，每日推送党史学习知识等方式组织青年学党史。联合区少工委以少先队队课和主题队日为主要形式，组织开展实践体验、参观寻访、仪式熏陶、学习先锋、争做“红领巾讲解员”等活动，开设“红领巾心向党 高举队旗跟党走”主题云队课，覆盖全区少先队大队74个，少先队中队1466个，少先队员49792名，少先队辅导员1560名。

（团区委）

【县域共青团基层组织改革】 年内，根据《共青团中央印发〈关于扩大县域共青团基层组织改革试点的指导意见〉的通知》（中青发〔2021〕5号）要求，顺义团区委被纳入全国县域共青团基层组织改革试点。于年底完成中期评估考核。

（团区委）

【国家中长期发展规划实施试点】 年内，启动为期1年的国家级《中长期青年发展规划（2016—2025年）》实施试点区工作，聚焦“一机制、一规划、五政策、六项目”，推动落实《中长期青年发展规划（2016—2025年）》国家级实施试点任务，编制发布《顺义区“十四五”时期青少年事业发展规划》，建立完善区、镇（街）两级青年工作联席会议机制。

（团区委）

【社会领域新建团组织】 年内，社会领域，新建团组织524家，包括楼宇商圈团支部44个。重点推进物流企业建团，京东、丹鸟、极兔、优速等重点物流企业实现团组织全覆盖。

（团区委）

【社区（村）团组织换届】 年内，开展青年“大走访”和去“空壳化”专项行动，完成565个社区（村）团支部换届，新成立社区（村）团支部14个，549名村（社区）团支部书记为“两委”班子成员，占比97.17%。新一届团支部书记平均年龄36岁。全区191个不规范建制团组织全面清零。

（团区委）

【区域化团建】 年内，25个镇街召开区域青年工作联席会74次，开展主题团日活动402场次、志愿服务活动450场、社区治理项目247个、冬奥主题活动70场、服务青年活动项目393场，覆盖青年累计超过7万人次。

（团区委）

【联系服务青年】 年内，社区青年汇开展青年群体活动1410场，覆盖思想引导、城市融入等八大类型，开展分小萌、职场加油站等社会服务项目91个，扶持培育青少年自组织103个，直接联系服务青少年33175人次。

（团区委）

【青年创新创业】 年内，组织开展“就业指导空中课堂 助力青年圆梦”4期、“青春招聘‘职’等你来”青年劳动力（大学毕业生）专场招聘会5期、“创•青春”创业沙龙8期；以文化产业和智能制造产业为主题，开展顺义青年创新创业特训营2期。

（团区委）

【“青·蜂”服务品牌】 年内，打造共青团“青•蜂”服务品牌。建成“青•蜂暖心驿站”36家，涵盖7个重点楼宇商圈和全区29家社区青年汇，组织观影、非遗学习等活动60余场，服务新兴青年超过7000人次。推出“青•蜂成长计划”，开展“青•蜂看北京——走进故宫博物院”“青•蜂小课堂——健康文明生活讲座”“青•蜂大舞台——快递外卖小哥才艺展示”等活动，15家物流外卖企业近200名小哥参与活动。

（团区委）

◆年内，顺义组织新兴青年“青•蜂看北京——走进故宫博物院”活动（团区委）

【国际社区青年汇】 年内，围绕顺义区国际人才建设重点工作，在“五镇一街两园区”打造区级国际社区青年汇9家。将后沙峪镇蓝尚家园社区青年汇、空港街道裕祥花园社区青年汇打造为市级国际社区青年汇。

（团区委）

【国际青年文化交流】 年内，开展“未来领袖 青春使者”国际青年社会实践夏令营走进顺义活动，参与青年·奥林匹克北京友好城市国际青年云对话暨“共迎未来”国际青年交流营、中拉青春汇“社会治理与青年责任”交流活动。

（团区委）

【青年交友联谊活动】 年内，开展“青春有约”顺义青年交友联谊系列活动34场，开设婚恋教育小课堂，带领青年走进汉石桥湿地、体能训练馆、文化活动中心等地，吸引来自机关事业单位，交通、银行等行业近700名适龄青年参与。

（团区委）

【支援合作】 年内，启动“青联组织服务千村”计划，组建“青联委员服务团”2个，对接西藏自治区尼木县、内蒙古自治区巴林左旗4个偏远乡村，开展帮扶工作；开展“希望小屋关爱成长”项目，累计募捐资金55263元，用于6个希望小屋建设；开展“好书伴成长”为新疆维吾尔自治区和田地区中小学生捐赠汉语图书活动。开展“万企兴万村”活动，动员4家青年企业与巴林左旗和尼木县扶贫村对接，捐款6.4万元，捐赠图书价值5500元，开设线上金融知识、农机培训等专题讲座3次，精准服务乡民108人次。

（团区委）

【全团带队职责任务】 年内，开展顺义区少先队校外实践教育基地、红领巾通讯社授牌暨校外辅导员聘任活动。聘请各行各业先进工作者7名组建少先队校外辅导员队伍，设立少先队校外实践教育基地6家，新增红领巾通讯社校园记者站7家。拓展校外少先队实践阵地，建立社区少工委。研究制定《顺义区少先队分批入队工作细则》《顺义区少先队校外辅导员管理制度》等一系列制度文件。全面落实分批入队，开展“红领巾奖章”评选和推荐工作。

（团区委）

【青少年合法权益维护】 年内，举办“呵护未来与法同行”青少年法治课堂暨送法进校园活动，为全区中小学校送去优秀法治课70节。贯彻落实北京市“1+6+3”涉诉未成年人服务保护体系，服务涉诉未成年人96人次。围绕普法、禁毒、自护教育等主题开展系列活动54场次，覆盖在校师生2.5万人次。深化“共青团与人大代表、政协委员面对面”活动，形成调研报告33篇。

（团区委）

【困境青少年关心关爱】 年内，针对困境青少年实际需求，整合社会力量，聚焦疫情防护、成长发展、学业辅导、能力提升、爱心关护、城市融入等主题，开展“两节送温暖”“阳光同行 情暖童心”“和北京冬奥一起向未来”“马坡杯”青少年才艺大赛等区级项目6个，主题活动25场次，服务困境青少年630人次，募捐项目资金8.224万元。

（团区委）

【重大活动服务保障】 年内，发动广大团员青年参与“两会”安保志愿服务，协助属地排查整治消除各类安全隐患，严防各类安全事故发生。服务大型赛事，组织青年志愿者完成HICOOL全球创业者峰会、世界智能网联汽车大会等志愿服务保障任务，招募志愿者500余人，累计服务时长1万余小时。

（团区委）

【文明城区创建】 年内，按照测评体系指标任务，征集创城材料，对照标准逐条修改完善。按照实地考察点位表，建设完成志愿服务站点801个，并为每个站点配备统一标识、药箱、海报和志愿服务记录手册。

（团区委）

【“青马工程”推进】 年内，落实北京市青年马克思主义者培养工程（简称“青马工程”）工作部署，推荐3名优秀青年参加“青马工程”市级班。开设“青马工程”区级班，设置企业班、社区（农村）班、社会组织班、少先队辅导员班4个班次，首期学员50名。

（团区委）

顺义区妇女联合会

【概况】 年内，区妇联始终以习近平新时代中国特色社会主义思想为指引，全面贯彻落实中央决策、市委部署和区委要求，顺应疫情防控常态化形势和要求，聚焦主责主业，完成年度履职任务。获评“首都全民义务植树先进单位”“2016—2020年度北京市法治宣传教育先进集体”称号。

（区妇联）

【妇女儿童领域疫情防控】 1月1日，为隔离点8个月大女婴接力筹集、输送母乳，建立志愿妈妈小队，先后输送母乳200余袋。开展“巾帼助力疫苗接种”项目、“助苗成长”儿童疫苗接种活动，为基层配备妇女手工DIY材料包万余份，发放儿童接种小徽章万余个，开展在线服务课程500余场。

（区妇联）

【贫困妇女儿童救助】 2月，争取公益项目资金58万余元，帮扶救助“农村三癌”母亲、贫困女童、高考贫困单亲母亲200余人。

（区妇联）

【《民法典》现场普法活动】 3月5日，区妇联在五里仓社区开展《中华人民共和国民法典》普法宣传活动，对社区居民提出的问题开展法律咨询。3月18日，开展“巾帼维权送法到家”——《中华人民共和国民法典》宣讲活动，宣讲团通过案例对婚姻家庭相关条款进行深度解读，各镇街妇联专职副主席、社工60余人参加。

（区妇联）

【国际妇女节系列活动】 3月8日，本年度顺义区“三八”国际妇女节庆祝活动采用线上+直播方式进行。活动以“巾帼心向党　百年绽芳华”为主题，先后推出宣传片6期。开展在线直播活动，“白衣天使”“蓝天守卫”“研发精英”“基层抗疫先锋”“全民健身引路人”5位嘉宾现场讲述巾帼故事，2万余人次在线观看。

（区妇联）

【“美丽街巷”创建活动】 3月16日，区妇联启动2020年度“美丽街巷”实地走访调研，就深化创建的内容、工作重点等开展座谈。“美丽街巷”覆盖村庄数逐渐扩大，累计创建区级示范“美丽街巷”14条。

（区妇联）

【春风送暖农家女慰问活动】 3月17日，区妇联联合市妇联、市农业农村局在龙湾巧嫂专业合作社举办“春风送暖农家女”慰问活动。与会领导向企业赠送科研书籍。北京龙湾巧嫂果品产销专业合作社、光大畜牧（北京）有限公司、北京美施美生物科技有限公司3家企业分别和与会专家对接发展需求。

（区妇联）

◆年内，举办“启航‘十四五’　奋进新征程”2021年“春风送暖农家女”慰问活动（区妇联）

【社会化服务项目】 3月，“共享·家”“童·成长”项目启动招募，为基层群众提供家之文化、家之健康、家之环保、家之巧手、家之安全、童诵经典、童筑健康、童心童创、童伴成长九大板块专业课程。历时6个月，至10月底，共组织活动1300余场。

（区妇联）

【农村妇女创新创业发展项目】 4月7日，区妇联组织开展2021年北京农村妇女创新创业发展项目绩效培训，各项目单位、所属镇妇联签订《顺义区京郊妇女发展项目扶持资金使用监管协议》，10家项目单位获项目扶持资金200万元。

（区妇联）

【对口支援合作】 5月，区妇联加强京蒙协作帮扶，为内蒙古自治区巴林左旗妇联申请帮扶资金3万余元用于开设“契丹绣娘——蒙绣技艺”培训班，帮助农村妇女拓宽就业渠道。7月，为巴林左旗妇联及哈拉哈达镇先后申请资金43.56万元，分别用于支持当地开展笤帚苗品牌技艺、蒙绣手工艺品制作等技能培训6期，培训330余人。

（区妇联）

【廉洁家风文化建设活动】 5月28日，顺义区“兴正气家风、守清廉本色——监督走进‘科级+’”廉洁文化建设活动启动仪式在区委党校举办。全年家风系列活动面向实职科级干部发放“助廉宣教包”3000余份，征集优秀廉洁文化作品300余件，超50万人次参与线上巡展投票，录制家风故事宣讲光盘，观看人数万余人次。

（区妇联）

【“童心向党·礼赞百年”庆“六一”活动】 5月30日，区妇联联合区教委、区卫健委在杨镇中心幼儿园举办第十六届家庭亲子游戏挑战赛，150组家庭参与挑战“重走长征路”18个比赛项目。

（区妇联）

【“顺意姑娘”百姓宣讲活动】 6月2日，巾帼心向党 奋斗新征程——永远跟党走“顺意姑娘”百姓宣讲展示暨颁奖仪式在顺义区文化馆举行。活动启动以来，征集全区各系统、各单位宣讲稿件87份，经过现场比赛和专业评审，25名“顺意姑娘”获奖。

（区妇联）

【暑期儿童关爱服务活动】 7月10日，区妇联在龙湾屯镇焦庄户村举办“学党史颂党恩 暖童心护成长”2021暑期儿童关爱服务活动启动仪式，通过情景剧表演、授书仪式、志愿者授旗仪式等，带动全社会关注假期儿童安全，丰富儿童业余生活。全国妇联主席，中央十二部委，市、区两级妇联系统200余人参加活动。

（区妇联）

【妇女儿童维权业务培训】 7月27日，区妇联举办维护妇女儿童合法权益典型案例讲座培训，通过以案释法，讲解婚姻纠纷、财产分割、遗产继承等相关法律问题，妇联干部、专职社工等60余人参加培训。

（区妇联）

【“八五”普法系列活动】 9月2—13日，区妇联举办维权工作线上培训3期，3000余人参加。围绕“12·4”国家宪法日开展宣传活动200余场。全年开展《北京市接诉即办工作条例》宣传教育活动100余场次，发布宣传教育内容50余篇，开展禁毒宣传活动300余场。组织观看禁毒题材电影《生死下一秒》。

（区妇联）

【全国文明城区创建助力】 10月13日，召开创城工作现场推进会，指导基层家长学校建设。全年持续开展“家长学校直播课”，做好“双减”政策下家庭教育指导和补充。发布助力创城电子承诺书，4.5万余人次参与接力转发承诺。12月，区妇联开展“新时代文明实践周”活动，机关党员干部分批次下沉至东兴第一社区、滨河第二社区参与志愿服务。

（区妇联）

【顺义区“十四五”时期妇女儿童发展规划】 12月15日，《顺义区“十四五”时期妇女儿童发展规划》正式发布。

（区妇联）

【北京冬奥活动助力】 12月，区妇联组织开展“一起向未来”手势舞唱跳及冬奥歌曲传唱工作，制作区级舞蹈视频5个，征集投稿25篇。组建“助力冬奥”志愿家庭队伍339支，“最美家庭”参与冬奥会和冬残奥会城市志愿服务工作，开展志愿服务项目232个。

（区妇联）

【寻找“最美家庭”活动】 年内，全区有8户家庭获评全国、首都“最美家庭”称号，1183户家庭获区级最美家庭称号。

（区妇联）

【庆祝中国共产党成立100周年】 年内，区妇联开设“党史学习”“巾帼微党课”专栏45期。完成“七一”重大活动服务保障任务，完成参与服务保障19人甄选、政治审查、健康监测、集结疏散、现场组织、后勤保障等重点环节。完成“6·22”“6·26”2次演练活动及“七一”当天现场观礼等重点任务。

（区妇联）

【区级示范选树活动】 年内，选树区级示范“儿童之家”25 个，区级示范“妇女之家”10 个，授予 86 个岗位“巾帼文明岗”称号，96 名女性获评“巾帼建功”标兵。

（区妇联）

顺义区科学技术协会

【概况】 年内，区科协坚持以习近平新时代中国特色社会主义思想为指导，全面贯彻落实党的十九大和十九届二中、三中、四中、五中、六中全会精神，围绕区委、区政府中心工作，认真履行科协“四个服务”的职责定位，团结带领广大科技工作者，围绕党史学习教育、弘扬科学精神、普及科学知识、促进科技成果在顺义区转化落地等方面，不断开拓进取，取得显著成效。

利用“科普之春”“全国科技工作者日”“全国科普日”等品牌活动平台，开展助力顺义区全国文明城区创建科普活动 60 余场次，受众超过 5 万人次。区科协获评“全国科普日优秀组织单位”。围绕“助力企业科技创新和区域高质量发展”，为企业科协和科技工作者提供服务。新增企业科协组织 6 家，5 家企业获得市科协企业创新簇的认证。区科协机关办公场所迁入北上坡路 26 号劳动大厦。

（区科协）

【青少年科技活动】 5 月 4—5 日，以“发现·创新·责任”为主题的第 40 届北京青少年科技创新大赛决赛，通过“云端问辩”的线上方式在北京科学中心举办。区科协联合区教委，组织牛栏山一中、仁和中学、李桥中学 3 所学校 5 个项目参加终评。获得一等奖 2 项、二等奖 3 项、专项奖 3 项。在“少年同行，共战疫情”科学幻想画比赛中，一等奖作品 31 幅、二等奖作品 82 幅、三等奖作品 138 幅；来自牛栏山一中的 4 幅战“疫”优秀科幻画作品在“首都科普”微信公众号进行专题展示。

（区科协）

【顺义区第二十三届“北京科普之春”】 5 月 26—27 日，区科协围绕乡村振兴重点任务，与区农业农村局和区经管站在顺鑫大学共同组织开展“科普之春”惠农培训 2 场。专家教授围绕《农业商业价值实现与可持续发展》和《农产品营销策略》进行典型事例讲授和小组交流讨论。区内合作社理事长、理事、监事等 80 余人参加。

（区科协）

【“全国科技工作者日”活动】 5 月 28 日，科协以“众心向党　自立自强”为主题，组织开展 2021 年“全国科技工作者日”线上科技创新服务讲堂直播活动，3.3 万人次科技工作者观看直播。播放《科学抗“疫”砺谱战歌》专题片，北京约瑟投资有限公司董事长、科技部中国科学技术发展战略研究院研究员分别以《双循环经济下的科技企业发展》和《党旗下的科技创新》为主题做讲座。

（区科协）

【顺义区科学小记者活动】 7 月 21 日，由区科协主办的主题为“科学创青春　筑梦新时代”2021 年顺义科学小记者首场活动在北京科学中心举办。全区 20 余所学校优秀中小学生参与活动，组织小记者线上、线下活动 6 期。200 余人次参与线下实践采访及线上直播培训活动。每期线上培训视频平均点播量 7.5 万人次，小记者上传到“科学加”App 平台科普文章近百篇，阅读量 3 万余人次，2 篇优秀科普文章在市级报刊登载。

（区科协）

【“全国科普日”活动】 9 月 15 日，2021 年顺义区“全国科普日”活动在北京顺义国际鲜花港启动。市科协副主席，区政协副主席等领导出席。主场活动持续 2 天，包括蝴蝶科普展、菊花科普展和科学互动体验 3 个板块，接待中小学师生 2000 余名。活动期间，基层开展科普活动 60 余场次，受众 1.8 万人次，张贴宣传海报 80 张，印制科普宣传材料 3800 余份。顺义区获评 2021 年全国科普日优秀组织单位。

（区科协）

【科普专家进校园活动】 11—12 月，区科协聘请中国工程院院士、北京大学地球与空间科学学院教授等 8 名院士、专家开展科普进校园活动，全区 10

余所学校近2万名中小学师生参与。

（区科协）

【新冠肺炎疫苗接种工作助力】 年内，区科协展开多渠道宣传，助力新冠肺炎疫苗接种工作。利用“顺义科协”“顺义科普365”微信公众号及时宣传顺义区新冠疫苗接种的相关信息，引导顺义公民接种。通过分布在各社区、村的200余块科普视窗，循环播放新冠疫苗接种科普视频。利用“顺义科普365”微信公众号平台的“顺义提素”有奖答题活动，在题库中加入新冠疫苗接种科普题目，强化新冠疫苗接种知识。与区疾控中心共同制作新冠疫苗接种科普展板112块，在全区28个新冠疫苗接种点留观室安装，引导接种人员利用留观时间巩固新冠疫苗接种科普知识。收集整理“科普中国”App中关于接种新冠疫苗的科普资源，下发给各镇、街道科协和企业科协，动员基层科协和“科普中国信息宣传员”通过自有宣传平台开展宣传。

（区科协）

【《科普时刻》专栏】 年内，区科协与区融媒体中心合力打造专栏《科普时刻》栏目12期，宣传普及科学文化知识。栏目在顺义电视台和“北京顺义”公众号定期向公众播放。节目获评“2021年度第三季度北京市广播电视创新创优节目”，成为5个区级获奖节目之一。

（区科协）

【市科协基层科普行动项目】 年内，顺义区北京兴农天力农机服务专业合作社、北京鲜花港投资发展中心、北京清大微蓝教育科技有限公司、北京市顺义区农学会4家单位获得市科协、市财政局实施的“北京市科协2021年北京市新时代文明实践基层科普行动”项目资助金59.78万元。

（区科协）

【区级科普经费项目】 年内，区级科普经费支持“2021年顺义区基层科普行动计划项目”26个，资助金额362.55万元。

（区科协）

【“枢纽型”社会组织建设】 年内，区科协以党建为统领，坚持培育和规范并重，推动管理和服务的15家科技类社会组织始终保持健康发展方向。引导科技类社会组织参与疫情防控、垃圾分类、巩固脱贫攻坚和乡村振兴成果等线上线下社会公益服务活动300余项。

（区科协）

【企业科协组织、“创新簇”建设】 年内，新增北京路德永泰环保科技有限公司、北京市北郎中农工贸集团、北京明易达科技股份有限公司、北京博雅软通信息技术有限公司、开放物联（北京）科技发展有限公司、北京牵手果蔬饮品股份有限公司6家企业科协组织，北京路德永泰环保科技有限公司、北京市北郎中农工贸集团、北京明易达科技股份有限公司、北京牵手果蔬饮品股份有限公司、北京汽车股份有限公司5家企业获得市科协企业创新簇认证。

（区科协）

【科技人才服务】 年内，指导、推荐“北京市科协金桥工程种子资金”项目（北京顺乾汽车测试技术有限公司的“基于5G通信车联网网络安全态势感知与测评系统”）和“北京优秀青年工程师创新工作室”项目（北京路德永泰环保科技有限公司董大伟主持开展的“废轮胎胶粉制备高黏改性沥青用于海绵城市透水路面铺装关键技术研究”）获得市科协资助。

（区科协）

【“两聚三精”助力企业创新发展服务活动】 年内，区科协联合中关村科技园区顺义园管理委员会、中关村天合科技成果转化促进中心组织开展“两聚三精”助力企业创新发展服务活动。挖掘理想汽车、碎得机械（北京）有限公司、北京中禾清雅芽菜生产有限公司、北京特思迪设备制造有限公司和北京铭镓半导体有限公司5家重点企业需求16项，按照“信息平台推介、技术精准对接、企业升级平台、重大技术攻关、产业项目策划、创新产品推广”六级分类响应原则，通过线上座谈、实地走访等方式，组织专家开展“一对一”需求对接服务，结合企业突出问题，确定服务对策，提供解决方案。最终，碎得机械（北京）有限公司与北京上品极致产品设计有限公司签署正式合作协议。

（区科协）

◆1月18日，“两聚三精”企业技术推广合作洽谈会举办（区科协）

【青少年参加市级竞赛活动】 年内，区科协组织顺义区青少年参加市级大赛。在第21届北京青少年机器人竞赛暨第六届北京青少年创意编程与智能设计大赛中，顺义区代表队取得一等奖2个、二等奖2个、三等奖4个；区科协获评优秀组织单位，顺义牛栏山第一中学获评“十佳学校”，1名教师获评“十佳教练员”，2名教师获评“优秀教练员”。在第四届北京青少年创客国际交流展示终评活动中，获得一等奖7项、二等奖1项、专项奖1项、最佳创客教师奖1项；获得市级创客相关奖项100余人次。

（区科协）

顺义区青年联合会

【概况】 年内，区青年联合会团结凝聚全区各族各界青年，围绕中心、服务大局，为落实北京城市总规赋予顺义的功能定位、助推顺义高质量发展做出贡献。

（区青联）

【区青联三届四次常委会】 3月24日，区青联三届四次常委会召开。审议通过关于撤销张哲委员资格的事项。根据审议结果，区青联三届四次常委会做出撤销张哲委员资格的决定。区青联三届委员会委员由171人调整为170人。

（区青联）

【植树环保活动】 4月9日，区青联组织青联委员、团员青年和社区青年汇社工在东江公园开展义务植树，种植新苗100余株。

（团区委）

【文化产业参观见学】 6月4日，区青联组织区青联委员、创新创业青年40余人走进北京观唐艺术区，开展文化产业主题活动。

（区青联）

◆6月4日，顺义青年创新创业特训营第一期走进观唐艺术园区（区青联）

【科技创新主题活动】 6月11日，组织青联委员走进北京铭镓半导体有限公司，开展“科技赋能 助推区域创新发展”主题活动。

（区青联）

【“永远跟党走”歌曲传唱活动】 6月24日，组织区青联委员、各行业青年代表、青年志愿者代表、学生代表等60余人，走进北京国际鲜花港、焦庄户地道战遗址纪念馆、河北村民俗园、光明文化广场城市志愿者服务站等地，开展“永远跟党走”歌曲传唱活动。

（区青联）

【垃圾分类参观见学】 7月8日，组织区青联委员、青年代表、社区青年汇社工一行50余人走进朝阳循环经济产业园，开展垃圾分类参观见学活动。

（区青联）

【智能制造参观见学】 7月16日，组织区青联委员、创新创业青年30余人，走进亦创高科创新科技园和富士康公司，开展智能制造主题参观见学活动。

（区青联）

【“暑期欢乐创享营”活动】 8月，组织9名区青联委员走进4个社区，参与“暑期欢乐创享营”活动，拓展课后服务渠道，为营员提供儿童情绪管理、小小银行家、生活中的物理、走进燕京八绝宫廷技艺等21节课程，直接服务社区小学生80余人。

（区青联）

【区青联三届五次常委会】 9月9日，区青联三届五次常委会召开。审议通过改选顺义区青年联合会第三届委员会主席、席位制副主席卸职替补，增补7名区青联委员等事项。调整、增补完毕后，区青联三届委员会有委员177人。

（区青联）

【区青联三届五次主席会】 11月8日，区青联三届五次主席会召开。审议通过关于提名北京市青联第十二届委员会委员的提议。根据审议结果，区青联提名25人为北京市青联第十二届委员会委员。

（区青联）

【“青联委员服务千村”活动】 年内，助力对口帮扶和乡村振兴，开展“青联委员服务千村”计划，组建青联委员服务团2个，结合“万企兴万村”，与西藏自治区、内蒙古自治区4个受援村开展结对帮扶，先后开展活动9场、捐助资金18万元。

（区青联）

【“希望小屋”建设】 年内，组织动员青联委员和社会力量开展捐赠，累计捐资5.53万元，在顺义偏远乡镇小学建设6所“希望小屋”。

（区青联）

顺义区工商业联合会

【概况】 年内，区工商联承担顺义区非公企业的入会、组织调研工作，开展经济、技术、经贸交流，提供法律、法规、政策信息咨询等服务。以党史学习教育为契机，深化“我为群众办实事”实践活动，完成实事项目9件，党员微实事45件。截至12月，全区有企业、团体、个人会员908家，覆盖全区19个镇。

（区工商联）

【民营经济人士政治引领】 年内，召开执委会，传达学习党的十九届五中、六中全会精神，习近平总书记在民营企业座谈会上的重要讲话精神，区第六次党代会精神和区“两会”精神。宣传党史知识，通过“顺义非公一家”微信公众号和企业家联络群宣传党的百年历程。开展“学党史、倡廉洁、担使命”主题活动，组织民营企业党支部负责人参观廉政建设展览，对负责人进行廉洁提醒，引导民营企业家用实际行动推进清廉民企建设，共同构建亲清政商关系。

（区工商联）

【调研走访掌握企业需求】 年内，围绕优化营商环境、民营经济高质量发展等重点任务，深入会员企业、商会组织了解发展情况、需要解决的重点问题。汇集整理企业亟须解决的法律问题10项，需要了解的法律4项；征集企业政策需求12项。对接区司法局、区发改委等部门，争取政府职能部门支持，帮助企业解决问题。开展小微企业发展专题调研，形成调研文章《顺义区小微企业发展现状的调查与思考》。

（区工商联）

【优化营商环境】 年内，会同区发改委组织为期2天的优化营商环境4.0政策专题培训，15个职能部门解读19项惠企政策。联合区人力社保局组织“顺义区民营企业招聘月”活动，组织线上专场招聘会26场，线下专场招聘会5场，357家参会企业累计提供就业岗位7358个，952人达成初步就业意向。与建行顺义支行签订战略合作协议，共同探索小微企业融资服务新途径。组织建行专场融资产品推介会，精准对接小微企业需求，推广小微快贷、抵押快贷、科技创业贷等融资产品。

（区工商联）

【民营企业产权社会化服务体系建设】 年内，民营企业产权保护社会化服务体系推进会召开。区委统战部、区检察院、区市场监管局等8个部门交流在民营企业产权保护方面的措施、经验，为服务体系发挥作用奠定基础。会同区司法局、律师协会连续组织2次法治服务进企业活动，开展“一对一”法治体检活动。通过座谈、访问等形式帮助企业解决产权相关问题。

（区工商联）

【“春雨润苗”助力小微企业成长】 年内，会同区税务局开展“春雨润苗”专项行动。走进小微企业，解读专项行动方案，征求意见建议。组织小微企业家代表走进服务厅亲身体验税务服务，通过微信公众号发布小微企业税费优惠政策等信息，助力小微企业发展。

（区工商联）

【“万里读行”活动】 年内，组织“万里读行”活动，带领20余位顺义区民营企业家前往福建学习调研。先后与富信集团、三棵树集团、华峰华锦等大型企业，就经营管理、运营模式、企业文化、技术创新等方面交流研讨。

（区工商联）

【商会引导服务】 年内，加强对所属商会的联系和指导，引导其规范化建设，健康发展。打出“政策辅导”服务品牌，累计主办政策辅导活动12场。

（区工商联）

【引导民营企业参与乡村振兴战略】 年内，探索巩固拓展脱贫攻坚成果同乡村振兴有效衔接工作模式，引导区内民营企业参与“万企兴万村”系列行动。推荐9家企业、1个社会组织参与结对帮扶，与对接村完成签约协议。组织企业赴内蒙古自治区巴林左旗开展“万企兴万村”精准帮扶工作，8家企业向帮扶村提供帮扶资金和物资约60万元。组织民营企业参加西藏拉萨光彩行活动，雅昌集团等9家民营企业为尼木续迈村捐建1间“振兴数字书屋”，为尼木县捐建数字艺术图书馆6所，捐赠价值合计45万元。加强与“一助一”帮扶村南彩镇小营村的联系，会员企业北京数圣会计师事务所有限公司向小营村捐赠5万元，用于村域建设和村居环境升级。

（区工商联）

法治

政法委与综治

【概况】 年内，区委政法委坚持以习近平新时代中国特色社会主义思想为指引，以服务保障建党100周年庆祝活动和冬奥会、冬残奥会筹办“两件大事”为主线，以政法队伍教育整顿为契机，以有效防范、化解、管控各类风险为核心，结合党史学习教育，统筹抓好战疫情、防风险、保安全、护稳定、促发展各项工作，为高标准实现“一个开局、两件大事、三项任务”和“平原新城看顺义”“三个走在前列”目标要求营造良好社会环境，为全区“十四五”开好局、起好步提供坚强法治保障。

（区委政法委）

【重大活动安保维稳】 年内，围绕全国“两会”、中国共产党成立100周年、中国国际服务贸易交易会、HICOOL全球创业者峰会、2021世界智能网联汽车大会、冬奥测试赛等各项重点活动安保任务，超前谋划、提早部署，细化完善方案预案体系，拉列任务账单，狠抓工作落实。活动期间，实现全区重点人零失控、火灾事故零发生、安保任务零差错、有影响安全事故零报告。

（区委政法委）

【政治风险防范】 年内，顺义区国家安全人民防线建设小组成立，国家安全人民防线建设不断强化，开展情报信息收集和专案专项。深入开展“4·15国家安全日”宣传活动，严密防范各种敌对势力的渗透破坏活动。深化反邪教斗争，全区反邪教斗争形势平稳。

（区委政法委）

【社会稳定风险评估】 年内，进一步建立健全安全稳定风险评估预警机制，坚持将评估作为重大决策事项的前置程序和刚性门槛，严格“应评尽评”，为全区50余家二级单位出具社会风险评估审查意见246份。

（区委政法委）

【矛盾纠纷排查化解】 年内，围绕重大活动安保，开展专项排查化解工作，控增量、减存量，把矛盾化解在基层。全区基层调解组织共开展矛盾纠纷排查31669次，预防纠纷1061件，调解纠纷3914件，调解成功率98%。

（区委政法委）

【社会治安重点地区整治】 年内，以市、区两级挂账社会治安重点地区整治为抓手，以“一个地区一个方案、一个问题一套措施”为原则，重部署、强联动、严整治，力促各类治安隐患问题得到及时、有效解决。全区2个市级挂账社会治安重点地区整治达标率上升至80%，8个区级挂账问题整治达标率连续4个月维持在100%。

（区委政法委）

【立体化治安防控】 年内，按照专群捆绑、平战结合的原则，部署防控点位4300个，组织发动各类群防群治力量4万人协助公安部门开展乡村道路卡口值守、社会面巡逻防控等工作，全区外围防线和社会面持续稳定。实施“智慧平安小区”全覆盖工程，有序推动“雪亮工程”前端补点、平台扩容计算增强、深度应用建设，完成217个村居前端建设及数据对接工作。

（区委政法委）

【铁路护路联防】 年内，开展平安铁路“消隐促建”专项行动，京沈客专、京承铁路、大秦铁路3条铁路沿线摸排建立市级工作台账2处，全部整改完毕；区级工作台账155处，完成整改122处，其余33处有序整治中。

（区委政法委）

【扫黑除恶专项斗争】 年内，编制《顺义区扫黑除恶规范制度汇编》，整理收录相关部门工作机制100余项，全面巩固扫黑除恶制度机制成果。制定并印发实施《顺义区扫黑除恶常态化实施办法》，为全区扫黑除恶常态化开展提供行动指南。

（区委政法委）

【基层综治中心建设】 年内，基层综治中心建设持续加强，“接诉即办”机制不断健全完善，《关于进一步加强基层综治中心建设的意见》印发，镇、村两级综治中心建设持续加强，明确镇街、村居两级综治中心的组织架构、工作任务和运行机制，做强镇街基础实战平台和村居基础工作平台。

（区委政法委）

【市域社会治理现代化试点建设】 年内，《顺义区市域社会治理现代化试点工作实施方案》严格落实，将127项工作任务分解细化到59家职能部门、25个镇街、4个经济功能区。截至年底，共整理收集58家成员单位的工作方案、进展材料150余份，建立专项工作档案3册，初步搭建起"坚持强基导向、打造顺义特色基层治理体系"的试点工作框架。

（区委政法委）

【基层平安创建】 年内，结合深入推进党建引领"街乡吹哨、部门报到"改革，"平安街道""平安社区"等建设取得良好成效，推动基层平台创建工作向矛盾多发、管理缺失、影响安全稳定的新领域、新群体、新类型延伸。

（区委政法委）

【政法队伍教育整顿】 年内，围绕"五个过硬"（信念过硬、政治过硬、责任过硬、能力过硬、作风过硬），紧扣"四项任务"（清除害群之马，清查对党不忠诚不老实的"两面人"，彻查黑恶势力"保护伞"，深查执法司法腐败，严查党的十八大以来不收敛不收手的腐败。整治顽瘴痼疾，强化治建并举，建立健全执法司法监督管理制度体系，全面防范化解廉政风险。弘扬英模精神，激励政法干警忠诚履职、为民服务、担当作为。提升能力素质，引导政法队伍坚定做到"两个维护"，切实履行好新时代政法工作的职责使命），抓牢"三个环节"（学习教育环节、查纠问题环节、整改总结环节），全面动员、全力以赴，完成50余项具体任务。围绕"6+N+n"（"6"为政法队伍教育整顿六大顽瘴痼疾：违反防止干预司法"三个规定"。违规经商办企业和配偶、子女及其配偶违规从事经营活动。违规参股借贷。违规违法减刑、假释、暂予监外执行。有案不立、压案不查、有罪不究。检察官离任后违规从事律师执业、充当司法掮客。"N"为围绕六大顽瘴痼疾和日常工作生活存在的其他问题，围绕六大顽瘴痼疾深入拓展需要查找的问题。"n"为全区政法委机关及政法系统各单位存在的具体顽瘴痼疾和日常业务工作存在的问题），全面整改48项顽瘴痼疾，建章立制68项，做到"治建并举"。

（区委政法委）

【疫情防控措施落实】 年内，作为疫情防控社会稳定组牵头单位，从社会面防控、进京检查站查控、对封控区域管理等方面，对各属地、经济功能区疫情防控及治安稳定工作进行督促推动。做好国内其他口岸入境接转人员工作组工作任务。1月28日至12月31日，北京首都国际机场T3航站楼共接转旅客9000余名。

（区委政法委）

【法治建设领域改革】 年内，按照区委改革办总体部署和法治建设领域改革专项小组工作安排，统筹协调，加强同各成员单位的联系，推进法治领域改革，构建系统严密、运行高效的执法监督管理体系、创新诉源治理工作机制，持续推进全面依法治区等重点改革任务有序开展。

（区委政法委）

公　安

【概况】 年内，顺义公安分局坚持最高标准、最实举措、最强执行，一体推进建党100周年安保维稳任务和常态疫情防控，同步落实警务改革创新和基础巩固提升，统筹开展党史学习教育和队伍教育整顿，全力防风险、保安全、护稳定、促发展，创造安全稳定的政治社会环境，为"十四五"良好开局、"平原新城看顺义"提供保障。

强化打大攻坚，建立"系统精准牵动、片区具体负责"模式，凝聚打击合力，实现重大敏感案件快侦快破，扫黑除恶线索100%按期办结，命案连续10年保持100%侦破，八、九类案件破案率高于全市均值；打掉4个涉恶犯罪团伙，刑事拘留68人；破获高某非法走私买卖持有枪支、弹药案件，起获枪状物30支、子弹铅弹8681发，刑事拘留48人。紧盯与群众密切相关"小案件"，盗窃、入室盗窃和涉车盗窃对称性打击能力显著增强。严打"食药环"领域违法犯罪，"8·13"盗销废机油、汇捷诚跨国涉疫诈骗等案件受到公安部贺电表扬。严密防范经济领域风险，刑事拘留149人，追缴赃款230余万元。铲除毒品原植物2505株，破获部级等涉毒案件4起。集中开展积案专项清理，破案208起。治安拘留扰序人员111人，盗销自行车打击对称性超过市局15个百分点。

天竺派出所获评“全国先进基层党组织”。民警刘晨被市公安局授予2021年度“北京榜样·最美警察”。顺义分局警务支援大队民警刘晨当选“勤廉标兵”。顺义分局在北京市公安局网安系统2021年第三届“e搏杯”电子数据取证分析大比武中，取得团体赛第一名，连续3届获得该项赛事冠军。区看守所获评全国基础设施建设示范公安监所。

（顺义公安分局）

【“冰锋·2022平安冬奥”行动】 11月26日起，顺义公安分局启动为期108天“冰锋·2022平安冬奥”社会面专项攻坚行动，持续深化“三清三个一批”“三重大排查”“四大行动”机制措施，深入推进重点部位“大排查、大清理、大整治”，共制定“1+6+36”三级方案体系，梳理28项二级重点任务账单和774项三级账单，形成5部门33类日常数据监测指标，维护冬奥场馆、食品供应单位、机场外围、警卫路线等重点部位良好秩序。

（顺义公安分局）

【社会面安全稳定】 年内，确保社会大局始终安全稳定。完成中国共产党成立100周年、全国“两会”、冬奥测试赛、党的十九届六中全会等安保任务，实现11项专项任务“零失误”。妥善处置各类群体访233批次3765人次。累计处理各类违法有害信息1.65万条，发现上报舆情信息2500件。

（顺义公安分局）

【基础防线建设】 年内，依托“敲门行动”“推门入户”梳理基础信息48万条，检查出租房屋、门店场所19.3万家次，新登记流动人口77万余人次，发现消除安全隐患2513处。针对中心城区及机场周边，建立“武装震慑、常态巡查、弹性巡逻、定点停靠”四项机制，累计投入警力18.4万余人次，巡逻核录48.2万人。坚持“防输入”与“防拥堵”并重，严格进京限制政策，5个外围检查站和20个乡村卡口持续启动一级查控，累计盘查检查车辆339.1余万辆、人员721.9余万人。

（顺义公安分局）

【安全监管】 年内，依法查处路面各类交通违法行为20.1万余起，查扣严重违法车辆6432辆，处理890人。累计取缔黑开场所32家，行政处罚56家，罚款56.3万元。全面服务保障26项92场大型活动，接待观众126.8万人次。启动校园和医院专项整治排查行动，确保绝对安全。建立“火灾一事故一分析”机制，累计拆除涉隐库房738处，整改隐患15.2万余处，罚款180.4万元，拘留507人；安装电动自行车充电位3.9万余个，加装高层建筑电梯智能阻车器5693个。

（顺义公安分局）

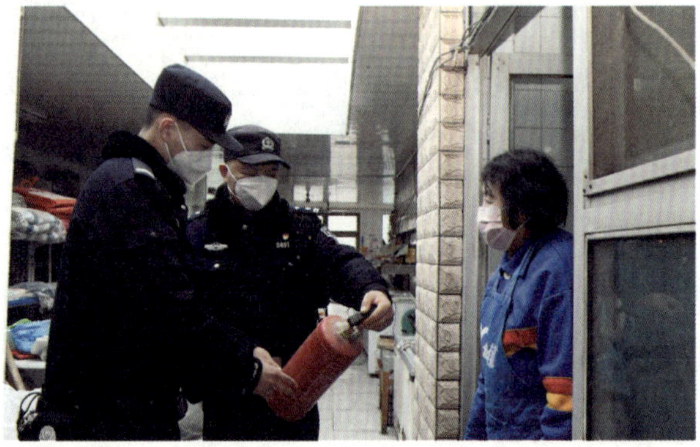

◈2月5日，分局民警开展社区消防安全检查（顺义公安分局）

【严格执法持续加力】 年内，累计批准逮捕916人，同比上升46.1%；移送审查起诉2187人，同比上升31.6%；介入指导重大敏感案件234次；累计收押5696人，为1.2万余人次办案人员提供服务保障；依托“五型监所”创建，应收尽收各类违法人员8852人；探索建立分局“执法办案中心+案管组”两级监督管理信息化系统，开展网上网下双轨常态监督管理检查，审查重点警情9283件，发现整改各类问题1600件；全面加强涉案财物规范化管理，接收各类物品411案15.1万件；公安部交办第一批信访积案36件100%化解。

（顺义公安分局）

【警务建设】 年内，“十四五”发展规划编制完成。组建科技信息化工作专班，突出顶层设计，全面优化整合，启动建设分局综合科技信息化平台，促进资源共享、警种融合。抓紧“情指勤舆”一体化改革，形成纵向贯通、横向集成的指挥决策体系，推动警务机制改革深入开展。坚持科学统筹，推动警力调配系统深度应用，全年抽调民警58批次3576人次。空港派出所新址投入使用，胜利、光明等4个基建项目加快推进；投入经费4318万元，推进公安装备建设。

（顺义公安分局）

【“四打四挖”专项行动】 年内，顺义公安分局紧盯歌厅洗浴、出租房屋等场所，建立“一案一回查”“一案一治理”机制，累计端掉黄赌窝点486个，拘留黄赌人员3451人，同比上升6.8%，黄赌警情同比下降13%。

（顺义公安分局）

【新冠疫情防控工作】 年内，顺义公安分局开展大数据排查比对、疫苗注射、核酸检测站点秩序维护工作，加强涉疫警情处置，妥善处理热点敏感舆情。年初顺义区陆续出现新冠病毒密接、次密接人员，分局调度全警开展风险预警、流调溯源、社区封控等工作，累计比对筛查100余万条数据，排查走访5000余人，落地核查重点人员3.6万人。

（顺义公安分局）

【“团圆”行动】 年内，顺义公安分局登记在册失踪未成年人信息26条，撤销找回22条。公安部打拐库涉及顺义公安分局的疑似被拐卖人员血样采集全部完成，采集率100%；采集被救助人员DNA血样485份，位列市公安局第一。

（顺义公安分局）

【打击非接触网络犯罪专项行动】 年内，顺义分局在打击非接触网络犯罪专项行动中冻结银行账户1871个，金额5460万余元；侦破非接触类网络诈骗案件664起，刑事拘留183人，批捕87人。开通96110反诈专线，推出“全民反诈”App，建立电诈预警平台，拦截被骗事主13.7万余人，为群众挽回损失325万余元；开展反诈宣传活动820余次，印制、发放《心防》手册70余万册。

（顺义公安分局）

【12345接诉即办】 年内，顺义公安分局共接12345派单11170件，较2020年6189件上升80.5%。其中执法办案类6158件，户籍问题类1383件，犬类管理类960件，噪声扰民类982件，治安问题类371件，批评表扬建议661件，疫情防控问题521件，检举违法犯罪线索62件，出入境问题13件，其他59件。

（顺义公安分局）

【危险物品安全监管】 年内，顺义公安分局共列管危险物品从业单位132家，处罚违规使用危险物品从业单位2家。收缴烟花11705.21千克；收缴柴油10398.1千克、汽油534.46千克；收缴液化石油气3102.9千克，收缴乙炔2340千克、氧气3010千克；收缴各种枪支、枪状物等54支，管制刀具26把，雷管101管，弩2把，废旧炮弹4枚。拘留148人，其中刑事拘留56人，行政拘留92人。

（顺义公安分局）

【全国“两会”食品供应监管】 年内，顺义公安分局深入燕京啤酒股份有限公司、鹏程食品分公司，监督指导食品供应单位严格落实专用场地、专人采购、专人加工、专人检验、专人登记、专人保管、专库存放、专车运输、专人押运、专用标识的“十专”工作措施；要求食品供应单位严格执行领导24小时带班制度，组织保卫力量做好出入管理、内部巡视工作，确保全国“两会”食品供应服务保障工作安全。

（顺义公安分局）

【反恐处突综合实兵演练】 年内，顺义公安分局会同区反恐办在牛栏山镇宏达液化石油气有限公司组织开展反恐处突综合实兵演练。牛栏山镇、区应急局、区城市管理委和相关企业主管领导、安保负责人100余人参加。

（顺义公安分局）

【交通违法整治】 年内，顺义公安分局依托交管局“执法指引”，联合属地派出所，在全区部署综合整顿岗位，通过现场教育、警告、罚款、扣车等方式开展对非法低速电动三、四轮车违法整治行动。

查处低速电动三、四轮车违法8014起，警告5393起，查扣379起。

（顺义公安分局）

【交通文明】 年内，顺义公安分局交通支队在顺平辅线与拥军路交叉口、顺平路南法信路口，开展交通文明示范路口创建活动。查处行人及非机动车违法652起，发放文明交通倡议书800余份。联合区委宣传部（区文明办）、南法信政府、北京骏马客运有限公司，在南法信政府南侧小广场开展“文明驾车、礼让行人”主题宣传活动，宣传《北京市文明行为促进条例》。

（顺义公安分局）

【交通事故远程易处理】 年内，顺义公安分局在全市率先成立“道路交通事故远程易处理中心”，通过采取与报警人远程视频连线的方式，指导双方当事人对交通事故快清快处。共接简易事故警情60208起，处理29886起，处理率49.64%。

（顺义公安分局）

【警种融合执法】 年内，顺义公安分局依托“警种融合执法”工作机制，牵动22个派出所、5个治安检查站，采取民（辅）警巡逻喊话、口头劝离、现场执法和粘贴违法停车（通）告知单等措施，常态化开展辖区机动车违停、涉牌，非机动车、行人闯灯、逆行、进入道路主路，电动三、四轮车闯灯、逆行、走人行便道等交通违法“即查即录、即查即处”执法管控工作。查处电动三轮、四轮车9667起，警告5691起，扣车514起，拖车45起；派出所融合执法即查即录24317起，即查即处13221起。

（顺义公安分局）

【智慧平安小区建设】 年内，全区681个社区全部纳入智慧平安小区建设工作，完成前端两件套建设。其中435个社区完成前端四件套建设；累计新建人脸识别设备665套，车辆识别系统474套，智慧门禁586套，视频监控1342套；204个社区完成数据对接工作，采集人员静态信息92万余条，车辆静态信息10万余条。

（顺义公安分局）

【社区警务室达标创建】 年内，顺义公安分局新建警务室（站）97个，其中新建警务站2个，7×24小时警务室16个，社区民警警务室79个。截至年底，全区有社区警务室217个，其中7×24小时社区警务室35个、社区警务站2个、普通警务室180个，按照验收标准完成警务室（站）建设工作。

（顺义公安分局）

【涉森林违法犯罪案件查处】 年内，顺义公安分局处理涉森林警情52起，受案9起，刑事立案6起。查获野生动物制品172件，价值24余万元；捣毁野生动物制品加工点1处，查处设计经营野生动物及其制品店面5家，移送行政处罚3件。协助指导各派出所处理涉林警情151件，共同办理刑事案件21起，抓获犯罪嫌疑人24人，刑事拘留17人，取保候审7人。

（顺义公安分局）

【监所内疫情防控】 年内，区看守所为在押人员开展核酸检测11520次；接种第一针疫苗400剂，接种第二针疫苗400剂，接种第三针加强针疫苗500剂。

（顺义公安分局）

检　察

【概况】 年内，区检察院全面履行法律监督职能，推动“四大检察”全面协调发展。做优刑事检察，受理审查逮捕案件891件1239人，批准逮捕648件832人；受理审查起诉案件1697件2179人，提起公诉1441件1692人。贯彻落实少捕慎诉慎押刑事司法政策，不捕415人、不诉361人。监督公安机关立案35件39人，撤案49件52人。建议行政机关移送涉嫌犯罪案件7件10人。开展侦查活动监督56件104人，发出纠正违法通知书5份。开展羁押必要性审查122人，提出变更强制措施建议16人。提出抗诉4件。针对刑事执行违法书面监督纠正25件，发出检察建议1份。精准开展民事检察，办理民事诉讼监督案件235件，提请上级院抗诉1件，发出再审检察建议3件、类案检察建议50件。做实行政检察，办理行政诉讼监督案件61件、土地执法查处领域非诉执行监督案件21件，制发类案监督检察建议4件，推动行政争议实质性化解4件。有序拓展公益诉讼检察，审查各类线索122件，立案110件，制发诉前检察建议12件，提起刑事附带民事公益诉讼6件，办理生态环境损害赔偿磋商案件6件。践行“以人民为中心”的发展思想，举办检察听证165件次，发放司法救助金12万余元，为13名农民工讨薪8万余元。深入推进“接诉即办”，处置各类信访1478件，接待集体访6批41人次。落实“谁执法谁普法”普法责任制，线上线下开展普法100余次，受众25万余人次。区检察院获评“首都文明单位”，第一检察部获评“北京市扫黑除恶先进集体”，2人获评“北京市扫黑除恶先进个人”，1人获评北京市“七五”普法先进个人，3个办案组获评顺义区本年度“巾帼文明岗”，3人获评顺义区本年度“巾帼建功标兵”。

（区检察院）

【工作报告获全票通过】 1月12日，在区第五届人大第七次会议上，区检察院工作报告全票通过。

（区检察院）

【入选典型案例】 2月2日，区检察院办理的王某宝涉嫌妨害传染病防治案入选最高人民检察院、公安部依法惩治妨害疫情防控秩序犯罪典型案例。

（区检察院）

【政法队伍教育整顿】 3—7月，按照上级部署，区检察院开展政法队伍教育整顿活动。3月24日，召开政法队伍教育整顿动员部署会。7月14日，召开政法队伍教育整顿总结大会。市政法队伍教育整顿第五指导组及区委政法委有关人员到会指导，全体检察人员参加。

（区检察院）

【支持环境损害赔偿磋商】 4月8日，区检察院支持区农业农村局与一起非法捕捞水产品破坏生态环境案件的赔偿义务人开展磋商，达成赔偿协议并缴纳修复金。本案是区检察院办理的首例支持行政机关作为赔偿权利人启动、完成的生态环境损害赔偿磋商案件。

（区检察院）

【金融风险防控座谈会】 4月23日，区检察院邀请区金融办及区内各银行机构召开主题座谈会，就打击涉银行机构金融违法犯罪达成3点共识。

（区检察院）

【检察听证公众开放日】 6月8日，区检察院举办“检察听证：让公平正义看得见”检察开放日活动。市、区两级人大代表、区政协委员、人民监督员5人受邀参加。

（区检察院）

【检律会商协作机制】 9月1日，区检察院组织召开2021年第一次区检律联席会议，区司法局、区律师协会相关负责人员及律师代表参会。

（区检察院）

【入选专业人才库】 10月28日，区检察院4名检察官入选北京市首批网络、金融、知识产权检察专业人才库。

（区检察院）

【业务帮扶】 11月13日，区检察院应国家检察官学院邀请，以视频形式对贵州省薄弱基层院开展“点对点”业务培训，贵阳市修文县、毕节市织金县、安顺市紫云苗族布依族自治县、黔南布依族苗族自治州惠水县全体检察人员参加培训。

（区检察院）

◆11月13日，区检察院以视频形式对贵州省薄弱基层院开展“点对点”业务培训（区检察院）

法 院

【概况】 年内，区法院坚持以习近平新时代中国特色社会主义思想为指导，深入学习贯彻习近平法治思想，紧紧围绕“努力让人民群众在每一个司法案件中感受到公平正义”的目标，坚持以人民为中心，勇于改革创新，服务区域高质量发展。全年受理各类案件40541件，同比上升14.8%；审结37044件，同比上升4.7%；结收比91.4%，结案率86.6%。区法院获评司法宣传和通联工作先进单位、北京诉讼服务先进法院、北京市“七五”普法先进集体、首都文明单位标兵等称号。1个支部党建创新项目获评北京法院2021年度党建创新示范项目，3个支部的支部工作法获评区政法系统优秀党支部工作法，3个支部获评北京法院党建工作先进集体。1名干警先后被授予全国优秀法官和全国维护妇女儿童权益先进个人，1名干警获评北京市信访工作先进个人，1名干警获评北京法院人民法庭工作先进个人。《涉职业病劳动争议案件司法大数据研究报告》《极端性天气致涉农纠纷多发或影响我市农产品稳产保供》调研成果分别获最高法院、市委领导批示肯定。“关爱女生 守护花开”法治项目荣获“首都未成年人思想道德建设创新案例”一等奖。

（区法院）

【坚持从严治院】 年内，区法院深入开展政法队伍教育整顿。紧盯突出问题，开展“十个专项”整治活动，推动全面从严治党与审执工作融合发展。围绕“五个过硬”要求，突出“四项任务”，抓好“三个环节”，制定形成13项制度体系，在第一批政法队伍教育整顿中获评“优秀”，相关工作受到中央督导组、市指导组肯定。建成北京法院首个廉政教育展厅，开展体验式廉政教育。创新实行“两员应答”机制，引导参与诉讼活动的党员、公职人员主动报告身份并承诺带头遵纪守法。

（区法院）

【支持和促进依法治区】 年内，区法院受理行政案件768件，同比增长37.88%。以行政机关负责人出庭应诉为突破口，在庭审中设置行政机关负责人发言环节，实现“出庭、出声、出解、出治”。组建“化解+”审判团队，搭建“官民”对话平台，以调解、撤诉方式实质性化解行政争议136件。1名副区长、22名正职行政机关负责人出庭应诉175起行政案件，出庭应诉率40%。持续完善府院联动机制。通过个案把脉，“靶向式”发送司法建议，为80余家行政机关开展“云旁听”“送法进机关”活动30余次。连续12年发布行政审判白皮书，梳理归纳执法问题，从源头防范涉诉风险。

（区法院）

【依法打击刑事犯罪】 年内，区法院审结刑事案件1484件。其中审结涉疫情案件5件，审结侵犯商标权、商业秘密类犯罪15件，审结涉众型经济犯罪10件。审结倒卖象牙刑事附带民事公益诉讼案、全区首例虚假诉讼案、高空抛物案等新类型案件。

（区法院）

【常态化扫黑除恶斗争】 年内，区法院妥善审理市委政法委挂牌督办的“杨某恶势力团伙案”关联案件，对王某敲诈勒索案准确把握案件性质，及时要求公诉机关追加指控，依法从严惩处。参与社会治理，同步推进“打伞破网”“打财断血”，及时发送司法建议，落实“一案一建议”目标，整改率100%。

（区法院）

【推进一站式多元解纷和诉讼服务体系建设】 年内，区法院坚持把非诉讼纠纷解决机制挺在前面，深入推进一站式多元解纷机制建设，依托诉调对接中心在全市率先推行“一窗通办”，实现首问负责、一次办结。对接“吹哨报到”“接诉即办”，深化“接诉即答”“接单即办”便民服务机制，针对法律咨询、指导调解、法治宣传等群众需求，“12368”诉讼服务热线响应率100%。创新运用示范诉讼机制，以示范判决为参照标杆，综合运用和解、诉前调解等多元方式，推动群体性纠纷实质性化解，相关经验被最高法院《司法改革动态》刊发。

（区法院）

【民事诉讼程序繁简分流改革推进】 年内，区法院依托“分调裁一体化平台”，完善“诉调对接+司法确认”非诉解纷模式，吸纳全区584家特邀调解组织进入法院特邀调解组织名册。全年66%的纠纷驶入调解、速裁结案快车道。充分释放程序优势，简易程序、小额诉讼程序适用率89.81%，独任制适用率 97.84%，全院平均审执天数、民商事案件平均审理天数、最后一次开庭至结案平均天数均为同体量法院最短周期。

（区法院）

【巩固“基本解决执行难”成果】 年内，区法院受理执行案件 15318 件，同比上升 14.02%；发放执行款 14.13 亿元，其中执结涉民生案件 1719 件，执结到位 1.08 亿元。用足用好执行措施，加大失信惩戒和拒执打击力度，司法拘留 45 人次，限制出境 48 人次，限制高消费 7446 人次，纳入失信名单 6827 人次，以拒不执行判决、裁定罪向公安机关移送侦查 4 件。持续升级异地执行财产“翼”处置模式，相关经验做法在《法治日报》内参刊载并获最高院院长批示。通过“翼”处置模式办理案件 200 余件，涉及海南、广东、宁夏等 28 个省市的房产，节约经费 300 余万元，涉案财产金额 6000 万元，异地财产处置用时缩短 2/3 以上。“翼”处置模式推广至全国 15 个省、自治区、直辖市，近 100 家中、基层法院，帮助 5000 件案件当事人兑现胜诉权益。

（区法院）

【司法公开】 年内，依托裁判文书、审判流程、庭审公开三大司法公开平台，上网文书 35995 份，应予公开案件裁判文书上网率 100%，公布审判流程信息 27266 条，审判流程信息有效公开率 100%，视频直播庭审 12170 件。

（区法院）

【“两区”建设服务保障】 年内，区法院在全市法院率先出台《关于为顺义区“两区”建设提供司法服务和保障的意见》，与北京天竺综合保税区管委会、区商务局、区工商联建立沟通联动机制，成立全市首家服务保障“两区”建设工作站。建立专项审判机制，建立涉“两区”建设专家陪审机制和专家咨询机制，建立涉外、涉港澳台民事审判团队——“WING 审判”团队。完善诉讼与非诉讼相衔接的多元化纠纷解决机制，引入专业调解机构、探索外籍调解员和司法确认程序。

（区法院）

◆12 月 9 日，区法院在天竺综合保税区成立全市首家法院服务保障综合保税区“两区”建设工作站（区法院）

【“平原新城”发展建设服务保障】 年内，区法院开展涉太平村区属重大拆迁安置腾退工作，涉通怀路万余平方米腾退工作；快速执结某公司百余名工人索薪，涉某公司百余案外人执行异议案等众多涉民生案件。

（区法院）

【司法宣传】 年内，区法院持续创新多元化普法形式，获评北京市“七五”普法先进集体称号。围绕《中华人民共和国民法典》等新法新规、民生热点以案释法，在新华社客户端等平台开展普法 100 余次。开展庆祝建党 100 周年系列活动，建设“党建队建示范基地”专题展厅、“百年征程铸辉煌”党史学习教育主题展厅。接待上级调研指导，各党支部、团支部、街道社区等社会各界学习参观 80 余场，展厅入选为全区“新时代文明实践基地”。

（区法院）

司法行政

【概况】 年内，区司法局坚持以习近平新时代中国特色社会主义思想为指导，贯彻落实党的十九大、十九届历次全会精神，深入学习贯彻习近平法治思想，认真落实区委、区政府中心工作，不断强化司法行政队伍建设，充分发挥司法行政机关法治保障、法律服务和法治宣传的职能作用。

（区司法局）

【社区矫正协管员队伍下沉】 1月5—30日，为落实《顺义区城市协管员队伍管理体制改革实施方案》，阳光中途之家对所管全区55名社区矫正协管员基本情况信息进行摸底、汇总，并与民政局、社保局协调对接。

（区司法局）

【“两委”换届法治宣传】 1月27日，编制《关于认真做好顺义区村和社区“两委”换届工作期间法治宣传工作的实施方案》，开展《中国共产党基层组织选举工作条例》《北京市村民委员会选举办法》《北京市居民委员会选举办法》等法律法规及规章的宣传，制作宣传挂图2000份、普法宣传片2部，发放到25个镇、街，并利用各媒体平台持续拓展宣传覆盖面、加大宣传力度，保障换届程序合法、过程公开、结果有效。

（区司法局）

【社区矫正对象开展集中参观及公益劳动】 3月12日，组织部分司法所的6名在管社区矫正对象，参观北京焦庄户地道战遗址纪念馆，参加美化环境、捡拾垃圾社区公益劳动。

（区司法局）

【律师行业突出问题专项治理】 3月中旬，制订《顺义区律师行业突出问题专项治理工作方案》《顺义区司法局关于规范律师与司法人员接触交往行为的规定》。截至12月底，对全区律所负责人、律所党组织负责人开展谈心谈话234人次，签订承诺书245份。对党的十八大以来律师事务所及律师投诉举报查处情况全面梳理，系统清查案件12件，随机抽查律师事务所10家，重点走访律师事务所8家。开展“我为群众办实事”活动，参与活动律师151人，举办活动563场。

（区司法局）

【学习贯彻习近平法治思想主题线上活动】 3月22—26日，依托“顺义普法”微信公众号开展“学习贯彻习近平法治思想　为法治顺义建设贡献力量”有奖竞答活动。内容涵盖习近平总书记在中央全面依法治国工作会议上重要讲话中“十一个坚持”等多方面知识，36052人次参与。

（区司法局）

【法治宣传进万家、进村居】 3—10月，聚焦习近平法治思想、《中华人民共和国宪法》、《中华人民共和国民法典》、国家安全、电信诈骗、校园欺凌等内容，在全区范围内开展法治宣传“进万家、进村居”主题活动，开展专题普法活动200余场；印发各类宣传资料10余万份；发布普法微视频33部，通过LED屏播放50余万次；制作普法音频120期，借助顺义广播电台及各村居广播播放。

（区司法局）

【“美好生活·民法典相伴”主题宣传活动】 4月3日，按照《“美好生活·民法典相伴”——2021年北京市顺义区普法联盟民法典主题宣传活动实施方案》，采取“十、百、千＋N”的工作举措推进《民法典》走进千家万户。制作广播栏目“民法典百问百答”“美好生活·民法典相伴”之“小明和民法典的故事”主题宣传海报、《民法典》普法动漫视频，打造民法典公交普法专线10辆，举办《民法典》主题法治文艺活动、主题讲座100余场次。

（区司法局）

【举办法治文艺走基层启动仪式】 4月28日，在区宪法广场开展以“学习宣传贯彻习近平法治思想　大力推进法治社会建设”为主题的法治文化走基层启动仪式暨法治宣传进万家文艺会演。全区25个镇、街道的普法工作者、普法志愿者和村居民200余人参加活动。文艺演出精选来自各镇、街道推荐的村（居）民自编自导自演的法治文艺节目10个。

（区司法局）

【建党100周年安保维稳工作推进视频会议】 6月25日，区司法局组织召开建党100周年安保维稳工作推进视频会议，部署顺义区司法局建党100周年安保维稳严控阶段各项工作任务。副局长做动员部署讲话，对建党100周年安保维稳工作开展提出新要求。局机关相关领导、各科室负责人，各镇（街道）司法所所长，矫正干警，司法助理员90余人参会。

（区司法局）

【党史学习教育】 7月12日，开展“学习党史　传承红色基因　牢记党章　坚守初心使命”线上有奖知识竞答活动，17225人次参与答题。制作推广“砥

砺百年不忘初心 遵纪守法践行使命”系列微视频3部，通过“顺义普法”微信微博进行宣传。

（区司法局）

【东杜兰村获颁“全国民主法治示范村”】 7月23日，“高标准创建民主法治示范村 推进法治乡村建设”主题文艺会演在南法信镇举行，市局普治处处长为南法信镇东杜兰村颁发“全国民主法治示范村”牌匾。

（区司法局）

【社区矫正对象个人执行档案电子化项目】 9月1日起，历时4个月，以光明、仁和司法所为试点，逐步对全区25个镇街司法所2003年以来的社区矫正对象个人执行档案进行电子化档案整理录入，坚持做到“一人一档”，确保全区社区矫正档案规范留存。全区25个镇街司法所累计完成电子档案总量4884卷5568册513198页。

（区司法局）

【参加全市安置帮教工作信息管理系统培训】 9月3日，组织全区25个镇街司法所的所长、安置帮教负责人员50余人，参加全市安置帮教工作信息管理系统视频培训会议，确保相关工作人员会用、用好部级系统，配合做好系统培训运行、数据信息录入等相关工作，确保刑满释放人员数据更新及时、信息完备。

（区司法局）

【“法治宣传在身边 创城为民争首善”主题宣传】 9—10月，围绕创城工作，举办“法治宣传在身边 创城为民争首善”主题宣传月暨民法典公交普法专线上线启动仪式，区委全面依法治区委员会守法普法协调小组组长参加启动仪式。推出致创城一封信、法治宣传问卷调查等系列法治宣传活动，实现普法工作满意度99.3%。

（区司法局）

【区长出庭应诉】 11月18日，区长龚宗元作为区政府负责人，线上出庭应诉北京市第四中级人民法院开庭审理的一起行政诉讼案件，区司法局局长作为代理人参与案件开庭。区司法局副局长及相关部门负责人旁听案件审理。

（区司法局）

【“八五”普法启动大会】 11月19日，“八五”普法启动暨“12·4”国家宪法日宣传动员大会召开。区守法普法协调小组组长，区人大常委会党组成员、副主任，区政协党组成员、副主席，区司法局局长、小组副组长，区委宣传部副部长、小组副组长出席会议。区委常委、常务副区长主持会议。全区“谁执法谁普法”普法责任制单位、北京市“七五”普法先进个人200余人线上参会。会议通报表扬北京市“七五”普法先进集体和先进个人，宣读关于成立顺义区“八五”普法讲师团的决定，部署全区“八五”普法工作及“12·4”国家宪法日暨宪法宣传周宣传工作。

（区司法局）

【国家宪法日宪法宣传周活动】 12月4日，按照《关于在全区开展2021年“12·4”国家宪法日暨宪法宣传周系列宣传活动的通知》，以“一条主线两个结合三个聚焦四类重点”为统领，采取“线上+线下”形式开展“青少年宪法知识竞赛”“亮屏行动，宪法点亮顺义生活”“传递法治声音 宪法点亮顺义多媒平台”“构建法治出行方式 宪法点亮顺义绿色出行”等十大宣传活动。

（区司法局）

【基层人民调解组织及调解员备案工作】 12月22日，全区有基层调解组织599个，其中镇（街道）调委会25个，村（社区）调委会574个；基层人民调解员3602人，其中镇街调解员292人、村（社区）调解员3230人、律师调解员80人。

（区司法局）

【矫正业务培训会】 12月28日，区司法局组织开展《关于贯彻落实〈中华人民共和国社区矫正实施办法〉的实施细则》专题视频培训会，社区矫正管理科全体工作人员、各镇街司法所所长、矫正民警、从事矫正业务的司法助理员、矫正协管员90余人参加。

（区司法局）

【行政执法协调监督】 年内，严格落实执法三项制度（行政执法公示制度、行政执法全过程记录制度、重大执法决定法制审核制度），制发《关于规范有关执法工作的通知》，要求各执法机关进一步健全信息发布科室的协调联动工作机制，严格落实行政机关负责人审批制度、重大执法决定法制审核和集体讨论制度。调整完善行政执法公示专栏，制发《行政执法公示检查全清单（第一版）》，督促各执法单位对照清单进行执法公示并开展监督检查。贯彻实施新行政处罚法，组织梳理行政处罚实施主体名录，开展新行政处罚法培训。编写《执法权下放工作手册》《行政执法三项制度工作手册》《司法所法治业务工作手册》《违法建设查处工作手册》《行政执法案卷评查工作手册》，指导基层执法和法治工作。

（区司法局）

【社区矫正管理】 年内，全区在管社区矫正对象374人，电子监管334人，排查确定无社区矫正重点人；刑满释放人员1314人，排查确定无刑满释放重点人。未发生“两类”人员脱管、漏管现象，人员整体情况安全稳定。全区累计开展社会调查和居住地核实375人次，接收社区矫正对象343人，解除261人；累计接收刑满释放人员225人，解除240人。累计给予社区矫正训诫25人次，警告17人次，依法提请撤销缓刑建议4人次。

（区司法局）

【普法与依法治理】 年内，区委、区政府转发《区委宣传部　区司法局关于在全区开展法治宣传教育的第八个五年规划（2021—2025）》，区人大出台《关于开展第八个五年法治宣传教育的决议》，区委全面依法治区委员会守法普法协调小组召开小组会2次，普法依法治理工作会1次，制发红头文件10件，统筹推进全区普法与依法治理工作。压紧压实普法责任制，采取线上线下相结合的方式，通过打造民法典百问百答广播普法栏目、民法典公交普法专线、法治共享单车等平台载体，创新宣传形式，依托法律十进、普法联盟等工作机制，开展各类法治宣传活动600余场。以全国及北京市“民主法治示范村（社区）”创建、复核为导向，以“村居法律明白人”培育为抓手，深入推进基层依法治理。年度法治宣传教育普及率满意率97%以上。累计宣传报道各类司法行政信息723条。

（区司法局）

◈11月29日，区司法局联合区交通局在宪法广场举办“法治引领健康生活　为创城助力　为冬奥喝彩”主题宣传活动（区司法局）

【人民参与和促进法治】 年内，全区有基层人民调解组织599个，基层人民调解员3602人，组织开展矛盾纠纷排查38537次，预防纠纷1341件，调解纠纷5984件，调解成功率98%。完成基层调解组织及调解员备案工作，开展人民调解员培训32场次。完成人民调解员等级评定工作，提升人民调解员队伍的专业化、职业化水平。加强诉调对接，推进诉调对接向镇街人民调解组织延伸试点工作，满足群众法律需求。开展基层法律服务所的检查指导4次，完成全区3家基层法律服务所、13名基层法律服务工作者年度考核工作。

（区司法局）

【公共法律服务】 年内，制订2021年《顺义区司法局提升“七有”“五性”工作方案》，对区公共法律服务中心、25个镇（街）公共法律服务站法律咨询办理情况督导检查，完成“公证性”4项指标任务。现场咨询人次5.72万人次，“12348”电话法律咨询27228人次，满意率99.5%。完成双丰街道马坡花园第二社区、光明街道裕龙六区、空港街道双龙源社区、仁和镇庄头村4个公共法律服务室试点建设任务。组织评估专家对区司法局法律援助案件进行专项评估，抽取法援案卷120件，合格率99.2%。

（区司法局）

【法律援助】 年内，共办理法律援助案件737件，其中民事法律援助案件296件、刑事法律援助案件441件。“12348”热线解答来电咨询27228人次，公共法律服务大厅现场解答来访法律咨询9500余人次，开展认罪认罚相关工作1601人次。

（区司法局）

【律师工作】 年内，办理律师类行政审批事项112件，实地检查律师事务所26家，行政检查全区律师执业行为452人次，律师事务所经营行为检查53次，公证机构经营行为及公证员执业行为6次。“两会”、春节等节假日期间进行安保维稳检查38次，与市场监督管理局联合检查律师事务所30次。落实代理重大敏感和涉黑涉恶案件指导报备2件。举办“乘风破浪的女律师”活动，“《民法典》视角下婚姻家庭制度”“刑事司法实务中相关法律适用问题”等主题讲座。

（区司法局）

【村居法律顾问】 年内，全区开展村居公益法律服务10183次（天），先后举办法律知识讲座1041场，提供法律咨询14499人次，开展现场普法活动1217场，为群众代写法律文书243件，参与纠纷调解11493件，提供法律意见和建议2083个，提供法律援助430件。

（区司法局）

【公证工作】 年内，办理公证4609件。其中国内民事3012件，国内经济513件；涉外民事1011件，涉外经济34件；涉港澳39件。为10个村277人办理劳动力转非自谋职业协议书公证。办理经济案件涉及标的额约190亿元，接待来访人数9800余人，电话咨询11600余个。

（区司法局）

【行政复议】 年内，区政府受理行政复议案件404件，同比下降12.36%。其中审结350件，通过调解、双方和解后终止审理173件，维持101件，撤销具体行政行为28件，确认违法20件，驳回复议申请13件，不予受理1件，责令履职11件。通过撤销、确认违法等方式直接纠错的案件比例17.71%。

（区司法局）

【行政调解】 年内，顺义区行政调解委员会参与拆除违法建设、信息公开、工伤死亡、治安处罚、交通处罚等纠纷调解94件，调解成功58件。各行政调解工作室共调解行政纠纷21263件，调解成功12102件。

（区司法局）

【行政应诉】 年内，办理以区政府为被告的诉讼案件251件，涉及征地补偿安置、信息公开、拆违、工伤认定、行政处罚等10余类行政管理领域。组织相关单位工作人员旁听区法院审理的行政案件1次；邀请区法院法官针对拆违类行政诉讼案件审判实务进行授课，围绕拆违行政案件审判现状、注意事项以及设施农用地上违法建设查处背景等内容进行解读，提高行政机关工作人员依法行政水平。2位区领导作为区政府负责人出庭应诉2起行政诉讼案件。

（区司法局）

劳动仲裁

【劳动保障】 年内，深入宣传《保障农民工工资支付条例》《工程建设领域农民工工资保证金规定》，提前完成“每月一题”建筑企业“五项核心制度”覆盖率指标，开展6项劳动用工专项执法检查，落实根治欠薪冬季专项行动要求，联动处置讨薪突发事件83起，处理各类劳动纠纷类线索11310件，完成重大活动和节日期间服务保障工作。履行行业安全监管责任，针对消防设备、电气线路、电动自行车停放充电等情况开展督导检查，消除各类隐患534处，监管行业全年未发生安全事故。

（区人力社保局）

【劳动人事争议】 年内，加强基层调解组织建设，优化争议多元处理机制，提升劳动争议处理效能。在“两区”（国家服务业扩大开放综合示范区、北京自由贸易试验区）建设领域新增4家基层调解组织，另有1家入选北京市第一批金牌劳动人事争议调解组织。仲裁立案大厅进驻区司法局法律援助窗口和区工会劳动争议调解中心，提供“法律咨询+案前调解+仲裁立案”一站式服务，助推“双减”

工作，“快立、快办、快结”教育培训领域争议案件，处理劳动争议案件13058件，结案率99.2%，调解率64.3%，案件终结率71.7%。仲裁院党总支获评“北京市先进基层党组织”称号。

（区人力社保局）

【劳动用工管理】 年内，引导企业依法规范劳动用工行为，全面提高劳动合同履行质量，加强企业工资宏观调控管理，开展薪酬调查，发布物流业、汽车及零部件制造业、建筑业、技术服务业、批发和零售业行业工资指导线及工资指导价位，为企业合理确定工资涨幅提供参考。健全劳动用工风险监测预警机制，密切关注“双减”机构、转型调整等企业用工动向，发现裁减员隐患第一时间指导企业通过协商方式解决，避免劳动用工突发性事件。响应“培育助推和谐劳动关系企业共同行动”要求，联合区总工会等部门，为北京江河幕墙系统工程有限公司等4家企业进行“法治体检”，全面提高企业法律意识及劳动用工管理水平。

（区人力社保局）

军事

人民武装

【概况】 年内，区人武部党委深入贯彻习近平强军思想和新时代军事战略方针，以实际行动落实习近平视察卫戍区重要讲话精神，团结带领全部人员锚定战斗力标准，认真履行“五部”职能（应急应战的指挥部、地方党委的军事部、后备力量的建设部、同级政府的兵役部、军民融合的协调部），狠抓正规化建设，推动全区国防后备力量建设高质量发展，单位建设呈现出真管真严、提质增效、转型升级的态势，依靠党建促业务、依托业务抓党建的局面初步形成。

（区人武部）

【深化理论武装】 年内，用习近平新时代中国特色社会主义思想和习近平强军思想铸魂育人，按照“一分三定”要求，组织武装系统和民兵队伍认真学习党的十九届五中全会新部署和六中全会新精神、建党百年新征程、建军百年新目标、强军布局新调整等重点内容，参加“北卫大讲堂”和理论研讨班，部领导带头上党课，推动党的创新理论武装走深走实、入脑入心，《伟大事业是在解决问题中推进的》一文，被军委政治工作部评为全军政治理论研究优秀成果三等奖。

（区人武部）

【思想政治教育】 年内，认真贯彻全军思想政治教育工作会议精神，根据本年度大项教育多、标准要求高、任务叠加重等实际，注重在“统”字上下功夫，既抓课堂教育，又抓参观见学。针对所属人员和专武干部、民兵队伍的活思想，坚持突出党史学习教育，组织开展“两优一先”遴选推荐和评选表彰，定期组织观看《党史故事100讲》，采取授课辅导、要点导读、研讨交流等形式，巩固深化“不忘初心、牢记使命”和“传承红色基因、担当强军重任”两项主题教育，用好《首都民兵忠于党》等基本教材，利用整组点验、集中训练和成建制执行任务等时机常态灌输，全年组织开展集中教育34次。“七一”前夕组织全区专武干部和区人武部全体人员，赴双清别墅和香山革命纪念馆参观见学，重温入党誓词，做法被《中国国防报》报道。在“弘扬优良传统、整顿作风纪律”学习教育活动中贯彻整风精神，深入开展谈心知心交心活动，跟进做好疏导解难工作（全年看望慰问7人次）。为北京市国防动员系统讲授《民兵政治工作的组织与实施》，受到卫戍区首长表扬。

（区人武部）

【党的建设】 年内，严格落实党管武装各项制度，结合检查民兵整组，对各镇（街道）党管武装工作进行调研，推进将民兵建设纳入政府绩效考评体系。认真学习贯彻《军队党的建设条例》《军队政治工作条例》《军队党委（支部）工作规定》。“八一”前夕，组织顺义区“五套班子”到66055部队支援保障团过军事日。

（区人武部）

【全区专武干部队伍建设】 年内，按照“会指挥、会管理、会教育、会组织训练”的要求，依据京发〔2013〕2号等文件规定，结合乡镇换届工作，协调区委组织部抓基层武装部长队伍建设，提升使用2人，平职交流3人，调整9人，新配基层武装部长15人。10月，组织专武干部学习培训，参加卫戍区组织的专武干部集训暨专武干部资格认证。

（区人武部）

【协调抓好全区防汛工作】 年内，协调驻区部队和区应急局、区水务局等部门，召开防汛任务部署会，现地勘察防汛险工险段，编发《顺义区抗洪抢险应知应会知识手册》。

（区人武部）

【民兵训练与考核】 年内，按照卫戍区党委统一部署，于5—6月，先后组织民兵应急专业教练员集训1期、民兵分队轮训2期，来自全市112名教练员和来自8个区571名民兵，完成防暴维稳、抗洪抢险、灭火救灾3个模块的训练；制作《新时代首都民兵风采——2021年北京市民兵应急专业教练员集训暨分队轮训纪实》。完成冬季适应性训练、首长机关自训和基层专武干部集训、轻武器实弹射击等训练。

（区人武部）

【组织民兵参加遂行非战争军事任务】 全国“两会”和庆祝建党100周年期间，全区动用民兵560余人次，协助公安民警检查进京车辆33.7万余辆、进京人员42.5万余人，查控上访人员19名、吸毒人员2名。

（区人武部）

【民兵整组】 年内，着眼构建现代警卫体系需求，坚持向编组要战斗力，继续按照“摸清底数定单位、依托装备编力量、结合岗位定骨干”的思路，区分3个阶段8个步骤推进民兵整组。组织部分民兵参加首都民兵比武竞赛活动，北汽越野民兵应急抢修班、中科星图民兵信息保障分队参加北京市民兵建设成果展示。

（区人武部）

【基层人武部正规化建设】 年内，贯彻卫戍区人武部正规化建设推进会精神，做好进驻新办公楼前的各项准备工作（2020年度协调区委、区政府将区人力社保局原办公区调整给区人武部使用），部署调整的请示件报卫戍区。持续抓好全区“不忘初心、牢记使命”主题教育暨深化民兵调整改革工作推进会精神的贯彻落实，紧盯下拨350万元经费的使用管理情况，指导仁和镇、李遂镇累计投入经费276万余元，用于民兵营（连）部、应急器材库和“青年民兵之家”建设。

（区人武部）

【军队停偿】 年内，协调做好军队有关项目停止有偿服务后的委托管理、权益维护、日常监管等工作，组织召开由区政府主要领导参加的驻顺部队移交军队资产管理公司资产2021年遗留问题处置工作推进会，专题研究解决工作中遇到的困难、矛盾和问题。全区有遗留问题20个，解决10个，暂列全市各区第一名。

（区人武部）

【拥军优属】 2020—2021年，共协调安置复转军人376名、家属随军294名、子女入托入学122名，为66055部队协调5700余万元用于战备建设和营院维修，为原预备役二团和原66055部队炮兵团协调2000余万元用于生活设施和训练场改造，协调区委、区政府每年拿出2000万元专项经费用于解决驻顺部队实际问题。帮助66055部队等驻区部队协调地方政府，做好老干部移交过程中遇到的矛盾问题。

（区人武部）

【拥政爱民】 年内，驻区部队采取“一助一”“一助多”和“多助一”的形式，参加抢险救灾、植树造林、义务献血、重大活动安保执勤等任务。以区双拥办名义下发通知，倡议督导驻顺部队参与创建全国文明城区工作，被《中国国防报》报道。

（区人武部）

【征兵工作】 年内，设立区廉洁征兵监督举报电话，重新统计区和镇（街）廉洁征兵监督员信息，在向每一名上站体检青年发放廉洁征兵监督卡的基础上，进一步健全廉洁征兵“零报告”制度。做到严把关口、严格监督、严守底线，对体格检查、政治考核、学历审查等重要环节，加强监督检查，坚持择优定兵、集体定兵，切实做到合格有理、淘汰有据、廉洁征兵。超额完成北京市征兵任务，做到零退兵。

（区人武部）

【各类人员政治考核】 年内，先后组织核心涉密人员、密码工作人员、重要岗位人员、民兵执勤人员进行专项考核和定期考核621人次。

（区人武部）

人民防空

【概况】 年内，全区人防工作围绕庆祝中国共产党成立100周年这条主线，坚持以深入贯彻落实党的十九大，十九届三中、四中、五中、六中全会精神和习近平新时代中国特色社会主义思想为指导，结合党史学习教育，进一步强化组织领导，细化责任落实，切实扛起人防事业从严治党主体责任，全力做好应急保障、警报试鸣、人防建设审批、人防工程安全管理、人防法治宣传教育等重点工作，始终把“以人为本、人防为民”作为服务宗旨，着力促进人防建设发展再上新台阶。

（区人防办）

【人防通信与应急保障】 年内，按照《北京市人防系统2021年度通信业务日常训练实施方案》，进行视频会议联调70次，视频会议保障20次，800兆集群通信7次，参加短波通信、海事卫星电话、北斗通信、IP调度电话等训练科目各10次；按照《京津冀人防无线通信网协同训练实施计划》要求，开展训练2次。工作人员参加市人防办短波通信系统培训3天，参加全市人防指挥通信车驻训5天。完成区内1处防空袭高点建设项目。应急移动指挥车备勤122天，参与市应急局卫星通信联调测试7次。

（区人防办）

【人防基础设施建设】 年内，李遂镇、牛栏山镇、赵全营镇人防四级指挥平台工作建设完成。完成北石槽镇、大孙各庄镇四级指挥平台基础数据调研工作。确定区内1处军训基地为全区人防疏散地域并悬挂标识牌。

（区人防办）

【防空袭警报】 年内，巡检区属防空袭警报器3次。完成全民国防教育日防空警报试鸣工作，全区警报器鸣响率100%，统控率100%。

（区人防办）

【社区人防建设】 年内，在6个街道3个镇选取26个社区开展社区人防建设工作。配置安装20个人防应急亭，应急亭内配置灭火毯、防毒面具、多功能应急钳等物品19种。为12个社区设置人防宣传栏。在3个社区开展防空防灾知识宣教培训活动，受众90人次。成立社区人防组织，每个社区组建人防志愿者队伍，并为志愿者队伍配置手摇警报器、头顶灯等7类物资。

（区人防办）

【人防知识进校园】 年内，多次开展人防知识进校园活动。在牛栏山第二小学安全教室，通过观看实物模型、多媒体互动答题、实际摇动手摇警报器等形式，进行人防知识教育。在顺义十二中，采取小班授课的形式，对1100名学生、149名教师开展人防知识教育。“全民国防教育日”宣传周期间，分别在空港第二小学等4所学校，开展人防知识宣教进校园活动，受教育师生3152人。

（区人防办）

◆9月14日，区人防办在顺义空港二小开展人防知识宣教进校园活动（拍摄者：张文海）

【人防宣传教育活动】 年内，在空港街道万科城市花园人防宣教场所组织开展人防知识、消防知识、党建知识、社工知识和乒乓球比赛等宣教活动40余场，1200余人参与。在光明街道滨河第一社区人防宣教场所组织开展人防知识教育、党史教育、音乐培训和手机摄影等宣教活动60余场，2000余人参与。更换10个公园和33个社区人防宣传栏版面61块。投资10万余元制作人防宣传品，在各类活动中发放。

（区人防办）

【行政执法】 年内，坚持严格规范公正文明执法，推行行政执法三项制度，在执法公示板块公示执法检查计划、执法统计年报、行政检查结果、行政处罚结果等动态信息。实施行政检查571件，完成行政处罚案卷4件。完成市、区两级行政执法案卷评查工作，成绩优秀。

（区人防办）

【“疏解整治促提升”地下空间专项行动】 年内，牵头推进地下空间专项行动，对机场周边“五镇两区一街道”人防工程进行消防安全隐患排查152处次，实现隐患动态清零，保持全区人防工程违规住人动态清零。

（区人防办）

【人防工程平时开发利用】 年内，牵头开展未启用人防汽车库利用工作，成立工作专班，坚持“一事一议”，充分利用“镇街吹哨、部门报到”机制，启用天裕昕园、牡丹苑等9个小区人防汽车库，提供人防停车位2568个，面积71870.37平方米，惠及天竺镇、后沙峪镇、双丰街道等7个属地居民。

（区人防办）

◆8月3日，石园街道和悦居小区人防汽车库启用（拍摄者：侯松）

【人防工程应急保障】 年内，完成中国共产党成立100周年、全国“两会”、十九届六中全会等重大活动及节假日应急服务保障任务，实现全区人防工程安全稳定无事故目标。开展北京冬奥会和冬残奥会风险辨识、风险评估及风险管控工作，防范化解风险点位6处。

（区人防办）

【人防工程安全管理】 年内，推进人防工程安全管理各项基础工作。开展人防工程安全检查584次、领导带队检查26次、联合检查8次，出动900余人次，消除隐患124处。组织签订防汛责任书200余份，开展演练70次，排查重点工程160处、早期工程6处，消除汛期安全隐患17处，实现全区人防工程安全度汛。开展可燃物清理、冬春季火灾防控等防范工作，同步做好电动自行车、瓶装液化石油气、大型储能电站、百日安全专项检查，全年全区人防工程未发生消防安全事故。落实《北京市安全生产专项整治三年行动计划》，25处挂账隐患全部销账，销账率100%，完成年度任务指标。落实安全生产责任，健全各项制度，党组每季度召开安全生产例会分析研究安全形势，开展线上安管培训2次，参训单位300余家，参训人员600余人，发放安全生产知识手册500份。

（区人防办）

【结建工程监督检查】 年内，做好人防工程建设项目质量监督管理工作。按照市人防工程监督管理办法要求，加强人防工程施工过程事中、事后监管。针对项目特点制订监督计划和方案，对技术交底、重点部位、重要节点的钢筋绑扎、密闭套管预留、门框和吊钩预埋、结构施工、竣工验收等工序进行监督检查，共质监在施项目38个，确保顺义区人防工程依法、依规建设。配合市人防质量监督站，完成25个历史遗留问题项目竣工验收和备案工作。

（区人防办）

【人防工程维护维修】 年内，根据《关于做好2021年人防工程维护管理工作的通知》，对部分人防工程的防护和防化设备设施进行维护、维修。按照规定对维修项目费用进行财政预算评审，通过公开招标选定监理和施工单位。完成施工任务并按照结算评审金额支付工程款。

（区人防办）

【“放管服”改革】 年内，顺义区全面开展“多规合一”协同平台建设项目修建人民防空防护工程标准审查工作，本年度许可建设项目38个，缓缴易地建设项目15个。

（区人防办）

临空经济

北京天竺综合保税区

【概况】 年内，天竺综保区坚持以习近平新时代中国特色社会主义思想为指导，深入落实党的十九大和十九届历次全会精神，认真学习领会习近平总书记对北京一系列重要讲话精神，着眼“十四五”开好局、起好步和以优异成绩庆祝建党百年，履行全面从严治党主体责任，统筹推进疫情防控和园区发展，守住首都国际机场货运口岸疫情防控防线，紧抓“两区”建设契机全力推动改革创新升级，各项工作取得成效，建设首都对外开放新高地迈出坚实步伐。

（天竺综保区）

【规划建设加速推进】 3月，天竺综保区规划调整范围一期地块（0.46平方千米）的基础设施和围网监管设施通过北京海关、市发展和改革委员会、市财政局、市规划和自然资源委员会、市商务局等多部门联合验收组验收。截至年底，规划调整范围二期围网建设完成工程量的65%，各项任务进展顺利。

（天竺综保区）

【跨境贸易便利化标准化试点】 3月，“北京天竺综合保税区跨境贸易便利化标准化试点”国家级项目报批成功。项目是第七批国家级96项社会管理和公共服务综合标准化试点之一，建设周期2年。依托天竺综保区口岸和保税功能，围绕药品器械通关进口全流程搭建跨境贸易（药品器械）通关便利化标准体系，制定并实施“一站式服务平台”和“一次报关多次通关”、通关抽检、库门管理、库位监管、口岸管理等重点标准。

（天竺综保区）

【国家外贸转型升级基地（医疗健康）获批】 7月，天竺综保区获商务部批复国家外贸转型升级基地（医疗健康），为全市第3家国家外贸转型升级基地，也是全国首个医疗健康领域基地。

（天竺综保区）

【园区经济运行】 年内，园区企业实现营业收入778.2亿元，同比增长25.1%，自2019年推进创新升级以来，3年平均增长（本段下同）37.7%；实现进出口总值855.6亿元，同比增长37.6%，3年平均增长23.7%；完成属地税收23.9亿元，同比增长22.1%，3年平均增长21.4%；保障首都机场货运口岸安全运营，服务全市95%以上的空运进出口货物高效通关。

（天竺综保区）

【“两区”建设深入开展】 年内，园区持续推进政策功能创新，形成全国推广案例一项、全市推广案例两项，新实现政策功能创新四项。纳入“两区”建设重点项目70个，落地45个，其余项目有序推进中。《关于全面提升北京天竺综合保税区开放发展水平的落实措施》印发，以“走在全国综保区发展前列”和打造“两区建设主阵地”为总体方向，加快推进改革创新升级发展。

（天竺综保区）

【“两区”建设流动工作站设立】 年内，区法院、区商务局、区工商联、北京天竺综合保税区管理委员会联合设立天竺综保区“两区”建设流动工作站，实现涉“两区”建设矛盾纠纷联动化解，服务保障顺义区“两区”建设工作。

（天竺综保区）

【文物艺术品保税贸易全产业链体系】 年内，发展文物艺术品保税贸易功能，重点支持国际文物交流和国际艺术品保税贸易平台建设，打造国际文物与艺术品保税贸易全产业链服务支撑体系。设立首家知识产权研究院，首次在天竺综保区举办国际文物艺术品博览会，促进海外文物回流。持续推动建设全球集货平台，聚合全球文化艺术品贸易企业，在综保区“保税、免税、免证”功能基础上，创新开展保税展示、贸易等业务。

（天竺综保区）

【新冠肺炎疫情防控】 年内，建立属地、行业部门、监管部门、企业和疾控中心的“4+1”疫情联控机制，压实四方责任；组建“1办6组8网格”疫情防控决策落实体系，严格开展环境监测、疫情消杀、核酸检测、疫苗接种等措施，并把疫情防控范围覆盖到口岸服务人员家属，织密织牢疫情防控网，严防境外疫情输入。开展冬奥主物流中心进境货物防疫实战，全力做好环境消杀、核酸检测和防疫物资保障等工作。切实落实"一岗双责"，防范重特大事故，确保园区安全平稳运营，"第一国门"万无一失。

（天竺综保区）

北京临空经济核心区

【概况】 年内，依托由临空核心区工作人员组成的全覆盖网格小组，逐一与实际占地企业联系对接，了解企业情况、相关诉求，推送相关政策。对生产经营在园区的央企、国企分支机构加大政策宣传力度，争取更多区外企业迁转至园区，不断拓宽园区税收增长点。先后引进中国铁工投资建设集团有限公司、中交第四公路工程局有限公司、民航快递有限责任公司、北京空港嘉华供应链管理有限公司、北京保利星数据光盘有限公司等81家异地迁入企业。多次召开首都机场集团对接会，就制定双方对接机制、围绕向市领导汇报的相关情况及物业产权证存在问题、顺义区服务保障事项、双方合作等事项进行对接。实施HICOOL峰会沿线及重点点位环境提升工程。接收12345便民电话14件，均妥善办结。临空核心区实现属地税收85.79亿元，同比下降1.6%；一般公共预算收入22.13亿元，同比下降1.7%。

（临空核心区）

◆年内，多次召开顺义区与首都机场集团工作座谈会（临空核心区）

【《建立与首都机场集团中国航空集团工作对接机制的方案》印发】 3月26日，《建立与首都机场集团中国航空集团工作对接机制的方案》印发。

（临空核心区）

【专题报告会】 4月29日，组织召开"学党史 抓两区 践行动——推动首都国际机场世界级航空枢纽建设"专题报告会，围绕"首都国际机场世界级航空枢纽建设"这一主题，由民航华北管理局党委书记专题授课。讲解世界级航空枢纽的内涵，航空枢纽类型、规律、利弊，第五航权等内容；总结梳理纳入北京自贸试验区国际商务服务片区以来，首都机场临空经济示范区的建设成果。

（临空核心区）

【入区企业职工疫苗接种服务】 4月，临空核心区对接企业需求，协调周边镇（街）5个接种点，采取按需送服务的方式，对生产压力重的企业，优化时间安排，减少排队等候时间；为有需求的企业协调车辆分批接送企业员工，对于工作性质特殊不易安排倒班的企业，联系区卫健委，安排上门接种。

（临空核心区）

【北京市首个航空货运产业扶持政策出台】 6月23日，经区委、区政府批准，临空核心区正式发布北京市首个航空货运产业扶持政策——《促进顺义区航空货运发展的若干措施》（顺政办发〔2021〕6号）。

（临空核心区）

【扩大第五航权】 6月28日，首都机场"大阪—北京首都—大阪—安克雷奇"航线正式开通。

（临空核心区）

◆年内，"大阪—北京首都—大阪—安克雷奇"航班在机坪载货（临空核心区）

【中国科学院工程热物理研究所项目签约】 6月30日，中国科学院工程热物理研究所项目正式签约临空核心区建设研究所顺义新址，按照科研和教育功能划分为科研区和教学区。

（临空核心区）

【颁发“光荣在党50年”纪念奖章】 7月7日，临空核心区工委副书记先后走访退休党员金松汀、刘捷音，为他们颁发“光荣在党50年”纪念奖章。

（临空核心区）

【国际检验检测互认助力贸易便利化论坛举办】 7月26日，国际检验检测互认助力贸易便利化论坛在临空核心区举办。论坛由中国检验检测学会与中国合格评定国家认可委员会（CNAS）、中国进出境生物安全研究会、北京市顺义区人民政府等联合承办。论坛为第二十三届中国科协年会“迈出科创中国新步伐”专题活动之一，邀请专家学者，国内外检测机构、省市出入境及市场监管等政府部门代表参会。围绕检验检测及标准化如何助力自贸区建设和贸易便利化开展交流讨论，分享服务贸易领域国际互认的成果与经验，讨论外贸发展的新路径与新方法。

（临空核心区）

【园区企业上市】 7月30日，临空核心区企业正元地理信息集团股份有限公司（股票简称“正元地信”，股票代码688509）在上海证券交易所上市，为区内第3家科创板上市企业。

（临空核心区）

【重启核酸检测采样点】 8月5日，首航国际核酸检测采样点重新启动，定期对机场周边从业人员进行核酸检测采样。

（临空核心区）

【第三届“空中丝绸之路”国际合作峰会】 9月5—6日，由商务部中国国际经济技术交流中心、中国民用航空局国际合作服务中心、临空核心区联合主办的第三届“空中丝绸之路”国际合作峰会在北京国家会议中心举行。本次峰会以“空中丝路引领临空经济高水平开放”为主题，研究新格局下的“空中丝绸之路”发展思路、“双循环”背景下聚集国际要素提升航空服务贸易水平、“空中丝路”创新示范区建设路径、智慧民航发展等内容。会上，临空经济核心区管委会分别与中国民用航空局国际合作服务中心，中华职业教育社签署战略合作协议，“空中丝路 国门工匠人才培养基地”正式揭牌。同时论坛发布《中国临空经济发展指数2021》《中国航空物流枢纽发展指数2021》。本次峰会吸引300家单位1000余人次现场参会。同时通过服贸会官网进行线上直播，直播收看人数512794人次，新闻播报及转载信息篇数600余篇。

（临空核心区）

◆9月5—6日，第三届“空中丝绸之路”国际合作峰会举办（临空核心区）

【航空安全实验基地项目落地临空经济核心区】 10月，航空安全实验基地项目正式运营。项目由中国民航科学技术研究院承接建设，位于临空核心区国门片区6007地块，占地面积1.2公顷（18亩），投资6亿元。

（临空核心区）

【网络安全进园区】 10月，临空核心区开展国家网络安全宣传周活动，制订宣传方案，制作海报折页，组织人员参与网络安全知识和防护意识线上答题活动，累计发放海报400余张，折页300余份，辖区内700余家企业参加。

（临空核心区）

【博世4.0创新中心项目落地临空经济核心区】 12月，博世4.0创新中心项目完成团队人员入驻及项目主要装修工作。项目由临空核心区与博世汽车部件（苏州）有限公司、博思智科技术（北京）有限公司合作签约，主要围绕工业 4.0 展示中心、技术中心、培训中心、方案中心等方面开展合作。

（临空核心区）

【优我宝项目落地临空核心区】 12 月 11 日，优我宝项目正式营业。项目在临空核心区盈创公司老旧厂房内选址 4000 平方米，打造以青少年成长中心、体育中心、体能拓展中心及亲子文创等核心产品为主的文体空间。

（临空核心区）

【北京中德产业合作发展论坛举办】 12 月 23 日，由顺义区人民政府、中国德国商会共同主办的 2021 北京中德产业合作发展论坛在临空核心区举办。论坛在德国柏林、慕尼黑和法兰克福设立分会场，并通过各类平台进行全球直播。市委常委、副市长以视频方式为论坛致辞，国家发展和改革委国际司副司长等委办局有关领导，区委书记高朋，区委副书记、区长龚宗元，中国国际投资促进中心、中欧国际交易所、德国联邦外贸与投资署、德国各州驻华联络处等 300 余家德企及协会机构代表以“线上 + 线下”方式参加论坛。论坛以“高水平开放推动高质量发展”为主题，围绕中德经济技术合作、中德发展新动能、中德产业园规划建设等内容开展演讲与推介。现场举办北京中德产业园开园仪式、北京中德产业园知识产权巡回审判庭揭牌仪式，重点项目集中签约。

（临空核心区）

◆12 月 23 日，2021 北京中德产业合作发展论坛在临空核心区举办（临空核心区）

【中科星图股份有限公司多项专利获奖】 年内，中科星图股份有限公司于 2020 年度完成的“一种星载 InSAR 定位解析算法”发明专利被北京市总工会评为 2020 年首都职工自主创新成果一等奖。“基于遥感图像的地物识别及覆盖率计算方法及系统”发明专利获二等奖。“基于 WebGL 的摄影数据调度方法及系统”发明专利获三等奖。

（临空核心区）

【招商引资】 年内，临空核心区引入注册企业 145 家，累计注册资本 165.67 亿元，其中中色资源环境工程股份有限公司、安联保险资产管理有限公司、北京平昭路桥投资基金合伙企业（有限合伙）等注册资金亿元以上企业 15 家，北京星汉博纳医药科技有限公司、非凡中工程设计研究院（北京）有限公司等注册资金 1000 万元至亿元企业 55 家。

（临空核心区）

【利用“天眼查”平台管理园区企业】 年内，定期通过“天眼查”数据监控平台查看企业经营状态，及时了解企业是否有变更、注销、吊销及列入异常等情况，尤其做好企业外迁监控和预警工作，挽留中亿企达（北京）管理咨询有限公司、北京新月百达贸易有限公司等多家拟迁出企业。

（临空核心区）

【园区库房经营状况核查】 年内，临空核心区逐一摸排和实地走访相关企业，对企业库房使用情况进行督查。有 2000 平方米以上库房企业 50 家，其中未注册纳税企业 16 家、已注册纳税企业 34 家。通过引导相关库房企业迁入顺义区或在区内设立分支机构，切实留住税收，确保在顺占库企业在区内产生经济贡献。

（临空核心区）

【供电维护的年度轮换完成】 年内，签订《临空核心区供电维护政府购买服务项目》新一轮维护合同，同时完成老合同的验收工作。

（临空核心区）

【为 2 家企业出具污水接入证明】 年内，收到 3 家入区企业申请办理污水接入证明，经征询各相关科室意见及查看现场，其中 2 家企业符合要求，及时为企业办理污水接入证明。

（临空核心区）

【易生科技项目落地临空核心区】 年内，易生科技整体租赁北京乐金飞利浦有限公司原闲置厂房，投资建设易生科技（北京）有限公司新项目。项目位于临空核心区内天柱西路甲12号，占地面积2公顷（30亩），建筑面积9218平方米，用于建设医疗器械研发、生产及销售总部，满足现有心脏支架项目扩大产能及新引进导丝和预扩球囊等项目使用。

（临空核心区）

空港建设管理服务

【概况】 年内，北京空港建设管理服务中心坚持以习近平新时代中国特色社会主义思想为指导，围绕北京市“四个中心”功能建设，落实区委、区政府各项决策部署，不断提高“四个服务”（为中央党、政、军领导机关的工作服务，为国家的国际交往服务，为科技和教育发展服务，为改善人民群众生活服务）水平，为服务区域高质量发展贡献力量。

（北京空港建设管理服务中心）

【机场汛期安全保障】 年内，空港中心作为首都机场外围排水保障分指挥部牵头部门，完成机场外围防汛任务。汛前，查勘重点部位、建立工作机制、召开专题会议，强化分工，明确任务。主汛期，保持与首都机场防汛办的通信畅通与信息共享，及时关注小中河、机场公三泵站、温榆河、机场雨水调节池、机场外围各排水沟渠等重点部位的排水情况，与分指挥部各成员单位合作，应对多次强降雨过程，确保首都机场安全度汛。

（北京空港建设管理服务中心）

【冬奥会、冬残奥会服务保障】 年内，加强与市礼宾机场协调保障组成员单位对接，每月梳理汇总形成工作进展情况上报市礼宾保障组。保持与冬奥机场运行团队的沟通，了解机场运行团队业务办公区和闭环管理保障需求，落实团队业务办公区选址及服务保障等工作，配合区内相关部门协调推进机场运行团队闭环管理工作和机场交通场站服务保障工作。

（北京空港建设管理服务中心）

◆8月30日，空港中心相关工作人员与冬奥机场运行团队负责人召开冬奥服务保障工作对接会（北京空港建设管理服务中心）

【服务保障梧桐人才品质出行】 年内，根据区人才工作领导小组要求，空港中心配合区总部人才中心完成顺义区“梧桐工程”高层次人才、HICOOL人才相关政策方案的研究制订，方便高层次人才往来首都机场出行。

（北京空港建设管理服务中心）

【樱花园小区周边维稳】 年内，承担顺义区解决樱花园小区飞机噪声影响问题工作领导小组运行任务，对于未选择置换的居民，继续会同相关部门做好樱花园小区隔声窗持续性维修维护工作、调整飞行时间、优化飞机航线等措施。时刻关注小区动态，加强属地和首都机场的协调联动，保障首都机场的安全运营。

（北京空港建设管理服务中心）

北京综合保税区开发管理有限公司

【概况】 北京综合保税区开发管理有限公司前身为北京综合保税区开发管理中心，注册资本4.8亿元，其中区国资委出资37.5%，区国资中心出资62.5%，是国资委一级监管企业，同时受北京天竺综保区管委会管理。综保区开发公司始终坚守“服务综保区，服务入区企业”的宗旨，服务顺义区、北京天竺综保区高质量发展。

（综保区开发）

【口岸查验业务】 年内，综保区开发公司根据海关查验业务的调整，海关查验中心增加进口货物核酸检测项目，适当提高进口货物仓储费用和货物操作费用。与易客满物流公司、联邦快递、顺丰公司洽谈合作，使得业务停滞9个月余的跨境电商海关公共监管库在10月重启运营。各项常规查验业务收入同比增长48.1%。

（综保区开发）

【跨境电商体验中心发展】 年内，综保区开发公司打造跨境贸易电子商务平台，建设一体化服务平台，与东方天旭（北京）国际供应链管理有限公司深化合作，共同推动跨境电商业务发展。综保区开发公司发布《租金补贴企业考核办法》，通过联合考察打分评级，加强精细化管理，引进更符合天竺综保区发展定位、具有发展潜力的企业。跨境电商体验中心入驻企业34家。

（综保区开发）

【园区服务保障】 年内，在做好检查演练、宣传培训等常规工作基础上，完成中国共产党成立100周年服务保障任务，开展消防、环境清洁、信访维稳等重点工作，出动670车次、138人次。筑牢汛期安全防线。聚焦综保区道路沿线等重点区域，启动应急预案，落实值班值守、及时疏通等防汛措施，出动44车次、221人次。

（综保区开发）

【疫情防控】 年内，加强进口货物及快递物流防疫，专题研究有关工作，加强全环节、全措施管控，完善追溯系统，严格落实物品和环境消杀等措施，加强对口岸、物流公司的监督检查。支援综保区核酸检测大规模筛查工作20余次，选派职工下沉社区支援防疫工作，出动500余人次。持续加强常态化防控措施，加强重点人群排查管控，严格落实人员扫码测温登记等措施。

（综保区开发）

【文明城区创建】 年内，通过微信工作群、海报、宣讲会等方式，向全体职工宣传创城精神，引导文明行动。响应上级号召，参与“新时代文明实践周”活动，党员干部带头、全员参与，177人次下沉一线，协助空港街道做好秩序维护、文明宣传、疫情防控等工作。

（综保区开发）

北京空港经济开发有限公司

【概况】 年内，北京空港经济开发有限公司深化企业改革，推动企业转型升级。公司所属控股、分、子公司50家，主营业务包括经营区域产业物业的持有收购、产业服务、产业投融资（临空经济）、招商引资等。控股公司空港股份是国内唯一一家临空型园区类上市公司。全年承办诉求1611件，全部结办完成，群众满意率90.45%。设立党员先锋岗，轮流坚守防疫第一线，160人投入6个镇、19个社区参与疫情防控。空港开发公司获评“首都文明单位”。

（北京空港经济开发有限公司）

【低温雪天应急保障】 11月7日，领导干部带队检查，对责任公司部署入冬服务保障工作。11月8日凌晨，空港开发组织各方扫雪铲冰，保障重点区域安全出行，及时清扫城市主道、背街小巷、服务项目、社区的道路积雪。撒布融雪剂300吨，出动撒布机20余辆，除雪滚、清扫车等设备30余台，2500余人参与扫雪铲冰应急任务。做好低温天气供热保障，确保设施高效运行，合理调整供热用气负荷，开通24小时报修、抢修平台，完成供热问题抢修3件。

（北京空港经济开发有限公司）

【土地入市快速推进】 年内，赵全营镇SY04-0100-6006-1-2地块2.37公顷土地（35.6亩）完成入市摘牌。对接区级重点项目——中国科学院工程热物理研究所，意向地块国门SY00-0029-6009地块4.65公顷土地（69.8亩）开展规划方案评审，国门SY00-0029-6014地块5.7公顷土地（85.5亩）开展调规工作。北小营30-27、30-28地块18.33公顷土地（275亩）意向客户腾讯数字经济产业基地项目签订入区协议。木林一期17.47公顷（262亩）地块土储决定收储，开展审计工作。

（北京空港经济开发有限公司）

【招商引资】 年内，北京华氏康源医药科技有限公司入驻空港股份6353平方米多功能厂房。引进嘉实敦豪金融智慧物流园项目，通过《顺义区产业项目全要素综合评价》，物流A地块12.24公顷土地（186.3亩）遗留户拆迁工作加紧推进。针对综保区剩余2.5万平方米厂房、空港研发创新园B区项目（2.4万平方米）、村田地块（3.3万平方米）等项目，储备中检国控科技集团有限公司、北京韩美药品有限公司等多个意向项目。

（北京空港经济开发有限公司）

【在施项目建设进展】 年内，总开复工面积90万平方米，中德大厦项目完成施工、装修、消防验收工作；国门公租房项目完成主体结构封顶；综保区整车进口项目竣工，准备开展竣工验收；电子城空港项目一期完成竣工验收、取得房产证，交付使用在即；空港研发创新园B区项目完工在即。

（北京空港经济开发有限公司）

【历史遗留问题化解】 年内，梳理、确定公司历史遗留问题86项，上账督查60项，制订解决方案，定期开展督查考核。针对原国门商务区土地开发未回收资金、偿还贷款利息，未回收市政建设投资欠款等问题，开展内部调研，多次征求区领导、相关职能部门意见，提出问题解决思路、路径，呈报区主要领导。接洽三代半导体重点项目，力争促成其购买国门七期土地，解决土地遗留问题。

（北京空港经济开发有限公司）

【安全生产】 年内，开展安全专项检查280余家次，完善安全管理制度400余项，督促整改安全隐患290余项，组织宣传培训活动14次、2300人次参与。投入安全专项资金建立安全巡查平台，实现安全生产动态远程监管。

（北京空港经济开发有限公司）

【我为群众办实事】 年内，下属北京天利动力供热有限公司完成空港B区安庆大街（裕安路—裕华路）路段老旧供热管网DN400热水供热管道全长1520米（供回水）的更换工作，涉及面积约20万平方米企业、约54万平方米居民（约4200户居民）供热。北京天竺空港物业管理有限公司对吉祥花园、观林阁、莲竹花园小区内树木，开展美国白蛾配药消杀。

（北京空港经济开发有限公司）

◆年内，下属北京天利动力供热有限公司完成空港B区安庆大街（裕安路—裕华路）路段老旧供热管网供热管道更换（北京空港经济开发有限公司）

【创城助力】 年内，完成“顺义创城有我”微信小程序推广注册3712人。开展疫情防控、环境治理、文明引导等创城服务活动，志愿服务人数176人。

（北京空港经济开发有限公司）

【贫困帮扶】 年内，加大受援地区帮扶支持力度，购买扶贫产品35万元，拨付扶贫协作资金20万元，并与受援地区签订《万企兴万村结对帮扶协议》。

（北京空港经济开发有限公司）

经济管理

综合调控

【概况】 年内，顺义区始终坚持以习近平新时代中国特色社会主义思想为指导，全面贯彻党的十九大和十九届二中、三中、四中、五中、六中全会精神，深入学习贯彻习近平总书记对北京重要讲话精神，立足新发展阶段，贯彻新发展理念，融入新发展格局，坚持稳中求进工作总基调，统筹推进疫情防控和经济社会发展，扎实做好“六稳”工作，全面落实“六保”任务，坚持以服务首都发展为统领，聚焦“平原新城看顺义”“三个走在前列”（“两区”建设、高端制造、新城发展）目标要求，经济持续恢复、社会和谐稳定，完成区五届人大七次会议确定的各项重点任务，实现“十四五”良好开局。

（区发展改革委）

【首都创新发展前沿阵地加快打造】 年内，《北京创新产业集群示范区（顺义）发展规划实施方案》印发实施，30 项重点任务、35 项重点产业项目及 21 项配套设施工程实现全年阶段性目标。全区有高精尖产业项目 136 个，投资总额 925.7 亿元。《顺义区创业摇篮计划支持政策实施办法》修订，《顺义区加快新场景建设培育新动能行动方案》印发实施，3 个项目入选北京市第三批应用场景建设项目，实现“零”的突破。有效发明专利拥有量 4711 件，较 2020 年底增长 23.2%。新申报国家高新技术企业 852 家，备案科技型中小企业 254 家，认定市级研发机构 8 家。HICOOL 全球创业者峰会 22 个项目在顺义落地。埃米空间（顺义）新材料培育加速基地、北京国联万众半导体科技有限公司获首批北京市科技企业孵化器认定。北京市专精特新“小巨人”企业认定 82 家，排名全市第五。6 个项目获北京市科学技术奖。承接“三城”科技成果转化，支持 5 家高校院所 10 个科技成果早期项目在顺义布局。

（区发展改革委）

【“两区”建设】 年内，10 项市级任务全部落地，85 项区级政策任务落地 84 项、实施率 98.8%。储备项目 420 个，落地项目 205 个，均位列全市第一。《文化保税助力文物和艺术品贸易全产业链发展》案例入选国家文化出口基地首批创新实践案例，《文化艺术品和文物进口综合服务平台》《以标准化促进药品跨境贸易便利化新方式》2 个案例在全市推广复制。王府井集团数字新零售项目签约，支持免税资质企业中国免税品（集团）有限责任公司开展跨境电商网上销售业务。获颁全市首个“北京法定数字货币试验区”，数字货币线上购买机票、机场巴士数字货币支付全覆盖等 4 个应用场景落地。千亿级央企私募证券基金（国新新格局私募证券基金管理有限公司）、全国首家外商独资保险资管公司（安联保险资产管理有限公司）相继落户。“空中丝绸之路”国际合作联盟计划在顺义建设创新示范区，首都国际机场被确定为“空中丝绸之路”建设的起点。出台区级促进航空货运发展措施，对新设立基地的航空货运公司、进出港货量增长公司等予以直接资金奖励。新增开第五航权国际货运航线 1 条。新设外商投资企业 84 家、同比增长 100%，实有外商投资企业累计 871 家；实际利用外资 8.4 亿美元。

（区发展改革委）

【数字经济】 年内，新开通 5G 基站 354 个，全区累计有 5G 基站 1764 个。工业互联网标识解析国家顶级节点（北京）加快建设，上线二级节点 35 家，累计标识注册量 57.55 亿个、标识解析量 37.02 亿个，接入企业节点 8478 家。“智慧顺义”无线网络全覆盖项目建设 AP 点位 8326 个，覆盖八大场景，累计注册人数 25 万余人，提供服务逾 1 亿人次。2021 世界智能网联汽车大会举办，国家智能汽车与智慧交通（京冀）示范区顺义基地投入运营，全区自动驾驶开放道路累计 408 千米。北京三快科技有限公司（美团）、毫末智行科技有限公司等企业在区内开展无人配送车测试，累计配送 5 万单，配送里程 43 万千米。华为机器视觉产线项目初步确定选址。全年信息技术服务业营业收入完成 220 亿元，同比增长 5%。

（区发展改革委）

【内需支撑持续强化】 年内，制订《顺义区打造“双枢纽”国际消费桥头堡助力北京国际消费中心城市建设实施方案（2021—2025 年）》。开展消费季活动，开展祥云风车季、伴夏音乐季、啤酒文化节等线上线下促消费活动100余场。祥云小镇、新顺大街两大商圈新引入品牌100余个，华联购物中心等6家重点商业企业全年累计实现销售额25.3亿元、吸引客流3151.4万人次，同比分别增长7%和5%。全年实现社会消费品零售总额613亿元，同比增长9%以上。完善固定资产投资专班机制，实行四级调度，累计召开调度会议800余次。出台《关于进一步加强政府投资项目成本管控的意见》《关于政府投资项目前期研究费用、方案及投资变更程序的有关规定》，加强项目成本管控和过程管理。实施“区域评估+标准地+承诺制+政府配套”改革试点，激发社会投资活力。安排区政府固定资产投资23.59亿元，争取市政府固定资产投资7.28亿元。13项市重点工程全部开工建设，195项区重点工程开工151项、开工率77.4%。全年完成固定资产投资492亿元、同比增长2.4%，其中建安投资222亿元、同比增长4.3%。

（区发展改革委）

【协同发展】 年内，《北京市推进京津冀协同发展2021工作要点》印发实施，涉及顺义区的六方面23项任务稳步推进。区委、区政府主要领导率队赴河南省西峡县、西藏自治区尼木县、内蒙古自治区巴林左旗和科左中旗对接支援合作工作，谋划项目64个，涉及资金2.96亿元，惠及44万余人。升级打造农旅产品体验馆“6Z+1”模式（“6Z”即农产品物流中转站+高端特色产品体验站+农产品在京电商销售站+农产品线下实体推广站+辽文化旅游资源宣传站+网络直播售货站，“1”即组织北京地区人员赴巴林左旗旅游服务中心）和“我在内蒙有只羊”金名片，复制推广巴林左旗优秀经验。发动社会力量捐款1322.9万元、捐物折款555.1万元，引导企业到结对地区投资1.58亿元。多渠道多方式促进就业帮扶，帮助结对地区农村劳动力转移就业2622人。《北京市大运河文化保护传承利用实施规划》稳步实施，潮白河森林公园、潮白河部分河段通航等重点项目加快推进。落细落实与昌平生态涵养区结对协作，拨付5000万元结对协作资金，在教育、卫生等领域加大资源共享。

（区发展改革委）

【经济恢复稳定】 年内，顺义区国内生产总值、财政收入、投资、交通运输业营收、科技服务业营收、商品房销售面积等8项指标超过2019年同期水平，其中国内生产总值、投资2项指标同比恢复速度高于全市平均水平。占经济总量60%以上的三大支柱产业稳步恢复，工业总产值同比增长6.5%以上；交通运输仓储和邮政业整体恢复至疫情前水平，营业收入同比增长20%以上；金融业营业收入实现正增长。

（区发展改革委）

【营商环境改革不断深化】 年内，落实“9+N”4.0任务分工方案，277项任务全面完成。完成世界银行营商环境评价和北京市各区营商环境评价迎评工作，营商环境评价名次较2020年提升1位，位列平原新城第二、全市第七。首都机场货运口岸通关便利化、物流高效化、信息透明化、服务标准化水平持续提升。“顺意办”App推动实现3000余个政务服务事项线上“不见面”审批，累计办理“不见面”政务服务事项170万余件。公共资源交易中心市级考核排名全市前列。开展“破难题、促发展”专项行动，不断完善“服务包”制度，有区、镇（功能区）“服务包”企业700余家，226条服务措施企业满意度100%。为中小微企业办理延期还本付息本金0.7亿元，完成首贷51.5亿元、续贷19.2亿元。全区实有企业9.25万户，较2020年底增长12.6%，排名全市第七，其中全年新设科技型企业4671户，同比增长54.8%。基本实现经营性国有资产监管全覆盖，区属国企实现利润12.5亿元，同比增长6.8%。

（区发展改革委）

【“3+4+1”高精尖产业加速布局】 年内，新引进亿元以上项目127个，注册资金371.39亿元，同比分别增长14.4%、6.7%。理想汽车北京绿色智能工厂开工建设，奔驰顺义工厂实现量产。将北京现代零部件体系与奔驰新能源、理想汽车进行对接激活，北京理工华创电动车技术有限公司等核心零部件项目签约落地。第三代半导体材料及应用联合创新基地投入运营，迪希埃（北京）半导体技术有限公司、北京中博芯半导体科技有限公司等5家企业入驻。7万平方米三代半标准化厂房竣工，泰科天润半导体科技（北京）有限公司、深圳市赢合科技股份有限公司项目加快供地。中国航空发动机研究院、北京清碳科技有限公司等5个项目列入北京国际科技创新中心建设项目清单。卫星应用智能装备产业基地和信息技术产业基地试验厂房主体结构封顶。获批中德经济技术合作先行示范区，威乐水泵全球第二总部、博世工业4.0创新中心等27个德资项目落地。《顺义区支持企业上市挂牌发展奖励办法》出台，新增上市企业4家。引进优质金融机构32家，民生银行理财子公司等项目加快落地。德云社影视文化园投入使用，文化产业营业收入较2019年同期增长19%。

（区发展改革委）

【非首都功能疏解】 年内，《顺义分区规划（2017年—2035年）》坚决落实，《北京市责任规划师制度实施办法（试行）》深入实施。“疏整促”任务全部完成，施工围挡治理、代征代建道路移交任务完成率均位列全市第一。拆除违法建设421万平方米，腾退土地465公顷。深化拆违土地腾退与增绿衔接，“留白增绿”12.03公顷。一般制造业企业改造提升11家，建设提升基本便民商业网点47家。开展37个村庄人居环境整治、9个人口倒挂村庄安全隐患整治，人口规模总量得到有效控制。承接中心城区功能疏解，友谊医院顺义院区主体结构封顶，北医三院顺义院区土地一级开发取得授权批复，北师大附属实验中学顺义分校新建项目部分大楼完成结构封顶，黄城根小学顺义分校建成投用。

（区发展改革委）

【新城建设】 年内，根据《关于促进平原新城高质量发展提升平原新城综合承载能力的实施方案》，安排制定具体落实措施81条、重点项目321项。进一步完善北京东北部路网，通怀路道路一期（昌金路—京承高速公路）完成总工程量的90%，二期（昌金路—京平高速公路）完成施工监理招标，三期（京承高速—河防口）主体完工。R4线一期、M15号线东延项目纳入全市轨道交通第三期建设规划，京密高速（机场南线至六环路）道路工程完成勘察、设计招标，顺义西站—首都机场捷运工程开展客流测算评估和技术论证工作。新国展二期会展、三期配套居住项目开工建设。天竺综保区规划调整范围一期0.48平方千米实现围网验收，二期围网进场施工。

（区发展改革委）

【城乡区域发展更趋协调】 年内，新一轮《促进河东地区重大项目建设发展三年行动计划（2021年—2023年）》印发实施，安排重点工程107项、政府投资9.75亿元，“百项工程”竣工14项、开工48项。累计安装农村路灯8.24万余盏，建设太阳能公共浴室329座。全面开展美丽乡村规划编制，70座村级污水处理站建成投用。全力推动农村治污，累计铺设污水管线2950千米。梳理棚改拆迁收尾、土地一级开发、市政重点工程“拔钉子”问题546个，拔除374个，释放土地资源1.62平方千米（2430亩）。

（区发展改革委）

【常态化疫情防控】 年内，年底境外输入引发顺义区局部聚集性疫情得到迅速有效控制。推进“三类场所（商务楼宇、商场超市、餐饮单位）”疫情防控监督检查，督促防控措施坚决落实。持续加强冷链监管，存储温度在零度以下进口食品全部纳入“北京冷链”追溯平台。推进重点人群和区域疫苗接种，在首都机场T1航站楼设立全市最大临时接种点，“15分钟疫苗接种服务圈”工作经验在全市推广。全面开展加强免疫（第三剂次）接种工作，接种率在全市率先突破70%。

（区发展改革委）

【公共服务供给】 年内，后沙峪二小、向阳小学开工建设，南彩第一幼儿园等7所幼儿园投入使用，新增学前学位2610个。“双减”工作有序推进，在全市率先启动课后服务和延时托管，无证学科类校外培训机构实现动态清零。区中医院迁建工程完工，13个院前急救站点完成建设。仁和镇、木林镇公共服务租赁性配套用房应急项目开工建设。公示运营养老服务驿站50家、新建老年餐桌35家；首创集团养老院等4家养老机构投入运营，提供总床位数766张。区文化中心全面开放，累计接待群众60万余人次。仁和镇沙坨村和临河村、高丽营镇夏县营村、马坡镇西丰乐村、李遂镇柳各庄村5个棚改项目安置房开工建设，机场西侧四村棚户区改造项目回迁安置地块签约率100%。累计筹集政策性住房5126套、竣工 3700 套。

（区发展改革委）

【绿色发展】 年内，持续开展“一微克”行动，累计淘汰国三汽油车 1048 辆，PM2.5 累计浓度动态完成年度任务目标，累计降尘量 5.1 吨 /（千米^2·月）。小微水体整治任务全部完成，区、镇、村三级河长巡河任务完成率、问题整改率均达到 100%。水环境质量提升显著，地表水国、市考断面稳定达标。生态补水成效显著，唐指山水库干涸 23 年后重启输水功能。全区受污染耕地、污染地块安全利用率连续 12 个月保持 100%，超额完成“双 92%”核心目标。《顺义区国家森林城市建设总体规划（2020—2035 年）》《顺义区创建国家森林城市实施方案》印发实施，完成平原造林超 58 平方千米（8.7 万余亩），温榆河公园顺义一期主体即将完工。加快推进节能降耗和清洁能源利用，出台《顺义区节能降耗工作考核办法》，对重点用能单位能耗“双控”目标进行分解并开展节能完成情况评价工作。支持分布式光伏发电推广应用，并网规模 132 兆瓦，居全市首位。

（区发展改革委）

【共建共享共治格局逐步构筑】 年内，完成 577 个村（社区）“两委”换届工作。把接诉即办作为服务群众的主抓手、主渠道，整合资源、全区联动，以“每月一题”为抓手推动“主动治理、未诉先办”，市级 93 项台账全部整改完成。推进老旧小区电力设施改造，完成河津营变电站增容、丽南一二 110 千伏线路切改工程。42 条背街小巷环境综合整治提升工程完成总进度的 95%。李魏路等 24 条公路路段养护工程、顺于路京沈线交叉口等 16 项疏堵改造工程建设完成，木燕辅路、半壁店环村路、通顺路支线等 8 条无灯路段实现亮灯。持续抓好两件“关键小事”，建设完成 56 座生活垃圾分类驿站，住宅小区物业服务实现全覆盖。

（区发展改革委）

财　政

【概况】 年内，区财政局坚持稳中求进工作总基调，准确把握“新发展阶段、新发展理念、新发展格局”的思想内涵，充分发挥财政逆周期调节作用，统筹疫情防控和经济社会发展，坚持以人民为中心，扎实做好“六稳”工作，全面落实“六保”任务，不断开创新时代财政高质量发展新局面。

（区财政局）

【一般公共预算收入】 年内，财源建设评估考核全市排名第五，区级一般公共预算收入完成 171.18 亿元，收入总量排名全市第五，完成区五届七次人代会审议确定的年度收入目标任务，连续 6 年完成市对区绩效考核中关于财政收入的考核任务。

（区财政局）

【一般公共预算支出】 年内，全区一般公共预算支出完成 309.28 亿元，民生保障支出占比 89.9%，连续 6 年完成市对区绩效考核中关于财政支出的考核任务。

（区财政局）

【财政存量资金盘活】 年内，全区盘活存量资金 159.41 亿元，盘活存量进度 91.76%，连续 6 年完成市对区绩效考核中关于盘活财政存量资金的考核任务。

（区财政局）

【争取上级资金支持】 年内，争取新增债券资金 60 亿元，争取会展设施异地建设资金 18 亿元全额返还，争取重大产业项目扶持资金 3 亿元。

（区财政局）

【重点项目保障】 年内，安排中德产业园相关经费 3349.85 万元，安排 HICOOL 项目财政补贴资金 2152.32 万元，兑现各类产业扶持资金 12.93 亿元，下达疫情防控资金 3.87 亿元，安排市、区两级疏整促财政资金 3.82 亿元。

（区财政局）

【财源建设专班队伍建设】 年内，对区财源建设专班进行增员扩容，从各属地、区市场监管局、区税务局等单位抽调力量进行人员充实，将财源建设专班单位延伸覆盖至街道，确保财源建设不留死角。形成 220 余人的财源专班队伍，成员单位涵盖区级各相应职能部门、3 个经济功能区、19 个镇和 6 个街道。

（区财政局）

【财源建设工作机制建设】 年内，完善出台《顺义区企业走访服务工作机制》《顺义区企业迁移管理工作机制》等财源建设工作机制。创建《财源建设专刊》定期向区领导汇报工作进展。

（区财政局）

【存量税源持续稳固】 年内，区领导带头实地走访企业，精准对接服务企业；区财源专班走访市级推送异常清单企业266户，并持续跟踪异常企业发展动态；加强拟外迁企业监测管理，实现“企业外迁预警—开展对接挽留—外迁手续办理—外迁结果通报考核”的闭环工作机制，跨省迁出数量大幅下降，本年度迁出京外企业数量较上年下降约68%。

（区财政局）

【增量税源有效拓展】 年内，加大京外招商引资力度，将北京东方雨虹防水技术股份有限公司、SMC（中国）有限公司、北京飞机维修工程有限公司（Ameco）等企业的京外税源引入顺义；用好《顺义区京外招商引资工作机制》，吸引京外企业迁入，京外迁入企业28户，新注册企业1.5万户，同比增长29%。

（区财政局）

【“十四五”时期公共财政发展规划印发】 年内，《顺义区“十四五”时期公共财政发展规划》印发，确立“十四五”时期预计全区一般公共预算收入、支出年平均增长4%左右的目标任务。

（区财政局）

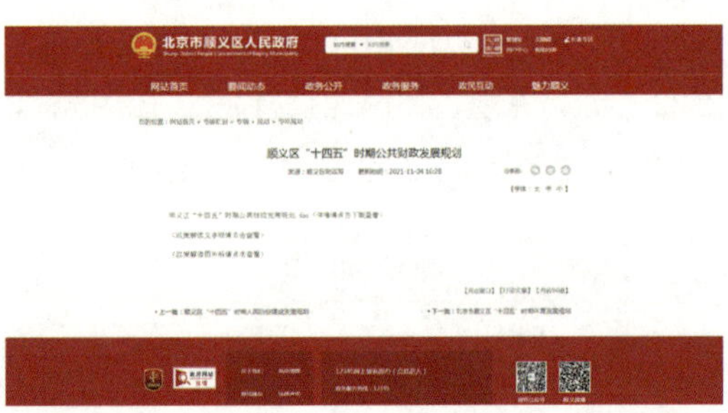

◆11月4日，《顺义区“十四五”时期公共财政发展规划》在区政府网站公开发布（区财政局）

【区对镇一般性转移支付资金管理】 年内，综合各镇经济发展现状及重点工作任务，修订《顺义区区对镇一般性转移支付资金管理办法》。

（区财政局）

【保障性住房平台公司资金平衡办法出台】 年内，在全市率先出台《北京市顺义区保障性住房平台公司资金平衡实施办法》。

（区财政局）

【棚户区改造项目资金管理】 年内，出台《北京市顺义区政府直接投资棚户区改造项目资金管理办法》，建立项目资金全流程监管机制，从预算安排、预算评审、资金拨付、结算评审等各环节进行把控，确保棚改资金安全高效使用。

（区财政局）

【绩效管理不断强化】 年内，出台《北京市顺义区预算绩效目标管理实施细则》，推动绩效目标管理实现制度化、体系化、规范化。首次对政府专项债券资金开展事前绩效评估，继续选取公用事业领域重点项目开展全成本绩效分析，不断扩大全区成本绩效覆盖面；探索在教育、卫生领域开展优化支出结构绩效分析，挖掘支出优化空间。

（区财政局）

【财政评审质效提升】 年内，接收评审项目2469个，审核完成项目2200个，审核资金204.66亿元，审定资金185.00亿元，审减资金19.66亿元，平均审减率9.61%。修订《顺义区财政局关于参与财政投资评审工作中介机构考核管理办法》，强化评审时限导向，优化整合评审工作分工，建立“管评分离”工作机制，提高财政评审质效。创新开展棚改项目评审，完成总报审金额83.23亿元的E片区、樱花园及B片区评审任务。

（区财政局）

【会计监督职责依法履行】 年内，发放代理记账许可证书28家，信息变更8家。年度执法量364件。

（区财政局）

【财政性资金借款清理】 年内，制定《财政性资金借款清理三年工作计划》和《2021年财政性资金借款清理工作实施方案》，按计划开展财政性资金借款清理工作，按照全年工作计划共收回财政性资金借款1.72亿元。

（区财政局）

税　务

【概况】 年内，区税务局以习近平新时代中国特色社会主义思想为指导，全面贯彻党的十九大和十九届二中、三中、四中、五中、六中全会精神，以中央经济工作会议要求为指引，坚持稳中求进工作总基调，立足新发展阶段，贯彻新发展理念，构建新发展格局，落实顺义区委、区政府各项部署，统筹推进疫情防控和税收各项工作，全力服务区域经济社会发展大局。获得市局主要领导肯定性批示3次、区主要领导肯定性批示6次，获“全国税务系统文明单位”“首都文明单位标兵”“首都精神文明建设奖”“北京市青年突击队”等区级以上集体和个人荣誉20余项。

（区税务局）

【组织收入】 年内，区税务局完成各项税费收入696亿元，区级收入125.1亿元，实现市、区两级下达的年度目标。四大主体税种“三增一减”，增值税、企业所得税、个人所得税增幅分别为6.4%、16.9%、16.4%，土地增值税在可清算项目减少的影响下合理减收，降幅23.7%。五大主体行业“四增一减”，金融业、批发零售业、房地产业、交通运输业增幅分别为0.3%、39.3%、7.7%、0.4%，制造业受同期高基数、芯片荒、一次性退税等因素影响，下降4.3%。跟进申请重点企业破产清算优先债权，年底入库税款1亿元。争取下拨免抵调库指标20亿元。参与财源建设工作，就区域经济良性发展建言献策，获区领导肯定性批示20次。

（区税务局）

【营商环境】 年内，推进综合办税服务厅进驻政务服务中心，实现“一门办税”。开展“一把手走流程”活动，围绕14项重点涉税事项优化服务。精选干部参加全市营商环境“千人千题”竞赛，纳税指标位列全市第四。做好税务服务创新和优惠政策落地工作，提升“两区”税务服务水平。推出并完成“便民办税春风行动”服务举措115条、“春雨润苗”专项行动任务32项，上门走访重点企业，解决企业急难愁盼问题。全力推动解决历史遗留办理房产证难问题，惠及上千居民5956套房产。上线7台车购税自助申报系统，助推自助申报无纸化政策落地。推出免费“票e送”服务，11955户次纳税人享受免费寄送发票303.2万份。“银税互动”合作银行拓展至9家，为1024户次企业提供信用贷款161.1亿元。严格落实“接诉即办”首接责任制，办理市区两级诉求工单1233件。落实落细减税降费，累计办理退税23.7万笔，退出税款47.7亿元。

（区税务局）

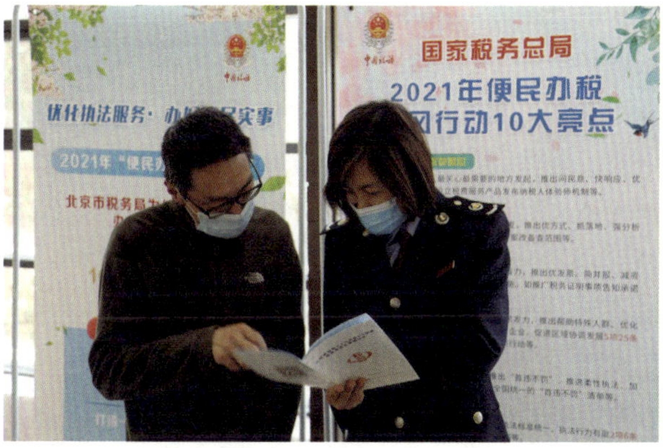

◆4月29日，区税务局开展便民办税春风行动（区税务局）

【税费政策落实】 年内，深入落实支持疫情防控和复工复产各项优惠政策，12270户纳税人享受优惠2.09亿元。持续落实加计抵减优惠政策，跟踪辅导企业1760户次。开展留抵退税“一对一”辅导6672户次，受理并审批留抵退税业务164笔，退还税款11.92亿元。精准落实企业所得税优惠政策，其中1756户企业享受研发费用加计扣除优惠，加计扣除金额54.96亿元，同比增长19.6%；12902户企业享受小微企业税收优惠，减免税额5.58亿元，受惠面100%；187户企业享受高新技术企业税收优惠，减免税额7.4亿元；22户企业享受疫情相关公益性捐赠全额扣除优惠，减免税额917万元。深入落实个人所得税优惠政策，23.93万人次享受专项附加扣除优惠，减免税额4.67亿元。落实延期缴纳税款政策，1778户次纳税人享受缓缴税款1.89亿元，其中1770户次制造业中小微企业缓缴税款1.52亿元。

（区税务局）

【深化改革】 年内，全面规范税务执法自由裁量权，探索柔性执法，679户次纳税人适用“首违不罚”制度。借助“在线导办”平台开展精细服务，涉及纳税人2005户次，问题解决率99%。组建“税收大数据分析团队”加强“以数治税”，研发升级数据分析模型50余个。创新推出“税源守护平台”，向区财源专班推送企业迁移预警信息100批次1916户，协助属地开展挽留工作。

（区税务局）

【法治建设】 年内，严格落实《京津冀税务行政处罚裁量基准》。持续发挥“三项制度”作用，有效规范各类税务执法行为，保障和监督税务机关有效履行职责。完善规范性文件制定程序，落实合法性审查、集体讨论决定等制度，对拟出台的政策措施加大合法性、合理性审查力度。建立健全规范性文件清理长效机制，开展2次规范性文件清理工作。健全依法决策机制，组织专题座谈会4次、深入基层调研13次。结合非强制性执法方式试点，建立贯穿行政执法全流程的税务争议预防化解体系。发挥行政复议委员会、行政应诉工作领导小组有关职能，认真执行行政机关负责人出庭应诉制度，发挥公职律师和业务骨干纠纷化解团队作用，做好复议应诉以及纠纷化解工作，全年发生行政诉讼案件1件、受理行政复议案件4件、主动化解纠纷6件。

（区税务局）

【税收宣传】 年内，充分利用报纸、电视、网站等多种宣传渠道，推出一系列税收宣传活动。北京电视台、人民网、千龙网、《北京青年报》等主流媒体报道税收宣传工作150余次。协助国家税务总局北京市税务局拍摄并播出北京电视台《税收天地》栏目4期。利用全区124块“社区LED”屏幕开展税收宣传合计超90万分钟，覆盖全区95%以上居民小区。

（区税务局）

【安全保密】 年内，坚持全面抓好平安建设，严格落实党管意识形态要求，抓住意识形态主阵地。坚持“党管保密”原则，开展安全生产月、保密作品征集、保密知识竞赛等系列活动。

（区税务局）

【税费征管】 截至年底，有税源户104383户，其中私营以上企业82743户、个体工商户21640户。全年新办登记13106户，注销登记4341户。组建“税收大数据分析团队”加强“以数治税”，全年研发升级数据分析模型50余个。将风控管理与大企业管理有机结合，完成各级次风控任务7678户次，入库税款6.6亿元。推进增值税专用发票电子化扩围工作，推行率居全市第四。完成个人所得税、企业所得税汇算，个人股权转让“先税后证”入库税款1.8亿元。推进财产和行为税合并申报，保障《中华人民共和国契税法》《中华人民共和国城市维护建设税法》实施。做好社会保险费征收工作，对接多项非税收入划转至税务部门征收。加强国际税收管理，实现国际税收20.1亿元。加快出口退税办理进度，平均退税时长压缩至3个工作日内，推动征收管理质效不断提升。

（区税务局）

统　计

【概况】 年内，区统计局围绕区委、区政府中心工作及市统计局重点工作任务，把讲政治、专业化、高效率作为开展各项统计工作的根本原则，努力提升服务决策的能力和水平，在2020年度市局综合考评中获得第三名，奋力开创统计工作新局面。

（区统计局）

【《“数”说党史》】 年内，推出《“数”说党史》10期，“数”说党史系列统计产品，借助统计数据，梳理顺义区各行业发展过程，重温中国共产党的百年发展历程，点击量5500次。

（区统计局）

【统计督察整改】 年内，与区有关部门协调沟通，推进区级层面统计督察整改工作，聚焦统计督察反馈意见提出的问题和整改要求，逐条逐项整改落实。区委、区政府联合印发《顺义区贯彻落实国家统计局统计督察反馈意见整改方案》，召开国家统计局统计督察意见反馈整改专题部署会，区委常委会第27次会议组织集中学习相关文件精神，将统计数据质量纳入区政府绩效考核。推动统计系统及各有关单位整改落实工作，坚决扛起防范和惩治统计造假、弄虚作假政治责任。推进统计法律法规进区委党校、行政学院教学计划，列入学习课程；建立常态化学习机制，对相关文件精神进行再学习、再贯彻、再落实。全年完成执法检查449家，比上一年度增加98家。

（区统计局）

【把专业化作为提升服务质效的第一标准】 年内，统筹做好区域经济运行动态监测，围绕“两区建设”、准规模企业、高端消费、物流产业、航空航天业、第三代半导体产业、汽车产业等工作，撰写统计分析。结合“平原新城看顺义”目标和“三个走在前列”任务要求，增强统计分析预警预判能力，撰写《顺义区第三代半导体发展情况调研报告》《顺义区航空航天工业企业调研报告》《顺义区汽车制造业发展现状分析》。开展规模以上工业企业景气调查，进一步掌握顺义区规模以上工业企业的生产经营景气状况及对下季度的预测情况。有313篇信息分析被各级媒体部门采用，有15篇信息分析报告获区领导批示。通过“北京顺义统计”微信公众号推送图文210篇，在全国统计系统微信公众号月度最好成绩为全国影响力排名第18位、市级影响力排名第3位。

（区统计局）

【“三点”发力提升中德国际产业园统计监测水平】 年内，以聚焦部门联动为立足点，编制园区企业信息库。区统计局及时跟进园区项目进度，了解纳入规模企业统计申报登记情况，掌握入园企业一手信息。以统计监测为支撑点，提高统计信息采集库准确率。针对中德国际产业园起步区和拓展区2个区域新纳入规模企业统计申报的企业，采取全园覆盖，通过核查园区内全部企业材料，建立数据收集和统计分析机制，明确专人对各环节工作负责，确保及时跟进企业申报过程中出现的新情况、新问题，强化统计信息采集过程中的准确率；建立重点企业监测体系，选取营业收入高、行业影响大的企业进行“一对一”走访，通过汇总分析和研究所需统计数据，及时监测重点企业动态，形成工作常态化，做好纳入规模企业统计申报的基础工作。以提升服务为切入点，加强对纳统工作全流程把控。提升后续跟踪服务，了解企业实际经营情况、面临困难与问题以及对政策需求，通过统计上门服务的方式，为企业提供区内最新的帮扶政策信息。

（区统计局）

【蔬菜统计遥感调查试点】 年内，区统计局研究制订《顺义区蔬菜统计遥感调查试点工作方案》，规定工作背景、目标、职责、流程以及工作要求。区、镇、村三级提高认识，落实《顺义区蔬菜统计遥感调查试点工作方案》精神，明确职责，结合当前蔬菜、瓜果实际生产情况，按要求做好蔬菜统计遥感调查工作。前期通过实地调研，掌握当前实际种植状态，并与各镇统计所、村统计站交流了解种植特点、趋势以及最新政策；实时对App中上报蔬菜生产信息的村进行核实，解决调查过程中存在的问题，确保“数出有据”。区统计局对6个试点镇分3天6场开展培训，对所有设备进行充电、软件升级、程序安装、填报测试等前期准备工作，主讲人详细讲解此项工作操作流程。区统计局对上报数据进行审核，加强对新增地块、亩产等合理性审核，汇总各镇、村上报的数据，对变动较大的村进行核实，确保数据质量。进一步强化预警意识，关注数据变化，针对重点指标深入挖掘数据变动的原因，及时撰写分析，为政府相关部门制定政策提供数据支撑和参考依据。

（区统计局）

【“智慧统计平台”助力统计工作升级】 年内，区统计局搭建“智慧统计平台”助力统计工作。短信催报取代电话催报。通过完善企业名录库，利用“智慧统计平台”在开网初期便进行报表提醒，在截止时间之前再次进行催报提示，快速完成催报工作，摆脱依靠电话逐一催报的局面。跨表关联取代人工拼库。通过“智慧统计平台”将相关的报表关联起来，实现数据归并整合，减少人工利用数据库大量拼表的情况，初步实现从人工作业向智能化转变。

（区统计局）

审　计

【概况】 年内，区审计局完成审计项目46项，出具审计（结果）报告148篇，查出违规问题金额1684万元、管理不规范问题金额76168万元、非金额计量问题246个，提出审计建议134个，移送问题线索9个，向社会公布审计结果17篇。

（区审计局）

【内部审计】 3月15日，开展全区内部审计统计调查。4月12日，《2021年内部审计工作指导意见》出台。7月26日至10月22日，分2批组织全区86个单位173名内部审计人员参加北京市内审协会举办的后续教育线下培训班。7月29日至10月28日，组织区属单位300余名内部审计人员参加北京市内部审计机构负责人研修班线上培训。充分运用内部审计人员网络后续教育平台开展培训学习，截至12月底，全区847名内部审计人员累计完成有效学时26709个。10月11日，对25个镇、街内部审计工作开展情况进行质量检查。3月15日至11月30日，指导区教委、区卫健委、北京空港经济开发有限公司和北京顺义市政控股集团有限公司4个单位对其所属部分二级单位进行内部审计。11月10日，指导各区属国有企业内部审计机构对企业安全生产费用提取和使用情况进行内部审计。

（区审计局）

【区委审计委员会会议】 年内，召开区委审计委员会会议2次，审议通过《顺义区2021年度审计工作要点》《顺义区2021年度审计项目计划》《北京市顺义区2020年度预算执行和其他财政支出情况审计报告》《北京市顺义区处级领导干部离任经济事项交接工作制度》，书面审议顺义区国有自然资源资产管理情况专项审计情况和顺义区2020年审计工作情况。

（区审计局）

【预算执行审计】 2020年度区本级预算执行和其他财政收支情况审计、部门预算执行和决算草案审计以及镇级预算执行和决算草案审计完成。在区本级预算执行审计中对“四本预算”进行全覆盖，运用大数据审计的方式，对80家一级预算单位进行全覆盖，并选取14家单位进行现场审计，开展2项镇级预算执行审计。共查出违规问题金额1023万元、管理不规范问题金额44755万元、非金额计量问题91个。

（区审计局）

【经济责任审计】 年内，完成处级领导干部经济责任审计18项。重点关注领导干部贯彻执行党和国家、市委市政府、区委区政府重大经济方针政策及决策部署、遵守有关法律法规、重大改革任务推进、有关目标责任制完成、预算执行和财务管理等情况，查出违规问题金额661万元、管理不规范问题金额30335万元、非金额计量问题116个。

（区审计局）

【领导干部自然资源资产离任审计】 年内，根据《领导干部自然资源资产离任审计规定（试行）》，完成自然资源资产离任（任中）审计3项，重点关注生态文明建设政策措施落实情况、遵守资源环境法律法规情况、资源环境重大决策情况、相关目标任务完成情况、相关监督职责履行情况等，查出非金额计量问题9个。

（区审计局）

【重大政策落实跟踪审计】 年内，按季度开展重大政策落实跟踪审计，重点关注规范行业协会商会收费管理、清理拖欠民营企业账款、中央直达资金使用、优化营商环境等有关政策措施落实情况。

（区审计局）

【专项审计（调查）】 年内，完成天竺村定向安置房项目专项审计调查、国资委监管的国有企业2020年度资产管理情况专项审计、应对新冠肺炎疫情防控资金专项审计、粮食购销领域专项资金审计、2020年信息化建设专项审计等，查出管理不规范问题金额1077万元、非金额计量问题30个。

（区审计局）

金融服务管理

【概况】 年内，顺义区新增安联资管、贝宝支付、国新新格局基金等优质金融机构36家，总数近500家；截至12月底前，全区各银行实现存贷款余额4471.6亿元，同比增长5.2%；新增恒宇信通、正元地信、富吉瑞光电、理想汽车等上市挂牌企业10家，累计118家，全区金融业实现创新发展。

（区金融办）

【全国首家外商实际独资控股支付公司在顺落地】 1月，PayPal公司通过美银宝公司收购完成顺义区国付宝信息科技有限公司，实现对国付宝公司的全资控股，成为全国首个外资实际控股的支付公司。

（区金融办）

【全国首家外商独资保险资管公司在顺落地】 2月7日，北京市“两区”建设吸引的全国首家外商独资保险资管公司——安联保险资产管理有限公司在顺义区取得筹建期营业执照；8月8日，取得正式工商营业执照。公司注册资本1亿元。

（区金融办）

【汇丰旗下外商独资保险经纪公司在顺落地】 12月14日，北京方和万金保险经纪有限公司与汇丰银行旗下公司签订股权收购协议，完成股权变更，成为汇丰旗下外商独资控股保险经纪公司。公司于11月30日落户后沙峪金融商务区，项目股权变更从税务登记到工商变更用时2天。

（区金融办）

【招商引资】 年内，新引进各类优质金融机构36家，注册资本合计近130亿元，新增资金管理规模超700亿元。创下和保持项目平均落地时间不超8天的全市最优工作速度。

（区金融办）

【央企背景金融机构落地17家】 年内，落地国新新格局（北京）私募证券基金管理有限公司、鼎佳汽车私募基金管理（北京）有限公司、北京御风私募基金管理有限公司等央企背景金融机构17家。

（区金融办）

【跨境金融开放水平加速提升】 年内，新引进的安联保险资产管理有限公司、贝宝支付公司入围本年度北京市九大“两区”建设重点项目；17项跨境金融领域试点政策落地实施，完成率100%，其中3项“全市首发”，1项“全国首单”；获颁全市首个“北京法定数字货币试验区”，四大数字货币应用场景相继落地；北京银行新国展支行、农业银行后沙峪支行等多家银行先后成为自贸区支行；服务央企数字化转型的国新数据有限责任公司落户。

（区金融办）

【多层次资本市场顺义板块持续壮大】 年内，新增北京恒宇信通科技发展有限公司1家创业板上市企业，新增正元地理信息集团股份有限公司、北京富吉瑞光电科技股份有限公司2家科创板上市企业，新增理想汽车1家香港联交所上市企业，新增新三板挂牌企业10家。全区有上市挂牌企业118家，拟上市企业资源库内企业突破100家；上市企业实现直接融资2068亿元。

（区金融办）

【“顺易投融”品牌效应持续发挥】 年内，持续开展“顺易投融”系列产融对接活动12场，其中包括“威县专场融资对接活动”“安联专场推介会”等7场重点项目专题融资对接活动，累计路演企业53家，累计报送融资需求35.9亿元，吸引250余家金融机构参加。

（区金融办）

【金融品牌宣传】 年内，参展2021年中国国际服务贸易交易会金融服务专题展，设计“金融之翼”飞机造型，打造创意展区。举办2021年全球PE论坛、2021年资本市场峰会论坛，与贝宝支付公司、北京基金业协会签署合作协议。在《人民日报》《北京日报》《香港经济导报》等主流媒体发布宣传稿件200余篇次，点击量近2000万次。

（区金融办）

◆年内，参展2021年中国国际服务贸易交易会金融服务专题展（区金融办）

市场监督管理

【概况】 年内，区市场监督管理局坚持以习近平新时代中国特色社会主义思想为指导，以“保安全、稳秩序、优服务、促发展、惠民生”五大目标为统领，围绕中心工作，落实常态化疫情防控各项任务，规范市场秩序，护航区域经济高质量发展，推动市场监管各项工作取得新成效。

（区市场监督管理局）

◆1月6日，区市场监督管理局疫情防控工作部署会召开（区市场监督管理局）

【企业年报】 截至6月30日，全区应参加上一年度年报的企业80128户，已报76136户，年报率95.02%。位列郊区组第一。

（区市场监督管理局）

【个人股权转让】 9月1日起，个人股权转让“先税后证”改革正式实施。截至11月3日，全区办理自然人股权转让变更登记231户，其中通过全程电子化办理120户，现场办理111户。

（区市场监督管理局）

【市场主体发展情况】 截至10月底，全区实有市场主体12.90万户，同比增长11.9%，其中企业9.25万户，同比增长18.2%。1—10月，全区新设企业1.2万户，同比增长49.9%，较2019年同期增长32.6%。注册资本1066.7亿元，同比下降24.4%，较2019年同期增长9.4%。截至11月3日，累计向区财源办预警拟迁出企业信息1136户。

（区市场监督管理局）

【营商环境】 截至11月3日，为71户个体工商户转型升级的企业提供政策补贴14.2万元。接到行政起诉13件，其中涉及登记材料中伪造签名10件、名称争议1件、撤销注销登记2件。当期审结3件，其中申请人主动撤诉2件，法院驳回1件。处理政务中心“顺手提”96件，处理接诉即办898件。协助法院完成股权冻结293件；限制登记60件，其中破产企业限制登记9件。配合其他司法机关、行政管理部门进行登记限制21件。

（区市场监督管理局）

【市场领域常态化疫情防控】 年内，完善市场防疫机制，持续开展常态化防疫大检查。上一年度年底境外输入引发顺义区局部聚集性疫情后，区市场监督管理局立即启动一级响应，开展进口和国内中高风险地区货物及冷链食品消杀和追踪排查，着力开展小饭桌、小诊所、小药店等“七小”场所摸排整治，指导零售药店购药实名登记工作，加大防疫措施落实不到位等问题曝光力度。累计开展市场主体防疫执法检查6.6万户次，发现问题并整改187个；完成国内外中高风险地区等涉疫食品排查处置工作21次，排查出相关食品358.7吨；完成北京市冷链食品追溯平台注册企业578家；累计双报双转购药实名登记信息46万余条；采集核酸样本19.3万件，督促市场领域相关从业人员接种第三剂疫苗7.2万余人，接种率98.7%。

（区市场监督管理局）

【重大活动服务保障】 年内，强化重点点位的监督检查和社会面风险防控，提升快速响应、应急处置综合保障能力，有序组织重点人员观礼观演，完成中国共产党成立100周年庆祝活动保障任务。在春节、国庆、全国“两会”等重要时间节点服务保障中，严格落实首善标准和“干部在岗、群众过节”要求。全年出动1.2万余人次，保障活动用餐6.5万人次、食品供应73.1万千克。

（区市场监督管理局）

【市场疏解】 年内，采集287份原始档案数据2680条，全部完成录入。处理区金融办线索转办单18件，核查企业2437户。制作《2021年顺义区金融企业台账》，登记辖区金融企业550户，整理企业信息6500余条；参加区金融办组织的涉金融类高危企业会商会5次；核查失联高危金融企业1户。旅游市场出动检查人员127人次，检查89户次，排查经营异常旅行社3户（列入经营异常3户）。建立《顺义区校外培训市场主体基础台账》，统计入账422户培训机构，其中文化艺术类191家、文化教育类107家、体育类57家、职业资格和技能类22家、婴幼儿照护和早期发展类11家、科技类12家、其他素质素养类22家。共驳回跨区迁入教育培训类企业970户，驳回新设教育培训类企业108户。注销教育培训相关业务的企业57户，限制登记69户。“双减”工作检查出动1347人次，检查培训机构812户次，责改不规范行为79起，清理教育培训类户外广告牌匾21块，立案29起，发布谨慎消费信息3次，公示违法培训机构22户。收集12345、培训学生家长等投诉热线数据262条、舆情18条，化解4起110余人退费学生家长群访事件。发起39批次双随机抽查任务，抽查主体8060户。完成抽查29批次，完成主体3350户。联合“双随机、一公开”监管成员单位共发起联合抽查任务35批次，抽查各类市场主体689户。

（区市场监督管理局）

【无证无照经营和“开墙打洞”治理】 年内，全区无证无照经营累计挂账30户，整治销账30户，销账率100%；未发现属实的“开墙打洞”违法行为，实现本年度无证无照经营和“开墙打洞”治理“动态清零”的任务目标。截至11月3日，1个市级挂账重点村后沙峪镇董各庄村，全年无新增无证无照经营行为；8个区级挂账重点村共上账无证无照经营4户（李桥镇南半壁店村3户、后沙峪镇罗各庄村1户），均整治销账，销账率100%。

（区市场监督管理局）

【经营异常名录】 年内，列入经营异常名录4666户企业，移出3072户；标记个体工商户经营异常状态9844户，恢复1080户。依据《严重违法失信企业名单管理暂行办法》，将被列入经营异常名录届满3年仍未履行相关义务的353户企业列入严重违法失信企业名单；符合条件移出严重违法失信名单的企业共52户。最终确定公司清户吊销1195户，个人独资企业清户吊销9户。

（区市场监督管理局）

【广告监管】 年内，有广告经营资质的企业28830户，其中内资企业27980户、外资（包括合资）企业220户、个体630户。实际经营广告业务的企业约600户。有传统广告媒体9户。监测网络广告9477条次，监测网络销售商品信息4570条次。检查主体3643户，其中检查电商平台及经营者940户次，开展宣传教育318户次，行政指导经营主体404次。监测守护夕阳红类广告824次，呵护青少年健康成长类广告893次，开展行政约谈31次。

（区市场监督管理局）

【特种设备督导】 年内，全区新注册登记特种设备1933台，增长率约10.52%，特种设备增幅较上一年度高0.82个百分点，其中有电梯892台，占特种设备增量的46.15%。停用特种设备968台，注销851台，在用20311台。在用特种设备中，有电梯12210台，占全部在用设备的60.12%。完成特种设备安全监督检查295家次，处理特种设备安全方面投诉举报74件，实施立案处罚11起，对8家做出行政处罚决定。完成680部电梯电磁铁拆解保养，134部电梯免拆解保养，185部电梯更换铁质等导磁材料松闸顶杆。完成对57家次的LNG（液化天然气）、CNG（压缩天然气）充装及特种设备使用单位的安全检查，检查涉天然气压力容器、压力管道137台/套，发现并现场处置安全隐患12起。

（区市场监督管理局）

【企业标准公开】 年内，从行业主管部门推荐的28家企业中，筛选出8家符合条件的企业参选顺义企业标准“领跑者”工作。19家企业完成对标达标工作。9家企业13个标准参与国际、国家、行业、地方、团体标准的制定和修订工作。

（区市场监督管理局）

【商品抽检与质量监管】 年内，对全区生产、流通领域的12大类206组产品开展自主质量监督抽查。其中危险化学品（含液化石油气、汽油、柴油）110个批次，燃气相关产品（含燃气灶具、软管、安全阀）32批次，电气防火产品（含配电箱配电柜、防火门、电线线缆）20批次，农业生产资料产品（含复合肥、农膜）17批次、煤炭产品（含型煤）7批次，服装产品（含学生校服）12批次，塑料消费产品（含塑料购物袋）8批次。开展完成流通领域电动自行车及相关产品质量监督抽查12批次，其中涉及电动自行车产品5批次、充电器产品4批次、电池产品3批次。开展完成流通领域燃气质量监督抽查12批次，实现对全区唯一燃气充装经营单位——北京市顺义宏达液化石油气有限责任公司现有全部5个储罐燃气质量监督抽查覆盖100%。开展完成流通领域燃气灶具产品质量监督抽查34批次，燃气灶具相关软管产品质量监督抽查12批次，燃气安全阀产品质量监督抽查7批次，开展生产领域燃气热水器产品质量监督抽查1批次。完成产品质量监督抽查合计444批次，其中市市场监督管理局抽检任务完成248批次，区市场监督管理局自主抽检任务完成196批次；产品质量监督抽查不合格结果合计71批次。

（区市场监督管理局）

【消保维权基础数据】 年内，接收各类工单33179件，同比增长22.00%。其中12345区便民交办单26553件，占比80.03%，12315系统接收6626件。撰写《“接诉即办”周报》40期，《投诉举报信息统计月报》10期，发布消保类、“接诉即办”等工作指导10期，风险提示3次。对12345便民热线未解决的工单中337家单位开展“双随机、一公开”抽查工作，抽查结果在国家信用信息网予以公示。

（区市场监督管理局）

【“接诉即办”剔除挂账】 年内，12345市民热线工单共剔除工单3904件，其中申报剔除1101件，主动剔除2803件，挂账在账工单71件。

（区市场监督管理局）

【档案管理】 年内，累计完成数字化企业档案108024户490513卷9090969页，同比分别增长0.9%、1.1%和1.0%。其中本年度新增28720卷716025页，同比分别增长1.0%和1.1%。累计完成个体开业、注销、吊销登记档案归档36193户、36561户和33585户，与上年同期基本持平。累计接收文书档案12713卷、案件档案29511卷、许可档案22360卷、会计档案3437卷、动产抵押档案1472卷、实物档案758件、声像档案12.3G，同比分别增长11.6%、2.5%、1.2%、1.1%、2.0%、1.2%和1%。提供档案查询服务80077人次。

（区市场监督管理局）

【知识产权】 年内，全区专利授权量5110件，同比增长6.6%；PCT专利申请量53件，同比增长43.2%。截至9月，全区有效发明专利拥有量4711件，同比增长23.2%。审议2019年专利促进与保护项目资金支持情况，通过251家申报主体予以资金支持1204.51万元，其中专利授权992.7万元，北京市知识产权示范单位60万元、通过贯标的知识产权试点示范单位40万元，知识产权质押贷款并按期正常还贷的企业14.31万元，为区内产业发展提供优质服务的知识产权服务机构25.5万元，鼓励企业购买知识产权服务72万元。资金池由顺义区政府、合作机构各出资1000万元，用于承担知识产权质押融资业务的风险补偿。向企业提供贷款1270万元，另有4700余万元贷款洽谈中。新增北京市知识产权示范单位8家、试点单位27家。顺义区茂华智汇产业园被评定为本年度北京市中小企业知识产权集聚发展示范区。商标窗口受理商标业务申请1539件（同比增长300.78%），其中商标注册申请585件（同比增长400%），受理商标手续业务954件（同比增长257.3%）。解答商标咨询699件（同比增长20.52%），其中电话解答咨询404件，占咨询总量的58%。有有效注册商标73347件（同比增长27.4%），新增注册商标11199件（同比增长25.1%）。

（区市场监督管理局）

【食品安全监管持续强化】 年内，有食品生产企业115家（包括食品添加剂生产企业），居全市第二位，涉及肉制品、乳制品、糕点、酒类、调味品、饮料、速冻食品等28大类食品生产许可种类。需分级有效主体数8767家，其中本年度新增检查主体数1424家，评定完成9059家，评定完成率103.33%。流通环节完成区抽检1025个，检验完成1009个，完成“你点我检”专项抽检20个，其中区抽检不合格10个，不合格食品为鸡蛋、枸杞、淀粉、韭菜、梭子蟹等，不合格项目为大肠菌群、霉菌、甲硝唑、镉等；快速检测食品样本1416个，未发现不合格项目。

（区市场监督管理局）

【药品安全监管】 年内，按照本年度药品使用环节日常监督检查计划，将中药饮片、疫苗、可用于医疗美容的药品等重点品种监管以及落实国家药品集中采购试点工作情况等作为本年度医疗机构药品使用监管的重点，开展药品使用环节日常检查及专项检查。辖区药品使用环节累计开展监督检查1184家次。对全区新冠病毒疫苗接种单位开展全项目、全覆盖监督检查及接种日巡查。开展新冠病毒疫苗接种点监督检查1324家次，未发现疫苗脱离冷链的情况，各接种点冷链设备运行正常，接种记录完整可追溯，报废疫苗能够按要求隔离存放并记录。

（区市场监督管理局）

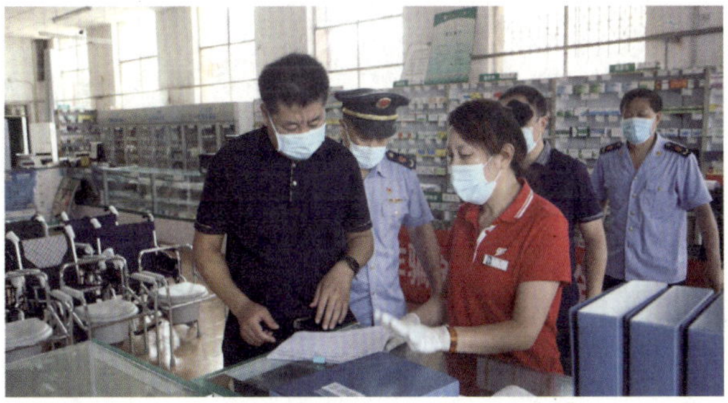

◆8月5日，区市场监督管理局检查高丽营镇药店商超（区市场监督管理局）

【疫情餐饮服务】 年内，对各类疫情防控相关人员入住酒店及相关供餐餐饮单位检查4661家次，酒店周边食品经营单位2010家次，检查集体用餐配送单位37家次，保障疫情防控接待酒店等供餐1055473人次。共检查餐饮服务单位1859家次，要求立即整改376家，完成整改219家。

（区市场监督管理局）

【大型活动保障】 年内，对多项大型活动的食品安全进行保障工作。6月12—14日，第十三届北京端午文化节暨2021年北京市龙舟大赛活动期间，区市场监督管理局制订服务保障工作方案，出动执法人员18人次，巡查检查商户52户次，未发生食品、特种设备安全等相关事件。中国共产党成立100周年庆祝活动服务保障中，出动执法人员5872人次、2371车次，检查各类市场经营主体9075户次，发现问题隐患715处，整改问题隐患715处，整改率100%；立案处罚213件，罚没款金额42.67万元。为确保冬奥会及冬残奥会期间食品供应安全和市场秩序稳定，区市场监管局加大对食品供应企业、首都机场周边、国家残疾人冰上运动比赛训练馆等重要点位监督检查力度，做好赛前各项服务保障准备工作。完成冰上项目测试活动服务保障任务，保障供应饮用水98.12吨。9月2—7日，2021年中国国际服务贸易交易会期间，顺义区1家集体用餐配送单位承担此次活动的部分餐饮保障工作，9月2日起，区市场监督管理局2名执法人员每日对供餐企业开展食品安全监管保障工作。

（区市场监督管理局）

【特殊食品】 年内，有特殊食品经营企业2899家，其中保健食品经营的有2523家、婴幼儿配方乳粉经营的有355家、特殊医学配方食品经营的有21家，保健食品生产企业3家。新增核发保健食品经营607件，婴幼儿配方乳粉经营68件，特殊医学用途配方食品经营7件。注销保健食品经营117件，婴幼儿配方乳粉经营18件，特殊医学用途配方食品经营1件。

（区市场监督管理局）

【特种设备安全生产监管】 年内，协调北京市特检中心开展气瓶充装许可证现场评审，评审专家对绿源达顺公司拟保留4个充装站场地、厂房、设备和充装工艺设施、质量保证体系等建设完善情况进行初步核查，并提出80项问题反馈清单。开展涉天然气特种设备安全专项治理行动，督促LNG（液化天然气）、CNG（压缩天然气）充装及特种设备使用单位签订《天然气固定式压力容器、压力管道使用单位安全责任承诺书》，责令加强从业人员安全管理，开展特种设备隐患排查和风险防控，强化特种设备事故应急管理。

（区市场监督管理局）

【计量器具检验】 年内，强检计量受理3112家经营主体报检工作，检定强检计量器具21687台（件），同比增长25%。其中上门检测439家，发放电子证书19658件。辖区经营主体计量器具条码使用率100%，统一信用代码使用率100%，做到报检两码使用全覆盖。开展多参数监护仪建标后首次强制检定工作，在做好安全防疫措施的情况下，对全区重点医疗机构顺义区医院、顺义区妇幼保健院、北京中医医院顺义医院进行上门检定工作，涉及50余个科室多参数监护仪542台；开展出租车计价器首次检定工作，检定北京骏马出租车有限公司293台（件），年底前按市局要求完成全区314台（件）强检工作。强检目录变更后，开展大衡器检定工作，按照市局要求完成大衡器检定54台（件）。检定涉及安全防护压力表12907块。配合局计量科对眼镜制配场所计量专项监督检查工作，检定焦度计、验光仪、镜片箱211台（件）。检定涉及贸易结算加油枪2171台（件）和衡器2485台（件）。

（区市场监督管理局）

【食品药品监测】 年内，抽检食品（含保健食品）、药品、化妆品和医疗器械样本9030件，检测完成8631件，不合格样本21件，合格率99.77%。其中食品8136件，检测完成7955件，不合格样本21件，合格率99.74%。对接市局开展食品监测工作，开展“你点我检”专项抽检工作。抽检食品样本50件，全部完成抽样。参加市局组织的检验检测机构能力验证和食品快检能力验证，均取得“满意”结论。完成各类检验634件，全部合格。其中食品风险监测339件，检测完成167件，全部合格；药品监督监测抽验243，出报告209件，全部合格；药品快速检测106件，全部合格；完成本年度国家药品抽验工作。同平谷、密云区局配合完成市局划分的品种目录抽样工作，在保证抽样人员安全的前提下，抽取药品11批次。开展防疫相关药品、医疗器械不良反应监测工作。

（区市场监督管理局）

【违法行为查处】 年内，查办侵犯注册商标专用权和不正当竞争行为重大、典型案件。集中查处民办教育领域违规办学办园和价格违法行为。查处违法使用建党100周年标志和违法广告案件等各类新型、复杂案件。立案调查各类行政处罚案件194件，作出处罚154件，其中一般程序76件、简易程序78件，罚没款合计415.1万元。查办各类违章违法案件4004件，罚没款合计1357.78万元。

（区市场监督管理局）

◈11月10日，召开接诉即办调度会（区市场监督管理局）

国有资产监管

【概况】 年内，区国资委坚持以习近平新时代中国特色社会主义思想为指导，融入全区战略发展大局，认真贯彻落实市、区两级决策部署，统筹抓好疫情防控和经济发展，在生产经营、改革创新、党的建设等方面取得成效，实现国资国企“十四五”良好开局。

（区国资委）

【国有经济运行质量稳中有升】 年内，区国资委系统监管企业资产总额14205890万元，同比增长0.1%；负债总额7901267万元，同比下降2.5%；所有者权益总额6304623万元，同比增长3.5%；资产负债率55.6%，同比下降1.5个百分点。1—12月，累计完成营业收入6180478万元，同比增长2.4%；实现利润总额142501万元，同比增长23.9%；上缴税金606969万元，同比增长3.5%。

（区国资委）

【国企改革顶层设计】 年内，以区委区政府名义印发《顺义区属国企改革三年行动实施方案（2020—2022）》及重点任务清单，围绕全面加强国有企业党的建设、完善中国特色现代企业制度等6个方面制定21项改革目标和59项具体改革任务。

（区国资委）

【国有资本布局持续优化】 年内，整合区属国有5家企业和13个项目部物业资源，组建北京顺义物业服务集团有限公司，接管区政府直管的涉及光明街道、胜利街道、石园街道的9个小区，建筑面积132.49万平方米，房屋352栋，居民20411户。经营性事业单位转企改制持续推进，研究起草区环卫中心、区政府招待所、区市场中心3家单位转企改革工作方案，加快实现经营性国有资产集中统一监管。持续推进企业处僵治困、提质增效，全面完成75家“僵尸企业”清理退出，通过破产、改制等方式化解北京紫微星时装有限责任公司、北京亿汇洋进出口公司等3家托管企业经营难题。

（区国资委）

【全区全民所有制企业公司制改制】 年内，制定印发《顺义区国有企业公司制改革工作方案》，全面完成全区91家区属全民所有制企业公司制改革工作。17家区属国有一级企业除区供销社为集体企业外，剩余16家全部成为公司制企业。

（区国资委）

【助推企业转型升级】 年内，研究起草顺义科创转型升级工作方案，完成顺义科创集团所属4家建筑企业、1家热力企业管理权移交顺义建工、市政控股相关工作。推进金融控股运营管理模式改革调整，促进区属国企在服务保障全区招商引资和产业发展中发挥重要支撑作用。顺义科创服务理想汽车落地投产，认真做好现代一工厂收购改建，参与北京建广顺创私募基金管理有限公司组建。空港开发完成中德大厦装修工程，参与国新研究院、微构工场生物技术等产业项目。

（区国资委）

【国资监管】 年内，提高风险防控能力，开展债务风险防控化解工作，解决顺桥公司债务危机；对7家企业开展债务风险专项审计，在摸清负债底数基础上，督促企业优化债务类型和结构，降低运营成本。清理区属国企17项高风险投资项目，实现17家监管企业违规经营投资责任追究制度全覆盖。强化企业资金管控，加强银行账户日常管理。加强企业投资监管，严格规范企业投资决策，严格把控投资方向，审议批准区属国企本年度投资计划63项，投资总额41.74亿元。坚持投资计划季度报告制度，强化投资全过程管理，对20个项目开展投资后评价检查工作，复核8家企业后评价整改情况，开发建设区属国有企业投资信息系统，实现投资全过程监管。开展国有资产产权管理工作，制定深化企业国有资产评估管理有关规定和国有参股企业股权管理办法，推进企业落实重大项目专家评审机制。建立健全监管企业土地房产管理机制，梳理闲置、低效土地厂房73宗432.5万平方米，研究原煤炭公司仓储项目、城市生活展示体验馆项目综合利用途径，将企业闲置资产盘活情况纳入考核指标。加大国资监督力度，联合纪检派驻组、外派监事会对企业公务用车、施工建设项目财务管理开展专项检查。

（区国资委）

【国资系统疫情防控】 年内，区国资委坚持常态化疫情防控和局部应急处置相结合，落实“外防输入、内防反弹”不放松，根据疫情变化，及时完善区国资委系统疫情防控工作方案，做好风险人员排查管控、健康监测、环境消杀等工作，确保防疫措施落实落细。国企从业人员疫苗接种率97.67%。

（区国资委）

【重大活动服务保障】 年内，区国资系统完成中国共产党成立100周年庆祝活动服务保障工作。燕京集团、顺鑫控股作为2022年冬奥会、冬残奥会赞助商，累计提供饮用水及各类食材物资近1000吨。文旅集团做好国家赛艇队、皮划艇队赛训服务，顺义科创参与举办智能网联汽车大会、HICOOL 2021全球创业者峰会、北斗导航年会等重大活动。

（区国资委）

【脱贫攻坚】 年内，区属国企累计拨付扶贫资金563万元，为西藏自治区尼木县派驻技术人才2名，区供销社、顺商集团通过扶贫分中心等渠道销售帮扶商品2000余万元。顺鑫控股获评“全国脱贫攻坚先进集体”，区供销社获评“北京市扶贫协作先进集体”。

（区国资委）

【民生福祉不断增进】 年内，市政控股以杨镇水厂扩建、焚烧三期工程等项目为重点，加快推进农村基础设施建设，提前完成8镇24村14642块“煤改气”燃气报警器更换项目。国泰商场、隆华购物中心加快推进升级改造。燕顺投资、大龙控股完成1356户居民配租选房，顺义科创妥善解决澜西园三区房本难题。

（区国资委）

2021年区国资委监管一级企业一览表

序号	企业名称
1	北京顺鑫控股集团有限公司
2	北京燕京啤酒集团有限公司
3	北京大龙控股有限公司
4	北京顺义市政控股集团有限公司
5	北京空港经济开发有限公司
6	北京顺义科技创新集团有限公司
7	北京顺义建设投资服务有限公司
8	北京市顺建工程有限公司
9	北京市顺义区供销合作联合社
10	北京市顺义区国有资本经营管理有限公司
11	北京顺义金融控股有限责任公司
12	北京顺义商业集团有限公司
13	北京顺义新城发展有限公司
14	北京综合保税区开发管理有限公司
15	北京顺义文化旅游投资集团有限公司
16	北京市燕顺保障性住房投资有限公司
17	北京顺义物业服务集团有限公司

投资促进与服务

【概况】 年内，坚持以习近平新时代中国特色社会主义思想为指导，深入学习贯彻党的十九大和十九届历次全会及习近平总书记重要讲话和重要指示批示精神，树牢“四个意识”，坚定“四个自信”，坚决做到“两个维护”，推动各项工作开展。

（区投资促进服务中心）

【配套《意见》《方案》相继出台】 4月8日，《顺义区实施产业项目全过程管理的指导意见》以区委办公室、区政府办公室文件印发。8月28日，《顺义区关于全面加强招商引资工作的实施方案》以区委办公室、区政府办公室文件印发。《方案》从定性和定量2个维度对“十四五”规划时期内的招商引资工作进行全面安排和部署，包括指导原则、工作目标、工作任务三大部分。工作任务主要包括六大任务30项任务分工。

（区投资促进服务中心）

【“两区”建设新加坡线上推介会活动】 4月28日，参加由北京市投资促进服务中心举办面向新加坡的线上推介会活动。本次活动邀请新加坡凯德集团、Amtronic集团、新加坡PV真空工程有限公司等30余家新加坡企业参会。

（区投资促进服务中心）

【第一期招商引资专题培训】 5月28日，区投促中心围绕《顺义区产业项目全过程管理及两区建设》开展“2021年第一期招商引资专题培训”活动，全区各镇、功能区主管招商引资工作的70余人参加。通过案例分析、技巧分享、政策解读的形式，解读产业项目生命周期、企业平均寿命到项目落地投产、政府如何为企业提供服务等内容。

（区投资促进服务中心）

【“两区”建设德国线上推介会活动】 6月9日，参加北京市投资促进服务中心举办的“两区”建设德国线上推介会活动，区委常委副区长、区投促中心副主任参加活动并进行政策解读和营商环境推介。

（区投资促进服务中心）

【第二期招商引资专题培训】 11月25日，区投促中心围绕“以商引商与项目挖掘”这一主题开展培训活动。培训以线上直播方式开展，有来自全区各镇、功能区的23家单位参与。培训围绕投资促进工作概述、现状及投资信息挖掘、产业链招商的实际操作、投资促进工作的未来等内容，通过理论联系实际、案例联系方法，多维度阐释投资促进工作的定义、方法和新常态下投资促进工作的新思路。印制招商引资实务培训手册，会后发至参会单位。

（区投资促进服务中心）

【第二十四届京港洽谈会活动】 12月6日，区投促中心参加以“融入新格局，开启新征程”为主题的第二十四届京港洽谈会活动。顺义区在会场以展板形式宣传展示在“两区”建设中取得的成效和投资机遇、京港两地在重点领域的合作成果、发展商机及重点项目；设立咨询台现场开展投资政策咨询与项目对接洽谈。

（区投资促进服务中心）

【中德智能机器人创新实践基地落户顺义】 年内，区投资促进服务中心引进中德智能机器人项目，实施主体北京顺义思灵机器人科技有限责任公司建设集生产、销售、展示为一体的中德智能机器人创新实践基地。项目自主研发的Diana7和Thor6两款智能协作机器人已投产，用于3C、医疗、汽车及其零部件等行业。

（区投资促进服务中心）

◆年内，中德智能机器人创新实践基地落户顺义（区投资促进服务中心）

【“HICOOL全球创业大赛”优质项目落户顺义】 年内，引入“HICOOL全球创业大赛”优质项目落户顺义，完成HICOOL产业园建设。落地项目39个，办理手续12个，重点在谈14个。将“HICOOL智能制造产业园”建设与创新型产业集群示范区建设同步谋划、同步考虑。推进HICOOL商学院、HICOOL基金等配套筹建。引进江雷院士仿生研究院项目，探索区属国有企业以投资的方式支持新兴研发机构发展。

（区投资促进服务中心）

【元航天汇硬科技制造谷投入使用】 年内，元航天汇硬科技制造谷正式运营，截至年底，落地项目65个，其中国家高新技术企业8家。

（区投资促进服务中心）

【服务专员工作】 年内，区投促中心的服务专员对“服务包”内335家企业开展“一对一”交流对接服务，联系协调行业主管部门和责任部门，开展企业服务工作，对于企业诉求和政府承诺事项，逐级进行协调解决。实地走访企业200家，通过微信、电话邮件等方式联系企业2800余次。组织召开区领导企业诉求协调会，为中源合聚生物科技有限公司、北京迈迪顶峰医疗科技有限公司、北京顺丰速运有限公司、天音信息服务（北京）有限公司、延锋海纳川汽车饰件系统有限公司、中国航空油料集团有限公司等多家公司协调解决诉求10余条。组织企业诉求协调会，协助蓝星东丽膜科技（北京）有限公司解决加快天然气管道手续办理及施工进度的诉求。陪同市领导走访中国航空器材集团有限公司、中国民航信息集团有限公司、中国民生银行股份有限公司等中央企业，陪同区领导走访企业35家，与10余家企业开展座谈会。分领域开展常态化政策宣介，推送政府支持政策，并将顺义区现有政策印刷成册，形成《顺义区产业政策汇编》发送给企业。

（区投资促进服务中心）

烟草专卖与管理

【概况】 年内，区烟草专卖局（公司）隶属市烟草专卖局（公司），实行“统一领导、垂直管理、专卖专营”的经营管理体制，主要负责顺义区的卷烟经营和市场管理工作。全年销售卷烟57374箱，同比57429箱减少55箱，降低0.1%。6月，顺义烟草办公室班组的《完善应急处突、强化协调创新，助力企业高质量发展》和专卖监督管理班组的《服务于心、内化于行，致力提升行政许可服务管理水平》，分别获全国及北京质量信得过班组建设发表赛一等奖，并双双荣获“国优班组”称号。

（区烟草专卖局）

【参加第四届烟草制品购销职业技能竞赛】 3月29日至4月2日，第四届北京烟草专卖局（公司）烟草制品购销职业技能竞赛举办。顺义烟草获团体第一名，1人被推荐为"省级烟草技术能手"，3名参赛选手均进入竞赛前15名。

（区烟草专卖局）

【我为群众办实事活动扎实开展】 6月，顺义烟草分层、分类开展零售客户调研走访工作，了解群众重点关注各类问题意见和实际需求，重新梳理工作流程，查找管理漏洞，识别关键改善点，对零售客户实现"一户一策"专业化帮扶工作。

（区烟草专卖局）

【开展《未成年人保护法》法律宣传活动】 6月17日，区烟草专卖局法制科开展《中华人民共和国未成年人保护法》主题宣传活动，对中小学、幼儿园周边重点9户零售户开展重点走访工作，通过"面对面"普法宣传服务，以H5为宣传手段（主要对编程、视频处理、音频处理、图片处理、动画制作等多项技术的融合展示），细化法律条款，回应零售户关切问题。

（区烟草专卖局）

【开展保护未成年人免受烟侵害"守护成长"专项行动】 7月1日至9月14日，顺义烟草按照《保护未成年人免受烟侵害"守护成长"专项行动方案》要求，排查辖区校园周边100米内是否存在卷烟（含电子烟）零售点、有无警示标识、有无向未成年人售烟行为等情况，与区教委、区人力社保局加强沟通协作，及时更新教育名录信息，加强校园周边执法检查工作。

（区烟草专卖局）

【北京顺鑫石门农副产品批发市场卷烟零售户疏解】 9—12月，顺义烟草按照《疏解批发市场卷烟零售户实施方案》，坚持以人为本的疏解政策和以疏为主、疏管结合的工作举措，北京顺鑫石门农副产品批发市场内18户持证零售户有17户办理歇业注销手续，剩余1户自愿降档。

（区烟草专卖局）

【《烟草制品零售点合理布局规定》听证会召开】 11月22日，北京市顺义区烟草专卖局召开辖区《烟草制品零售点合理布局规定》听证会，征求对《北京市顺义区烟草制品零售店布局规定》的意见，5名职工与10名零售户和消费者代表参加。起草人对《规定》的起草情况及相关法律法规要求进行说明，对参会代表提出的疑问进行现场解答。

（区烟草专卖局）

【新版《烟草制品零售点合理布局规定》出台】 11月25日，《顺义区烟草专卖局烟草制品零售点合理布局规定》正式实施。

（区烟草专卖局）

【"12·4"宪法宣传周活动】 12月4日，区烟草专卖局法制科开展《中华人民共和国宪法》宣传，通过图解、短视频、转发评论员文章等形式开展"指尖普法"。

（区烟草专卖局）

【与区公安分局协作加强打击涉烟违法犯罪】 年内，与区公安分局加强协作，共同制订《顺义区关于加强打击涉烟违法犯罪工作实施方案》，按照"打团伙、破网络、抓主犯、断链条"的打击整治工作思路，加大涉烟违法犯罪打击力度。

（区烟草专卖局）

【确保疫情期间安全配送】 疫情期间，配送员全程佩戴口罩、手套、护目镜，每送完一户用消毒液擦手进行消毒，货物交接时和客户保持2米安全距离，全程做到和客户无接触送货。

（区烟草专卖局）

【配送线路优化改革】 年内，顺义烟草于第四季度启动配送线路优化改革。

（区烟草专卖局）

【加强电子发票管理，防范发票风险】 年内，顺义烟草全面推进"票财税"一体化系统的使用，实现电子普通发票开具和取得集中管理，防范发票风险。财务科加大力度规范公司各部门增值税电子发票报销手续，确保能够准确、完整、有效接收和读取电子发票，防止电子会计凭证重复入账问题。

（区烟草专卖局）

农业 农村

农村工作

【概况】 年内，粮食生产创5年来历史新高，蔬菜、生猪生产完成全年任务指标，扎实落实“田长制”职责，新建133.33公顷（2000亩）高标准农田。完成第二批131个美丽乡村建设任务，持续加强农村人居环境整治力度。

（区农业农村局）

【公共水域增殖放流】 5月12日，区渔政监督管理站利用财政资金17万元对潮白河、东郊湿地公园、汉石桥湿地等自然水域进行增殖放流，放流鲢、鳙鱼1.36万千克，折合17万尾。10月26日，完成市农业农村局对潮白河、城北减河、汉石桥湿地、东郊森林公园、东江公园等自然水域增殖放流，放流鲢、鳙鱼1.8万千克，折合14万尾。

（区农业农村局）

【猪肉供应保障】 中国共产党成立100周年庆祝活动期间，严格落实行业监管责任，细化工作流程，监督北京顺鑫农业股份有限公司鹏程食品分公司发货20车次，累计供应猪肉5730千克。

（区农业农村局）

【农民合作社质量提升整区推进试点工作】 自2019年底，顺义区被农业农村部确定为第二批全国农民合作社质量提升整县推进试点单位（北京市首批试点之一）以来，顺义区在北京农村管理信息化综合应用平台登记的农民专业合作社有189家，其中种植业129家、畜牧业23家、渔业4家、服务业27家（农机服务24家）、手工业3家、其他产业3家；市级以上示范社24家（国家级示范社11家）、联合社3家、联合会1家；有14624人加入农民专业合作社，辐射带动非成员农户34964户。2020年，合作社资产总额54940.53万元，当年总盈余4190.31万元，盈余分配返还1947.03万元。

（区农业农村局）

【顺义区农村土地确权颁证工作基本完成】 截至年底，全区农村土地承包经营权确权登记颁证工作完成15个镇303个行政村303个发包方的权属调查工作，确权承包地块607个，确权家庭7.31万户，向区档案馆移交7.12万份农村土地确权档案。全区农村土地承包经营权确权登记颁证工作基本完成。

（区农业农村局）

【“菜篮子”区长负责制强化】 年内，完成粮食播种面积11600公顷（17.4万亩）、产量6.8万吨，超额完成市级任务，位列全市第一。蔬菜播种面积6333.33公顷（9.5万亩）、产量28.5万吨，完成市级任务，位列位列第三。生猪存栏11万头，完成年度任务，位列全市第二。

（区农业农村局）

【“田长制”工作全面启动】 年内，顺义区落实农田保护责任，建立健全“田长制”各项制度。制定《顺义区全面推行“田长制”实施方案》《顺义区“田长制”办公室组建及工作方案》《顺义区“田长制”总田长令发布制度》等5项配套制度。区农业农村局组织全区20个镇级单位完成镇级“田长制”实施方案的出台工作，设立区、镇、村三级田长，建立村级管护队伍396个，设立巡田员424名，保护建设利用好1.58万公顷（23.7万亩）永久基本农田和1533.33公顷（2.3万亩）永久基本农田储备区。

（区农业农村局）

【乡村特色产业培育】 年内，经农业农村部审定，龙湾屯镇果蔬“三品一标”基地入选全国第一批种植业“三品一标”基地（本年度北京市3个镇入选）。杨镇东焦各庄村（草莓）、龙湾屯镇山里辛庄村（酥梨）入选全国“一村一品”示范村（2021年度北京市4个村入选）。

（区农业农村局）

【顺义区农业种质资源普查】 年内，为贯彻落实《中共中央 国务院关于全面推进乡村振兴加快农业农村现代化的意见》中关于打好种业翻身仗的总体部署，区农业农村局按照“统一部署、分头实施、整体推进”的原则开展顺义区农业种质资源普查工作。上报农作物普查品种27个，畜禽遗传资源41个品种，群体数量772466头（只），水产养殖主体117家。

（区农业农村局）

【美丽乡村取得新进展，人居环境持续巩固】 年内，全区第二批131个美丽乡村创建任务完成验收，通过率100%。下一年度第三批美丽乡村建设工作已经启动。出台《2021年北京市顺义区改善农村人居环境推进美丽乡村建设工作方案》《关于进一步健全完善农村人居环境长效管护机制的指导意见》等工作方案，指导各行业主管部门、各镇村制订长效管护实施方案。

（区农业农村局）

【农业标准化基地覆盖率74.6%】 截至年底，顺义区有备案农业标准化基地165家（种植业84家、畜牧业14家、渔业67家），其中优级农业标准化基地111家，顺义区农业标准化覆盖率74.6%。

（区农业农村局）

【渔业资源保护】 年内，渔业资源保护出动执法人员1980人次、执法车辆420次，开展执法检查381次，其中渔政、水政联合执法检查42次，检查渔具生产、销售单位75个，查获电捕工具2套、橡皮筏4个，清理违规网具4500余米、粘网2200米。行政处罚立案3起，结案3起，罚款4000元；协助公安部门处理破坏渔业资源案件2起，刑事处理3人。完成渔业资源保护12345接诉即办工单112件，电话举报25件，响应率、解决率、满意率基本达到100%。完成渔业生态环境损害赔偿案3例，投放鲢、鳙鱼至潮白河、减河130千克，折合2400余尾。张孝林生态环境赔偿修复案为顺义区首例案件。

（区农业农村局）

【科技和人才建设】 年内，实施基层农技推广体系改革与建设任务，建设农业科技示范基地1家，推广农业主推技术4项，培训基层农技人员80名及示范主体40户。继续深化6家农业科技示范基地建设，全年示范新品种110个、新技术13项，组织培训2727人次。开展农民培训工作，鼓励农民通过“半农半读”方式就近接受职业教育和技能培训，累计培训农民2368人。

（区农业农村局）

【违法行为查处】 年内，查处违法行为并立案152起，罚没款13.47万元。

（区农业农村局）

【动物源性食品安全保障】 年内，共产地检疫动物3238.15万头（只），屠宰检疫动物199.09万头（只），检疫外调猪肉产品87300.5吨。监督无害化处理病死和死因不明动物132.7万头（只）、动物产品1872.2吨。公路站查验进京车辆2845辆，进京动物24.23万头（只），动物产品3202.16吨。持续开展风险监测，检测瘦肉精与药残1.09万份，委托第三方检测218份，配合上级单位采样318份。全年未发生一起违规出具检疫证明事件和动物源性食品安全事件。

（区农业农村局）

【农业生产专项整治】 年内，开展专项整治行动4次，分别为瘦肉精、农资打假、非洲猪瘟假疫苗、非法电鱼领域。

（区农业农村局）

【重大动物疫病防控】 年内，开展重大动物疫病免疫691.52万头（只），监测畜禽样品82295份，对全区19个镇的养殖场户开展流行病学调查，举办、组织非洲猪瘟、禽流感、布病、牛结节性皮肤病防治等区级培训8次、培训482人次，发放疫苗数151.65万毫升/头份、各类免疫标识20.99万枚、消毒药4.36吨、防疫物资21.7万个（套），消毒面积20104.93万平方米，发放宣传材料及物资1.3万余份。

（区农业农村局）

【2000余亩高标准农田建设项目完成区级竣工验收】 2020—2021年，全区高标准农田建设有133.73公顷（2006亩），其中粮田116.73公顷（1751亩），菜田17公顷（255亩），建设资金500万余元。

（区农业农村局）

农村经济

【概况】 年内，区经管站党组坚持以习近平新时代中国特色社会主义思想为指引，深入贯彻党的十九大和十九届三中、四中、五中、六中全会及习近平总书记视察北京系列重要讲话精神，落实“乡村振兴战略”的目标要求，认真做好全区农经管理各项工作。

（区经管站）

【土地承包经营权纠纷调解仲裁】 年内，在全市率先完成区土地承包仲裁委员会换届工作。采取公开招聘的方式向社会招聘农村土地承包纠纷仲裁员，聘用20名具有专业业务知识和相关工作经验的律师、法治工作者、农经工作者为仲裁员。受理仲裁申请17件。仲裁裁决3件，仲裁庭调解1件，申请人撤销仲裁申请3件。

（区经管站）

【家庭承包合同与农村集体经济合同管理】 年内，审核村级经济合同315份，其中农用地3.33公顷（50亩）以上或者建设用地0.67公顷（10亩）以上的合同37份，特殊用途类合同218份，联审合同60份。

（区经管站）

【农经统计分析和专项监测】 年内，统计单位565家，涉及农户14.8万户，农村集体经济资产总额334.4亿元，集体经济总收入47.7亿元，农民人均所得29061元，劳动力就业率96%。

（区经管站）

【农村集体资产清产核资】 上一年度全区纳入资产清查单位532家，镇、村两级资产265.55亿元，其中镇级54.55亿元，村级211亿元；负债103.12亿元，其中镇级44.24亿元，村级58.88亿元；所有者权益162.43亿元，其中镇级10.31亿元，村级152.12亿元。村级集体土地总面积85306.67公顷（127.96万亩），其中农用地60966.67公顷（91.45万亩），占总面积的71.47%；建设用地24240公顷（36.36万亩），占总面积的28.42%；未利用地100公顷（0.15万亩）。

（区经管站）

【产权交易平台建设】 年内，全区农村产权交易项目挂牌110宗，挂牌金额1.55亿元。成交71宗，成交金额9214万元。土地流转面积643.67公顷(9655亩），资产房屋租赁面积4.76万平方米。采取网络竞价方式成交项目21宗，占成交项目比例29.6%。最高溢价率97.5%。合同期内为集体经济组织增加收入295万元。减免交易服务费31.81万元。其中成交项目宗数在全市各区中排名第二，竞价项目数量在全市各区中排名第一，本年度最高溢价率项目为顺义区成交项目。

（区经管站）

【农村集体经济审计监督】 年内，组织19个镇的集体经济审计部门，对上一年度村级公益事业专项补助资金管理使用情况进行审计，审计金额13260万元。对村级公益事业专项补助资金管理使用情况、村级组织主要负责人经济责任审计工作中查出的问题，要求各镇建立整改台账逐条整改，通过抽查跟踪进行监督指导。

（区经管站）

【农村集体经济组织登记证书变更】 年内，贯彻落实农业农村部和市农业农村局相关文件及通知精神，由农业农村部统一监制、市农业农村局统一印制《农村集体经济组织登记证》，区经管站负责具体变更事项，截至年底，完成79个村集体经济组织提交的变更材料审核、打印登记证书并加盖区农业农村局公章。

（区经管站）

【家庭农场示范创建】 年内，创建赵全营镇、龙湾屯镇为家庭农场示范镇，培育家庭农场示范户20家，分配中央财政转移支付资金240万元为示范乡镇和示范户提供资金补助。

（区经管站）

【农民合作社质量提升整区推进】 年内，出台《2021年顺义区农业农村改革发展资金支持农民合作社建设和生产托管服务项目实施方案》，涉及市级资金700万元，用于15家农民合作社申报项目建设和农业托管服务等；举办近百人次参加的农民合作社整区推进质量提升业务培训班，对理事长、理事、财务负责人开展集中培训；为有带动作用的示范社拍摄抖音宣传片，发挥优秀合作社示范引领作用。聘请第三方对全区农民合作社进行摸底调研，结合实际出具调研报告和整改建议方案；完成顺义区农民合作社质量提升整区推进试点工作总结。

（区经管站）

新农村建设

【农村地区村庄冬季清洁取暖】 年内，继续实施优质燃煤替代工程，共配优质燃煤1.23万吨。健全清洁取暖设备的长效运行管护机制，依托19个镇级“煤改清洁能源”售后服务中心，建立热线电话服务、快速响应服务、服务质量回访、应急抢修保障、备品备件保障等机制，通过提前谋划、提前部署、提前行动、落实日常维修服务等措施，做好村民供暖保障工作。

（区新农办）

◆年内，进行煤改清洁能源设备维护（区新农办）

【农村基础设施建设】 年内，8.25万盏路灯照亮农村夜晚。指导各镇加强对农村路灯的巡查，发现问题及时进行维修维护；各村结合本村实际情况，合理设置开关灯时间。依托区、镇、村、维护公司四级联动的闭环管护机制，强化安全检查、设备维护、培训学习等措施，保障326座太阳能公共浴室正常运行。对村庄内未硬化的街坊路进行新建和已硬化的街坊路中破损处进行修缮，由各镇政府主导组织实施，改善村民出行条件。

（区新农办）

◆太阳能公共浴室（区新农办）

农业技术服务

【概况】 年内，顺义区小麦收获面积5440公顷（8.16万亩），平均单产354千克，总产量2888.6万千克，销售产值6528.2万元；玉米收获面积7733.33公顷（11.6万亩），平均单产426千克，总产量4941.6万千克，销售产值11859.8万元；白薯种植面积32.47公顷（487亩），平均单产2150千克，总产量104.7万千克，销售产值230.3万元；豆类种植面积7.07公顷（106亩），平均单产296千克，总产量3.1万千克，销售产值18.6万元；花生种植面积9.2公顷（138亩），平均单产298千克，总产量4.1万千克，销售产值27.1万元。全年粮经类作物总产值1.87亿元，同比增加14.7%。蔬菜播种面积7093.33公顷（10.64万亩），上市4.22亿千克，同比减少31%，销售收入14.1亿元，同比减少3%。全区渔业水域面积2220公顷（33300亩），食用鱼养殖利用水面面积227.13公顷（3407亩），成鱼销售量2969吨，同比增长4.1%；休闲渔业面积150.4公顷（2256亩），垂钓985.2吨，同比增长11.7%。

（区农服中心）

【农业技术综合服务中心成立】 4月28日，顺义区农业技术综合服务中心挂牌成立，办公地点位于顺义区建新西街甲3号，编制225名。在整合区农业农村局所属部分事业单位、区种植业服务中心、区农机服务中心职责的基础上，组建区农业技术综合服务中心，为区政府直属公益一类事业单位，机构规格为相当正处级，经费形式为全额拨款，归口区农业农村局管理。内设粮经服务科、蔬菜服务科、农机服务科、畜牧服务科、水产服务科等17个科室，下属农业科学研究所、农业机械化技术推广服务站、动物疫病预防控制中心、植保植检站4个单位。

（区农服中心）

【种植业技术服务】 年内，结合多年粮菜新品种引进、配套栽培技术成果，根据苗情、墒情、病虫草鼠害、土壤肥力监测和气候情况，制定春耕、三夏、三秋生产工作意见；针对粮菜种植结构、品种布局、栽培技术等方面进行详细部署，指导全区农业生产；在粮菜不同生育时期，重点就肥水、病虫害防治等管理措施，发布各类管理建议 40 余期。推广应用粮菜优质品种 20 余个，高产配套技术 20 余项，指导粮菜病虫草鼠防治面积 183826.67 公顷（275.74 万亩）次，开展农情数据调查、统计 260 余次。

（区农服中心）

【粮菜提质增效技术研究项目】 年内，依托北京现代农业果类蔬菜、叶类蔬菜等创新团队建设工作，安排瓜菜、食用菌、小麦、甜糯玉米等试验、示范 30 余项，展示新品种、新技术 200 余个。建立蔬菜产业新品种、新技术展示基地 6 个，展示西瓜蜂授粉、新型滴灌带节水灌溉、瓜果类蔬菜生物防治等新技术；聘请中国农业科学院等 10 余家单位农业专家 28 名，重点开展蔬菜新品种引进、绿色生产技术的示范研究工作，落实合作项目 40 项。

（区农服中心）

【粮食安全区长责任制考核】 年内，结合本区农业结构调整及粮食作物生产实际，充分发挥自身科技服务功能，开展粮田病虫害防治、保护性耕作等项目，实施农区鼠害综合治理、小麦吸浆虫防治、秸秆还田等技术。农田鼠害平均防治效果 93.6%，吸浆虫防治效果 95% 以上。小麦玉米耕种收综合机械化水平 99% 以上，完成小麦玉米保护性耕作面积 12106.67 公顷（18.16 万亩），小麦玉米秸秆粉碎还田面积 10506.67 公顷（15.76 万亩）。市、区关于粮食安全区长责任制考核任务指标全部完成。

（区农服中心）

【草地贪夜蛾防控】 年内，贯彻落实《中共中央国务院关于全面推进乡村振兴加快农业农村现代化的意见》及《北京市“虫口夺粮”保丰收行动方案》精神，按照“早谋划、早预警、早准备、早防治”的要求，部署草地贪夜蛾监测工作，建立区、镇两级监测点 324 个，安装诱捕器 450 套，发放防控药剂甲维盐 4.5 吨。诱捕成虫 14 头，未发现卵、幼虫及为害状，草地贪夜蛾未造成危害。

（区农服中心）

【重要农时机械化作业】 年内，春耕完成春玉米播种作业 1066.67 公顷（1.6 万亩），其中保护性耕作 933.33 公顷（1.4 万亩）。三夏共投入小麦收割机、玉米播种机等各种农机具 1000 余台（件），完成小麦收割 5440 公顷（8.16 万亩）和夏玉米播种 6666.67 公顷（10 万亩）。三秋共投入拖拉机、玉米收获机、青饲收获机、小麦播种机等各种农机具 1200 余台（件），完成玉米收获 7733.33 公顷（11.6 万亩）和冬小麦播种 6846.67 公顷（10.27 万亩）。

（区农服中心）

【农机购置补贴政策落实】 年内，落实北京市“自主购机、定额补贴、先购后补、区级结算、直补到卡（户）”的农机购置补贴政策，补贴机具 352 台，补贴资金 1104 余万元，受惠农户 166 户。

（区农服中心）

【农机政务服务】 年内，24 项行政许可事项进驻区政务服务中心综合窗口，压缩拖拉机和收割机注册登记时限。完成行政许可 1062 件，零投诉。

（区农服中心）

【农机化新技术示范推广】 年内，在大孙各庄镇绿奥果蔬合作社 7 个冷棚示范新型冷棚卷帘机，通过冷棚结构加固、安装冷棚卷帘机、保温被，使冷棚蔬菜生产时间由 4—10 月延长至全年，多收获春、冬两季青菜；研制、示范绿植废弃物多功能处理箱 2 台，绿植废弃物经多功能处理箱粉碎后，通过静态堆肥发酵装置发酵，制成有机肥料，返施于田间。

（区农服中心）

【渔业新品种新技术试验】 年内，实施池塘生态化循环水养殖，生态浮床稻鱼共养技术在后鲁渔场试验取得成功，实现减量提质增效目标；水产养殖减量用药试验进展顺利，用药量每亩减少 30%，配合水生态制剂和有益菌类使用，达到预防控病效果；台湾泥鳅养殖推广、淡水鲈鱼卵孵化试验获得成功，苗种孵化产能 8000 万尾。

（区农服中心）

【渔业安全生产服务】 年内，落实企业安全生产主体责任，重点开展防汛、生产安全检查，检查生产主体 180 余家次，未发生重大渔业安全事故；坚持源头严防、过程严管、风险严控，完成7000个水产样本检测，其中定量检测75个，产地监督抽检、风险监测合格率100%；加强水生动物疫病监测和防控、做好突发疫病应急处置和重视水产苗种产地检疫等工作，对区内潮白河水域、重点苗种、养殖企业进行检疫、检测5次，检测结果正常，未发现相关疫病。

（区农服中心）

【动物疫病防控】 年内，指导组织养殖场户对高致病性禽流感、猪瘟、羊布病等8种疫病免疫691.51万头（只）；开展人畜共患病防控，完成犬狂犬病免疫9.35万条，炭疽免疫7.96万头（只）。开展监测与净化，累计监测、送检畜禽样本19.98万份，其中对非洲猪瘟病毒开展养殖环节、屠宰环节、备案运输车辆等全链条监测9.85万份，监测结果均符合要求；严格落实养殖场消毒、灭鼠、灭蚊蝇工作，全区19个镇594个养殖场累计消毒面积4493万平方米，灭鼠面积1581.48万平方米，驱虫23.39万头（只）；向各镇、社会狂犬病免疫点发放疫苗161.6万头份、免疫标识21.92万枚、防护服等人员防护用品4.52万个（只、套），一次性注射器等各类防疫用品13.08万个、各类消毒药物3.96吨。

（区农服中心）

【农业生产认证】 年内，为91家种植业“三品”认证、标准化生产基地建立档案，实施分级管理，加强日常监督检查，累次检查262个次，发放田间生产档案记录、农药出入库记录5000余份，发现问题，及时整改；完成新建农业标准化基地备案3家，市优级农业标准化基地满5年复评7家，推荐3家，全部通过；9家企业通过绿色食品认证初审。现有绿色认证企业3家，有机认证企业17家。开展水产业标准化生产、“三品”认证工作，备案标准化水产养殖场58家，生产规模170.4公顷（2556亩）；无公害认证水产养殖场68家，生产规模146.4公顷（2196亩）。以规模化生产主体为重点，做好标准化基地和三品认证场（家）建设的宣传引导，加强对基地的指导检查，促进其依标生产，提高基地标准化管理和生产水平。

（区农服中心）

【农药残留检测】 年内，农业农村部、市农业农村局抽检蔬菜样本288个，粮食样本15个，全部合格；本区农药残毒快速检测17128个样本，34种农药残留定量检测455个样本，合格率100%；开展农药有效成分及含量检测，抽取52个样本，全部合格。

（区农服中心）

【农情监测】 年内，结合农时，开展种植业苗情、墒情和地下水硝酸盐、灌溉用水等监测89（期）次，及时掌握种植业生产现状，根据监测结果提出管理建议7篇，墒情管理建议14篇。

（区农服中心）

【绿色防控技术】 年内，依托北京市农药减量使用管理系统推广应用绿色防控产品，入网补贴对象5200余户，覆盖菜田3266.67公顷（4.9万亩），开具病虫诊断处方30202条，结算资金1910.16万元，其中化学农药占比7.1%，化学农药实现减量化。在北务镇、杨镇等西瓜主产镇推广大棚西瓜蜜蜂授粉技术793.33公顷（1.19万亩），占西瓜种植规模的94%以上，解决应用激素保花保果影响食品安全和环境污染问题。

（区农服中心）

【粮田作物秸秆处理】 年内，在全区所有粮食种植镇，推广灭茬粉碎、重耙深松、免耕播种等技术；对在全区完成秸秆粉碎覆盖还田，且在秸秆粉碎还田机具上安装北斗监测设备、具备实时上传作业信息的农机服务组织或个人，每亩补贴35元。夏季小麦秸秆全面实现粉碎还田和打捆收集，秋季玉米秸秆粉碎还田和青饲收获综合率上升至99%以上，基本实现秸秆肥料化、饲料化和商品化。

（区农服中心）

【农机尾气治理】 年内，有321台拖拉机、收割机完成换装污染物控制装置，并将所有换装车辆制作电子档案，录入北京市农机监理总站牌证管理系统。

（区农服中心）

【平安农机创建】 年内，按照全市变型拖拉机清理工作方案要求，根据全区工作实施方案，截至9月30日，注销农业机械号牌1007台，并完成市牌证系统和全国变拖系统注销录入工作，实现2022年1月“变拖”清零工作目标。在“3·15农资打假宣传日”及“三夏”“三秋”前，农机监理人员出动48人次，对区内23家农机维修企业开展执法检查；对田间作业的农业机械开展安全检查18次；会同各镇安全科、区交通支队、市场监管部门开展联合执法6次。加大农机安全宣传力度，加强农机事故应急管理。向区内使用农业机械的农业生产经营组织发放“平安农机 漫说法规”海报、《农业机械所有人告知书》等宣传资料，发放覆盖面100%；开展农机安全现场普法活动2次；开展农机安全创新宣传方式，“三秋”期间选取农机使用率高的10个村，播放农机安全知识。制订应急预案，组织农机事故现场应急演练，提升农机监理人员处置突发事件能力。三秋前，在北京兴农天力农机合作社开展农机安全生产事故应急演练活动1次。年内无重大农机安全事故发生。

（区农服中心）

【菜田废弃物循环利用】 年内，在全区16个蔬菜种植镇，全面实施菜田废弃物循环利用项目，通过菜田废弃物收集、拉运，并经无害化处理制成有机肥，回施于田间。回收菜田废弃物121779吨，制成有机肥16200吨，有机质6100吨。

（区农服中心）

【农膜及农药包装废弃物回收】 年内，回收旧地膜324吨，兑换新地膜324吨，安排全生物可降解地膜试点示范16.67公顷（250亩）。完成农药包装物回收4.5吨（约100万个）。

（区农服中心）

【植物农资检验检疫】 年内，种植业签发产地检疫合格证49批次，作物111.58公顷（1673.67亩）、种子96.80万千克、草坪6.6万平方米；签发检疫要求书20份，检疫证书260批次，调运种子35.8万千克；检查种子店110家次，对无检疫证销售行为进行处罚。检查农资生产、经营和使用单位886家次，抽检农资样本94个，行政处罚5起，罚没款11518元，责令8个农药经营单位下架不合格农药产品12种130.92千克，货值3386.5元，没收不合格农药产品38.42千克。

（区农服中心）

【农民技术培训】 年内，结合全区农情、病虫情、动物疫病等情况，采用线上线下授课、现场观摩、创新团队等形式，开展生产实用、绿色生态循环利用等培训活动。开展集中培训23次，参加培训1033人次；开展线上培训11次，参加培训1348人次。

（区农服中心）

【果品产业】 年内，顺义区果品产量3402.66万千克，产值1.7亿元。以浅山五镇为重点，依据区园林绿化局制定的《关于推进樱桃产业发展的扶持办法（2020—2024年）》，对新植樱桃和建设樱桃设施给予补贴，完成新植（更新）露天樱桃6.57公顷（98.54亩），建设樱桃设施24.2公顷（363亩）。确定龙湾屯镇北京百业众发农业有限公司作为“甜樱桃新优良种繁育示范与推广”基地，开展樱桃新优良品种繁育，建设示范基地1.33公顷（20亩）。

（区园林绿化局）

◆年内，区园林绿化局对建设樱桃设施给予补贴，建设樱桃设施24.2公顷（363亩）（区园林绿化局）

【果品质量安全】 年内，完成市园林绿化局林产品抽样检测603份，区级林产品抽样检测1200份，完成区市场监管局检测560份，配合食药安办巩固食品安全示范区创建成果。建设顺义区林产品标准化示范基地5个，协助6家基地完成无公害认证、20家基地复查换证工作；对10家果品生产基地进行食用林产品质量安全追溯试点，实现产品全程可追溯；选择100家果品生产基地实施果园土壤质量检测，对园区土壤健康状况进行取样检测；选择10家果品生产基地开展食用林产品产品合格证制度试点工作。

（区园林绿化局）

【花卉产业】 年内，顺义区有花卉种植面积911公顷，产值3.42亿元。生产鲜切花219万枝，盆栽植物4994万盆，观赏苗木330万株。

（林业技术服务中心）

【种苗产业】 年内，顺义区有苗圃282家，育苗面积3554.67公顷，在圃苗木株数1598.6万株；办理林木种子生产经营行政许可43件；完成38处规模化苗圃日常检查与验收工作，总面积1952.79公顷。

（区园林绿化局）

【面源污染防治】 年内，配合市园林绿化局完成果园有机肥替代化肥试点项目，实施面积333.33公顷（5000亩），施用有机肥10000吨；开展本年度果树产业面源污染防治项目，向全区果园发放有机肥41665.61吨，杀虫剂——甲氨基阿维菌素苯甲酸盐12499.683千克，杀菌剂——戊唑异菌脲5833.19千克。

（区园林绿化局）

国有林场

北大沟林场

【景观提升】 年内，为落实关于加强国有林场生态景观林建设的通知（京绿办发〔2021〕50号）文件精神，北大沟林场申报2021年景观提升项目，投资100万元，面积68.93公顷（1034亩）。

（区农业农村局）

【北大沟林场管护】 年内，为贯彻落实《关于加强国有林场预算定额编制工作的指导意见》（京财农〔2016〕2509号）文件精神，北大沟林场申请森林管护经费274.23万元，用于林场2022年日常森林养护。

（区农业农村局）

工业 商业

经济和信息化

【世界智能网联汽车大会】 9月25—28日，2021世界智能网联汽车大会暨中国国际新能源和智能网联汽车展览会在北京市顺义区·中国国际展览中心（新馆）举办，以“引新荟智 绿创未来”为主题。在线下举办实体展会的同时，推出“云端看车”线上展览平台。实体展览面积5万平方米，吸引180余家企业参展，展车超过150余辆，观众总人数8万人次。举办首届全国智能驾驶测试赛，40多支参赛队伍参加11个测试项目。顺义区开放的408千米公开测试道路，为美团、毫末智行、百度等自动驾驶车辆提供测试运营场景。发布《中国汽车基础软件发展白皮书2.0》《汽车芯片保险创新模式1.0》《顺义指数：智能网联汽车产业发展指数报告（2021）》等研究成果。

（区经济和信息化局）

【主要经济指标】 年内，346家规上工业企业完成工业产值1507亿元，同比增长3.6%，总量排名第五，较好地完成市区两级任务指标，有效支撑顺义区GDP实现10%增长。全年完成固定资产投资94.69亿元，其中建安投资完成45.09亿元，提前超额完成全年任务，固定资产投资任务完成率135.3%。

（区经济和信息化局）

【六大产业产值】 年内，汽车与交通设备企业50家，累计完成工业总产值554亿元，减量39.8亿元，占比36.8%，同比下降6.7%，拉低工业增长2.7个百分点；装备企业114家，累计完成工业总产值312.6亿元，增量35.7亿元，同比增长12.9%，拉动工业增长2.5个百分点；都市企业93家，累计完成工业总产值229.6亿元，增量0.9亿元，同比增长0.4%，拉动工业增长0.1个百分点；基础材料企业50家，累计完成工业总产值264.4亿元，增量34.8亿元，同比增长15.1%，拉动工业增长2.4个百分点；生物医药企业19家，累计完成工业总产值80.8亿元，增量16.8亿元，同比增长26.2%，拉动工业增长1.2个百分点；电子信息企业20家，累计完成工业总产值65.8亿元，增量3.7亿元，同比增长6%，拉动工业增长0.3个百分点。

（区经济和信息化局）

【重点项目调度】 年内，理想汽车北京绿色智能工厂项目正式开工。北京奔驰顺义工厂2021年度生产整车4.66万辆，实现产值127.6亿元；北京现代完成名图、途胜L、全新悦动等车型改款。总投资35亿元的荣盛盟固利电池、理工华创电控、海斯坦普车身总成、滴滴汽车研制中心等项目落户顺义。举办2021年世界智能网联汽车大会，开放408千米自动驾驶公开测试道路，组织首届全国智能驾驶测试赛。组建顺义区第三代半导体产业专班，编制《关于加快发展北京第三代半导体产业的报告》。有三代半实体企业21家，累计总投资额35.17亿元，涵盖微波射频、电力电子等领域。泰科天润项目拿地手续办理中，晟合微电子项目公司主体从深圳迁至顺义，瑞能半导体项目完成工商注册登记。依托2000亩中航产业园空间承载功能，推动航空发动机制造，推动涡轮叶片、复合材料、航电系统等产业化。中航发叶片示范线建设项目、姿轨控系统核心产品制造基地项目启动主体施工，中科院工程热物理所项目完成编制选址方案，轩宇空间与轩宇信息项目正在进行楼体内外装修。

（区经济和信息化局）

【重点平台建设】 年内，《北京创新产业集群示范区（顺义）发展规划实施方案》正式印发实施，建立“一办九组”工作机制，明确26个重点工作58项重点任务、64项重点配套工程，分领域具体推进示范区各项工作。加快示范区内土地整理，梳理可利用产业用地518.27公顷（7774亩）。中德产业园获批北京中德经济技术合作先行示范区，成为国内首个以“经济技术合作”为主题的对德合作园区。编制形成《北京中德经济技术合作先行示范区总体方案（2020—2035年）》，确定以20平方千米的北京中德产业园南北“两区”为核心，联动首都机场、新国展、中央别墅区等生活生产配套“多点”发展。加快打造“一中一外”运营管理格局，启迪中德园公司正式运营，与德国中心等知名机构建立联络；组建中德智能制造产业协会，在柏林、慕尼黑、法兰克福设立海外联络处。产业园初具规模，集聚德国企业73家，德企威乐水泵全球第二总部、世界500强博世工业4.0创新中心、欧洲最大的保险公司德国安联保险集团等28个项目相继落户园区，总投资额22亿元。国际化配套环境逐步完善，南区与世界500强企业德国麦德龙超市、欧洲大都市纽伦堡地区德国医谷、燕京及慕尼黑皇家啤酒、国内知名连锁申德勒餐厅等接洽合作；北区加快推进商业综合体、中德国际学校、人才社区等一批项目建设。

（区经济和信息化局）

【智能制造转型升级】 年内，智能制造三年行动计划稳步实施，全区有12家企业获评北京市智能制造标杆企业称号，位列全市第二。“一对一”上门把脉问诊，完成首批区内30家重点制造业企业智能制造咨询诊断工作，为企业实施智能化转型升级提出科学适用的发展建议；支持30家重点制造业企业开展转型升级。推动全区规模以上工业企业上线国家级智能制造公共服务平台，动态掌握全区规模以上工业企业智能制造发展水平。工业互联网标识解析国家顶级节点（北京）加快建设，办公区展厅完成主体装修改造，部署上线二级节点39个，标识注册总量57.56亿个，解析量37.02亿次，接入企业8478家。持续推进产业结构优化调整，全年完成疏解提质项目11个，完成年度任务的183%。其中利用腾退空间引进理想汽车、科泰克、汉飞航空、同得发智慧物联4个高精尖项目；完成中卓时代、牛栏山酒厂、三立车灯等绿色化项目改造5个；完成金源顺涂装、威廉顺等一般制造业疏解退出项目2个。

（区经济和信息化局）

【助力中小企业发展】 年内，印发《顺义区创业摇篮计划支持政策实施办法》及配套《细则》。认定顺义区创新创业型企业91家，其中顺义区创新创业型种子企业18家，顺义区创新创业型苗圃企业44家，申请顺义区创新创业型小巨人企业29家。区内有64家企业获北京市“专精特新”中小企业称号，11家企业获北京市“专精特新”小巨人企业称号，14家企业获国家级“小巨人”企业称号。

（区经济和信息化局）

【智慧城市建设】 年内，5G基础设施建设加快推进，新增开通5G基站342个，累计开通5G基站1752个。“智慧顺义”无线网络全覆盖项目建设8326个AP点位，覆盖8大场景，累计注册人数逾24万人，提供服务逾1亿人次。建设应用“智慧顺义”基础地理信息平台，更新建设31个委办局，155个专题图层，为区城管委、区综治办等单位提供地理信息服务。“雪亮工程”二期建设有序推进，完成部分内容的招投标工作。信用体系助推智慧城市建设，“顺义区公共信用信息平台”建设完成，累计归集信用数据221万条；助力企业健康发展，举办“信用进园区”“信用进商圈”等主题实践活动36场，引导企业自主信用修复1510条，为智慧城市建设提供基础信息资源和诚信社会环境。

（区经济和信息化局）

北京顺义科技创新集团有限公司

【概况】 年内，科创集团全体干部职工在做好常态化疫情防控的基础上，聚焦区域产业发展，大力推进重点项目建设，协助营造区域产业成长环境，全力服务主导产业招商引资工作，通过开发建设、投资、合资、合作等形式，依法开展经营活动，实现功能区企业资产资本化。在提高经济效益的同时，承担社会责任，较好地完成全年任务目标，实现“十四五”良好开局。

（科创集团）

【国企改革深入推进】 年内，科创集团落实《国企改革三年行动方案（2020—2022年）》要求，3项措施推动重点改革任务。实施非主营业务剥离。集团主动对接北京顺义物业服务集团有限公司、北京顺义市政控股集团有限公司和北京市顺建工程有限公司，移交澜西园、顺和花园等4个物业项目部，涉及管理面积58.4万平方米；平稳剥离5家所属公司，涉及人员420人资产12亿元；完成北京林河景盛房地产开发有限公司、北京实力房地产开发有限公司

2家地产公司整合重组，进一步解决同质化竞争问题。落实重点改革任务。根据国企改革要求，对接区国资委编制《科创集团改革方案》；配合顺义园管委会完成66名借用人员的聘用工作，安置管委会返回人员44名。推进混改工作。将下属公司中技克美谐波传动股份有限公司作为混改试点，对接多家社会投资机构，探索股权多元化改革路径。

（科创集团）

【重点项目建设】 年内，科创集团狠抓市、区两级重点项目建设，实行“一个项目、一名领导、一套专班、一抓到底”工作机制，保障项目建设按期保质推进。全力服务理想汽车落地投产：向银行争取贷款14.57亿元（实际用资7.2亿元），用于收购及改扩建原现代一厂。发挥项目建设主体作用，推动投资7.06亿元的改扩建工程如期开工，计划改扩建厂房总面积26.8万平方米，开工5.5万平方米。推进第三代半导体一期标厂建设：排除疫情导致开工时间滞后3个月的影响，确保当前工程进度与原定计划一致。截至年底，工程整体进度完成95%，项目后期运营工作同步推进。推进智能网联测试场建设运营：与北京赛目科技有限公司（简称：赛目科技）合作运营测试道路，为20余家企业提供测试服务；配合世界智能网联汽车大会召开，承办全国智能网联测试赛北京赛区赛事活动；同步推进2.8万平方米附属设施建设及项目整体验收。解决临空板块污水处理难题：6月，集团根据区级部门调度安排，承接临空污水处理厂应急改造工作，出资700余万元，先后完成管线接驳、净水系统安装、老旧设备维修等工程。9月底，水厂重新启用，日处理生活污水能力300吨。推进第三代半导体二期标厂建设：根据区级第三代半导体产业专班安排，先后配合编制《二期标厂进度计划表》、项目概念设计方案，并设立项目公司，为项目拿地做好准备。推进泰科天润等临空4宗地块土地入市手续办理，为土地入市做足准备，为园区重点项目落地提供空间。推进民生保障工程建设：将林河安置房项目列为折子工程及时调度、大力推进。项目于10月正式开工建设。

（科创集团）

◈12月31日，智能网联汽车测试场项目通过规划验收（科创集团）

【国有资本布局不断优化 资产运营成效明显】 年内，科创集团坚持“完善资产管理运营机制”和“优化国有资本布局”两手抓，服务区级重大项目落地。参与全区主导产业发展基金募集及优质项目投资：先后投资赛目科技3000万元，计划出资1000万元参与建广顺创基金管理公司组建，拟出资2亿元参与某重点项目战略重组，配合区经济信息化局、顺义园管委会组建首钢基金二期。推动中航高科项目减持资金分配，为项目落地提供资金支持。强化投资管理：按照市委巡视、区委巡察工作要求，通过合理制订减持计划，对接境外机构，减持境外股票2只。同步推进三新基金、创新发展基金成熟项目退出工作，收回资金1100万元。挖潜存量资产增值潜能：实施楼宇产业升级计划，编制北京工宇投资管理有限责任公司标准化厂房改造方案，计划出资2920万元逐步升级厂区硬件设施环境。推动新科大厦、顺科大厦等楼宇清退低质低效企业，腾退3万平方米空间为高端项目落地提供支撑。利用自持资产资本招引优质项目，吸引紫生高科（北京）科技有限公司、纹控科技（北京）有限责任公司等20个科技项目落户。优化产业发展空间：借力智能网联测试赛影响，搭建智能网联汽车产业服务场景，结合第三代半导体一期标厂建设进度，对接上级要求和企业需求，及时调整工程建设内容，完善楼体功能结构，服务重点意向项目入驻标厂。

（科创集团）

【落实社会发展责任 国企担当充分彰显】 年内，科创集团协助优化区域产业发展环境：出资3300万元参与HICOOL全球创业者峰会、世界智能网联汽车大会等重大会议筹备和服务保障工作，协助全区搭好平台、聚集资源、推介主导产业发展优势，吸引15个项目落户顺义。配合全区重点工作开展：选派14名业务骨干到区经济信息化局、区金融办、三代半产业专班、疫情防控小组驻地工作。开展“一助一”和对口帮扶工作：向11个“一助一”村提供帮扶资金210万元，采购西藏自治区尼木县农产品100万元、提供帮扶资金50万元，助力当地产业发展和基础设施改造。配合属地落实园区管理的社会职责：围绕园区设施维护、治污降尘、小区物业管理等服务，垫付4780.77万元，保障园区日常运营安全有序。办好民生实事：为澜西园三区居民办理房本1702户，为旺泉街道提供疫苗接种场地。落实创城任务：出资150万元完成梅香街、杜杨北街、顺兴路等多条道路步道维修、绿化养护。回应企业需求、民生关切：协调土地空间为理想汽车提供停车位200个，并规划建设1600多个车位的大型停车场，解决企业停车难问题。

（科创集团）

首安工业消防有限公司

【概况】 年内，首安基于自有核心技术产品、以工程总承包为主要服务形式，为钢铁冶金、电力工业、核能核电、航空航天、市政设施、隧道交通、石油化工、洁净厂房、数据中心、物流仓储、军工、酿酒等工业企业及特种建筑提供消防安全解决方案。首安自主创新的三大核心系统产品——工业火灾探测报警系统、消防安全网络化监控指挥系统、自动灭火系统获得多项国际发明专利和近百项国内发明专利。11月，通过AAA级企业信用等级年度评定复审。

（首安工业消防有限公司）

【第十九届中国国际消防设备技术交流展览会】 10月12—15日，第十九届中国国际消防设备技术交流展览会（CHINA FIRE 2021）在北京举办。首安展区以“智行广阔 蓄势已发”为主题，展出最新工业消防技术成果及解决方案。

（首安工业消防有限公司）

【工程业绩】 年内，首安在国内市场签订并实施的重点项目有：沈阳地铁4号线一期工程消防系统、山东钢铁集团永锋临港先进优特钢产业基地消防系统工程、首钢京唐钢铁联合有限公司能源与环境部等多区域消防系统工程、邯郸新兴特种管材消防系统工程、赤峰中唐特钢消防项目、山西太钢智慧生产管控中心消防工程、广西金桂浆纸业年产180万吨高档纸板扩建项目消防系统工程、成飞集团某厂房及附属设施项目消防系统工程、北京城市副中心行政办公区二期启动区消防工程、北京未来科学城智慧城市运行服务中心（IOC）项目消防工程、深圳存量管廊改造一期项目消防工程、邯郸东区中央商务区及磁山路地下综合管廊工程消防系统设备、国家能源集团北仑发电厂煤场消防火灾报警系统工程、山东华汪热电项目全厂消防系统、哈密广汇荒煤气综合利用年产40万吨乙二醇项目消防工程、汕特燃机电厂天然气热电冷联产项目消防工程、科兴中维生物联合厂房消防改造工程等。海外市场签订并实施的重点项目有：乌兹别克斯坦锡尔河1500兆瓦燃气联合循环独立发电项目消防系统、柬埔寨西哈努克港2台350兆瓦燃煤电站全厂消防系统、印度尼西亚苏拉威西岛2台65兆瓦燃煤电厂火灾自动报警系统、柬埔寨暹粒吴哥国际机场供油工程消防设备等。

（首安工业消防有限公司）

【产品研发动态】 年内，在电子产品研发方面，启动SL-M7000系列火灾报警系统研发工作；对现有产品进行技术改进，完成低功耗型缆式线型定温火灾探测器的研发工作；研究现有火灾报警系统的拓展应用，如与应急照明及疏散指示系统的连接；完成可燃气体探测器的研发工作，取得GTQ-SL-D711工业及商业用途点型可燃气体探测器和GM-SL-D721工业及商业用途点型可燃气体探测器的防爆证书，准备GTQ-SL-D711和GM-SL-D721送国家消防电子产品质量监督检验中心进行型式试验。在灭火产品方面，开展 ZSCFD1T-20-25-SL型消防电磁阀的型式试验与自愿性认证工作；开展ZSFS65-2.5JSL、ZSFS80-

2.5JSL、ZSFS100-2.5JS型雨淋报警阀的贯标升级、型式试验与自愿性认证工作；完成JPS1.6-32/40型消防软管卷盘的研发、型式试验与自愿性认证工作。在知识产权方面，继续做好国内专利的维护工作，配合国家、北京市和顺义区知识产权局的相关工作，继续保有“国家知识产权优势企业”和“北京市知识产权示范单位”称号。

（首安工业消防有限公司）

【标准规范】 年内，作为参编单位，参与国家标准《核电厂常规岛设计防火规范》《火灾自动报警系统设计规范》《细水雾灭火系统技术规范》的局部修订工作以及国家建筑标准设计图集《〈火灾自动报警系统施工及验收标准〉图示》的编制工作。根据国家粮食和物资储备行业标准制修订计划，起草《国家物资储备消防技术标准 通用仓库》《国家物资储备消防技术标准 成品油库》《国家物资储备消防技术标准 火炸药库》《国家物资储备消防技术标准 储备棉库》的推荐性行业标准的草案。

（首安工业消防有限公司）

北京燕京啤酒集团公司

【概况】 年内，完成啤酒总产销量354万千升，实现营业收入129.8亿元，利润总额4.04亿元，燕京啤酒及其子品牌价值2189.04亿元。

（北京燕京啤酒集团公司）

【燕京啤酒冬奥专列首发仪式举行】 1月17日，燕京啤酒冬奥营销系列活动之一——燕京啤酒高铁冬奥专列首发仪式在北京北站举行。燕京啤酒集团公司董事长、党委书记，副总经理，华铁传媒集团有限公司董事长等出席此次活动。由燕京啤酒冠名赞助的京张高铁冬奥线路——燕京啤酒高铁冬奥品牌专列即日起投入运营。

（北京燕京啤酒集团公司）

◆1月17日，燕京啤酒高铁冬奥专列首发仪式在北京北站举行（北京燕京啤酒集团公司）

【北京2022年冬奥会营销战略发布会】 4月28日，燕京啤酒北京2022年冬奥会营销战略发布会在国家会议中心召开。会上发布燕京啤酒北京2022年冬奥会营销口号“相约冰雪，你好冬奥”，并推出冬奥定制款产品。燕京啤酒公司董事长、党委书记，党委副书记、副董事长，市国资委二级巡视员，北京冬奥组委市场开发部赞助商服务处处长，区国资委主任等参加。

（北京燕京啤酒集团公司）

【第30届北京国际燕京啤酒文化节】 7月22日，第30届北京国际燕京啤酒文化节在顺义中粮祥云小镇启幕。顺义区委副书记、区长龚宗元，燕京啤酒集团党委书记、董事长等领导参加开幕式。本届燕京啤酒文化节通过现场直播带货的方式，在众多电商平台上架多款燕京啤酒。

（北京燕京啤酒集团公司）

【北京亮马河国际燕京啤酒文化节】 10月1日，北京亮马河国际燕京啤酒文化节在北京市朝阳区燕莎码头开幕。燕京啤酒集团有限公司党委书记、董事长出席。作为亮马河“国际风情水岸”十一开街活动，北京亮马河国际燕京啤酒文化节横跨国庆黄金档期，推动亮马河打造国家级夜间文旅消费聚集区，助力“2021北京朝阳国际文化旅游节”。

（北京燕京啤酒集团公司）

【企业荣誉】 4月28日，中国酒业协会第六届理事会第二次（扩大）会议在京召开。中国酒业协会科学技术奖奖励工作办公室根据《中国酒业协会科学技术奖励办法及实施细则（2020年修订版）》，综合评价2016—2020年“中国酒业协会科学技术奖”获奖项目。经评审，燕京啤酒获“十三五”中国酒业科技进步特别奖“中国酒业科技突出贡献奖”。在“中国酒业协会科学技术奖”申报工作中，获科学技术进步奖二等奖。10月24日，由中国质量新闻网、人民网舆情数据中心主办的2021“第四届中国质量合势峰会暨赋能与共享高质量发展论坛”在京举行。燕京啤酒获“2021年度质量典范企业”。12月15日，“中国品牌年度大奖”评选揭晓，燕京啤酒获2021（第十八届）“中国啤酒十大影响力品牌”荣誉称号。

（北京燕京啤酒集团公司）

商业服务

【概况】 年内，区商务局统筹做好疫情防控和经济发展工作。累计完成社会消费品零售总额609亿元，同比增长8.3%。完成实际利用外资8.75亿美元，全市排名第三。累计吸引合同外资14.5亿美元。完成进出口额1217.4亿元，全市排名第七。

（区商务局）

【“十四五”课题研究和规划编制完成】 年内，编制完成《顺义区“十四五”时期商业发展规划》《顺义区“十四五”时期会展业发展规划》并对外发布。编制完成《顺义区“十四五”时期推进建设国家服务业扩大开放综合示范区和中国（北京）自由贸易试验区发展规划》。

（区商务局）

【国际消费中心城市方案编制完成】 年内，研究制订《顺义区打造“双枢纽”国际消费桥头堡助力北京国际消费中心城市建设实施方案（2021—2025年）》，明确“5+8+5”的总体思路，确定102项任务清单、31项政策清单和42项项目清单。

（区商务局）

【商业服务业转型升级加快推进】 年内，认真办理区人大《加快推进顺义区商业服务业转型升级，提升人民群众生活品质》议案，起草《加快推进顺义区商业服务业转型升级提升人民群众生活品质议案办理情况的报告》，通过区政府常务会议审议并由区政府提请区人代会审议并通过。

（区商务局）

【电子商务产业平稳发展】 年内，持续加强对顺义区电子商务产业发展扶持力度，进一步推进线上线下融合发展，通过《顺义区促进电子商务暨五类进口商品指定口岸业务发展办法》，累计拨付项目7个，奖励金额570.95万元。

（区商务局）

【顺义新市场规划建设】 年内，按照《北京市“十四五”时期农产品流通体系发展规划》，有序推进顺义新市场规划建设工作。

（区商务局）

【重点商业项目建设】 年内，通过月统计、不定期调度的工作机制，召开重点商业项目调度会9次。加快推进空港一号和锦荟港项目建设；注重补充城南地区商业不足，城建合院商业项目主体建筑封顶，临河棚改地块龙湖商业、旭辉商业陆续开工；新城商业加大供给，合景天汇项目开工建设，恒大御澜府项目取得建设工程规划许可证。推进“一店一策”改造，协调顺商集团及相关部门，稳定推进国泰商场一店一策改造工作。

（区商务局）

【无障碍设施改造】 年内，组织全区12家重点商场、餐饮场所、超市进行无障碍设施整改，主要针对无障碍厕位不标准，出入口无障碍通道不符合可达、可用标准等内容，同时为北京2022年冬奥会和冬残奥会做好服务保障。

（区商务局）

【创新模式促进消费】 年内，组织顺义区商业企业成立顺义区促消费联盟，以区域电商平台顺品汇为依托，举办顺义消费季和汽车消费季活动，发放汽车消费券3994.58万元。带动线上4S店销售各型号车辆11321台，销售额26.11亿元。组织中粮祥云小镇、华联、新世界、顺商集团等重点商圈和重点企业开展170余场线上线下促销、文化活动（包含17项直播活动）。

（区商务局）

【消费扶贫工作】 年内，消费帮扶产品销售4026.95万元，完成率125.6%。在全区范围内开展消费帮扶宣传活动，发布消费帮扶倡议书。组织召开本年度顺义区与内蒙古自治区东西部协作地区消费帮扶产销视频对接会。

（区商务局）

【生活性服务业品质提升】 年内，建立便民连锁企业、镇街和商务局三方沟通协调机制，组织建设或提升蔬菜零售店、便利店（超市）、早餐店等八类基本便民商业网点47个，超额完成市、区两级任务。

（区商务局）

【连锁便利店、连锁超市发展加快】 年内，制定《生活性服务业发展项目申报指南》《顺义区提高乡村流通现代化水平实施方案》等政策。截至年底，全区有盒马鲜生1家、7-11便利店2家、便利蜂25家、供销益家超市23家、鑫绿都便民连锁菜店21家、顺家便民连锁超市5家。

（区商务局）

【智慧物流体系建设】 年内，按照《北京物流专项规划》，顺义区规划物流基地1个、日常综合型物流中心1个、专业类物流中心2个、配送中心2个。京北（大孙各庄）智慧物流园区建设完成项目综合规划实施方案编制及“一书四案”（建设用地项目呈报说明书，农用地转用方案、补充耕地方案、征收土地方案、供地方案）审批。

（区商务局）

【展会服务保障】 年内，完成2021年新国展27场展会服务保障工作。牵头世界智能网联大会餐饮服务保障工作，为全区工作人员和志愿者提供工作用餐、饮水等保障5589份。

（区商务局）

【助力创建文明城区】 年内，在17家大型商场、超市显著位置（进出口）展示行业规范；大型商超、餐饮场所在收银台前和出入口处均设有“一米线”提示标识。在11家大型商场设置母婴室，10家大型商场设置无障碍卫生间，22家大型商超设立“学雷锋志愿服务岗”，12家大型商超设置轮椅通道、扶手或缘石坡道等无障碍设施。向100余家商务领域重点企业发放垃圾分类宣传海报200余份。号召商务领域重点企业开展文明餐桌活动，宣传推广“光盘行动”。与区文明办、区创城办联合开展“公筷公勺 健康有爱”进餐厅活动，发放宣传海报、桌签1.5万个，覆盖大小餐饮企业40余家。通过微信公众号、微信工作群及时向商务领域重点企业餐饮企业转发倡导使用公勺公筷、践行“光盘行动”、文明餐桌和节约粮食的相关新闻报道和工作信息50余篇。

（区商务局）

【防疫物资保障】 年内，牵头区物资保障组，组织区内国有企业加大防疫物资采购力度，全面保证全区重要人群防疫防护，制定多项市场保供措施，实施物资集中管理调配。做好救灾物资储备工作，组织储备帐篷、棉大衣等各类救灾物资34575件。加强疫情防控物资保障协调工作，建立健全物资调配制度，为保障疫情防控做好各类储备物资出入库工作。为重大活动、隔离酒店和一线工作者等调配口罩296.73万只、防护服23.18万套、手套63.67万双、医用帽24.94万只、面罩17.46万个、护目镜15.71万个、鞋套34.1万双、消毒用品13.85万件等相关防护用品648.49万件（个）。

（区商务局）

【生活必需品供应充足】 年内，组织增储方便面48万袋、蔬菜1000吨、鸡蛋45吨、婴幼儿奶粉2吨、瓶装水675吨。组织建立生活必需品保障统筹协调专班、储备台账，鼓励商业企业增加自有储备，加强督促检查，定期赴储备单位检查物资储备情况，加强对重点农贸市场、商超监测力度，建立“点对点”供应机制，协调封闭社区（村）生活必需品保障工作，建立“点对点”配送机制。

（区商务局）

【商务行业安全有序运行】 年内，组织商务领域安全生产培训会18场，培训企业3200余家，发放宣传材料5900余份，组织反恐、消防、有限空间应急演练12场，完成企业风险评估、三级标准化评审32家，保障商务领域全年运行平稳，未发生安全生产事故。

（区商务局）

【商务领域疫情防控工作落实落细】　年内，持续加强全区重点商超、餐饮场所、农产品批发市场、农贸市场常态化疫情防控督导检查，严格落实“一米线”标识，通过张贴温馨提示、专人疏导、循环广播等形式做好人员疏散工作，实施进店顾客测量体温，定时进行店面消毒等防疫措施。组织开展人员排查，持续开展重点场所、重点人群的常态化核酸检测工作。自2月起，组织开展33轮农贸市场常态化核酸检测和22轮商超、餐饮企业核酸检测工作，完成446443人次和184627个环境点位的检测任务，检测结果均为阴性。全年出动3100余人次全覆盖开展督导检查，督导检查企业1080家次，发现并消除隐患问题1300余项。牵头商务领域从业人员疫苗接种工作，协调191家企业进行第一剂、第二剂、加强针的疫苗接种。

（区商务局）

◆1月2日，组织商务领域重点企业开展核酸检测（区商务局）

【粮油供需平衡情况调查】　年内，开展粮油供需平衡情况调查工作，调查全区转化用粮企业3家，餐饮企业50家；抽样调查记账城镇居民住户20户，乡村农民住户40户；发放台账300余份。

（区商务局）

【粮食供应保障】　年内，完成顺义区粮食应急保障工作，形成2家应急加工企业、4家应急配送中心和45个应急投放网点为支撑的粮食应急保障体系。

（区商务局）

【市政府重点工程项目建设保障】　年内，按照市、区两级政府关于加快顺义铁匠营粮食收储有限公司储备粮转运工作要求，在市粮食和物资储备局储备处、区商务局（粮食和物资储备局）、首农集团、中储粮顺义直属库、顺义粮油公司共同努力下，经过30余天，4.7万吨储备粮完成出库，确保北京市顺义区人民政府天竺综保区围网建设项目按期推进。

（区商务局）

对外经贸

【概况】　年内，完成进出口额1217.4亿元，全市排名第七。其中出口162.7亿元，进口1054.7亿元。完成实际利用外资8.75亿美元，全市排名第三；吸引合同外资14.5亿美元，其中新设企业吸引合同外资6.6亿美元，服务业、制造业分别占比76.4%、23.6%。

（区商务局）

【全市营商环境评价跟进】　4月，会同区发改委制订《顺义区营商环境评价迎检工作方案》，按照《2020年北京市各区营商环境评价指标体系》，对应不同指标的数据来源，将每项指标内容逐条分解到区内相关部门，牵头落实迎评工作。2020年北京市各区营商环境评价中顺义区综合排名第七位（平原新城第二位）。

（区商务局）

【“两区”建设】　年内，顺义区牵头市级任务5项全部完成，区级85项政策任务完成84项，实施率超98%。围绕跨境医药、航空服务、文化贸易等优势特色领域，形成“免税、保税和跨境电商”政策衔接试点等12项“全国首创或首批”试点政策。顺义组团累计新增工商注册企业3577家。

（区商务局）

◆7月13日，顺义区召开“两区”建设新闻发布会（区商务局）

【稳外资专班相关工作】 年内，充分发挥稳外资工作专班作用，持续梳理潜在外资项目、合同外资项目2本台账，征集在谈外资大项目6个；梳理2018年以来合同外资500万美元（含）以上大项目90个，累计合同外资47.6亿美元，其中全部到资项目28个，累计已到资金额24.2亿美元。按季度报送稳外资专班工作简报，形成外资工作简报4份，及时分析全区外资情况并通报属地指标完成进度。

（区商务局）

【外资企业服务力度加大】 年内，审核外商投资信息报告735份，向市商务局报送外商投资企业合同外资错误9家，国别错误34家，跨区迁址变更34家，联系市场监管局修改认缴出资额错误企业12家；协助2家企业向商务部申请修改权限；完成本年度外商投资企业联合年报工作，报告外商投资企业889家，上报率95%以上；开展外资信息报告监督检查，随机抽取9家企业，采取书面与实地检查相结合的方式，提示企业严格履行信息报告制度。

（区商务局）

【搭建平台服务企业】 年内，开展4场外贸系列“云”培训。摸排走访20余家重点外贸企业，及时了解企业进出口情况及诉求，协调相关部门解决企业问题；搭建平台扩大宣讲，邀请中国出口信用保险公司、阿里巴巴网络技术有限公司、共勤外贸服务有限公司及多家银行，讲解贸易便利化、出口信用保险、“易捷贷”政策等，覆盖企业160余家。

（区商务局）

【助力企业开拓国际市场】 年内，鼓励外贸企业参与国际市场竞争，扩展产品销售渠道。指导企业申报并受理初审提升国际化经营能力项目，上一年度第一批23家企业的42个项目获得市级资金支持166.5万元，第二批17家企业的39个项目获得资金支持136.4万元。3家企业的3个项目获本年度服务贸易及服务外包专项项目资金125.8万元。

（区商务局）

【优化外贸政务服务事项】 年内，新备案对外贸易经营者备案登记210家、变更199家、注销12家。共初审鼎点视讯科技有限公司、北京飞机维修工程有限公司等8家企业服务外包及软件出口接包合同和接包执行127份。

（区商务局）

【国际航空物流工作落实到位】 年内，按照按月统计、定时调度的工作机制，协调有关部门有序推进《顺义区国际航空物流发展工作方案》《23项任务清单》相关工作并汇总上报工作进展，任务基本全部落实。

（区商务局）

【承接自贸区境外投资备案】 年内，做好自贸区内企业境外投资备案事项下放承接工作，协调区政务服务局做好大厅事项入驻，对综合窗口工作人员进行专题培训；梳理自贸区内对外投资企业名录。

（区商务局）

【区内营商环境评价有序推进】 年内，联合第三方按月开展顺义区营商环境企业满意度调研工作，本年度累计调查区内309家办事企业，调研问题覆盖营商环境重点及薄弱领域，受访企业提出问题95条，区内各责任单位以问题为导向落实整改，企业回访均取得积极反馈。形成《营商环境调研结果月报》4份，《营商环境调研结果半年度报告》1份。

（区商务局）

【世行评价、国内评价落实】 年内，参加区工商联组织的营商环境4.0政策宣讲1场，解读跨境贸易领域新政；收集整理跨境贸易企业案例7个，进行宣传推广。

（区商务局）

【企业服务包诉求应办尽办】 年内，及时更新市、区“服务包”工作任务，填报市、区“服务包”双平台系统。作为行业管家，对接“服务包”企业79家。落实行业管家任务，走访对接区领导联系企业26家。协调各属地和承办部门做好市区双平台系统的更新填报工作。

（区商务局）

北京顺义商业集团

【概况】 年内，北京顺义商业集团有限公司（简称顺商集团）在顺义、密云、平谷地区设分店10家，有职工1461人，资产总额9.96亿元，实现销售23.61亿元，累计上缴税金3060.51万元。组织257名党员参与“我为群众办实事”实践活动，完成“微实事”378件，达成率100%。组织党员参与社区环境整治、周末守桶等活动36次，参与人数372人，在职党员回社区“双报道”参与社区活动1787次。

（顺商集团）

【疫情防控常态化，稳价保供保障民生】 年内，完善公司疫情防控工作方案，突发疫情处置预案。常态化推进体温检测、日常消毒、健康宝扫码、设置一米线等工作。强化经营场所、冷链食品、工具器械的清洁及消毒，对生鲜、冷链从业人员进行核酸检测。根据市场防疫组要求，落实疫情防控专项检查，累计出动检查人次2927人，检查主体3102家。开拓进货渠道，建立民需商品储备台账，强化商品进销存监测，稳定商品物价，保证日常生活品供应需求。

（顺商集团）

【经营管理】 年内，出台《布局、品牌调整考核方案》，推进品牌招商落位，完成计划内布局、品牌调整工作354项。引进麦当劳、东来顺、吉野家、达美乐等品牌入驻。加强厂商合作，借助新媒体平台，创新促销手段，加强宣传力度，吸引顾客到店购物，提升客流量，为顾客提供优质的商品并推动延伸服务，培养稳定客户群体。推进国泰大厦店转型升级工作，完成室内外装饰装修、室外地面改造、设备设施安装调试工作。完成环境检测、节能检测等各项检测工作。完成施工项目各项验收工作。筹备开业前准备工作。

（顺商集团）

【助力乡村振兴】 年内，向新结对帮扶地区内蒙古自治区巴林左旗拨付支援合作资金40万元，向巴林左旗十三敖包镇西沟村捐赠价值1.5万元物资。消费扶贫分中心、沽源蔬菜专柜帮助销售价值789万元扶贫产品，完成135万元消费扶贫采购任务。收到设立消费扶贫分中心宣传营销资金补贴13.33万元。

（顺商集团）

【“接诉即办”办理质效持续提升】 年内，每月编制“接诉即办”简报，严肃考评问责，学习《北京市接诉即办工作条例》，做好工单研判，分析重难点问题，通过典型案例促进工单办理能力。接收工单266件，获得区考核奖励资金10万元。

（顺商集团）

【共创文明城区】 年内，加强组织领导，对标对表创城指标，组织实行网格化管理，落实公益广告张贴，无障碍通道、卫生间和母婴室等设施及非机动车停放等各项创城工作。运用宣传栏、张贴公益广告、微信公众号等宣传阵地，加强文明宣传引导。

（顺商集团）

【意识形态责任制】 年内，分析研判意识形态及网络意识形态，开展意识形态专题培训，通过公司微信公众号，切实加强阵地宣传管理。加强舆情管控，分析研判意识形态及网络意识形态。在春节、“两会”、中国共产党成立100周年庆祝活动期间等重要时间节点开展舆情排查管控77次。全年无负面评论，未发现重大舆情情况。

（顺商集团）

【企业改制】 年内，制订下属全民所有制企业公司制改制方案，逐步完善现代企业制度建设，形成权责明确的法人治理结构，完成北京鑫海韵通商业大楼、北京市顺义国泰商业大厦、北京国泰东风商城、北京亿汇洋进出口公司4家全民所有制企业公司制改制工作。

（顺商集团）

【安全体系建设】 年内，逐级签订安全生产责任书，确保安全生产目标责任落实到位；制定《餐饮场所排油烟设施安全管理规定》《消防安全重点部位管理制度》，制订专项应急方案。确保元旦、春节、“两会”等重要时间节点安全无事故。

（顺商集团）

顺义区供销社

【概况】 年内，区供销社下属业务板块7个，经营业务以为农服务、便民连锁、资产运营为主，经营网络遍布顺义区5个街道、19个镇（76个村），总经营性物业面积65万平方米，总资产22亿元。区供销社坚持以习近平新时代中国特色社会主义思想为指导，认真学习贯彻习近平总书记对供销合作社工作的重要指示批示精神，以党建统领企业发展全局，统筹抓好党史学习教育、巡察整改、改革发展、疫情防控各项工作，全系统总营业收入16.21亿元，利润总额2620万元、净利润967万元。

（区供销社）

【扶贫办公室获“北京市扶贫协作先进集体”称号】 3月15日，在北京市委、市政府召开的扶贫协作总结表彰大会上，区供销社扶贫办公室获评“北京市扶贫协作先进集体”。

（区供销社）

【供销益家帮扶产品进机关】 8月2日至10月7日，供销益家双创分中心在区政府行政中心、政务中心设立3个展销点。展销点以“产销对接、合力攻坚”为理念，由政府提供场地，供销益家扶贫双创分中心负责经营并开拓销售渠道，建设银行开展满99减50元活动，帮助对口帮扶地区把优质农产品直接送到顺义居民的餐桌。

（区供销社）

【农资农贸板块举办2021年中国农民丰收节庆祝活动】 9月23日，农资农贸板块在顺万兴农资服务大厅举办2021年中国农民丰收节庆祝活动。庆祝活动以“庆丰收、感党恩”为主题，以“供销社惠农求实 丰收节举国同庆”为宣传口号，开展观看中国农民丰收节宣传片、党史教育宣讲、《乡村振兴促进法》普法宣传以及免费农技指导等系列活动。

（区供销社）

【便民服务板块开展五里仓商业区路面修复工作】 10月1—8日，便民服务板块实施五里仓商业区路面地砖破损修复改造工程，改造面积6094平方米，设置88个停车位，其中设残疾人车位2个。

（区供销社）

【“十四五”发展规划编制与实施】 10月29日，区供销社编制完成《顺义区供销社2021—2025年发展规划和2035年愿景目标》（简称《规划》）并启动实施。《规划》分四个部分，包括规划背景、总体思路和发展目标、战略举措、保障措施。

（区供销社）

【再生资源数据中心建成投入使用】 11月30日，区供销社再生资源数据中心基础设施建设项目完成验收。项目总占地面积280平方米，设前厅、数据展厅、视频播放区、儿童互动区，投资150余万元。自主研发个人“供销益回收”小程序，通过村级交投点、镇级中转站、区供销社分拣中心三级回收网络，做到再生资源从回收、运输到处理全过程信息化，实现“可统计”；从居民回收、物流运输、分拣中心、再生资源交易等环节获取数据，为及时精准收集、储存、运输和处理再生资源提供数据支撑，实现再生资源“可管理”；通过做精做细全区再生资源回收处理板块业务，与区政府垃圾分类管理平台进行数据对接，形成“政府主导、企业专业化运营、全民参与”的再生资源回收工作机制，实现“可持续”。

（区供销社）

◆11月30日，区供销社再生资源数据中心基础设施建设项目完成验收（区供销社）

【区供销社被列入乡镇为农服务综合体建设试点名单】 12月10日，经市供销合作社推荐、中华全国供销合作总社合作指导部评估，区供销社被中华全国供销合作总社列入推进乡镇为农服务综合体建设并试行基层供销合作社建设工作手册地区名单。名单包含范围的33个县级社，在同等条件下可优先享受总社合作发展基金。新建农村综合服务社3个，连锁网点15个，新增土地托管面积6.67公顷（100亩），发展社员2209人，助销农产品1.25万千克。区供销社按照《基层供销合作社建设工作手册（试行）》要求，以“农业生产服务、农产品流通服务、日用消费品供应服务、再生资源回收服务”——生产、供销、信用“三位一体”的综合服务为着力点，通过设立基层社、吸纳农民入社、健全“三会”制度、规范财务管理、对现有基层社进行改造等措施，切实增强为农综合服务能力。

（区供销社）

【建党100周年庆祝活动保障工作】 年内，累计出动530人次，检查下属企业8家、地块126个，排除隐患12处，完成中国共产党成立100周年各项服务保障工作。

（区供销社）

【北京顺桥房地产开发有限公司股权变更】 年内，经区人民政府同意、区国资委审批，区供销社与市供销合作总社共同协商，变更北京顺桥房地产开发有限公司股东：由原民营企业北京天地嘉禾房地产开发有限公司所持有的70%股权变更为北京市供销合作总社子公司北京世欣资产管理中心持股60%；区供销社下属企业北京隆华广厦房地产开发公司持股由原有的30%增至40%。

（区供销社）

北京顺鑫控股集团有限公司

【概况】 年内，顺鑫控股集团完成各项生产经营活动、保供稳价守护首都“菜篮子”、完成重大活动供应服务保障任务、稳步推进北京冬奥会供应保障工作，开展“携手共创文明城，同心共筑冬奥梦”“美化家园 助力创城”主题实践活动及志愿活动90余次。各产业板块资产总额342.60亿元，实现销售收入320.19亿元，利润总额5.66亿元，上缴税金27.95亿元。连续21年荣获“农业产业化国家重点龙头企业”称号，连续17年入选“中国制造业500强”，荣获“全国脱贫攻坚先进集体”等荣誉奖项。2个党组织、3名党员分别获评北京市、顺义区先进基层党组织、优秀党务工作者、优秀共产党员荣誉称号。

（顺鑫控股集团）

【牛栏山酒厂吉祥物品牌IP发布】 1月22日，牛栏山酒厂结合品牌特点、企业文化符号、新时代“三牛精神”，设计并发布工匠牛、创新牛、智慧牛“NIU2”企业品牌IP形象。8月20日，吉祥物品牌IP“NIU2”获“玉猴奖——年度十大最具商业价值国潮IP”大奖。

（顺鑫控股集团）

◆1月22日，牛栏山酒厂吉祥物品牌IP发布（顺鑫控股集团）

【牛栏山二锅头白酒风味轮构建】 3月12日，牛栏山酒厂科研团队构建牛栏山二锅头白酒风味轮，风味轮由嗅觉和味觉两部分组成，嗅觉细分为多种常见的实物香，味觉主要分为口味和口感，包罗牛栏山二锅头所有风格特征。

（顺鑫控股集团）

【牛羊肉快检站设立】 4月27日，顺鑫石门检测公司在牛羊肉批发厅设立快检站。

（顺鑫控股集团）

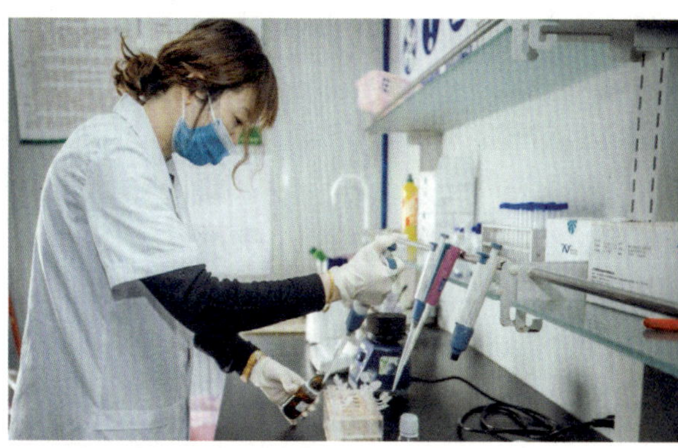

◆4月27日，顺鑫石门检测公司在牛羊肉批发厅设立快检站（顺鑫控股集团）

【顺鑫石门市场停车场升级】 5月，顺鑫石门市场停车场改造完成投入使用，在主路两侧及西四厅、西厢房等区域设置车位1562个，根据机动车、非机动车等不同车辆类型分别划分相应停车区域，同步完善相关配套设施、管理人员配置，加强治安防范和日常监管。

（顺鑫控股集团）

【牛羊肉批发统一结算系统上线】 5月17日，顺鑫石门市场牛羊肉批发统一结算系统上线运行，系统包括厂家信息登记、交易管理、费用管理、数据统计等功能，是继猪肉批发统一结算系统后，顺鑫石门市场上线的第二个大宗农产品统一结算系统。

（顺鑫控股集团）

【福通互联专利】 5月18日，福通互联获得“基于轨迹级联算法的瓶装白酒检测方法和检测装置”发明专利，专利基于自动化透明瓶装白酒的生产流水线，结合超高清数字摄像机，对透明瓶装白酒进行智能自动监测，提高工业白酒生产线中质量检测的智能化和自动化程度。

（顺鑫控股集团）

【牛栏山魁盛号新品上市】 5月31日，牛栏山酒厂“京味好酒新高度——牛栏山魁盛号新品上市发布会”举行，发布新品“魁盛号樽玺”。

（顺鑫控股集团）

【顺鑫寰宇中心项目合作】 5月31日，顺鑫佳宇与北京上诚文化发展集团有限公司正式签订《房屋租赁合同》，顺鑫寰宇中心项目完成整体出租，推动打造锦荟港商业综合体项目。

（顺鑫控股集团）

【生猪养殖产能布局】 6月1日，顺鑫控股集团与河北蔚县人民政府签署战略合作协议，推动顺鑫控股集团生猪养殖项目落地实施，带动当地农民增产增收，助力京津冀协同发展。顺鑫控股集团组织设立重点项目专班，推动设立张镇生猪养殖场项目公司、蔚县原种猪场项目公司等落地。

（顺鑫控股集团）

【助力脱贫攻坚与爱心捐赠】 6月15日，顺鑫控股集团向内蒙古自治区科左中旗拨付支援合作资金50万元；6月29日，牛栏山酒厂向中国科学院大学教育基金会捐资24万元，基金会为此设立“牛栏山奖学金”；12月9日，顺鑫控股集团向内蒙古自治区科左中旗捐赠抗雪救灾款10万元。

（顺鑫控股集团）

【冬奥公益活动】 6月23日，顺鑫控股集团参加由北京冬奥组委牵头主办，中国扶贫基金会承办的冬奥品牌公益活动“冬奥有我，‘益’路同行”，与阿里巴巴公益基金合作为张家口蔚县常宁乡中心学校捐赠冬奥“蓝色跑道”。

（顺鑫控股集团）

【牛栏山酒厂污水站废气环节密闭处理改造完成】 7月1日，牛栏山酒厂污水站废气环节密闭处理改造完成并投入使用，采取集中收集、集中处理的方式对污水进行无害化处理，根据检测报告数据测算挥发性有机物减排率近90%。

（顺鑫控股集团）

【入选顺义区科技政策第二批支持项目名单】 7月6日，《牛栏山白酒酿造过程中宏转录组学与代谢组学关联研究》被列入顺义区科技政策第二批支持项目名单，项目通过微生物学、宏基因组学、宏转录组学、代谢组学等技术，全面解析牛栏山白酒酿造过程中微生物演替规律、确定核心微生物，为提升白酒品质、实现技术升级改造提供研究基础。

（顺鑫控股集团）

【冬奥特辑播出】 7月7日，新华社新闻频道以“冬奥脚步·冬奥‘小鲜肉’”为题，以纪录片双语转播形式，展现顺鑫控股集团所属鹏程食品、鑫源食品在冬奥后勤保障服务方面做出的贡献和保障工作背后的品牌故事，累计观看量超145万次。

（顺鑫控股集团）

【乡村振兴项目合作】 7月28日，顺鑫控股集团与香港小母牛有限公司签署助力乡村振兴战略合作协议，围绕帮扶模式创新、创造可持续产业、推动农村经济发展等方面开展合作。

（顺鑫控股集团）

【风险评估实验室】 8月，鹏程食品增设国家级风险评估实验室，通过开展风险评估相关领域的基础性研究和基础性工作，持续对标国际科学前沿和“科学确定基准”目标，开展风险评估相关领域的基础性研究和基础性工作，为质量标准制定、修订等重大决策及环境风险管理提供科技支撑。

（顺鑫控股集团）

【文旅项目合作】 9月28日，在2021年北京顺义第四届文旅发展高峰论坛上，顺鑫中盛国际会议中心与北京木誉龙昇文化发展有限公司签订战略合作计划，持续探索聚焦景区发展与文旅项目建设。

（顺鑫控股集团）

【自主知识产权监管耳标和网关设备研制】 10月，福通互联鑫牛网研制完成自主知识产权监管耳标和无线网关设备，进一步减少鑫牛网对第三方设备供应商的依赖，降低设备成本30%以上，为后续研发积累设计、开发、测试和生产经验。

（顺鑫控股集团）

【与中国科学院院士签署新合作协议】 11月9日，牛栏山酒厂与中国科学院院士（研究员）庄文颖签署新阶段合作协议，围绕“牛栏山白酒不同产区真菌构成与评价”开展新一轮的科研攻关，推动科研成果向大生产转化。

（顺鑫控股集团）

【石门市场迁建工作专班成立】 11月19日，顺鑫农品成立石门市场迁建工作专班，科学论证石门市场迁址转型升级相关工作方案，统筹协调迁建过程中的重大事项，推进项目实施。

（顺鑫控股集团）

【福通互联入选中小微企业发展项目】 11月26日，福通互联入选顺义区“中小微企业发展项目”。

（顺鑫控股集团）

【陕西汉中美系原种猪场及繁育示范场建设完成】 12月，鹏程食品所属陕西汉中美系原种猪场、繁育示范场建设完成，推动做好进口种猪引种、养殖、扩繁、选育及推广。

（顺鑫控股集团）

【入选文化旅游体验基地名单】 12月2日，牛栏山二锅头酒文化体验基地入选市文化和旅游局“北京市100家文化旅游体验基地”名单。

（顺鑫控股集团）

【生猪点对点跨省调运】 12月5日，鹏程食品启动非本厂生猪点对点跨省调运工作，本场屠宰量提高至2800头/天，全程闭环监管，提升屠宰生产力，保障猪肉供应。

（顺鑫控股集团）

【“冰雪温泉欢乐季”活动】 12月24日，“第七届北京顺义冰雪温泉欢乐季”在顺鑫中盛开幕，顺鑫控股集团旗下鑫源休闲产品、创新自加热系列、顺鑫牵手咖啡和果蔬汁作为“顺意好礼”展出。

（顺鑫控股集团）

【顺双龙猪场收购】 12月31日，鹏程食品完成顺双龙种猪场收购工作。

（顺鑫控股集团）

【宣传阵地建设】 年内，顺鑫控股集团开设《冬奥有鑫》《党史鑫说》《创城有我》等系列媒体栏目，并通过参与拍摄《与北京冬奥一起向未来》短片，加强内部宣传平台与外部媒体多元联动，累计发布内容730余篇，点击量超220余万人次。

（顺鑫控股集团）

【党史教育走深走实】 年内，确立“强化终端食品安全管控，保障消费者‘舌尖上的安全’”“优化交通管理，疏导市场内交通压力”2项年度实事项目；以落实“双报到”工作为载体，集团千余名党员投入疫情防控、垃圾分类、为民解忧等活动中；落实党员“微实事”活动，累计参加活动2217人次，志愿服务时长3051小时，完成“微实事”1689件。

（顺鑫控股集团）

【供应保障】 年内，鹏程食品为北京市“两会”配送生鲜及熟食产品5吨9车次，为全国“两会”供应生鲜及熟食产品21吨115车次，为中国共产党成立100周年庆祝活动配送生鲜及熟食产品6吨19车次，完成各项重大活动供应保障任务；鹏程食品、鑫源食品、顺鑫石门市场完成国家、市、区政府生猪、活牛、蔬菜储备任务；鑫源食品完成人民大会堂国庆宴会供应保障任务；顺鑫石门市场减免蔬菜和五类水果进场交易费，保障市民“菜篮子”供应充足、价格稳定。

（顺鑫控股集团）

【冬奥供应保障】 年内，顺鑫控股集团作为北京2022年冬奥会和冬残奥会官方农副产品赞助商，向冬奥机关餐厅供应食材570吨，向国家体育总局旗下国家队运动员基地供应食材75.9吨（其中猪肉30.8吨、牛肉45.1吨）；国际测试赛期间，向22家冬奥场馆餐饮服务商、签约饭店和供应商供应肉类产品30.7吨（其中猪肉23.7吨、牛肉7吨）。

（顺鑫控股集团）

◆年内，顺鑫控股集团专班专人专库保障冬奥会、冬残奥会等重大活动食材品质（顺鑫控股集团）

【冬奥品牌权益申请】 年内，顺鑫控股集团激活并落实2022年冬奥会和冬残奥会官方农副产品赞助商权益，申请冬奥品牌传播应用50余项，涉及产品包装、超市门店广告牌、电商广告图、微信公众号文章等内容。

（顺鑫控股集团）

【冬奥服务项目合作】 年内，顺鑫控股集团参加中国华油集团"冬奥服务倒计时200天"誓师大会并与其签订战略合作协议，围绕北京冬奥村食材供应服务保障等方面开展合作；创新食品与北京市科学技术研究院签订《创新工程——支撑"科技冬奥"专项关键材料、仪器及模式研究与示范》合同。

（顺鑫控股集团）

【猪肉熟食研发市场】 年内，鹏程食品开展产品研发及科技创新工作，研发地道肠、卤肉肠等22种产品，刊发相关论文4篇，申请专利4个。

（顺鑫控股集团）

【聚焦产业优化】 年内，加大地产业务去库存力度，同步开展存量土地开发盘活、战略投资引入等工作，完成顺鑫佳宇100%股权在北交所的预挂牌，优化北京顺鑫农业股份有限公司业务结构。

（顺鑫控股集团）

【顺鑫控股集团荣誉】 年内，顺鑫控股集团企业管理部荣获中共中央、国务院颁发的"全国脱贫攻坚先进集体"荣誉称号。

（顺鑫控股集团）

【顺鑫农品荣誉】 年内，中共北京顺鑫石门国际农产品批发市场集团有限公司党总支委员会被中共北京市委授予"北京市先进基层党组织"称号；顺丽鑫荣获由北京市科学技术委员会、财政局、税务局颁发的2020年度第四批"高新技术企业"认定证书。

（顺鑫控股集团）

【区级职工创新工作室和职工自主创新成果】年内，顺鑫控股集团所属北京顺鑫卓信环保科技有限公司创新工作室获评顺义区职工创新工作室；北京顺鑫卓信环保科技有限公司兰伟平的"河道治理及水体生态修复治理系统"获顺义区职工自主创新成果一等奖；北京顺鑫卓信环保科技有限公司兰伟平的"饮用水处理装置"和北京牵手果蔬饮品股份有限公司石均的"数字化车间应用示范"获二等奖；北京鑫大禹水利建筑工程有限公司王伟的"混凝土养护用热循环系统"和北京顺鑫天宇建设工程有限公司柳瑞海的"一种轻便的门窗洞口卷帘围栏防护装置及其应用""用于安装装配式预制钢筋混凝土楼梯临时周转吊移楼梯支撑系统"获三等奖。

（顺鑫控股集团）

【专利成果】 年内，顺鑫建科授权专利21项，其中顺鑫天宇实用新型专利授权1项"一种钢筋下料后的定尺筛分装置"；鑫大禹实用新型专利授权6项，分别为"联锁式砌块及生态护坡""风电、水电联动式发电系统""水平定向钻机""水环境净化系统""一种可调平热熔对接机焊接架""有限空间演练平台"；顺鑫卓信实用新型专利授权6项，分别为"饮用水净化装置""医疗废水处理装置""一种污水处理用过滤装置""一种农村安全饮用水生产用预处理设备""一种农村安全饮水一体化净水装置”“一种污水处理反应器”；中灌华霖发明专利授权1项“一种微波水位计及水位测定方法”，实用新型专利授权7项，分别为“一种环保智能一体化厕屋”“一种节能型潜水泵”“一种微波流量计”“一种微波水位计”“一种智能测控轻型板闸”“一种新型的经济作物种植用灌溉设备”“一种地埋式伸缩旋转喷灌设备”。

（顺鑫控股集团）

【农业产业项目合作】 3月22日，顺鑫种业与北京市农林科学院玉米中心签署5年合作研发协议，确保每年7～12个新品种参试；4—12月，顺鑫种业研究院承担京科联合体黄淮海夏玉米区和东华北中熟玉米区试验主持工作；4—12月，顺鑫种业研究院承接农业农村部全国农业技术推广服务中心“转基因作物多点鉴定与综合评价”项目，为农作物定向高效改良提供数据支撑；5月20日，福通互联中标“数字菜田项目信息化工程监理服务采购项目”，为全区范围内75家种植产业园区提供智慧化生产环境监测服务、标准化智慧农事履历、精细化投入管理服务等；6—11月，顺鑫种业研究院与北京市农林科学院玉米中心分子育种组承接“基于全基因组选择的预测育种服务平台的构建与应用”项目；6月4日，福通互联与中商农产品交易中心签署战略合作协议以及鑫牛网市场渠道合作协议。

（顺鑫控股集团）

【工程项目中标】 1月13日，顺鑫天宇中标顺义区南彩镇西江头村等13个村土地整治项目，以及顺义区北务镇2020—2021年度河道维修养护项目（一包）3项工程；4月19日，顺鑫天宇中标顺白路人行过街天桥工程（顺义区顺白路人行过街天桥工程）；5月13日，顺鑫卓信公司中标龙道河、花马沟等2座应急污水处理设施后期运行项目，以及头二营村生活污水临时处理站；5月31日，顺鑫天宇中标李桥镇2020年“提升”项目；6月7日，顺鑫天宇中标2020年北务镇综合提升项目珠宝屯村、闫家渠村；6月16日，鑫大禹中标顺义区农村污水治理工程2020年度建设项目施工三标段；6月30日，顺鑫绿洲中标顺义区木林镇2020年景观综合提升项目，以及北小营镇2020年提升项目；8月2日，鑫大禹中标顺义区北石槽镇东石槽村等7个村土地整治项目（Ⅱ标段）；8月10日，顺鑫绿洲中标顺义区2021年“战略留白”临时绿化项目后沙峪镇、北小营镇；8月24日，顺鑫天宇中标张镇中学操场改造、教学楼维修工程；8月26日，顺鑫天宇中标北京市顺义区南彩第二小学操场改造工程；9月27日，顺鑫绿洲中标顺义区2021年平原重点区域造林绿化工程（二期）（施工）；10月18日，鑫大禹中标顺义区北小营镇小胡营村、大胡营村、西乌鸡村及牛富屯村4个行政村土地整治项目；10月20日，顺鑫绿洲中标北京市顺义区平原造林管护项目（第二次），以及顺义区产业园休闲公园建设工程；11月8日，顺鑫天宇中标6项工程，分别是顺义区双裕街（天北路—裕安路）道路工程、双裕街（天北路—裕安路）道路工程（裕丰路—广场西侧路段），顺义区赵全营中心幼儿园扩学位板桥分园二次装修改造工程，顺义区南彩第二小学消防管道改造工程，顺义区仁和中学报告厅、体育馆外墙改造工程，顺义区东兴幼儿园室外改造工程，顺义区东兴幼儿园室外改造工程（绿化二期）；11月12日，顺鑫天宇中标顺义区双丰街道拆违服务项目；11月22日，顺鑫天宇中标顺义区2019年老旧小区综合整治项目（第五标段）；11月26日，顺鑫天宇中标顺义区仁和镇前进村定向安置房项目、首都师范大学附属顺义实验小学食堂改造工程、首都师范大学附属顺义实验小学食梯加装工程；11月29日，鑫大禹中标顺义区北小营镇2020年村址内街坊路新建和修缮（二次）、潮白河右堤西集段堤路修复项目；12月1日，顺鑫绿洲中标石园北二社区口袋文化公园项目；12月7日，顺鑫天宇中标顺义区后沙峪城管分队办公用房改造工程；12月20日，顺鑫天宇中标顺义区殡仪馆建筑楼外挂大理石维修等工程；12月28日，顺鑫天宇中标北京天竺综合保税区二期围网建设工程（一标段）。

（顺鑫控股集团）

旅游业

综述

【概况】 年内，区文化和旅游局深入贯彻习近平总书记在庆祝中国共产党成立100周年大会上的重要讲话精神，发挥党建引领作用、严格履行全面从严治党主体责任，实现“强队伍、控疫情、促消费、惠民生、保平安”的总体目标，各项工作取得新进展，为“十四五”开好局、起好步。

（区文化和旅游局）

【节假日旅游接待情况】 春节假日期间，全区旅游企业接待游客25.8万人，恢复至2019年同期的60.8%；收入3237.09万元，恢复至2019年同期的55.18%。清明假日期间，全区旅游企业接待游客24.88万人，恢复至2019年同期的55.46%；收入2295.57万元，恢复至2019年同期的62.79%。五一假日期间，全区旅游企业接待游客50.6万人，为2019年同期（4天）的112.51%；收入5895.78万元，为2019年同期（4天）的143.44%。端午假日期间，全区旅游企业接待游客26.41万人，恢复至2019年同期的108.36%；收入2747.96万元，恢复至2019年同期的104.94%。国庆假日期间，全区旅游企业（含三馆一院）共接待55.82万人，同比2019年减少14.32%；收入7384.17万元，同比2019年增长12.97%。

（区文化和旅游局）

【政策扶持助力企业发展】 5月22日，《顺义区促进文化和旅游业发展扶持办法》印发。扶持范围涉及旅游公共服务设施，产业融合，公共文化服务活动，精品民宿，旅游商品设计研发等九大类。完成拨付产业扶持资金1042.61万元，拉动社会投资3610.778万元；审核中的项目资金2132.81万元。

（区文化和旅游局）

【“十四五”时期文旅规划正式印发】 年内，《顺义区“十四五”时期文化和旅游发展规划》正式印发。

（区文化和旅游局）

【德云社影视文化园项目落地】 年内，北京德云社影视文化园项目落地顺义。项目位于顺义区天柱路10号，利用北京空港国际仓储有限公司闲置老旧厂房改为摄影棚，规划审批建筑面积7791.5平方米。北京德云社影视文化有限公司和北京德云社麒麟剧社有限公司（麒麟剧社总部）完成进驻，获得文艺表演团体从事营业性演出活动许可审批。

（区文化和旅游局）

【顺昌红色旅游线路推广活动】 年内，顺义区、昌平区联合开展“狼儿峪—焦庄户”顺昌红色旅游线路推广活动，打造精品旅游线路2条，分别是：顺义区文化中心—北京焦庄户地道遗址纪念馆—乐多港假日广场—北京轻武器博物馆—昌平区流村镇狼儿峪村，昌平区流村镇狼儿峪村—长峪城—顺义区文化中心—北京焦庄户地道战遗址纪念馆。

（区文化和旅游局）

【文旅企业获《我的桃花源》年度盛典奖项】 年内，市文化和旅游局、北京卫视联合举办“人间桃源·大美京华——《我的桃花源》年度盛典暨第二季启动仪式”。盛典公布桃源主题线路、桃源特色产业、桃源美景、桃源美食、桃源美宿5个奖项名单，顺义区奥林匹克水上公园获“桃源产业”奖，享筑·伴山雅集主题民宿获“桃源美宿”奖。

（区文化和旅游局）

【“顺意好礼”15项商品入选2021“北京礼物”】 年内，在市文化和旅游局主办的2021“北京礼物”旅游商品及文创产品大赛中，燕京八景精酿啤酒系列、玩·悟品牌非遗技艺系列九连环、NIU2系列工匠牛造型酒+牛皮气公仔、Kwords千字杯4项商品荣登大赛总榜单TOP100，激情冬奥金钥匙、井冈山啤酒、建党百年笔记本、燕京U8型哈根达斯冰激凌、头等大事木珠枕、老北京毛猴《家和万事兴》、葫芦掐丝粉彩画《花开富贵》、青响小牛杯、葫芦手机链、国子监文创、玉髓镇纸11项商品入选大赛分主题子榜单。

（区文化和旅游局）

【2家企业入选2021年北京市体育旅游精品项目】 年内，市体育局、市文化和旅游局联合启动2021年北京市体育旅游精品项目的申报推荐及评审工作。“顺义奥林匹克水上公园”入选“2021年北京市体

育旅游十佳精品景区”，“北京莲花山滑雪场”入选“2021年北京市体育旅游精品项目”。

（区文化和旅游局）

【吉祥八宝葫芦手工艺品传承人入选支持项目】 年内，文化和旅游部发布《2021年度乡村文化和旅游能人支持项目拟入选人员名单的通知》，顺义区吉祥八宝葫芦手工艺品传承人牛成果入选。

（区文化和旅游局）

景区景点建设

【2处赏花地入选“漫步北京”文旅休闲品牌线路】 3月8日，市文化和旅游局推出“花开的日子——漫步北京赏春花读建筑主题游”线路12条，顺义区北京国际鲜花港入选郁金香花、北京工业大学耿丹学院入选樱花主题线路。

（区文化和旅游局）

【2条旅游线路入选全市清明节主题线路】 3月31日，市文化和旅游局发布“缅怀·踏青——漫步北京清明节红色旅游主题游”线路26条，顺义区2条红色旅游线路入选。分别为探访抗战遗址之旅：焦庄户地道战遗址纪念馆—柳庄户村—享筑·伴山雅集主题民宿—中粮·祥云小镇，艺术休闲体验之旅：罗红摄影艺术馆—北京国际鲜花港—焦庄户地道战遗址纪念馆。

（区文化和旅游局）

【“中粮·祥云小镇”入选首批市级旅游休闲街区名单】 10月，由市文化和旅游局、市发展和改革委联合开展的市级旅游休闲街区评选12个入选名单公布，“中粮·祥云小镇”入选。

（区文化和旅游局）

【精品线路入选冰雪文化旅游季精品线路推荐】 12月，2021北京冰雪文化旅游季启动，发布北京冰雪旅游精品线路22条，顺义区“北京莲花山滑雪场—鲜花港蝴蝶大世界—鲜花港冰雪嘉年华”线路入选乐享京冰雪主题“玩冰嬉雪欢乐之旅”。

（区文化和旅游局）

【8家文旅企业入选北京市100家文化旅游体验基地名单】 12月2日，市文化和旅游局发布全市100家文化旅游体验基地名单，全区8家文旅企业入选。分别为传统文化体验基地：君德益传统木作技艺体验基地、吉祥八宝火绘葫芦技艺体验基地，京味文化体验基地：牛栏山二锅头酒文化体验基地、良山珐琅厂景泰蓝工艺体验基地，科技科普体验基地：燕京啤酒开放工厂体验基地，乡土农耕文化体验基地：张堪农耕文化体验基地、北京国际鲜花港体验基地，多元文化空间体验基地：松美术馆体验基地。

（区文化和旅游局）

【4家文旅企业入选“2021北京网红打卡地推荐榜单”】 12月6日，市文化和旅游局举办2021北京网红打卡地推荐榜单发布会，发布全市100家网红打卡地名单。顺义区文化中心、罗红摄影艺术馆、天竺黄花梨艺术馆入选文化艺术类榜单，睿恩小镇入选新消费场景类榜单。

（区文化和旅游局）

【红色旅游线路入选北京红色旅游地图】 12月，由市委宣传部，市委党史研究室、市地方志办，市文化和旅游局，市测绘设计研究院联合出品的“北京红色旅游地图”发布，推出9条主题游览线路。顺义区焦庄户地道战峥嵘岁月红色之旅（河北村民俗文化体验园—柳庄户村—焦庄户地道战遗址纪念馆）入选。

（区文化和旅游局）

【2家文旅企业被评为“北京中医药文化旅游建设基地”】 12月，由市文化和旅游局联合市中医管理局开展的第五批“北京中医药文化旅游示范基地”评选名单发布。顺义区北京鲜花港投资发展有限公司、北京吉祥八宝葫芦手工艺品产销专业合作社被评为“北京中医药文化旅游建设基地”。

（区文化和旅游局）

【“优我宝”家庭文化成长中心项目落地】 年内，“优我宝”家庭文化成长中心项目落地顺义。项目位于临空经济核心区天柱东路17号，总占地面积6000余平方米，注册资金1000万元，总投资5000万元，产值营收3200万元/年。项目打造超10000平方米的深海魔幻城，以及深海银行、水母教室等50多种场景，集阅读、美食、娱乐、美育四大功能区为一体，2～10岁的儿童可以享受“一站式”服务。

（区文化和旅游局）

【旅游公共服务设施提升】 年内，2020—2021年旅游公共服务设施改造项目完工并投入使用。项目涉及4家景区、1个旅游民俗村、2家特色业态企业的3座旅游厕所改造和18间移动厕所购置。

（区文化和旅游局）

【龙湾屯镇入选第一批全国乡村旅游重点镇】 年内，由文化和旅游部、国家发展改革委联合开展的全国乡村旅游重点村镇名录遴选推荐入选名单确定，龙湾屯镇入选第一批全国乡村旅游重点镇（乡）名单。

（区文化和旅游局）

【天竺黄花梨艺术馆入选市文旅行业科普体验资源点】 年内，市文化和旅游局发布全市文旅行业科普体验资源点20个及科普旅游线路8条。顺义区天竺黄花梨艺术馆同时入选文旅行业科普体验资源点和“瞻艺术观发展，文化场馆品内涵”科普主题线路（活的3D博物馆—中国铁道博物馆东郊展馆—北京天竺黄花梨艺术馆）。

（区文化和旅游局）

旅游行业管理

【旅游行业疫情防控】 年内，建立行业主管部门、属地、卫生部门、文旅企业四方联席机制，及时下发最新版防控指引，指导企业制订、更新疫情防控工作方案和应急处置预案；落实“限量、预约、错峰”要求，实现分时预约、承载量精细化管理，严防文旅接待场所客流超载和大人流聚集。对全区770家文旅企业通过“电话通知、微信传达、实地督导”等方式，实现每日检查督导“无缝隙、无断点、全覆盖”，出动检查人员6749人次、车辆2721台次，检查各类文旅企业3655家次，发现并督促整改各类问题隐患360余处。

（区文化和旅游局）

【旅游行业疫苗接种和核酸检测】 年内，文旅企业在岗人员第一针、第二针疫苗接种实现“应接尽接”，持续推进加强针接种；加强规模以上酒店核酸检测力度，开展22轮重点行业从业人员和生产经营场所常态化核酸检测工作，检测759家次14555人次，环境点位26542个。

（区文化和旅游局）

【营利性文化艺术类培训机构管理】 年内，出台《顺义区营利性文化艺术类培训机构管理办法（暂行）》，加大预付式资金监管力度；联动属地加大摸排检查力度，形成“行业＋属地”双线管控，确保企业严格落实疫情防控、“双减”等工作要求。

（区文化和旅游局）

【旅游行业行政审批】 年内，持续推进“告知承诺”“一网通办”“全程网办”“不见面审批”“电子印章”“电子档案”“备查事项”等政务服务工作，对行政审批事项进行标准化管理，提升审批的透明度、规范性和工作效率，完成政务服务事项管理系统中80个在用事项要素核准，行政审批154件。

（区文化和旅游局）

旅游节庆活动

【第六届北京顺义樱桃采摘旅游文化节】 5月29日，第六届北京顺义樱桃采摘旅游文化节开幕式在北京国际鲜花港举办。活动由区委宣传部、区文化和旅游局、区农业农村局、区园林绿化局主办，以“顺义樱桃，初夏食光”为主题。开展文旅企业宣传推介、超炫樱桃直播间、创意国潮文旅市集、全域文旅沉浸式体验等系列活动，通过现场路演、在线直播、展览展示等方式，推介区内文化旅游优质资源，展销非遗手工艺品、“樱桃小丸子”等IP衍生品。1000余人参与现场活动，中央电视台、北京电视台和腾讯、新浪、搜狐等30余家主流媒体共同参与报道，网络主播全程直播，收视辐射人群超9000万人次。

（区文化和旅游局）

◆5月29日，第六届北京顺义樱桃采摘旅游文化节开幕（区文化和旅游局）

【2021北京顺义第四届文旅发展高峰论坛】 9月28日，以“产城共生焕新城市活力”为主题的2021北京顺义第四届文旅发展高峰论坛在临空皇冠假日酒店举办。论坛邀请文旅产业专家学者、头部文旅企业高管、项目操盘手等300余人参与，通过专题演讲、政策解读、圆桌研讨等方式对顺义文旅产业发展进行研讨交流。活动现场，区文化和旅游局与中演演出院线发展有限责任公司、中央芭蕾舞舞团、国家京剧院、中国儿童艺术剧院、中国歌剧舞剧院、北京市演出有限责任公司、中华文化促进会艺术融合与创新工作委员会7家中直院团及演艺机构集中签约，在引进精品剧目、开展艺术普及活动、共同创作原创剧目、打造文旅融合IP等方面进行合作。此外，还与北京银行、北京顺马石旅游观光有限公司和深圳奥雅设计股份有限公司、北京中农博后科学研究院、北京顺鑫中盛国际会议中心有限公司、北京木誉龙昇文化发展有限公司分别现场签约。

（区文化和旅游局）

【第七届北京顺义冰雪温泉欢乐季】 12月24日至次年2月底，以“激情冰雪 慢享温泉”为主题的第七届北京顺义冰雪温泉欢乐季举办。结合元旦、春节、元宵等多个传统节日，整合冰雪、温泉、民俗、文化、购物等旅游资源，推出4条旅游线路、六大主题活动，宣传推介顺义优质文旅资源。

（区文化和旅游局）

旅游宣传

【参加服贸会旅游专题展】 9月，组织区内企业参加中国国际服务贸易交易会旅游服务专题展，推进招商引资工作。顺义文旅展台以首都机场T3航站楼及飞机跑道为设计元素，打造顺义文旅推介区、沉浸式人机交互体验区、优秀剧目展示区、文化中心特色展区、“顺意好礼”展区5个展区，结合中英文版旅游手册、旅游地图等宣传品，加强顺义文旅招商推介，为有意向的文旅产业项目搭建洽商平台。

（区文化和旅游局）

◆2021中国国际服务贸易交易会旅游专题展顺义展厅（区文化和旅游局）

【参加第九届北京国际旅游商品及旅游装备博览会】 10月15—17日，组织“顺意好礼”旅游商品生产商及相关文旅机构参加第九届北京国际旅游商品及旅游装备博览会。本次展会“顺意好礼”展台展出产品80余款。涵盖红色主题、酿酒文化主题、樱桃主题、冰雪主题四大主题，包括多款“北京礼物”获奖产品。

（区文化和旅游局）

【参加2021中国—东盟博览会】 10月15—17日，参加2021中国—东盟博览会旅游展。顺义展区设立“顺意好礼”特色旅游商品展示区，共展销商品10余种，结合图片展示、宣传资料、现场咨询向旅游业者、媒体和公众展示“顺义文旅”新形象，提升顺义知名度和影响力。

（区文化和旅游局）

【强化宣传拓展“顺意好礼”营销】 年内，优化“顺意好礼”线上展示平台，线上展示四大类338款商品，录入新品伴手礼60余款；搭建顺义博物馆“顺意好礼”形象展示店，参加13场展会加强宣传推广。

（区文化和旅游局）

【新媒体平台宣传】 年内，微信、微博宣传平台发文2014篇，总阅读量150.12万余次。其中“顺义旅游”官微有粉丝14.31万人，发布原创文章1136篇，阅读量116.67万余次；“顺义文旅”官微有粉丝2.57万人，发布原创文章878篇；“顺义文旅”微博有粉丝12.72万人，发布原创文章811篇，阅读量23.4万次。

（区文化和旅游局）

园林建设与服务

【建党100周年公园服务保障】 中国共产党成立100周年庆祝活动期间，在城区10个主要公园以应时花卉20余万盆26.8万株布置，包括立体花坛38组，花境面积510平方米，造型地摆花卉600余平方米，地栽花卉324平方米，容器花卉13组，花塔20组。

（区园林绿化局）

【区园林绿化服务中心机构改革】 8月21日，区园林绿化服务中心，区长青林场，林木绿地管护中心，区园林绿化局所属东郊森林公园顺义园、花博会主题公园、和谐广场合并组建区园林绿化服务中心。业务范围主体涵盖公园、道路、林地三大部分，其中公园面积634.8万平方米，道路面积470.1万平方米，林地面积2079.4万平方米。

（区园林绿化服务中心）

【公园无障碍设施改造工程】 10月，区园林绿化局组织实施的顺义区和谐广场公园、顺义区花博会主题公园、顺义区东郊森林公园进行无障碍设施提升改造工程完工。

（区园林绿化局）

【全龄友好公园建设】 年内，按照《2021年全龄友好型公园建设工作方案》，顺义区打造顺义公园及和谐广场公园2个全龄友好型公园，改造内容包括监控设施安装、空置花房改造利用、月老池周边景观提升和生物多样性科普等。

（区园林绿化局）

【城镇绿地养护管理】 年内，《顺义区城镇绿地管理工作方案》《顺义区城镇绿地养护管理考核办法（试行）》《顺义区城镇绿地养护管理年度考评工作细则》《顺义区城镇绿地分级分类管理办法（试行）》印发。强化行业监管和技术指导，组织完成各季度城镇绿地日常养护、专项治理等工作。完成中国国际服务贸易交易会、冬奥会冬残奥会等重大活动绿化景观环境布置及保障工作。

（区园林绿化局）

【城市森林二期建设工程】 年内，完成城市森林二期建设工程主体绿化建设任务。项目总面积113870.73平方米，其中后沙峪地块总面积84180.6平方米，仁和地块总面积29690.13平方米。

（区园林绿化局）

【公园疫情防控】 年内，区园林绿化局制订《顺义区园林绿化局公园疫情防控工作方案》，成立区园林绿化局公园疫情防控工作领导小组，负责局属公园疫情防控工作。全年累计检查公园100余次，重点对门区设置、工作人员自身防护、保障设备、隔离区域设置、引导扫码等工作进行检查。区园林服务中心抓好常态化疫情防控，严格落实来园游客的扫码、测温、登记等工作，并做好园所消杀。

（区园林绿化局、区园林绿化服务中心）

【公园树木管理】 年内，通过行道树、空树坑治理，完成行道树补植861株，行道树复壮13235株，空树池治理28株。美国白蛾监测与防治过程中，累计监测巡查发现受害树木5113株、累计防治5231株，出动巡查人员1430人次、车辆258车次，巡查4930千米，防治面积591.2万平方米。

（区园林绿化服务中心）

【温榆河公园顺义一期工程建设】 年内，温榆河公园顺义一期工程完成主体工程建设。项目北至机场北线高速，东至白良路，南至龙道河，西至高白路，项目建设规划面积 82 公顷，总投资约 4.79 亿元（其中工程投资 3.45 亿元，征地拆迁费约 1.34 亿元）。建设内容包括绿化工程、庭院工程、景观给排水工程、景观电气工程、建筑工程、外电源工程等。2020 年 8 月开工建设。

（区园林绿化局）

◆10 月 22 日，温榆河公园顺义一期建设中——温榆远树建设全景（区园林绿化局）

【园艺驿站试点工作】 年内，新建空港街道吉祥花园社区园艺驿站、石园街道石园东区园艺驿站 2 家园艺驿站。全区 11 家园艺驿站开展线上线下插花培训、生态宣传、义务植树、垃圾分类换绿植、多肉 DIY 盆栽种植、东方插花、非遗文化传承、自然笔记等各类特色园艺活动 280 场次，受益群众 2.2 万余人。

（区园林绿化局）

【文明游园整治行动】 年内，按照市园林绿化局《关于启动 2021 年文明游园专项整治行动工作的通知》要求，区园林绿化局印发《2021 年顺义区文明游园整治行动实施方案》，每周报送《文明游园统计表》。全年累计发现不文明行为 15936 次，志愿者、文明引导员参与活动 6686 次。12345 市民投诉 233 次。在垃圾分类活动中，1493 名引导员参与指导 7862 次。

（区园林绿化局）

北京顺义文化旅游投资集团有限公司

【概况】 年内，北京顺义文化旅游投资集团有限公司（简称文旅集团）完成 2 家企业改制、1 家企业注销、2 家企业无偿划转。贯彻落实区委、区政府总体部署，按照做顺义区文化旅游产业的传动器、助推器和孵化器的企业定位，致力于文化旅游全产业链投资运营，打造具有市场竞争力的文化旅游投资集团。

（文旅集团）

【北京郁金香文化节】 4 月 3 日至 5 月 10 日，2021 年北京郁金香文化节在北京国际鲜花港举办。文化节围绕“花与画”主题布展，展出 73 个品种 100 多万株郁金香，搭配其他球根花卉、时令草本花卉等。穿插举办“感党恩，颂党情”残疾人书画及工艺品艺术展、摄影文化节、帐篷营地文化节等活动。

（文旅集团）

【淘气包气球遨游周】 4 月 3—5 日，淘气包气球遨游周在奥林匹克水上公园举办，吸引 56872 人入园。活动旨在打造顺义区大型原创亲子活动品牌 IP，引入美陈美展、互动闯关、舞台表演等多种活动。

（文旅集团）

【全民健身体育节】 5 月 16 日，以“百载红船路 全民奥运行”为主题的北京市第十三届全民健身体育节在奥林匹克水上公园举行。开幕式吸引 3000 余名健身爱好者参与，世界花样滑冰冠军佟健宣读市民倡议书。其间举办操舞比赛、青少年轮滑公开赛、首都高校龙舟邀请赛、冰上公益体验课、风筝展示大赛等，吸引参赛队员 3050 人次。

（文旅集团）

【北京端午文化节】 6 月 12 日，第十三届北京端午文化节暨北京市端午节龙舟大赛在奥林匹克水上公园举行。龙舟大赛为混合组 250 米直道竞速比赛。现场引入冬奥项目体验、优秀书店展示、绘本音乐故事会、传统医学体验等活动。

（文旅集团）

【北京菊花文化节】 9 月 18 日至 10 月 17 日，2021 年北京菊花文化节在北京国际鲜花港举办。文化节围绕“名菊传奇”主题设计，穿插举办“第 32 届北京农民艺术节‘乡村大舞台——专场展演活动’”“书画展”“庆丰收，美丽乡村健康跑”“北京顺义中秋古风游园会”等活动。

（文旅集团）

【中秋古风游园会】 9月21日，北京顺义中秋古风游园会在北京国际鲜花港举行。现场引入手工体验、观赏美陈、运动游戏等活动，接待游客近5000人次。

（文旅集团）

【文旅集团下属景区疫情防控】 年内，文旅集团下属奥林匹克水上公园、北京国际鲜花港、汉石桥湿地3个景区严格做好限流、预约、扫码、测温、设置一米线、戴口罩等措施。加强人流管控，实时监测人员流量，做好人员疏导，严防人员聚集。实现全年安全稳定运营。

（文旅集团）

【建党一百周年活动】 年内，文旅集团联合区摄影家协会开展“逐梦新顺义，铸就新辉煌”摄影作品征集活动，征集作品1500余张。下属企业顺旅发展公司开发精品课程，将爱国主义教育与传统陶瓷文化相结合，免费向全市学校、社区以及企业推广，开展活动65场。

（文旅集团）

【品牌建设】 年内，北京国际鲜花港获批北京市首批市级文化和旅游标准化试点，景区实现“软服务、硬环境”双向提档升级；被授予北京市生态环境教育基地；荣获第十届中国花卉博览会金、银、铜等多个奖项。奥林匹克水上公园在体育人春晚·VNING线上峰会上，获评最佳体育文化旅游品牌；在北京市体育旅游精品项目推介会上，获评体育旅游十佳精品景区；参加由北京市文化和旅游局、北京卫视联合举办的大型文旅体验节目《我的桃花源》，获桃园特色产业奖。北京顺旅旅游文化产业发展有限公司参加顺义区文化创意大赛，神笛陶艺村获得三等奖；享筑·伴山雅集精品民宿项目获北京广播电视台“桃源美宿”奖。汉石桥湿地公园通过AAA级旅游景区质量等级复核。

（文旅集团）

【水上公园奥运服务保障】 年内，奥林匹克水上公园作为“国家北京顺义体育训练基地”，服务保障奥运水上项目训练工作。

（文旅集团）

【冰雪嘉年华】 年内，举办冰雪嘉年华活动，其中奥林匹克水上公园冰雪嘉年华占地2万平方米，包含雪滑梯、雪地香蕉船、雪地摩托、雪地悠波球等10余种娱乐项目；北京国际鲜花港冰雪嘉年华占地面积4万平方米，包含雪山冲浪、雪地坦克、雪地儿童摩托等10余种雪地娱乐项目。

（文旅集团）

【扶贫协作】 年内，文旅集团推进万企兴万村对口帮扶工作，向河南省南阳市西峡县、内蒙古自治区巴林左旗等4个村捐助现金物资80.09万元；帮助昌平区十三陵镇麻峪房村宣传推介文旅产品，助力全区完成结对协作年度任务。北京国际鲜花港在河北省沽源县羊库伦村建设6666.67平方米药用花卉种植基地；鲜花港与南彩镇小营村、杨镇红寺村开展“一助一”精准扶贫工作，开展“1•18”“7•18”民主日活动，为小营村捐赠帮扶资金及保障物资11.9万元，帮助红寺村村民解决就业难题，提供岗位308个。

（文旅集团）

【享筑·伴山雅集主题民宿二期落成】 年内，享筑·伴山雅集主题民宿二期10个院落建设完成。民宿位于全国第一批美丽乡村、最佳休闲乡村——柳庄户村。

（文旅集团）

【神笛陶艺村升级改造】 年内，神笛陶艺村教室、院落装修和升级完成，包括建设古窑文化广场、72道古法制陶工序文化展示墙、北京榜样事迹展览厅等，新增展示面积2005平方米。

（文旅集团）

◆4月3日至5月10日，2021年北京郁金香文化节在北京国际鲜花港举办（文旅集团）

北京顺义绿色生态产业功能区

【概况】 年内，北京顺义绿色生态产业功能区党工委坚持党中央提出的“创新、协调、绿色、开放、共享”发展理念，严格按照区委、区政府的工作要求，自觉站位服务新时期首都城市战略定位和京津冀协同发展大局，各项工作稳步推进。

（绿色生态产业功能区）

【服务为民】 年内，开展庆祝建党100周年系列活动，组织号召党员投身疫情防控、环境整治、垃圾分类等工作最前线，建立党员“微实事”清单台账200余项。

（绿色生态产业功能区）

【功能区安全维稳】 年内，检查浅山郊野公园项目建设单位及相关单位120余家次，发现督促整改消防安全、劳动保护、燃气安全、教育培训等各类安全隐患50余处，下达责令整改通知书20余份。围绕浅山郊野公园项目，及时组织工程参建单位主要负责人、安全生产负责人召开安全生产专题会，分析研判安全生产问题，消除安全隐患，做到从严、从实、从细抓好安全生产工作。结合中国共产党成立100周年庆祝活动、“两会”以及重要节假日，强化应急值班值守工作，加大相关设备、操作系统培训力度和应急值班值守工作纪律的宣传教育力度。

（绿色生态产业功能区）

【舞彩浅山运维项目】 年内，舞彩浅山运维项目于3月11日通过政府专题会议审议，随后按照会议精神编制运维项目实施方案。4月12日，报财政局评审取得预算评审报告。依法依规完成公园运维绿化养护及维修管理、保安服务、保洁服务3个分项的公开招投标工作。运维服务单位全部进场，运维工作有序开展。项目拟在相关登山步道沿线及景观沟谷区域安装森林防火监控探头、语音提示杆等。完成设计方案及项目建议书，配合区发改委开展项目建议书评估工作。

（绿色生态产业功能区）

【郊野公园规划建设】 年内，郊野公园规划建设内容主要包括市政道路与郊野公园一期的衔接、公园漫行系统建设、舞彩大道两侧特色景观绿化、水系治理及村庄周边绿化美化等。3月，完成决算报告编制并报区发改委；10月，按照市发改委委托审核方工作要求，开展决算审核核对工作。项目完成建设，进入施工单位养护期。

（绿色生态产业功能区）

【山地救援】 年内，通过公开招投标聘请专业山地应急救援队伍，建立覆盖浅山核心区的救援保障体系。开展日常巡查500余次，实施游客救援2次。

（绿色生态产业功能区）

交通 邮电

路网建设

【概况】 年内，区公路分局有公路建设、养护任务22项，新建、改建项目6项，提级改造工程2项，日常养护工程1项，交调设备运维工程1项，非现场治超执法设备新建工程1项；完成道路交调设备更新22处、新建非现场执法设备2套，有效服务“科技交通”建设。落实市交通委服务“绿色出行”要求，完成路口“礼让行人”标线施画20处、示范路口非机动车道加铺红色铺装2处、新增或完善步道7千米、新增或完善公交站台20处。杨镇环库路、鲜花港路2条道路获评市级“美丽乡村路”称号。

（区公路分局）

【京平高速公路芦各庄收费站通车】 3月1日，京平高速公路芦各庄收费站通车，新建芦各庄4进5出收费站一座。位于宋梁路北延道路与京平高速公路连接处。

（区公路分局）

【右堤路南庄头村噪声治理惠民工程完工】 7月27日，右堤路南庄头村噪声治理惠民工程的全部声屏障安装工作完成。

（区公路分局）

【顺平路交通综合治理工程通车】 10月15日，顺平路交通综合治理工程通车。本次综合整治主要为拆除中央隔离带及机非隔离带，横断面由三幅路变为一幅路，主要包括旧路铣刨和挖除、病害处理、排水工程、新建路面结构、道路附属工程、绿化工程等。设计标准为一级公路，设计时速60千米，路面设计标准轴载BZZ-100。4月，开工建设。顺义公路分局投资4274万元，北京国道通公路设计研究院股份有限工公司设计，北京市七环工程技术咨询有限责任公司监理，北京路桥瑞通养护中心有限公司施工。

（区公路分局）

【通怀路（京承高速—河防口）道路工程第一标段完工】 10月30日，通怀路（京承高速—河防口）道路工程第一标段完工。工程起点与木孙路接顺，终点止于潮白河桥桥头。起点桩号K0+000，终点桩号K0+938.185，路线全长0.938千米，道路等级为一级公路，设计时速60千米，路基宽度27.5米，双向四车道加硬路肩。在起点设京承高速互通式立交1座，与大韩庄立交相顺接。2018年12月12日开工。由顺义公路分局建设，投资金额6118万元。北京市市政工程设计研究总院有限公司设计，山西交通建设监理咨询集团有限公司监理，中交路桥建设有限公司施工。

（区公路分局）

【昌金路（白良路—京沈线）大修工程完工】 10月31日，昌金路（白良路—京沈线）大修工程完工。工程起点与昌平区崔阿路相交，终点位于平谷区区界。等级为一、二级公路。起点桩号K13+758，终点桩号K24+801.526，全长11.04千米。设计时速60千米，路基宽15/30.6/35.1米，路面宽12/27.6米。2020年4月2日，开工。由顺义公路分局建设，投资金额8485万元。河北华跃工程科技有限公司设计，山西交通建设监理咨询集团有限公司监理，北京路桥瑞通养护中心有限公司施工。

（区公路分局）

◆10月31日，昌金路（白良路—京沈线）大修工程完工（拍摄者：李毅）

【乡村公路大修工程完工】 12月底，顺义区乡村公路大修工程完工。工程于7月进场施工，由顺义公路分局负责组织实施，涉及17个镇的63条道路和1座危桥改造，总里程83.66千米，施工内容包括桥梁、道路路基、路面、涵洞、相应附属工程及交通标志、标线等。

（区公路分局）

◆8月13日，乡村公路大修工程——樱花小区路路面施工完工（区公路分局）

【12项养护工程】 截至12月31日，全区6项道路中修工程、2项桥梁安全改造专项工程、2项声屏障工程、1项积水点治理工程和1项绿化工程全部完工。工程于8月6日开工，由顺义公路分局建设。主要包括旧路病害处理、道路噪声治理、积水点治理、桥梁独柱墩加固、桥梁护栏加固、绿化工程等。

（区公路分局）

【陈马路交通安全设施增设】 年内，区公路分局为保障陈马路（顺平路—顺密路）道路通行安全，增设交通安全设施，其中增设LED自发光标志2套，超高强级反光膜弹性分道柱40根，前方障碍物提示牌2套，反光道钉46个，防撞桶4个，旋转桶钢板护栏端头6个，覆画标线1350平方米。并对限高架进行重新刷漆、贴膜。

（区公路分局）

【牛栏山引水桥道路通行效率提升】 年内，区公路分局联合区公安分局交通支队，通过实施进一步完善交通导行设施，引导非机动车绕行左桥，禁止从右桥通行；实施昌金路与左堤路路口缓堵改造；实施昌金路与右堤路路口缓堵改造3项措施，改善牛栏山引水桥道路通行效率。

（区公路分局）

【路网管理系统外场设施建设】 年内，新增视频4套，治超非现场执法设备2套，全区路网设施建设规模282套。全年编发提示短信3343条，收集上报雨、雪情45次，接收、传达预警等信息79次；可变情报板发布信息1万余条。

（区公路分局）

交　通

【概况】 年内，辖区有地面公交运营企业3家，从业人员4034人，涉及运营线路123条3382.1千米，运营车辆1425辆；公交场站52个；公交站点2400个，公共候车亭1034座。全区公交发车350.95万班次，同比增长8.5%；公交客运量11026.74万人次，同比增长12.8%。其中区内公交线路发车295.81万班次，同比增长12.26%；客运量8212.65万人次，同比增长11.84%。地铁M15号线发车16.65万班次，同比增长11.67%；完成客运量6306.17万人次，同比增长27.74%；日均发车467班次，日均客运量17.71万人次。巡游出租汽车企业7家（含区域巡游纯电动小客车企业1家），巡游出租汽车1326辆（含区域纯电动车辆500辆、个体出租汽车工商户车辆8辆），巡游出租汽车驾驶员1215人（含个体出租汽车工商户8人）；网约平台企业1家，注册车辆22140辆，日均活跃车辆1837辆；旅游客运企业3家，运营车辆782辆，从业人员837人；汽车租赁备案经营企业31家，备案车辆1920辆。有水域游船单位5家，游船168艘，完成客运量10.04万人次。道路货运经营企业3007家，车辆1.4万辆，合计载重量13万吨，完成货运量3344.29万吨，同比增长51.78%。危险化学品运输企业17家，运输车辆470辆，从业人员834人。有备案机动车维修经营企业341户，其中一类企业62户、二类企业121户、三类企业156户；一类摩托车维修企业2户，从业人员5400人，机动车维修322076辆次，维修行业总收入56.34亿元。驾培机构20家，其中7家取得“普通机动车驾驶员培训”经营许可；取得经营资质驾校有小型汽车教练车402辆、教练员347人，摩托车教练车108辆、教练员23人；在训学员4.5万人，其中许可驾校2.86万人、未许可驾校1.64万人。行政许可事项及小客车申请受理3.23万余件，解答来电来访咨询3.8万余人次，“一网通办、全程网办”8092件。出动执法人员4.63万余人次，检查车（船）22.17万余辆（艘）次，检查业户8377户，作出行政处罚2516起；开展“黑车”治理联合执法38次、建筑垃圾和渣土运输联合执法52次，出动执法人员360人次。区交通局获评交通运输综合执法“先进单位”。

（区交通局）

【液化石油气运输整治专项行动】 1月1日起，顺义区开展危险化学品运输整治专项行动。区交通局针对全区16家危险货物运输企业开展多轮全面检查和排查，重点检查危险货物运输企业电子运单使用、GPS监控及违章处理、从业人员教育培训、企业疫情防控措施落实等情况。截至6月，出动执法人员108人次，检查43户次，查处“未按规定填写电子运单”“未按规定报送相关信息”等各类违法违规行为31起，累计罚款8.3万元；发现“一日三检”填写不规范、安全事故隐患排查台账不完善等问题17个，限期整改完成17个。

（区交通局）

【京哈高铁顺义西站公交接驳服务保障】 1月22日，京哈高铁（北京—承德段）开通运营，顺义西站正式投入使用。区交通局将顺43路（九王庄—羊房村）首末站调整为南彩镇蓝岸丽舍小区—顺义西站，全线配车16辆，设置中途站35个，蓝岸丽舍发车时间5:00—19:00，顺义西站发车时间6:00—20:30，发车间隔10～15分钟。

（区交通局）

【共享单车投放】 1月，在中心城区、后沙峪镇和地铁沿线等地投放共享单车约3000辆。要求共享单车企业严格开展车辆消毒。陆续在全区各街道路面设置蓝牙道钉电子围栏停放区3792处，安装蓝牙道钉设备2.2万余个，成为全国首个全运营区域使用“蓝牙道钉”规范共享单车停放的地区。

（区交通局）

【扮靓公交车站助力文明城区创建】 1—10月，组织候车亭维护单位清理非法小广告2712处，维修破损车站设施458处，清洗候车亭1706座次，清洗公共自行车停车点24处，出动清洁维护人员2790人次，车辆950辆次。1月起，区内公共候车亭广告媒体全部用于公益宣传；截至10月，在400个公交车站安装公益广告957处。继续加大公交车站及车站设施的巡检巡查力度，及时发现并处理车站设施破损、脏污、小广告等环境问题。

（区交通局）

【出租（网约）车恢复正常运营】 2月1日，全区出租（网约）车开始恢复正常运营。采取建立健全防控制度、建立健康监测台账、定期组织核酸检测、每日进行体温监测、落实乘客信息登记、严格执行防疫措施、落实车辆消毒要求、及时进行物资储备8项措施保障司乘人员健康安全。

（区交通局）

【春节期间疫情防控和公共交通服务保障】 春节期间，区交通局通过强化疫情防控宣传教育，倡导行业从业人员留京留顺过节，做好运输保障工作，要求企业坚持做好值班值守、安全生产等措施，开展疫情防控和公共交通服务保障。全区2家境内客运企业投放运营车辆955辆，发车45843班次，完成客运量63.39万人次，同比分别增长8.89%、19.61%、17.32%；地铁M15号线发车2177列次，运送乘客28.36万人次，同比分别增长6.5%、96.99%。

（区交通局）

【“黑车、黑摩的”集中整治行动】 3月4日，区交通局联合区公安分局交通支队、区城管执法局对重点区域及地铁站周边“黑车、黑摩的”开展集中整治。对“黑车”非法运营行为开展执法检查，通过“固定站点值守+路面巡查”相结合的方式，震慑“黑车”非法运营行为。严厉查处停靠在地铁站进出站口及公交站点挤占道路、聚集揽客的“黑摩的”。加大对重点区域非法从事网络预约出租汽车行为的巡查检查力度，严厉打击非法从事“网约车”经营行为。

（区交通局）

【顺义区人力三轮车退出运营市场】 3月31日，区交通局根据《中华人民共和国行政许可法》《中华人民共和国道路交通安全法》《北京市查处非法客运若干规定》等法律、法规及有关规定，决定顺义辖区内人力三轮车全部依法退出运营市场，发布《顺义区人力三轮车退出运营市场的通告》。

（区交通局）

【本年度水运行业开航检查】 3月30日，区交通局海事执法人员对北京顺旅水上公园投资发展有限公司、北京芦荡乐园旅游开发中心、北京鲜花港投资发展中心等水运游船企业进行开航检查。执法人员重点围绕水运游船企业各项安全生产制度、应急预案落实，码头、船舶运行以及救生、消防设施配备等情况进行检查。

（区交通局）

◆年内，对北京顺旅水上公园投资发展有限公司、北京鲜花港投资发展中心2家水运游船企业开展验船及船舶救生设备专项检查（区交通局）

【“绿丝带爱心送考”活动启动】 6月3日，区交通局组织辖区金顺、深顺两家出租公司举办“绿丝带爱心送考”活动启动仪式。活动中，为驾驶员发放绿丝带及考试备用文具。

（区交通局）

【端午节期间服务保障】 6月12—14日，地铁M15号线累计发车933班次，进出站总量46.82万人次；辖区2家境内客运企业发车2.4万班次，完成客运量68.01万人次。地铁、客运企业落实疫情防控措施。区交通局会同城管执法局、公安局治安支队、交通支队，整治华联商场、区医院公交站、地铁口周边区域违章停车、非法运营行为；北务、大孙各庄综合检查站及各地区综合执法站对进京卡口和重点路段的客运、出租车，危化品运输、重型货车等进行24小时严格管控。

（区交通局）

【压缩液化天然气联合执法检查】 6月15日，区交通局联合区城市管理委、区市场监督管理局、区消防支队以及相关属地政府，对北京绿源达顺清洁能源发展有限公司南法信公交客运站、后沙峪公交客运站、东府公交客运站压缩液化天然气撬装站开展联合执法检查。检查围绕疫情防控措施落实、安全管理制度和应急预案上墙公示、安全教育培训、消防和特种设备检测维护等情况展开。对检查中发现的问题，有关单位下达责令改正通知书，并要求北京骏马客运有限公司和北京绿源达顺清洁能源发展有限公司严格落实安全生产责任，加大安全隐患排查力度，发现隐患及时消除，确保全区公交行业能源供给安全。此次撬装式加气站联合检查3站次，出动执法人员14人次，执法车4辆。

（区交通局）

【中国共产党成立100周年宣传工作】 6月27日，为庆祝中国共产党成立100周年，区交通局开展公交车站的环境布置工作，在主要道路两侧的100个公交车站，发布宣传口号和画面335块。

（区交通局）

【新国展—首都机场陆侧捷运线专家咨询会】 8月24日，顺义区有轨电车建设领导小组办公室组织召开新国展—首都机场陆侧捷运线（规划方案、客流预测、制式选择）专家咨询会。会议邀请城市交通、轨道交通、客流评估预测等专业领域的5名专家，市交通委、市规自委、区发改委、区规自分局、区交通局、京投公司相关负责人，市规划院、市城建院等编制单位的领导和代表参加会议。与会人员听取规划方案、客流测算分析评估、制式比选的汇报，审阅有关材料，经过讨论，专家组围绕进一步深化功能定位，突出重点，完善线路制式比选和梳理与其他交通方式之间的关系等方面对捷运线规划方案及相关内容提出修改建议。

（区交通局）

◆8月24日，顺义区有轨电车建设领导小组办公室组织召开新国展—首都机场陆侧捷运线（规划方案、客流预测、制式选择）专家咨询会（区交通局）

【中秋节服务保障】 9月19—21日，2家境内客运企业发车2.54万班次，完成客运量54.17万人次，同比增长21.33%。地铁M15号线发车933班次，进出站总量42.3万人次，同比增长19.87%。

（区交通局）

【非法改装商品运输车辆联合执法行动】 9月27—30日，南法信治超站，北务、大孙各庄综检站联合高速路管理单位连续3天开展联合执法行动，查扣非法改装车辆3辆、未携带资格证件车辆1辆。

（区交通局）

【国庆节交通运输服务保障】 国庆节期间，2家境内客运企业投放运营车辆978辆，发车59244班次，完成客运量117.23万人次；地铁M15号线累计发车2317列次，运送乘客83.60万人次。

（区交通局）

【道路运输便民服务“跨省通办”宣传活动】 9月27—30日，区交通局通过集中培训、深入企业和微信、QQ群等方式，开展道路运输便民服务“跨省通办”宣传活动。张贴宣传海报60张，发放“跨省通办”、“三检合一”（普通货运车辆“一次上线、一次检测、一次收费、结果互认”）等宣传资料400余份，培训窗口政务服务人员50人，覆盖辖区道路运输企业1910家、道路运输从业人员6200余名。

（区交通局）

【中央生态环境保护督察反馈问题整改】 10月15日，区交通局组织召开部署中央生态环境保护督察反馈问题整改工作会议，由货运行业主管领导主持。区生态环境局、区交通支队、区市场监督管理局、区交通局相关科室负责人参加。会上通报《北京市顺义区交通局关于落实北京市中央生态环境保护督察报告反馈问题细化整改任务的通知》，对参会单位落实整改措施进行逐一部署。

（区交通局）

【货车专项治理行动】 10月15日，北务综合检查站、李桥镇龙塘路综合执法站组织相关部门在龙塘路、右堤路、通顺路等重点路段，对“百吨王和渣土运输”货车进行专项治理行动，出动执法人员18人，执法车辆4车，共检查货车89辆，现场处罚16辆，暂扣车辆8辆。

（区交通局）

【行业企业疫情防控及加强针接种】 10月22日，区交通局组织行业企业负责人召开视频会，推进落实疫情防控及加强针接种工作。10月23日，出租车管理所到北京市华丰出租汽车公司、北京深顺出租汽车公司、北京金顺出租汽车公司、北京骏马区域电动小客车出租有限公司4家出租企业开展工作落实督查。主要对企业防疫措施落实情况、驾驶员加强针疫苗接种开展情况、驾驶员健康宝体温监测台账、消防设备设施等情况进行检查。经检查企业口罩、消毒液配备齐全，疫情防疫措施有效落实；各企业均已对接属地推进加强针疫苗接种工作。

（区交通局）

【顺义区6条公交线路采取措施强化疫情防控】 10月23—24日，为降低疫情通过公交车传播的可能性，经区交通局协调昌平区交通局、平谷区交通局，对顺义区与昌平区连接的6条公交线路采取甩站和暂停运营措施。自10月23日，昌27路（高丽营—冠华苑）不停经顺义。10月24日，昌60路（高丽营—兴寿北站）不停经顺义，郊100路（平谷小渔阳—昌平北站）、SD001路（地铁南法信站—武警特警学院）暂停运营。市公交集团运营的945路（南彩汽车站—沙河）和856路（南彩汽车站—兴寿北站）继续运营。区交通局协调市公交集团客运七分公司加强对运营线路的疫情防控措施。

（区交通局）

【联合执法夜查】 10月27日夜，北务综合检查站、李桥地区综合执法站联合李桥交警中队、城区交警中队、生态环境局、公路局、城管局执法人员在顺通路、龙塘路、机场东路等重点路段进行联合夜查行动，出动执法人员38人，检查货运车辆89辆，现场处罚15车，暂扣超限超载货车6辆。

（区交通局）

【安全隐患排查整治百日行动】 11月22日，区交通局主管领导带领执法人员对北京京冀达新能源投资有限公司开展专项检查。重点检查企业、人员运营资质，停车场地设施建设情况，从业人员岗位部署、岗前教育培训、疫苗加强针接种等情况。要求企业在停业改造期间，严格落实安全隐患排查工作要求，加强施工场地和车辆停放管理，加强应急值守，及时有效处理异常情况和突发事件。

（区交通局）

【强化道路交通安全】 年内，区交通局多措并举强化道路交通安全管理。公交客运方面，加强驾驶员健康状况排查评估，定期安排体检，建立健康台账；为50个简易公交车站铺设站台，建设公共候车亭和加装安全护栏；为978辆公交车安装驾驶区域安全防护隔离门。危化运输方面，推动260辆危化专用车辆加装视频监控系统，75辆安装防碰撞装置，35辆安装阻隔防爆装置；通过信息化手段，实时掌握车辆的货物种类、路线、频次等重要信息；落实专用车辆“一日三检”“定期检验”制度。重型货车方面，对1.15万辆12吨以上重型载货汽车，加装北斗或GPS卫星导航系统；指导17家拥有50辆及以上重型载货汽车的企业建立动态监控信息平台，配备专职监控人员对运营车辆实施24小时在线监管；指导企业按照《道路运输驾驶员应急驾驶操作指南（试行）》规范，加强驾驶员防御性驾驶技能培养。密切配合公安交管、公路等部门，强化“路警联动”，围绕危化品运输、重型柴油车等重点车型，严厉打击超载超限、擅自改装、道路遗撒、非法经营等违法违规行为。全年出动执法人员1.2万余人次、2400余车次，检查各类货运车辆4.5万辆，查处超限超载行为245起，卸载货物1万余吨。处罚擅自改装行为108起，擅自改装行为较2020年度下降8.4%。定期开展宣传教育，向道路运输企业发放《道路交通安全法》《道路运输行车安全注意事项》等宣传资料；定期开展警示教育大会，结合行业运营特点通报道路交通安全形势，增强从业人员法律意识和安全意识；每月组织企业主要负责人和安全管理人员参加专业培训教育并考核，全年组织1809人参与培训考核，参培人数在全市交通运输行业排名第一。

（区交通局）

◆6月2日，开展液化石油气运输整治专项行动（区交通局）

【“我为群众办实事”实践活动】 年内，推进2021年度区政府为群众拟办重要实事项目，分别在仁和镇、李桥镇、杨镇、李遂镇、北小营镇等地区的47处公交车站，安装公共候车亭及车站座椅各50座。更新顺义电视台、顺义公园等车站的老旧公交站牌14块。

（区交通局）

【多条公交线路调整】 年内，新开通顺54路（蓝天大厦南—地铁后沙峪站）、顺64路（聚源工业区北—澜西园东）、顺66路（春晖园—望泉西里）、顺67路（顺义西站—牛栏山客运站）、顺69路（地铁后沙峪站—数码视讯）、顺70路（澜西园东—金蝶软件园）、顺71路（空港小学—地铁后沙峪站）7条公交线路。增加顺14路、顺34路、顺57路配车数、运营班次，缩短发车间隔，减少乘客候车时间。延长顺 17 路、顺 23 路末班车运营时间，将顺 17 路末班车运营时间由 17:50 调整至 20:30，将顺 23 路末班车运营时间由 21:00 调整至 21:30。将顺 11 路区间与顺 35 路合并优化为顺 35 路（营尔村委会—裕龙小区），S012 与 S013 线路合并优化为 S012 路（牛栏山火车站—牛栏山火车站），顺 28 路与顺 56 路合并优化为顺 56 路（道口村—强制治疗所）。

（区交通局）

◆1 月，新开顺 67 路公交车，进一步满足京哈高铁（北京至承德段）接驳需求（区交通局）

【“京冀”联合执法行动】 12 月 28 日、30 日 13:00—23:00，大孙各庄、北务综合检查站联合三河市交通运输局路政大队，在顺义和三河交界处主要路段开展“京冀”联合执法行动。双方共出动执法人员 48 人，执法车 13 辆，检查过往货车 93 辆，查处各类违法违章行为为 8 辆，暂扣重型货车 2 辆。

（区交通局）

【4 项措施保障外埠小客车禁限行政策实施】 年内，在区政府网站公示《关于对部分载客汽车采取交通管理措施的通告》，同时通过微信公众号等渠道同步转发，扩大政策知晓率和覆盖面。高度关注舆情、信访、12345 市民热线动态，安排专人通过电话、网络等渠道加强与市民沟通联系，做好政策解读，为市民做好出行提示。结合群众诉求，优化公交线网布局，增加公交站点覆盖率，新投放 50 辆公交车，补充公交运力，规划发展快速公交、定制公交和微循环公交线路。在禁限行区域周边道路节点，加装交通禁令及提示标志标牌 194 块，电子监控设备设施 10 套。同步对区域外埠客车拥有情况、重点道路外埠客车流量、重点区域外埠客车停放量等进行跟踪评估，对政策实施前后公共交通承载力开展评价，根据评价结果制定更加精准有力的措施保障群众出行。

（区交通局）

【公共交通疫情防控】 年内，保证车内座椅、地板、扶（拉）手、车窗开关把手、刷卡机“一趟一消毒”，运营全程开启左前和右后两扇车窗通风，严格落实车辆满载率不超过 75% 的要求，通过车载媒体宣传疫情防控知识。司乘从业人员核酸检测全部阴性，运营全程佩戴口罩，每 6 小时测量一次体温；司乘人员有感冒、发热、咳嗽等症状立即就诊，返岗时需持有 3 日内核酸检测阴性证明。公交场站实行封闭式管理，进入场站人员扫码登记、测温；站内每天消毒 3 次，保持办公场所通风。乘车全程佩戴口罩，对不戴口罩的乘客拒绝提供运输服务。

（区交通局）

邮政

【概况】 年内，中国邮政集团有限公司北京市顺义区分公司（简称中国邮政顺义分公司）以习近平新时代中国特色社会主义思想为指导，全面贯彻党的十九大和十九届历次全会及中央经济工作会议精神，坚持“多业并举，实现全面协调可持续发展”的工作思路，统筹推进疫情防控和邮政事业发展，推进顺义邮政各项工作举措，较好地完成各项既定目标。

（中国邮政顺义分公司）

【经营指标完成情况】 年内，中国邮政顺义分公司业务收入累计完成 33500 万元，完成预算进度 103.64%，同比增长 6427 万元，同比增幅 23.74%；经营利润累计完成 4085 万元，绝对值在全公司 16 个区分公司中保持首位。

（中国邮政顺义分公司）

【代理金融专业】 年内，开展金融知识普及活动，为学校、社区、村镇公众宣讲金融知识，解读金融诈骗常见手段，堵截诈骗汇款 4 起，金额 34.7 万元。

（中国邮政顺义分公司）

【文传专业】 年内，开展“赏邮票 学党史”活动，开展宣讲40余场次，服务2100余人次，带动集邮、金融、发行、函件等专业创收100余万元。

（中国邮政顺义分公司）

【渠道平台专业】 年内，平谷大桃项目累计销售额41.1万元，“美荔邮你”万人拼团活动销售1016单，密云水库鱼项目销售628单。

（中国邮政顺义分公司）

【服务质量】 年内，中国邮政顺义分公司以“服务质量大提升争先年”为抓手，狠抓普遍服务达标工作，狠抓客户体验改善，狠抓局所形象提升，开展普遍服务达标集中整治“回头看”行动，全力做好《邮政普遍服务管理办法》的学习宣贯培训工作。开展建制村投递服务专项检查活动，针对农村地区的投递服务质量进行逐一检查。开展“迎建党百年，树品牌形象，服务质量大提升”专项整治活动，理赔及时率98.5%，185办结率99.4%，客户投诉率17.41%。

（中国邮政顺义分公司）

【网运生产】 年内，完成所有揽投部流程优化工作，将卸车、接收、分拣、出班投递各环节制定出标准的操作时长，通过系统监控，对超标准机构进行督导，加快进口邮件分拣速度。通过流程优化，投递人员出班时间每天提前2小时；新建代投自提点200个，京邮驿站62个，其中精品驿站11个。

（中国邮政顺义分公司）

【基础设施建设】 年内，争取中国邮政北京市分公司投资项目6项656万元。启动牛栏山支局、澜西园、香悦四季、马坡财富中心装修改造和28处网点门头店招更新工程，以及区分公司大院电力增容改造工程；区分公司自筹资金393万元，用于后沙峪支局、杨各庄支局、北街营业所等18处局所“微整治”工作。对8年以上15处未装修老旧邮政营业网点进行微改造。接收牛栏山镇下坡屯、西马坡政策性住房、顺义区碧水源住宅生态小区、顺义区仁和镇平各庄回迁房、顺义区高丽营镇丽新湾花园5处配套用房，总面积6110.8平方米，平均价格4261.91元/平方米。

（中国邮政顺义分公司）

【安全管理】 年内，完成全部网点监控设备的升级改造工作，组织各单位安全生产培训3场，组织常规安全检查30余次；开展逃生演练2次，消防实操实训演练1次；组织开展金融从业人员警示教育活动4次，开展金融飞行检查3次；全面落实三个100%制度，2个网点累计拦截126封法轮功信件。单位获评“北京市交通安全先进单位”。

（中国邮政顺义分公司）

电　信

北京联通顺义分公司

【概况】 年内，北京联通顺义分公司以“客户信赖的智慧生活创造者”为愿景，以“联通世界，创享美好生活”为使命，以“国家首席、政府首选、人民首信”的发展定位，为客户提供通信服务。顺义地区建成的语音网、移动通信网、传输网、宽带接入网、IP核心骨干网等电信级专业通信网络，可为顺义地区广大用户提供全业务信息通信服务，包含3G、4G、5G移动业务，全家福宽网融合服务，数据传输服务，互联网专线及中小企业光纤宽带接入服务，智慧宽带，物联网，云计算，大数据等，并可提供与信息通信技术相关的系统集成、工程设计施工、视频监控系统、智慧校园、智能门磁等综合通信服务。

（联通顺义分公司）

【经营管理】 年内，联通顺义分公司贯彻落实党中央决策部署，全力支撑疫情防控工作。落实用户实名登记工作。深化农村及边远地区的网络覆盖，加快实现农村和城市“同网同速”。大力推进创新业务，以5G和千兆光纤应用创新为着力点，挖掘垂直行业需求，协同交通、医疗、能源、教育等各个行业协作创新，不断丰富应用场景，加快数字经济发展。

（联通顺义分公司）

【窗口服务】 年内，始终坚持“以客户为中心”的服务理念，注重端到端客户感知测评提升，建立“吹哨即办”问题解决机制，推进大服务体系重塑，实现一线吹哨、部门报到、接诉即办、责任串联，实现问题根源性解决。统一服务形象、规范服务标准、持续提升服务能力，优化完善客户服务体系建设。客户服务工作更加关注细节，重点加强对营业厅、线务员等服务窗口人员的规范管理，提高专业技术水平。“两会”“建党百年”等重大活动期间，联通顺义分公司客服部所有工作人员7×24小时开机，密切监控“通信信息诈骗”“实名制”“网络信息安全”“疫情传播风险”等重点问题。

（联通顺义分公司）

【网络维护】 年内，联通顺义分公司网络运行安全稳定，完成 “两会”“顺义疫苗接种点”“中国共产党建党100周年” “教育考试网中、高考”等重大重保项目，对重点场所通信基站及线路开展7×24小时通信保障。为区政府及区国资委视频会议提供多次保障。在各项重保工作中，提前开展自检自查、清网排障和演练工作。

（联通顺义分公司）

【网络建设】 年内，联通顺义分公司持续推进5G基站建设，实现顺义城区内人口密集区、重点区域连续覆盖，实现重点交通干线、商街、大型展览馆、汽车小镇等场景的全覆盖。5G宏站入网运营990余个，用户可体验800Mbps的下载速率。持续部署10G-PON设备，搭建千兆光网络。联通顺义分公司的家庭宽带下行速率实现300M带宽起步，千兆智慧宽带有序推进。

（联通顺义分公司）

【配合开展全区疫情防控】 年内，配合区经济信息化局开展全区防疫工作，包括入驻“密接隔离人员工作组”，对密接隔离人员开展大数据分析；为隔离人员安装物联网“智能门磁”，并通过平台管理实现智能化监管；精准推送紧急核酸检测短信20万条；为区疾控中心14小时内紧急开通外呼电话60部，确保流调工作开展。

（联通顺义分公司）

中国移动北京公司顺义分公司

【概况】 年内，中国移动北京公司顺义分公司坚持疫情防控常态化，压实“四方责任”，做好“通信保障、服务保障、防控保障”工作，始终坚持“客户为根、服务为本”，以“满足人民群众对美好数字生活需要”为己任，全力以赴履行社会责任，彰显国企担当。

（移动顺义分公司）

【经营管理】 年内，新建5G基站685个，5G基站总量1890个，覆盖全区19个镇；家庭宽带用户覆盖52.53万户。结合中央经济工作会、顺义区政府工作报告内容，聚焦顺义“两区”建设、航空服务、智能网联、智慧社区等区域建设目标，挖掘合作发展机会。坚持首善标准亮“窗口”，先于客户发现问题、先于客户解决问题，为“创城”做贡献。

（移动顺义分公司）

【窗口服务】 年内，践行“我为群众办实事”实践活动，联合属地公安系统开展“百场地推”进社区服务、“千家企业”联系人宣传、“万户家庭”典型案例展播反诈宣传联合攻坚行动，组织防范电信诈骗宣传活动166场，覆盖客户3.5万余人。属地所有营业厅设置爱心专区、爱心专席、爱心座椅等便民爱老服务，诚邀属地老年客户走进移动，开展智能手机操作、5G网络覆盖、宽带上网小妙招等便民主题讲堂62场。通过抖音直播、公众号传播、服务驻场等活动，增强企业与客户间沟通交流。

（移动顺义分公司）

【集成服务能力及应用】 年内，顺义移动助力顺义区完善视频图像综合管理应用体系建设，将系统集成服务能力应用于社区管理，实现“全域覆盖、全网共享、全时可用、全程可控”的总体目标；进一步完善区域公共安全视频监控系统，提升区域公共安全视频监控联网应用工作现代化水平，为特殊行业信息化应用提供支撑。

（移动顺义分公司）

【智慧平安社区建设】 年内，借助北京移动智慧平安小区建设，实现信息汇聚、联网接入和数据共享。通过不断完善配套应用体系，向下实现不同类型小区数据接入区级数据汇聚转发实验平台；向上对接市级数据汇聚平台，横向连接区公安及各委办局已建平台。基于5G、大数据等关键技术，为属地提供疫情监测、区域人口流动信息、人口流量统计、属地舆情分析、非本地人口监控管理、人群聚集管理、灾情预警、群体事件管控等数据分析报告。

（移动顺义分公司）

【网络维护】 年内，确保网络稳定运行、满足客户通信需求的同时，做好各项重大活动通信服务保障。出动重保人员4143人次、车辆1315车次，完成核酸检测及疫苗接种点、全国“两会”、中国共产党成立100周年、2021年世界智能网联大会等各项通信重保任务，实现保障期间0投诉。通过口碑场景建设、高投诉场景优化等具体措施提升5G网络覆盖和网络质量。

（移动顺义分公司）

【焦庄户地道战遗址纪念馆网络保障】 5月，对焦庄户地道战遗址纪念馆场馆及附近主要道路的网络容量和覆盖情况进行测试评估，实时监控各项网络指标。根据网络测试结果和纪念馆的旅客限流模式对该地区的4G、5G网络进行专项优化。

（移动顺义分公司）

【2021年世界智能网联汽车大会网络保障】 9月，为服务2021年世界智能网联汽车大会，顺义分公司组建网络保障党员突击队，提前启动网络保障机制，分别从网络容量评估、机房隐患排查、网络质量优化、现场维护抢修、集中指挥监控等全方面提前部署。大会前对活动场馆和周边道路的基站、光缆进行2轮地毯式隐患排查和优化，通过调整天线、优化参数、扩充容量等方式，提升网络质量，梳理1343个保障小区；完成负载参数核查1312条，外部邻区核查361条；扩容32条并开通2辆4G/5G通信应急车。大会期间，现场值守巡检和后台指标监控相结合。每天3人现场值守，通过拨打测试、网络速率测试、上网感知体验等实时感知现场的网络状况；5名巡检人员开展场内外持续性基站巡检，确保快速及时解决突发故障问题；3名后台人员实时监控场馆及附近区域的网络指标，及时均衡处理活动期间突发的网络高负荷问题，定时通报网络运行和客户感知情况。

（移动顺义分公司）

生态环境

综 述

【概况】 年内，区生态环境工作坚持以习近平生态文明思想为指导，全面贯彻落实党中央、国务院，市委、市政府，区委、区政府决策部署，全面推进本区生态环境保护工作，完成《顺义区污染防治攻坚战2021年行动计划》各项任务指标。

（区生态环境局）

大气环境

【空气质量】 年内，顺义区PM2.5年均浓度33微克／立方米，同比下降5.7%，排名全市第六名，完成市政府下达的全年改善目标，非生态涵养区最优，连续两年达到国家空气质量二级标准。

（区生态环境局）

【控车减油】 年内，推广新能源汽车，开展流通领域车用尿素质量监督抽查13批次，质量检验结果均为合格。90辆燃油出租车到期退出，更新纯电动出租车工作全部完成。累计淘汰国Ⅲ排放老旧汽油车1000余辆。检查出租、汽车租赁企业355户次，检查运营车辆3857车次。为117台国补拖拉机和联合收割机加装排放污染物控制装置。完成19.4万辆次重型柴油车人工检查，抽测超标车7572辆次，处罚闯禁行7771笔。

（区生态环境局）

【清洁降尘】 年内，顺义区年均降尘量3.7吨／（平方千米·月），排名全市第五，完成市政府下达的年度任务目标。每月出动清扫保洁车辆1426台套，保洁人员10881人次，对辖区公路开展保洁作业。开展建筑垃圾道路联合执法检查114次，出动执法车辆869辆，出动执法人数2375人。开展资源化处置场日常检查246次，开展建筑垃圾土方砂石联席会议10次，办理市级下发督办案件16件。全年养护道路总面积482万平方米，维修破损道路面积12.4万平方米。利用远程视频监控系统对辖区内在施工程开展监控和非现场执法，视频巡查10793家，发现问题全部督促完成整改。安装渣土运输车辆识别与洗轮机监测功能视频监控设备100余套，在线视频监控设备200余套。各行业部门加强工地扬尘管控工作，检查施工工地1000余家次，约谈119次，对检查中发现的130余项问题提出整改要求。扬尘执法部门查处施工扬尘问题2100余起，查处渣土运输及泄漏遗撒问题1700余起。

（区生态环境局）

【生产生活减排】 年内，完善VOCs环境监测网络，建立属地+工业园区监测体系，在30余个点位安装监测设备。推进低VOCs含量产品源头替代，强化建设工程等使用环节含VOCs产品监管，开展生产、流通领域建筑涂料、胶黏剂产品质量监督抽查18批次。对政府投资的建设工程中使用的胶黏剂、涂料等产品组织开展抽检11次，抽检覆盖率20.4%。完成绿色化技改项目5个。8家企业完成一厂一策改造，通过市生态环境局验收。完成9家VOCs排放重点企业依法强制性清洁生产审核工作。检查加油站1062座次，储油库48座次，油罐车7辆次。完成夏季（6—9月）倡导引导错峰加油。开展流通领域车用汽柴油产品质量监督抽查150批次。严厉打击黑加油站，出动警力2580人次，检查场所2132家。强化环境精准执法和精细化监管，全年检查大气类企业6886家次，下达处罚决定书400余起。查处露天烧烤、露天焚烧问题160余起。

（区生态环境局）

【餐饮油烟污染治理】 年内，为全区重点餐饮企业安装油烟运行状态监控设备1000套，实现实时监控，城区重点业态餐饮单位基本实现全覆盖。

（区生态环境局）

【能源清洁低碳化】 年内，制订完成《顺义区2021年农村地区取暖“煤改清洁能源”和“优质燃煤替代”工程长效管护实施方案》（顺农发〔2021〕46号），在全区燃煤取暖地区开展质量监督抽查7批次。制定印发《顺义区进一步强化节能实施方案》《顺义区节能降耗工作考核办法》等文件，推动全区深入开展节能降耗减碳工作，持续推进光伏建设。

（区生态环境局）

【空气重污染应急】 年内，组织空气污染过程应对 12 次、黄色预警应急 5 次。印发实施《顺义区应对大气污染强化措施实施方案》，明确在未达到预警启动级别，但空气污染程度在轻度以上等条件下的具体措施和工作要求，消减污染累积对空气质量的影响。对包装印刷、汽车整车制造、工业涂装等重点行业按照《北京市空气重污染期间重点行业应急减排措施制定技术指南》要求，实施绩效分级管理。

（区生态环境局）

水环境

【地表水环境质量】 年内，全区整体水环境质量不断向好。1—12 月，全区 6 个市级考核断面（包括 2 个国家级）全部达标，Ⅰ～Ⅲ类断面占比 50%，市级以上断面初步消除劣Ⅴ类水体。1—11 月，7 个市级生态补偿断面扣缴补偿金 184.5 万元，同比下降 39.2%(去年同期 303.5 万元)，为历史同期最好水平。每月开展水质监测并通报监测结果，落实生态补偿机制，1—12 月，85 个区级生态补偿断面扣缴补偿金 388 万元，同比下降 72.3%(去年同期 1401 万元)。在第二、三季度市生态环境局 2 次黑臭水体水质监测中，顺义区 9 条黑臭水体全部达标。

（区生态环境局）

【水源地保护】 年内，有序完成 2020 年度饮用水水源地环境状况评估工作，完成顺义区 7 个区级、3 个镇级、18 个镇农村饮用水水源地环境状况评估报告，其中区级集中式饮用水水源地评估结果为“优秀”。完善 4 个村级集中式水源保护区（水源井）封闭隔离设施和标志标识牌。一至四季度区级、镇级、4 个村级集中式生活饮用水质监测均合格，逐步推进集中式生活饮用水安全状况信息公开。

（区生态环境局）

◆9 月，区生态环境局工作人员查看水质水量自动在线监测小微站（拍摄者：赵航）

【入河排口整治】 年内，按照全市“查、测、溯、治、管”的思路开展各项工作，《顺义区入河排口分类分级管控工作实施方案（试行）》印发实施。建立全区入河排口动态更新台账，做到查无遗漏。雨季对全部有水排口进行复核，检测水样 124 个。完成 26 套水质水量自动在线监测小微站的建设工作，搭建顺义区水环境智慧管理平台，完成 400 套入河排口标志牌安装。推进入河排口整治工作，区级挂账 75 个需整治的入河排污口中完成整治 57 个，完成率 76%；市级挂账 30 个需整治的入河排污口中完成整治 25 个，完成率 83%，超额完成市级任务目标。

（区生态环境局）

【自然保护地强化监督】 年内，落实国家和北京市关于加强生态保护红线、自然保护地监管的有关要求，逐一摸排问题点位整改情况，生态环境部下发涉及本次绿盾工作范围的 93 处问题点位全部完成整改。

（区生态环境局）

【水污染防治】 年内，强化用水总量控制，全区新水用量同比减少 3.61%。强化污水处理和再生水利用，全区污水处理率维持 95.5%，利用再生水 3041 万立方米。完善农村生活污水收集处理设施，杜绝污水直排入河。高标准完成清管行动任务，减少入河污染物 8400 余立方米。推进化肥农药减量增效等，有效减少农业面源污染。

（区水务局）

土壤环境

【土壤生态环境】 年内，全区土壤环境质量总体良好，土壤污染环境风险得到有效管控，全区受污染耕地和污染地块安全利用率持续保持100%。

（区生态环境局）

【土壤详查和监测】 年内，《农田灌溉用水水质监测和监督检查工作方案》制订完成，完成全区17个镇34个规模灌溉机井点位水质监测和监督检查，16个监测项目全部达标，水质状况良好。

（区生态环境局）

【危险废物源头管控】 年内，提升危险废物收运处置能力，强化危险废物监管执法，推动小、远、散医疗机构废物相对集中处置，30家医疗机构承担周边323家小型医疗机构医疗废物暂存转运任务，转运处理医疗废物800余吨；完善废铅蓄电池回收转运体系，继续开展废铅蓄电池收集转运试点，回收转运废铅蓄电池4500余吨。持续开展危险废物专项检查、双随机检查、日常检查、强化督查，强化固废危废监督管理，出动监察执法人员3312人次，检查危险废物产生（经营）单位1656家次，处罚4家次。

（区生态环境局）

【加强风险管控】 年内，严格预防农用地污染，推进化肥农药减量增效、农业投入品废弃物回收处置，实现绿色防控覆盖面积3266.67公顷（4.9万亩），病虫害统防统治16666.67公顷（25万亩），推广有机肥5万余吨，回收地膜324吨，回收农药空包装4.5吨约100万个，全区农药利用率45.25%，化肥利用率41.2%，统防统治覆盖率49.93%。严格工业企业污染预防，督促完成5家土壤重点监管单位和19家高、中风险企业完成新一轮隐患排查；持续推进8家企业开展强制性清洁生产审核工作，全部完成报告初审；完成新一轮涉镉等重金属企业排查，未发现涉镉污染情况。

（区生态环境局）

【耕地分类管理强化】 年内，深化耕地分类管理，印发实施本年度《顺义区耕地分类管理工作方案》，持续做好耕地土壤环境质量分类管理和安全利用，无受污染耕地，较“十三五”时期新增复耕复垦土地127.47公顷（1912亩），全部纳入耕地分类管理清单，全区耕地均为优先保护类。

（区生态环境局）

环境监测

【环境监测】 年内，全区区域环境噪声按500米×500米等间隔划分，设监测网格103个，监测面积25.8平方千米，等效声级50.0分贝，达到国家标准。道路交通噪声监测路段30条，累计路长43.3千米，等效声级67.0分贝，达到国家标准。

（区生态环境局）

环保宣传

【环境普法】 年内，“顺义生态环境”微信公众号推送法律宣传信息47条，微博推送11条。利用微信公众号、微博开展“蓝天照”、云课堂等活动。围绕“6·5”世界环境日，在全区开展宣传教育活动30余次，主要举办“国际生物多样性日”“全国低碳日”、中小学生环保主题演讲比赛等主题宣传活动。“12·4”宪法宣传周，在中国石化加油站（西马坡站）开展宪法进企业活动。

（区生态环境局）

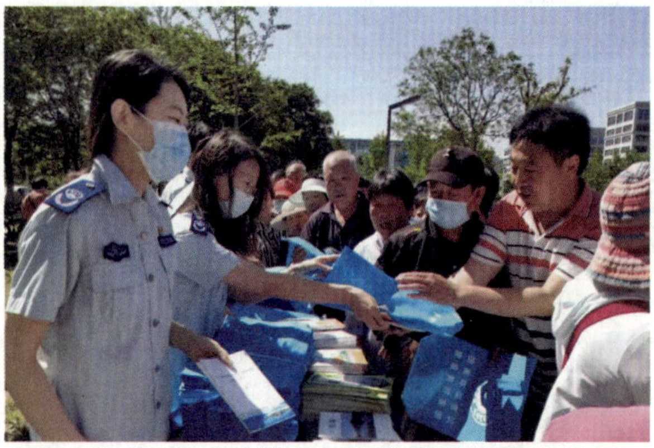

◆6月4日，区生态环境局工作人员在李桥文化广场开展普法宣传活动（李桥镇政府环保科）

【第三届“石园杯”顺义区环保网格员知识竞赛】6月3日，由顺义区生态环境局、石园街道主办，《北青社区报》承办的，以“人与自然和谐共生”为主题的2021年第三届“石园杯”顺义区环保网格员知识竞赛举行，来自全区机关、学校、企业、镇街以及经济功能区的36支队伍108人参加预选赛，8支队伍晋级决赛，300余名观众参与。

（区生态环境局）

【公众生态环境意识调查】 年内，区生态环境局开展第二次公众生态环境意识调查。回收全区调查问卷3200余份，在生态环境满意度方面，96.5%的公众表示对区域生态环境满意，其中62.1%非常满意。

（区生态环境局）

【爱护河湖宣传】 年内，结合“五大青年行动”，突出“深入推行河长制，保护优美河湖”主题，开展志愿服务和社会宣传60余场次；通过“线上+线下”方式开展河长制专题培训10次；充分利用报刊和网络平台等媒介，营造全民参与、爱水护河的良好舆论氛围。

（区水务局）

【生态文明宣传教育】 年内，在汉石桥湿地、北京国际鲜花港开展生态导览、自然笔记、生态环保主题演讲比赛等线上、线下活动60场次，9万余人参与，其中线上云直播课程20场，6.8万人观看直播。

（区园林绿化局）

【野生动物保护】 年内，监测野生动物（鸟类）181085只，未发现野生动物异常等情况，监测人员身体状况良好。救助野生动物6只。严格落实“室内公共场所动物观赏展示活动联合检查执法专项行动”和“清风行动”，开展联合检查，强化源头监管，出动执法人员200余人次，车辆50余车次，检查养殖单位、商场、酒楼、饭店等重点部位80余次。在和谐广场、滨河森林公园和首师大附小开展“爱护野生动物，促进人与自然和谐共生”顺义区野生动物保护宣传月主题系列活动和以“禁食野生动物、倡导文明新风”为主题的宣传活动。悬挂条幅5条，摆放展板11块、宣传牌40块，发放野生动物保护宣传材料、宣传品1650余份，同时接受现场咨询250余人次。

（区园林绿化局）

园林绿化

【概况】年内，完成新一轮百万亩造林绿化建设任务1704.87公顷（25573亩），涵盖全区12个镇1个街道1个功能区。全区参加义务植树30万人，完成义务植树新植4万株，各类抚育65万株。通过实施“留白增绿”、小微绿地、城市森林、休闲公园等建设工程，实现顺义建成区公园绿地500米服务半径覆盖率提升至90.6%。成立新型集体林场试点16个，回收养护面积6173.33公顷（9.26万亩）。完成山区生态林林木抚育总面积201.85公顷，连续21年无森林火灾。出具枯死树调查表200份，现场鉴定枯死树8783株。创建首都绿化美化花园式社区3个，首都绿化美化花园式单位2个，首都森林城镇1个，首都绿色村庄5个。

（区园林绿化局）

【国家森林城市创建】 5月17日，区政府印发《顺义区国家森林城市建设总体规划（2020—2035年）》（顺政发〔2021〕21号）。7月1日，区园林绿化局印发《顺义区创建国家森林城市2020—2022年度重点工作任务表》《顺义区国家森林城市规划建设重点工程明细表（2020—2035年）》。7月7日，区政府办印发《顺义区创建国家森林城市实施方案》以区政府办名义印发（顺政办发〔2021〕8号）。2020—2022年为建设期，涉及37家成员单位233项具体任务，完成任务108项，在施任务61项，未开工任务64项。同时，启动创森宣传工作。

（区园林绿化局）

【新一轮百万亩造林工程】年内，顺义区新一轮百万亩造林绿化建设任务1704.87公顷（25573亩），其中涉及产业园休闲公园2.13公顷（32亩），城市森林建设工程10公顷（150亩），小微绿地建设工程3.27公顷（49亩），二十里长山生态景观带建设工程182.25公顷（2733.7亩），张镇平原重点区域造林绿化工程28.65公顷（429.8亩），南彩银杏园景观建设工程54.46公顷（816.9亩），“舞彩浅山”建设工程1217.13公顷（18257亩），乡村振兴景观绿化工程129.23公顷（1938.5亩），平原重点区域造林绿化工程（二期）68.01公顷（1020.1亩），“战略留白”临时绿化9.73公顷（146亩），涵盖全区12个镇1个街道1个功能区。

（区园林绿化局）

◆年内，新一轮百万亩造林绿化建设任务——二十里长山庞山重点地块（区园林绿化局）

【行政审批工作】 年内，办理林木采伐许可551件，涉及林木20万余株；办理林木移植许可95件，涉及林木8.3万余株。审批占用、临时占用林地16件，面积49.02公顷，收缴植被恢复费18264.88万元；办理修筑直接为林业生产经营服务的工程设施占用林地的审批2件，面积4.42公顷。审核报市局审批核准占用林地2件，面积19.81公顷。办理（城区）树木砍伐66件，涉及树木571株；办理树木移植许可11件，涉及树木159株；临时占用绿地许可3件，面积4367平方米；办理简易低风险项目1个，涉及砍伐树木19株。各类审批事项审批率100%。

（区园林绿化局）

【古树名木监管】 年内，顺义区有古树61株，其中一级古树22株，二级古树39株；分布在11个镇、3个街道辖区内。由29个责任单位和4名个人分别管护。现有名木225株，位于共青林场内，由共青林场进行管护。编制《顺义区古树名木保护规划（2020—2035）》。在全区全面开展古树名木体检工作，覆盖率100%，形成“一树一档”古树名木体检报告。

（区园林绿化局）

【打击毁林专项行动】 年内，按照《北京市园林绿化局印发北京市打击毁林专项行动实施方案的通知》（京绿办发〔2021〕89号）要求，结合中央环保督察问题整改、2020年自然资源资产审计问题整改、国家森林督查和创建“基本无违法建设区”工作要求，将历年未完成整改销账图斑和本年度森林督查汇总后，统一开展“2021年打击毁林专项行动”。共下发疑似变化图斑565块，经区园林绿化局核实排查后，市园林绿化局暂确定全区有违法图斑125块，整改完成122块，持续整改类3块，整改率97.6%。

（区园林绿化局）

【园林绿化资源年度监测评价】 年内，结合2019年10月至2021年10月各类工程竣工或设计图、征占用林地、森林采伐、森林灾害、森林督查、新建绿地，新增湿地等数据和信息，对林地、绿地、湿地变化小班进行区划和小班属性数据更新，共区划更新图斑7015个。

（区园林绿化局）

【森林火灾防控】 年内，区园林绿化局逐级签订森林防火责任书1000余份，先后召开专题会议3次，下发通知7次；区园林绿化局执法队深入辖区片林、地块开展检查监督森林火灾隐患消除工作，开展防火检查144次，出动检查人员333人次，发现并消除森林火灾隐患49处，清理林下可燃物2100余公顷。组建一支35人的森林防火预警巡查队，每天分3组对全区43个防火点位进行24小时不间断巡查。针对杨、柳树雌株，加强修枝整形，降低飞絮数量；采取水车喷水湿化的方式，对林地进行高压水枪冲洗，地面洒水湿化，清扫填埋飞絮。全年未发生因飞絮堆积导致的火情火警，累计出动杨柳飞絮治理5691人次，10～15吨水车1214个台班。顺义区连续21年无森林火灾。

（区园林绿化局、区园林绿化服务中心）

【检疫执法】 年内，对全区282家苗圃2000公顷（3万亩）土地，开展实地踏查2次，就苗木病虫害发生情况，开展产地检疫，杜绝带疫苗木运出辖区。签发《产地检疫调查表》327份，签发《产地检疫合格证》388份，发放电子标签10万个，签发调运检疫《植物检疫证书》106份。在现场检疫检查中，发现2家苗圃白蜡窄吉丁为害较重，签发《检疫处理通知单》2份，对21株白蜡树进行销毁除害处理。

（区园林绿化局）

【林木病虫害预测预报】年内，全区设立林木有害生物监测测报点114个，其中国家级监测点1个，市级监测点38个，区级监测点75个，对美国白蛾、松褐天牛、春尺蠖、国槐尺蠖等25个全区主要虫种进行监测。并根据监测结果向国家森防网上报虫情信息13条。

（区园林绿化局）

【杨柳飞絮治理】 年内，杨柳飞絮治理工程涉及重点地区的杨、柳树10.80万株，投资4862101.15元。

（区园林绿化局）

【留白增绿】 年内，完成“留白增绿”专项市级任务，面积1.37公顷，其中大孙各庄镇1.32公顷，南彩镇0.05公顷。

（区园林绿化局）

【小微绿地】年内，小微绿地建设工程总用地面积3.27公顷（49亩），涉及仁和镇、后沙峪镇、赵全营镇等8个地块。建设内容包括绿化工程、庭院工程、给排水工程和电气工程。主体栽植任务完成。

（区园林绿化局）

【重点纪念林确定和上报备案】年内，区绿化办完成南彩镇全国政协林和共青林场国家领导人植树林2块重点纪念林确定和上报备案工作。

（区园林绿化局）

【废弃矿山养护管理】年内，完成全区矿山修复养护管理工作，涉及4镇38.61公顷（579.1亩），其中牛栏山镇14.98公顷（224.7亩），北石槽镇11.06公顷（165.9亩），龙湾屯镇1.9公顷（28.5亩），大孙各庄镇10.67公顷（160亩）。参照平原生态林养护管理模式，由各镇组织实施。

（区园林绿化局）

【村庄绿化美化】年内，完成村庄绿化主体建设任务13.33公顷（200亩）。建立2021年顺义区美丽乡村绿化美化长效养护管理台账，并对1066.67公顷（1.6万余亩）美丽乡村绿化美化长效管护地块实施常态化监督检查。

（区园林绿化局）

【平原生态林管护】年内，区园林绿化局完成全区平原生态林养护面积17614.7公顷，开展养护经营重点工作，完成林分结构调整740.7公顷（11110亩），建设保育小区15处，村头片林2处；吸收当地村民4501人参与养护工作，促进农民增收。区园林绿化服务中心完成23.11平方千米（34662.6亩）平原生态林养护及生态抚育林工作，修剪各类乔木、灌木148.6万余株。发挥生态林养护线上管理系统的监管功能，对1364个生态林小班的养护管理内容全部上传并逐级审核，完成录入、审核工作日志271782条。

（区园林绿化局）

【山区生态公益林抚育】年内，顺义区有生态林林木抚育总面积201.85公顷，其中北石槽镇45.83公顷，张镇156.02公顷。抚育措施包括：割灌除草、修枝、定株、松土扩堰等。

（区园林绿化局）

【《汉石桥湿地市级自然保护区总体规划》启动编制】年内，按照《关于启动市级自然保护区总体规划编制工作的函》（京绿办函〔2021〕215号）文件要求，《汉石桥湿地市级自然保护区总体规划》编制工作启动。

（区园林绿化局）

【道路绿化管护】年内，完成绿地裸露补植、道路绿地环境整治、服务设施维修等工作。清理枯死苗木19.8万株，倒伏树木166株，清理枯枝叶约1942.3吨，建筑垃圾14.2吨。对城区主要干道的花箱、花架、立体花篮进行装扮，栽植各色花卉约56万盆。

（区园林绿化服务中心）

◆年内，区园林绿化服务中心实施光明街道路景观提升工程（区园林绿化服务中心）

【迎接2022年北京冬奥会、冬残奥会园林绿化美化保障】年内，完成迎接2022年北京冬奥会、冬残奥会园林绿化美化保障工作。结合常态化绿地管护，全面开展绿化环境综合整治。出动55683人次、4063车次，清理草荒1467吨，清理树挂1054处，清除白色垃圾14784处，清除建筑垃圾14.2吨，清理乱堆乱放、拆除私搭乱建32处，拆除围挡11处。

（区园林绿化服务中心）

◆年内，区园林绿化服务中心在京密路沿线开展树木修剪（区园林绿化服务中心）

【林长制体系建设】年内，全区全面推行林长制改革，区委办、区政府办印发《顺义区关于全面建立林长制实施方案》，区林长办印发《顺义区总林长令发布制度（试行）》《顺义区林长制调度制度》《顺义区林长制巡查制度》《顺义区林长制部门协作制度》《顺义区林长制督查制度》《顺义区林长制考核制度》《顺义区林长制信息共享和报送制度》7项配套制度，基本建成“一长两员”网格化资源管理体系。划分网格1098个，选用护林员1098名；建立区、镇（街道）、村（社区）三级林长制责任体系，明确各级林长800余人。

（区园林绿化局）

【林长制考核】年内，制发《顺义区林长制2021年度督查考核方案》，将林长制责任体系建设、森林督查、新一轮百万亩造林、森林防火、林木有害生物防治、园林绿化综合执法等纳入林长制考核指标。19个镇、6个街道与共青林场考核结果均为满分。

（区园林绿化局）

城乡建设与服务

规划和自然资源管理

【概况】 年内，北京市规划和自然资源委员会顺义分局（简称市规划自然资源委顺义分局）为市规划自然资源委设在顺义区负责本区域规划和自然资源管理的派出机构，同时作为顺义区政府依法履行相关职责的工作部门。下设科室14个，执法机构5个，事业单位4个。

（市规划自然资源委顺义分局）

【土地资源保护利用规划印发】 12月初，《顺义区“十四五”土地资源保护利用规划》经区政府同意印发实施。

（市规划自然资源委顺义分局）

【市级耕地保护目标任务超额完成】 年内，市规划自然资源委顺义分局完成复耕面积4046.67公顷（6.07万亩），提前、超额完成本年度市政府下达的2766.67公顷（4.15万亩）复耕任务，完成比例146.27%。

（市规划自然资源委顺义分局）

【200万亩耕地保护空间调整优化】 年内，市规划自然资源委顺义分局根据《北京市200万亩耕地保护空间调整优化工作方案》《关于进一步明确200万亩耕地保护空间调整优化成果要求的函》要求，开展耕地保护空间调整优化工作，多次上报市规划自然资源委耕地保护空间调整优化数据库成果并按照审查意见不断进行修改完善，于12月8日将优化后的耕地保护空间最终成果上报市规划自然资源委进行审核。

（市规划自然资源委顺义分局）

【重点项目征地】 年内，市规划自然资源委顺义分局发布17个征地项目征地补偿安置公告。其中天竺综保区围网建设（顺义区机场西侧四村）A、B、C、D、E片区棚户区改造项目，大孙各庄镇域总体规划范围内工业用地B01、B02、B03、B04、B05和B06地块土地一级开发项目（一期、二期）上报市政府审批并通过市级联审会审议；顺丰110千伏输变电工程完成征地材料组卷并上报市规划自然资源委等待批复；北京师范大学附属实验中学顺义分校新建项目准备提请区政府召开征地联审会。

（市规划自然资源委顺义分局）

【土地整治】 年内，市规划自然资源委顺义分局起草《顺义区土地整治项目实施管理及新增耕地指标奖励办法》经区政府常务会审议通过。开展区内土地整治项目26个。完成南彩镇西江头村等13个村土地整治项目新增耕地验收工作，新增耕地14.03公顷（210.46亩），为全区首个新增耕地指标完成入库工作。

（市规划自然资源委顺义分局）

◆11月4日，市规划自然资源委顺义分局现场调研土地整治等重点工作进展情况（拍摄者：张璐）

【增减挂钩方式落实占补平衡】 年内，市规划自然资源委顺义分局编制完成天竺综保区二期围网项目、大孙各庄智慧物流园项目增减挂钩实施方案。经市政府同意，取得市规划和自然资源委批复。

（市规划自然资源委顺义分局）

【街区、镇国土空间规划统筹推进】 年内，市规划自然资源委顺义分局启动10个镇规划编制。其中杨镇、大孙各庄镇、北石槽镇规划编制正在履行区政府审议和报批程序；北务镇、李桥镇、赵全营镇、龙湾屯镇形成初步成果；其余各镇完成调研和评估工作，加快编制进度。在全面启动37个街区控规编制的基础上，新增7个街区控规编制计划，其中2801街区控规成果完成市级审查工作，并报请市委市政府主要领导圈阅。

（市规划自然资源委顺义分局）

【地名规划一张图】 年内，市规划自然资源委顺义分局开展杨镇中心区、大孙各庄镇中心区等区域道路命名方案初审、查重工作，同时梳理全区历史审批地名情况，形成顺义区地名规划一张图，为后续地名规划工作奠定基础。

（市规划自然资源委顺义分局）

【城市设计编制更新】 年内，市规划自然资源委顺义分局完成顺义区原行政中心更新城市设计编制工作，同步推动重点地区城市色彩、第五立面、街道空间等城市设计导则编制工作。

（市规划自然资源委顺义分局）

【钉桩定线】 年内，市规划自然资源委顺义分局完成建设工程规划用地钉桩、道路定线项目96件，其中建设工程规划用地钉桩项目51件，道路定线项目45件，保障临空国际供地项目、综保区围网二期配套市政工程项目、昌金路等项目的建设工作。

（市规划自然资源委顺义分局）

【市政交通基础设施规划研究】 年内，市规划自然资源委顺义分局完成《顺义区市政基础设施专项规划》《顺义区河道蓝线专项规划》《顺义区海绵城市专项规划》《顺义区综合管廊布局规划》《顺义区综合交通专项规划》，并经区政府常务会议审议通过，报区委审核同意。8月底，以区政府名义报送市规划自然资源委审查备案。

（市规划自然资源委顺义分局）

【管线普查及信息化系统应用】 年内，市规划自然资源委顺义分局管线补测更新普查数据约8800千米，基本实现顺义区内地下管线修补测全覆盖；完成顺义新城地下管线综合管理信息系统第3年运行维护并通过专家验收。

（市规划自然资源委顺义分局）

【变电站选址布局优化】 年内，市规划自然资源委顺义分局推进后沙峪镇裕民大街、牛栏山镇西220千伏变电站，仁和镇胡各庄村、尹家府110千伏变电站多规合一审批。优化完成空港物流基地、杨镇沙岭村220千伏，学院、天竺东、天竺综合保税区、高丽营镇张喜庄村110千伏变电站选址优化方案。

（市规划自然资源委顺义分局）

【矿山生态修复治理】 年内，市规划自然资源委顺义分局完成19个图斑，面积44.6公顷的治理任务。其中包括矿山生态修复“十四五”规划台账上图斑9个面积23公顷的地形地貌整治任务，完成图斑5个面积12.5公顷的自然恢复工作，完成图斑5个面积9.1公顷的其他部门治理认定工作。

（市规划自然资源委顺义分局）

【地质灾害风险普查】 年内，市规划自然资源委顺义分局按照计划开展顺义区第一次全国自然灾害综合风险普查地质灾害风险普查工作，开展收集资料、野外调查等一系列工作，完成遥感图像解译及实地核查、1∶50000地质环境条件遥感影像图和解译图编制工作；1∶50000地质灾害风险普查实际材料图、1∶50000地质灾害孕灾地质条件图编制工作；1∶50000地质灾害及隐患数据库建设工作，并通过分局、区级（顺义区普查办）和市级（市规自委）部门三级质检，调查结果为无地质灾害隐患点。

（市规划自然资源委顺义分局）

◈9月9日，市规划自然资源委顺义分局工作人员检查张镇潜在地质灾害隐患点（拍摄者：闫虹）

【“多规合一”审核意见核发】 年内，市规划自然资源委顺义分局利用“多规合一”平台办理机场西四村安置房项目（B片区、E片区）等项目，核发“多规合一”供审意见，完成建筑设计方案审查（“多规合一”会商），杨镇棚改安置房项目核发“多规合一”初审意见，西泗上村棚改安置房项目、牛栏山维尼纶厂棚改项目通过专家评审会。

（市规划自然资源委顺义分局）

【第三次全国国土调查】 年内，市规划自然资源委顺义分局汇总形成《北京市顺义区第三次全国国土调查主要数据公报》，主要数据于11月19日报市三调办审核通过；对最新汇总口径进行梳理，形成《北京市顺义区发布数据汇总口径情况说明》。

（市规划自然资源委顺义分局）

【国有建设用地使用权划拨供地】 年内，市规划自然资源委顺义分局受理国有建设用地使用权划拨24宗，完成外网公示24宗，完成区政府请示22宗，核发划拨决定书22宗。完成划拨供地总面积213.06公顷，其中科教用地6宗，公交场站用地2宗，医卫慈善用地3宗，交通用地3宗，文化设施用地1宗，二类居住用地7宗。

（市规划自然资源委顺义分局）

【权属审查】 年内，市规划自然资源委顺义分局受理土地权属审查160件，核实土地权属、地类面积1100余万平方米。完成征收集体土地、供地、划拨，代征用地移交等专项工作。

（市规划自然资源委顺义分局）

【土地开发及土地资源整理】 年内，市规划自然资源委顺义分局完成商品房用地入库47.37公顷；完成土地一级开发项目拔点任务69个；根据市规划自然资源委下发的关于土地一级开发项目批而未供处置80公顷任务指标，全区完成85.49公顷土地一级开发项目供应整改，完成率107%。

（市规划自然资源委顺义分局）

【区级地价评审四级会审制度建立】 年内，市规划自然资源委顺义分局参照市级地价评审制度，制定区级地价评审四级会审制度，完成首个区审地价项目——仁和镇临河村棚户区改造土地开发B片区、C片区（对接东城安置房、临河村棚改安置房）项目经营性配套部分协议出让地价评审，承接下放权限的地价评审工作，并完成合同签订工作。

（市规划自然资源委顺义分局）

【行政许可审批】 年内，市规划自然资源委顺义分局核发各类行政许可事项227件，其中选址意见书及用地预审10件，建设工程规划许可证197件（含低风险项目26件），地名命名及建筑物名称命名20件。行政服务事项234件，其中审改试点函3件，多规合一会商意见函14件，规划许可有效期延续17件，备案46件。审批总建筑面积783.73万平方米，其中地上539.61万平方米，地下244.21万平方米。

（市规划自然资源委顺义分局）

【市区重点工程审批】 年内，市规划自然资源委顺义分局完成高丽营镇张喜庄村集体土地租赁住房、北石槽镇东石槽村棚户区改造、北京北汽越野车棚改定向安置房、天竺综合保税区围网建设B、E片区棚户区改造项目等8项保障性住房工程规划手续核发工作，审批总建筑面积190.43万平方米，提供住房17653套，可满足43251人居住。推进市、区两级重大工程建设，完成顺义新城第四街区汽车厂房改扩建、国家食品安全风险评估中心工程等项目规划许可办理工作。提速市政类重点项目审批，确保重点市政配套工程实施进度。完成顺义区天竺综合保税区围网建设（机场西侧四村）A、C、D片区棚户区改造项目道路及管线、昌金路牛栏山引水桥危桥改造等市政配套工程规划许可办理。

（市规划自然资源委顺义分局）

【营商环境改革】 年内，市规划自然资源委顺义分局累计核发社会投资低风险项目规划许可审批26件。平均办事时限由2019年的4.2个工作日，压缩至2.8个工作日，平均提速33%。分局开展低风险建筑许可新政推广工作。通过现场、线上政策宣讲等方式参与营商环境4.0现场宣贯4次，线上宣贯1次，累计受众近1000人次。

（市规划自然资源委顺义分局）

【“大棚房”问题专项整治】 年内，市规划自然资源委顺义分局会同区农业农村局成立工作专班，采取区级抽查与镇级普查相结合方式，建立问题上报督办机制，确保问题点位及时整改到位。截至年底，各镇巡查大棚3.4万栋（全区共4万栋），区专班抽查16个镇249个园区1142栋大棚。针对巡查发现的问题，区专班下达督办单35件，指出疑似问题点位65处，均上报区政府进行督办。

（市规划自然资源委顺义分局）

【“基本无违法建设区”】 年内，顺义区全面展开创建“基本无违法建设区”三年行动，胜利街道、空港街道、双丰街道、光明街道、旺泉街道、石园街道、大孙各庄镇实现“创无”。各镇、街录入系统图斑516631宗，其中有证类4487宗，待完善类142宗，不纳入创建范围7744宗，持续治理类1130宗，限期整治类51114宗，宅基地435337宗，数据纠正类16677宗；分局审核463644宗，其中有证类4479宗，待完善类132宗，不纳入创建范围类7744宗，宅基地435337宗，数据纠正类15952宗，2020年度创建任务基本完成。

（市规划自然资源委顺义分局）

城乡建设

【概况】 年内，全区房地产领域固定资产投资任务332亿元，其中建安投资任务109亿元。1—11月，固定资产投资实际完成296亿元，其中建安投资117.4亿元，超额完成任务8.4亿元。分别占到全区总完成量的65.8%和54.0%。

全区各类保障性住房开复工总面积约616.8万平方米，其中住宅面积382万平方米，总套数约4.7万套。全年筹集各类政策性住房5126套，完成全年任务的104.6%。全年竣工政策性住房3700套，完成全年竣工任务的100%。配合相关单位完成全区各类保障性住房在施项目纳统，累计完成建安投资约48亿元，实现全年投资任务预期指标。4月，组织公租房专项配租，122户家庭完成签约入住工作；9月，组织专项配租，筹集房源681套，公租房整体保障率44%，完成提升10%的目标。

对全区建筑工程开展劳务用工管理行政检查627次，双随机检查134次，约谈存在拖欠劳务费隐患的单位32次；对存在违法行为的单位行政处理14次、行政处罚51起，共处罚金38.14万元，扣除企业积分84分。

（区住建委）

【电子政务中心和电子信息服务中心用房及劳动力实训基地工程竣工】 4月15日，电子政务中心和电子信息服务中心用房（顺义区电子政务中心建设项目及顺义区电子信息服务中心项目）及劳动力实训基地工程竣工并投入使用。建设单位为北京市顺义区人力资源和社会保障局，施工单位为中北华宇建筑工程公司，监理单位为北京市顺金盛建设工程监理有限责任公司。项目总面积73269平方米。地下2层为车库，设计停车位206个，出、入口各1个。2010年10月21日开工建设。

（区住建委）

【顺义区餐厨垃圾处理厂工程竣工】 7月12日，顺义区餐厨垃圾处理厂竣工并投入使用。工程位于顺义区杨镇西庞村南，现顺义区生活垃圾综合处理厂南侧。建设单位为顺义区生活垃圾综合处理厂，施工单位为北京市顺义建筑工程公司，监理单位为北京顺政通工程监理有限公司。工程采用微生物资源循环技术，处理规模100吨／日；建设内容包括综合楼、生化处理车间、泵房、计量设备棚、锅炉房5个单体，建设规模5837.97 平方米，造价3451.2903万元。项目于2016年12月开工建设。

（区住建委）

【房地产业发展】 年内，新增可销售商品房14847套，建筑面积160.04万平方米；办理现房销售备案66件，涉及房屋12284套，建筑面积92.3万平方米。销售新建商品住宅7222套，同比减少0.08%，销售面积110.2万平方米，同比增加31.39%，销售金额516亿元，同比增加82.96%。办理存量房业务21757件，同比增加7.83%，其中购房资格审核1330件，同比增加7.25%；网上签约7970件，同比增加9.34%；成交面积86.09万平方米，同比增长9.03%；签约注销477件，同比减少0.21%。“商住房”治理方面，共销售商业办公房屋869套，同比减少15.3%；销售面积17.79万平方米，同比增加75.44%；销售金额36.95亿元，同比增加90.07%。

（区住建委）

【施工许可证办理】 年内，办理施工许可证229项，建筑面积约560.5万平方米，其中房建项目88项，建筑面积479.4万平方米；装饰装修工程128项，建筑面积约78.8万平方米；市政项目13项。

（区住建委）

【建筑业企业行政许可审批】 年内，受理建筑业企业资质业务787件，其中包含资质首次申请80件（含市、区），基本信息全流程变更587件，资质增项57件（含市、区），建筑企业全资子公司间重组、分立15件，主动申请撤销资质41件，资质升级6件，D2及D3证书信息变更1件。施工企业劳务资质备案办理462件。

（区住建委）

【棚改工作推进】 年内，全区完成年度棚改任务838户，完成市住建委下达的目标任务600户，完成率139.7%。完成马坡镇西丰乐村、李遂镇柳各庄村2个项目的年度棚改拆迁收尾任务，超额完成市住建委下达的1项任务。

（区住建委）

【保障性安居工程】 年内，仁和镇前进村集租房项目取得工程项目施工许可证，夏县营村棚改项目建设单位组织政务开放日活动，友谊医院职工宿舍项目取得施工登记意见函，澜西园三区正式启动办理房产证，天裕昕园幼儿园、水映兰庭共有产权房项目、博裕雅苑共有产权房项目取得竣工备案，西丰乐村棚改安置房项目、柳各庄村棚改安置房主体结构封顶，柳各庄村棚改安置房项目三标段、仁和镇临河村和河南村集租房项目取得施工许可证。

（区住建委）

【扬尘治理和绿色施工】 年内，按照《顺义区2021年度大气污染防治行动计划》工作要求，加大对施工现场的扬尘管控，保证工程项目落实围挡封闭、物料堆放覆盖、土方开挖湿法作业、路面硬化、出入车辆冲洗、渣土车辆密闭运输“六项措施”，工程出入口两侧各100米路面实现包干净、包秩序、包美化门前“三包”措施。截至年底，下发扬尘治理《检查记录单》555份，约谈企业119家，移交至区城管执法局48起。

（区住建委）

【物业“三率”提升】 年内，深入落实市、区两级物业“三率”提升工作部署，全区195个住宅小区累计组建业委会173个、物管会19个，业委会（物管会）组建率98.4%；物业服务覆盖率和党的组织覆盖率均达到100%。三项指标全部超过全市平均水平，提前1年完成《关于加强北京市物业管理工作提升物业服务水平三年行动计划（2020—2022年）》任务。

（区住建委）

【房屋普查】 年内，落实第一次全国自然灾害综合风险普查房屋调查工作，编制专项实施方案并完成底数摸排，持续开展全区2.55万栋城镇房屋、45.2万栋农村房屋的建筑用途、建筑面积、结构类型、安全性等30余项基础信息的调查工作。截至年底，房屋普查工作完成总体进度的80.74%，工作进度位列全市第五。

（区住建委）

【政府直管小区改革】 年内，研究制订政府直管小区纳入标准化物业管理的实施方案，推动北京顺义物业服务集团有限公司接管9个政府直管小区（涉及光明街道、胜利街道、石园街道，建筑面积132.49万平方米，房屋352栋）。

（区住建委）

【安全生产执法检查】 年内，区住建委加大执法检查力度，全面查找施工现场安全生产薄弱环节和突出问题，督促各参建单位有效落实安全生产主体责任。对在施工地开展安全检查、巡查工地2025项次，行政处理、处罚174起，处罚金额101.85万元，企业扣分47分，相关责任人扣分91分。

（区住建委）

【建筑工地疫情防控】 年内，全覆盖核查建筑工地疫情防控情况，从严落实施工现场封闭式管理、扫码测温、佩戴口罩、清洁消杀等措施，推进施工现场新冠疫苗加强针接种，持续做好施工现场疫情防控常态化工作。累计完成疫情防控检查8125次，发现问题763项次，完成整改763项次；累计完成涉疫处罚、处理10起，企业扣分5分，相关责任人扣分6分，罚款4.2万元。

（区住建委）

【中德大厦暨北京国门商务区紫金商务大厦工程竣工】 10月18日，中德大厦暨北京国门商务区紫金商务大厦工程完成规划验收；10月25日，完成竣工验收；12月15日，完成消防验收，12月28日，完成人防验收；12月31日，投入使用。该工程于2020年7月23日开工，建设单位为北京国门空港经济技术开发有限公司，施工单位为北京天源建筑工程有限责任公司，监理单位为北京市顺金盛建设工程监理有限责任公司。项目总占地面积60121.1平方米，总建筑面积48590平方米。地下2层为车库及设备间，车库有出、入口各1个；地下1层为商业；地上A区为办公楼（9层）；地上B区为酒店（8层）。设计停车位地上93个，地下车库中125个。

（区住建委）

市政市容环境

【概况】 年内，区城市管理委员会围绕中心工作，抓好顺义区城市运行、环境建设工作，完成各项指标。全力推进市区两级折子、重要实事工程18项和绩效任务30项。开展环境整治提升专项行动，解决各类环境问题2万余件，坚持每月组织全区开展月末清洁日活动；围绕群众身边环境问题治理开展环境志愿服务，累计时长30万余小时；街巷长、小巷管家累计解决城市管理问题1.9万余件。治理立柱式户外广告设施91处。创建北京市垃圾分类示范小区（村）86个，覆盖全区25个镇、街。资源化处置建筑垃圾695万吨。精细化开展229条城市道路清扫保洁，尘土残存量检测均值优于市级标准。深化“厕所革命”，提升公厕服务品质，完成796座农村公厕运行管护检查评估。完成疫情期间、春节、“两会”等重要节点保障工作，封闭社区（村）、隔离酒店等重点部位的城市运行保障，安全处置涉疫重点管控区域生活垃圾1630.99吨。电气热等行业安全稳定运行，全年无事故。为全区8个镇24个“煤改气”村14642户更换燃气泄漏报警器，并同步进行入户安检。完成树线隐患治理388处。在梅香街、顺和路、石园南大街等道路增设机动车位1861个，在地铁站、商场、医院周边等重点地区增设非机动车停放区域1161处。

（区城市管理委员会）

【机构改革】 3月11日，根据《区委编委关于印发＜北京市顺义区深化事业单位改革试点实施方案＞的通知》（顺编委〔2021〕12号），北京市顺义区城市管理指挥中心由区城市管理委（区环境建设管理办）所属调整为区政府直属相当正处级公益一类事业单位，经费形式为全额拨款；撤消区政务服务局所属北京市顺义区非紧急救助服务中心（北京市顺义区接诉即办受理中心），主要职责、人员编制划入北京市顺义区城市管理指挥中心；市民热线工作专班转由北京市顺义区城市管理指挥中心管理。3月23日，根据市委编办《关于同意调整顺义区部分行政执法机构设置的批复》（京编办行〔2020〕177号）精神，将北京市顺义区城市管理综合行政执法局由区政府直属的正处级行政执法机构调整为区城市管理委管理的副处级行政执法机构；整合北京市顺义区城市管理综合行政执法局直属执法队、北京市顺义区城市管理综合行政执法局督察队，组建北京市顺义区城市管理综合行政执法局直属执法队。

（区城市管理委员会）

【环境整治提升专项行动】 年内，围绕绿化美化、景观塑造等14个方面工作，完成市、区两级景观提升项目51项。完成冬奥会、冬残奥会环境建设任务6项；开展铁路沿线环境整治，建账治理环境问题700余处，健全“双段长”机制，促进全区铁路沿线环境整治工作有序开展。完成42条背街小巷环境整治提升任务。完成架空线治理、12345环境问题降量、季节性环境整治等专项治理工作。

（区城市管理委员会）

◆12月24日，区城市管理委员会对大东路松散凌乱架空线进行梳理（区城市管理委员会）

【环境卫生管理】 年内，针对顺义城区及周边229条城市道路开展机械化道路清扫作业，市级检测63条次城市道路尘土残存量平均值3.8克/米^2，区级检测666条次城市道路尘土残存量，其中一级道路尘土残存量平均值3.2克/米^2（合格标准10克/米^2），二级道路尘土残存量平均值5.9克/米^2（合格标准15克/米^2），城市道路机械化作业率95.8%，单日最大用水量2000吨，道路清扫保洁作业车辆上线率100%。

（区城市管理委员会）

【垃圾分类】 年内，开展北京市垃圾分类示范小区（村）创建工作，全区按照市级要求完成创建示范小区（村）86个，其中示范小区59个，示范村27个，覆盖全区25个镇、街。完成市级56座生活垃圾分类驿站建设民生实事项目，实现100%运行，做到居民交投物品“应收尽收”。制订《顺义区垃圾分类检查考核方案》，每月对小区、村庄开展现场检查工作，覆盖率100%，增加各镇、街其他垃圾减量率考核，每月梳理汇总检查结果和排名，综合考核成绩在镇街党（工）委书记会和区政务常务会通报，获评北京市生活垃圾分类推进工作先进集体。处理生活垃圾377049.51吨、餐厨垃圾24985.04吨、家庭厨余垃圾104944.23吨、粪便65819.55吨。

（区城市管理委员会）

【建筑垃圾资源化再利用】 年内，备案临时建筑垃圾资源化处置场15座，包括临时处置线1条，实际处置能力约800万吨/年；开展日常检查及联合检查工作不少于250次。受疫情影响，接收建筑垃圾661万吨，处置695万吨（含2020年积存），合计使用骨料292万吨、还原土135万吨。

（区城市管理委员会）

【渣土车专项治理】 年内，审批运输企业82家，运输车辆362辆。组织开展建筑垃圾道路运输联合执法114次，其中区领导带队检查11次；处理疑似违法违规行为233次。办理市级各类督办案件17件，罚款金额26万元。

（区城市管理委员会）

【建筑垃圾消纳】 年内，办理建筑垃圾消纳备案745批次，申报渣土总量1740.83万吨。办理建筑垃圾、土方、砂石准运许可462批次，发证2197张。综合利用点登记备案60批次。建筑垃圾临时处置点备案登记17批次。

（区城市管理委员会）

【围挡治理】 年内，摸排建账全区各类围挡，印发《顺义区围挡专项治理工作方案》，建立治理标准、明确部门职责、落实通报机制。拆除围挡255处、整治提升96处。

（区城市管理委员会）

【建党100周年宣传环境布置】 年内，组织各相关单位开展“7·1”景观布置工作，布置硬质横幅30处、候车亭广告100处、地下通道画面43处、景观小品摆花2处。

（区城市管理委员会）

【燃气行业管理】 年内，许可经营管道天然气企业3家、液化气充装站1家、燃气燃烧灶具燃气企业5家，许可建设燃气管线2415.9千米、调压站箱874座。

（区城市管理委员会）

【供热行业管理】 年内，备案供热单位39家，供热锅炉房74座，总装机容量3087蒸吨，承担2020—2021年采暖季全区2750万平方米供热任务，其中住宅面积2126万平方米。2020—2021年采暖季接到各类供热诉求工单1771件，万平方米工单量

0.534 件，位列全市第一。

（区城市管理委员会）

【充电基础设施建设】 年内，全区各充电基础设施运营企业建成电动汽车公共充电场站 138 处，建成公共充电设施 1722 台，其中直流 1368 台、交流 354 台。

（区城市管理委员会）

【电力行业管理】 年内，全区有 500 千伏变电站 1 座，220 千伏变电站 6 座；110 千伏公用变电站 31 座，变电总容量 319.9 万千伏安；110 千伏线路 76 条，长度 501.6 千米。

（区城市管理委员会）

【老旧小区电网配电设施改造】 年内，推进第二批 22 个老旧小区配电网改造施工进场，推进第三批 48 个老旧小区配电网改造前期手续办理工作。

（区城市管理委员会）

【市政管线设施管理】 年内，治理井盖病害 1538 处，对权属不清井盖确权 116 处，治理权属不清井盖病害 23 处。组织开展架空线随道路大修入地 2 处，其中电力架空线入地 1 处长度 1.4 千米，通信架空线入地 1 处长度 0.7 千米，协调权属单位梳理整治架空线 504.65 千米。

（区城市管理委员会）

【天然气管道保护管理】 年内，检查油保企业 28 家次、管道现场 46 次，出动 152 人次、车辆 76 车次，发现并整改隐患 12 项，排除疑似小卫星拍摄管道占压隐患 4 处。

（区城市管理委员会）

【安全生产、突发事件应急处置】 年内，检查生产经营单位 535 家次、发现并整改隐患 232 项，出动 946 人次 535 车次，发放宣传手册 2000 余册、宣传海报 4 万余张、宣传品 500 余份，下发安全文件 17 篇，召开安全形势分析会 8 次。

（区城市管理委员会）

【城市道路附属绿化养护和景观提升】 年内，完成 83 条区属城市道路附属 125 万平方米的绿化养护工作。病虫害防治约 35 万平方米，施肥约 110 万平方米，搭建防寒屏障约 4000 平方米，行道树涂白约 2.5 万余株，绿地除草约 97 万平方米，清理绿化垃圾约 150 吨，补植乔木 353 株、绿篱 1320 平方米。

（区城市管理委员会）

【市政基础设施建设】 年内，维修城市道路沥青路面 13.13 万平方米、步道砖 7.65 万平方米，施划交通标线 2.54 万平方米、安装标志牌 638 块。

（区城市管理委员会）

【停车场管理】 年内，备案有效停车场 79 个，车位 2.43 万个；年审 58 处。开展备案停车场专项检查 65 次。

（区城市管理委员会）

【“有位失管”车位治理】 年内，将全区“有位失管”车位纳入统一管理，抹除顺和路、石园大街、府前街西街匝道不符合规范停车位；通过道路停车改革，在双丰街道周边社区新增路侧停车电子收费路段 11 条，车位 1464 个。

（区城市管理委员会）

城管执法监察

【概况】 年内，区城管执法局把握“平原新城看顺义”的目标要求，以提升全区城乡人居环境水平、服务保障全区经济高质量发展为宗旨，推进疫情防控和环境整治工作，完成“疏整促”占道经营整治、拆违控违等目标任务，服务保障重大活动，执法效能和执法规范化水平不断提升。

区城管执法系统查处各类违法行为 14498 起，罚款 1998.70 万元，移送公安机关刑事拘留 28 人。超额完成市、区两级拆违腾地年度任务，拆除违法建设面积 412.85 万平方米，腾退土地面积 525.49 万平方米。查处占道经营类违法案件 5292 起次，罚款 199.61 万元；查处非法小广告问题 851 起，罚款 35.58 万元；查处户外广告牌匾类违法问题 108 起，罚款 6.96 万元；查处停车场及地锁类违法问题 139 起，罚款 9.20 万元。查处施工扬尘、泄漏遗撒、露天烧烤、露天焚烧等大气类违法问题 3977 起，罚款 868.99 万元。接收群众诉求 5566 件。12345 市长热线中城管执法清单（六类）17625件，有效回访量1133件，响应率100%，解决率81.47%，满意度89.06%。

（区城管执法局）

【“三类场所”疫情防控监督检查】 年内，统筹全区城管执法系统针对商超、餐饮单位、商务楼宇（以下简称“三类场所”）开展多轮次全覆盖监督执法检查，对防护措施落实不到位、“四方责任”不落实等重点问题予以纠正、督促落实整改，并加大问题公示力度。检查录入“三类场所”疫情防控检查单74435家次，发现问题单位2529家次，发现问题8417起次，累计公示问题单位1761家次。

（区城管执法局）

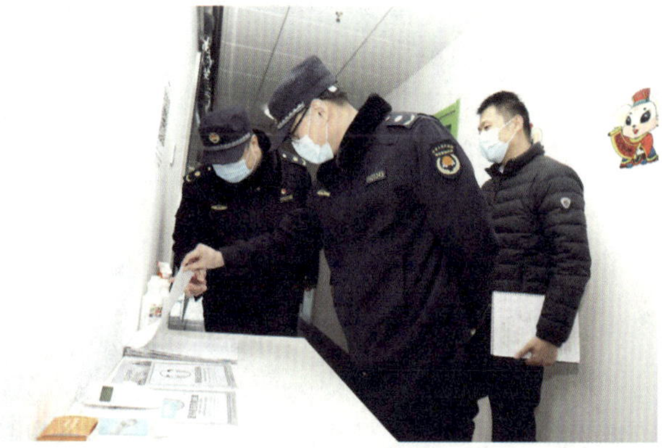

◆1月6日，区城管执法局执法开展“三类场所”疫情防控监督执法检查（区城管执法局）

【拆违控违推进】 年内，抓住“严控新生违法建设”“消除涉隐患库房”“规划引领拆违腾地”3个关键点，统筹街镇主体、部门联合执法、查违工作平台，拆除违法建设面积412.85万平方米，完成市级任务的117.96%，完成区级任务的103.21%；腾退土地面积525.49万平方米，完成市级任务的122.21%，完成区级任务的105.10%。

（区城管执法局）

【大气污染防治】 年内，实现对施工扬尘、违规渣土运输车、建筑垃圾违法等大气污染问题的常态化治理管控。查处施工扬尘、违规渣土运输车等违法问题3815起，罚款853.4万元；深化行刑衔接，联合公安分局治理“黑”渣土消纳场，查处非法消纳场所3处，扣罚不合格车辆20辆，移送公安机关34人，刑事拘留28人。

（区城管执法局）

【生活垃圾分类专项执法】 年内，聚焦“分类投放、分类收集、分类运输、分类处置”4个环节，开展生活垃圾分类专项执法检查行动，严查混投混扔、混装混运、无资质运输等问题。推进“城管执法进社区”，促进居民（村民）个人分类习惯养成。检查分类主体50166次，查处适用《北京市生活垃圾管理条例》违法案件2580起，罚款532.12万元。

（区城管执法局）

【燃气专项执法】 年内，围绕供应、使用环节，加强对燃气供应企业以及非居民用户的执法检查。检查燃气非居民用户16911家次，供应企业27家次，发现并责令改正隐患问题502处，查处340起，罚款94.89万元。

（区城管执法局）

◆6月17日，区城管执法局联合有关部门对部分餐饮企业燃气安全开展执法检查（区城管执法局）

【街面环境秩序整治】 年内，聚焦占道经营、非法小广告、非法运营等问题，提高整治标准，统筹指导各街、镇综合执法中心开展综合执法行动1000余次，强化区级督导，推进重难点问题（点位）联合治理。占道经营12345市民热线举报量同比下降，完成市级指标任务，通过市级现场察访核验。

（区城管执法局）

【服务保障重大活动】 年内，完成全国“两会”，中考、高考，中国共产党成立100周年等重大活动、重点时期环境秩序服务保障任务 29 次 127 天。

（区城管执法局）

【信息宣传】 年内，刊播新闻 2006 条次，其中在中央媒体刊登 1 条次，在市级媒体上刊播新闻 87 条次，区级传统媒体刊登 70 条次；新媒体上刊发新闻 1848 条次。

（区城管执法局）

【法制化建设水平不断提升】 年内，完成城管执法领域行政处罚权下放 21 项和行政处罚权取消工作 19 项，组织各类集中培训 10 余次；完成 288 起处罚案件的审核备案工作。

（区城管执法局）

水务

【概况】 年内，区水务局在抗击疫情的同时进一步推进全区污水治理、再生水利用、河道排污口治理、农业节水示范区建设等工作，以“河长制”为统领，推动辖区水环境治理、水污染防治和水资源管理等重点工作，持续强化河道巡查，大力开展河道整治、水务重点工程、涉水专项执法行动等工作，完成各项水务任务。全区污水处理率 95.5%，再生水配置量（经再生水管线泵送的再生水量）323 万立方米。对 260 家涉及节水器具及节水设施单位开展现场核查，经核查，节水器具普及率 99.6%；节水设施运转率 100%。开展涉水专项执法工作，实施行政检查 50920 件，办理行政处罚案件 1235 件。严格水资源管理，控制地下水开采，做到更新一眼、封填一眼，全年封填机井 60 眼。通过生态补水工作，截至 12 月 28 日，全区地下水平均埋深 20.63 米，同比上升 8.72 米。

（区水务局）

【生态补水】 4 月 30 日至 5 月 30 日，市水务局向潮白河实施生态补水约 2.17 亿立方米，潮白河北京段 22 年来首次实现全线水流贯通；9 月 10 日起，由密云水库向潮白河、小中河、唐指山水库沿线实施生态补水，补水总量约 5.75 亿立方米，其间过境顺义区最大流量 170 立方米 / 秒，唐指山水库 32 年来首次迎来补水，新增有水河渠道 87.7 千米，地下水位平均埋深比年初（31.96 米）上升 11 米。

（区水务局）

◈2021 年生态补水监测期间，化验员在小东庄站点采样并记录现场测定数据（区水务局）

【水务设施和行业管理】 7 月 6 日，区水务局印发《关于印发〈顺义区加强水利工程建设项目招标投标行政监督措施（试行）〉的通知》（顺水发〔2021〕114 号）。完成涉河行政审批 14 件，区级水利工程项目招标备案 31 项，水利工程项目开工备案 7 项。持续加强对龙道河、花马沟应急污水处理设施运行的监督管理，确保设施安全稳定运行、达标排放。规范唐指山水库运行管理工作，落实安全 3 个责任人，明确防汛 3 个责任人，并对责任人开展安全教育培训，在水库明显位置设置公示牌。落实水库水雨情预测预报手段、水库调度方案及应急预案，汛前开展水库应急演练。

（区水务局）

【污水处理和再生水利用设施】 年内，全区有正常运行的城镇污水处理和再生水利用设施 14 座（含机场 2 座），总设计处理能力 45.85 万立方米 / 日；农村污水处理设施 70 座，全部安装在线监测并纳入市级在线考核系统，总设计处理能力 4.95 万吨 / 日。

（区水务局）

◆年内，工作人员开展污水处理厂检查（区水务局）

【水处理行政审批】 年内，受理排水许可事项259件，办结253件，办结率97.7%。完成34家免收污水处理费企业资料审核并出具意见，水影响评价项目意见回复86个，多规合一意见回复21件。

（区水务局）

【清管行动】 年内，结合全市"清管行动"工作方案，累计排查清理雨水管涵干、支线1300余千米、雨水箅子6.8万余处、雨水检查井2.5万余处、沟渠900余千米，共清除垃圾等污染物8400余立方米，出动排查治理1700余人次，清理进度率100%。5月底，市水务局"清管行动"工作考核，顺义区完成率100%。

（区水务局）

【海绵城市建设】 年内，发挥区海绵办联席会议作用，协调督促各相关成员单位加快推进张庄家园小公园提升工程、董各庄街心公园、胡各庄小学新建工程等海绵设施工程建设。本年度达标面积28.37平方千米，达标率24.16%。

（区水务局）

【污水处理率及再生水配置量】 年内，全区污水处理率95.5%，再生水配置量（经再生水管线泵送的再生水量）323万立方米。

（区水务局）

【水务防汛】 年内，成立水务防汛分指挥部，设立流域防汛工作组7个，修订各项方案、预案26份。组建专业抢险队伍2支和应急处置小组7个，实行24小时领导带班和应急值守制度。落实水库、水闸、堤防3个责任人，清理河道行洪障碍物9处、修复河道险村及河道水毁3处，更新雨量监测站点48个，更换闸门启闭机3套，修复河道护坡230米，修整水库护坡9000平方米。与区气象局、区应急管理局等部门联动，与沿河属地进行工作衔接，实现防汛信息实时共享，明确巡堤查险责任人360名。应对强降雨52场，平稳度过122天的"超长汛期"，保障全区14条有堤防河道、260千米堤防段及71处重点部位安全稳定，出动抢险人员300余人次，动用各类排水泵60余台次，龙吸水10余台次。开展防汛演练15次，参演人员430余人次，组织各类培训14次，参加培训500余人次，发放防汛宣传海报1000余份、防汛避险手册500余份。与市水务局、通州区水务局及李桥镇人民政府沟通，协调解决引河末端排水问题。

（区水务局）

◆年内，在汛期开展箭杆河上段防汛演习（区水务局）

【河长制工作落实】 年内，顺义区河长制治水责任制任务15项，在此基础上，梳理制订《顺义区2021年河长制工作方案》，明确并完成工作任务36项，其中排污口整治、农村污水治理、污水管线建设任务超额完成，城镇地区智能水表和农村集中供水计量收费实现全覆盖。区级河长带头巡查河道，镇村级河长协调解决问题，相关部门协同共治，累计解决各类水环境问题12402处。全区河道有水断面同比增加14处，水质达标断面同比增加24%；国家级和市级考核断面稳定达标，7个市级生态补偿断面扣缴补偿金同比下降34.9%。

（区水务局）

【水务执法】 年内，实施行政检查50920件，办理行政处罚案件1235件，其中做出处罚决定1123件，做出不予处罚决定112件，罚款274.16万元。在全区范围内开展水资源管理、排水、河湖保护管理、水土保持、水利工程质量与安全生产等专项执法14批次，其中查处供排水案件1145件，水资源管理案件67件，水利工程案件19件，水土保持案件3件，河道管理案件1件。推进行政执法3项制度，完成行政执法全过程记录示范创建工作、行政执法“全清单”12项内容在执法公示专栏的公示工作。顺义公共信用信息平台公示处罚案件信息108件。开展双随机一公开执法检查结果公示513家。开展双随机一公开联合抽查检查1次，部门内部抽查检查2次。开展执法业务培训2次、配合镇街联合执法7次。

（区水务局）

◈年内，开展打击违法涉河行为（区水务局）

【供水】 年内，集中供水厂日供水量6253.42万立方米，比上一年度增加1190.42万立方米。开展供水设施检查86家次，发现问题109项，向属地发送限期整改通知，并要求向段所反馈。区水务局、区生态环境局、区卫健委三部门联合按季度公示区级生活饮用水水质状况，本年度各项指标均达标。

（区水务局）

【排水】 年内，新增31座农村污水处理设施纳入市考核清单，截至12月底，有77座农村污水处理设施纳入市里考核清单，在线率100%。12座城镇厂累计处理污水9219.78万立方米，比2020年度增加1224.36万立方米；77座农村处理站累计处理污水967.48万立方米，比2020年度增加95.04万立方米。检查污水处理设施400余次，发现问题140处均完成整改。采用月随机抽查加季度考核方法，对排水管线运营管理单位完成4次季度考核工作。下发整改通知3份，全部完成整改。完成区公路局移交雨污水管线40.3千米。全区农村污水处理设施覆盖率76.7%（已通水273个村，全区共356个村）。新建污水管线103千米（市局任务50千米），新建再生水管线1千米（市局任务1千米），雨污合流管线改造3千米（市局任务3千米）。

（区水务局）

【水土保持】 年内，完成55个项目水保方案技术审查。征收水土保持补偿费136.95万元，其中税务部门征收年内批复年内开工的项目费用124.87万元，水务部门征收以前年度批复年内开工项目费用12.08万元。对历年批复的生产建设项目从送审、监测、验收报备实行全过程监督管理。批复的485个项目的方案信息按市水保中心要求录入全国水土保持信息管理系统。对生产建设项目的监督检查实现全覆盖，现场检查260个，出具检查意见260份。开展生产建设项目水土保持监测“三色评价”工作，应开展监测项目98个，正常收取监测报告项目98个。对水利部、市水务局下发的36个疑似违法项目遥感卫片组织核查，确定“未批先建”违法项目2个；对260个生产建设项目开展日常检查，查出“未验先投”“未按期报送监情况”“无管护记录和管护清单”等违法项目14个，及时移交局执法部门立案查处。

（区水务局）

【地下水监管】 年内，落实本年度地下水超采综合治理工作要点，制订方案，落实分工。组织学习贯彻《地下水管理条例》做好建设项目水影响评价工作，审查71件，完成技术审查30件。优化完善地下水凿井、取水审批流程，完成审批758件。严控地下水开采，做到更新一眼、封填一眼，全年封填机井60眼。全区规模取水户264户862眼机井的月用水量上传至市局信息中心工作，接入率100%。完成取水许可证电子化工作。

（区水务局）

【供水行业监管】 年内，制发《做好2021年农村供水站运行管理工作的通知》，检查农村供水设施，监测农村供水水质。制发《乡镇集中供水厂规范化管理评估发现问题整改的通知》对供水厂开展检查，督促供其进行整改。完成供水自然灾害风险普查，涉及供水厂5座和供水管线1325千米。

（区水务局）

【农村饮水安全】 年内，在实现全区农村供水计量总表安装率100%的基础上，安装分户计量水表14.4万块，基本实现一户一表、计量收费，343个行政村完成计量收费工作。完成10个村庄纳入公共供水覆盖范围工作。

（区水务局）

【取用水管理专项整改】 年内，区水务局成立取用水管理专项整治行动领导小组，印发工作方案，召开工作部署会、调度会10余次。完成2159个取水项目认定及相关整改工作，其中依法履行取水许可审批手续的保留类2150个，列入整改类的9个项目均完成销号，销号率100%。

（区水务局）

【特殊行业节约用水管理】 年内，梳理顺义区登记备案洗车行业用水单位182家，园林绿化用水单位3家，高尔夫球场2家，滑雪场2家，大数据企业15家，用水量1万吨以上工业企业重点监控单位80家，做好不定期抽查检查，对照节水型单位、企业标准，核查用水单位水源，用水台账及专人管理情况。全区节水计划覆盖率95%以上。

（区水务局）

【水库移民】 年内，完成2020年度水库移民后期扶持绩效自评并配合市移民中心完成复查复审工作。上一年度顺义区绩效考核分数82.6分，等次为良好，在全市9个区中排第四名。通过组建核定登记工作组、开展业务培训、人口核定登记、张榜公示、复查复审等程序，本年度核定大中型水库移民人口4565人，其中农业户口移民3479人、非农业户口移民1086人，兑现扶持资金269.616万元。组织14个属地完成医疗、教育专项扶持项目实施，涉及大专以上学生398人，60岁以上水库移民人口28281人，累计兑现扶持资金521.1万元。投资1564.96万元，组织实施北石槽镇寺上村、张镇后王会村、李遂镇牌楼村、大孙各庄镇湘王庄村道路修缮、排水沟改造4个基础设施项目建设。新、改建雨水沟5086米，设置检查井、出水口等配套设施118个。修建环村路3680米。池塘清淤8000平方米，新建人行道580米。截至12月，资金支付率100%。

（区水务局）

【水质监测】 年内，在完成市水务局下达的常规性地表水、地下水、黑臭水体等监测任务，除顺义区农村饮用水、污废水等监测任务外，完成生态补水水质监测、小微水体整治考核调查监测等多项临时性水质监测任务。全年水文水质监测站完成检测样品2015件，出具检测报告844份。

（区水务局）

【农村饮用水及污废水监测】 年内，完成顺义区农村饮用水、污废水监测任务816件。对全区18个镇336个村的饮用水开展枯水期和丰水期两轮水质检测，每个水样检测指标30项，出具检测报告672份。有污废水监测站点2个，检测频次每月3次，每个水样检测指标4项。

（区水务局）

【区内河道防汛隐患消除工程】 年内，总投资2988.65万元，实施区内河道防汛隐患消除工程。修复二道河、花马沟、罗田排水、十三支渠、方式渠、小中河、潮白河、箭杆河、海子沟、怀河、冉家河11条河道18处水毁，其中河道岸坡防护及修复2047.8米，河堤防护442.8米，清除现状阻水土坝280米，河道清淤29172立方米，改建雨水口2座，设置围网264米，新建雨水篦箕330米等。工程于10月1日开工，截至年底，完成总体进度的75%。

（区水务局）

◆年内，开展河道浮萍清理工作（区水务局）

【小城镇污水处理市场化建设配套管网工程】年内，实施小城镇污水处理市场化建设配套管网工程，项目总投资22101万元，其中市级投资15470万元、区级投资6631万元。在北石槽镇、北小营镇、赵全营镇、张镇、北务镇、李遂镇、高丽营镇、龙湾屯镇、木林镇、大孙各庄镇和杨镇新建污水管网72585米，再生水管网61149米。污水管道累计完成30千米，中水管道累计完成23.4千米，约完成总工程量的79%。

（区水务局）

【顺义区污水处理厂配套管网工程】 年内，实施顺义区污水处理厂配套管网工程。项目总投资22727万元，计划新建污水管线8.3千米，再生水管线16.8千米。截至年底，项目整体进度约完成总工程量的82%，其中污水管道累计完成6.8千米，中水管道累计完成13.6千米；穿越铁路部位施工完成工程量的88%。

（区水务局）

房屋管理

房屋征收

【概况】 年内，区房屋征收事务中心党组始终坚持以人为本、征收为民的宗旨思想，坚持以习近平新时代中国特色社会主义思想为指导，深入贯彻党的十九大和十九届历次全会精神，落实“平原新城看顺义”目标要求、做到“三个走在前列”，团结带领全体党员干部，完成年度各项目标任务，推动各项重点工作向前迈进。

（区房屋征收事务中心）

【杨镇棚户区改造项目】 3月19日、20日，现场指挥部组织127户居民开展非住宅、住宅评估机构选定投票工作。最终投票选定宝业恒（北京）土地房地产评估咨询有限公司为项目非住宅部分评估公司，北京明鉴永兴房地产土地评估有限责任公司为项目住宅部分评估公司。4月21—27日，完成入户调查，入户率按期实现100%。11月22日，在项目范围内公开征求被征收人意见，公示《顺义区杨镇棚户区改造土地开发A、B、C、D片区国有土地上房屋征收补偿方案》（征求意见稿），公示期31天。通过微信、邮箱、传真等方式发至被征收人处，向被征收人讲解意见征询工作安排、意见反馈流程等事项，解答被征收人咨询的相关问题。截至12月22日，完成全部被征收人信息核实、沟通咨询、意见反馈等相关工作。

（区房屋征收事务中心）

【仁和镇前进村定向安置房项目】 3月29日至4月29日，在项目范围内公示《顺义区仁和镇前进村定向安置房项目国有土地上房屋征收补偿方案》（征询意见稿）。10月26日，公示《顺义区仁和镇前进村定向安置房项目国有土地上房屋征收补偿方案》。

（区房屋征收事务中心）

【仁和镇太平村定向安置房项目】 11月25日，区征收办完成对仁和镇太平村定向安置房项目国有土地上房屋征收工作的委托，区房屋征收事务中心组织开展国有征收工作。12月16日，完成评估公司选定协商投票工作。

（区房屋征收事务中心）

【房屋征收相关调研刊登】 年内，通过实地走访、交流座谈、文献查阅等方式，梳理总结全区国有土地上房屋征收工作所遇到的历史遗留问题，思考如何在维护人民群众合法权益、保障公共利益的法定前提下，妥善处理好土地和被征收房屋相关历史遗留问题。于10月形成题为《关于正确处理房屋征收过程中历史遗留问题的思考》调研报告，并在《顺义调研》第68期刊登。

（区房屋征收事务中心）

住房保障

【概况】 年内，北京市燕顺保障性住房投资有限公司（以下简称燕顺投资公司）主要负责顺义区内的保障性住房投融资，建设收购及运营管理业务。以公租房收购建设持有运营为主线，为顺义区低收入住房困难家庭提供房源，为产业园区人才和党政人才提供租赁住房。

（燕顺投资公司）

【河南村集租房项目】 8月16日，河南村集租房项目正式签订合作协议；8月31日，项目公司注册成立；9月15日，地上物拆除工作启动；10月底前，地上物拆除工作完成。经与市规划自然资源委顺义分局沟通，项目纳入本年度供地计划，规划综合实施方案通过首轮联审会审议，并按照审查意见修改完善。

（燕顺投资公司）

◈8月16日，北京市燕顺保障性住房投资有限公司与仁和镇河南村经济合作社举行签约仪式，合作开展河南村集体土地建设保障性租赁住房工作（燕顺投资公司）

【房源筹集与收购】 年内，燕顺投资公司房源筹集目标任务3998套，完成房源筹集4068套，完成率101.75%，其中收购润景园项目18套、锦绣园项目6套、樱花园产权置换项目2045套、顺兴街17号院项目4套、晟品景园项目188套、梅沟营项目5套、北汽顺通路项目1722套、仁和花园一区安置房项目80套。

（燕顺投资公司）

【住房保障运营管理】 年内，燕顺投资公司投入运营房源7229套，入住房源6638套，其中运营满一年项目入住率91.90%，任务完成率99.58%；新增入住年度目标472套，完成新增入住8.17套，目标任务完成率1.73%。11月19日，顺义区本年度配租选房工作完成，新增入住502户，任务完成率108.1%。公租入户走访年度目标6650.34户，任务完成率100%。旧欠租金清缴率年度目标60%，追缴租金45.19万元，旧欠租金收缴率96.37%，任务完成率160.65%。租金收缴率年度目标任务计划完成97%以上（含），1—11月，燕顺投资公司累计应收租金9470.43万元，实收租金9786.84万元，租金收缴率99.18%。

（燕顺投资公司）

【商业经营多元化发展】 年内，商业可出租面积5829.95平方米，出租率100%；销售房屋年度目标任务50套，实际完成房屋销售245套，包括M15号线后沙峪站A、C地块定向安置房项目剩余房源项目13套，后沙峪镇燕王庄、西田各庄定向安置房项目剩余房源3套，仁和镇望泉寺村定向安置房项目剩余房源（安置房）229套，目标完成率490%。

（燕顺投资公司）

【友谊医院公租房项目完成情况】 年内，取得友谊医院公租房项目二级水影响评价、立项，同时启动征地工作；取得项目“一会三函”（“一会”：召开会议集体审议决策；“三函”：建设项期工作函、设计方案审查意见函、施工意见登记函）中的施工登记意见函。相关手续全部办理完成，项目征地工作于7月正式启动。截至11月底，完成地下2层结构施工70%，地下1层结构施工50%，5#、6#住宅楼地上2层结构施工，地上3层结构施工中。

（燕顺投资公司）

【公租房配租与服务】 年内，燕顺投资公司通过开展公共租赁住房专项配租选房工作，为100户轮候家庭解决住房需求问题。11月19日，完成顺义区本年度配租选房工作计划，新增配租入住502套。着力提升生活垃圾分类和物业管理水平。

（燕顺投资公司）

◈5月25日，燕顺投资开展顺义区具有保障房资格的轮候家庭专项配租工作（燕顺投资公司）

【疫情防控对口支援】 年内，作为天竺镇及双丰街道3个社区的对口支援单位，燕顺投资公司累计支援疫情防控一线500余人次，协助街道、社区落实管控措施。

（燕顺投资公司）

【顺义区首个共有产权住房项目产权转移登记完成】 7月2日，燕顺投资公司完成顺义区首个共有产权住房项目（金成雅苑）产权转移登记。金成雅苑项目原为限价房，房源总计969套，根据政策要求由燕顺投资公司收购后转化为共有产权住房销售。

（燕顺投资公司）

全国文明城区创建

【概况】 年内，区新城建设管理服务中心完成职能改革，增加承担区创建全国文明城区指挥部办公室的日常事务性工作。以创建全国文明城区（以下简称“创城”）为工作重心，创建和完善体制机制，持续加强创城工作调度，实地考察日常化，解决整改首都文明办反馈问题和自查发现问题，推进创城群众满意度问卷调查，推动创城材料网上申报，强化创城宣传，推进企业服务，优化营商环境。

（区新城中心）

【创城体制机制日益完善】 年内，区创城指挥部印发实施《顺义区创建全国文明城区三年行动计划（2021—2023年）》，成立由区委、区人大、区政府、区政协主要领导任指挥的创建指挥部，下设专项工作组10个和监督工作领导小组1个。指挥部办公室设在区委宣传部，区新城建设管理服务中心负责创城办日常工作，将原来临时机构调整为常设机构。通过建立调度、检查、督导、约谈、通报和培训机制，压实主体责任。召开顺义区文明委全体（扩大）会议暨深化全国文明城区创建工作会议2次，召开顺义区创建全国文明城区指挥部全体会议3次，每月召开文明城区创建月度调度会，累计召开创城工作专题会、推进会50余次，累计开展创城工作调度80余次。

（区新城中心）

【创城指标分解】 年内，对照2021年版指标体系，完成创城“1+3”指标任务分解，即整体指标分解，十大专项组指标分解、牵头单位指标分解、各镇街指标分解。

（区新城中心）

【实地考察和问题整改】 年内，完善创城建账、认账、交账、销账机制。加大明察暗访、专项督查力度。坚持每天检查并下发督办单，全年派发专项督办单33份，首都文明办分解督办单122份，区级自查督办单522份，推动解决问题4863个。

（区新城中心）

【深入群众开展问卷调查】 年内，开展1次线上、6次线下群众满意度入户调查，完成调查分析报告6份，累计覆盖全区25个镇、街13万余人。配合首都文明办完成季度测评、月度群众满意度测评、未成年人专项问卷测评工作，全年完成4次300份群众满意度问卷调查、1次未成年人专项问卷测评工作。开展入户宣传活动，向各属地配发入户宣传品35万余件，累计入户宣传40.1万余户。

（区新城中心）

【申报材料质量提升】 年内，对各牵头单位和责任单位进行培训指导，加强对各单位重点指标的工作提示，强化问题材料督办整改。2021年版全国文明城区测评体系操作手册网上申报部分涉及全区166项具体要求，须上报创城材料176份。完成首都文明办模拟申报和中央文明办年终测评。

（区新城中心）

【创城宣传】 年内，在主次干道、背街小巷、景区景点等重要区域，开展社会主义核心价值观、讲文明树新风公益广告宣传，更新公益广告110处，新增创城景观小品11处，张贴市民公约300余处，新增主次干路景观广告牌54处，打造“流动文明”公交车21辆。持续开展“清除城市牛皮癣”“争当文明养犬人”“公勺公筷”等5项主题活动；开展线上直播，覆盖全区25个镇、街，近30万人次观看。依托新时代文明实践周，开展“月末清洁日”、疫情防控、文明交通、垃圾分类等活动。

（区新城中心）

◆年内，开展社会主义核心价值观宣传（区新城中心）

【创城迎检】 年内，做好中央文明办的迎检工作。组建专班开展为期10天的网上申报，70余个实地考察点位被抽测，配合中央文明办开展300户居民的入户调查工作。

（区新城中心）

【企业服务】 年内，对接企业10余家，通过组织工作推进会、协调会、实地走访、电话问访、书面回访等方式开展企业服务40余次。完成民生银行信用卡中心增量扶持资金2573.57万元的申请兑现工作，确保足额及时拨付到位。协助民生银行推进办理民生花园销售手续，及时出具工作联系单20余份。协调推进北京银行科技研发中心、中信银行信息技术研发基地、君康人寿保险总部基地项目固定资产及建安投资，民生银行总部基地二期云计算数据中心开工建设。办理完成区级转办件30余件，着力解决与马坡组团内未移交市政道路相关的市民投诉问题。

（区新城中心）

市政民生服务

【概况】 年内，北京顺义市政控股集团有限公司有全资、控股二级公司12家，参股公司2家。主营业务涵盖城市基础服务（水、气、热、污、垃圾）、工程建设施工、汽车服务、新能源、投融资和智慧产业六大板块。

销售天然气6亿立方米，同比增长5.7%；销售液化气2.15万吨，同比增长73%；供水6186万吨，同比增长2.5%；供热1546万平方米，同比增长5%；处理污水1.2亿立方米，同比增长45%；处置污泥3.1万吨，供应中水25万吨；维护雨污水管线566千米，同比增长7.6%；处理餐厨垃圾5万吨，同比增长39%；处理其他垃圾47.4万吨，焚烧垃圾24.3万吨，焚烧发电总量9340万千瓦时；检测机动车22.3万辆。开展疫情防控专项调度46次，疫苗加强针接种率93.8%。派出285人、捐赠物资171万元支援各属地抗疫。获评“北京市生活垃圾分类推进工作先进集体”“北京市就业创业工作先进集体”。

（市政控股）

【接收公路局移交管线】 1月1日，北京顺政市政设施管理有限公司（以下简称市政设施）接收区公路局移交的天北路、顺白路、通顺路、东大桥周边4条道路上4.03万米雨污水管线及附属设施。

（市政设施）

【空港街道国际人才社区健身步道项目】 1月18日，北京市恒锋市政工程有限公司（以下简称恒锋市政）实施的空港街道国际人才社区健身步道项目完工。施工内容包括人行道、树池、花岗岩地面修复等，铺设步道砖7329平方米。

（恒锋市政）

【环保科技公司工程建设】 1月，环保科技公司完成科普馆升级工作。3月5日，生活垃圾处理中心焚烧三期工程填埋区升级改造工程取得区生态环境局的环评批复，并于9月完成竣工环境保护验收。截至年底，顺义区生活垃圾处理中心焚烧三期工程完成总工程量的80%。

（环保科技）

◆年内，顺义区生活垃圾处理中心焚烧三期工程完成总工程量的80%（市政控股）

【水费催缴】 1—11月，北京顺义自来水有限责任公司（以下简称自来水公司）生产运营部实收水费17164.63万元，同比增长16%，其中查表水费实收13779.31万元，同比增长16%，向260余户欠费用户，追缴水费20余万元；胡各庄网格服务中心水费收入8458.8万元（含水资源税、污水处理费），截至12月24日，收回上一年度及以前欠款193万元；杨镇网格服务中心水费收入2496.3万元（含水资源税、污水处理费），完成计划目标的83%，截至12月24日，收回2020年度及以前欠款108万元；马坡网格服务中心水费收入3607万元；后沙峪网格服务中心水费收入1.11亿元。

（自来水公司）

【通达公司下属企业运送核酸检测样本】 年初，北京通达实业总公司（以下简称通达公司）下属金顺、深顺出租汽车公司为顺义区12个镇、6个街道、1个园区向分散于北京市朝阳区、大兴区等区域的检测机构运送样本900余车次。

（通达公司）

【顺义区地下管线及井盖设施巡查维护项目运维保障】 2月1日，市政设施实施的顺义区地下管线及井盖设施巡查维护项目完成合同签订，项目总投资75.99万元。区城市管理委负责项目建设管理，北京顺政市政设施管理有限公司负责巡查维护。完成道路内管线与井盖巡查100万千米，完成破损井盖产权单位确权维修200余处，完成无主井盖、井口更换、维护工作70处。

（市政设施）

【排水公司接收污水处理厂站】 3月17日，北京顺政排水有限公司（以下简称排水公司）受区水务局委托，接收管理顺义区污水处理厂。

（排水公司）

【顺鑫研发基地西侧路市政工程】 4月30日，恒锋市政实施的南法信镇顺鑫研发基地西侧路市政工程完工。施工内容包括摊铺4厘米AC—13C密级配细粒式沥青混凝土表面层3744平方米，铺设人行道块料2496平方米，安砌路缘石1248米，栽植乔木112株。

（恒锋市政）

【临空经济核心区雨污水井盖及雨水箅消隐工程竣工】 4月30日，北京临空经济核心区雨污水井盖及雨水箅消隐工程开工，6月29日竣工。总投资153.89万元，更换、维修、翻建核心区内主要道路附属检查井及雨水箅子410座。北京临空经济核心区管理委员会负责项目建设管理，北京顺政市政设施管理有限公司施工，北京顺政通工程监理有限公司监理。

（市政设施）

【临时性任务】 4月，按照区政府、区水务局要求，临时接管李桥污水处理厂（18万吨/日），并分两期进行不停产改造，截至年底，一期工程基本完成，二期工程启动。7月，市政控股负责天竺综保区二期围网水源气源施工，下属恒锋市政公司负责D片区施工总承包任务，截至年底完成工程进度60%；顺天顺水负责自来水燃气管线铺设，按规划目标推进。10月，根据北京市《关于研究市公共服务租赁性配套用房应急项目相关工作的会议纪要》（第152号）要求，顺义区牵头推进木林公共服务租赁性配套用房应急项目，市政控股完成水厂选址及建议书批复，正在进行多规合一协同意见审批。馨港庄园市政水接入工程取得规划许可证。用时2个月为农村1.46万户更换燃气泄漏报警器，区政府办实事工程按期完成。

（市政控股）

【胡各庄网格中心改造工程】 5月6日，胡各庄网格中心道路及雨污水改造工程开工；8月15日，竣工并投入使用。工程造价212万元，施工内容包括沥青混凝土、水泥混凝土路面铺筑7043平方米，新建雨水、污水管道450米。项目由北京顺义自来水有限责任公司建设运营管理，北京顺政市政设施管理有限公司施工。

（市政设施）

【顺于路与吉宁路灯控工程】 5月10日，顺于路与吉宁路交叉路口新增灯控工程开工；9月30日完工。项目金额119.5万元，施工内容为顺于路与吉宁路交叉路口交通信号灯设备和违章监控设备安装调试。由顺义区高丽营镇政府建设运营管理，北京顺政市政设施管理有限公司施工，北京环乔工程咨询有限公司监理。

（市政设施）

【部分雨水泵站养护项目完成汛期防汛保障】 5月12日，顺义区部分雨水泵站养护项目完成合同签订，项目总投资94.34万元。北京市顺义区城市管理委员会负责项目建设，北京顺政市政设施管理有限公司施工，北京优奈特能源工程技术有限公司负责项目管理。

（市政设施）

【杨镇再生水厂取得环评批复】 6月1日，排水公司取得区生态环境局《关于顺义区杨镇再生水厂升级改造及扩建工程建设项目环境影响报告书的批复》（顺环保审字〔2021〕0020号）。

（排水公司）

【智慧检测场智慧验车系统上线运行】 7月，北京顺政金服科技有限责任公司（简称顺政金服）建设完成智慧检测场智慧验车系统。

（顺政金服）

【裕龙小学周边环境整治工程（现代学院）】 8月23日，恒锋市政实施的裕龙小学学校周边环境整治工程完工。整治梳理改造学生放学区、家长等待区、机动车临时落客区，铺筑细粒式沥青混凝土3867.8平方米。

（恒锋市政）

【顺平路交通综合治理工程】 8月25日，市政设施实施的顺平路（顺和路—潮白河大桥）交通综合治理工程—交通工程开工；10月20日，完成项目设备安装调试工作。工程造价255万元，对顺平路（顺和路—潮白河大桥）段，3个交叉路口的交通信号灯设备和违章监控设备安装调试。

（市政设施）

【国誉府项目雨污水排放工程开工建设】 11月15日，国誉府项目雨污水排放工程开工。项目总投资599.45万元，主要施工内容为新建小市政雨污水管道6550米，雨污水检查井、雨水调蓄池、化粪池、隔油池488座，各类排水泵、阀门、压力表420套。建成330立方米雨水调蓄池1座。北京新城金郡房地产开发有限公司负责项目建设管理，北京顺政市政设施管理有限公司施工，北京市顺金盛建设工程监理有限责任公司监理。

（市政设施）

【高丽营镇文化营村市政给水工程】 11月25日，恒锋市政实施的高丽营镇文化营村市政给水工程完工。工程包含土方开挖及回填、路面破碎恢复、井砌筑、管道敷设，铺设DN300毫米球墨铸铁给水管1103米、DN200毫米球墨铸铁给水管30米、DN100毫米球墨铸铁给水管55米，砌筑检查井16座。

（恒锋市政）

【综合报装系统上线运行】 11月，北京顺政金服科技有限责任公司（以下简称顺政金服）水、气、热综合报装系统上线运行。

（顺政金服）

【购售电合同签订】 11月，环保科技公司与国网北京电力公司正式签订购售电合同，环保科技公司可以向北京电力公司出售符合国家标准和电力行业标准的电能。

（环保科技）

【顺沙路（南陈路—小中河）道路两侧环境改造提升项目】 12月28日，恒锋市政实施的顺沙路（南陈路—小中河）道路两侧环境改造提升工程完工。工程位于南法信镇顺沙路，实施起点西起南陈路，东至小中河桥头。总改造面积21326平方米，涉及提升道路809米、新建停车场15993平方米、人行步道70平方米、台阶435米、围栏2527米，安装路缘石1854米，新建提升道路两侧绿化4106平方米，施画交通标线831.2平方米。同步实施拆除工程、交通标示工程、附属设施建设工程等。

（恒锋市政）

【为民办实事优化民生服务】 年内，市政控股提出问题清单化、解决标准化、服务模式化、办理限时化的“四化”服务，针对53类水气热供应问题制定202项解决措施和从派单到回复6个环节的服务标准，完善“10秒内转办、10分钟响应、30分钟到场、结单后10分钟回访”的1小时快办机制。对诉求事项进行动态管理，实行挂账诉求红绿灯预判，按照权限分级审批，重难点问题集体研判。对接光明街道，提供3项“红色代办”服务。结对帮扶河南省南阳市西峡县2万元，消费帮扶内蒙古自治区巴林左旗地区137万元。

（市政控股）

【服务热线】 年内，市政控股市民热线共接单3183件，其中在公司服务范围内1685件，非公司服务范围内1498件。其中在服务范围内交办单中，解决1379件，满意1443件，“三率”综合成绩97分。综合服务热线“52133333”受理电话331568个，同比267538个增长23.93%。联通号“69435555”完成上线部署，通过双号并行的方式，共同承担综合服务热线服务保障工作。多网融合案件接单109件，其中权属范围内31件全部结案，非权属范围内78件。

（顺政金服）

【缴费服务】 年内，各收费大厅及银行线下收到缴费1151408笔，缴费金额约167540万元，其中水583317笔29309万元、气471708笔111224万元、热96383笔27007万元；通过微信、支付宝等线上缴费1005696笔，缴费金额约38057万元，其中水503828笔7640万元、气429725笔15231万元、热72143笔15186万元。6月26日，市政控股综合服务大厅（石园）开业，业务范围包括水气热缴费、开票、开户、补卡等综合业务。8月，实现市政控股综合服务大厅（城东）、市政控股综合收费大厅（城西）、市政控股综合服务大厅（后沙峪）、市政控股综合服务大厅（马坡）、市政控股综合服务大厅（石园）、市政控股综合服务大厅（杨镇）、市政控股综合服务大厅（高丽营）和顺义区政务服务中心8个服务网点对外办理综合服务业务。

（顺政金服）

【安全生产治理能力不断提升】 年内，按照《中华人民共和国安全生产法》的新要求，坚持安全生产“三管三必须”，落实生产经营单位安全生产主体责任，全面建成安全风险分级管理和隐患排查治理双重预防机制，率先在大龙供热、排水公司进行试点，带动集团全面实施，辨识各类风险源4980处，对机制建设成果进行拉练检查、交流经验。配合国务院检查组和应急部领导开展燃气安全专题调研，完成区安全生产督察组延伸督察，发现56项问题全部整改完成。按照市政控股《安全生产专项整治三年行动》组织开展安全暗访、危化品专项检查，发现339项隐患全部整改完成。深刻汲取“6·13”湖北十堰爆炸事故教训，对天然气14万余户、液化气13万余户进行入户安检，发现隐患2.7万处，整改完成55%；推动安全生产关口前移，建立安全生产和全员年终绩效联动机制。

（市政控股）

【重大活动服务保障】 年内，市政控股完成中国共产党成立100周年庆祝活动、十九届六中全会等重大政治活动及春节、国庆等重要节日期间的城市安全运营保障任务。开展督导检查1000余次，保障水、气、热、污水处理、垃圾处理等市政产品安全供应，应对1月7日极寒天气日供气543.2万立方米、安全供暖、城区超1000毫米强降雨天气防汛等挑战。

（市政控股）

【聚焦主业发展目标】 年内，市政控股实现客户档案“一户一码”管理，液化气实名制销售稳步推进，搭建“华为云”高清视频会议系统。根据《北京市燃气管理条例》，保障全区13万余户居民和2700余户非居民液化气供应，完成液化气智慧平台建设，实现充装、发放、扫码的全链条信息化，实施液化气自动充装站建设，运转效率提升1倍。承接诚信热力公司和杨镇供热中心，增加供热面积约62万平方米。

（市政控股）

◆年内，市政控股接收顺鑫控股所属杨镇供热中心项目（市政控股）

【重点工程推进】 年内，市政控股实施重点工程39项，其中实事工程1项，河东百项重点项目7项，承载力提升三年计划16项，完成建安投资1.9亿元。2个市级重点工程建设，焚烧三期工程完成80%、杨镇水厂扩建工程完成83.2%。统筹开展12项区级重点工程，天然气供应能力保障、南彩老旧小区接市政水、南法信高峰供水管网完善等5项工程按期完工；龙塘路次高压燃气管线工程完成84%；河东五镇燃气管线工程完成53%，杨镇外电源工程完成40%；城乡供水一体化一期、龙湾屯水厂工程获得立项批复。

（市政控股）

【产业结构进一步优化】 年内，市政控股推进同质资产整合，完成大龙供热与鑫浩供热吸收合并；以1.4亿元完成邯郸大龙股权转让，投资收益约1500万元。制订通达公司转型升级方案，基本确定债务化解和土地综合利用。注销清理申达伟业等8家小微企业、1家分公司、7家事业单位法人，开展2家企业破产清算和1家企业强制清算工作，“僵尸企业”清理注销工作基本完成；全面完成全民所有制改制任务。

（市政控股）

【优化营商环境】 年内，市政控股对标对表市、区优化营商环境4.0政策，制订实施加强报装服务的实施方案和报装人员服务规范，统一服务标准，规范服务流程，推出容缺受理、早晚延时办和午间不间断服务，完善一次性告知内容、首问负责等措施；对“掌上市政”App及报装系统进行优化升级，实现报装项目全流程线上办；完善“1+1”双项目经理制（项目经理+代建经理制），提供水气报装全过程服务，对87项水气小微工程实施“三零服务”。

（市政控股）

【天然气报装业务】 年内，北京顺义燃气控股有限责任公司（以下简称顺燃控股）将燃气报装业务调整至顺义燃气科技信息技术部，成立报装班组，设立项目专员，专门承接报装业务。撤销公司及站前街营业厅，窗口业务全部纳入市政控股综合服务大厅。受理燃气报装1435个，其中小微工程82个。

（顺燃控股）

【天然气重点工程】 年内，顺燃控股加快打造河东河西“一张网”，新增天然气管网138.77千米，完成昌金路穿右堤路工程，实现断头管网连接；龙塘路工程完成84%，河东五镇工程完成53%。专人动态跟进储备工程审批进度，按计划完成天北路中压燃气管线工程立项、赵全营、高丽营燃气管网提升工程多规合一审查、李魏路中压燃气管线工程方案制订等工程前期工作。推进南彩镇小营村、望渠村村内测绘及地下管线摸排。

（顺燃控股）

【天然气运维平稳有序】 年内，顺燃控股持续开展老旧燃气设施改造，对裕龙一区、二区、老三区进行实地勘察，制订施工改造方案，其中裕龙一区计划铺设管道2605米，完成铺设1584米；裕龙二区、老三区基本完工。完成“煤改气”村安全评估中6类30种隐患整改及14642户到期报警器更换。开展燃气设施入户安检，民用户全年安检104583户，入户率72.4%；公服用户实查8351户次。七一前完成2232户天然气非居民用户、1252户液化气非居民用户入户安检工作，发现隐患2661处，全部实施上账管理。完成“两会”、庆祝中国共产党成立100周年庆祝大会等重要节点服务保障任务，出动保障人员3522人次，车辆1477车次；七一前，加强对天龙宾馆、安华街、陈马路调压撬等重要点位看守，21名中层干部轮流参与24小时值守。

（顺燃控股）

【水厂、水源地产供水主要指标完成情况】 年内，自来水公司水厂供水6087万吨，同比增长2.53%，完成目标额的96.7%；供水高峰在6月，单日最高供水21.3万吨；水源地产水6405万吨，同比增加2.53%，完成目标额的97.5%。

（自来水公司）

【光伏发电】 年内，自来水公司光伏发电项目发电283万千瓦时，同比减少6万千瓦时，降幅1.98%。

（自来水公司）

【市场开发】 年内，自来水公司完成工业区内非居民用户开发22户，工业区外非居民用户开发78户，接通农村地区市政供水13个。基本完成牛山康乐小区及周边用户改造工作。

（自来水公司）

【重点工程】 年内，自来水公司有重点工程建设实施类11项、手续办理类8项、已完工待支付类4项，计划年度投资7745万元，截至12月27日完成投资支付2092.4万元；完成杨镇水厂扩建工程、水厂升级改造工程、顺义区供水管网加密工程、南法信高峰供水管网完善工程等14个工程；木林水厂建设工程完成项目建议书批复，张镇水厂确定最终规划方案，大孙各庄水厂完成水厂普测钉桩工作，龙湾屯水厂完成多规协同的上报工作。完成外环路给水工程、蓝岸丽舍给水工程等4个工程项目的竣工验收。

（自来水公司）

【民生供暖】 年内，2020—2021年采暖季供暖任务自2020年11月6日至2021年3月15日，供热面积1546万平方米。1月7日极寒天气，为辖区13万户居民提供供热保障，无停炉、停暖，安全事故发生。大龙供热万平方米“12345”工单量0.25个。北京林河诚信热力有限公司完成十九届六中全会、“创城迎检”等重大活动服务保障及关键节点平稳供热。开展热力管网巡查400次，消除安全隐患60项。完成更换热力管网200延米、高压分界室标准化站室改造、燃气泄漏报警器39台，新建热力管井1座。完成生产、生活供汽2.76万蒸吨。2020—2021年采暖季自2020年11月9日至2021年3月26日。

（大龙供热）

【老旧小区供暖管道改造】 年内，北京顺政大龙供热有限公司(简称大龙供热)自筹资金完成西辛南区、马坡一区等5个社区104个单元地沟管外移，累计外移管道15400米，涉及供热面积27万平方米，惠及热用户3200余户。

（大龙供热）

【市场开发】 年内，大龙供热管网范围内新增供热面积36万平方米，管网范围外新增供热面积15万平方米。

（大龙供热）

【12个村接入市政给水工程】 年内，恒锋市政实施的市政给水工程，位于大官庄村、小官庄村、头二营村、三四营村等12个村，采用聚乙烯(PE)给水管，将村外市政给水管道与村内已建给水管道连接，新建给水管道总长度1914米，新建检查井11座，路面恢复2054平方米，安装自来水水表12块。

（恒锋市政）

【北京牛栏山工业开发中心蒸汽管道改造工程】 年内，恒锋市政实施北京牛栏山工业开发中心蒸汽管线改造工程，新建管径DN38—DN325的蒸汽管道1351.56米，管径DN32—DN159的凝结水管道1351.56米，混凝土井14座等，工程内容包括蒸汽管道、凝结管道、管道阀门附件、管道土方、地沟、检查井、路面拆除及恢复，管道支架等。

（恒锋市政）

【赵全营镇工业用地土地一级开发工程】 年内，恒锋市政实施赵全营镇工业用地B1、B2地块土地一级开发工程项目耕地耕作层土壤剥离利用工程，工程规模229732.03平方米，主要施工内容为人工清理表土194654平方米，30厘米厚土壤剥离作业58396立方米。

（恒锋市政）

【裕泰路（机场北线南路—安富街）道路工程】 年内，恒锋市政实施裕泰路（机场北线南路—安富街）道路工程—道路及排水工程。道路全长约900米，按城市次干路标准建设，红线宽度40米。铺设雨水管道总长度1107米，污水管道总长度818米。

（恒锋市政）

【土储地块周边道路市政设施提升道路照明工程】 年内，恒锋市政实施土储地块周边道路市政设施提升道路照明工程位于仁和镇与南法信镇，包含规划路、信中北街(原饲料厂后路)、信达路(原规划一路)3条道路的绿化工程，道路总长1420米。其中规划路北起顺平路，南至石园西路，长约580米，预留1.5米×1.5米树池165个，其中已建树池150个，需新增树池15个；沿人行道新增垃圾桶4个。信中北街西起南焦路，东至信达路，长约285米，预留1.25米×1.25米树池77个，根据《室外工程细部结构》5J012—1要求，将现状混凝土树池修改为1.4米×1.4米花岗岩树池口；沿人行道新增垃圾桶6个。信达路北起双兴街，南至东兴街，长约

555米，预留1.25米×1.25米树池177个，根据《室外工程细部结构》5J012—1要求，将现状混凝土树池修改为1.4米×1.4米花岗岩树池口；沿人行道新增垃圾桶12个。顺平辅路安装路灯25盏。

（恒锋市政）

【木孙路（通怀路—山丁路）道路工程】 年内，木孙路（通怀路—山丁路）道路工程——道路、交通工程（二标段）工程北起通怀路，南至山丁路，本标段贯穿木林镇、龙湾屯镇，隶属浅山区公路环线。工程建设规模全长10.4千米（本标段K5+580—K10+724.24），按二级公路标准建设，路基宽15米，路面宽12米，新建桥梁4座，同步实施涵洞、排水、绿化、交通等工程。

（恒锋市政）

◆年内，实施木孙路北段（通怀路—山丁路）配套给水、燃气工程（市政控股）

【机场北线南路（火寺路—高白路）道路工程】 年内，机场北线南路（火寺路—高白路）道路工程分为雨水工程和给水、中水工程。项目位于后沙峪镇，西起高白路，东至火寺路。其中雨水工程规划沿机场北线南路规划路中北侧3.0米，新建雨水管道1条，总长度5124米。给水、中水工程规划沿机场北线南路道路规划路中南侧14米新建中水管道1条，总长度6139米。

（恒锋市政）

【牛栏山一中实验学校北侧临时停车场建设工程】 年内，牛栏山一中实验学校北侧临时停车场建设工程位于顺义区政府西侧，西邻站前北街，东至通顺路。施工内容包括安砌路缘石662米，摊铺沥青混凝土6414平方米，施画交通标线585米、停车位标线4396米，安放交通标志牌9块、中央隔离护栏579米。

（恒锋市政）

【落实便民服务】 年内，北京市京顺机动车检测有限公司智慧验车平台正式投入使用，通过大数据传输，车主可通过手机App监控受检车辆检验进度，检验全流程结束后以App、手机短信信息推送形式提醒车主到指定窗口办理取证业务。

（通达公司）

【光伏发电项目】 年内，北京顺政能源科技公司（以下简称能源科技）光伏发电项目完成北京顺义燃气有限责任公司349.8千瓦分布式光伏发电项目的建设投资，8个光伏项目年发电745万千瓦时。

（能源科技）

【污水处理生产】 年内，排水公司完成污水处理量约11806.76万立方米，同比增长3152.51万立方米，超年度生产计划3281.63万立方米，较2020年度增加36.43%。

（排水公司）

【水站在线监测全覆盖】 年内，排水公司新建在线监测站房22座，水站在线监测实现全覆盖，并完成数据上传工作。

（排水公司）

【实用新型专利获得】 年内，排水公司与神美科技有限公司共同申请实用新型专利——“一种农村污水处理一体化设备”，专利为农村污水处理一体化设备，采用“AAO+米BR”处理工艺。排水公司刘伟光获得实用新型专利——“一种锅炉焚烧烟气再热设备喷淋装置”，专利主要应用于对污泥焚烧后的烟气进行再次加热，消除烟气的白雾以达到环保要求。

（排水公司）

【汉石桥湿地水质改善工程完成竣工环境保护验收】 年内，排水公司组织召开汉石桥湿地水质改善工程竣工环境保护验收会，《汉石桥湿地水质改善工程竣工环境保护验收报告》通过专家审查。《验收报告》于1月7日至2月3日在全国建设项目竣工环境保护验收信息系统上进行公示。

（排水公司）

【安全双重预防机制建设】 年内，排水公司完成所有77座运行厂站风险公示工作，辨识危险源1964项，其中低风险1359项，一般风险526项，较大风险79项，无重大风险点。建立风险告知卡426块，对风险点及管控措施等信息进行全面公示。建立65个岗位风险告知卡，明确岗位安全风险、防范措施、应急处置措施等内容。

（排水公司）

【清管行动】 年内，市政设施疏通所管辖权限范围内专用雨水管涵260.2千米，清掏专用雨箅子1.47万座，专用雨水检查井5483座，完成率100%，清掏清运垃圾492立方米。

（市政设施）

【防汛保障】 年内，市政设施与区气象局、应急局、城管委等相关部门及下凹桥区防汛单位建立“职责清、任务明、响应快、效率高”的安全防汛工作机制。细化防汛工作方案，明确职责和人员分工。截至9月底汛期结束，防汛值守出勤51天，出动值守人员1600余人次、车辆700余车次，清掏雨水箅子5000余座。临时应急封路24次。市政设施南环、北环、陈坨、后王会4处泵站管护人员汛期期间，完成抽水30余次；值守400人次，封路交通导行5次；各类维修维护15处。

（市政设施）

【垃圾处理】 年内，北京顺政环保科技有限公司（以下简称环保科技）年无害化处理进厂生活垃圾47.4万吨，同比减少0.238%。年处理进厂粪便6.58万吨，同比增加5.8万吨，增长13.4%。北京顺政餐厨生物科技有限公司（简称餐厨生物）处理进厂餐饮厨余50162.29吨。垃圾焚烧发电量9340.34万千瓦时，上网电量6569.6万千瓦时。销售土壤调理剂辅料544.9吨。

（环保科技 市政控股）

供电服务

【概况】 年内，顺义区域内有500千伏变电站1座，容量480万千伏安；220千伏变电站6座，容量288万千伏安；110千伏变电站31座，容量319.9万千伏安。有110千伏线路76条463.2千米，35千伏线路28条187.2千米，10千伏线路698条5513.2千米。10千伏开闭站100座；10千伏电缆分界室300座；配电变压器6750台，容量175.6万千伏安。售电量完成90.94亿千瓦时，同比增长9.77%。地区供电用户46.92万户。地区用电量前3位的用户分别为北京首都机场动力能源有限公司、北京首钢冷轧薄板有限公司、人民教育出版社印刷厂，占全区用电总量的10.98%。实现累计安全长周期9161天。

（国网北京顺义供电公司）

【援豫抢险任务】 7月20—22日，顺义供电公司接到上级应急抢险援助命令，制订支援方案、组织抢险队员、筹备抢险物资，组建应急抢险队38人16车次支援河南郑州，为4个开闭站、3个居民小区恢复供电。

（国网北京顺义供电公司）

◆7月22日，顺义供电公司紧急组建援豫应急抢险队出征前往河南郑州开展灾后支援工作（拍摄者：侯占泉）

【地区电网规划建设】 年内，采取“全面推进+统筹协调+重点突破”的方式，推动“十四五”期间“5+15+2”项目完成选址选线8项、可研编制8项、立项核准4项。全年开工工程6项，投产5项，新增变电容量124兆伏安，新增110千伏线路1.7千米。完成胡各庄110千伏输变电、张镇110千伏增容等工程立项核准，完成裕民220千伏输变电、可再生110千伏送出等工程多规协同，推进顺义2035年电网规划站址、廊道落入各镇总规、控规中。探索BIM技术在工程管理中的实践应用，前置策划胡各庄模块化2.0示范工程。

（国网北京顺义供电公司）

【重大活动用电保障】 年内，完成全国“两会”、中国共产党成立100周年、冬奥测试赛等各类保电任务55项，出动保障人员2.1万余次，保障时长263天。针对中国共产党成立100周年供电保障任务，克服汛期、雷电等不利影响，组织15条重点线路不间断特巡25天。针对冬奥主物流中心保障工作，编制组织方案和保障方案，制定临电工程措施，完成临电接入工作。组建保障团队提前入驻冬奥主物流中心场馆，组织场馆内部用电隐患排查，累计发现并解决场馆内部电力安全隐患51项。

（国网北京顺义供电公司）

◆9月2日，顺义供电公司施工人员在冬奥主物流中心开展临时用电设施建设工作（拍摄者：侯占泉）

【安全生产】 年内，开展年度、夏季、冬季电网方式分析，滚动发布风险预警126项，制定落实防范措施302项。开展无人机智能巡检，对顺义区全部非禁飞区通道开展360度全景扫描，完成自主巡检。加大配网带电作业力度，减少停电时间，带电作业化率85%。综合运用人防、物防、技防措施，连续4年实现变电“零故障”，输电、配网整线故障同比分别下降33.3%、20%，供电可靠率99.99%。完善应急预案体系，修订并发布公司突发事件处置应急总体预案，发布各类专项预案31项、现场处置方案150余项。加强现场安全管控，全年安全生产保持平稳，现场作业和人员防疫实现“双安全”。

（国网北京顺义供电公司）

【电力营商环境优化】 年内，推进小微企业“三零”服务，惠及小微企业410户，平均接电时间4.9天，打造低压三零占掘路非禁免批典型案例项目。推广“一证办电”“办电e助手”等线上办电新功能应用，完成接电容量56.62万千伏安。落实优化营商环境4.0“获得电力”指标改革政策，遴选优秀选手参加北京市“千人千题”竞赛考试，取得全市第三名。

（国网北京顺义供电公司）

【供电优质服务】 年内，老旧小区配电设施改造续建及新开工工程22项，完成8项，工程关键节点完成率100%。供电服务指挥中心发挥中台作用，实现全链条现代服务体系运转。针对电表新装增容、供电设施位置、充电桩、光伏报装等热点诉求，与镇区两级部门加强沟通协调，主动响应、主动治理。全年受理客户投诉11件，同比下降60.7%。

（国网北京顺义供电公司）

【新能源发展】 年内，完成顺义区充电设施建设“十四五”规划方案编制，加强充电设施建设和运营管理，完成18台充电桩建设，16个充电场站升级改造。提高分布式光伏并网效率，全年新增光伏并网1507户，新增容量80.14兆瓦，位居北京市首位，累计全量完成光伏并网5341户，总容量196.74兆瓦。

（国网北京顺义供电公司）

【电价市场化改革】 年内，开展广泛告知，联合区城管委召开全区政策宣贯会，利用多平台、多渠道开展宣贯工作，确保用户知晓到位。推进购售电合同签署，按照应签尽签的原则，落实告知、签约、回收责任。截至年底，高压用户告知函送达率、市场化用户换签率均实现100%。加强抄核收业务升级，实施改革首月，电表采集成功率99.9%以上，未发生负面事件，电价市场化改革实现平稳过渡。

（国网北京顺义供电公司）

【科技与信息化】 年内，开展《面向分布式光伏消纳的配电网灵活性资源协调优化控制技术研究与应用》新型电力系统科技项目。全年完成专利申请11项、专利授权15项。

（国网北京顺义供电公司）

气 象

【概况】 年内，区气象局负责顺义区公众气象预报、灾害性天气预警及农业气象预报、火险气象等级预报等专业气象预报的发布；负责本行政区域气象行政许可、气象行政执法；负责本行政区域气象灾害防御工作；推进气象科普宣传工作，普及气象科学知识。区气象局获2018—2020年度首都文明单位标兵称号。

（区气象局）

【气象科普宣传】 “3·23”世界气象日期间，开展系列科普宣传活动。通过微信开展“天气随手拍”“有奖答题”活动，宣传气象知识。制作短视频，讲解《走进顺义国家气象观测站》《30秒看懂雷达图》等内容。在《顺义时讯》刊登“3•23”世界气象日知识科普文章，讲解本年度世界气象日主题。

（区气象局）

【联合执法】 6月1—2日，区气象局联合区文化和旅游局开展夏季防雷安全专项检查工作。对奥林匹克水上公园、国际鲜花港等6家AAA级以上景区防雷安全职责落实情况进行检查。

（区气象局）

◈年内，区气象局联合区文化和旅游局开展夏季防雷安全专项检查（区气象局）

【顺义三中参赛获奖】 9月17—28日，在中国气象学会主办的“气象达人 舍我其谁”气象知识校园巅峰赛活动中，北京市顺义区第三中学获得全国气象知识竞赛初中组三等奖。

（区气象局）

【“十四五”规划编制】 12月30日，区气象局印发《顺义区“十四五”时期气象事业发展规划》。

（区气象局）

【主要气候特征】 2020年度平均气温13.32℃，比常年平均值12.7℃偏高0.6℃；年极端最高气温36.6℃（6月19日），年极端最低气温-20.62（1月7日）；1月、5月、8月、10月月平均气温比常年偏低，4月、6月、7月接近常年，其他各月均高于常年，其中2月、3月比常年明显偏高。全年极端最高气温大于等于35℃有6天（常年7天）。年降水量1005.3毫米，比常年平均值577.5毫米偏多427.8毫米，偏多7成；2月、3月、7月、9—11月降水比常年同期偏多，其中3月、7月、9月、11月比常年明显偏多；1月、4月、5月、12月降水比常年同期偏少，6月、8月接近常年。6—8月汛期降水量700.5毫米，比常年同期402.7毫米偏多297.8毫米，偏多7成。降水90天（日降水量大于等于0.1毫米），日最大降水量223.3毫米（7月27日）。年日照时间2283.9小时，比常年同期2455.7小时偏少不足1成。3次扬沙天气分别为3月15日，5月6日、7日；2次浮尘天气分别为3

月15日、28日；1次沙尘暴天气为3月15日。全年平均气温较常年偏高；降水明显偏多，日照基本充足。

（区气象局）

【气象服务】 年内，提供决策服务产品203期，发布预警信号178期，发送预警短信27万余条。

（区气象局）

【行政执法】 年内，开展执法检查138次，其中防雷安全检查104次，防雷检测资质单位检查4次，气象设施和探测环境保护检查1次，气象信息发布与传播检查1次，升放气球安全检查28次。

（区气象局）

【气象灾害综合风险普查】 年内，根据《第一次全国自然灾害综合风险普查北京市气象灾害风险普查工作方案》等文件要求，成立区气象局气象灾害风险普查领导小组，下设灾害调查组，主要获取1978—2020年顺义区暴雨、干旱、高温、低温、大风、冰雹、雪灾、雷电等气象灾害的致灾信息，完成数据质检和系统上报工作。区气象局利用微信公众号、今日头条发布相关文章，广泛开展普查工作宣传。

（区气象局）

【监控视频共享】 年内，区气象局共享区43路监控视频，监控探头覆盖全区各镇、街道主要路口及易积水点，增强区气象局对路面结冰、积水、冰雹和局地强对流等天气的监测能力。

（区气象局）

消　防

【概况】 年内，消防支队向区委、区政府提交各类消防报告28份、消防形势分析4次、消防要情40期，区领导作出有关批示、指示36件次；区政府常务会审议通过《顺义区2021年消防工作要点》，并以政府办文件形式印发实施；主管副区长与区防火委成员单位行政正职签订《2021年度政府消防工作任务书》，明确各部门、各属地年度重点消防工作任务；主管副区长6次召开全区消防工作联席会，通报全区消防工作情况，协调解决工作中遇到的难题；属地主要领导每季度专题研究调度消防工作，确保年度任务落地落实。

（区消防支队）

【公安派出所消防执法】 年内，推动区公安分局继续将派出所消防执法纳入打防管控考评范畴，并量化年度刚性指标，每星期一分局长办公会上通报派出所消防执法情况，并部署本周重点工作；依托22个派出所消防工作室和“查、宣、罚、拘”4项联动保障机制，最大限度发挥社区民警、实管员消防执法检查优势，全面提升消防工作强制力和火灾防控影响力。

（区消防支队）

【隐患排查整治】 年内，以《北京市安全生产专项整治三年行动计划》为统领，紧盯“仓储库房”顽疾固症，建立“公安清人、消防查封、规自认定、城管拆除”的联动工作机制，拆除涉隐违建库房738个，查封、关停存在突出隐患库房676个；推动全区深化开展液化石油气隐患“清零”行动，收缴废旧钢瓶1.3万个，更换安全型调压器9.3万个、长寿命胶管9.4万根，燃气类警情数量较近3年平均下降55.2%。

（区消防支队）

【基础防控能力提升】 年内，以区安委会、防火委名义印发《顺义区电动自行车领域暨百日消防安全排查整治专项行动方案》，建成电动自行车集中充电棚1347处，充电位3.9万余个，充电柜1028套。在全区163个高层居民小区加装电动自行车电梯智能阻车器5693个，覆盖率100%。指导派出所拆除宅基地出租房护栏1.5万余处，安装独立烟感报警器21万个，全区公共建筑、老旧小区、新建小区完成消防车道画线工作，拆除限高杆、限宽墩196处。

（区消防支队）

◆年内，消防基础防控能力全面提升（区消防支队）

【消防宣传教育培训】 年内，在“一警六员”基础上对驻顺部队官兵、派出所实管员、应急局安全员等多种人员开展“多警多员”实操实训，累计培训合格“准消防员”3.1万名；采取政府购买服务的方式，组织实施全民消防培训，惠及18.8万人；采取线上直播形式开展“119”消防宣传，12万余人在线互动；设计制作张贴“电动自行车铝制警示牌”14.6万块、“严禁占用消防扑救作业面”警示牌1.6万块、安全提示3万余张；在区融媒体中心开播专题栏目《蓝朋友带你学消防》，在主城区5条公交车线路车身广告区域宣传普及消防知识，在北京首都国际机场展示公益广告。

（区消防支队）

◆年内，区消防支队开展实操实训（区消防支队）

【重大安保防控体系建设】 年内，围绕中国共产党成立100周年庆祝活动、党的十九届六中全会和冬奥会、冬残奥会筹备等重大活动，以机场周边为重点，按照首都政治核心区标准，逐一做实“区、镇、村”三级网格2788个，整合3.8万名群防群治力量，全时段巡查防控；推动属地、部门落实156部挖掘机、装载机、洒水车与消防前置执勤车组共同备勤，全面固化“最大化、全覆盖、实名制”网格防控机制，实现重大安保期间重点时段、区域“零火情”。

（区消防支队）

【实战能力建设】 年内，瞄准“实战化训练年”任务要求，结合近3年警情分析，发挥训练基地优势，扎实开展常态化、全员化、实战化练兵比武活动；制定出台《全员岗位大练兵工作奖惩指导意见》，建立“每周一通报、每月一评比、每季度一比武”练兵机制；3个创新操法入围总队创新操法评选活动，其中“消防机器人快速初战控火操”获评创新操法成果奖，“蜂巢处置和举高喷焰摘蜂器”“新型高层建筑墙壁夹持式消防水带牵引固定器”2项成果获评“基层科技火焰蓝”优秀科技成果。

（区消防支队）

【应急状态建设】 年内，严格落实“双指挥长坐班值守，值班备勤人员手台监听、入群指挥”等执勤战备制度；升级改装消防站营区智能联动装置，更新配备22台接警电脑和指挥系统，提升接处警响应速度；固化“一短三快”初战机制，将区“雪亮工程”接入119指挥接警体系，提升警情分析预判能力；组建全地域应急通信保障分队和无人机专业队，参与处置北京丰台“4·16”储能电站火灾、河南郑州“7·20”特大暴雨抢险救援等急难险重任务；持续深化“四联”工作模式，将园林绿化、企事业专职队、蓝天救援队、微型消防站等应急处置力量纳入119调度指挥体系，实现“一呼百应”“打早灭小”。

（区消防支队）

【专业队伍建设】 年内，建成“电力设施、航空器、烟热、大跨度大空间建筑、交通事故”五大灭火及抢险救援培训基地，全面开展“实兵、实装、实操”演练；为地震、山岳、水域、有限空间、技术支持5类专业队更新升级器材装备，打造“一专多能、专常兼备”的模块化救援力量体系；联合行业机构，组织开展救生、游泳、无人机飞手、舟艇驾驶员等相关专业技能培训，提升指战员持证率，优化专业队力量配置；以防灭一体化“会诊式”调研演练为切入口，利用VR技术制作重点单位数字化预案，全面筑牢灭火救援各项准备工作。

（区消防支队）

【基础建设】 年内，按照“大站建强、微站建密、水源建广”的思路，龙湾屯站建成并投入备防，北石槽站开工建设，李遂站在立项的基础上，取得可研报告、多规合一等批复；依托支队战勤保障基地和天竺站，建成应急装备保障储备，其中一库面积320平方米、二库面积185平方米，储备各类器材9000余件套；组建装备保障分队，保养检修全部消防车、公务车240辆次，检修90类618件套器材装备，实现车辆装备的自查、自检、自修，确保车辆和装备备防率100%；推进微型消防站提档升级，将车辆、器材装备纳入区政府为群众办实事项目，推动区人力社保局将微型消防站人员纳入“社会公益性就业组织”岗位补贴、社会保险补贴享受范围，提升待遇保障水平；在冬奥主物流中心周边新建水池水鹤3座，全区有水池水鹤数量329座，在木林镇试点加装智能管护系统，提升水源运行效率。

（区消防支队）

市容环卫

【概况】 年内，区城镇环境卫生服务中心有环卫作业车辆306辆，负责城区总面积639.46万平方米道路清扫保洁工作，其中车行道面积386.16万平方米，机械清扫面积376.94万平方米，车行道机扫率97.61%。负责城区71个居民小区和240家行政、企业、事业单位及7个镇域内123个行政村的其他生活垃圾清运，6个街道及11个乡镇的厨余垃圾清运，1487家餐饮单位和企事业单位的厨余垃圾清运任务；清运辖区其他垃圾8.5万吨、厨余垃圾3.9万吨、餐厨垃圾8000余吨。负责城区64座公共卫生间的保洁维修工作。推进中心干部职工疫苗接种动员工作，完成接种人员1054人，接种率96%。

（区环卫中心）

【春节期间环境卫生服务保障】 2月11—17日，区环卫中心出动作业车辆1256车次、人员7133人次，出动巡查人员171人次。清运辖区范围内生活垃圾2835吨，抽运公厕粪便及污水240吨，清除捡拾小广告100余张。

（区环卫中心）

【五一期间环境卫生保障】五一期间，加强人工清扫保洁作业，加大对商场周边等重点部位漂浮物的捡拾力度；加强道路机械化作业，每日出动16辆水车、22辆洗扫车、8辆小型高压水车等作业车开展道路机械清扫作业。每日增加6辆多功能清扫车、6辆洒水车，对重点道路进行路面降尘和杨柳絮湿化作业。增派2辆垃圾车对垃圾桶站进行巡回检查，及时清理并收运垃圾。增加人流量较大区域公厕保洁频次。落实公厕“24小时维修”制度，及时解决厕内设施损坏等问题。对重点位置的用电设施、消防设施等情况开展安全检查，加强对电路、设施设备的检查频次，及时消除安全隐患，防范各类安全事故发生。

（区环卫中心）

【强降雨天气应对】 7月11日，区环卫中心组织环卫作业人员清扫道路积水、道路边沟、水箅子，确保环卫作业安全防护，并落实24小时防汛值班制度，强化防汛巡查和隐患排查，及时处置险情。出动环卫人员576人次，疏通雨箅子1810处，清扫积水点位617处，清理枯枝、树叶等垃圾281袋。

（区环卫中心）

【雪情应对】 11月6日晚，区环卫中心快速响应初雪天气。清洁队及时启动扫雪铲冰应急预案，迅速开展作业，根据雪情、温度等情况确定作业方案，加大对重点区域的机械化吸扫力量，做好车行道、人行步道等重点区域人工推雪清理工作，防止道路结冰，保障雪后道路通行条件。加大对辖区公厕、垃圾转运站以及作业车辆的消毒力度和清理频次，公厕铺设防滑垫，设立防滑警示牌。截至11月7日9时，区环卫中心对责任范围内102条道路870.33

万平方米的道路积雪进行清理。出动铲冰除雪和道路保洁人员510人、应急保障人员110人，出动16辆融雪水车、4辆撒布机、2台刮平机、20台步道除雪机等除雪设备，使用固体融雪剂350吨。

（区环卫中心）

【大雾天气应对】 11月18日，在大雾橙色预警过程中，区环卫中心加大机械清扫力度，适当调整作业时间和作业方式，雾天作业以捡拾人行道垃圾杂物为主。加大对落叶的清扫、收集及重点路段的保洁力度，实行袋装落叶收集和垃圾清运联合的全覆盖不间断作业。强化作业标准，道路行车减速慢行，进入居民小区时注意避让；在进行桶站收运作业时，文明作业，车走站净，杜绝出现甩站丢桶情况发生。增加公厕保洁频次，全天巡回保洁不中断，做到随脏随保，及时倾倒纸篓垃圾不留异味；含氟消毒液全面喷洒2次。

（区环卫中心）

【重污染天气应对】 年内，结合工作实际，及时启动重污染天气应急预案。强化日常人工和机械化清扫保洁效果，加大道路清扫保洁“冲、扫、洗、收”力度，每日出动多功能洗扫车54车次，对重点道路进行清扫作业。采取“加频次、加车辆、加工作量”方式进行保障作业，重点道路每日增加1次及以上洗扫作业，出动6辆小型高压冲水车进行洒水降尘，日均用水40吨。

（区环卫中心）

【柳絮清扫】 年内，对辖区内密集区域，每日出动20辆水车、26辆洗地车不间断开展湿化清扫作业，每日洒水6遍，保持路面湿度。利用小型高压水车对主要道路两侧边沟、绿化带、卫生死角、隐患点位开展湿化降尘作业，人工保洁进行清扫收集，减少飞絮对环境卫生造成的影响。调整人工作业区域，对落地堆积的和经洒水后贴住的杨柳絮第一时间进行清扫，防止柳絮二次扬飞造成的环境污染。

（区环卫中心）

【沙尘天气应对】 年内，为应对沙尘天气，区环卫中心及时启动应急预案，采用扬尘管控作业模式，利用多种作业车辆及设备的联动组合，实现对道路扬尘污染的精准治理。及时清扫尘土杂物，做到随见随扫。结合实际工作情况，对城区果皮箱、护栏等城市家具表面浮土进行擦拭，对易积存尘土部位、建筑工地周边等重点路段开展深度精细化清洁作业。利用洒水车、小型高压冲水车对道路进行压茬冲刷，洗扫车、吸尘车对道路进行吸扫作业，抑制扬尘污染。出动吸尘车12台、洒水车16台、洗扫车22台，小型高压水车8台。

（区环卫中心）

【在职党员参与垃圾分类守桶志愿服务活动】 年内，环卫中心组织在职党员分别前往社区（村），开展垃圾分类“守桶”活动。在职党员以“垃圾分类讲解员、宣传员”的身份，为居民讲解“垃圾分类的意义、垃圾分类的内容和正确投放垃圾分类方法”等相关知识，并向居民派发垃圾分类宣传资料。有居民前来倾倒垃圾时，在职党员对其进行垃圾分类引导。

（区环卫中心）

【创城助力】 年内，区环卫中心开展环境卫生大整治活动，主要对路面垃圾、绿化带内的杂草及小街小巷卫生死角等进行集中大清理。增加机扫、洒水、冲洗作业频次，延长作业时间，扩大作业范围，科学合理调度洗扫车、洒水车及护栏清洗车对城区主次干道清扫冲洗力度。增加保洁力量投入，加大小型高压冲洗车的冲洗频次，建立“牛皮癣”定期集中清除、果皮箱定时消毒作业制度，定时、定点、定人开展日常清洁工作。成立督查检查小组，对重点点位及周边的环境卫生质量进行拉网式排查。

（区环卫中心）

【环卫作业疫情防控】 年内，区环卫中心党组加强对疫情防控工作领导作用。持续常态化开展环卫作业，对城区主次干道及人员密集区域进行精细化清扫；每日对作业车辆、果皮箱消杀不少于2次，及时清理果皮箱垃圾，减少垃圾滞留时间；对城区64座公厕每日开展4次以上消毒作业，全天不定时对城区公厕进行巡回检查，重点查看公厕全面消毒情况和公厕内外卫生情况；在每日2次清运的基础上，加大垃圾清运频次，合理调配清运车辆，科学设置收运路线，进行密闭运输。成立疫情防控专项监督检查小组，通过“四不两直”方式，对基层一线落实疫情防控情况进行监督检查。对疫情防控部署情况、公共区域疫情防控情况、城市道路清扫保洁、城乡生活垃圾清运、城区公厕保洁及消杀工作情况开展监督检查，对现场检查中发现的问题，及时反馈并责令立即整改。

（区环卫中心）

【24小时开放公厕保洁】 年内，区环卫中心将五中公厕、三中公厕、西单公厕、双兴小学公厕、电影院公厕和西辛小学公厕作为试点，调整为24小时开放。做好晚10时至次日6时的保洁工作。提前储备卫生纸、洗手液等公厕日常保洁物资。成立夜间巡查班组，主要对公厕的运行情况，电器安全使用情况，灯光开启情况和卫生保洁情况等进行检查。重点对水冲管道、洗手池、龙头等易损坏设备设施及时维修更换。

（区环卫中心）

新城建设

【概况】 年内，北京顺义新城发展有限公司（以下简称顺义城发）实现收入167840.17万元，净利润784.57万元，上缴税金2166万元，国有资产保值增值率104.84%。8月25日，顺义城发成立下属二级公司——北京顺城锦汇工程管理有限公司，注册资本500万元。

（顺义城发）

【健汇街市政道路工程项目】 12月30日，健汇街及配套市政管线工程开工。北邻马坡组团10号地和燕京啤酒集团第一分公司，东至乾安东路，南邻橡树珑湾项目和水映兰庭共有产权项目，西起和安路，与规划乾安路相交。项目总投资3168万元，道路全长682米，道路规划等级为城市支路，红线宽20米。

（顺义城发）

◆12月30日，健汇街及配套市政管线工程开工（顺义城发）

【中信银行市政道路工程项目】 12月31日，恒阳街、东丰乐路及配套市政管线工程开工。项目总投资1564万元，其中恒阳街为城市支路，西起坤安路，东至东丰乐路，道路全长190.58米，红线宽20米；东丰乐路为城市支路，位于中信银行地块东侧，道路全长327.40米，红线宽10米。

（顺义城发）

【国誉府市政道路工程项目】 12月31日，文阳街、新阳巷道路及配套市政管线工程开工。项目总投资1599万元，其中文阳街规划为城市支路，西起坤安路，东至仁安路，道路全长510.75米，红线宽15米；新阳巷规划为城市支路，北起文阳街，南至马场东路，道路全长190.28米，红线宽10米。

（顺义城发）

【土地一级开发】 年内，完成顺义新城第13街SY00-0013-6055～6067等地块一级开发工作（总建筑面积31.08万平方米），完成入市交易，实现2宗土地挂牌出让，成交额61.11亿元；完成顺义新城风情小镇12号地剩余地块土地一级开发工作（总用地面积11.38公顷，建设用地面积6.33公顷，规划建筑面积10.35万平方米），居住地块发布预公告。

（顺义城发）

【11号地亚源加油站拔点工作】 年内，理清新城特色居住区11号地土地一级开发项目范围内亚源加油站权属情况，完成拔点工作。

（顺义城发）

【12 号地拔点工作完成】 年内，根据市、区树木砍伐规定程序和要求，合规完成 12 号地树木评估与砍伐，项目地块范围内拔点工作完成。

（顺义城发）

【推动赵全营 B1、B2 地块项目征拆】 年内，完成赵全营 B1、B2 地块项目拆迁补偿协议签订及地上物清理，剩余 1 户被拆迁人未签约。

（顺义城发）

【推动河东站 A、B 地块项目征拆】 年内，河东站 A、B 地块项目与区土储中心签署《顺义区 M15 号线河东站 A 地块土地一级开发项目管理委托协议书》《顺义区 M15 号线河东站 B 地块土地一级开发项目管理委托协议书》，开展普测并完成方案初稿编制；与南彩镇政府签订合作协议，针对项目范围内已收储地块的测绘公司、监理公司、造价公司、拆除公司的相关预算完成报审，完成已收储地块 2 处林地移植、砍伐工作，达到场清地平，规划综合实施方案、市政专项方案及交通专项方案上报土储中心。

（顺义城发）

【4 村居民回迁房房本办理完成】 年内，配合马坡镇政府办理大营村、肖家坡村、北上坡村等 4 个村居民回迁房房本，推动完成房本资料收集及公维金缴纳工作。

（顺义城发）

【北京银行外电源工程财政评审完成】 年内，完成北京银行顺义科技研发中心外电源工程施工费用及二类费用财政评审，取得区财政评审中心工程计算审核报告。

（顺义城发）

【赵全营工业用地 B1、B2 地块土壤剥离】 年内，完成赵全营镇工业用地 B1、B2 地块土地一级开发项目市政交通综合规划方案、增减挂钩实施方案、耕地耕作层土壤剥离利用实施方案编制审查；完成土壤剥离工程控制价财政评审及公开招标；完成赵全营镇工业用地 B1 地块土壤剥离，在增减挂钩方案编制、审查过程中解决挂钩林地是否采用耕地指标挂钩问题，解决挂钩地块拟复垦地块不能与“三调”阶段性成果中耕地指标重复的问题，确认挂钩拟复垦地块在“二调”“三调”中地块性质为建设用地和未利用地，明确直接补充耕地方式和增减挂钩方式实现耕地占补平衡对拟复垦地块认定耕地标准的区别。

（顺义城发）

【接诉即办】 年内，严格落实“12345”市民服务热线“接诉即办”工作要求，处理“12345”市民服务热线 46 件，同比增长 330%，主要涉及市容环卫、城乡建设、城市绿化、房屋权属等问题，顺义城发实行“一事一议”调度机制，召开专题会议，做到“问题不过夜”，全年“接诉即办”工作考核 5 次全区排名第一。

（顺义城发）

【对口帮扶“一助一”】 年内，对口支援内蒙古自治区科左中旗，拨付支援合作资金 40 万元，购买对口帮扶地区农副产品 21.58 万元，与内蒙古科左中旗图布信苏木后召斯冷嘎查和图布信苏木永胜村签订《万企兴万村结对帮扶协议》；对接杨镇杜庄村，开展“一助一”帮扶工作，拨付帮扶资金 10 万元，用于杨镇杜庄村党群活动中心建设。

（顺义城发）

应急管理

综 述

【概况】 年内，区应急管理局以习近平新时代中国特色社会主义思想为指导，强化党建引领，践行应急精神，推进应急管理各项工作融合创新发展，为打造业强城优生活美的平原新城提供安全保障。完成全国“两会”、中国共产党成立100周年和党的十九届六中全会等12次大型活动服务保障。

（区应急管理局）

【区级安全风险管控体系建设】 年内，每季度就重点行业领域安全生产风险研判、生产安全事故及自然灾害情况进行通报，在10类重点行业、领域（用电安全，加油站，燃气储存、使用场所，危险化学品使用、储存场所，涉爆粉尘场所，液氨使用、储存场所，建筑施工，有限空间，特种设备，实验室）完成4974家企业风险评估和3982家安全生产标准化创建，完成率全市排名第一。创新完成企业安全主体责任落实及评估智能化系统开发，利用有限空间安全管理信息化指导企业开展有限空间作业，2个项目获本年度首都应急管理创新案例征集评选一等奖。

（区应急管理局）

【安全生产专项整治三年行动】 年内，聚焦工业企业、涉爆粉尘、建设施工、液化石油气、危险化学品等重点领域开展安全生产隐患排查治理，全年上账隐患2391项，销账2391项，销账率100%。强化危险化学品监督管理，建立重大风险源实时监测及预警响应机制。安责险参保企业10664家，位居全市第二。开展安全隐患排查整治百日行动，检查生产经营单位5682家次，排查各类安全隐患9291项，对隐患实施“双督办”机制，其中完成整改隐患9018项，限期整改隐患273项。加强自然灾害防治重点工程统筹协调，推进第一次全国自然灾害综合风险普查。

（区应急管理局）

【行政执法】 年内，起草《顺义区深化应急管理综合行政执法改革实施方案》。成立行政执法工作领导小组，制定本年度综合行政执法工作要点，建立并落实“月分析、季调度”执法工作机制。开展各级各类执法能力水平提升培训14期。开展城市运行、物业管理、建筑施工、水务管理、工程建设、人密场所等领域专项督查执法活动，开展工业企业LNG、CNG使用专项检查，强化工业企业液化石油气安全和71家工业涉爆粉尘企业（含医药）专项整治，指导提升企业安全生产水平。开展执法检查4992家次，依法对209家企业违法行为实施处罚179.18万元。

（区应急管理局）

◆12月13日，区应急管理局执法人员开展工业企业LNG、CNG事故隐患治理“回头看”专项行动（区应急管理局）

【应急系统疫情防控】 年内，发挥区疫情防控领导小组活动服务办公室牵头作用，出动432人次，累计检查暂停开放场所、人密场所疫情防控工作621家次，发现并消除隐患问题246处次。组织全区应急系统对762家工业企业开展52轮全覆盖监督检查，检查企业39624家，发现并消除问题隐患1135项。开展风险地区返顺人员排查164次，配合全区开展大数据排查29次，出动356人次助力旺泉街道开展疫情防控等工作。

（区应急管理局）

【应急宣传】 年内，开展“安全生产月”活动，通过微信发布预警信息及应对措施40篇，发布法律法规宣传25期，制作发布应急、安全、防灾和法律知识原创科普视频47部，编辑发布各类信息1104条，微信公众号在全市应急系统影响力总分排名第一。依托11个公共安全教育基地资源开展场馆体验、功能展示、网络直播等活动，直接受众12万人次。区应急管理局获“应急先锋·北京榜样”先进典型推选宣传活动优秀组织单位称号和应急管理优秀公益宣传作品征集展示活动优秀组织奖，制作的2部科普视频获得“应急宣传进万家”最佳公益作品奖，1部获短视频类作品二等奖。

（区应急管理局）

安全生产监督管理

【安全生产专项整治工作实施方案】 4月1日，区安全生产委员会办公室印发《顺义区安全生产委员会办公室关于印发＜顺义区2021年安全生产“守规程、查隐患、保安全”专项整治工作实施方案＞的通知》（顺安办〔2021〕13号），在全区开展“守规程、查隐患、保安全”专项安全生产检查，以现场检查、集中培训、安全宣传、事故企业“回头看”等多种方式强化安全基础，将安全生产专项整治三年行动纳入顺义区2021年安全生产督察工作。

（区应急管理局）

【安全生产标准化工作方案】 4月7日，区应急管理局制发《顺义区2021年开展企业安全生产标准化创建工作实施方案》（顺安办〔2021〕15号）。5月6日，区应急管理局召开安全生产标准化工作推进会，通报安全生产标准化现场复核情况。

（区应急管理局）

◆5月6日，顺义区2021年安全生产标准化创建工作推进会召开（区应急管理局）

【冬奥、冬残奥安全生产应急服务保障】 4月29日，区应急管理局制订《北京2022年冬奥会和冬残奥会顺义区重点区域安全生产检查及应急保障工作方案》，成立安全生产检查及应急保障工作组。联合相关属地全面排查26家重点点位周边200米内的生产经营单位，出动执法检查人员520人次，执法车辆180车次，发现并消除隐患255项。对主物流中心临建设施开展安全生产执法检查，重点对从业人员劳动防护用品佩戴、三级安全教育培训、安全设备设施配备等方面开展执法检查，要求施工单位进一步完善施工方案和施工现场应急预案。开展顺义区公共安全风险评估与控制工作，全面辨识北京2022年冬奥会和冬残奥会期间顺义区相关区域性公共安全风险，做好风险动态监测。

（区应急管理局）

【功能区安全生产专项治理三年行动】 5月11日，区应急管理局按照市、区两级关于安全生产专项整治的工作要求，制发《北京市顺义区应急管理局关于持续推进顺义区工业园区等功能区安全生产专项整治三年行动的通知》。督促相关部门及园区管理单位按时按质完成本年度47项任务。

（区应急管理局）

【安全生产督察】 5月17日至6月25日，区委区政府安全生产督察组围绕习近平总书记安全生产重要论述宣贯情况、党政领导干部安全生产责任制落实情况、安全风险分级管控和隐患排查治理情况、安全生产专项整治三年行动及重点领域安全隐患排查治理情况、企业安全生产主体责任落实情况5项内容，对全区29个镇、街、经济功能区、18个行业部门及16家区属国有企业安全生产工作开展督察。先后与567名党政领导干部及内设机构负责人开展谈话，延伸督察企事业单位645家，现场查阅资料4.34万余份、整改问题隐患2516项。

（区应急管理局）

【《LNG、CNG事故隐患治理专项行动方案》印发】 6月8日，《2021年工业企业使用LNG、CNG事故隐患治理专项行动方案》印发。

（区应急管理局）

【有限空间作业大比武活动】 6—10月，区应急管理局联合区总工会组织44个行业属地2052名参赛队员开展有限空间大比武活动。北京鑫大禹水利建筑工程有限公司、北京顺鑫农业股份有限公司牛栏山酒厂及张镇分别获得地下组、工贸组和应急组第一名。

（区应急管理局）

【有限空间宣传周活动】 6月24—30日，区应急管理局开展有限空间宣传周活动，组织有限空间作业事故案例分析警示教育活动1128次、有限空间作业安全知识培训活动1153次、有限空间作业安全自查活动生产经营单位4643家次、有限空间作业应急救援演练活动671场、企业间有限空间安全管理示范交流活动567次，张贴各种有限空间作业安全宣传画16658张、悬挂有限空间作业安全宣传条幅2180个、发放有限空间作业安全宣传材料18938份、监管范围内有限空间作业安全警示标识喷涂87233处、各类媒体有限空间作业安全累计宣传707次。

（区应急管理局）

【有限空间作业单位安全生产条件确认】 6—10月，区应急管理局对全区75家有限空间作业单位159支作业队伍，就理论知识、基础管理、现场作业能力3个方面进行条件确认，经综合评定，93支作业队伍合格，合格率58.5%。

（区应急管理局）

【工业企业疫情防控监督】 8月11日，区应急管理局制发《关于进一步加强工业企业疫情防控监督检查的通知》，要求各属地按照“一周一覆盖”工作目标，做好台账内工业企业、冰鲜企业、食品生产加工类工业企业全覆盖监督检查。

（区应急管理局）

【标准化线上视频直播】 8月30日，区应急管理局开展安全生产标准化及等级评定技术规范（百项地标）线上直播，邀请市应急管理局安全生产基础处领导授课，累计13.7万人次参与培训，2037人次参与线上评论。

（区应急管理局）

【重大活动服务保障工作】 9月2—7日，中国国际服务贸易交易会举办，区应急管理局对首都机场高速周边生产经营单位安全生产情况进行重点抽查。9月6—11日，制订《“HICOOL全球创业者峰会暨创业大赛”安全生产保障工作方案》，开展HICOOL全球创业者峰会临建设施搭建保障、活动期间服务保障、临建设施拆除保障等工作。9月12日，制订《2021世界智能网联汽车大会安全生产保障工作方案》，完成相关保障工作。

（区应急管理局）

【安全生产督察“回头看”工作】 9月23—29日，区安全生产委员会办公室组织对全区29个属地、18个行业部门、16个区属国有企业及延伸督察抽查的645家企业开展安全生产督察“回头看”工作。重点督察本年度区委区政府安全生产督察发现问题隐患的整改落实情况，采取直奔企业的方式，从645家企业中随机抽取200家企业（占比约30%），涉及隐患问题845项，各属地、行业、国企及延伸企业整改落实工作基本到位。

（区应急管理局）

【有限空间作业标准化示范企业创建】 9—11月，区应急管理局结合有限空间作业单位安全生产条件确认结果，选取15家企业开展有限空间示范企业创建工作，经过风险排查、现场指导、科学验收等程序，15家企业全部符合示范企业创建标准，涉及水、电、热、通信、物业、工业企业等领域。

（区应急管理局）

【使用LNG、CNG专项治理培训会】 10月12日，区应急管理局组织召开顺义区工业企业使用LNG、CNG专项治理培训会，7个行业部门、15个属地及56家企业主要负责人参会。

（区应急管理局）

【涉及进口非冷链货品工业企业监督检查】 11月23日，区应急管理局制发《关于进一步加强涉及进口非冷链货品工业企业监督检查的通知》，要求各属地依照《进口非冷链货品的常态化疫情防控指引（2.0版）》相关要求，对全区涉及进口货物的49家工业企业开展点对点监督检查。持续组织开展“七天一轮次”的全覆盖监督检查，对存在防控风险隐患的企业，要求立行立改，并予以通报曝光。

（区应急管理局）

【工业企业燃气使用事故隐患治理“回头看”专项行动】 12月13日，区应急管理局事故隐患治理“回头看”专项行动部署会召开，通报前期事故隐患治理专项行动开展情况。12月13—17日，相关行业部门及属地开展“回头看”联合检查，涉及15个镇、1个功能区58家企业，消除隐患311项。

（区应急管理局）

【冰鲜冷冻食品加工工业企业疫情防控】 12月17日，区应急管理局发放《关于进一步做好冰鲜冷冻食品加工工业企业疫情防控工作的通知》，要求各属地就市经济和信息化局提供的《顺义区冰鲜冷冻食品加工企业台账》，逐一摸排梳理，及时反馈情况，确保台账准确无误。严格落实疫情防控“零报告”和每日检查数据报送制度。对突发情况各单位要启动应急处置机制，做好应急处置，检查出来的问题要及时上报。

（区应急管理局）

【行业防控组、复工复产组及酒店保障组工作】 年内，区应急管理局牵头负责行业防控组、复工复产组及酒店保障组工作，累计组织工业企业全覆盖检查52轮次3.5万家次，督查1042家次，针对存在问题的88家企业进行公示。严格落实疫情防控隐患闭环管理机制，下发督查通报45期。牵头组织隔离备用酒店联合检查98家次，针对发现的174项问题隐患会同相关部门第一时间督促完成整改。

（区应急管理局）

【重点领域专项执法】 年内，区应急管理局共组织供热、物业管理、建筑施工、水务工程、工程建设、人密场所6个领域专项督查执法活动，重点围绕重要点位、重要设施、危险作业等方面开展执法检查。组织专项督查执法检查102家，处罚34家，罚款72.5万元。

（区应急管理局）

【“两个清单”工作】 年内，顺义区“三个专题、八个专项”（学习宣传贯彻习近平总书记关于安全生产重要论述专题、落实企业安全生产主体责任专题、隐患排查治理体系建设专题，危险化学品安全整治、消防安全整治、交通运输安全整治、城市建设安全整治、城市运行安全整治、地下空间安全整治、工业园区等功能区安全整治、危险废物等安全整治）涉及目标任务264项，完成目标任务264项，全年目标任务完成率100%。

（区应急管理局）

【安全隐患排查整治百日行动】 年内，区安全生产委员会办公室组织开展安全隐患排查整治百日行动。顺义区29个镇、街道办事处、经济功能区，22家重点行业部门先后对全区危化、工业企业、有限空间、消防安全、疫情防控、市政设施、建筑施工、餐饮燃气、社会治安综合治理、人防工程、文化、医疗和食品药品安全等领域开展隐患排查整治工作。检查生产经营单位23123家次，排查各类安全隐患13632项，全部整改完成。

（区应急管理局）

【涉爆粉尘事故隐患治理】 年内，区应急管理局采取区镇上下联动、“执法+服务”等形式开展医药涉爆粉尘企业专项整治，完成涉爆粉尘企业事故隐患“清零行动”，完成71家（含医药）工业涉爆粉尘企业整改，消除隐患188项。

（区应急管理局）

【液化石油气安全专项整治】 年内，区应急管理局共排查检查液化石油气使用企业161家，经过整治，30家企业停止使用液化石油气，改用电或管道天然气作为替代；其余使用企业均按照要求进行整改并规范使用，完成隐患整改闭环管理“双督办”工作机制。

（区应急管理局）

【安全生产标准化达标创建】 年内，区应急管理局完成安全生产标准化达标创建3982家，其中二级企业18家、三级企业386家、微型岗位达标3578家，全市排名第一。

（区应急管理局）

【有限空间安全管理信息化建设】 年内，区应急管理局将有限空间作业“双审双监双见面”工作要求与信息化手段结合，采用“一码、一平台、一视频”形式，构建顺义区有限空间智能安全监控系统，探索实现现场作业规范化、监管备案精准化、统计分析科学化。截至12月底，系统收集有限空间作业单位信息2134家，监护人员信息1426名，完成作业项目线上申报2158个。

（区应急管理局）

【年度执法任务完成情况】 年内，区应急管理局下达执法文书4992份，办理行政处罚案件209件，罚款金额180.93万元。严格编制年度安全生产监督检查计划，通过定期抽查现检文书、责改文书，每月任务进展督办，对监督检查计划的过程开展监督。完成755家企业的检查（执法检查系统平台显示实际检查910家，监督检查计划完成率120.53%），“双随机”检查完成比例90.52%。

（区应急管理局）

【安责险参保】 年内，安全生产责任保险参保企业10664家，保险费2093.62万元，企业参保率66%，同比增长38.4%，为企业提供责任限额1117.17亿元。参保企业家数全市排名第二。

（区应急管理局）

危险化学品

【“小化工”专项整治】 2月5日，区应急管理局结合危化品“打非治违”工作，制订并下发《关于开展非法违法“小化工”专项整治工作的通知》，重点关注城乡接合地区、农村闲置用地等隐蔽部位。经排查，全区无非法违法“小化工”企业。

（区应急管理局）

【“两会”期间安全保障】 2月24日，区应急管理局组织召开液化石油气安全管理工作会，并到顺义油库燃气间进行观摩交流，对企业燃气安全检查、设备设施管理、应急处置、日常安全管理等工作进行检查指导。

（区应急管理局）

【重大危险源监督管理】 3月23日，区应急管理局实行年度工作报告制度，组织开展危险源企业主要负责人述责述安及安全管理知识考核。建立“应急＋消防”联合监管机制，重大活动、重点时段前期，联合消防部门对全区重大危险源企业开展会商研判，深入分析预判安全风险，发现安全隐患137项。依托危险化学品安全生产风险监测预警系统，对企业进行实时监测、动态评估及预警响应，针对发现的问题，及时督促企业立即核实并进行整改。督促企业落实总体管理、技术管理、操作管理3个层面的包保责任。与房山区开展2次交叉检查督导工作，发现安全隐患124项。

（区应急管理局）

【危险化学品安全监管推进会】 5月28日，区应急管理局组织召开顺义区危险化学品安全监管工作推进会，区教委、区住建委、区卫健委、区经济信息化局、区生态环境局、区交通局等部门分管安全生产负责人参加。会议通报前期区级安全生产督察组开展督察检查过程中发现的关于危险化学品使用、储存、废弃等环节的安全隐患情况。各单位结合自身工作对本部门落实《关于全面加强危险化学品安全生产工作的实施意见》及危险化学品安全专项整治三年行动的开展情况进行汇报发言。

（区应急管理局）

【危险化学品企业执法检查】 年内，区应急管理局检查危险化学品企业1136家次，发现隐患257项，整改隐患257项，依法做出行政处罚48起，处罚金额17.63万元。

（区应急管理局）

【化工安全仪表系统专项整治】 年内，区应急管理局督促12家企业于9月30日前全部完成化工安全仪表专项整治验收工作。

（区应急管理局）

【化工、医药制造企业专项整治】 年内，区应急管理局排查全区16家化工、医药制造企业安全生产工作中存在的问题，指导企业做好整改工作，于6月30日前全部完成验收工作。

（区应急管理局）

【危险化学品经营许可证核发】 年内，区应急管理局制定行政许可审查清单，进一步规范现场审查流程、细化现场审查内容、增加现场审查时间、强化现场审查专家力量，严格落实危险化学品经营许可有关法律法规和标准规范要求。办理行政许可48件，其中延期37件、变更10件、新增1件、网上审批100%。

（区应急管理局）

【安全生产标准化建设】 年内，区应急管理局将安全生产标准化建设与行政许可、日常执法检查重点内容有机结合，推动危险化学品企业完善风险分级管控和隐患排查治理预防机制，持续改进企业安全管理。全区9家危险化学品重大危险源企业、93家危险化学品经营企业及15家化工、医药企业全部完成创建工作。

（区应急管理局）

【危险化学品应急演练】 年内，区应急管理局组织危险化学品生产经营单位以“落实安全责任，推动安全发展”为主题开展应急演练工作，分别组织中石油、中石化、中图能源加油站及北方油库等企业开展泄漏、撞击、起火等类型的应急演练工作9次。

（区应急管理局）

◆9月23日，区应急管理局组织中石化应急演练——卸油作业胶管脱落（区应急管理局）

【危险化学品安全生产风险监测预警系统应用】 年内，区应急管理局依托危险化学品安全生产风险监测预警系统对全区9家危险化学品重大危险源企业进行实时监测、动态评估及预警响应，针对发现的问题，及时督促企业立即核实并进行整改。

（区应急管理局）

应急救援

【突发事件信息报送】 1月18日，区应急管理局下发《关于做好法定节假日和重点时期应急值守工作的通知》（顺应急办发〔2021〕1号）。全年各单位报送信息20435条。

（区应急管理局）

【应急突发事件接报及处置】 年内，区应急管理局协同区公安分局、区消防支队、区信访办等部门和属地政府配合，先后妥善处置马坡镇中科院研究项目实验室突发事件、北小营镇西府村民宅失火、火寺路南郎中村口交通事故等应急突发事件。协调处置突发事件49起，同比上升133.3%。

（区应急管理局）

【应急值守】 年内，区应急管理局按照《顺义区应急值守工作方案》要求，全面强化应急值班值守工作，制定查班点名制度，每周开展查班点名，通过电话、800兆电台、应急单兵、视频会议系统4种方式，累计抽查5084家次，其中工作日抽查1053家次，节假日抽查2213家次，重大活动保障期间抽查1818家次。严格执行《顺义区应急事件（情况）处置和信息报送办法》。强化信息收集和舆情应对，注意收集和汇总与重大会议活动和重要节假日相关的服务保障信息，加强对城市运行体征指标信息的综合分析和动态跟踪。

（区应急管理局）

【应急预案修订】 年内，区应急管理局对顺义区应急预案体系建设情况进行全面调查和认真梳理，进一步强化预案管理体系基础建设。完成顺义区总体应急预案上会审议稿的修订工作。加大对全区应急预案管理工作督查指导力度，对19个镇、6个街道的总体预案及103家企业和1个专项突发事件应急预案进行备案。

（区应急管理局）

【应急救援队伍建设和规范制定】 年内，区应急管理局制定印发《顺义区区级专业应急救援队伍管理办法》《关于进一步加强区级专业应急救援队伍建设的指导意见》，在原有各类应急救援力量的基础上，全区整合组建综合性应急救援队伍。

（区应急管理局）

【应急演练】 年内，全区开展区领导参与的区级应急演练2次，其中顺义区防汛综合演练取得北京市防汛专项竞赛组第二名。各专项指挥部、属地和有关部门结合各自工作实际，开展演练活动1530余次。

（区应急管理局）

◆11月25日，区森林防火指挥部在龙湾屯镇和尚峪开展2021—2022年防火期应急演练（区应急管理局）

防灾减灾

【森林消防综合应急救援队伍建设】 2—10月，区应急管理局选定东部浅山区镇龙湾屯镇、西部浅山区镇北石槽和中部平原镇南彩镇为顺义区森林消防综合应急救援队伍3处营房驻地，完成装修改造、办公用品和队员生活用品购置等工作。截至12月底，3处营房可满足90名队员日常生活和备勤训练要求。

（区应急管理局）

【风险形势会商】 3月22日，区应急管理局下发《北京市顺义区自然灾害风险会商研判工作制度（试行）》（顺应办发〔2021〕8号），建立涉灾部门、承灾部门、专家团队、属地政府等多方参与的会商平台，完善年（月、季）度、重大活动、重要节假日、汛期等会商机制。制发自然灾害风险形势分析月刊10期，季刊2期。

（区应急管理局）

【城市安全风险评估】 4月7日，区应急管理局制发《2021年城市安全风险评估工作方案》（顺安办〔2021〕14号），明确在建筑施工、城市管理、交通、商务、危化、工业、体育、园林绿化、文化和旅游10个重点行业（领域），开展安全风险评估及风险动态更新，在全行业领域开展小微企业安全风险评估，在综合楼宇开展区域安全风险评估试点，针对较大以上风险开展“回头看”工作，在全行业领域开展风险源核查检查。

（区应急管理局）

【《防汛应急预案》修订】 5月17日，区应急管理局结合实际情况，《顺义区防汛应急预案》修订完成，编制洪水调度、应急抢险、群众避险转移、重点部位防汛安全保障等防汛专项预案。

（区应急管理局）

【部门协调联动提高军地联合抢险能力】 5月28日，区应急管理局联合区武装部开展军地防汛现地勘察并召开工作部署会。先后对潮白河、北运河顺义段重点防汛风险点位开展勘查活动。

（区应急管理局）

【强降雨天气应对】 6月1日至9月30日，区应急管理局发布预警92期，其中大风蓝色预警15期，大风黄色预警2期，雷电蓝色预警25期，雷电黄色预警21期，暴雨蓝色预警14期，暴雨黄色预警6期，暴雨橙色预警2期，暴雨红色预警1期，冰雹黄色预警2期，高温蓝色预警3期，大雾黄色预警1期。根据区气象局发布的预警情况及时启动防汛预警响应9次。出动巡查人员8000余人次；领导24小时在岗带班，值班人员在位值守，及时报送各类防汛信息；4支区级抢险队伍，数十台强排水泵、4台垂直供排水车、发电机等其他抢险设备24小时在岗备勤。应对强降雨47次，下发《关于做好强降雨应对工作的通知》16次，下发《关于做好强对流天气应对工作的通知》2次，联合下发《关于做好极端天气应对工作的通知》2次，出现突发情况51次，出动抢险队伍排除险情51次。

（区应急管理局）

【自然灾害防治重点工程】 6月30日，区应急管理局牵头起草《北京市顺义区自然灾害防治重点工程总体工作方案》，制定顺义区《自然灾害防治工作联席会议制度》，提请区政府常务会议审议，以区应急委的格式形文印发，督促指导区各牵头部门推动自然灾害防治六项重点工程15个项目落地实施，全年累计投入5690.44万元。

（区应急管理局）

【《顺义区安全风险管控办法（试行）》制发】 7月1日，顺义区安全生产委员会制发《顺义区安全风险管控办法（试行）》（顺安发〔2021〕4号）。

（区应急管理局）

【物资保障体系建设】 7月12日，区应急管理局印发《区应急物资管理办法》，编制《区基层应急物资储备建议清单》，督促指导基层加强应急物资保障能力建设。完成区级应急物资实物储备10.93万件，协议储备21万件。按照保障100人的救助需求，25个镇、街完成实物储备6.9万件，协议储备2553件（套）。

（区应急管理局）

【顺义区第一次全国自然灾害综合风险普查】 年内，区应急管理局印发《关于启用北京市顺义区第一次全国自然灾害综合风险普查领导小组及其办公室印章的通知》（顺灾险普发〔2021〕1号）《〈北京市顺义区第一次全国自然灾害综合风险普查领导小组办公室职责及人员组成〉和〈北京市顺义区第一次全国自然灾害综合风险普查领导小组办公室工作规则〉的通知》（顺灾险普办发〔2021〕1 号）。组织召开应急系统调查工作培训会25场，完成对25个镇、街1200余人培训指导。建立工作通报机制，每周汇总通报普查工作信息，每月制发普查简报专刊。截至12月底，区应急管理局召开政府常务会1次、专题会2次、调度会19次，转印发文件41份，组织培训27场次、培训2300余人次，为区领导编制普查简报专刊4期，向市报送工作信息24篇、采纳18篇，发放宣传海报6000余套，各类宣传品2.9万余份。11月16日，在《北京青年报》上刊发题为《顺义区率先完成综合减灾能力调查》的报道。

（区应急管理局）

【防汛抗旱指挥体系调整】 年内，区应急管理局根据北京市防汛指挥架构，调整区级防汛指挥机构，建立以防汛宣传、水务、地质灾害、住房城乡建设、城市地下管线、道路交通、旅游、机场外围排水保障8个分指挥部和30个属地防汛指挥部为依托的“1+8+30”的防汛指挥模式。

（区应急管理局）

【物资储备及抢险队伍】 年内，区应急管理局储备防汛抢险物资10余种，包括冲锋舟、发电机、水泵等300余台，桩木500立方米，铅丝30吨、救生衣1000余件，运输车辆40余辆。有区级抢险队伍2300余人，各属地防指、各相关单位均成立防汛抢险队伍1.2万余人。

（区应急管理局）

【防汛隐患排查】 年内，区防汛抗旱指挥部办公室印发《关于全面做好2021年汛前准备工作的通知》《关于报送2021年防汛基础资料的通知》，要求各属地、各单位做好“责任制、预案、物资、队伍、避险措施、隐患排查整改”六落实，及早根据灾害风险修订完善各类防汛预案；建立防汛物资、抢险队伍、危房险户、重点部位及隐患等台账。多次下发通知要求各部门各属地及时梳理防汛风险隐患排查工作，推进各隐患点位整改。7月6—14日，对各防汛专项分指、各属地防指开展1次防汛工作落实情况检查，对落实不到位的情况提出整改要求。

（区应急管理局）

【自然灾害综合风险普查】 年内，顺义区自然灾害综合风险普查领导小组由常务副区长任组长，协助分管应急管理工作副区长任常务副组长，区政府办主任、区应急管理局局长、区财政局局长任副组长，成员单位由区发展改革委、区教委等27个行业部门及相关单位组成。组建自然灾害综合风险普查工作专班，从成员单位抽调21名工作人员，下设综合协调组、宣传培训组、督导核查组、技术指导组。全区9个牵头行业部门、15个参与部门及25个镇、街均成立普查机构，构建“1+9+15+25”的普查工作体系，落实“综合＋专业”的普查指导员和普查员队伍916人。研究并制发《北京市顺义区第一次全国自然灾害综合风险普查工作落实方案》（顺灾险普发〔2021〕2号）。

（区应急管理局）

【冬奥会和冬残奥会公共安全风险评估与控制】 年内，区应急管理局开展顺义区公共安全风险评估与控制工作，全面辨识北京2022年冬奥会和冬残奥会期间区域性公共安全风险，做好风险动态监测，制订风险管控方案，采取控制措施，落实管控责任，指导全区31个行业部门、属地开展4大类风险评估与控制。评估出专项风险16项38类，其中高风险1类，中风险15类，低风险22类，不可控风险5类，可降低风险22类，可消除风险11类；评估出安全风险点325项，其中高风险3项，中风险127项，低风险195项。

（区应急管理局）

【灾害信息员队伍制度化规范化建设】 年内，区应急管理局建立健全区、镇（街/功能区）、村（社区）三级自然灾害信息队伍，在区、镇、街道办事处、经济功能区各设立灾害信息员4名。全区有灾害信息员683名。开展全区灾害信息员线上培训及考核工作，截至8月10日，全部灾害信息员全部考核。为全区683名灾害信息员购买人身意外伤害保险。

（区应急管理局）

【城市安全风险评估】 年内，区应急管理局完成4974家企业风险评估工作，消除各类安全隐患及违法行为4767项，完成11916家次企业风险源动态更新。制发《安全风险分级管控办法（试行）》，开展重点行业领域安全生产风险会商，发布《重点行业领域安全生产风险研判报告》3次。

（区应急管理局）

【预警信息发布机制和工作流程】 年内，区应急管理局印发《关于印发北京市顺义区突发事件预警信息发布管理实施意见的通知》（顺应办发〔2021〕27号）（简称《管理实施意见的通知》），明确预警类别、预警信息分级、预警信息制作与审批、预警信息发布流程、预警应对及具体工作要求等内容。下发《关于制定预警信息发布细则的通知》要求预警发布主责部门根据《管理实施意见的通知》的相关规定，按照各自职责制定预警信息发布细则。指导区气象局修订《顺义局气象台气象灾害预警信号发布管理暂行规定》（京顺气台发〔2021〕1号），草拟《气象类预警信息发布流程》《非气象类预警信息发布流程》，为其他领域预警信息发布工作机制建设提供模式化建议。

（区应急管理局）

【森林消防综合应急救援队伍灭火机具配备】 年内，区应急管理局为森林消防综合应急救援队伍配备风力灭火机23台、高压细水雾灭火机45台、二号工具90把、油锯23台、割灌机23台、点火器90台、加油器90台、组合工具45台、水泵24台、消防水带300盘、贮水池24套。

（区应急管理局）

【区内地震监测台网】 年内，全区有地震监测台点25个。其中前兆台点3个，分别是赵全营镇板桥、龙湾屯镇安利隆山庄、高丽营镇国棉集团；测震台点2个，分别是杨镇政府、牛栏山台；强震台点13个，分别是赵全营镇板桥、杨镇政府、高丽营镇政府、南法信镇政府、赵全营镇政府、李桥镇政府、李遂镇政府、北务镇政府、大孙各庄镇政府、北小营镇政府、龙湾屯镇政府、奥林匹克水上公园、地震局机关；流动测震点5个，分别是奥林匹克水上公园、马坡镇政府、牛栏山镇政府、高丽营镇政府和杨镇一中；宏观观测点2个，分别是野生动物保护中心、杨镇荆垞村。以上台点同时兼职为顺义区地震速报台网。区内台点全部实现数字化。

（区地震局）

【应急避难场所建设】 年内，城南体育中心Ⅱ类应急避难场所施工建设完成。场所内可作为防灾避难场所有效面积4.2万平方米，可容纳1万人10～30天使用。

（区地震局）

宣教培训

【应急志愿者队伍】 3月底，区应急局组建北京市应急志愿者服务队顺义支队，同时启动各镇街大队的建设工作。在顺义区“5·12防灾减灾日”活动中，各级领导为25支镇、街级应急志愿者大队授旗，各镇街应急志愿者队伍有队员1000余人。9月底，举办“应急志愿服务社区行”活动，组织讲师团队走进顺义区25个镇、街开展50场应急宣教活动，直接受众3000余人。

（区应急管理局）

【5·12防灾减灾宣传教育】 5月12日，区应急管理局围绕“防范化解灾害风险，筑牢安全发展基础”主题，联合区教委、区委社工委区民政局、区地震局、区气象局、市规划自然资源委顺义分局、区水务局等重点灾情管理部门，以及区应急救援（志愿者）队伍、中小学生等100余人，在汉石桥湿地举办“5·12”防灾减灾宣传体验活动启动仪式。依托区11个公共安全教育基地资源，采取场馆体验、功能展示、网络直播等形式，开展线上线下体验活动。直接受众12万人次。

（区应急管理局）

【安全生产督察工作培训会】 5月17日，区安全生产委员会办公室组织召开全区2021年区委区政府安全生产督察工作培训会。邀请市应急管理局综合协调处处长、督察处副处长以及区应急管理局有关业务科室负责人，分别围绕习近平总书记关于安全生产重要论述、《北京市党政领导干部安全生产责任制实施细则》、安全生产督察要点等7个专题进行解读。

（区应急管理局）

【“应急先锋·北京榜样”评选活动】 5—11月，区应急管理局开展典型选树活动，推选47人、15个集体参加“应急先锋·北京榜样”评选活动，其中1人获得“应急先锋·北京榜样”先进典型周榜人物，3个安全生产检查队获评北京市“青年安全生产示范岗”。

（区应急管理局）

【“顺义区安全宣传咨询日”活动】 6月16日，区应急管理局举办主题为“落实安全责任，推动安全发展”2021年“顺义区安全宣传咨询日”活动。活动中持续推进安全宣传“五进”工作，学习观看安全生产宣传短片，选取优秀企业职工代表发言；举办顺义区公共安全教育基地授牌仪式，组织公共安全教育基地参观活动。

（区应急管理局）

【“应急宣传进万家”巡回宣讲活动】 7—9月，区应急管理局在全区各镇、街道、经济功能区开展“应急宣传进万家”巡回宣讲活动28场，宣讲涵盖“应急先锋”“安责险”《习近平总书记关于安全生产的重要论述》和《北京市生产经营单位安全生产主体责任规定》解读等内容。

（区应急管理局）

【“顺义区安全宣传咨询日”活动】 10月13日，区应急管理局、旺泉街道办事处联合举办主题为“构建灾害风险适应性和抗灾力”的顺义区“10·13国际减灾日”宣传活动。现场分为地震体验区、火场逃生体验区、灭火器体验区、急救知识教学区、宣传材料发放区等12个区域，通过摆放宣传展板、开展趣味游戏、发放宣传资料、现场体验等方式，向群众宣传普及消防安全、用电安全、燃气安全、地震、洪涝灾害等防灾减灾相关知识及基本技能。

（区应急管理局）

【安责险参保企业安全生产培训】 10月18日至11月15日，区应急管理局组织开展安全生产责任保险（简称安责险）参保企业安全生产培训。采取线上线下相结合的方式，设置《中华人民共和国安全生产法》（新）解读，燃气（液化石油气）使用安全，企业主体责任融合评估和安责险宣贯，电气、消防、工业、仓储等重点行业（领域）隐患排查等课程，由各行业（领域）专家进行授课。培训安责险参保企业6000余家，参训1万余人次。参训人员涵盖企业主要负责人、安全管理人员和企业一线员工。

（区应急管理局）

【安全生产考试】 12月11日，因疫情暂停的安全生产考试工作恢复。全年开展考试8期，巡视16场次，考试798人。

（区应急管理局）

【森林消防综合应急救援队能力提升培训班】 12月25日，区森林消防综合应急救援队能力提升培训班在南彩营房举办开班仪式。此次培训邀请中国森林消防学科带头人授课。

（区应急管理局）

【特种作业培训考核】 年内，区应急管理局工作人员到区安全生产考试点（北京鼎晟昊冉技术服务中心）进行特种作业培训考核工作检查。巡视特种作业培训、考核7期272场次，其中理论考试128场次，实操考试144场次，考核取证及复审人员5223人。

（区应急管理局）

【防汛宣传及培训】 年内，区防汛办发放防汛安全宣传海报2.4万余张、《北京防汛安全知识手册》5000余册。通过中国移动区域智信系统，逢强降雨天气，向居民发送天气情况及道路安全提醒信息120万余条。区防汛抗旱指挥部办公室和区人武部联合组织开展防汛抢险技术常识培训，区级抢险队伍和驻顺部队抢险人员参加培训。

（区应急管理局）

【传统媒体与新媒体宣传】 年内，区应急管理局每月发布安全风险提示，发布预警信息及应对措施43篇，发布原创科普视频32部，编辑发布微信信息1105条，协调处理微信公众号留言11次，“顺义应急”微信公众号在“北京应急公众号影响力”总评排名第一。通过《北青报》、《顺义时讯》、今日头条等市、区各类媒体发布信息176条。

（区应急管理局）

【舆情监测】 年内，区应急管理局对微信公众号、顺义网城进行舆情监控、分析筛查89次。收到网信办监测舆情1起、微信后台留言11条。

（区应急管理局）

【应急科普教育平台】 年内，区应急管理局微信小程序人均访问深度约1.6，累计访问人数5002人，人均停留时长14.4分钟。

（区应急管理局）

【安全文化示范企业】 年内，区应急管理局推进安全文化示范企业评审工作，推荐3家企业参加评审，3家企业参加复评，其中1家企业通过创建评审、3家企业通过复评。

（区应急管理局）

【安全社区与综合减灾示范社区建设】 年内，区应急管理局推进安全社区与综合减灾示范社区创建工作，推荐31个社区（村）创建北京市综合减灾示范社区、8个社区（村）进行北京市综合减灾示范社区复评工作，最终25个社区（村）通过评审；6个属地参加北京市安全社区通过复评。

（区应急管理局）

【规范化建设系列培训】 年内，区应急管理局开展法律法规、用电安全、危险化学品安全、燃气安全等系列专题培训11期48学时，培训执法人员、专职安全员和城市协管员等640余人。

（区应急管理局）

科技

综 述

【概况】 年内，区科委以习近平新时代中国特色社会主义思想为指导，深入贯彻落实党的十九大和十九届二中、三中、四中、五中、六中全会精神，坚持围绕中心、服务大局，以党史学习教育为载体，以庆祝建党 100 周年为主线，认真学习贯彻落实习近平总书记“七一”重要讲话精神，积极融入全市“五子联动、协同发展”重大战略部署，深入落实“平原新城看顺义”和“三个走在前列”目标要求，纵深推进科技创新各项工作。顺义区科学技术委员会办公地址由光明南街 24 号迁至劳动大厦（北楼）（北上坡路 26 号）。

（区科委）

科技管理

【科技成果认定管理】 1—10 月，全区技术合同认定登记成交额 37.5 亿元。落实《北京市促进科技成果转化条例》，“新型冠状病毒（2019-nCoV）基因组数据分析综合平台”“全画幅高效红外智能编码测温仪”等 18 项区级科技成果在全市范围内开展成果汇交。推荐北京国联万众半导体科技有限公司、中科星图股份有限公司等 5 家企业申报市科委科技成果转化平台，推动市场化、专业化平台建设。

（区科委）

【稳增长与财源建设协同推进】 截至 9 月，全区有科学研究与技术服务业规模以上企业 105 家，营业收入 85.9 亿元，同比增长 12.8%，高于全市增速 5 个百分点。持续关注高新技术企业外迁动态，核实 218 条跨省跨区迁移信息，挽留企业 3 家。

（区科委）

【新场景建设实现零的突破】 年内，《顺义区加快新场景建设培育新动能行动方案》发布，围绕顺义特色标志场景、重点产业升级场景、现代城市治理场景、民生服务提升场景 4 个重点方向 16 个领域推进场景建设，建立联席会工作机制。“基于大数据分析的公共卫生突发应急处置平台”“无人配送城市低速载物自动驾驶示范应用”“基于工业互联网的食品安全保障溯源平台”3 个项目入选北京市第三批应用场景建设项目，实现零的突破并成为入选项目最多的区。

（区科委）

【国际科技创新中心建设统筹推动】 年内，设立“一办八组”，编制《北京国际科技创新中心建设重点任务 2022 年工作方案》，5 项任务和 14 个项目纳入市级方案。新认定市级研发机构 8 家，新申报高新技术企业 852 家，新认定科技企业孵化器 2 家，技术合同成交额 42.6 亿元。7 家企业参与的 6 个项目获北京市科学技术奖，其中一等奖 4 家、二等奖 3 家。

（区科委）

【科技政策资金兑现】 年内，支持科技研发、500 强企业研发中心、科技服务、产学研合作、成果转化等项目 55 个，投入资金 8399.5 万元。

（区科委）

【《顺义区“十四五”时期科技创新发展规划》】 年内，《顺义区“十四五”时期科技创新发展规划》提出三大发展目标、六大重点任务以及四大保障措施，梳理出 23 项重点任务清单和 10 个重点项目清单。

（区科委）

【服务企业务实高效】 年内，协助 2 家企业与北京银行合作，贷款 370 万元；推荐 21 家企业享受贷款贴息政策，4 家获支持。实地走访核查高新技术企业 210 余家；举办线下线上政策宣讲 8 次，线下 400 余家企业参与，线上点击 6.4 万余次。

（区科委）

【科技招商新高地打造】 年内，对接专业服务机构，收集优质项目信息，增强项目鉴别能力，逐步掌握项目落地共性需求。新引入项目 2 个，在谈项目 8 个，储备项目 9 个。主要涉及新一代信息技术、智能制造、生物医药及科技服务领域。

（区科委）

【科技资金投入稳步增长】 年内，兑现《顺义区加快科技创新促进科技成果转化实施细则》，支持科技项目 800 余个，财政资金约 2.7 亿元。兑现首都科技条件平台成员单位资金奖励、创新券配套资金补贴 174.79 万元，合作共建单位服务费 120 万元。

（区科委）

科技活动

【2021年度“百进千”专场对接会召开】 5月14日，首都科技条件平台顺义工作站会同赵全营镇经济发展办举办2021年度“百进千”专场对接会。市科委、首都科技条件平台顺义工作站、赵全营镇、北京大学研发实验服务基地、清华大学研发实验服务基地、北京科技大学研发实验服务基地等相关负责人及20家科技企业代表参会。参会企业与3家研发实验基地的专家进行交流互动。其中4家企业就黑臭水体和蓝藻爆发治理、孢子转移技术、高端医疗器械研发、汽车底盘焊接技术等与清华大学研发实验服务基地、北京科技大学研发实验服务基地达成初步合作意向。

（区科委）

【科普进校园暨“520学生营养日”活动】 5月20日，区科委联合区教委、区卫健委在西辛小学仁和校区举办“主动健康 快乐成长”2021年顺义区科技活动周科普进校园暨“520学生营养日”活动，西辛小学仁和校区全体师生参加活动。

（区科委）

【科技活动周】 5月24—28日，由区委宣传部、区科委、区科协联合主办，相关单位共同协办的“百年回望：中国共产党领导科技发展”2021年顺义区科技活动周启动。活动采取以区科委和创想空间为主会场，汉石桥湿地、北京国际鲜花港和中北华宇科普教育基地为分会场，各科普基地、社区科普体验厅、镇街为多点支撑的“一主、三分、多点”组织模式，为落实疫情防控要求，科技周还提供“云参观”服务，采取微视频、VR、AR等技术。理想汽车理想ONE、迈迪顶峰Pul—Stent®肺动脉支架等30家科技企业50余件创新展品集中亮相。

（区科委）

【“冬奥科普讲座”直播活动】 5月27日，区科委举办冬奥科普讲座直播活动，邀请首都体育学院副教授以《冰雪运动·科技·科学健身》为主题，介绍冬奥体育项目、冬奥赛事场地、运动装备蕴含的科技成果，指导大家科学合理地参与冬奥项目，避免运动损伤。直播及回放浏览量2.1万人次。

（区科委）

【北京第三代半导体技术与产业发展研讨会召开】 8月，区科委会同市科委材制处、北京新材料和新能源科技发展中心等单位，组织召开北京第三代半导体技术与产业发展研讨会。会议围绕“十四五”期间北京第三代半导体技术与产业发展等重点工作，针对企业、院所现阶段发展需求，研讨“十四五”期间的工作部署及建议。来自北京大学、中科院物理所、中科院半导体所、中电科集团、第三代半导体联盟等单位的10余位行业专家参加研讨。

（区科委）

【“全民健康生活方式宣传月”主题活动】 9月8—9日，区科委联合区卫健委、区疾病预防控制中心、空港街道、双丰街道开展“2021年顺义区全民科学素质提升行动暨全民健康生活方式宣传月”主题活动。利用“全民健康生活方式行动”宣传月，开展“科普进社区”活动，区科委到社区开展健康生活方式宣传活动。

（区科委）

【中关村论坛参展任务完成】 9月24—28日，以“北京创新产业集群示范区（顺义）”为主题，参加2021中关村论坛，展示34项科技成果，其中新能源智能汽车领域2项，航空航天领域7项，新材料领域8项，智能制造领域17项。举办2021中国碳中和推介交流会——顺义专场推介活动，区科委主任以《科技创新赋能顺义高质量发展》为题，从“创新联动，科技成果转化驶入快车道”“深化改革，科技创新政策更加优化”“聚焦应用，新场景建设开放共享”3个方面，介绍顺义区的科技创新工作，并首次就《顺义区加快新场景建设培育新动能行动方案》开展推介。在中关村论坛技术交易暨合作签约活动中，与北京大学宽禁带半导体研究中心产业化基地项目、大尺寸碳化硅衬底研发及产业化项目、中科芯辰化合物半导体高端材料和芯片项目现场签订合作协议。《北京日报》整版刊出《顺义打造首都创新驱动发展前沿阵地 奋力书写融合开放新篇章》，北京电视台午间“特别关注”和“北京您早”直播报道顺义区企业展品。

（区科委）

【2021年科技政策培训】 年内，区科委举办2021年顺义区科委科技政策线上培训会2期。一期直播培训依托《顺义区加快科技创新促进科技成果转化实施细则》《顺义区国家高新技术企业倍增三年行动计划》等政策文件，邀请市科委专家为区内科技企业开展政策宣讲，线上点击量3.64万余人次。二期线上培训会，会议邀请市、区科技政策专家，为全区企业解读高新技术企业认定政策、技术合同认定登记政策、首都科技条件平台创新券政策、北京市高精尖产业技能提升培训补贴等相关政策，线上点击量2.78万余人次。

（区科委）

【产学研深度合作】 年内，首都科技条件平台顺义工作站新发展成员单位41家，挖掘科技需求80项，考评成绩全市第一。推进“北京市科技成果转化统筹协调与服务平台”建设，对接清华大学、北京航空航天大学、首都医科大学等高校院所，推动9项科技成果在顺义转化落地，新支持科技成果早期项目10个，资金382.5万元。

（区科委）

科研成果

【高新技术企业荣登先导技术电子信息领域榜单】 1月18日，中国科协召开2020“科创中国”年度工作会议，发布上一年度“科创中国”系列榜单。顺义区高新技术企业北京众绘虚拟现实技术研究院有限公司和虚拟现实技术与系统国家重点实验室、虚拟现实/增强现实技术与应用国家工程实验室、中国医学科学院北京协和医院合作研发项目“虚拟手术关键技术及应用”荣登先导技术电子信息领域榜单。

（区科委）

【多家企业入选2020年度北京市科学技术奖获奖名单】 9月，2020年度北京市科学技术奖获奖名单经北京市人民政府批准正式公布。顺义区7家企业参与研发的6个项目获奖，北京汽车集团越野车有限公司、北京首钢冷轧薄板有限公司、北京轩宇空间科技有限公司、北京睿芯高通量科技有限公司获一等奖，中国电子口岸数据中心、东方物通科技（北京）有限公司、北京机电院机床有限公司获二等奖。

（区科委）

【国家第三代半导体技术创新中心（北京）落地】 12月28日，国家第三代半导体技术创新中心成立大会暨建设工作推进会召开。科技部和国资委共同为国创中心揭牌，同时为北京、深圳、苏州、南京、山西、湖南6个分中心授牌。

（区科委）

【优化创新创业生态】 年内，调研全区孵化空间38家，形成《顺义区孵化空间发展情况调研报告》。埃米空间新材料培育加速基地入驻企业34家，获评2021年度北京市A类孵化器。洪泰智造迁入企业60家，元航天汇落户企业41家。

（区科委）

【推动科技成果转化】 年内，投入资金382.5万元，支持5家高校院所10个科技成果早期项目提前在顺义布局。投入资金3764万元，支持区内企业科技成果转化项目12个。走访清华、北科大技术转移部门，争取更多项目落地顺义。

（区科委）

中关村科技园区顺义园

【概况】 年内，中关村科技园区顺义园以打造“首都创新驱动发展前沿阵地、北京科技成果转化及产业化承载地、顺义制造业高质量发展示范区”为目标，依托首都航空中心核心区的国际枢纽优势和毗邻“三城（中关村科学城、怀柔科学城、未来科学城）”核心区域的位置优势，聚焦发展新能源智能汽车、第三代半导体、航空航天三大创新型产业集群。园区内拥有智能新能源汽车生态产业示范区、第三代半导体材料及应用联合创新基地、航天502所信息技术产业基地、中关村医学工程健康产业化基地等科研创新基地。

（中关村顺义园）

【国联万众公司获企业孵化器认定】 2月20日，北京市科学技术委员会与中关村科技园区管理委员会联合发布2020年度北京市科技企业孵化器认定评审结果。顺义园企业北京国联万众半导体科技有限公司获市科技企业孵化器认定。国联万众公司围绕第三代半导体产业孵化光电子、电力电子、微波射频、5G等领域高精尖项目，采用“创新研发服务＋专业技术服务＋专业市场推广＋金融服务＋行业服务”科技企业孵化器运作模式，孵化40余家创业企业，其中6家企业被认定为国家高新技术企业，2家中关村高新技术企业，2家中关村金种子企业，1家瞪羚企业。

（中关村顺义园）

【2021款理想ONE发布】 5月25日，顺义园企业北京车和家信息技术有限公司在北京研发总部发布2021款理想ONE车型。2021款理想ONE配备理想自研Li OS系统，辅助驾驶功能毫米波雷达，使用地平线征程3自动驾驶专用芯片，搭载新型永磁电机，最大工况续航1080千米。

（中关村顺义园）

【顺义园5家企业获科学技术奖】 9月20日，经北京市政府批准，2020年度北京市科学技术奖获奖名单公布。顺义园5家企业参与研发的5个项目获奖，其中北京汽车集团越野车有限公司作为第一完成单位参与研发的“新一代军民通用高端轻型越野汽车研发及产业化”、与北京首钢冷轧薄板有限公司共同参与研发的“高安全性车身结构用钢制造及应用关键技术集成与创新”项目，北京轩宇空间科技有限公司参与研发的“北斗三号综合电子计算机系统关键技术及应用”项目获技术发明奖一等奖。东方物通科技（北京）有限公司参与研发的“国际贸易单一窗口标准化建设与应用”项目，北京机电院机床有限公司参与研发的“航空发动机叶片自适应精密加工关键技术与应用”项目获技术发明奖二等奖。

（中关村顺义园）

【理想汽车智能工厂开工建设】 10月16日，北京理想汽车有限公司的北京绿色智能工厂改造工程开工建设。工厂利用原北京现代有限公司一工厂厂房，项目总投资60亿元，占地面积52.4公顷，建筑面积27万平方米。

（中关村顺义园）

【北京中德产业合作发展论坛举办】 12月23日，由顺义区人民政府、中国德国商会共同主办的2021北京中德产业合作发展论坛在京举办。论坛在德国柏林、慕尼黑和法兰克福设立分会场，并通过各类平台进行全球直播。论坛上北京市副市长，国家发展改革委国际司副司长，顺义区区长，中国德国商会秘书长致辞。中国国际投资促进中心、中欧国际交易所、德国联邦外贸与投资署、德国各州驻华联络处等300余家德企及协会机构代表以“线上＋线下”方式参加论坛。论坛以“高水平开放推动高质量发展”为主题。围绕中德经济技术合作、中德发展新动能、中德产业园规划建设等主题进行演讲与推介。论坛期间，北京中德产业园管委会与国家发改委国际合作中心、中国德国商会签署全面战略合作协议，德国威乐集团全球第二总部、博世工业4.0创新中心、惠乐喜乐机床应用研发中心、莱茵科斯特中国区总部等22个重点项目签约，“北京市两区建设（中德产业园）法官工作站”“中德产业园知识产权巡回审判庭”揭牌。

（中关村顺义园）

【北京中德产业园开园仪式举行】 12月23日，北京中德产业园开园仪式举行。经国家发展改革委批复，产业园定位为以经济技术合作为主题的国家级对德合作园区，推动20余项政策先行先试；聚焦新能源智能汽车、智能装备、工业互联网主导产业，以及“科技服务、商务会展、数字贸易”生产性服务业，打造“德国先进制造业聚集地、中德隐形冠军发展战略高地、中德交往与开放创新重要窗口”。产业园毗邻首都国际机场，规划南区、北区总面积20平方千米发展空间，联动首都机场、国际会展、中央别墅区及周边产业园等生产生活体系，形成“两区多点”、业态协同、空间联动、产城融合发展布局。园区集聚奔驰、宝马、Ameco等70余家德资企业，年产值超过300亿元。

（中关村顺义园）

【第三代半导体发展峰会暨创新创业大赛】 12月29—30日，第三代半导体创新发展峰会暨国际第三代半导体创新创业大赛大中小企业融通专业赛举办。峰会由顺义区政府指导，第三代半导体产业技术创新战略联盟、中关村半导体照明工程研发及产业联盟主办，第三代半导体产业技术创新战略联盟承办。会上，顺义区区长，中国工程院院士、国家新材料产业发展专家咨询委员会主任致词，区经济和信息化局局长、中关村顺义园管委会主任做顺义区产业环境及政策介绍，与会嘉宾就打造三代半公共研发平台、打通产业链上下游、推动自主材料器件进入供应链等议题进行探讨。会议期间举行第三代半导体创新创业大赛大中小企业融通专业赛决赛，大赛入围项目50个，进入决赛项目10个。最终北京豪冷科技有限公司的浸没式液态散热整体解决方案获一等奖，北京中科重仪半导体科技有限公司的自主研发MOCVD设备、北京大华博科智能科技有限公司的电子电路数字喷墨智能制造技术获二等奖，北京深视星图科技有限公司的无人机数据在线智能处理与应用系统、北京晶格领域半导体有限公司的4～6英寸液相法碳化硅衬底制备技术、北京镓和半导体有限公司的超宽禁带半导体氧化镓产业化项目获三等奖。顺义园管委会与北京大华博科智能科技有限公司、聚能恒业（北京）科技有限公司、乐米达新能源（上海）有限公司现场签署入园意向协议。

（中关村顺义园）

教育

综　述

【概况】 年内，区教委辖属教育单位224个，其中幼儿园112所（教育部门办园58所、部队办园1所、集体办园25所、民办园28所），小学51所（教育部门办校48所、民办校3所），初级中学17所（教育部门办校17所），完全中学2所（教育部门办校2所），高级中学4所（教育部门办校4所），九年一贯制学校4所（教育部门办校3所、民办校1所），十二年一贯制学校7所（民办校7所），特殊教育学校2所（教育部门办校1所、其他部门办校1所），中等职业学校6所（教育部门办校2所、民办校3所，附设中专班1所），其他法人单位19个。招生29779人（幼儿园10874人、小学9630人、初中5977人、普通高中3244人、中等职业学校15人、特殊教育学校39人），毕业22993人（幼儿园8199人、小学6841人、初中5138人、普通高中2590人、特殊教育学校24人、中等职业学校201人），在校生118236人（幼儿园34870人、小学55541人、初中17855人、普通高中9506人、特殊教育学校324人、中等职业学校140人）。教职工总数15374人（幼儿园5640人、小学3934人、初中1706人、九年一贯制学校160人、完全中学479人、高级中学1215人、十二年一贯制学校1974人、中等职业学校177人、特殊教育学校89人），包括正高级职称18人、副高级职称2157人、中级职称4111人、初级职称2733人，北京市特级教师63人、北京市骨干教师97人、北京市学科教学带头人21人。全年教育总投入79.11亿元。中小学固定资产总值399907.92万元（教育部门278300.86万元）。新建幼儿园6所：北京市顺义区乔智第二幼儿园、北京市顺义区丽喜嘉宝幼儿园、北京市顺义区龙泉苑幼儿园、北京市顺义区牛栏山第三幼儿园、北京市顺义区天裕昕园幼儿园、北京市顺义区板桥幼儿园，新建中小学1所：北京市顺义区石园第二小学。

（区教委）

【学生在校就餐保障工作会】 3月6日，顺义区学生在校就餐保障工作会召开。13家食品原材料供货企业、15家食堂托管企业和5家外供餐企业负责人、区教委主管领导及后勤管理中心工作人员参加。

（区教委）

【研修中心教科室研修工作调研】 3月17—23日，区研修中心教科室在19所中小学幼儿园开展研修工作调研。调研分高中、初中（河东）、初中（河西）、小学（河东）、小学（河西）和学前教育6个组，就教研、科研、培训作用发挥、存在问题、如何改进等方面开展，形成《研修中心工作调研报告》。

（区教委）

【机构变更】 3月23日，经区委编办批复，整合北京市顺义区退休教师服务中心和北京市顺义区人才服务中心教育分中心，组建北京市顺义区教育人才服务中心，加挂北京市顺义区教师之家牌子。北京市顺义区教育考试中心更名为北京市顺义区教育招生考试中心。整合北京市顺义区学校后勤管理服务中心和北京市顺义区教育资产管理服务中心，组建北京市顺义区教育资产管理服务中心，加挂北京市顺义区学校总务管理服务中心牌子。北京市顺义区教育法治事务中心加挂北京市顺义区教育便民服务中心牌子。北京市顺义区教育宣传中心更名为北京市顺义区教育宣传与政策研究中心。北京市顺义区学生活动管理中心调整为在北京市顺义区体育卫生与艺术教育管理服务中心加挂牌子。北京市顺义区教育财务管理服务中心更名为北京市顺义区教育会计与审计事务中心，加挂北京市顺义区学生资助事务管理中心牌子。北京市顺义区教育质量评价中心更名为北京市顺义区教育评价与监测中心。北京市顺义区教育国际交流合作中心更名为北京市顺义区教育国际交流与区域合作中心。北京市顺义区教育发展规划研究中心更名为北京市顺义区教育规划与建设事务中心。北京市顺义区教育信息中心更名为北京市顺义区智慧教育发展促进中心。

（区教委）

【“骨干教师人才培养”项目第二期启动】 4月21日，区教委与市教育学会“骨干教师人才培养”合作项目第二期启动会召开。项目组成员由不同学段40余名教师组成。会议要求导师每学期安排线上线下交流活动4次以上，采取互相听课、上示范课、座谈交流、通信交流、集中培训等形式答疑解惑，助力学员专业成长。要求每名学员完成读1本书、完成1次区级以上示范课、每学期至少辅导1名以上青年教师、至少完成1次校内或校外研究课、独立承担1项市级以上科研课题、每学期跟随导师至少参加1次北京市或全国专业研讨活动、每年完成1篇公开发表的教（科）研论文等任务。

（区教委）

【“双减”工作调度会】 4月22日，顺义区“双减”工作调度会召开。会议传达北京市“双减”工作会议精神，解读顺义区《学科类校外培训机构规范管理工作方案》《关于扩展校外课后服务内容、助力中小学健康成长的工作方案》，“双减”工作专班成员单位现场讨论方案并提出建议。区教委、区市场监管局、区金融办、区公安分局等部门有关领导在主会场参会，各镇街主管领导以视频形式在分会场参会。

（区教委）

【国家教育考试综合管理平台建设基本完成】 5月底，顺义区国家教育考试综合管理平台建设全面完成投入使用。根据《市教委关于开展国家教育考试综合管理平台建设的通知》（京教办〔2018〕39号）要求，区教委下发《综合管理平台建设顺义区实施方案》（顺教发〔2020〕14号）。本次建设的考试综合管理平台涵盖顺义区所有标准化考点，满足考区、考点、考场协同工作需要，数据实时在国家平台共享，实现对高考、中考、学考、成考、自考等类型国家教育考试全覆盖。平台建设改造视频巡查高清设备295台、身份认证考务管理终端478台、二期考务管理终端180台，价值1525.8万元。

（区教委）

【中小学教师和幼儿园额度管理人员公开招聘】 6—8月，区教委公开招聘中小学教师和幼儿园额度管理人员。录用特岗计划乡村教师、第四期“梧桐工程——干部人才引进计划”人员、定向培养师范生146人加入中小学教师队伍，187名额度管理人员加入幼儿园教师队伍。

（区教委）

【与西城区教委签订合作框架仪式】 7月2日，区教委与西城区教委《教育合作框架协议》签订仪式举行。两区建立合作办学关系，在教育研究、教师培训、学生培养、质量提升、特色发展等方面开展合作。西城区教委相关领导、有关科室负责人，顺义区教委、区研修中心有关领导及相关科室负责人参加。

（区教委）

◆7月2日，区教委与西城区教委《教育合作框架协议》签订仪式举行（区教委）

【幼儿园、中小学机构变更】 7月12日，北京师范大学附属实验中学顺义学校、北京市顺义区天裕昕园幼儿园、北京市顺义区龙泉苑幼儿园、北京市顺义区板桥幼儿园、北京市顺义区牛栏山第三幼儿园经编办批复成立。8月11日，北京市顺义区第六中学经编办审批予以撤销。9月15日，北京市顺义区石园第二小学经区委编办批复加挂黄城根小学顺义分校牌子。11月30日，北京市顺义区后沙峪第二小学、北京市顺义区向阳小学经区委编办批复成立。12月6日，北京市顺义区南法信中学经区委编办批复加挂北京实验学校（海淀）顺义学校牌子。

（区教委）

【《顺义区“双减”专班工作方案》印发】 9月10日，顺义区委教育工作领导小组办公室印发《顺义区“双减”专班工作方案》（顺教组发〔2021〕7号）。

（区教委）

【新任校长领导力提升专项培训】 10月16日，顺义区新任校长领导力提升专项培训班开班。培训采用小班化专项精练的方式持续开展3个月，以“助力校长规划学校发展”为主线，以“借力科学工具、规范精细管理”为切入点，进一步提升新校长岗位适应能力。中国陶行知研究会学校文化研究专委会秘书长结合校长专业标准，解读专项培训工作方案。区教委副主任对新任校长提出要求和希望。中国陶行知研究会学校文化研究专委会副秘书长做题为《双减政策下的学校精细化管理》专题讲座，以案例研讨分析、情景模拟等互动方式开展PDCA质量管理工具专项训练，并着重讲解学校如何借助管理表格进行科学精细管理等专题内容。全区14名新任校长参加培训。

（区教委）

【“双减”背景下学校教育教学提质增效改革举措交流研讨会举办】 11月25日，顺义区“双减”背景下学校教育教学提质增效改革举措交流研讨会暨“现教论坛”走进顺义专场活动举办。现代教育报社负责人致辞。研修中心负责人介绍研修部门助力区域“双减”政策落实的具体工作举措。东风教育集团、光明小学教育集团、首师大顺义附小、李桥中小、天竺二小、牛栏山一小、顺义五中、杨镇二中、高丽营学校9所学校校长分别围绕各自学校落实“双减”政策的具体举措及亮点经验进行交流发言。区委教工委书记、区教委主任点评并发表讲话。现代教育报社，区教委中教科、小教科、教育宣传与政策研究中心有关负责人参加。

（区教委）

【与北京实验学校（海淀）合作办学】 11月26日，区教委与北京实验学校（海淀）合作办学签订仪式在南法信中学举行。会议签署《顺义区教育委员会北京实验学校（海淀）合作办学协议》，双方建立合作办学关系，在教育研究、教师培训、学生培养、质量提升、特色发展等方面开展深入合作。

（区教委）

【第六期名师工作室启动会】 12月8日，顺义区第五期名师工作室总结暨第六期名师工作室启动会举行。区研修中心主任做第五期名师工作室情况汇报，特级教师工作室主持人做经验介绍，孔凡艳教育专家工作室成员分享收获。区教委副主任宣读第五期优秀主持人、优秀学员名单和关于成立第六期名师工作室决定，参会领导为获奖学员颁发证书，并为第六期主持人授牌。区委教工委副书记对工作室工作提出要求和希望。全区第五、第六期工作室主持人、学员、基层单位领导等1500余人通过线上线下方式同步参会。

（区教委）

【“十四五”教育改革和发展规划印发】 12月22日，经顺义区政府审核，教委印发《顺义区“十四五”时期教育改革和发展规划（2021年—2025年）》。

（区教委）

【学校建设加快】 年内，区教委有学校建设工程项目10个。其中胡各庄小学、龙湾屯学校、建南幼儿园、南彩第一幼儿园4个项目完成建设，合计增加学位3120个。北石槽中心小学、南彩第一小学、龙湾屯中心幼儿园3个项目推进验收，可提供学位2280个。北师大附属实验中学顺义分校、后沙峪第二小学、向阳小学3个项目加快建设，北师大附属中学顺义分校项目12栋建筑结构封顶。全年完成固定资产投资8亿，超额完成年度绩效目标；全年启动建设项目21个，其中1个项目进行概算评审，12个项目设计方案确定，8个项目进行方案设计。接收配套幼儿园5个，增加学位1980个。

（区教委）

【教育系统对口支援合作】 年内，区教委选派43名教师赴受援地区支教。协助市教委完成61名援藏干部教师的集中考核工作。接待3批次164名外省市干部教师来顺跟岗研修，做好入校跟岗组织工作。重新研究学校结对帮扶工作，26所学校（研修部门）与内蒙古47所学校（研修部门）签署结对协议。结对学校之间对接150余次，分别通过交流学习，联合教研，资源共享，云端送祝福，向帮扶学校学生赠送文具、书籍等活动全方位助力结对学校。组织动员4家社会组织（民办幼儿园）与结对地区贫困村签署帮扶协议并向贫困村开展捐款捐物活动，折款合计4.61万元。顺义区与昌平区结对协作，8对结对协作校间开展干部教师培训78次，联合教学教研133次，课程改革研究20次，同课异构、学生活动56次，覆盖干部教师3300人次，学生4500余人次。

（区教委）

【落实接诉即办工作】 年内，区教委办公室便民服务中心收到群众表扬诉求57件；解决群体性集中诉求796人次；完成2535名群众入学入园政策解释工作；解决214名群众退费诉求，涉及金额207.43万元。全年“接诉即办”响应率97.08%，解决率89.46%，满意率90.77%。

（区教委）

【课后服务】 年内，区教委规范管理，做实课后服务工作。实施课后服务“5+2”模式，即学校每周5天开展课后服务，每天至少2小时，结束时间不早于17:30。落实“五育”并举、落实课业辅导、落实优秀教师答疑、落实校内体育锻炼1小时、落实兴趣培养面向全体。各校统筹学生需求、课程建设、资源单位，提供跨年级、多类别选课菜单，形成一生一课表，满足学生多样化需求。

（区教委）

【三防资金投入持续增加】 年内，区教委人防、物防和技防资金累计投入近1.1亿元。完成新一期保安招投标工作，投入5300余万元配备1163名专职保安员；投入近1600万元为33所学校更新补充视频监控系统；投入113万余元为11所学校安装一键报警设备、与系统联网并为全区所有学校提供一键报警服务；投入1200余万元对14所学校消防水池、电力系统等进行改造；投入1700余万元为68所学校幼儿园安装液压升降桩；投入近600万元为5所学校租用校车。

（区教委）

【“七有”“五性”幼有所育普惠率实现】 年内，区教委落实“七有”“五性”幼有所育普惠率90.66%，本年度采取新建、改扩建、接收小区配套幼儿园、鼓励举办普惠性民办园等方式增加学位1200个学位。

（区教委）

【基础设施改造】 年内，顺义区完成236项工程方案设计及预算编制工作，其中年初预算81项，扩学位25项，中小学课后托管130项。完成修缮改造工程69项，16项工程进场施工，完成招标准备进场6项；立项招标阶段8项。推动改造中小学操场22项，涉及21所学校，累计完成改造15项，争取市级改造资金3932万元，改造面积13.10万平方米。教育装备总投入约1.6亿元，其中义务教育阶段学装、作业本保民生项目的立项采购金额2000余万元；石园二小、牛山三幼、龙泉苑幼儿园等10所新建及改扩建校（园）保开学设备立项120余项，涉及采购金额8100余万元；年初预算各单位申报的教育教学达标设备立项200余项，涉及资金6000余万元。

（区教委）

【教育资助】 年内，顺义学籍5937人次享受助学金、生活补助、学费补助及免保教费等专项资助821万元。其中高等教育大一新生19人，享受补贴约11万元；高中阶段353人次，享受助学金及免学费等约71万元；义务教育阶段5326人次，享受助学补助和生活补助约705万元；学前教育资助239人次，享受免保教费资助约34万元。

（区教委）

学前教育

【概况】 年内，顺义区有幼儿园112所（教育部门办园58所、集体办园25所、部队办园1所、民办园28所）。在园幼儿34870名（教育部门办园24977人），离园幼儿8199人（教育部门办园6038人），入园幼儿10874人（教育部门办园7826人）。教职工5640人（教育部门办园3869人），其中专任教师2309人（教育部门办园1591人）；幼儿教师学历合格率100%；幼儿园特级教师5人，幼儿园教师具有正高级专业技术职称2人，副高级专业技术职称166人，中级专业技术职称785人，初级专业技术职称532人；市级学科带头人1名，市级骨干教师14名，区级学科带头人14名，区级骨干教师256名，区级园丁新星19名，各级各类骨干教师占专任教师总数的13.2%。幼儿园图书馆藏书760944万册（教育部门办园藏书636750册）。幼儿园总占地面积590952.92平方米（教育部门办园占地面积408489平方米），总建筑面积362830.05平方米（教育部门办园建筑面积253750平方米）。全区3～6岁幼儿入普惠性幼儿园率90.66%，学前3年毛入园率96.68%，所有教育部门办园保教督导评估全部达到合格；年内新设立幼儿园6所，关停幼儿园1所。

完成对全区各类园所160址进行8轮640人次1000余次实地督查；完成双随机教育执法平台录入262条；实地核查无证园线索、督查回头看、下沉式督查、抽查等100余次；撰写违规线索20个，并通过法治中心移交市场监管局。

（区教委）

【保教工作汇报交流】 1月7—8日，区教委学前教育科举办主题为“用专业精神 做科学保教”工作汇报交流会。采用视频会议形式，分3个时段听取教办园、村办园、部队园业务干部汇报，各社区办园点干部教师全程参与学习。活动邀请学前教研室主任、正高级教师、高级园长对各园保教工作内容、要求、思路、管理策略逐一点评。点评过程中，专家与新任业务园长和经验型业务园长开展互动提问。学前科负责人针对感悟、收获、需求、设想与业务负责人进行互动。区教委、区研修中心相关科室负责人，幼儿园园长代表及全区各幼儿园业务干部100余人参加。

（区教委）

【保育员专题培训】 1月11—15日，区教委学前科与研修中心联合开展保育员专项培训活动。本次专项培训共计20课时，采取集中线上培训形式。邀请北京妇幼保健院主任医师尚晓瑞、副主任医师何辉，首都师范大学学前教育学院课程与教学研究中心副主任张首文、博士沙莉、博士谷长伟5位专家担任培训讲师。围绕保育员职业道德规范、相关法律法规、幼儿生理心理教育、常见病及常见传染病、幼儿安全、幼儿营养知识、保育员一日工作流程、各项卫生消毒清洁等相关工作做专题讲座。区教委学前科、研修中心相关科室负责人、全区教办园、民办园、村办园、社区办园点2000余名幼儿园干部、教师参加。

（区教委）

【幼儿园全覆盖教研工作汇报】 1月27日，区教委学前科开展以“共学共研 聚力提升”为主题的幼儿园全覆盖教研工作汇报活动。由9个教研共同体的牵头人汇报本年度本教研共同体实际开展工作，每2个教研共同体汇报后由1位专家点评。市教研共同体专家围绕增强开放性、选题精准性、方式创新性、指导针对性等方面提出建议。区教委学前教育科负责人汇报全区全覆盖教研工作开展情况，针对下一步工作提出要求。全区幼儿园园长、业务干部及教研负责人220余人参加。

（区教委）

【教办园年度考核】 4月29日至5月26日，区教委学前科、研修中心学前教研室组成联合考核小组，对全区54所教办园开展年度考核。考核内容包括现场活动、教育环境、档案资料三部分。

（区教委）

【幼儿园招生工作会】 6月1日，顺义区幼儿园招生工作会召开。教育招生考试中心副主任解读《顺义区2021年幼儿园招生工作方案》。区教委副主任、教育招生考试中心主任与各类幼儿园园长（负责人）及各镇教育助理170人参加。

（区教委）

【5所配套幼儿园完成接收移交】 6—7月，教育规划与建设事务中心会同各幼儿园和开发商完成板桥三期配套幼儿园（板桥幼儿园），牛栏山组团东南部定向安置房项目配套幼儿园（牛栏山第三幼儿园），望泉寺定向安置房配套幼儿园（龙泉苑幼儿园），燕王庄、西田各庄定向安置房配套幼儿园（天裕昕园幼儿园），新城SY00-0022-6015等地块配套幼儿园（金港嘉园幼儿园）实体接收工作，5所幼儿园具备招生条件并于9月开园，增加学前学位1980个。

（区教委）

【幼儿园办园质量督导评估指标培训会召开】 7月8日，幼儿园办园质量督导评估指标培训会召开。会议邀请北京市幼儿园督导评估组专家、北京市大方家回民幼儿园园长就督导评估标准的保教工作进行专题培训，北京市幼儿园督导评估组专家、原市教委学前处科长就督导评估标准的管理工作进行专题培训。教办园、村办园、民办园、社区办园点督导工作主管领导、相关负责人等300余人参加。

（区教委）

【南彩一幼新建工程完成竣工验收备案】 7月14日，南彩第一幼儿园新建工程完成竣工验收备案。南彩一幼新建工程位于南彩镇，占地面积5682.88平方米，建筑面积4217.69平方米，规划规模12个教学班，提供学前教育学位360个。项目于2016年7月20日取得建筑工程施工许可证，9月投用。

（区教委）

【建南幼儿园翻建工程完成竣工验收备案】 8月4日，建南幼儿园用房（顺义区建南幼儿园翻建工程）完成竣工验收备案。建南幼儿园翻建工程位于新城第3街区，建筑规模4005平方米。2017年6月开工建设。9月投入使用，增加学前学位360个。

（区教委）

【学前相关文件出台】 年内，区教委学前科拟定并出台《顺义区2021年秋季小班幼儿入园招生方案》《顺义区社区办园点质量提升方案》《顺义区无证园及社区培训机构变相举办无证园治理方案》《北京市顺义区教育委员会幼儿园与小学科学衔接工作实施方案》《关于规范顺义区幼儿园收费的实施方案》。

（区教委）

【无证园治理】 年内，区教委学前科完成无证园治理工作。代拟《顺义区无证园及社会培训机构变相举办无证园治理方案》，由区政府报送至市人民政府教育督导委员会办公室及市教委。向镇、街下发无证园排查通知6次，实地走访和治理无证园与变相无证园40余所，无证园实行动态清零。

（区教委）

【接诉即办】 年内，学前科收到接诉即办工单1149件，主要集中在园所日常管理、招生入园、新建园开园等问题，其中办理退件383个，解决处理回复件766个。

（区教委）

中小学教育

【概况】 年内，有小学51所（不含一贯制学校小学部），其中教育部门办学48所，民办小学3所；九年一贯制学校4所（教育部门办校3所、民办校1所）。有小学毕业生6841人（教育部门公办6212人），招生9630人（教育部门公办8909人），在校生55541人（教育部门公办51915人）。有教职工3934人（教育部门公办3876人），其中专任教师3323人（教育部门公办3294人）。学校总占地面积1244195.52平方米（教育部门公办1209678.52平方米），建筑面积508636.95平方米（教育部门公办494606.13平方米）。固定资产总值95434.23万元（教育部门94579.64万元）。小学入学率100%，巩固率100%，毕业率100%，及格率100%。有小学特级教师3人，市级学科带头人8名，市级骨干教师39名，区级学科带头人71名，区级骨干教师389名，区级园丁新星31名，各级各类骨干教师占专任教师总数的16%。

有中学34所（职高附设班不计入中学数），其中教育部门公办26所（初中17所、完全中学2所、高中4所、九年一贯制学校3所），民办8所（九年一贯制学校1所、十二年一贯制学校7所）。有中学毕业生7728人（教育部门公办6341人），招生9221人（教育部门公办7675人），在校生27361人（教育部门公办22873人）。有教职工5534人（教育部门公办3534人），其中专任教师4007人（教育部门公办2685人）。学校总占地面积2146682.49平方米（教育部门公办1470822.49平方米），总建筑面积1111913.88平方米（教育部门公办676472.54平方米）。固定资产总值304473.69万元（教育部门公办183721.22万元）。初中入学率100%，巩固率100%，毕业率100%，及格率100%；高中入学率96.5%，应届毕业生高考录取率98.4%。有中学特级教师29人，市级学科带头人12名，市级骨干教师45名，区级学科带头人47名，区级骨干教师274名，区级园丁新星40名，各级各类骨干教师占专任教师总数的16%。

全区教育部门公办中小学专任教师学历合格率100%。

（区教委）

【中小学生学生体质健康测试】 3月22日至4月8日，顺义区开展中小学学生（不含毕业班）体质健康测试工作。聘请同方健康科技（北京）股份有限公司为对接服务商，对全区59623名学生开展体质健康测试。测试涵盖一般身体指标、身体素质指标，通过分析汇总数据，形成各校分析报告和全区学生体质健康状况报告，为掌握学生体质健康现状和发展变化趋势提供数据支撑。

（区教委）

◆3月22日至4月8日，顺义区开展中小学学生（不含毕业班）体质健康测试工作（区教委）

【学生建议获“北京市中小学生科学建议提名奖”】 4月11日，第十二届科学建议奖获奖项目交流会在北京市广渠门中学附属花市小学举行，顺义牛栏山一中学生王若贤提出的《关于对北京市延庆区辽代矿冶遗址的保护及开发的建议》获“北京市中小学生科学建议提名奖”。

（区教委）

【心理教师座谈会】 4月15日，顺义区“疫情后学生的心理状态和关键问题”专题座谈会召开。杨镇一中、仁和中学等10所学校心理教师结合各校心理健康教育工作开展情况，分享工作体会和心得，畅谈如何解决疫情下面临的学生心理问题，并对全区心理健康教育工作提出建议。区教委中教科负责人与心理教师现场交流分享。区教委相关领导、区研修中心德育与心理研究室相关负责人、区内10所中学心理教师代表参加。

（区教委）

【中学生主持人风采大赛决赛举办】 4月28日，顺义区第五届“蝶砚杯”中学生主持人风采大赛决赛举办。经过初赛、复赛选拔，初中组20名、高中组14名选手晋级决赛。最终评选出特等奖7名（高中3名、初中4名），一等奖28名（高中12名、初中16名），二等奖26名（高中8名、初中18名）。决赛全程进行网络直播，北京卫视、顺义电视台等媒体进行现场报道。

（区教委）

【小升初工作】 5—7月，教育考试中心完成小升初工作。5月10—16日，受理回户口或家庭实际居住地所在区初中入学的申请、审核、登记。5月6—31日，完成初中入学信息采集。6月3—9日完成民办初中、公办寄宿初中志愿登记报名和电脑派位入学。7月，初中划片就近入学确认，根据实际情况组织各学校采用线上审核材料方式完成入学信息确认。全区初中招生6071人，其中京籍学生5030人、非京籍学生1041人。

（区教委）

【党史主题中小学生定向越野赛举办】 5月11日，顺义区中小学生“踏寻党的足迹”定向越野比赛举办。比赛将具有代表性的党史事件设为线路点位，选手按照党史事件发展顺序依次打卡进行比赛，比赛分为小学、初中、高中3个组别。全区47支代表队188名选手参加比赛。牛栏山二小、北务中学、牛栏山一中分获小学、初中、高中组冠军。

（区教委）

◆5月11日，顺义区中小学生“踏寻党的足迹”定向越野比赛举办（区教委）

【初中学考体育与健康科目现场考试】 5月13—17日、5月24日，顺义区初中学考体育与健康科目现场考试举行。实考考生4504人、免考347人、缓考72人。

（区教委）

【中学教育教学主题论坛举行】 5月21日，顺义区中学教育教学主题论坛举行。8所学校中层干部围绕激发教师内驱力、完善教师队伍建设经验、创新教研形式、有效提升教研效果的尝试、落实挺腰工程、“一堂好课”标准的探究与收获、“五育并举”的思考与实践、家校社协同育人的构想、教学/德育主任在学校教育教学发展中发挥的作用等议题做专题发言。北京师范大学教育管理学院院长、博士生导师作为特邀嘉宾进行现场点评，并结合学校校本教研工作做讲座。教委副主任做总结发言。区教委中教科、研修中心干训科相关负责人，顺义区各中学校长、副校长及中层干部170余人参加。

（区教委）

【中学生传统艺术知识大赛举办】 6月3日，顺义区第五届“蝶砚杯”中学生传统艺术知识大赛举办。大赛设9个环节，采用必答、抢答、飞花令等形式进行。试题内容涵盖文学（诗词歌赋）、美术（书法、绘画）、戏曲（昆曲、京剧及各种地方戏曲）及民间艺术等。最终，牛栏山一中、顺义九中获一等奖，顺义一中、杨镇一中、顺义二中、北京四中顺义分校获二等奖。区教委中教科、区研修中心高中语文教研室、顺义区各高中部分师生150余人参加。

（区教委）

【参加校园足球精英赛】 6月13日，北京市中小学校园足球精英赛在北京八喜联合竞技足球俱乐部举办。本次赛事由北京市青少年校园足球工作领导小组办公室主办，有来自全市17个区的164支队伍4000余名运动员和500多名教练报名参赛。顺义区300余名运动员和教练组建12支代表队，初二男子组获大赛冠军，高二男子组获亚军，小学五年级女子组获第八名、男子组获第十一名，小学六年级女子组获第十名、男子组获第七名，初一女子组获第六名、男子组获第七名，初二女子组获第九名，高一女子组获第七名、男子组获第九名，高二女子组获第五名。比赛结束后，顺义区18名运动员入选北京市最佳阵容，代表北京市参加全国青少年足球夏令营。

（区教委）

【中小学体育教师专业技能考核举行】 7月13—14日，顺义区中小学体育教师专业技能考核举行。全区498名体育教师参加，考核根据教师年龄分为2组，考核评委由市、区体育专家联合组成，考核内容包括足球、篮球、排球、队列、田径、讲解示范、体能、体操8项。北京市教科院基教研中心体育教研室相关专家现场指导考核工作，区教委体卫艺中心负责人、区教育研究和教师研修中心体育教研员参加活动。

（区教委）

【黄城根小学顺义分校落成暨开学典礼举行】 9月1日，黄城根小学顺义分校落成暨开学典礼举行。区委常委、区政府常务副区长宣布黄城根小学顺义分校正式落成，并与西城区黄城根小学校长共同为学校揭牌。黄城根小学顺义分校（北京市顺义区石园第二小学）位于顺义新城第五街区顺泰路与石园大街交会处，学校占地面积12500平方米，建筑面积14050平方米，可容纳24个教学班960名学生，为区教委直属公办小学。区教委相关科室负责人、参与学校建设的有关单位及属地领导参加。

（区教委）

【天裕昕园幼儿园开园仪式举行】 10月8日，顺义区天裕昕园幼儿园开园仪式举行。园长致辞并开展主题游戏及庆典活动。幼儿园总占地面积5436.65平方米，设有大中小12个教学班，可容纳360名幼儿。为全日制公办幼儿园，隶属于区教委。本年度秋季开园开设教学班5个。属地领导，区教委相关科室负责人，园所教师、幼儿及家长代表100余人参加。

（区教委）

【委托第三方参与课后延时托管】 10月，区教委与易来福居家养老服务中心签订协议，委托其参与课后延时托管。截至年底，有16所学校参与，涉及

43个教学班959名学生。

（区教委）

【初中学考报名及资格审核】 11月10—16日，教育考试中心组织2022年考生初中学业水平考试报名，并对报考资格进行审核。报名5496人，其中京籍考生4863人（含1＋3考生131人）、非京籍考生633人，非京籍有报考资格考生342人；应届生5476人，往届生20人。

（区教委）

【中高考报名】 11月1—20日，顺义区中、高考报名工作结束。高考报名3178人，其中统考3161人，单考17人；京籍考生2845人，非京籍考生333人（其中新疆班学生330人，符合条件在京报考高职的随迁子女3人）。中考报名4930人，其中京籍考生4233人（含1＋3考生132人），非京籍可报考考生264人，无升学资格考生433人；应届生4869人，往届生61人。

（区教委）

【中小学生建筑模型竞赛线上比赛举行】 11月10日，顺义区中小学生“红心向党 匠心育人”建筑模型竞赛线上比赛举行。比赛设有往年传统项目“锦绣江南”古典园林创意赛、“城市梦想”区域城市规划赛和 “中华庭院”古典民居创意模型、纸质四合院拼装模型、“援梦之城”创意城堡模型赛，新增追寻红色足迹缅怀先烈的“中国共产党一大会址”“毛泽东故居”等红色地标模型赛。来自全区42所中小学校近740名学生参加，最终评选出一等奖150名。

（区教委）

【“双减”背景下习作教学实效研究】 11月17日，顺义区、丰台区、平谷区“双减背景下提升习作教学实效的实践研究”云上联合教研活动举行。教研活动分为习作课堂教学展示、主题论坛交流、专家点评3个环节。顺义区西辛小学教师刘寅秋执教低年级《看图写话》，梁斯为做《让学生乘上想象的翅膀》主题发言，市基教研中心语文教研员点评。3区有300名语文教师参加云端教研。

（区教委）

【“双减”背景下学校教育教学提质增效改革举措交流研讨会举办】 11月25日，顺义区“双减”背景下学校教育教学提质增效的改革举措交流研讨会暨“现教论坛”走进顺义专场活动举办。现代教育报社负责人致辞。研修中心负责人介绍研修部门助力区域“双减”政策落实的举措。东风教育集团、光明小学教育集团、首师大顺义附小、李桥中小、天竺二小、牛栏山一小、顺义五中、杨镇二中、高丽营学校9所学校校长分别围绕各自学校落实“双减”政策的具体举措及亮点经验进行交流发言。区委教工委书记、区教委主任点评。现代教育报社，区教委中教科、小教科、教育宣传与政策研究中心有关负责人参加。

（区教委）

【中学校际调研活动】 12月14—17日，顺义区教育系统开展中学校际调研活动。区教委中教科工作人员及各学校教学、德育干部分为4组分别入校开展调研，调研覆盖27所中学，采取互看、互学、互评的方式，重点查阅教师教案、检查学生作业、进入课堂听课观察、与师生座谈，全面了解各学校管理措施、教师课前准备、教师教学行为、学生学习状态、师生就餐质量等情况，同时帮助学校梳理亮点与不足。各小组就调研情况当场反馈。区教委中教科相关负责人，各中学教学、德育干部近60人参加。

（区教委）

【青少年宪法知识竞赛举行】 12月20日，由区委全面依法治区委员会守法普法协调小组主办，区司法局、区教委联合承办的“顺义区2021年青少年宪法知识竞赛”决赛举行。最终牛栏山一中获得冠军，顺义十一中、仁和中学获二等奖，杨镇一中、杨镇二中、沿河中学获三等奖，其他参赛队伍分别获得优秀奖和组织奖。区委宣传部、区司法局相关领导，全区18所中学的教师和学生代表200余人现场观看比赛。

（区教委）

【参加全国思政课教学基本功大赛】 12月，顺义区教师在首届全国思政课教学基本功大赛中，3人获特等奖，5人获一等奖，4人获二等奖，5人获优秀奖，1人获单项奖，顺义区研修中心获得优秀组织奖。大赛由北京师范大学哲学学院教育培训中心、思想政治课教学杂志社共同举办，来自全国各地的1000余名思政教师参赛。

（区教委）

【劳动教育】 年内，区教委研制《顺义区关于全面加强新时代中小学劳动教育的实施方案》，指导全区劳动教育的开展。在北务中心小学、光明小学教育集团李各庄校区组织区级劳动教育现场会。围绕“深化劳动教育 提升综合素养”组织顺义区小学劳动教育年报线上交流活动。从全区18家申报劳动教育基地的单位中，择优评选出3家，用于各校组织开展劳动教育实践活动。

（区教委）

【学籍管理】 年内，组织学校完成新生入学注册建立学籍，注册2021年小学、初中、高中新生19370人。完成学籍数据核对统计，截至10月，全区有小学生52084人，初中生18014人，高中生9507人。全年审核各类转学6090条，处理户口进京、关键信息变更等学籍异动审核2777条。

（区教委）

【中小学教师资格认定】 年内，区教育人才服务中心开展顺义区本年度春、秋季教师资格认定工作，1660人通过认定。其中初级中学教师资格认定200人，小学教师资格认定1063人，幼儿园教师资格认定397人。

（区教委）

【高考录取】 年内，顺义区本科录取2266人，其中统考考生提前本科及艺术体育招飞类本科录取867人，普通本科录取1399人，本科录取率95.3%；高职录取72人，高考总录取率98.4%。

（区教委）

职业成人教育

【概况】 年内，有职业学校6所，其中教办职高2所（2015年划转至北京城市学院），民办职高3所（含附设中专班1个），成人中专1所（应急管理部办，区教委代统计）。有在校生140人（民办27人、成人中专113人），教职工177人（民办151人、应急管理部办26人），专任教师84人（民办64人、应急管理部办20人）。

（区教委）

【北京市顺义区社区教育中心年度情况】 年内，区社区教育中心占地面积4万平方米，建筑面积43792平方米。有普通教室42个，专用教室19个。体育场（馆）面积5000平方米。图书馆（图书室）占地面积1000平方米，藏书总数2万册，全年订阅杂志、报刊45种。固定资产总值11245.76万元。全年教育经费投入2629.35万元，均为国家拨款。全年信息化经费投入179.89万元，拥有计算机972台，多媒体教室座位2750个，校园网出口总带宽1000Mbps，数字资源量70000GB，“信息技术”课程1课时/周。教职工总数113人，其中专任教师94人（副高级职称24人，中级职称38人）。开设115个教学班。招生2830人，在校生10768人。开展各级各类培训47项，培训人员33540人次。

（区教委）

【北京开放大学顺义分校年度情况】 年内，北京开放大学顺义分校占地面积1.66万平方米，非产权建筑面积7500平方米。图书馆建筑面积300平方米，藏书12万册，其中纸质图书2万册、电子图书10万册。固定资产总值1751.75万元，其中教学、科研仪器设备总值1406.99万元。全年教育经费投入3224.58万元，其中国家拨款2458.57万元、自筹经费766.01万元。学校信息化经费投入21.94万元，信息化设备资产1183.10万元，网络信息点数567个，校园网出口总带宽50Mbps。有9个教学系，开设14个专业。教职工61人，其中专任教师33人、副教授11人；兼职教师63人，其中教授3人、副教授10人。毕业1679人，其中专科生919人、本科生760人；招生1493人，其中专科生652人、本科生841人；在籍学生5528人，其中本科生2547人，专科生2981人。全年短期培训5000人次。

（区教委）

【北京市农业广播电视学校顺义区分校年度情况】 年内，北京市农业广播电视学校顺义区分校占地面积 450 平方米，非产权建筑面积 385 平方米。固定资产总值 393.66 万元，其中教学、科研仪器设备总值 187 万元。有 2 个系部，开设 32 个专业。有教学班 26 个。教职工 23 人，其中专任教师 17 人、教辅人员 6 人；聘请校外教师 72 人；“双师型”教师 1 人。毕业生 490 人，就业率 98%；招生 670 人；在校生 3284 人。

（区教委）

【北京市顺义区成人教育学校年度情况】 年内，北京市顺义区成人教育学校占地面积 3500 平方米，均为非产权面积。图书馆藏书 0.3 万册，均为电子图书。固定资产总值 238.36 万元，其中教学、科研仪器设备总值 220.32 万元。全年教育经费投入 110 万元，均为自筹经费。学校信息化经费投入 22.5 万元，信息化设备资产 135.2 万元，网络信息点数 67 个，校园网出口总带宽 1000Mbps，开设网络课程 264 门；开设 8 个专业，覆盖 3 个学科。教职工 35 人，其中专任教师 22 人，包括副教授 7 人；兼职教师 41 人。毕业 1572 人，其中专科生 984 人，本科生 588 人；招生 575 人，其中专科生 150 人，本科生 425 人；在校生 2136 人，其中专科生 502 人，本科生 1634 人。全年培训 22500 人次。

（区教委）

【为光明社区开展网上直播课程】 1 月起，北京市顺义区成人教育学校为光明社区开展网上直播课程。课程涵盖亲子教育、阅读分享、绿植养护、国画技法、沟通、整理、茶艺等方面，10 位老师参与授课。

（区教委）

【国学线上讲座活动】 2 月 5 日、23 日，区教委中教科、区社区教育中心和顺义一中联合主办 2 场“义品经典”国学线上讲座活动。北京大学历史学硕士、传统文化学者为学生带来《青春年少趣读论语》专题讲座。北京大学中文系文学博士、北京大学中文系助理教授、中华诗词学会理事老师做《品经典读红楼》专题讲座。

（区教委）

【老年教育课程开课】 3 月 22 日，顺义区老年开放大学春季课程全面开课。本学期开设课程 15 门，招收学员约 300 人。

（区教委）

【家庭教育研修班第二阶段培训】 3 月 26—27 日，顺义区家庭教育研修班第二阶段培训在区社区教育中心举办。3 ～ 6 岁研修活动以“我们的学习从什么时候开始”为切入点，从众筹主题、绘制图谱到课程设计，初步形成学前家庭教育课程框架。6 ～ 18 岁研修班学员分组调研小学一年级至高中三年级的学生成长需求，形成 12 个年级 15 万字调研报告，以此为基础开展分析研究，找准家庭教育侧重点，形成顺义区家庭教育钻石模型，逐步搭建指导阶梯图和课程体系。全区 60 余所中小学幼儿园德育干部、班主任、心理教师 69 人参加。

（区教委）

【农广校学员毕业论文答辩】 5 月 22—23 日，顺义农广校组织中国农业大学成人教育顺义教学点 2019 级毕业论文答辩。答辩采取线上形式开展，分成 6 组，聘请评委 18 名，其中中国农业大学 6 名教授为答辩组长。参加本次答辩应到 251 名学生，实到 245 人，答辩参与率 98%，合格率 100%。

（区教委）

【高考志愿填报政策解读】 6 月 28 日，顺义区社区教育中心举办高考志愿填报政策解读活动。邀请顺义区教育考试中心主任为家长进行 2021 年高考志愿填报指导，68 位家长及考生现场参与讲座。活动通过“顺义家长在线微信直播间”“北青直播平台”同步直播，逾 16 万人次在线观看。

（区教委）

【秋季招生】 10 月 17 日，北京开放大学顺义学校完成 2021 年秋季招生工作。开放教育招生 697 人，奥鹏网络教育招生 92 人，北开自主专业招生 26 人，共计招生 815 人。全年合计招生 1486 人，超额完成招生指标。

（区教委）

【“‘双减’背景下家庭教育的回归与重建”视频专题讲座】 10 月 27 日，顺义区社区教育中心邀请北京师范大学中国教育政策研究院执行院长、民进中央教育委员会主任做客顺义区家长教育大讲堂，为顺义家长开展主题为“‘双减’背景下家庭教育的回归与重建”视频专题讲座。张志勇围绕为什么要实施“双减”改革，“双减”改革需要哪些观念变革，“双减”改革对家庭教育提出哪些新要求，“双减”改革需要家庭学校如何协同，对家长关切的5个方面展开讲解，解答家长问题。家长通过互动板块进行留言。3.2万名家长参加线上学习，点赞互动8万条。

（区教委）

【老年开放大学新学期开课】　11月3日起，顺义区老年开放大学新学期17门课程陆续开课。所有课程采用线上授课方式，有学员370余人次参加学习。

（区教委）

【顺义区第十七届全民终身学习活动周开幕】　12月10日，“倡导数字学习　共创文明城区”顺义区全民终身学习活动周活动启动仪式举办。表彰本年度全区全民终身学习“学习之星”10名、全区市民终身学习示范基地7个、全区社区教育特色项目10个、全区优秀社区学习共同体7个、“顺义区老年学习达人”10名。活动采取视频直播方式进行，顺义学习网及顺义社区100块LED电子宣传屏同期展示。区相关单位和各镇街主管领导、社区教育工作者，各单位学习型组织工作主管干部、工作人员及各奖项获奖人员代表200余人在线参加，市民17万人次在线观看。

（区教委）

【举办中国传统文化系列活动】　12月10日，顺义区成人教育学校与顺义国际人才社区联合举办“学中国风·共顺义情”中国传统文化系列活动。活动邀请中国非遗民间艺术家协会会员指导50余名学生体验毛笔制作；邀请专业冰壶运动员、二级社会体育指导员带领学生开展冰壶体验活动。

（区教委）

【家长教育大讲堂讲座】　12月25日，区教委、区教育中心举办家长教育大讲堂讲座。邀请中央团校、中国青年政治学院教授做主题为“学习落实家庭教育促进法　让孩子生活更美好”讲座。家长大讲堂全年举办11场讲座，邀请多位知名专家授课，顺义区家长15万人次参与学习，家长满意度100%。

（区教委）

2021年家长教育大讲堂讲座一览表

时间	主题	授课专家
4月30日	儿童阅读讲方法	张泉灵
5月28日	如何培养心理健康阳光的孩子	兰　海
6月25日	关注心理健康·善意养育孩子	李小萌
7月28日	如何培养孩子学习的内驱力	韦远婕
8月6日	小学生常见心理问题及矫正	杨　霞
8月13日	利用暑期有效助力孩子成长	常晓敏
8月18日	做高情商的父母·养育高情商孩子	黄翯青
8月31日	现代家长角色定位	钱志亮
10月27日	双减背景下家庭教育的回归与重建	张志勇
11月23日	家庭劳动教育不仅仅是劳动	班建武
12月25日	学习落实家庭教育促进法，让孩子生活更美好	陆士桢

【社区教育】　年内，区社区教育中心创建多元主体社区教育格局，形成一镇（街）一特色、一村（居）一品牌格局，推动形成市民终身学习圈。持续打造E学堂精品课程、义品经典国学讲堂，为镇街和学校开展培训200余次，服务9000余人次，在线观看超10万人次。举办顺义朗读者沙龙活动10场，累计1.5万人次观摩；举办纪念建党100周年朗诵作品巡演8场。开展家长教育沙龙讲座10期，130万名家长在线学习。家教名师校园行以家长学校试点校为重点服务对象，针对试点校上报的主题、专家、时间等需求，举办活动27场，现场参与家长超1000人次，线上直播参与3万余人次，覆盖50所学校。亲子绘本领读设计活动主题34项，开展线下活动127场，2500人次参加。对接旺泉街道澜西园社区孵化中心，开展“绘本领读爱心团”实施工作。

（区教委）

民办教育

【概况】 年内，有各级各类民办学校和教育机构65家，其中民办幼儿园28家，民办小学3家，民办完全学校8家（九年一贯制学校1家、十二年一贯制学校3家、十五年一贯制学校4家），民办职业高中3家，学科类培训机构23家。培训各级各类人员91256人。固定资产总值16560万元，教学实习仪器设备资产值30110万元。校园占地面积580.52万平方米，教学行政用房建筑面积210.65万平方米，体育场（馆）13.2万平方米。藏书55万册。

（区教委）

【课后服务和校外培训机构规范管理专题调度会召开】 3月25日，顺义区课后服务和校外培训机构规范管理专题调度会召开。区教委主管领导及相关科室负责人分别汇报课后服务和校外培训机构规范管理工作相关情况，分析研讨下一步工作安排。

（区教委）

【民办教育机构年审】 3—5月，区教委民办科完成民办教育机构年检工作。年审合格的各级各类学校88所，其中中小学11所，职业学校1所，幼儿园21所，各类培训机构55所。民办教育机构中，涉及学历教育在校生11318人，幼儿教育在园儿童6199人，培训学校在校学生4660人；学历教育和幼儿园专兼职教师4266人，培训学校教学人员233人，其他人员114人。

（区教委）

【组织培训机构线下课程有序恢复】 3—7月，区教委民办科下发《关于培训机构恢复线下培训上报申请材料的通知》，各机构按照“自查自评、书面申请、全面整改、公开承诺”的工作程序，经教委和有关部门核查通过并予以批准后，有序恢复线下培训。

（区教委）

【人工智能与教育发展论坛暨AI数字化融合教学应用观摩活动】 5月20—21日，全国民办学校人工智能与教育发展论坛暨AI数字化融合教学应用观摩活动在北京市新英才学校举行。中国民办教育协会会长、北京城市学院院长宣读《中国民办教育协会人工智能与教育专业委员会成立决定》，与会领导上台揭牌，为首批19家副理事长单位授牌。教育界专家、教授围绕人工智能对教育发展的影响与作用做主题发言。在“全国民办学校人工智能与教育发展论坛”上，与会专家围绕“展望未来教育的新样态”“人工智能时代民办学校如何乘势而为”“新技术如何赋能教育教学创新”“科技企业如何助力教育创新”4个议题交流研讨。研讨结束后，与会人员观摩新英才学校AI数字化融合教学应用。

（区教委）

【民办学校年度工作汇报测评会召开】 12月18日，顺义区民办学校年度工作汇报测评会召开。9所民办学校负责人分别就党建工作、教育教学、学生管理、队伍建设、安全管理、财务管理、疫情防控等方面工作情况进行全面总结，分析存在问题，展望2022年学校发展方向。教委相关业务科室、中心负责人听取汇报并进行测评打分。区教委有关领导，区教委相关科室、中心干部及民办学校负责人30余人参加。

（区教委）

【民办幼儿园年度工作汇报测评会召开】 12月23日，顺义区民办幼儿园年度工作汇报测评会以线上视频形式召开。31所民办幼儿园园长依次汇报园所党建、教育教学、幼儿管理、队伍建设、安全管理、财务管理、疫情防控等方面工作情况，同时分析存在问题，展望2022年度园所发展方向。区教委相关业务科室、中心负责人听取汇报并进行测评打分。学前科负责人对2021年度民办学前教育年度考核工作进行总结，并就如何规范做好民办学前教育教学工作提出意见和建议。区教委相关业务科室、中心和民办学校负责人50余人参加。

（区教委）

【规范促进民办教育办学】 年内，区教委规范促进民办教育办学。受理行政许可事项37个，终止办学

17个，变更举办者、地址等18个，审批学校1个（诺德安达学校），幼儿园2所（丽喜嘉宝、乔治二幼），增加学前学位660个，推进金茂国际学校选址工作，谋划中德产业园内教育配套建设项目。

（区教委）

【规范有证校外培训机构办学行为】 年内，区教委规范有证校外培训机构办学行为。通过材料审核与实地验收，批准恢复线下43址。区教委形成“领导包片，科室包镇，专业科室包校，督查包点儿”四级联动检查机制，机关出动672人次，检查机构1764家次；民办科出动308人次，检查机构1204家次。通过宣讲政策、反复沟通，引导培训机构转型或退出教培市场。全区63址学科类培训机构压减至23家24址，压减率62%。协调指导29个委办局、25个镇街、3个功能区管委会摸排和取缔无证机构，开展联合执法检查30余次，移交市场监管部门违法违规线索20个，组织集体会商12次、双专班联合约谈9次、联合应对5次，妥善处置接诉即办738件、舆情提示36次，通过行政执法手段处理处罚震慑，各属地年初摸排无证机构65址。市级调度会召开92次，区级调度会议14次，负责区领导参加市级会议并汇报6次，由民办科组织召开的各层次工作部署会、协调会、约谈会等60余次。

（区教委）

特殊教育

【概况】 年内，有特殊教育学校2所（教育部门公办1所，其他部门办1所），开设教学班29个（教育部门公办25个）；毕业24人，均为教育部门公办；招生39人，均为教育部门公办；在校生324人（教育部门公办252人，其中小学160人、初中92人）；教职工89人（教育部门公办73人），专任教师63人（教育部门公办47人）；残疾儿童入学率100%、巩固率100%。

（区教委）

【资源教师线上交流研讨会召开】 1月14日，顺义区资源教师线上交流研讨会召开。小学一组、二组及中学组研讨会分别进行。各校资源教师针对上一年工作进行总结，展望本年度工作。区特殊支持教育中心及全区资源教师40余人参加。

（区教委）

【“感觉统合”线上培训活动】 1月27日，区特教学校聘请昌雨春童康复中心教师开展线上“感觉统合”专业培训。培训包括“认识感觉统合”“自我伤害行为的感觉统合治疗方案”以及感觉统合器材的使用方法和康复训练作用等内容。特教专家总结发言，推荐阅读《情绪、学习与脑：探索情绪神经科学对教育的启示》。全体教师参加培训活动。

（区教委）

【融合教育教师培训活动举办】 3月12日，区特殊支持教育中心“区本化个别化教育计划制订和实施”培训活动在线上举办。全区各中小学主管融合教育工作领导、资源教师、融合教育骨干教师120余人参加。

（区教委）

【清明节主题教育活动】 3月29日至4月5日，区特教学校开展“清明缅怀英烈 弘扬传统文化”清明节主题教育活动。活动分为缅怀革命先烈和弘扬传统文化两部分。

（区教委）

【市教委实地评估】 4月28日，顺义区接受市教委关于《北京市特殊教育提升计划（2017—2020年）》实施情况实地评估。评估分为专家进班听课、听取汇报、查阅档案资料、集体座谈四部分。区教委小教科、特殊支持教育中心、特教学校80余人参加。

（区教委）

【特殊教育教学专业指导培训活动】 10月11—15日，区特教学校开展特殊教育教学专业指导培训活动。台湾特殊教育专家和学校负责教学工作的领导干部听取15位骨干教师和青年教师现场课。教育专家为教师重点指导知动训练形式、内容、方法及如何与课堂教学有机整合；对重度学生开展一对一评估，规范教师和家长操作方法；为职业教研组做职业课程建设、职业课程评量培训，分析现有职业课程内容设计优势和问题，并提出改进意见。

（区教委）

【融合教育试点校线上课题结题会举办】 11月15日，“北京市普通学校融合教育推行委员会制度建设”立项课题《普通学校融合教育推行委员会促进学生发展的机制与实践路径的研究》试点校线上课题结题会举办。3所试点校（园）进行成果汇报，北京教科院特殊教育研究指导中心专家出席，区特殊支持教育中心及顺义十二中、仇店中心小学、石园北区幼儿园3所试点校（园）干部教师30余人参加。

（区教委）

教育督导

【概况】 年内，区教委督学督政科贯彻落实国家和北京市《关于深化新时代教育督导体制机制改革的意见》，依法、依规，经常化、常态化、制度化、规范化开展督导活动，不断提高教育督导质量和水平。组织督学58人次参加北京市各种培训，组织区级中心小学及幼儿园督学参与区级督导评估培训194人次。组织督学参加北京市教育督导案例、论文撰写，5人获奖，2人获评“督学之星”。组织挂牌责任督学开展中心小学幼儿园疫情防控督导、“五项管理”、义务教育“双减”等专项督导工作。组织指导全区145所幼儿园完成第一轮办园质量督导自评工作。完成迎接市对区履职回访督导检查工作。完成北京市“双减”专项督导迎检组织协调工作。修改完善《2021年顺义区人民政府履行教育职责情况回访督导整改工作台账》《整改工作台账推进表》，通过整改台账推进相关部门履行教育职责。重新修订《2021年教育服务和教育环境治理考评实施细则》及专项督导分值表，完善各种评价指标。通过自查自评、问卷调研、数据对比、过程性管理、综合性评定等对镇街开展考核。研制《顺义区创建学前教育普及普惠区督导评估工作方案》及《评估细则》。

（区教委）

【中心小学幼儿园疫情防控专项督导】 1月25—29日，区教委督学督政科开展中心小学幼儿园疫情防控专项督导活动。组织29名挂牌责任督学检查各校对疫情防控最新部署要求的落实情况，涉及全区231家中心小学、幼儿园。

（区教委）

【春季开学情况专项督导】 3月1—3日，区教委督学督政科组织29名挂牌督导行政督学对全区146所幼儿园、85所中心小学开展春季开学工作专项督导。以实地督导为主要形式，了解中心小学、幼儿园春季开学情况，督促指导中心小学、幼儿园切实做好疫情防控、校园安全等各项工作，保证顺利开学。

（区教委）

【全面实施素质教育自评工作】 3月15日至5月11日，区教委督学督政科要求各中、小学校对照《2021年教育服务和教育环境治理考评实施细则》评价指标体系组织自评并撰写自评报告，完成自评工作。各学校自评报告内容包括情况简介、工作组织机构、自评工作开展过程、年度自评报告主体（包括督导评估指标的组织领导、学校治理、教师队伍、教育教学、实践育人、办学成效和特色工作）及存在的主要问题和改进措施，阐述发展前景。

（区教委）

【迎接市对区履职回访督导检查】 4月21—22日，市督导检查组检查顺义区政府履职回访督导工作。区委常委、区政府常务副区长从“坚持问题导向，扎实推动整改落实；坚持目标导向，全面深化教育督导体制机制改革；坚持结果导向，全力做好‘双减’工作”三方面代表区政府汇报工作。召开相关委办局、教委相关科室（部门）负责人、校园长代表座谈会，听取有关工作介绍。检查组一行分别到顺义五中、天竺中学、仁和中心小学、木林中心小学、裕龙二区幼儿园和南法信幼儿园实地查看，查阅档案资料。市督导检查组专家、区教委、区相关委办局主管领导，教委机关科室（中心）负责人、部分校园长代表和受检学校、幼儿园干部教师参加。

（区教委）

【2021年幼儿园办园质量督导评估工作会召开】 4月23日，区教委督学督政科召开2021年幼儿园办园质量督导评估工作会。会议简要回顾2020年度幼儿园办园质量督评工作，部署本年度幼儿园办园质量督导评估工作，讲解操作流程以及注意事项，简要分析办园质量自评工作。区教委副主任张长征参加会议并讲话。督学督政科、幼儿园督评专家及行政督学90余人参加。

（区教委）

【北京市学前教育督查调研及跨区联合督查工作】 5月20日，北京市学前教育督查调研及跨区联合督查活动在顺义区澜西园二区幼儿园举行。督查组对园所门卫管理、视频监控、食堂安全、保健室设施设备、室内外环境等重点部位督查过程跟进；对顺义区督查工作中的内容细化、分类推进、多元反馈、实地复核等督查措施；认可研究跟进、上下联动、协调一致的工作机制。市学前教育规范监督管理办公室负责人、区学前教育科相关负责人参加。

（区教委）

【“双减”职责履行情况专项督导】 9月14日，市政府教育督导委员会办公室专项督导检查顺义区履行“双减”职责情况。督导检查组对区政府加强组织领导、校外培训机构规范治理、校内提质增效、专项工作执法检查等情况开展实地督导检查。区委常委、常务副区长汇报顺义区政府“双减”工作履职情况，市督导检查组与区教委、区委政法委、公安分局、区金融办等区级“双减”专班主要成员单位负责人和培训机构负责人代表召开座谈会，就“双减”工作开展情况、存在问题进行交流，并现场查阅档案资料。检查组到顺义十二中、北京四中顺义分校和西辛小学对学校落实“五项管理”、开展课后服务、疫情防控等工作进行实地检查和资料查阅。区教委等“双减”专班成员单位有关负责人，区教育系统人大代表、政协委员代表，区教委有关科室负责人，相关学校干部教师，培训机构负责人代表参加。

（区教委）

◆9月14日，市政府教育督导委员会办公室专项督导检查顺义区履行“双减”职责情况（区教委）

【中小学“双减”、幼儿园食品安全等专项督导】 10月11—15日，区教委督学督政科组织挂牌责任督学对79所义务教育学段学校（不含特教学校）规范教育教学秩序、课后服务、“五项管理”情况，对149所幼儿园视频监控运行管理、食品安全情况开展专项督导，并对9月秋季开学专项督导中发现问题的84所中心小学、幼儿园整改情况开展“回头看”督导。

（区教委）

【全面实施素质教育综合督导工作】 10月21日，区教委督学督政科开展全面实施素质教育综合督导工作。组织4个督导组对沿河中学、南彩学校、后沙峪中心小学、顺义一中附小等4所中小学全面实施素质教育情况进行综合督导。各督导组前期通过审阅学校自评报告，开展师生和家长网上问卷调查，听取校长对于全面实施素质教育工作情况汇报，分组听课、评课，组织干部、教师和学生座谈，查阅档案资料，查看校园环境等方式了解学校实施素质教育情况。督导组汇总各校的成功经验、有效做法，提出更高要求，针对存在的问题给出合理改进建议，并以督导回复意见书的形式下发至学校。

（区教委）

【办园质量评估】 年内，按照《北京市幼儿园办园质量督导评估办法（试行）》，督评幼儿园126所，评定出B级105所、C级14所、D级7所，19所社区办园点按北京市要求延迟督评。

（区教委）

【教育质量评价监测】 年内，教育评价与监测中心开展中心小学课堂教学网络评价项目，3000人次学生参与课堂教学效益诊断，生成684份学科报告，85份校级报告和班级报告，为学校教师改进教学和提高学生学业成绩提供依据。以学校现有考核体系为主体，结合北师大的教师专业发展研究理论，为9所项目校建立教师考核平台。完成本年度国家义务教育质量监测工作。涉及20所样本校600名学生和270名教师，于5月27日、28日完成所有测试。开展顺义区增值性评价促进高中校多样化特色发展项目，与市教育督导评估院合作并签署协议，6所高中校参与。

（区教委）

文化

综 述

【概况】 年内，区文化和旅游局在公共文化服务体系示范区建设、文化活动开展、文遗保护传承、行业监管等多方面工作均取得新进展，镇街综合文化中心建成率、面积达标率和功能完备达标率均达到100%，文图分馆建成率100%，村社文化室487个，覆盖率100%；农村“文艺演出星火工程演出”730余场、“周末场演出”60余场、“百姓周末大舞台”50余场；“顺义公共文化云”平台上线，满足群众精神文化需求。

（区文化和旅游局）

【“顺义公共文化云”平台正式上线】 10月14日，“顺义公共文化云”正式上线。云平台是以区文化中心、镇街综合文化中心和村社文化活动室三级公共文化服务体系为支撑的大数据共享平台，涵盖文化活动、公益培训、影剧演出、艺术展览等内容，可提供参观预约、活动报名、在线观演观展等服务。年访问量16.82万人次。

（区文化和旅游局）

【公共文化服务体系示范区建设】 年内，出台《顺义区建设北京市公共文化服务体系示范区实施方案》等政策，明确任务指标，推进示范区建设规范化、科学化、精细化；召开公共文化服务体系建设推进会议21次，强化对基层的督促和指导。本年度镇街综合文化中心建成率、面积达标率和功能完备达标率均达到100%，文图分馆建成率100%，村社文化室487个，覆盖率100%。

（区文化和旅游局）

【文化惠民活动提质升级】 年内，送出农村“文艺演出星火工程”730余场，“周末场演出”60余场，“百姓周末大舞台”50余场。公益电影放映10000余场，依托公益电影放映平台，开展红色电影展播；夏季在全区25个文化休闲广场开展露天放映活动。大剧院和影剧院通过引进国家级演出团队，推出高品质演出剧目提升区内文化供给品质。

（区文化和旅游局）

【公益文化活动】 年内，区文化馆举办文化演出、非遗活动、志愿者活动、特殊群体服务、主题展览、下乡巡展巡演等文化活动133场；文化馆免费开放艺术培训课程、名师名课及书画讲座等课程336课时，惠及10.5万余人次。

（区文化和旅游局）

【高丽营镇入选北京市2021—2023年度“中国民间文化艺术之乡”】 年内，文化和旅游部公布2021—2023年度“中国民间文化艺术之乡”名单，高丽营镇凭借“评剧”入选。

（区文化和旅游局）

文化设施

【首家部队图书馆分馆建成投入使用】 7月31日，顺义区首家部队图书馆分馆——执勤第八支队“卫士图书馆”武警分馆正式启用。分馆面积120平方米，馆藏图书1.34万册，涉及军事、科技、文学、历史、法律等学科；引入数字化阅读设备，配备1台自助借阅机、2台朗读亭，可通过全市的“一卡通”系统实现图书通还通借、智能化管理等服务功能。

（区文化和旅游局）

【光明街道图书馆分馆获2021年“十佳优读空间”称号】 11月10日，由市委宣传部、市文化和旅游局主办的2021年“阅读北京·十佳优读空间——百姓身边的基层图书室推优活动”评选结果揭晓，区图书馆光明街道分馆荣获“十佳优读空间”称号。

（区文化和旅游局）

【区文化中心全面开放】 年内，顺义区首个大型公共文化综合体——区文化中心全面启用。总建筑面积6.38万平方米，包括博物馆、图书馆、文化馆、大剧院4部分，集公共文化服务与娱乐休闲功能于一体。年接待70.65万人次。

（区文化和旅游局）

◈2021年，顺义区文化中心全面启用（区文化和旅游局）

【公共文化设施建设】 年内，全区文化广场、镇街综合文化中心、村（社）文化室和其他公共文化设施面积增加83.79万平方米，总面积221.49万平方米，人均面积1.67平方米。

（区文化和旅游局）

【图书馆公共文化服务水平进一步提升】 年内，区图书馆入藏新书6万种32万余册；为25家镇街分馆配送图书49万余册，流转7.5万册次；开展线上线下阅读活动332场次，累计参与11.5万余人次，数字资源访问量17.57万次。

（区文化和旅游局）

【益民书屋图书补充更新】 年内，为全区25个镇街530家益民书屋补充各类图书2555种5.3万余册，总价值213万余元。

（区文化和旅游局）

文化活动

【举办第二十八届“五月的鲜花”系列基层群众文化活动】 5月14日，顺义区第二十八届“五月的鲜花”系列群众文化活动基层文艺会演在李桥镇拉开帷幕。活动以庆祝建党100周年为契机，以“永远跟党走”为主题，以广泛发动群众参与为基础，围绕庆祝建党100周年及党史学习教育系列活动，鼓励以大型企业、村、社区为单位原创各类文艺节目，全区各镇、街道、委办局，经济功能区32家单位参加。

（区文化和旅游局）

【大型原创现代评剧《使命》首演成功】 5月28日，由区戏剧家协会、北京市凤翔艺术团联合打造的大型原创现代评剧《使命》在区文化中心文化馆剧场进行首演，百余名观众到场观看。故事根据顺义区医院感染性疾病科医护人员真实事迹改编。

（区文化和旅游局）

【顺义大剧院文艺演出活动】 5月29日开幕演出以来，顺义大剧院设置“锦秋顺艺演出季”“夏韵潮白演出季”等多个艺术板块，涵盖“戏韵流芳”“艺赏荟萃”“戏如人生”“乐耳清音”“童心玩趣”等众多演出内容，完成演出48场。

（区文化和旅游局）

【“永远跟党走”歌曲传唱活动】 6月15日，由区委宣传部、区文化和旅游局、区文学艺术界联合会共同主办的顺义区庆祝建党100周年“永远跟党走”歌曲传唱活动在顺义大剧院举办。来自区内基层文化志愿者、文化工作者、文化馆业务干部、社区工作者、高校文化志愿者等160余人现场参与活动。

（区文化和旅游局）

【第六届端午文化节】 6月12—14日，“和满京城，奋进九州”第六届端午文化节在汉石桥湿地举办。活动分为线上、线下两部分，线上推出国韵风端午特色宣传片、“粽粽”乐全民线上知识竞赛、“端午•印记”VR全景3D游览等系列活动，线下设置三大活动展示体验区，重点展示宣传北京非遗和传统文化知识。

（区文化和旅游局）

◈6月12—14日，“和满京城，奋进九州”第六届端午文化节在汉石桥湿地举办（区文化和旅游局）

【“八一”建军节公益电影展映活动】 7月31日至8月2日，在双拥社区文化广场开展“八一”建军节公益电影展映活动，集中放映《地雷战》《智取威虎山》《金刚川》等一批革命题材影片。

（区文化和旅游局）

【“月圆京城　情系中华”顺义中秋音乐会】 9月18日，由区委宣传部指导、区文化和旅游局主办、北京顺义中演大剧院管理有限公司承办的“月圆京城 情系中华”顺义中秋音乐会在顺义大剧院上演，部分港澳台同胞、道德模范代表及其他特邀嘉宾、区内外音乐爱好者和媒体记者观看演出。

（区文化和旅游局）

◆9月18日，“月圆京城 情系中华”顺义中秋音乐会在顺义大剧院上演

（区文化和旅游局）

【“百年峥嵘·顺义记忆”建党100周年主题展览】 10月21日至12月中旬，在区博物馆举办“百年峥嵘·顺义记忆”建党100周年主题展览，展览面积320平方米，分为“开辟新天地”“建设新家园”“开启新征程”“奋进新时代”4个展室，展出作品112幅。除静态图片、文字展示外，还设立顺义优秀原创剧目放映厅。

（区文化和旅游局）

【全区首个抗疫专题展览——“最美的样子·疫中有大义”】 年内，在区博物馆举办全区首个抗疫专题展览——“最美的样子·疫中有大义”，展出面积约260平方米，分为“初心使命”“医者仁心”“国门卫士”“爱家管家”“春暖花开”五大篇章，展出纪实照片179张、字画37幅、请愿书12张、防疫海报14张、防疫手册9本以及各类实物展品等总计超过300项。线上展览同步在“顺义旅游”平台上线。

（区文化和旅游局）

文化市场监管

【暑期文化市场专项整治】 6—7月，以校园周边、社区周边的小卖部、小商店、文具店等为重点点位，严查销售各类非法出版物以及口袋书、有害卡片的非法行为；对辖区出版物领域和网吧接纳未成年人、未核实登记进行重点检查，打击非法违法经营行为。加大处罚市场违规、违法经营行为力度，提升立案数量和办案数量，有效保障暑期文化市场专项治理效果。办理违法案件38件，罚没款1.31万元。严密排查人员密集类文化娱乐经营单位以及印刷复制企业消防安全、安全生产隐患，切实解决堵塞消防通道、易燃物清理不及时、经营者安全意识淡薄等问题。

（区文化和旅游局）

【多措并举助力精品文艺创作繁荣发展】 年内，出台《顺义区促进文化和旅游业发展扶持办法》给予年度舞台艺术原创作品、文学原创作品20万～400万元的资金扶持；研究制订《顺义区关于对抗击新冠疫情期间创作的优秀抗疫题材作品的奖励资金管理工作方案》，对255个项目进行奖励，包括书法、摄影、诗歌、朗诵、绘画等类型。开展“璀璨之夜”摄影作品大赛、春联征集大赛、“新起点、新梦想、新征程”书画作品展等多项群文活动；举办“携手战疫、你我同行”公益原创作品征集活动，并筛选优秀作品在微信、微博公众平台广泛宣传推广，收到原创作品300余个。依托市、区两级媒体资源和文化艺术基金，鼓励本土优秀艺术团体打造精品剧目并加大宣传推广力度。

（区文化和旅游局）

【“三问”措施提升公共文化服务满意度】 年内，“问需于民”丰富公共文化活动。依托区文化中心“三馆一院”特色公共空间和镇街文化馆、图书馆总分馆等公共文化基础设施，推行“问需于民”建设，对接基层群众文化需求。“问计于民”完善公共文化服务。围绕公共文化服务定期组织基层文化工作者、文化志愿者等召开座谈交流会，现场征集意见和建议；通过问卷调查、邀请基层群众体验参与公共文化活动等形式，进一步完善全区公共文化基础服务。“问效于民”提升公共文化服务满意度。结合月度公共文化体系示范区创建督查通报机制，在区图书馆、区文化馆、区博物馆及全区25个镇街综合文化中心张贴“随手拍二维码”，开展群众满意度调查，定期对满意度排名前三位和后三位进行区级公示通报，促进公共文化服务提质增效。

（区文化和旅游局）

【营利性文化艺术类培训机构疫情防控】 年内，对全区营利性文化艺术类培训机构再次进行全面摸排，上账文化艺术类培训机构186家，形成“行业+属地”双线管控，确保无遗漏、无死角。将最新防控要求第一时间下发培训机构和属地，进一步明确测量体温、扫码验码、实名制登记、错时错峰、限量管理、规范佩戴口罩和教学区“封闭式”管理等工作要求。抽调机关骨干力量组成11个检查组，以美术类艺术培训机构为重点，由副职领导带队下沉一线全面检查疫情防控措施落实情况。

（区文化和旅游局）

【“立体化”监管规范文化市场秩序】 年内，聚焦建党百年、全国“两会”、春节、暑期等重要时间节点，紧盯意识形态领域、新冠疫情防控、业界复工复产、安全生产、安全度汛、规范经营等重大事项，强化现场检查的频次和力度，保障辖区文化旅游市场整体秩序稳定有序。出动执法人员10896人次、执法车辆2589台次，检查各类经营单位3989家次，执法人员参与检查率100%，违法行为纳入检查率98.46%（全市排名第一），办理案件121件，罚没款5.45万元，没收各类非法物品1376件，发现并督促整改各类隐患问题300余处。组织应急演练30余场，参演人员200余人。接诉即办工作形成专班，负责调解、解答、回访工作，处理群众投诉1156件。全年文旅行业安全生产形势稳定，无安全生产责任事故。

（区文化和旅游局）

文化遗产保护

【一处东汉末年古墓发掘完成】 3月22日至4月12日，完成1处东汉末年古墓发掘工作。古墓位于北小营镇东乌鸡村，发掘面积170平方米。墓道铺设花纹地砖，出土汉代陶器等残片20余件。根据墓葬结构形制以及出土残片确定为东汉末年砖墓，距今有1800余年历史。

（区文化和旅游局）

【2项区级非遗项目入选市级非遗项目名录】 10月，北京市政府公布52项《北京市第五批市级非物质文化遗产代表性项目名录》，马坡镇马卷村五虎棍、火绘葫芦技艺分别入选传统舞蹈类和传统美术类。全区有市级非物质文化遗产项目8个，其余6个为顺义曾庄大鼓、张镇灶王爷传说、杨镇龙灯、孙氏糕点模具制作技艺、牛栏山二锅头酒传统酿造技艺、高跷秧歌（大胡营）。

（区文化和旅游局）

【区博物馆展陈】 年内，区博物馆上展文物248件，征集藏品21件、企业展品7件，为群众提供讲解服务406场、志愿服务366次、主题活动20余次；举办《最美的样子•疫中有大义》《百年峥嵘•顺义记忆》等主题临展3场，推出“云游博物馆”“小聪讲故事”等短视频系列。

（区文化和旅游局）

【革命旧址隐患排查】 年内，区文物所对焦庄户地道战遗址纪念馆、庞山惨案遗址碑、顺义区烈士陵园、回民营烈士墓4处革命文物保护单位进行全面巡查，要求各文保单位做好革命文物维护保护工作。

（区文化和旅游局）

【非遗文化保护与传承】 年内，开展全区非物质文化遗产普查，编制《北京市非物质文化遗产普查项目汇编顺义卷》，收录顺义非遗成果158项；在区文化馆建立区级非物质文化遗产永久性展厅，鼓励镇街建立非遗传承人工作室、作品陈列室，截至年底，成立民办非遗实物展厅3个，以图片、实物、多媒体等形式全面展示全区非遗保护和传承成果。

结合节假日，举办区级、镇街级非遗项目展演展示及教学活动，邀请群众现场体验中国结、九连环等非遗技艺；联动校园开展百余次非遗技艺进校园活动；建立10个非遗传承示范点，有序传承学员21万余人次。挖掘灶王文化，打造北京·顺义张镇灶王文化节，树立集文化体验、滑冰嬉雪、非遗体验于一体的“灶王”新春吉祥文化活动品牌；推动非遗项目与“顺意好礼”文创产品融合发展，开发设计非遗产品9项45款。线下依托北京国际汽车展、舞彩浅山旅游登山文化节、樱桃文化采摘节、冰雪温泉欢乐季、燕京啤酒文化节等重大节庆活动进行现场展览展示；线上充分发挥市、区两级媒体资源优势，借助中央电视台、北京电视台等多家媒体对杨镇龙灯、张镇灶王爷传说、孙氏糕点模具制作技艺进行宣传报道；利用自有微信公众号开设非遗宣传专栏，介绍40个非遗项目。

（区文化和旅游局）

【新发现杨镇药王庙修建物证1件】 年内，新发现杨镇药王庙修建物证——清代石刻功德碑1块，长190厘米、宽72厘米、厚21厘米，碑体有一角断裂残损。经鉴定，为清道光年间为记录杨镇药王庙（已被拆除）修缮而立的功德碑。石碑被收藏于区文物管理所“碑林”中。

（区文化和旅游局）

【文物保护持续加强】 年内，完成杨镇关帝庙、龙湾屯镇张中坞村兴隆寺、赵家峪药王庙文物抢险修缮工程，焦庄户地道战遗址地道及核心区39座民房修缮工程；配合区域重点工程考古勘探271.98万平方米，发掘面积1575.32平方米；对10处不可移动文物的建筑保护地范围及建控地带进行现场勘查、调研、测绘，绘制文物地形图46幅；接到群众提供文物信息的电话8件，保护可移动文物10件（牛栏山镇先进村清代石碑2块、赵全营镇赵全营村明代赑屃1件、南彩镇前俸伯村清代石碑1块、杨镇红寺村清代石碑1块、仁和镇河南村清代石碑1块、旺泉街道澜西园小区孙亚军捐赠祖辈所用“三甲连登”掇石1块、古菱齿象牙化石1块、原石门村三教寺石狮1对）；开展顺义区不可移动文物图片展、文物普法进校园、文物知识培训等活动。

（区文化和旅游局）

媒体传播

【概况】 年内，区融媒体中心坚持以习近平新时代中国特色社会主义思想为指导，坚决贯彻落实中央、市委、区委各项决策部署要求，紧紧围绕中心、服务大局，突出重点、打造亮点，持续提升新闻舆论“四力”，纵深推进媒体融合改革，为全区经济和社会发展营造良好舆论氛围。全媒体推出新闻20305条、专题 110期、报刊105期，制作总结片30部、短视频402个、微课堂23个、公益广告26条。在学习强国App北京平台、《北京日报》北京号等刊发信息9617条。

（区融媒体中心）

【视频号试运营获百万浏览量】 6月22日，区融媒体中心微信视频号“北京顺义”开始运营。截至年底，总浏览量突破300万次。作品《北京顺义“荷”您相约》获“腾讯微信官方政务 & 新闻媒体成长计划”首条推介。《致敬顺义暴雨中的逆行者》观看人数近16万人次。《十字路口的他，你遇见过吗？》点赞量3256次，评论223次。开设《主播说新闻》《顺顺创城》《我为群众办实事》等栏目。刊发融媒作品200余条，单条浏览量均有2万人次。

（区融媒体中心）

【融媒体中心获多个奖项】 年内，区融媒体中心围绕党史学习教育、疫苗接种及疫情防控、创建全国文明城区、“两区”建设、重大活动、接诉即办、安全生产、民生保障等重要主题，发挥全媒体优势，加强节目策划，构建精准宣传格局。电台新闻作品《顺义十二时辰》获第30届（2020年度）北京新闻奖二等奖。在2020年度北京市优秀广播电视节目评选中，顺义融媒《北京自贸区国际商务服务片区挂牌 顺义占片区总面积59%》《产业扶贫让“土豆豆”变成“金豆豆”》等6部作品获奖，获奖数量居全市各区融媒体中心第二位。《直击顺义核酸检测现场！寒夜里的坚守与执着！》获评2021年度第三季度北京市优秀融媒体新闻作品。广播剧《文明一家人》获评2021年四季度北京市广播电视创新创优节目。2部作品入围2021年第4期、第5期全国县级融媒优秀作品双月赛。《区人大和区政府合力推动代表议案“落地开花结果”》获第十七届北京市宣传人民代表大会制度好新闻二等奖。短视频《顺义区第一位共产党员李昆》获北京市广播电视局“红色试听之旅”融媒行动优秀短视频。系列短视频在北京电视台举办的《走进北京网红打卡地》之“拔草行动VLOG挑战赛”评选中获“最美VLOG”称号。《顺义这片4色樱花花海免费开放，快来打卡》等3部作品入选新华社新闻信息中心推出的《“四季旅行”项目第一季——春天摄影大赛》。

（区融媒体中心）

【创新宣传党史学习教育】 年内，区融媒体中心围绕党史学习教育，以“百集栏目学党史、百堂课程讲党史、百位党员话初心、百名青年感党恩、百首红歌传精神”为主线，推出系列栏目、活动。推出《顺顺学党史》《学党史悟思想办实事开新局》《我为群众办实事》等栏目800余期。与区委党校共同打造的《红色讲台微课堂》栏目、与区政协联合开展的“永远跟党走——政协委员学党史读书活动”等登上学习强国、首都广播电视、《北京日报》北京号等平台。“我为妈妈献才艺”暨顺义区第七届青少年才艺大赛举办，活动累计浏览量50余万人次。《心中的歌儿献给党》主题MV在市委宣传部主办的北京市“永远跟党走”歌曲传唱活动、市委组织部举办的“全市党员教育电视片观摩交流活动”等平台集中展映，累计点击量破百万。25个镇街党（工）委书记演播室里畅谈党史学习教育，在“学习强国”北京平台以“卡片专题”形式重点推荐。

（区融媒体中心）

【疫苗接种及疫情防控报道】 年内，区融媒体中心发布疫苗接种及疫情防控相关信息5000余条。精心制作《新冠疫苗，您接种了吗？》系列专题片，独家电话专访市疾控中心副主任。

（区融媒体中心）

【跨区域融合效果颇丰】 年内，顺义区融媒体中心与内蒙古自治区巴林左旗、科左中旗融媒体中心对接合作取得阶段性成效。双方围绕“东西部协作再升级”工作大局，策划推进“携手共绘乡村振兴壮美画卷”“借鉴成功经验精准抗疫”“优质文旅人民共享”等一系列选题。其中3篇报道、2部城市宣传片于两地融媒平台及《北京日报》北京号、《赤峰日报》等媒体平台刊播转载，累计收听收看逾900万人次。

（区融媒体中心）

【创城主题宣传】 年内，区融媒体中心全媒体平台推出《创建全国文明城区》《创城有我》《文明广角》等10大栏目，聚焦创城故事、每日密集报道。《顺义时讯》推出“创城特刊”10期33万份。电台推出原创广播剧《文明一家人》，在学习强国北京平台热播。顺义融媒关于创城宣传推出信息500余条。

（区融媒体中心）

【“两区”建设宣传】 年内，区融媒体中心与北京电视台《北京新闻》栏目合作推出《“两区”建设对话一把手：顺义区发挥三大优势，加快推动“两区”建设！》。转载人民网《北京顺义公布“两区”建设一周年“成绩单”，书写高质量发展“顺义答卷”！》等央级、市级媒体关于顺义“两区”建设宣传。全媒体刊播“两区”建设信息100余条，累计点击量突破500万次。

（区融媒体中心）

【构建全媒体矩阵联盟】 年内，区融媒体中心实现“三个维度”的融合：与昌平区等北京市各区及内蒙古科左中旗等对口援助地区的融媒体中心对接合作，实现“横向融合”；与区内各政府机关、企事业单位等二级宣传平台对接合作，构建起全媒体矩阵联盟，实现“纵向融合”；与学习强国、新华网、光明网、人民网、《北京日报》北京号等中央、市级媒体及宣传平台互联互通，做到“贯通融合”，实现以区融媒为引领，60余家单位及媒体“融”“通”一体的格局。

（区融媒体中心）

【聚焦重大活动等服务保障】 年内，区融媒体中心利用顺义电台、电视台、《顺义时讯》、北京顺义公众号、北京顺义App等“3+8”融媒体矩阵宣传报道2021年中国国际服务贸易交易会、世界智能网联汽车大会、中国北京国际科技产业博览会、HICOOL全球创业者峰会等重要会展活动，综合运用图文、音视频、H5、360度全景VR、特刊等多种形式制作融媒体产品。协助拍摄《双奥之城 城市之光》北京冬奥会主办城市系列宣传短视频。参加市广电局举办的《纪实的力量》主题论坛暨资源对接环节，确定一项市局支持专题片制作项目。完成区委、区政府及相关委办局交给的总结片、宣传片、专题片等制作任务，其中包括庆祝中国共产党成100周年顺义区服务保障总结片《永远跟党走》、新冠疫苗接种总结片《新冠疫苗 应接尽接》、顺义区招商引资工作专题片《创见新境 跃然新生》等30部。参加2021年中国国际服务贸易交易会“媒体融合”展示。承办第八届顺义区道德模范发布仪式。

（区融媒体中心）

◆9月7日，区融媒体中心记者在暴雨中采访（区融媒体中心）

档　案

【**概况**】 年内，区档案馆馆藏档案129个全宗。其中馆藏纸质档案274764卷（件），图书资料13193册（卷），声像档案8736张（盘），实物档案1161件。接收土地确权档案71170卷；8个疫情防控小组文书档案3795件，实物档案8件；接收全国第四次经济普查文书档案51件，照片档案30张；国庆70周年文书案卷96卷，文书档案文件级359件，光盘13张，实物14件。开放鉴定工作主要是对各立档单位1989年度形成的档案进行复审鉴定。接收政府信息文件86件。

（区档案馆）

【**馆藏档案为党史学习教育搭建平台**】 5—6月，对馆藏顺义党史资料进行整理编辑，配合区委组织部、区史志办联合策划开设《建党百年 顺义党史》专栏，在顺义组工专题推送8期；配合区史志办、区融媒体中心联合策划开设《顺义党史》专栏，在学习强国App北京学习平台推送5期。

（区档案馆）

【**国际档案日活动**】 6月9日，举办以“档案话百年”为主题的2021年国际档案日活动。活动当天，开展《中华人民共和国档案法》等相关法制宣传；设置咨询台，为公众提供档案事务咨询；开放《潮白烽火》展览、档案编研成果展示；召开档案工作人员座谈交流会；开展档案查阅体验、破损档案修复演示、档案库房参观等活动。

（区档案馆）

【**百年峥嵘 顺义印迹——顺义党史档案陈列展**】 6月底，区档案馆利用馆藏文书档案、照片档案、实物档案及党史资料，与区委组织部、区委宣传部、区史志办等单位联合举办《百年峥嵘 顺义印迹——顺义党史档案陈列展》。截至年底，接待参观者1500人次。

（区档案馆）

◆6月底，区档案馆与相关单位联合举办《百年峥嵘 顺义印迹——顺义党史档案陈列展》（区档案馆）

【档案党史图书“五进”活动】 7月，区档案馆联合区史志办将《民国时期档案精编》《中国共产党北京市顺义区历史》等自编图书送到顺义区光明小学、顺义区第三中学、光明街道东兴第一社区、北京燕京啤酒集团公司等单位，平均每个单位送图书300本。

（区档案馆）

【与东兴第一社区开展共建教育活动】 8月，区档案馆爱国主义教育基地与光明街道东兴第一社区居委会共同组织中小学生暑期夏令营活动。以青少年学生为教育重点，组织学生参观《百年峥嵘 顺义印迹——顺义党史档案陈列展》，讲授顺义党史知识。组织东兴第一社区老党员开展“重温顺义党史”活动。

（区档案馆）

【发挥爱国主义教育基地作用】 9月，区档案馆爱国主义教育基地与北京农业银行顺义支行团支部、团区委等单位开展“请党放心、强国有我”主题团日活动；与宁波银行北京分行顺义支行党支部、北京北一法康生产线有限公司等单位开展“学党史 悟思想 办实事 开新局”主题党日活动；与海淀文旅局、北京银行顺义支行等单位开展“践行社会主义核心价值观”活动。

（区档案馆）

◆2021年，区档案馆充分发挥爱国主义教育基地作用，与多家单位开展共建活动（区档案馆）

【档案利用】 年内，档案利用查阅中心区接待查档利用者3323人次，利用档案2690卷（件）次。其中婚姻档案利用2950人，查阅案卷2063卷（件）；婚姻档案跨馆利用75人次，利用档案79件次；协助其他档案馆、婚姻登记处办理跨馆查阅49件次；接待跨省查阅婚姻档案1件次。知青招工利用113人，查阅案卷83卷件。土地证档案利用16人，查阅案卷17卷件。工作查考利用244人，查阅案卷527卷件。调取纸质文书档案1605卷件。

（区档案馆）

【档案信息化】 年内，扫描文书档案51709卷（件）328234页，著录目录84121条。

（区档案馆）

地方志

【概况】 年内，区史志办坚持以习近平新时代中国特色社会主义思想为指导，深入学习贯彻党的十九大和十九届历次全会及习近平总书记重要讲话和重要指示批示精神，树牢“四个意识”，坚定“四个自信”，坚决做到“两个维护”，以庆祝中国共产党成立100周年为契机，深入开展党史学习教育，以党建引领党史、地方志事业高质量发展。

（区史志办）

【《北京年鉴2021》顺义区情部分组稿】 5月，按照中共北京市委党史研究室、北京市地方志编纂委员会办公室的组稿要求，完成《北京年鉴2021》顺义区情部分稿件撰写工作。提供稿件8400余字，照片5张。

（区史志办）

【《北京农村年鉴2021》顺义区情部分组稿】 11月，按照北京市农村经济研究中心的组稿要求，完成《北京农村年鉴2021》顺义区情部分稿件撰写工作。提供稿件1.2万余字，照片5张。

（区史志办）

【《顺义区关于落实〈北京市党史和地方志工作规划（2021—2025年）〉的实施方案》印发】 12月9日，《顺义区关于落实〈北京市党史和地方志工作规划（2021—2025年）〉的实施方案》以区委办文件印发。方案涵盖5大项16小项任务。

（区史志办）

【《北京顺义年鉴2021》出版】 12月，北京市顺义区党史地方志办公室编纂的《北京顺义年鉴2021》由北京出版社出版。该卷年鉴设区情综述、特载、专文、大事记、中国共产党顺义区委员会、顺义区人民代表大会、顺义区人民政府、政协顺义区委员会、纪检 监察、民主党派、人民团体、法治、军事、临空经济、经济管理、农业与农村建设、工业和信息化、建筑业、商务服务业、旅游业、生态环境、交通 邮电、城乡建设与管理、应急管理、科技、教育、文化、卫生、体育、社会生活、街道 镇、荣誉、统计资料、附录34个类目，下设224个分目2734个条目，收录图片345幅，表格11张。卷首专题图片设“图说抗疫”。

（区史志办）

【《北京市顺义区地名志》出版】 12月，北京市顺义区党史地方志办公室组织编纂的《北京市顺义区地名志》由北京出版社出版。全书编纂上限起于地名发端，下限止于2014年12月31日。设彩插、凡例、概述、大事记、正文、附录、索引、参考资料和后记16章63节70余万字，收录地名1242个，图片214张。主要记述自然地理实体、政区聚落、交通设施、古迹名胜、生产建筑和公共建筑等有代表性的地名，以及历史地名等内容，重点介绍地名来历、演变过程和研究成果。编纂工作于2017年11月启动，全区52家单位参与编纂。

（区史志办）

文学艺术

【概况】 年内，区文联深入贯彻落实习近平总书记“七一”重要讲话精神、十九届历次全会精神、习近平总书记在中国文联十一大及中国作协十大上关于文艺工作的重要论述，深入践行党的宗旨意识，正确认识新时代文艺的地位作用和使命任务，发挥党和政府联系广大文艺工作者的桥梁纽带的作用，担负起团结引领文艺工作者的重要职责。

（区文联）

【原创现代评剧《使命》】 5月28日，由区委宣传部、区文化和旅游局、区文联指导，区戏剧家协会和北京市凤翔艺术团共同打造的原创现代评剧《使命》在区文化馆小剧场首演。《使命》是根据顺义区医院感染性疾病科主任杨力生、护士长田雅利和护士孙伟、金维等医务人员在抗击新型冠状病毒肺炎疫情期间的真实事迹创作。公演以线上线下相结合的方式进行，累计观看人数近5万人。

（区文联）

【《旗帜——李大钊与顺义》参演主题活动】 7月3日，顺义区舞蹈家协会创编、北京音乐舞蹈学校表演的舞蹈《旗帜——李大钊与顺义》，参加“薪火好少年 奋进新时代”——京冀牵手关心下一代主题演出活动。

（区文联）

【区文联完成协会换届工作】 9月22日，顺义区摄影家协会第四次代表大会在顺义宾馆会议中心举行，选举产生顺义区摄影家协会第四届理事会及其领导机构。李宗印当选为主席，王洪、孔建斌、朱明旺、李鹏飞、易国跃、梅秀华当选为副主席，孔建斌当选为秘书长，李鹏飞当选为副秘书长。9月25日，顺义区舞蹈家协会第四次代表大会在顺义宾馆会议中心举行，会议选举产生顺义区舞蹈家协会第四届理事会及其领导机构。王玉玺当选为主席，王子堉、刘月娟、孙文斌、罗佳、陶陶、黄文娟当选为副主席，李娜当选为秘书长，邓斌、李万成、费翔当选为副秘书长。同日，顺义区音乐家协会第四次代表大会在顺义宾馆会议中心举行，会议选举产生顺义区音乐家协会第四届理事会及其领导机构。屈涛当选为主席，乔达、刘岩、孙旗、杨晓东、张莉、陈艺、赵建起、宫香兰、高英梓、梁福兰当选为副主席，杨晓东当选为秘书长，郝孟钢、席国英当选为副秘书长。

（区文联）

【重阳节活动】 10月14日，区书法家协会主办“敬老爱老百花香千幅翰墨颂重阳”进辖区养老机构书法文化交流，艺术模特协会应邀参加顺义区第一社会福利院慰问演出。

（区文联）

【意识形态工作】 年内，区文联号召所属38家文学艺术类社会组织认真学习贯彻落实《修身守正 立心铸魂——致广大文艺工作者倡议书》精神。要求各文学艺术类社会组织坚决处置违法失德问题，治理不良粉丝文化乱象等涉及行风建设、行业引领等方面的问题，加强意识领域安全工作，区文联领导带头严格把关文艺作品，确保文艺作品不出现意识形态安全问题。

（区文联）

【文学艺术类社会组织常态化疫情防控】 年内，区文联按照上级部门疫情防控工作要求，及时将疫情防控最新动态发送至各文艺类社会组织工作群，传达疫情防控最新指示精神；对各文学艺术类社会组织在疫情期间开展的各项演出及活动严格把控，鼓励各文学艺术类社会组织开展线上活动，要求对线下开展的各类活动严格按照疫情防控要求，做好疫情防控工作。

（区文联）

【党建引领】 年内，按照区委落实党建工作责任要求，区文联作为临时性党总支，组织批准所属协会及社会组织成立功能性党支部17家，组织开展“守初心担使命 奋进新征程”顺义文联领导干部讲党课、“学党史 感党恩 跟党走”等党组织主题教育活动。

（区文联）

【系列活动贺中国共产党成立100周年】 年内，围绕中国共产党成立100周年，开展系列书画展览、文艺节目展演活动。举办“感党恩 颂党情”庆祝中国共产党成立100周年书画艺术展活动、“仁和杯——我心向党”征文暨庆祝建党100周年主题系列活动、“建党百年朗朗诗声”颂中华原创朗诵诗征文活动、庆祝中国共产党成立100周年——“潮白河组曲”音乐会、“潮白河文学艺术奖”评奖等活动，编辑出版《顺义文艺》杂志第二期——祝中国共产党成立100周年特刊、“情注百联腾旭日 党辰百载沐春风”——第十一届顺义区主题书法作品画册、“多彩顺义 喜迎冬奥”摄影画册等。原创评剧《李昆》在北京市文联“艺映百年 情系傲雪”优秀节目展演中获优秀节目奖，顺义区文联获优秀组织奖。

（区文联）

【主题活动】 年内，各文艺类社会组织开展迎冬奥活动。区青少年阅读协会举办“一起向未来——顺义冰上五‘小花’邀您共赴冰雪 共享冬奥”；为迎接2022年北京冬奥会开幕倒计时100天，区音乐家协会副主席创作《飞跃冬梦》，区美术家协会参与北京市文联系统举办的“感党恩 迎冬奥”优秀作品展示活动，美协会员曹加新油画《京东大集》、邓一文油画《建设者》、郚瑞之国画《唱支山歌给党听》入选，并在北京天桥艺术中心展览。

（区文联）

【原创评剧《初心》】 年内，区戏剧家协会创作的原创现代评剧《初心》获由中宣部举办的“戏聚北京”一等奖，并在中央电视台戏曲频道（CCTV-11）完整播出。

（区文联）

【原创音乐作品】 年内，为庆祝中国共产党成立100周年，区音乐家协会创编歌曲《自从认识你》《十八岁的青春献给你》《在祖国怀抱里》《啊，伟大的中国共产党》等原创音乐作品；由区音协会员李秀阳作词、李光夫作曲的原创抗疫歌曲《最想见到你》在学习强国北京学习平台发布。

（区文联）

【“光荣在党50年”公益摄影服务活动】 年内，区摄影协会党支部开展“光荣在党50年”公益摄影服务活动，为50年以上党龄的老党员拍摄肖像照。

（区文联）

卫生健康

综　述

【概况】 年内，有户籍人口666387人，户籍育龄妇女133000人，其中户籍已婚育龄妇女10.2万人。办理生育服务登记8442例。户籍人口死亡数4494人、户籍人口总死亡率6.82‰，其中男性死亡2479人、死亡率7.61‰，女性死亡2015人、死亡率6.06‰。人口自然增长率2.08‰，男性和女性自然增长率分别为1.68‰和2.47‰。因病死亡人数4261人，占总死亡人数的94.82%。死因顺位前10位依次为心脏病、恶性肿瘤、脑血管病、呼吸系统疾病、损伤和中毒、内分泌和代谢疾病、消化系统疾病、神经系统疾病、传染病和泌尿生殖系统疾病，涉及4212人，占总死亡数的93.72%。2021年户籍人口期望寿命81.04岁，其中男性78.55岁，女性83.58岁。

全区各级各类医疗机构门诊661.02万人次，急诊44.77万人次，出院6.52万人次。二级及以上医疗机构床位周转率56.93%，一级医疗机构4.17%。二级及以上医疗机构出院者平均住院日数8.92天，一级医疗机构14.16天。二级及以上医疗机构住院病死率1.04%，一级医疗机构1.98%。全年住院手术2.16万人次。

（区卫健委）

医疗卫生改革与管理

【医药卫生体制改革持续深化】 年内，出台《顺义区深化医药卫生体制改革2021年重点工作安排》等一系列改革文件。协助国家卫健委持续做好全国医疗服务价格和成本监测工作。落实《关于印发深化医疗服务价格改革试点方案》文件要求，规范物理治疗类、影像等医疗服务价格项目调整。落实全市关于规范调整部分医疗服务价格项目和医用耗材医疗保险报销政策，落实关于规范调整物理治疗类等医疗服务价格项目的相关工作。做好药品集中采购常态化制度化工作，加快构建分级诊疗体系。全面落实党委领导下的院长负责制，推动公立医院高质量发展。

（区卫健委）

【顺义区“十四五”时期卫生健康事业发展规划】 年底，《顺义区“十四五”时期卫生健康事业发展规划》（简称《规划》）获区政府审批同意，并以区卫健公文形式正式印发执行。《规划》全面总结“十三五”时期顺义区卫生健康事业，分析工作形势，明确“十四五”期间卫生健康事业发展的总体思路、基本原则、主要目标、重点任务和保障措施。

（区卫健委）

医疗服务

【医疗机构】 年内，有在册医疗机构810家，其中三级医院6家，二级医院5家，一级医疗机构（含社区卫生服务中心）39家。有执业（助理）医师（包括西医、中医、中西医结合）4564人，注册护士4385人。编制床位5489张。平均每千常住人口拥有执业（助理）医师3.45人，注册护士3.3人。

（区卫健委）

【医疗质量管理】 年内，新成立区麻醉质控中心、临床输血质控中心。全区累计建设病案、药事、院感等质控中心17家。完成现场督查、指导活动45次。为辖区27家医疗机构统一投保医疗责任保险和医疗意外保险590685.14元。各二级及以上医疗机构均设置“一站式”服务中心，院内公示投诉电话，妥善协助患者处理医疗纠纷。

（区卫健委）

【护理工作管理】 年内，上报不良事件250例，其中管路滑脱44例、用药错误12例、跌倒坠床56例、皮肤压疮22例、意外事件82例、操作并发症21例、其他13例，整改率100%。护理人员发表论文179篇，其中核心期刊5篇。

（区卫健委）

【血液管理】 年内，完成血液采集16605.18单位，其中团体无偿献血8810.2单位。临床用血11300.5单位，采供血平衡率147%。报销、减免血费58人次3.37万元。

（区卫健委）

【对口支援】 年内，选派扶贫协作专业技术人才40余人参与健康扶贫工作，接收内蒙古自治区科左中旗、巴林左旗42名医疗骨干到顺义区开展进修学习。协调非公医疗机构协会与顺欣阳光医院分别赴巴林左旗查干哈达苏木石房子嘎查村与十三敖包镇东风村开展对接活动。向查干哈达苏木石房子嘎查村捐赠现金、物资各2万元，向十三敖包镇东风村捐赠现金2万元、物资1万元。现场为200余名村民开展义诊，为50名村民进行心电图检查。

（区卫健委）

【处方点评管理】 年内，区级处方点评专家组点评26家社区卫生服务中心处方41242张，其中不合理处方2550张，处方不合理率平均6.18%。

（区卫健委）

【院前急救】 年内，全区有急救中心1个、急救站22处。平均呼叫满足率97.7%。120院前急救系统共派急救车辆38735次，累计救治36090人次。

（区卫健委）

【医疗设备采购审批】 年内，严格控制设备购置审批程序，坚持大额采购两级论证原则。受理24家医疗机构采购申请79项，总计金额7706.85万元。组织区级论证5次，论证金额5424.06万元。

（区卫健委）

【应急救援与大型活动医疗保障】 年内，以区120急救分中心为主的院前急救体系共执行专项医疗急救保障任务477次。

（区卫健委）

【征兵与高招体检】 年内，区中医医院承担区内征兵体检和高招体检工作。征兵体检工作中，无一例责任退兵；高招体检2957人。

（区卫健委）

【全程办事代理】 年内，共受理医疗机构审批924件，其中校验614件，变更221件，登记注册72件，中医诊所备案5件，注销12件。完成医师执业注册299人次、执业变更525人次，多执业机构备案703人次；护士首次注册242人，重新注册20人，延续注册261人，变更执业地点686人，更换主要执业机构553人。

（区卫健委）

【区域中医服务】 年内，制订《顺义区中医药产业发展“十四五”规划》。持续推进“名中医身边工程”工作，累计出诊585人次，服务患者3315人次。举办“顺义区第四届中医药文化节”活动，2500余人参与现场活动。开展“冬病夏治三伏贴”工作，17家医疗机构为3639人开展三伏贴贴敷服务，无严重不良反应发生。为区内集中医学观察点发放中药预防饮8485人份。

（区卫健委）

【药品阳光采购】 年内，通过药品阳光采购平台采购5299.54万盒，采购金额约18.11亿元。

（区卫健委）

【新冠肺炎疫情防控医疗救治】 年内，开设发热门诊4家，预检筛查机构25家，发热门诊累计就诊11.41万人次，累计留观2375人次。区医院建设完成负压病房10间，其中负压重症病房3间。有新冠核酸检测机构14家，单日最大检测能力9.1万例（1:1），其中区级核酸检测基地单日检测能力3000例。累计实施日常健康监测47.05万人。制订《顺义区隔离观察人员就诊流程》《顺义区社区卫生服务中心送药上门方案》，为出现非急危重症的隔离观察人员以网络诊断、电话问诊等方式先进行问诊并提供送药上门服务。制订《顺义区新冠疫苗接种医疗保障工作方案》，完成对接种者不良反应应急处置培训。二级及以上医院配备医疗救治人员76人、急救车28辆，作为应急处置及转运保障。

（区卫健委）

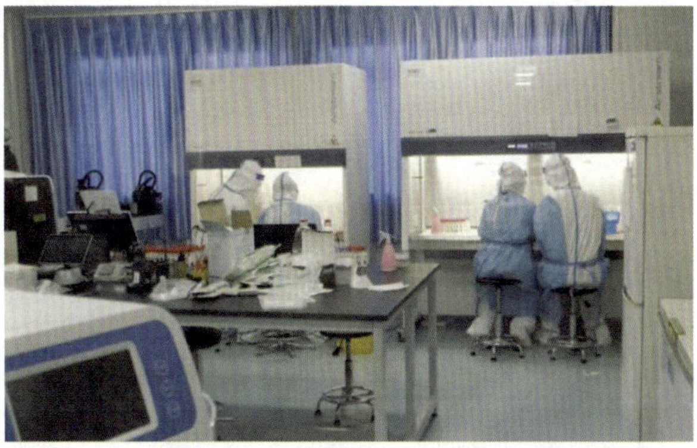

◆1月，区疾控中心核酸检测组24小时驻守PCR实验室开展核酸检测工作（区卫健委）

【社区卫生】 年内，有社区卫生服务中心26所，社区卫生服务站（运行）174所，均为政府办机构。有编内、编外卫生技术人员2156人，其中全科医生550人、中医医生136人、注册护士614人；全年门诊诊疗271.06万人次；家庭医生上门服务1534人次。完成社区卫生中心（站）标准化建设。有医用设备5619台，设备原值21958.51万元。

（区卫健委）

【村卫生室】 年内，配合区农业农村局完成辖区内各行政村村级医疗机构摸底，规划建设80个村级医疗机构。完成“一村一站（室）”医疗机构审批及人员配备工作。

（区卫健委）

【家庭医生签约服务】 年内，有常住人口132.40万人，全人群签约49.61万人，签约率37.4%；重点人群签约26.34万人，签约率99.8%。组建家医服务团队405个。

（区卫健委）

【慢病管理】 年内，各社区卫生服务中心管理高血压患者6.53万人，规范管理高血压患者4.35万人，高血压规范管理率66.65%， 血压达标4.73万人，血压控制率72.44%。管理糖尿病患者2.93万人，规范管理糖尿病患者2.01万人，糖尿病规范管理率68.61%，血糖达标2.02万人，血糖控制率68.94%。

（区卫健委）

【健康档案】 年内，建立健康档案（均为电子档案）101.07万份，占总人口数的82.31%；健康档案使用78.52万份，使用率77.68%。

（区卫健委）

【社区基本药物采购】 年内，26家中心（站）累计采购药品5400个品种规格，到货总金额5.8亿元，其中基本药物3.06亿元，占总到货金额的52.9%。

（区卫健委）

【老年人健康管理】 年内，完成老年人健康管理9.01万人，管理率62.77%。

（区卫健委）

疾病控制

【概况】 年内，未发生鼠疫、霍乱、传染性非典型肺炎、脊髓灰质炎、人感染高致病性禽流感、炭疽、流行性脑脊髓膜炎、白喉、新生儿破伤风、乙脑、狂犬病、钩端螺旋体病、人感染H7N9禽流感、麻风病、黑热病、包虫病、丝虫病等疾病。常见多发的传染病有肺结核、梅毒、痢疾、猩红热、淋病、艾滋病、布病、其他感染性腹泻、手足口病、流行性感冒。

（区卫健委）

【传染病防治】 年内，传染病监测工作共监测各类样品5068件。散发疫情访视情况调查共抽查各类传染病散发病例133例，访视人数131人，访视率98.5%。处置各类聚集性暴发疫情108起，其中暴发疫情6起，突发公共卫生事件相关信息1起（手足口）。处置布病散发病例14例，处置恙虫病2例，肝吸虫2例，斑疹伤寒1例，猴疱疹病毒相关疫情1起（韩美药业）。开展传染病地方病培训3次，累计培训300余人次；开展鼠疫桌面演练1次。全区共报告新冠肺炎病例101例（本土病例18例，境外输入病例83例），累计复阳17人；累计管理密切接触者3591人，次密接7376人；处置外航货运机组人员阳性51例。累计处置货物阳性疫情12起，处置外区和外省货物阳性相关联事件8起。

（区卫健委）

【地方病防治】年内，随机抽取空港街道、胜利街道、光明街道、石园街道、北务镇、张镇、李桥镇7个街道、镇，开展碘缺乏病重点人群监测。结果为：本年度8～10岁学生的甲状腺肿大率2.96%，符合国家规定的5%以内；学生家中食盐检测结果良好，碘盐合格率79.4%，合格碘盐食用率70.4%；另外采集5所学校食堂用盐5件，检测结果均为碘盐，其中合格碘盐2件，碘盐合格率50%，合格碘盐食用率40%，经权重后，全区总体合格碘盐食用率68.9%。孕妇尿碘检测结果中位数偏低，为119.25微克/升，但食用碘盐及含碘食品情况良好，碘盐合格率83.9%，合格碘盐食用率78%。其他重点人群碘营养状况处于适宜水平，学生、育龄妇女及成年男性尿碘中位数分别为195.9微克/升、138.7微克/升和179.7微克/升。高氟改水井枯、丰水期累计采水检测192件，水氟含量合格率保持在95%以上，仅有1眼井水氟含量超标，改水井正常使用率99.5%；氟斑牙普查49个村的本地出生8～10岁儿童504人，正常420人，氟斑牙34人，氟斑牙患病率6.75%，低于国家规定的30%以下，处于轻度水平。

（区卫健委）

【学校卫生】 年内，全区有中小学生79732人，实际体检人数73324人，体检覆盖率91.96%。中小学生视力不良检出率57.73%。肥胖检出率25.01%（中国学生超重肥胖BMI筛查标准2018），营养不良总检出率6.66%。缺铁性贫血检出率4.48%。恒牙患龋率15.03%，恒牙龋齿充填率37.70%。沙眼检出率0.00%。

（区卫健委）

【慢性非传染性疾病防治】 年内，结合健康促进与慢性病综合防控工作要点，实施重点慢性病高危人群的筛查和干预工作，包括心血管病高危人群筛查、结直肠癌早诊早治、脑卒中高危人群规范化管理、万步有约健走大赛和预防老年人跌倒综合干预等项目。新创建市级示范机构7家，其中示范食堂3家、示范餐厅2家、示范社区2家，全部通过市级验收。继续扩大和覆盖慢性病患者自我管理小组工作，开展自我管理小组649组，较上一年度新增10组，覆盖649个生活社区，覆盖率86.3%。采用入户和电话等形式，培训督导全区26家社区卫生服务中心对1546例肿瘤患者开展随访，随访病例1487例，失访率4.37%，低于市级要求的15%。开展癌症早诊早治项目，其中城市癌症早诊早治问卷初筛4000余人，临床检查1069例；农村大肠癌筛查问卷初筛5334人，肠镜检查1356例。在7家市级项目点开展脑卒中高危人群随访干预工作，随访1907人，随访率96.07%。26家卫生院均开展预防老年人跌倒综合干预工作，完成干预后问卷320份。在全区12个项目点开展心血管病高危人群筛查项目，完成问卷、体检、血生化检测等复筛调查625人，完成率104.2%，高危检出165人，检出率26.4%。完成高危筛查157人，完成率104.7%；长期随访3353人，完成率78.9%，符合市级考核指标。在3家卫生院6个项目点开展心血管病及其危险因素监测工作。监测内容包括问卷调查、身体测量、血生化检查3个部分，调查抽样1200人，实际应答1224人，总应答率102%。

（区卫健委）

【计划免疫】 年内，免费疫苗共接种25.83万人次，其中本市65岁以上老人23价肺炎疫苗接种1299人次，适龄儿童免疫规划疫苗25.70万人次。适龄儿童基础免疫、加强免疫报告接种率均在99%以上；本市儿童出生1个月内，流动儿童居住2个月内建卡、建证率均在99%以上。26家规范化接种门诊中，AAA级门诊3家，AA级门诊15家，A级门诊8家；另有4家其他预防接种门诊，承担区内疫苗接种工作。共报告疑似预防接种异常反应541例，发生率13.10/10万针次，全年未发生接种差错事故，安全接种率100%。其中一般反应149例，异常反应149例，偶合症175例，心因反应68例，未出现疫苗质量事故和接种事故。

（区卫健委）

【外来务工人员疫苗接种】 年内，调查集中用工单位231家，应接种麻疹疫苗3524人次，实接种129人次，接种率3.66%；应接种流脑疫苗3524人次，实接种128人次，接种率3.63%。学龄前流动儿童强化查漏补种工作调查到学龄前流动儿童16904人，补种/预约240人次，补卡、补证率、各疫苗补种/预约补种率均达到100%，达到北京市指标要求。

（区卫健委）

【流感疫苗接种】 年内，共设置免费流感疫苗接种点38个，自费接种点29个。接种流感疫苗12.92万人次、同比减少2.04%，其中免疫规划流感疫苗11.65万人次、同比提高2.94%，非免疫规划流感疫苗1.27万人次、同比减少32.12%。

（区卫健委）

【疫苗相关疾病及应急接种】 年内，全区无脊灰、流脑、白喉、新生儿破伤风、乙脑、狂犬病疫情发生。6家狂犬门诊共接诊动物致伤病例18047例，同比下降0.9%，其中暴露前免疫33例，暴露后免疫18014例，其中暴露后免疫者中致伤动物种类主要是犬（致伤8619例，占47.76%），其次是猫（致伤8469例，占47.01%），其他动物致伤959例。全年未发生一犬致伤多人事件。举办狂犬病免疫门诊培训2次。共报告疑似麻疹、风疹病例5例（按照现住地址和发病日期统计），其中实验室确诊风疹1例，排除4例，风疹发病率0.08/10万，同比下降50%，全年未出现暴发疫情。共报告流行性腮腺炎40例(无港澳台、外籍病例)，发病率3.28/10万，同比上升7.89%。共报告水痘病例393例（含港澳台病例1例，无外籍病例），发病率32.27/10万（含港澳台病例），同比下降11.08%。共报告百日咳1例，发病率0.08/10万，上年同期发病0例。共报告病毒性肝炎99例，其中急性和未分型病毒性肝炎35例，发病率2.87/10万，同比上升59.10%。甲肝6例，发病率0.49/10万，同比下降14.29%；乙肝3例，发病率0.25/10万，同比下降25.00%；丙肝2例，发病率0.16/10万，上年同期无发病；戊肝22例，发病率1.81/10万，同比上升100.00%；未分型肝炎3例，发病率0.25/10万，上年同期无发病；无死亡病例及暴发疫情报告。母婴阻断工作全年监测母亲乙肝表面抗原阳性的儿童20名，检测结果显示乙肝感染0人，感染率0.00%；抗体阳转人数19人，阳转率95.00%。

（区卫健委）

【健康教育与健康促进】 年内，国家级技术评估组对顺义区2年来健康促进区建设组织管理、健康政策、健康场所、健康文化、健康环境及健康人群六方面工作档案资料进行查看和复核。首次开展具有区级代表性的成人烟草监测工作，完成调查问卷2500份，分析并撰写《顺义区2021年成人烟草监测报告》。8月，在全区组织开展“顺义区健康提素线上学习竞答活动”，参与注册人数86274人，答题人数77728人，参与人数位列全市第四。全区创建无烟家庭2608户，控烟示范单位65家。全区各级医疗机构开展各类健康知识讲座1583场、受众6万余人，健康咨询活动276场、受众2.4万余人；启动《首都市民卫生健康公约》宣传年活动。为各镇街配发科普书籍4500余本。区内254块健康科普宣传栏更换1524期次；公交车身、公交站亭广告更换360期次；顺义博联、顺义隆华及各医疗机构数字化健康科普平台50余个点位每日滚动播放健康知识海报、视频；全年设计制作宣传折页、海报15种73.04万份；制作实物类健康干预工具2种2.17万份；为各医疗机构、各镇街、委办局提供宣传模板20种；利用顺义疾控中心微信公众号发布健康知识500条；利用北京顺义健康教育官方微博发布健康知识2847条；自主设计制作短视频6条。

（区卫健委）

【精神卫生】 年内，录入北京精神卫生信息管理系统减去死亡后的精神障碍患者4727人，其中严重精神障碍患者在册3564人［指精神分裂症、持久的妄想性障碍、分裂情感性障碍、双相情感障碍（包括躁狂发作）、癫痫所致精神障碍、精神发育迟滞伴发精神障碍的患者3482人，强制报告的六类外病种患者82人］，其他严重精神障碍患者1163人。累计申请免费服药患者2620人（临时免费服药在册患者111人），其中享受老政策免费服药患者572人，新政策累计2048人，新增180人。发放免费药品金额503万余元。发生突发应急事件40起，无精神障碍患者肇事肇祸事件。

（区卫健委）

【新冠肺炎疫情防控】 年内，共报告本土病例41例，密接6086人，次密接8054人，境外输入78例。核酸检测2837402人次。累计接种新冠疫苗3512895人次，其中第一剂1340240人次、第二剂1290444人次、第三剂882211人次。

（区卫健委）

综合监督

【职业卫生】 年内，累计完成178家涉及职业病危害因素的用人单位现场监督检查，并对非医用放射、医药、化工、电子4个重点行业的94家用人单位进行专项治理。受理各级各类投诉举报案件10起，均办结，群众满意率100%。做出行政处罚52起，其中简易处罚49件，一般程序处罚3件，累计罚款金额23.1万元。

（区卫健委）

【卫生行政许可和食品安全标准备案】 年内，卫生行政许可答询2000余件，受理865件、办结865件，办结率100%；其中公共场所办结768件，新办409件，延续223件，变更84件，注销52件；生活饮用水办结97件。食品安全标准备案接收备案资料73个，均备案完成，其中新备案17个，修订备案40个，修订后重新备案11个，注销5个。受理咨询1242人次。

（区卫健委）

【饮用水监测】 年内，应监督各类供水单位1400户，实监督各类供水单位1505户次，合格1415户次，合格率94%；不合格49户次，未能监督41户次（含注销单位）。开展北京双随机监督供水单位718户，双随机监督覆盖率100%。开展饮用水国家监督抽检15户，其中城市公共供水10户，涉水产品生产企业5户，监督抽检均合格。接到饮用水投诉40起，均办结。生活饮用水科审批发放卫生许可证26件，其中农村饮用水卫生许可证12件。

（区卫健委）

【新冠肺炎疫情防控监管】 年内，结合新冠肺炎疫情不同阶段的监管重点，出动监督员32380人次，执法车辆16190车次，监督医疗机构、公共场所、集中隔离观察酒店、核酸检测机构、核酸检测点等16190户次。下达卫生监督意见书2817份，责令改正通知书365份，行政警告436户次。

（区卫健委）

◆11月1日，北京汽车产业研发基地作为确诊病例活动范围，对工作人员集中隔离并快速进行核酸检测工作（区卫健委）

【公共场所环境卫生监测】 年内，应监督公共场所2250户，实监督2201户，监督覆盖率97.82%；抽检76户，合格76件，合格率100%；处罚384起，罚没金额10.8万元，其中一般程序95起，罚没金额9.96万元，简易程序289起，罚款金额0.84万元；受理12345举报投诉案件109起，办结109起，办结率100%。公共场所量化分级评定场所1858户，量化比例95.33%。

（区卫健委）

【放射卫生】 年内，开展放射诊疗并取得《放射诊疗许可证》的医疗机构98户，放射工作人员474人，在册并通过检测放射设备237个。受理完成放射卫生行政审批224件，其中受理新办17件，校验72件，变更76件，卫生审查30件，竣工验收27件，注销2件；发放《放射工作人员证》20件。

（区卫健委）

【医疗卫生监督】 年内，有医疗机构798个，监督检查796个，覆盖率99.75%；有效监督1676户次，合格1608户次，合格率95.97%。一般程序处罚24起，罚没金额42.348万元。计划生育专业监督检查20户次，合格19户次，合格率95%；实施行政处罚1户次，罚没金额6.54万元。

（区卫健委）

【消毒产品监督】 年内，实有消毒产品生产企业14家，其中消毒剂生产企业6家、卫生用品生产企业6家、消毒器械生产企业2家。5—8月，按照国家双随机监督抽检工作安排，抽检6户，其中抽检经营单位2户，第二类消毒产品2种；另抽检生产企业4户，消毒产品6种。经北京市疾病预防控制中心进行检测，北京健康云港新店医药有限公司在售的由江西海州生物科技有限公司生产的规格为15g每盒，批号为20200801的铍白金®皮黄金抑菌乳膏，检出氯倍他索丙酸酯，此不合格产品相关线索由北京市卫生健康委员会函告知该生产企业所在地管理部门，其他被抽检消毒产品的有效成分含量合格。6—11月，对14家消毒产品生产企业进行全覆盖监督检查，共抽检消毒产品17件，其中消毒剂8件、消毒器械5件、抗（抑）菌制剂1件、卫生用品3件。检查经营单位及使用单位55户、消毒产品107件，检查内容涉及第二类、第三类消毒产品卫生安全评价报告及其备案情况，结果均符合要求。

（区卫健委）

妇幼保健

【概况】 年内，辖区内活产6592人。产前检查率99.92%，早检率98.74%，孕产妇系统管理率97.46%；早孕建册率89.13%，7天内产后访视率99.40%，住院分娩率100%。高危妊娠管理率100%，高危孕产妇住院分娩率100%，剖宫产率45.39%。新生儿死亡10人，死亡率0.87‰；婴儿死亡23人，死亡率2.48‰；5岁以下儿童死亡33人，死亡率3.73‰。新生儿疾病筛查6580人，筛查率99.82%。有0～6岁儿童63191人，0～6岁儿童健康管理率98.86%，系统管理率97.77%；0～6月母乳喂养4503人，母乳喂养率91.53%。发放叶酸946人，健康教育946人，依从率83.37%，随访率99.89%，服用率98.20%。住院分娩的孕产妇接受艾滋病、梅毒、乙肝检测率100%，其中感染梅毒7例、感染乙肝病毒72例，所生新生儿72例均接种乙肝免疫球蛋白。

（区卫健委）

【出生缺陷防治】 年内，辖区常住人口孕产妇建档7498人、死亡1人、死亡率12.42/10万，剖宫产率45.39%，活产数6592人。全区有0～6岁儿童63191人。新生儿死亡10人、死亡率0.870‰，婴儿死亡23人、死亡率2.48‰，5岁以下儿童死亡33人、死亡率3.727‰。新生儿出生缺陷发生率31.789‰，主要出生缺陷病种为先天性心脏病、外耳其他畸形、多指（趾）、并指（趾）、新生儿隐睾。

（区卫健委）

【新生儿疾病筛查】 年内，辖区活产总数6592人，筛查标本数6580人，新生儿疾病筛查率99.82%，达到市级指标要求（98%）；诊断甲状腺功能低下10例，苯丙酮尿症2例，肾上腺皮质增生症1例。

（区卫健委）

【危重新生儿转会诊】 年内，全区危重新生儿转会诊通道平稳运行，危重新生儿转诊1067人，其中转至儿童医院75人，区内转诊975人，转至非指定医疗机构17人。

（区卫健委）

【儿童保健系统管理】 年内，有从事儿童保健服务的医务人员87人。辖区内智力筛查、听力筛查专项技术工作人员全覆盖。创建爱婴社区25家，规范化AA级社区17家，A级社区7家，AA级社区占比65.38%，北京市排名第一。

（区卫健委）

【集体儿童保健工作管理】 年内，管理辖区内幼儿园131所，教职工5329人，在园幼儿30775名，设专职保健医生210人。完成辖区34所托幼机构10706名在园儿童体检工作。

（区卫健委）

【儿童早期综合发展】 年内，完成儿童早期综合发展门诊9348人次，其他儿童体检6005人次，儿童龋态3137人次，儿童康复10522人次，髋关节超声2963人次，视力筛查10013人次，听觉筛查9739人次，自动性听力脑干诱发电位检查4523人次，骨密度检测6028人次，入园体检7231人次。

（区卫健委）

【儿童髋关节B超筛查】 年内，完成髋关节B超筛查2204人次。自2月26日开设髋关节诊断门诊起，完成髋关节诊断门诊582人次（确诊2例）。

（区卫健委）

【口腔保健】 年内，制订《2021年顺义区口腔公共卫生项目实施方案》，划分23家指定医疗机构服务区域。进行区级培训2次、420人受训。为3～6岁适龄儿童免费涂氟38092人次，为7～9岁儿童免费口腔检查及窝沟封闭33886人，封闭牙数15715颗。完成3所中学哨点监测，项目入园入校督导65次，完好率复查8次。举办爱牙日口腔健康教育讲座5次。

（区卫健委）

【婚前检查】 年内，完成区域婚前孕前保健优质化门诊的创建申报和验收工作。全年婚前检查2046对，孕前检查2170对。

（区卫健委）

【妇女两癌筛查】 年内，遴选9家社区卫生服务中心开展妇女多发病筛查防治工作。健康快车累计免费筛查适龄妇女8196人，其中乳腺癌筛查8196人，乳腺超声检查3963人，乳腺钼靶检查1888人，甲状腺超声检查1531人，盆底筛查6118人。共检出乳腺良性疾病1905人，乳腺癌前病变5人，乳腺癌7人；妇科良性疾病1195人；甲状腺良性疾病44人，甲状腺癌2人。

（区卫健委）

【计划生育技术管理】 年内，实施计划生育手术8101例，其中本地人口3480例，外来人口4621例；宫内节育器放置术775例，宫内节育器取出术946例；负压吸宫术513例，无痛负压吸宫术6287例，手术并发症0例。

（区卫健委）

【盆底门诊】 年内，完成盆底筛查4410例，盆底康复治疗7507人次。

（区卫健委）

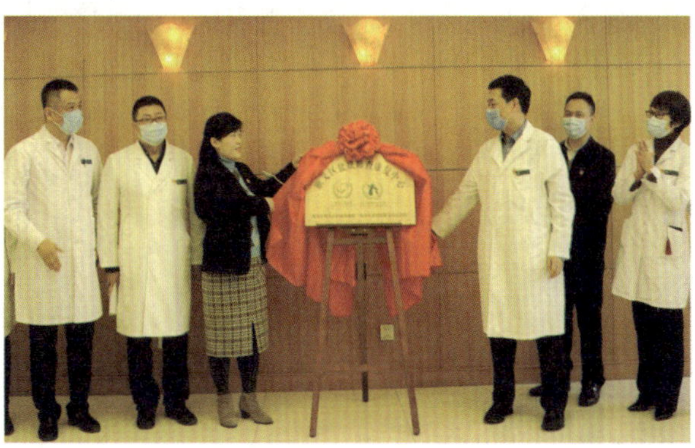

◆3月8日，顺义区首家妇女盆底筛查康复中心成立（区卫健委）

【更年期保健门诊】 5月27日，区妇幼保健院更年期门诊正式开诊。

（区卫健委）

计生服务

【计划生育管理】 年内，办理生育服务登记8442例。

（区卫健委）

【计划生育关怀】 年内，有奖扶对象11217人，伤残扶助对象527人，死亡扶助对象693人。其中新进入奖扶对象1285人，新进入伤残扶助对象59人，新进入死亡扶助对象62人。发放奖扶特扶资金4496.46万元。

（区卫健委）

【基层队伍建设】 年内，全区19个镇、6个街道有村居专干575人、村居离任专干127人，享受离任后一次性补助人员3人，在职年满20年一次性补助人员6人，发放资金40.54万元。

（区卫健委）

爱国卫生

【爱国卫生月活动】 年内，依据《市爱卫办首都文明办健康北京行动推进办关于开展第33个爱国卫生月活动的通知》精神，顺义区爱国卫生月活动的重点是开展环境卫生综合整治，出动党员干部及群众16378人次，车辆1058辆，清理各类垃圾1568吨，清除小广告2608处，消毒擦拭公共设施795处，消除环境死角1568处，投放鼠药3562公斤，张贴海报4100张，发放宣传材料3.8万份。

（区卫健委）

【病媒生物防制】 年内，开展全区统一灭鼠活动，出动人员5662人次，车辆1500余车次，清理滋生地5600余处，设置和修缮鼠站2.1万余处，投放灭鼠药6300余公斤。组织夏季蚊蝇消杀工作，累计571个社区(村)22546名工作人员和志愿者参加，清除卫生死角28286处，使用灭蚊蝇药品8440千克。聘请第三方公司开展“四害”消杀和密度监测服务，完成90个居民社区（村）、500余个中小餐饮单位、14个公园绿地水体和农贸市场七轮次的专业消杀任务。

（区卫健委）

【公共场所禁控烟宣传】 年内，利用城区主流街道3块LED电子屏、70块车站灯箱、20辆公交车身、252块社区健康教育专用宣传栏等户外媒体资源，滚动播放《吸烟和被动吸烟的危害》公益广告。

（区卫健委）

【国家卫生区复审】 年内，顺义区以812.7分通过国家卫生区国家级暗访。

（区卫健委）

【卫生城镇创建】 年内，6个街道完成市级考核验收，11个镇获得“北京市卫生镇”命名。

（区卫健委）

老龄工作

【老龄事业发展规划印发】 年内，区政府印发《顺义区老龄工作委员会关于印发顺义区“十四五”时期老龄事业发展规划的通知》（顺老龄发〔2021〕1号）。

（区卫健委）

【医养结合服务质量提升行动】 年内，有养老机构20家，其中医养结合机构5家，其余15家与属地卫生院签订医疗服务协议。区内49家养老服务驿站均与辖区卫生院签订医养结合服务协议。

（区卫健委）

【社区老年健康服务规范化建设】 年内，26家社区卫生服务中心均开展社区老年健康服务规范化建设，全部通过市健促会线上验收。

（区卫健委）

【老年友善医疗机构建设】 年内，有老年友善医疗机构27家，占本区医疗机构总数的87.1%。

（区卫健委）

【敬老孝老社会环境构建】 年内，开展以“实施积极应对人口老龄化国家战略，乐享智慧老年生活”为主题的“敬老月”活动，开展新冠肺炎疫情防控宣传、健康知识宣传等各类活动50余场；组织重阳节慰问演出80余场，组织其他重阳节活动100余场。

（区卫健委）

【老龄评选表彰活动】 年内，开展“敬老德福，北京市最美太极老人”评比活动，42位老人获评“北京市最美太极老人”。评选“寿星”443人，“孝顺之星”196人，其中2名候选人被评为本年度“北京孝顺榜样”。

（区卫健委）

【老年友好社区建设】 年内，开展“全国示范性老年友好型社区”创建，空港街道裕祥花园社区获评“北京市老年友好示范社区”。

（区卫健委）

体育

综 述

【概况】 年内，区体育局始终坚持以习近平新时代中国特色社会主义思想为指导，认真落实区委、区政府工作部署，聚焦“一个开局、两件大事、三项任务”，深入落实“平原新城看顺义”和“三个走在前列”目标要求，不断提升体育公共服务的能力和水平，各项工作任务稳步推进。

（区体育局）

【“我为群众办实事”】 年内，开展“我为群众办实事”，围绕“七有”“五性”，完成9项关系民生的重点项目。

（区体育局）

【优化服务体系惠民生】 年内，加大全民健身设施建设力度。投入2732万元为镇街村建设室内外健身场所30处，对2013年配建全区公园、村居及浅山各镇的212处（4514件）健身器材全部更新换代。拨付仁和镇、空港街道等15个镇街450万元，用于争创北京市体育特色乡镇、全民健身示范街道创建及成果巩固，全区有60%镇街获得北京市“双创”称号。延长体育中心室外篮球场夏季开放时间，满足群众夜间锻炼需求，促进夜间体育经济消费。面向全区推广体育健身预付费消费合同，促进体育健身消费规范合法，维护广大体育健身爱好者合法权益。

（区体育局）

【安全生产保稳定】 年内，全面加强体育运动经营单位防控工作执法检查，督促企业落实疫情防控措施，严格落实行业部门监管责任。督导检查324家次，出动检查972人次，查出安全和疫情防控隐患问题481处，下达责令改正通知书6份，行政处罚2家，罚没收入1万元，超额完成年初执法检查计划数量。严格赛事管控。暂停全部体育赛事活动，避免人群聚集。加强机关及青少年业余体校安全管理，督促各部门压紧压实疫情防控职责，确保各部门安全运行。

（区体育局）

【围绕中心服务大局】 年内，全力服务保障建党百年庆祝活动。区体育局作为庆祝活动服务保障和平鸽放飞任务的牵头单位，制订《顺义区党庆专题和平鸽保障工作方案》，统筹协调区卫健委、公安分局等部门，从信鸽征集、人畜防疫等方面周密策划，完成6000羽信鸽放飞任务。持续加强常态化疫情防控。制订《顺义区体育局机关疫情防控突发处置工作方案》，按照上级要求，抽调300余人次分赴仁和镇、胜利街道等镇街配合社区（村）防控组对风险地区开展5轮下沉检查。牵头完成2022年冬奥会和冬残奥会顺义境内火炬传递的各项服务保障任务，制订《顺义区火炬接力保障组分工方案》，统筹协调全区23家成员单位与市传递运行组、活动景观组等5个工作组对接，按照市区两级指挥部要求，推进各项服务保障任务。

（区体育局）

群众体育

【办好赛事活动添活力】 年内，组织北京市第十三届全民健身体育节开幕式、举办顺义区第十二届全民健身体育节开幕式，组织北京端午文化节暨2021年北京市端午节龙舟大赛等民族传统体育赛事，被中央电视台、北京电视台等多家媒体报道。举办第七届舞彩顺义冰雪运动欢乐季，拍摄“一起向未来”微视频，开展冰雪运动进社区、进校园活动50余场，万余人参加。

（区体育局）

◆年内，区体育局承办第十三届全民健身体育节开幕式工作（区体育局）

【组队参加“我要上全运”北京市第八届广场舞大赛】 9月15日，由市体育局主办，市社会体育管理中心、东城区体育局承办，市社会体育指导员协会、东城区社会体育管理中心等单位协办的“我要上全运”北京市第八届广场舞大赛在北京市地坛体育馆举办。本次大赛分为网络展演和线下决赛，有来自北京市各区近百支队伍的1500余人参赛。区体育局委派顺义区健美操体育舞蹈协会艺舞芳华健身团队18名运动员参赛，最终顺义区以92.21分的成绩获一等奖。

（区体育局）

【2021年顺义区“重阳杯”门球赛】 10月8—10日，由区体育局、区体育总会主办，区门球运动协会承办的2021年顺义区“重阳杯”门球赛在顺义公园门球场举行。来自全区30支队伍近300人参赛。

（区体育局）

竞技体育

【概况】 年内，区体育局获北京市体育贡献奖荣誉称号。组队参加北京市U系列及青少年锦标赛获得奖牌180余枚，位居全市第五名。全年审批624名运动员、裁判员、社会体育指导员。

（区体育局）

【参加2021年北京市青少年高尔夫锦标赛】 9月5日，由市体育局主办，市体育竞赛管理中心、北京高尔夫球运动协会和通州区体育局联合承办的2021年北京市青少年高尔夫锦标赛在北京大运河高尔夫球俱乐部落幕。比赛有来自顺义、东城、朝阳等7个区77名选手参赛。竞赛设男女甲乙4个组别，项目分为男、女组个人及团体两轮36洞比杆赛。顺义区高尔夫球协会选派12名选手参赛。于瀚杰以139杆的成绩获得男子甲组冠军，于瀚杰、龚飞全、田若霖和杨皓程以总分440分获得男子甲组团体第一名，王天朗获女子甲组第四名。

（区体育局）

冰雪运动

【参加2021年北京市青少年短道速滑锦标赛】 9月12日，由市体育局主办，市体育竞赛管理中心和国际交流中心、昌平区体育局、市滑冰协会联合承办的2021年北京市青少年短道速滑锦标赛在世纪星国际冰雪体育中心落幕。有来自东城、西城、顺义等14个区的187名运动员参赛，顺义区选派运动员靳爽参加本次比赛。在U16组别男女混合2000米接力中，靳爽以3分41秒的优异成绩夺得银牌；在U16女子组1500米、500米中靳爽取得第六名和第八名的成绩。

（区体育局）

【抽调2名教练员助力冬奥训练工作】 年内，由国家体育总局指派，区体育局抽调洪家新、荆超2名教练进入国家队前往多省执教。

（区体育局）

【冰雪项目训练器材及装备发放】 年内，区体育运动学校做好冰雪项目训练器材及装备发放工作。全区有冰球、花样滑冰、短道速滑、单板滑雪、双板滑雪、冰壶6个项目的11支冬季运动队伍。

（区体育局）

体育业训

【输送9名运动员参加北京代表团出征全运会】 年内，9名由顺义体校培养输送的运动员代表北京代表队参加第十四届全运会比赛。

（区体育局）

顺义区运动员十四届全运会参赛情况一览表

姓名	比赛项目
林高汇	柔道项目男子73公斤级比赛
李知海	拳击男子63公斤级比赛
乌勒怕尔·哈尔恒	拳击男子75公斤级比赛

续表

姓名	比赛项目
张胤博、穆奇	男子游泳10公里公开水域比赛
曹越涵	女子100米仰泳、200米仰泳、4×100米混接力
臧韦	女子马拉松比赛
王汀戈	羽毛球项目比赛

【输送队员获第十四届全运会群众赛事羽毛球比赛女双冠军】 9月25日，在全国第十四届运动会群众组羽毛球A组决赛中，由顺义体校训练并输送的羽毛球运动员徐菲聆、汤文颖代表北京队夺得女双冠军。

（区体育局）

体育产业

【扩大体育产业促消费】 年内，向全区76家体育运动项目经营单位推行“体育健身行业预付费服务合同”，明确企业对承诺服务、健身场所租赁情况和重要事项的告知义务，助推体育预付式消费市场规范化。推动体育赛事与旅游、文化的融合发展，促进全区健身休闲、场馆服务等体育服务业的有序提升。全区人均体育用地面积4.59平方米，全市排名第二。推进空港、马坡地区综合体育中心的选址工作。

（区体育局）

社会生活

精神文明建设

【概况】 年内，顺义区精神文明建设工作以习近平新时代中国特色社会主义思想为指导，学习贯彻习近平总书记关于精神文明建设的重要论述，贯彻落实党的十九大和十九届历次全会精神，紧紧围绕庆祝中国共产党成立100周年主题主线，贯彻落实中央、市委关于精神文明建设的重要部署，文明创建、文明实践、文明培育等工作取得新进展。

（区委宣传部）

【重大活动服务保障和文明环境营造】 年内，《顺义区“庆建党百年华诞　展首都最美风采”文明创建活动方案》印发，围绕“氛围营造、文明创建、风采展示”三大板块，推出15项重点活动，开展征文、演讲、诵读比赛等活动800余场。《顺义区“迎冬奥深化文明城区创建”五大行动方案》印发，开展“氛围营造、窗口服务、志愿服务、文明观赏、积习整治”五大行动13项重点任务。

（区委宣传部）

【新时代文明实践中心】 年内，新时代文明实践中心建设不断完善，整合资源，深化新时代文明实践中心（所、站）建设。召开志愿服务工作推进会，开展业务培训16场、培训人数3000余人。顺义区新时代文明实践中心云平台发布宣传信息1185篇，点单活动记录3281次。开展理论宣讲等各类实践活动2.9万余场，受众116万余人次。开展“新时代文明实践周”志愿服务活动，围绕疫情防控、环境卫生整治等内容组织77家区直单位570余名党员干部下沉至6个街道，助力基层创城工作。坚持年初申报、年底考核、补贴激励的动态化管理措施，评选新时代文明实践示范基地6家，标准基地53家，发放补贴资金189万元。

（区委宣传部）

【创建全国文明城区】 年内，《顺义区创建全国文明城区三年行动计划（2021—2023年）》印发，坚持“一把手”抓创城，完善调度、检查、督导、约谈、通报、培训机制。召开顺义区文明委全体（扩大）会议暨深化全国文明城区创建工作会2次，创城指挥部全体会3次，创城工作专题会、推进会58次，创城新闻发布会3次，创城工作调度84次。紧盯背街小巷、老旧小区和农贸市场，集中开展“文明驾车”“清除小广告”“清脏治乱”等专项行动和活动400余场，施划车位2.2万余个，清除小广告1.2万余处，清理卫生死角8000余处，补修路面14.8万平方米，整改问题4450余项，创城参与度100%、成效满意度98.65%。

（区委宣传部）

【群众性精神文明创建活动】 年内，加强文明村镇创建，印发《顺义区推进乡村文化振兴工作方案》，以乡村文化振兴提升乡风文明，利用道德评议会等形式助推移风易俗，培育文明健康生活方式。加强文明单位创建，持续推进“诚信建设”等主题活动，在全区机关、企事业单位、街道社区开展文明单位创建工作。加强文明家庭创建，开展文明家庭创建系列活动百余场，1183户家庭获评“区级最美家庭”，10户家庭获评“首都最美家庭”，1户家庭获评“全国最美家庭”，1户家庭获评“全国文明家庭”。加强文明校园创建，《顺义区深化文明校园创建活动工作方案（2021—2023年）》印发，开展主题教育实践活动327期，全区文明校园创建参与率100%。

（区委宣传部）

【典型选树】 年内，开展道德模范、“2021北京榜样”等先进典型举荐工作，1人获评第八届首都道德模范，4人获评“2021北京榜样”周榜样以上人物。举办第八届顺义区道德模范发布仪式。春节前夕，走访慰问“顺义区道德模范”129名。

（区委宣传部）

【志愿服务】 年内，发动志愿者完成建党百年庆祝活动等重大活动志愿服务保障任务。举办顺义区第二届新时代文明实践志愿服务项目大赛。2名志愿者获评“首都最美志愿者”，3个组织获评“首都最佳志愿服务组织”，3个社区获评“首都最美志愿服务社区”，3个家庭获评“首都最美志愿服务家庭”。

（区委宣传部）

【未成年人思想道德建设】 年内，《顺义区未成年人道德建设实施方案（2021—2023）》印发并实施。组织开展“扣好人生第一粒扣子”主题教育实践活动近700场，受众70余万人次。推出顺义区“新时代好少年”10名，1人获评2021年度首都“新时代好少年”。

（区委宣传部）

【精神文明德法共治】 年内，运用普法阵地宣传《北京市文明行为促进条例》。开展青少年法治宣传教育活动，搭建学校、家庭、社会“三位一体”教育格局。

（区委宣传部）

【背街小巷环境整治】 年内，背街小巷环境精细化整治提升效果显著，3条街巷获评“2021年度首都文明街巷”，旺泉街道铁西路获评“北京最美街巷”。《精神文明报》刊登顺义区精神文明建设专栏宣传10期。

（区委宣传部）

【公共领域文明引导】 年内，巩固“文明一米线”教育实践成果，持续开展“疫情防控”“V蓝北京”“文明祭扫”“垃圾分类”等文明行为宣传。加大对书店等文化娱乐场所的检查力度，深入开展“扫黄打非”工作。11人获评2021年度首都“绿色生活好市民”，6个组织获评2021年度首都“优秀环保公益组织”。组织公共文明引导员在全区22个公交、地铁、站台、路口开展常态化文明交通引导活动，服务超3.5万小时，服务乘客总量5300万人次。在重要节日节点提供文明游园志愿服务，开展“文明驾车 礼让行人”“文明有礼好乘客推举”及新时代文明实践志愿服务等活动。加强网络文明引导，围绕重大活动、重大项目、重点工作推送网络宣传报道5.2万余篇，图文、H5等优质网络文化产品阅读量突破500万次。开展“4.29首都网络安全宣传日”系列活动。加大“网络文明自律公约”等网络文明宣传。

（区委宣传部）

社会建设

【概况】 年内，区委社会工委区民政局坚持以习近平新时代中国特色社会主义思想和对民政工作重要指示精神为指导，聚焦脱贫攻坚、特殊群体和群众关切，履行好基本民生保障、基层社会治理、基本社会服务等职责，全区社会建设和民政工作不断创新发展。全年研究深化社会救助审批制度改革具体举措9项，新建社会心理服务站点10个、养老服务驿站8家，社区服务空间开放式示范点5个、楼门院治理示范点17个，支出民政资金11亿元。

（区委社会工委区民政局）

【开展村（社区）新冠疫苗接种组织动员】 2月18日，区委社会工委区民政局牵头组建疫苗接种组织动员组，负责各村（社区）疫苗接种的组织动员工作。通过制订《顺义区村（社区）新冠疫苗接种组织动员工作方案》，指导属地不断摸排接种人口数据，拍摄疫苗接种宣传片，开展重点区域实地督导等工作，基本实现应接尽接。

（区委社会工委区民政局）

【社会组织管理服务项目文件制发】 3月9日，《“枢纽型”社会组织管理服务项目经费使用管理办法》（顺社委字〔2021〕9号）制印发，明确经费申请流程、使用范围和使用规定等内容。

（区委社会工委区民政局）

【老旧小区治理二期工程复工】 3月16日，老旧小区治理二期工程（电力工程）复工。工程于2018年4月开工，批复总投资6.81亿元，涉及4个街道17个小区，住户30345户。截至12月31日，五里仓小区等12个小区完工，使用新供电线路供电。

（区委社会工委区民政局）

【“社工宣传周”系列活动】 3月16日，围绕“汇聚社工力量 推动社区治理 助力乡村振兴”主题，联合区社会工作者协会，义祥、睿治社会工作事务所，在石园北一社区、旺泉澜西园二区开展“社工宣传”活动。现场发放宣传品7000余件，提供咨询50余人次。活动邀请首都经济贸易大学公共事业管理系教授通过《北青社区报》融媒体中心平台进行线上直播讲解，8.8万人次观看。

（区委社会工委区民政局）

【完成村（居）委会两委换届选举】 4月25日，

完成426个村、151个社区“两委”换届选举工作。换届选举经验成果《北京市顺义区村（居）委会换届实现各项指标历届最优》，被全国社区建设部际联席会议第19期简报作为专刊印发，并向全国推广。顺义区是北京市第一家在该领域级别刊物刊登典型做法的区。

（区委社会工委区民政局）

【开展社区服务空间开放式示范点】 5月7日，区委社会工委区民政局选取旺泉街道前进花园、望泉家园、西辛社区和空港街道香蜜湾、枫泉花园社区为社区服务空间开放式建设示范点，开展社区服务空间开放式建设，改造社区服务空间，划分咨询服务区、居民活动区等6个功能区域，落实社区全响应服务制，坚持“综合窗口”“全能社工”模式，开展社区服务活动，提升社区服务的环境品质。

（区委社会工委区民政局）

【社会组织等级评估】 7月8日，区委社会工委区民政局在线上召开本年度社会组织评估工作部署会，本年度社会组织等级评估工作正式启动。38家社会组织参与评估，其中AAAAA级社会组织6家、AAAA级社会组织9家、AAA级社会组织19家、AA级社会组织4家，评估结果在顺义网城公示。

（区委社会工委区民政局）

【（助理）社会工作师考前培训】 9月2日，2021年度顺义区（助理）社会工作师考前培训工作启动。聘请专业教师团队，以线上教学的方式，为25个镇、街社区社会工作者，区妇联、区总工会、区残联等专职社会工作者等1100余人，开展4期助理社会工作师和2期社会工作师考前培训，为期14天。

（区委社会工委区民政局）

【城市协管员队伍管理体制改革】 9月17日，第二批城市协管员队伍下沉工作启动。完成2批32支队伍20408人下沉，涉及财政资金3.4亿元。对下沉后的城市协管员实行统一编码，并依托信息管理系统，加强规范化管理。

（区委社会工委区民政局）

【创城专项提升行动推进会召开】 10月9日，区委社会工委区民政局组织各街道、相关镇，各社区召开创建全国文明城区社区综合治理专项提升行动推进会，解读《顺义区创建全国文明城区社区综合治理专项提升行动方案》，部署相关整改措施。

（区委社会工委区民政局）

【重点区域疫情管控】 11月1日，北京汽车产业研发基地出现确诊病例，区委社会工委区民政局抽调21名领导干部，成立3个督导组，“一对一”指导属地做好封控区域物理隔离，定时开展公共区域消毒，集中收集清运生活垃圾，做好隔离观察人员生活物资保障和特殊群体服务保障。11月16日，实现封闭管控区域全部解封。

（区委社会工委区民政局）

【38名社区工作者统一招聘】 11月24日，区委社会工委区民政局根据《北京市社区工作者管理办法》相关规定，按照严把社区工作者“入口关”的原则，完成顺义区社区工作者统一招聘工作，录用社区工作者38人。

（区委社会工委区民政局）

【市级生活垃圾分类试点建设完成】 11月30日，旺泉街道望泉西里北社区和空港街道吉祥花园社区2个生活垃圾分类社区动员发动试点建设完成。通过开展积分兑换、居民公约修订、桶前值守、奖惩措施落实、社会组织参与等工作，形成可供公租房社区和“村居并行”社区借鉴的方式和方法。

（区委社会工委区民政局）

【社会建设工作领导小组会议召开】 12月23日，顺义区社会建设工作领导小组全体会议召开，区委书记、区社会建设工作领导小组组长高朋主持会议并讲话，副组长出席。会议审议通过《顺义区社会建设工作领导小组成员单位社会建设工作基本职责》《顺义区“十四五”时期社会治理规划》，听取2021年社会建设工作总结及2022年工作计划汇报。

（区委社会工委区民政局）

【新一届村（居）两委能力提升培训】 12月28—30日，与区委组织部联合举办“赋能开新局 启航新征程”新一届村和社区“两委”成员履职能力提升培训班，实现591个村（居）3491名新任村和社区“两委”干部全覆盖。首次运用现场网络直播方式，实现授课教师与学员之间“云平台”实景对话，签到人数9520人次，观看人数2.9万人次，互动评论7758条，在线好评率100%。

（区委社会工委区民政局）

【党建工作协调委员会第四次会议】 12月31日，顺义区党建工作协调委员会第四次全体会议召开，区委副书记、区党建工作协调委员会副主任主持会议并讲话，区相关领导出席。会议审议通过《顺义区关于进一步完善党建引领社区治理组织体系的实施方案》，听取区党建工作协调委员会2021年工作总结及2022年工作计划汇报，书面审议旺泉街道、琪舰消防工程有限责任公司党建工作报告。

（区委社会工委区民政局）

【社会工作服务中心试点建设】 年内，制订《顺义区2021年街道（乡镇）社会工作服务中心试点建设实施方案》，在旺泉街道、光明街道、仁和镇进行社会工作服务中心试点建设。联合北京城市学院组建区级督导团队，聘请社会工作专家提供专业督导服务。试点单位根据各自实际情况，在搭建社会工作体系的同时开展服务群众特色项目，直接或间接服务群众3000余人次。

（区委社会工委区民政局）

【第二批“优才计划”试点单位】 年内，选拔5名优秀社区工作者组建“优才团队”。聘请社会工作领域专家开展专业能力提升培训5场、公益创投1场、团体督导6次、个人督导不少于15小时；与志愿者组成调查小组，建立居民服务需求台账，开展个案服务案例20个，每个不少于20小时；整合居民、社区、社会机构等资源，构建资源服务平台，建立工作台账。

（区委社会工委区民政局）

【村规民约、居民公约修订巡回指导】 年内，在426个村和152个社区全面开展村规民约和居民公约修订巡回指导工作，发挥社会组织优势，采取“点对点、手把手”的模式，打造19个村规民约和24个居民公约示范点。指导各镇、街结合创建全国文明城区和全区“十四五”规划内容将环境整治、垃圾分类等事项融入村规民约和居民公约。

（区委社会工委区民政局）

【7家社区居民委员会成立、调整】 年内，成立空港街道金港嘉园社区居民委员会、南彩镇月亮湾绿色家园社区居民委员会、胜利街道双兴南区第二社区居民委员会、石园街道仁和花园第三社区居民委员会、石园街道晟品景园社区居民委员会，调整胜利街道双兴南区社区居民委员会、石园街道仁和花园第一社区居民委员会管辖范围。截至12月31日，全区有社区居委会157家。

（区委社会工委区民政局）

【微协商活动】 年内，组织全区各社区开展主题为“月月有协商，人人会协商”的微协商活动。开展议事协商会议800余次，建立区级微协商菜单20余项，健全区、街、社区三级协商联动机制。

（区委社会工委区民政局）

【行政区划建设】 年内，摸排调研全区6个街道办事处、7个地区办事处（镇）、12个镇人口密度、城镇化率、居委会占比等指标，更新行政区划统计表；开展界桩界线日常维护工作，开展界桩界线行政检查30次。

（区委社会工委区民政局）

【基层议事协商平台】 年内，在全区建设楼门院治理示范点17个和城乡社区议事厅示范点6个，持续推进社区治理向小区治理、楼门院治理深化，首次将议事协商延伸至农村地区。在北石槽镇二张营村建立首个村级议事厅示范点，并被民政部确认为全国村级议事协商创新实验试点单位。

（区委社会工委区民政局）

民 政

【10个街镇级社会心理服务站点建设】 年内，完成10个街镇级社会心理服务站点建设，拨付资金200万元。其中仁和镇、杨镇、龙湾屯镇、大孙各庄镇、北石槽镇、木林镇6家镇级社会心理服务中心列入

市重要民生实事项目。

（区委社会工委区民政局）

【临时救助】 1月13日，《北京市顺义区民政局临时救助项目资金使用管理办法》出台。全区25个镇、街全部设立临时救助备用金，每个镇、街不少于5万元，符合条件的按照“先行救助”的程序实施。全年救助41户93人，发放资金23.26万元。

（区委社会工委区民政局）

【见义勇为人员“两节”慰问】 春节前夕，区委社会工委区民政局对全区90名见义勇为人员（含1名见义勇为人员遗属）开展走访慰问。

（区委社会工委区民政局）

【清明祭扫】 3月20日至4月11日，全区接待清明祭扫群众189387人，机动车53985辆。

（区委社会工委区民政局）

【“解忧暖心传党恩”行动】 5月11日，《关于印发“解忧暖心传党恩”行动实施方案的通知》出台，成立“解忧暖心传党恩”行动领导小组统筹指导工作落实。走访慰问低保、特困人员（包括生活困难党员、老党员、退役军人和其他优抚对象）等特殊困难群众287人次，发放慰问金16.37万元。

（区委社会工委区民政局）

【未成年人保护工作宣传月活动】 6月8—20日，开展未成年人保护工作宣传月活动。开展现场宣传3次，2000余人参与。在120个村、居电子屏播放儿童保护法律法规7200小时。在顺义民政公众号开设“每日一策”专栏，推出儿童保护相关知识30条。组织儿童监护人、儿童主任150余人，开展宣传活动186场，受益家庭1800余户。

（区委社会工委区民政局）

【见义勇为宣传月主题活动】 6月18日，联合区光明街道办事处举办“大力弘扬见义勇为精神，助推全国文明城区创建”主题宣传活动。市、区相关领导，区见义勇为人员权益保护联席会成员单位代表，见义勇为人员代表，居民代表等100余人参加。活动现场，区委社会工委区民政局副局长致辞，光明街道裕龙四区党支部书记、居委会主任宣读《弘扬见义勇为精神倡议书》，为万启、万洪颁发见义勇为证书和奖章。

（区委社会工委区民政局）

【城乡最低生活保障标准调整】 7月，调整城乡最低生活保障标准，由家庭月人均1170元调整为1245元，惠及全区城乡低保对象2415户3837人。

（区委社会工委区民政局）

【低收入人群经济状况研究试点】 12月，全区完成民政部低收入人群经济状况研究项目试点任务，建立低收入家庭经济状况数据库，汇聚统筹各部门社会救助信息，通过数据库对低收入家庭经济状况数据进行分析研究，建立困难指数机制，促进各救助部门信息共享和救助资源统筹使用。建立“圈层管理”模式，实现低收入家庭差异化管理，为社会救助决策提供支持。

（区委社会工委区民政局）

【校外培训机构“营转非”登记】 年内，全区列入营转非计划的9家校外培训机构全部完成审批登记，颁发“民办非企业单位法人登记证书”。

（区委社会工委区民政局）

【社会组织登记】 年内，完成社会组织行政许可79项，其中成立登记26家、变更登记45家、注销登记8家。全区登记社会组织418家，其中社会团体160家、民办非企业单位258家。完成上一年度社会组织年检351家。

（区委社会工委区民政局）

【超转工作】 年内，有市、区两级超转人员13362人，其中市管超转人员137人、区管超转人员13225人，核发生活补助费4.5亿元，缴存医疗补贴2.24亿元。接收超转人员59人，接收超转费用6469.14万元。上调2020年12月31日（含）在册征地超转人员生活补贴，平均每人每月上调194元。

（区委社会工委区民政局）

【地退工作】 年内，全区有地退人员35人，地退遗属46人，减员4人，发放生活费、物业费、过节费等452.37万元，发放抚恤金60万元。

（区委社会工委区民政局）

【养老工作】 年内，《北京市老年人养老服务补贴津贴实施办法》的通知（京民养老发〔2019〕160号）印发，审核市级高龄津贴、失能老年人补贴、困难老年人生活补贴40.65万人次，发放“三补”资金9371.38万元。

（区委社会工委区民政局）

【评估机构考核】 年内，开展评估机构考核工作。组织全区9家失能评估机构参与市局培训，根据市民政局《北京市老年人能力综合评估工作指引》，开展评估机构资质年检工作。经年检免除1家评估机构评估资质，对8家评估机构的70名评估员进行岗位教育及岗前考核。

（区委社会工委区民政局）

【失能评估结果抽查】 年内，开展失能评估结果抽查工作。建立区级监督检查机制，招标第三方，对2019年10月至2021年底评估为重度失能的在世老年人，按照不低于20%的标准进行复评抽检，对抽查结果不合格的老年人停发护理补贴。

（区委社会工委区民政局）

【养老服务驿站星级评定】 年内，委托顺义区养老行业协会开展顺义区首次养老服务驿站一、二星级评定工作，33家养老服务驿站通过评审取得星级，其中一星级驿站12家、二星级驿站21家。

（区委社会工委区民政局）

【老年餐桌建设】 年内，按照“成熟一个、启动一个”的原则，通过养老服务驿站内开展助餐服务、养老照料中心开展辐射居家助餐服务和发展社会办老年餐厅3种途径，发展老年餐桌35家；提前完成老年餐桌“疏解整治促提升”专项工作，辐射本区190余个村（居）9万余名老年人。

（区委社会工委区民政局）

【散坟及历史埋葬点专项治理】 年内，按照《顺义区散葬坟墓专项治理工作方案》要求，启动AB类散坟和历史埋葬点专项治理工作，治理散坟5879座，完成率98%。其中迁移散坟2244座，采取深埋、不保留骨灰等生态化方式治理散坟3635座（占60.6%）。

（区委社会工委区民政局）

【慈善捐赠】 年内，开展“共产党员献爱心”“首善有我”社会捐赠活动等公开募捐活动，接收捐款868.89万元。围绕助老、助医、助困、助学、助残、救灾六大类开展慈善公益活动30多项，救助人数2.4万余人次，支出捐赠款846.4万元。

（区委社会工委区民政局）

【教育救助】 年内，对低保、低收入以及享受生活困难补贴的重残家庭中，参加全国高考并录取的学生，大一学生给予全额学费救助和2000元生活费补贴；分别给予符合救助条件的大二至大四学生3600元、2400元和1800元学费救助。实施高等教育救助78人次，发放教育救助资金32.2万元。

（区委社会工委区民政局）

【生活无着人员救助】 年内，救助生活无着人员103人。

（区委社会工委区民政局）

【成年孤儿安置】 年内，《2021年顺义区成年孤儿安置工作方案》经区政府批准印发实施。安置成年孤儿2人，其中社会安置1人、转入社会福利机构集中安置1人。

（区委社会工委区民政局）

【困境儿童服务】 年内，为25个镇、街道的儿童之家提供750场课程支持，惠及11250余名儿童；开展困境青少年关爱服务活动10场，惠及困境青少年150余人；委托专业社工机构探访困境儿童712人次，开展各类个案帮扶300余小时；为困境残疾儿童提供免费康复训练640次。

（区委社会工委区民政局）

【养老护理员职业技能大赛】 年内，联合区人力社保局，委托北京市顺义区易来福职业技能培训学校开展顺义区第三届养老护理员职业技能大赛暨2021年全国养老护理职业技能大赛北京市顺义区选拔赛，全区117名养老护理员参加，最终来自4家机构的10名养老护理员分获一、二、三等奖，6家机构获优秀组织奖，8人晋级市级选拔赛。

（区委社会工委区民政局）

【新增1110张养老床位】 年内，和悦养老照料中心、张镇养老照料中心、旺泉街道养老照料中心、椿萱茂和园养老院完成备案投入运营，增加养老床位 1110 张。

（区委社会工委区民政局）

就业和社会保障

就业促进与职业能力建设

【概况】年内，区人力社保局开展党史学习教育，推进劳动就业、社会保障、劳动关系、人事人才、机关建设等工作，为推动区域高质量发展贡献力量。顺义区获评北京市“充分就业区”（2020 年度），连续 10 年动态保持。

（区人力社保局）

【援企稳岗就业服务持续发力】 年内，通过发放政策“服务包”、线上直播解读、走镇入企宣讲等形式，宣传落实市、区援企稳岗政策。兑现市、区两级政策资金 6.1 亿元，其中市级政策资金 4.8 亿元，区级政策资金 1.3 亿元。推进就业工作体系运行机制建设，依托全区 1478 名就业服务专员，搭建“区级综合专业化、街镇规范标准化、居村方便个性化、企业全面多元化”就业服务体系，区域公共就业服务满意度保持全市前三名。打造“小帅说岗”“以案说解”等创新品牌服务，线上观看 31 万人次；“以案说解”入选“中国就业网”职业指导特色服务栏目，在全国展示推广。举办线上线下招聘会 310 场，提供就业岗位 6.4 万个。全区新增参保创业单位 3293 户，带动就业岗位 17192 个，均超额完成全年指标。

（区人力社保局）

【重点群体就业帮扶】 年内，针对农村劳动力，推行“一产员工化 + 灵活就业”模式，印发《关于发展新型集体林场促进农村劳动力就业参保工作的实施意见》，全区 12.03 万名农村劳动力缴纳职工养老保险 9.35 万余人，就业参保率 78%，全市排名第一。针对高校毕业生，实施“一生一策”帮扶，全区 3201 名应届高校毕业生实现就业 3162 人，就业率 98.8%，全市排名第二；针对困难家庭毕业生，优先联系、优先帮扶，促进其尽早就业，10 名困难家庭毕业生全部就业。帮助结对协作地区农村劳动力转移就业 5449 人，其中脱贫人口 2478 人，完成协议指标的 209.58%。

（区人力社保局）

【职业技能培训】 年内，开展“互联网 + 职业技能培训”。培训企业职工 13.93 万人次，其中完成补贴发放 7.44 万人次（完成全年考核任务 3 万人的 248%），涉及兑现培训补贴资金 8339.37 万元。紧盯智能汽车、航空航天等重点发展产业，调动企业加强技能人才队伍建设的积极性，扩大培养规模，12 家企业持续开展企业新型学徒中级、高级工培训，涉及职工 980 人。落实国家职业资格改革工作要求，主动向用人单位放权，按照“谁用人、谁评价、谁发证、谁负责”原则，加快推进企业职业技能等级认定工作，11 家企业组织开展 46 批次认定，涉及员工 5220 人。

（区人力社保局）

社会保障

【概况】 年内，立足“全覆盖、保基本、多层次、可持续”目标，全面推进社会保障体系建设，加大依法征缴力度，企业职工养老、失业、工伤保险参保人数分别为 72.84 万余人、59.32 万余人、56.47 万余人，同比分别增长 4.39%、4.53%、3.16%。完成城乡居民养老保险基金市级统筹工作，完成养老、失业、工伤等社保待遇上调工作，惠及全区 18 万余人次，其中全区企业退休人员基本养老金月人均领取额 3869 元，城乡居民基础养老金和福利养老金月人均领取标准分别为 920 元、845 元，均高于全市统一标准 60 元。推动多层次养老保险体系建设，动员引导企业在依法参加基本养老保险基础上，通过与职工集体协商，自主建立企业年金制度，进一步提高职工退休后养老金待遇水平。有运行企业年金制度的企业 21 家，涉及职工 2066 人。

（区人力社保局）

【社保基金】 年内，开展社保基金安全“警示教育月”活动，全面排查人员管理、制度落实、内控措施、经办流程、信息系统等方面安全隐患，持续加大人防、制防、技防、群防力度，筑牢基金安全防护网。加强与区疾控中心、区委社工委区民政局、区医保局等部门信息共享、对比，联合区市场监督管理局开展社保稽核，及时追回多领社保待遇、漏缴社保基金3170.3万元。社保基金总收入125.71亿元，同比增长65.87%；总支出70.86亿元，同比减少10.3%；基金运行安全平稳。

（区人力社保局）

【接诉即办】 年内，在局专班统筹分派、各部门具体承办基础上，调配24名业务骨干组建“大专班”，分组、定人、明责，实现统一接件、统筹分析、统一办理、统一回访。进一步强化根治欠薪协调小组工作职能，按照“谁投资、谁欠薪、谁负责”原则，推动建立拖欠工资问题处置机制，督导、联动属地和行业主管部门，合力解决拖欠工资问题。定期研判辖区就业形势和用工状况，依托基层劳动保障监察队伍提升日常监管效率、开展隐患深入排查。承办诉求5668件，同比增长50.78%。

（区人力社保局）

◆11月18日，联合多部门落实全市根治欠薪冬季专项行动统一执法日工作会（区人力社保局，郑浩）

【事业单位管理】 年内，分批完成全区88家原纳规事业单位涉及人员的岗位设置和人员套转聘用工作。严格落实疫情防控要求，组织开展事业单位公开招聘，累计招聘528人，其中教育系统147人、卫生系统86人、其他单位295人。完成33名乡村振兴协理员招录工作。完成16项人事考试，服务考生9.51万人次。

（区人力社保局）

医疗保障

【概况】 年内，区医疗保障局坚持以习近平新时代中国特色社会主义思想为指导，牢固树立“四个意识”，坚定“四个自信”，做到“两个维护”，坚持党建引领和以人民为中心的工作思路，围绕党建引航、业务聚力、协同联动“三优”目标和强基、兴业、育人“三个核心”任务，不断加强公平医保、法治医保、安全医保、智慧医保、协同医保“五个医保”建设水平。全区城乡居民基本医疗保险参保登记27万人，城镇职工基本医疗保险参保登记70万人。医保基金累计收入60.63亿元，累计支出28.61亿元，当期结余23.27亿元，医保基金总体运行平稳。

（区医疗保障局）

【“宣传贯彻《条例》加强基金监管”集中宣传月活动】 4月20日，区医疗保障局联合市公安局顺义分局、区卫健委、区市场监督管理局在牛栏山镇人民政府和顺义区第三医院分别举办“宣传贯彻《医疗保障基金使用监管条例》 加强基金监管”集中宣传月现场宣传活动。全区25家镇、街，辖区45家定点医疗机构，2家定点药店相关负责人代表参加。顺义区第三医院副院长宣读倡议书，区医疗保障局、市公安局顺义分局、牛栏山镇政府等相关工作人员现场解答医保政策。

（区医疗保障局）

◆4月20日，顺义区“宣传贯彻《条例》加强基金监管”集中宣传月活动现场会召开（区医疗保障局）

【医保业务运行情况】 年内，办理基本医疗保险参保人员跨省转移业务近万余人次。办理基本医疗保险缴费年限视同认定4866人次，补充支付区级医疗照顾人员医疗费用109.82万余元，补支1949年前老工人医疗费用2.47万元，审核拨付全区中央在京单位公费医疗人员医疗费用137.5万元；审核手工报销业务13452人次；审核门诊费用1346.25万笔次，基金支付13.11亿元，拒付违规金额182.25万元；审核生育费用16022人次；审核生育津贴7824人次；审核持卡结算住院费用7.94万人次，医保基金支付7.27亿元，拒付违规金额46.11万元。

（区医疗保障局）

【定点医药机构管理】 年内，有定点医药机构240家，其中定点医疗机构210家（包括三级医院3家、二级医院4家），定点零售药店30家。接收新增定点医疗机构申请6家，其中北京市顺义区高丽营镇社区卫生服务中心一村社区卫生服务站、北京市顺义区李桥镇社区卫生服务中心洼子社区卫生服务站、北京市顺义区空港医院火神营社区卫生服务站、北京市顺义区后沙峪镇西田各庄村卫生室、北京首儿李桥儿童医院5家医疗机构通过区级考察评估。

（区医疗保障局）

【2020年城乡居民和城镇职工大病报销】 年内，2020年度城乡居民大病保险报销起付线30404元，审核2151人次，支付1977人次，大病保险支付金额2516.97万元。2020年度城镇职工大病保险报销起付线39525元，符合条件686人，发放报销金额849.88万元。

（区医疗保障局）

【医疗救助】 年内，审核医疗救助9577人次，发放救助资金约3209.38万元。其中对社会救助对象实施医疗救助8355人次，发放救助资金1408.05万元；对因病致贫家庭实施医疗救助1222人次，发放救助资金1801.33万元；另外审核硅肺患者16人次，慈善协会发放救助金6.75万元。

（区医疗保障局）

【医保基金监管】 年内，持续深入开展打击欺诈骗保专项行动，累计追回（拒付）医保基金285.65万元，其中通过各类专项检查追回医保基金50.50万元，日常审核追回（拒付）金额230.69万元，个人异常数据筛查违规约谈追回4.46万元。宣传贯彻《医疗保障基金使用监督管理条例》，印制、发放宣传材料15.26万份。

（区医疗保障局）

【跨省异地就医门（急）诊医疗费用直接结算】 年内，全区210家定点医疗机构实现跨省异地就医门（急）诊医疗费用直接结算，截至12月9日，7家二、三级定点医疗机构，203家一级及以下定点医疗机构完成信息系统验收工作并开通相关业务。

（区医疗保障局）

【医保电子凭证激活使用推广】 年内，区医保局成立区级领导小组和工作小组，制订工作方案和工作计划，组织240家定点医药机构召开医保电子凭证工作视频部署会，制定并发放《致顺义区参保人员的一封信》10万张。截至12月31日，全区医保电子凭证激活率64%，全市排名第三。

（区医疗保障局）

【2022年度城乡居民集中参保登记工作】 年内，区医保局联合多部门召开2022年城乡居民基本医疗保险参保工作部署培训会，开展参保宣传工作，指导全区社保所及各级各类参保学校开展实际参保登记操作。2022年城乡居民集中参保27万人。

（区医疗保障局）

【DRG付费改革试点】 年内，DRG付费改革工作（按照临床治疗相近、医疗资源消耗相近的原则对住院病例进行分组，医保基金和患者个人按照同病组同费用原则，向医院支付医疗费用的付费方式）在顺义区医院、北京中医医院顺义医院、顺义区妇幼保健院3家定点医疗机构试运行。区医保局参加病案专项检查，协助市医保中心收集二、三级医院备查病案材料，参加病案专项检查，加强监管。3家试点医院执行按疾病诊断分组付费，发生冠脉支架植入病组592人次，支出医保基金3197.6万元。

（区医疗保障局）

【国家组织药品集中采购和京津冀药品带量采购工作】 年内，按照《北京市医疗保障局关于执行第

一、二、四批国家组织药品集中采购和京津冀药品带量采购等中选结果有关事项的通知》（京医保发〔2021〕16号），将第一、二、四批国家组织药品集中采购和京津冀药品联合带量采购执行时间并期统一。5月29日0时起，全面执行本次集采中选结果及配套政策。

（区医疗保障局）

人才服务

【概况】 年内，区总部企业和临空经济高端人才服务中心，以习近平新时代中国特色社会主义思想为指导，以“抓班子、带队伍、夯基础、强服务、塑品牌”为总体工作思路，用心服务好总部企业和高层次人才，为打造优质营商环境贡献力量。

（区总部人才中心）

【高管个税支持政策精准兑现】 6月中旬，区总部人才中心依据《顺义区高精尖企业高级管理人员支持实施细则》（顺政发〔2019〕11号），启动2020年度高管个税支持政策兑现。于11月底完成兑现工作，惠及企业89家722人，支持资金1.56亿元。

（区总部人才中心）

【HICOOL专项政策制定】 7月，区总部人才中心联合19家职能部门共同制定《HICOOL大赛人才及创业项目落地支持办法》，在全市首创HICOOL专项政策。《办法》共5章34条，重点支持“3+4+1”产业及“两区”建设相关产业。通过HICOOL专项政策的助力，第二届HICOOL大赛落地顺义项目19个，其中二等奖4个、三等奖8个、优胜奖7个。

（区总部人才中心）

【HICOOL 2021全球创业者峰会暨创业大赛布展】 9月10—11日，“HICOOL 2021全球创业者峰会暨创业大赛在新国展举办，区总部人才中心代表顺义区进行国际科技创新成果的展示。通过展区展示、政策咨询、制定HICOOL专项政策、发放HICOOL创业者手册、主流媒体宣传等形式，宣传顺义区人才政策及国际人才队伍、人才环境、产业定位、国内领先产品和发展空间等资源及优势。

（区总部人才中心）

【首届“梧桐工程”高层次人才认定】 年内，区总部人才中心完成首届“梧桐工程”30名高层次人才的认定工作。涵盖医药健康、临空经济、航空航天、新能源、智能制造、第三代半导体、产业金融、新一代信息技术、文创旅游、新材料等多个产业。

（区总部人才中心）

【2021年度“梧桐工程”高层次人才政策支持资金兑现】 年内，区总部人才中心组织12家属地30家企业召开“梧桐工程”高层次人才政策支持部署会。按照支持标准和工作流程，结合企业人才实际需求和审核结果，兑现本年度政策支持资金1591万元，涉及29家企业12名人才。

（区总部人才中心）

【《外籍人在顺义》专题片获市级奖项】 年内，区总部人才中心策划制作《外籍人在顺义》系列专题片5部。其中《茉莉花开香满园》、空中客车《艾天的中国缘》和理想汽车《本的中国车道》代表顺义参加北京市政府新闻办主办的“爱上北京的100个理由”短视频大赛，分别获得二、三等奖和优秀奖，顺义区获组织奖。

（区总部人才中心）

【企业服务包诉求办理】 年内，建立企业常态化的“服务包”制度，按照“建章立制、细化分工”“对接企业、明确诉求”“建立台账、制定措施”“靶向施策、精准发力”“主动领哨、协同配合”的“五步法”工作原则，办理服务包诉求70项，办结率100%。

（区总部人才中心）

【三批企业人才公租房配租完成】 年内，区总部人才中心与房源筹集单位区住建委和燕顺保障房公司建立沟通对接机制，建立完善现有房源存量、企业需求及企业配租3本台账，分3批为10家企业配租人才公租房137套。

（区总部人才中心）

【企业家活动日】 年内，以“聚力顺义·智创未来”为主题，围绕“持续优化营商环境，构建亲清政商关系”，通过线上线下相结合的方式，开展企业家活动日系列活动4期，为企业和人才解决户口进京、高层次人才子女入学、公租房、高层次人才就医、居住证办理等问题。年内办理子女入学85例，北京市工作居住证412例，人才引进7例。

（区总部人才中心）

【外籍人才精准服务】 年内，区总部人才中心组织专属政策线上宣讲会，邀请市商务局相关负责人，对积分评估申请永久居留具体政策以及开放北京网站使用情况开展宣讲。第四期“梧桐工程”外籍高层次人才认定，最终20人获得永久居留推荐函。区总部人才中心在外国人服务大厅设立服务窗口，落实各项出入境优惠政策措施，为外籍人才量身打造服务方案。召开政策宣讲会1次，宣传企业13家，接受咨询793次，正式受理24人，向市商局推荐21人，13人取得永久居留权。

（区总部人才中心）

【中外高层次人才健康服务】 年内，为两批“梧桐工程”中外高层次人才48人，开展个性化健康体检服务，由医学专家解读体检报告书，对慢性疾病、危险因素进行评估与诊疗。

（区总部人才中心）

【第三期“梧桐工程”企业校园招聘】 年内，区总部人才中心开展顺义区第三期“梧桐工程”企业校园招聘活动。本年度“梧桐工程”企业校园招聘活动于秋季启动，77家企业提供1257个岗位，收到电子简历22283份。

（区总部人才中心）

【高层次人才引进】 年内，全区有博士后科研工作站54家，全市排名第三，先后培养博士后、青年英才102人。做好积分落户工作，全区323人取得落户资格；落实《北京市引进毕业生管理办法》，聚焦“两区”建设（国家服务业扩大开放综合示范区，北京自由贸易试验区）和“3+4+1”主导产业发展目标，引进非京生源高校毕业生377人。持续提高外籍人才服务水平，采取全程网办、预约服务、容缺受理等方式，办理外国人工作许可业务1611笔，颁发证件1157张。科学预测人才资源开发现状和人才需求情况，联合区委组织部开展本年度人力资源大数据调查工作，累计完成1303家企业系统数据填报，涉及人力资源25.85万余人，填报人才库信息1.75万余人。人力资源统计服务系统覆盖从业人员45.6万余人，其中高精尖人才4.93万余人。

（区人力社保局）

退役军人服务

【概况】 年内，区退役军人事务局坚持以习近平新时代中国特色社会主义思想为指导，结合党史学习教育，以“以全心全意为广大退役军人和其他优抚对象服务”的政治责任和政治担当，切实帮助解决退役军人和优抚对象的实际问题，进一步畅通沟通渠道、丰富服务内容、强化情感认同，提高全区退役军人事务领域服务保障能力。

（区退役军人局）

【“光荣在党50年”纪念章颁发】 七一前夕，为65名党龄50年以上的军休干部党员颁发“光荣在党50年”纪念章。

（区退役军人局）

◆七一前夕，为65名党龄50年以上的军休干部党员颁发“光荣在党50年”纪念章（区退役军人局）

【烈士公祭】 9月30日，顺义区在潮白烈士陵园举行烈士纪念日活动。区委、区人大、区政府、区政协、区法院、区检察院的领导，各委办局、中心、公司行政正职，各镇街党政正职，复员老军人、军烈属等代表，驻区部队官兵、学生代表以及全区干部群众各界代表等300余人参加。活动由区委副书记、区长龚宗元主持。

（区退役军人局）

【为立功受奖军人家庭送喜报】 年内，全区有荣获二等功军人1名，荣获三等功军人9名。区退役军人局联合区武装部及各相关属地政府为10名立功受奖的现役军人送去立功喜报，发放奖励金1.4万元。

（区退役军人局）

【荣获二等功以上奖励的军人名录】 年内，李峥，男，顺义籍现役军人，团职干部，在飞行训练工作中成绩突出，荣立二等功。

（区退役军人局）

【全国示范型退役军人服务中心（站）创建】 年内，区退役军人服务中心、25个镇（街道）退役军人服务站和光明街道双拥社区、旺泉街道铁十六局社区2个社区退役军人服务站通过市级验收检查，获得“全国示范型退役军人服务中心（站）”称号。

（区退役军人局）

【“两基地一平台”建设】 年内，建立退役军人学历教育基地、退役军人暨军属技能培训基地和就业推荐服务平台。为13名符合条件退役士兵报销学费95533元，40余名退役军人通过培训掌握电工、叉车驾驶、消防设施操作等技能，举办网络专场招聘会2场。

（区退役军人局）

【退役士兵接收安置】 年内，接收符合政府安排工作条件退役士兵16人，安置13人到全额事业单位、1人到中央企业单位、2人到区属企业单位。接收自主就业退役士兵245人、特招队员1人，发放各类经济补助2084余万元。

（区退役军人局）

【部分退役士兵社会保险接续】 年内，为新增8名符合政府补缴条件的退役士兵办理社会保险接续，缴费金额40.9万元。

（区退役军人局）

【优待抚恤】 年内，为5433名优抚对象发放慰问金541.6万元、发放慰问品价值199万元。为优抚对象发放定期抚恤补助资金4759.53万元；为471名义务兵发放优待金2108.91万元，为25名农村籍烈属发放优待金3.75万元；为1529名重点优抚对象发放冬季取暖补贴323.95万元。为6名离（退）休干部家属发放一次性死亡抚恤金260.39万元；为50名去世的重点优抚对象发放丧葬补助费92.90万元；为9名重点优抚对象发放临时救助资金3.6万元；为725名重点优抚对象进行免费健康体检，支出27.55万元。联合区住建委开展优抚对象危旧房屋翻建工程，为39户农村籍优抚对象翻建房屋。为1646人次办理优抚医疗减免手续，减免金额421.51万元。开展辅助器具发放工作，为27名残疾军人配置轮椅、围腰、助听器等32件辅助器具。新认定农村籍退役士兵206人，新增伤残军人22人、部分烈士子女1人、因公牺牲军人遗属1人，完成新版“伤残军人证”换发工作。完成建党百年慰问工作，发放慰问金3.8万元。

（区退役军人局）

【为部队办实事】 年内，按照“紧贴官兵需求、突出重点项目、切实保质见效”的原则，投入资金1500余万元，解决驻区部队官兵训练和生活中的实际困难。举办慰问演出3次，法律进军营等系列进军营活动21次，向部队捐赠图书2万余册，建成首家部队图书馆。

（区退役军人局）

【消防官兵和新征义务兵人身意外伤害险】 年内，投入50余万元为全区475名消防官兵、223名义务兵购买人身意外伤害险。

（区退役军人局）

【随军家属安置】 年内，为48名自愿选择自谋择业的随军家属，发放全市最高标准一次性就业补助金5万元，合计240万元。选择政府推荐就业的，推荐到本区企业工作，组织召开随军家属专场网络招聘会，在自媒体平台不定期发布招聘公告，实现随军随调、随迁家属全部推荐安置。

（区退役军人局）

【军人子女入学优待】 年内，落实《北京市军人子女教育优待实施细则》《顺义区军人、烈士子女入园（托）优先办法》规定，优待部队军人子女71人，实现就近优质入学入托率100%。

（区退役军人局）

【服务驻区部队参政议政】 年内，按照顺义区选举委员会《北京市顺义区人民代表大会常务委员会关于区、镇人民代表大会换届选举有关事项的决定》，以及区人大常委会、区委组织部相关通知要求，组织驻区部队做好选民登记、选民资格审查和核对，对驻区部队提名推荐的代表候选人开展集中考察、投票选举工作，推选出4名区人大代表。

（区退役军人局）

【老兵光荣事迹宣传】 年内，收集全区各单位3年报送的87名优秀退役军人事迹，辑印《退役不退志，老兵添光辉——顺义最美退役军人》，在全区发放。

（区退役军人局）

民族 宗教

【宗教活动场所开放可行性评估】 3月29日、3月31日、5月8日，区民族宗教办对提出恢复开放的清真寺先后会同属地镇政府从制定方案预案、配备防疫安全员、防疫物资保障、公共环境卫生管理、内部人员管理、场所进出管理、宗教活动管理、应急情况处置等方面进行评估。区内4所清真寺（回民营清真寺、高丽营清真寺、牛栏山清真寺、杨镇清真寺）均达到恢复开放的标准。

（区委统战部）

【伊斯兰教界开展公益慈善活动】 4月13日—5月12日，顺义区各清真寺开展“斋月善行，尊老敬老”公益慈善活动，募集善款1.5万元，慰问社区幼儿园和96位老人。

（区委统战部）

【全民国家安全教育日宣传活动】 4月15日，区民族宗教办通过组织参与“反恐达人”在线知识答题闯关活动、微信发送国家安全相关知识点梳理、网上转发“4·15”全民国家安全教育日保密宣传片等方式，向机关干部、基层民族宗教工作干部、宗教场所管理者、教职人员50余人开展国家安全相关知识的宣传和普及。

（区委统战部）

【宗教政策法规培训】 4月15日，区委统战部、区委组织部邀请市民族宗教事务委员会政策法规处处长到顺义区委党校对顺义区2021年第一期处级干部理论进修班70余名学员开展宗教政策法规培训。传达全国宗教工作会议精神，对宗教工作的特殊重要性、宗教工作基本方针等内容进行讲解。从“两个维护”“两个规范”层面解读新修订的《北京市宗教事务条例》。

（区委统战部）

【开斋节走访检查和慰问活动】 5月13日，区委统战部副部长带队检查回民营、高丽营、牛栏山和杨镇清真寺疫情防控工作落实情况，慰问清真寺教职人员和相关工作人员，送去节日祝福。开斋节当天有970名穆斯林群众（含外籍穆斯林18人）进寺参加节日会礼，各寺活动安全有序。区公安分局国保支队及区反恐办有关领导、相关镇政府领导及有关人员参加。

（区委统战部）

【宗教出版物管理情况检查】 6月24日，区民族宗教办会同区文化和旅游局先后对杨镇清真寺、牛栏山清真寺、高丽营清真寺、回民营清真寺宗教出版物管理工作情况开展督导检查。现场查看清真寺图书室内各类宗教出版书籍，听取书籍来源、种类和日常管理工作情况。经检查，4所清真寺情况良好，未发现非法违规宗教出版物。

（区委统战部）

【伊斯兰教界迎建党100周年】 7月1日前夕，组织清真寺主任参与拍摄庆祝建党百年祝福短视频，在各清真寺张贴“礼赞共产党·奋进新时代，践行中国化·启航新征程”宣传海报，组织各位阿訇围绕“同心同行一百年·坚定不移跟党走”主题进行“卧尔兹”宣讲。

（区委统战部）

【宗教场所疫情防控工作座谈会】 7月10日，会同石园街道办事处在顺义会议中心组织石园北区召开宗教场所疫情防控工作座谈会。会上组织学习《北京市宗教事务条例》《北京市宗教活动场所疫情防控指南》，通报当前疫情防控形势，并就石园北区基督教聚会点恢复开放工作进行探讨和研究。区委统战部副部、石园街道办事处副书记针对聚会点恢复开放准备工作中存在的问题提出指导意见。

（区委统战部）

【古尔邦节走访慰问和调研检查】 7月20日，统战部部长到回民营清真寺慰问教职人员和穆斯林群众，送去节日祝福，调研检查安全保障、疫情防控等工作。古尔邦节当天有705名穆斯林群众（含外籍穆斯林25人）进寺参加节日会礼，各寺宗教活动安全有序。区委统战部和区公安分局国保支队有关领导、相关镇政府领导及有关人员参加。

（区委统战部）

【民族宗教41项执法权交接相关部门】 7月28日，根据《北京市人民政府关于进一步相对集中相关领域行政处罚权的决定》（京政发〔2020〕20号通知）要求，区民族宗教办完成涉民族事务9项、涉宗教事务32项行政处罚权分别与区市场监督管理局、区文化和旅游局的移交工作。

（区委统战部）

【宗教活动场所“双暂停”措施】 8月2日起，根据新型冠状病毒感染肺炎疫情形势和属地要求，全区各宗教活动场所陆续暂停对外开放，实施“双暂停”措施，并张贴“双暂停”公告。

（区委统战部）

【圣纪节走访慰问活动】 10月18日，区委统战部会同各属地镇政府有关人员分别走访慰问回民营、高丽营、牛栏山和杨镇清真寺，送去节日祝福。各清真寺继续落实“双暂停”措施，引导穆斯林群众居家过好圣纪节。

（区委统战部）

【国家宪法日宣传活动】 12月4日，区民族宗教办通过微信发送国家宪法日宣传海报、口号和法治标语，网上转发“12·4”国家宪法日宣传片等方式，向基层民族宗教工作干部、宗教场所管理者、教职人员和信教骨干90余人宣传和普及《中华人民共和国宪法》知识。

（区委统战部）

【圣诞节安全服务保障】 12月24—25日，区委统战部、区公安分局国保支队等部门以及石园街道办事处等镇、街抽调近100人开展圣诞节安全服务巡查检查等维稳工作。

（区委统战部）

红十字事业

【抗击境外输入病例引发的局部聚集疫情】 2020年底至2021年初，在抗击境外输入病例引发的局部聚集疫情过程中，区红十字会接收社会捐赠防疫物资价值469.75万元，全部发放到防疫一线。春节期间，为浅山五镇坚守在疫苗接种一线的500名医护人员送去保温杯、牛奶、鸡蛋等慰问品。强化应急值守，完成区内分配的大数据协查任务。

（区红十字会）

【强化救援力量储备应急物资】 年初，区红十字会走访现有的7支应急辅助救援队，听取各救援队汇报人员变更情况与训练演练总结计划，检查历年救援装备存放与使用情况，对经费使用情况开展监督。与各救援队续签合作协议，根据各队实际需要采购新救援装备。对设立在行政中心、政务中心等公共场所的应急柜进行检查，补充已用尽和临期的急救物资。

（区红十字会）

【造血干细胞捐献】 4月27日，顺义市民安永超捐献自己的造血干细胞，成为北京市第429例、顺义区第4例造血干细胞捐献志愿者。

（区红十字会）

【畅通捐赠渠道驰援河南灾区】 “7·20”河南郑州特大暴雨灾害发生后，区红十字会与河南省红十字会及其下辖的郑州市、新乡市、焦作市等地红十字会建立沟通渠道，获取灾区物资需求情况。发动社会力量驰援河南灾区，接收相关社会捐赠款物235.05万元，其中捐赠资金46.52元，物资折合人民币188.53元，捐赠款物均第一时间划拨到受灾地区。区蓝天救援队携区红十字会配发的救援装备驰援河南卫辉市灾区，区红十字会和蓝天救援队均收到卫辉市防汛抗旱指挥部发来的感谢信。

（区红十字会）

◆"7·20"河南郑州特大暴雨灾害发生后，北京韩美药品集团响应区红十字会号召，为灾区人民捐款捐物（区红十字会）

【应急救护培训】 年内，配合市红十字会开展急救能力建设调研，根据市红十字会提出的"十四五"总体目标，制订《北京市顺义区红十字会2021年社会急救能力建设培训工作方案》。提出力争通过5年努力，使全区人民群众社会急救护知识普及率达到常住人口总量的50%；取证率累计达到常住人口总量的4%。在自行开展应急救护培训的同时，还采取委托应急救护培训基地代为开展取证培训、线上普及培训等方式，完成普及和取证培训班566个、参训人数5万余人，其中自行开班240个、培训2.8万余人，3家培训基地和1家红十字青少年教育实践基地开班326个、培训2.2万人。

（区红十字会）

【培训能力着重提升】 年内，加大力量培养师资，推荐8名青年学员参加市红十字会的师资培训班；对现有30余名应急救护师资开展复训，交流授课技巧提高培训能力。创新培训方式，聘请资深讲师和专业团队开发网络急救课堂，通过直播方式进行线上培训。加大投入拓展宣传阵地，通过租赁户外LED屏和地下通道广告灯箱，联合公交公司在车载电视、车体内外广告位上投放应急救护知识宣传视频、图片等方式，覆盖宣传群众超20万人。

（区红十字会）

【备战全国应急救护大赛】 年内，区红十字会选派6名队员参加全国红十字系统应急救护大赛北京赛区的选拔，并获得代表北京赛区参加全国大赛的资格。

（区红十字会）

【积极筹资提升救助实力】 年内，区红十字会深入理事单位、爱心企业调研，动员爱心企业、爱心人士参与人道救助工作与扶贫帮困工作；发动其他单位共同开展救助项目，与区慈善协会、区妇联等单位建立长期合作关系；向区委社工委区民政局申请并获批公开募捐资格。

（区红十字会）

【救助活动】 年内，开展救助项目12个。有常年开展的"红十字人道救助"，关爱老年人的"守护夕阳爱心助老"项目、为老年人提供眼科义诊和白内障手术补贴的"医疗服务下基层"项目，关爱青少年的"助力成长""困难青少年帮扶""脑瘫自闭症儿童康复"项目，关爱妇女的"三癌母亲救助""单亲母亲救助"，关爱离退休教师的"中医康复基金"，关爱大病患者的"重特大疾病救助"等。支出救助款322.42万元，受益人数超过2100人次。

（区红十字会）

【动员社会力量共同开展对口帮扶】 年内，区红十字会发动5家企业和1家社会组织，为内蒙古自治区赤峰市巴林左旗、通辽市科左中旗和河南省西峡市3个对口帮扶地区的170名困难学生筹集救助金22万元和价值17万元的生活物资。9月，携爱心企业代表和燕山文化协会的艺术家赴巴林左旗、科左中旗两地，为困难学生发放助学金和生活物资，向学校捐赠60幅书画作品。艺术家现场演奏二胡、京胡名曲，并与当地艺术家切磋共演。

（区红十字会）

【基层组织建设加强】 年内，按照领导有力、组织健全、制度规范的总要求，指导港馨小学等3所学校建立学校红十字会，启动建立学校志愿者服务队，组织志愿者注册。新建张镇前王会村、北小营镇马辛庄村2个红十字村，组织志愿者和相关医疗机构到3个红十字村开展3次大型义诊活动，受益群众300余人。与市红十字会沟通协调，为新建红十字村配备总价值6.9万元的轮椅、血压计、急救包等物资。

（区红十字会）

【枢纽型社会组织带头作用】 年内，区红十字会被认定为区级“枢纽型”社会组织。区红十字会设立社会组织管理岗位，聘用专职社工并安排专业培训，促进专职社工提高业务能力和工作水平。带头引领下辖社会组织开展志愿服务活动，蓝天救援队、医疗救援队、登山救援队与4支镇街救援队依托自身优势分别开展志愿服务活动；各中小学青少年志愿者们开展垃圾分类桶前值守、文明交通、献血、防艾宣传等志愿服务活动，助力创建文明城区；耿丹学院、美尔目医院、国医堂等爱心单位开展义诊、健康知识讲座、白内障复明手术等爱心助老志愿服务活动，受益老人超过1.2万人。

（区红十字会）

【多平台宣传】 年内，充分利用社会资源，将急救科普小视频、爱心奉献榜样人物事迹投放到地下通道宣传栏、光明广场户外宣传屏、镇街的200余块LED屏幕和公交车载电视。针对不同人群制作宣传品，在“世界红十字日”“世界献血日”“世界急救日”“世界艾滋病日”等主题日开展宣传活动，吸引更多人了解红十字三救三献（应急救援、应急救护、人道救助和献血液、献造血干细胞、献人体器官组织）相关知识。截至11月底，区红十字会对外发布宣传稿件39篇，其中部分稿件在北京市红十字会官网、搜狐网、《北京晚报》等100余个平台刊载。

（区红十字会）

【提高红十字品牌号召力】 年内，在世界红十字日和重阳节分别举办“凝聚人道力量，共建文明顺义”“守护夕阳，爱心助老”2场文艺汇演，表彰奉献爱心的企业、个人和在志愿服务活动中表现突出的志愿者。

（区红十字会）

【“红十字进校园”活动覆盖全区所有中小学】 年内，区红十字会与区教委联合开展的“红十字知识进校园”活动进入全面铺开阶段，参与的中小学校从2020年度的50所扩展到本年度的72所，实现全区全覆盖。为进一步提升活动质量，区红十字会聘请资深讲师对教学方案进行改编，调整授课内容与课时，使其更贴合中小学生年龄特点。为各学校开展活动配备培训物资，对其中老化教具进行更新换代。

（区红十字会）

【号召青少年开展志愿服务活动】 年内，区红十字会与区教委动员全区各中小学校，号召广大青少年围绕“尊老、敬老、爱老”的主题开展各项志愿活动。区红十字会和区教委共同评选出一批“百优十佳”红十字青少年，在“守护夕阳，爱心助老”总结表彰大会上予以表彰，号召全区青少年争做“红十字精神我弘扬，社会主义核心价值观我践行”的新时代接班人。

（区红十字会）

【创城活动】 年内，在“文明新时尚，创城来打卡”、2次“新时代文明实践周”“一把手”调度创城工作活动中广泛发动党员干部回社区参与志愿服务。组织6支志愿服务救援队参与疫情防控工作。在市区两级媒体充分展示顺义区文明城区创建工作成效、创建工作先进做法。

（区红十字会）

【“我为群众办实事”重点清单全部活动完成】 年内，有重点实事5项，包括为仁和镇前进村、沙坨村，天竺镇楼台村、希望家园社区的居民开展心肺复苏培训；为光明街道幸福社区、裕龙六区居民开展创伤包扎培训；为胜利街道胜利社区、双兴社区的居民开展应急救护培训；组织京顺医疗救援队为大孙各庄镇西华山村、张镇前王会村、北小营镇马辛庄村民进行义诊。“我为群众办实事”微实事清单全部完成。

（区红十字会）

残疾人事业

【概况】年内，区残联始终以习近平新时代中国特色社会主义思想为指导，认真落实各项重点任务，完成区残联改革任务，为更好地开展残疾人工作奠定基础。为特殊困难残疾人开展“问到、访到、帮到、送到”“四到”服务。

（区残联）

【残疾人社会保障】 “两节”期间，慰问困难残疾人家庭7579户，投入资金536万元。为142户残疾人危房改造户发放补贴102.1万元。为3065名符合条件的残疾人发放助残服务补贴313.03万元。为因病、因灾导致生活临时出现困难的26名残疾人，发放临时救助资金8.75万元。为符合条件的残疾人3081人次办理养老保险补贴，补贴222.35万元。

（区残联）

【助残日】 5月14日，区残联在19个镇、6个街道的温馨家园开展“学党史 绣党旗 迎百年 谱新篇”同心向党·党旗轮绣活动。活动历时近1个月，1000余名残疾人共同参与，绣制一面长96厘米、宽64厘米的党旗绣品和100枚直径25厘米戳戳绣党徽作品。整面党旗总共36500针，寓意100个365天，象征中国共产党百年光辉历程。

（区残联）

【手语播报】5月16日，开设《顺义新闻》手语版块。首播时间为每周日19：30，采取口语和手语同时播报的形式，内容包括时政新闻、民生新闻和社会新闻、政策资讯等。全年制作播出手语新闻33期，时长1200余分钟。

（区残联）

◈5月16日，开设《顺义新闻》手语播报（区残联）

【“永远跟党走”百姓宣讲】 6月16日，区残联开展“永远跟党走”百姓宣讲活动。6名来自不同行业、岗位的残疾人宣讲员，围绕庆祝中国共产党成立100周年和2022年北京冬奥会、冬残奥会，宣讲身边人、身边事。

（区残联）

【“益起来”区政府实事项目】 11月24日，“益起来”扶残助残区政府办实事项目正式启动。为“一户多残”“老残一体”“孤残”“单亲家庭”等弱势群体开展走村入户保洁、理发、被褥拆洗等精准化服务。完成全区有需求2300户第一轮服务。

（区残联）

【第四届残疾人冰雪嘉年华】 12月9日，第四届顺义区残疾人冰雪嘉年华暨迎2022北京冬残奥冰雪体验主题活动在马坡镇庙卷村举办。来自7个镇的残疾人代表队和全区140名残障人士参加。冰壶与冰球2个虚拟冰上体验项目为大家带来VR冰雪运动体验。

（区残联）

【残疾人就业】 年内，残保金入库3.06亿元，1715家单位安置残疾人就业，网上申报958家。举办残疾人专场招聘会2场，60名残疾人参加，8家用人单位提供40余个岗位。36名残疾人进行求职登记，向用人单位推荐残疾人78人次，推荐成功3人。累计为698名残疾人发放保险补贴1145.57万元。

依托27个残疾人职业康复劳动机构，为419名残疾人提供职业康复劳动。通过18个残疾人帮扶性就业基地，解决224名残疾人就业。

（区残联）

【教育与培训】 年内，为56人提供送教上门服务，为37名低保残疾人子女高中生、大学生及残疾人高中生、大学生发放助学补贴14.46万元。开设残疾人职业技能培训班18场8个项目，培训608人次。

（区残联）

【康复服务】 年内，为199名0～15周岁儿童（含无证儿童）申请儿童康复经费，报销365.4万余元。完成9家成人康复机构备案，审批1586人，923人入住机构享受成人康复服务，累计服务23277人次。为233名符合条件的残疾人报销白内障复明手术费用29.1万元。完成辅具平台审批3072人次，购买订单3039单。依托区精神病院，完成114名低收入稳定期精神残疾人入院康复，投入资金75.24万元。根据北京市残疾人数据展示平台统计，全区“七有”“五性”残疾人基本康复服务覆盖率100%。

（区残联）

【对口帮扶】 年内，开展“我在内蒙有只羊”消费扶贫项目，动员社会各界认购内蒙古自治区巴林左旗脱贫残疾人养羊户肉羊662只，价值132.4万元。为河北省张家口市沽源县捐赠温馨家园运行经费10万元。投入40万元，为河北省张家口市沽源县、万全区，内蒙古自治区通辽市科左中旗、赤峰市巴林左旗各捐赠价值10万元的辅具。

（区残联）

【无障碍环境建设】 年内，无障碍建账点位5733处。问题点位4715处，整改率100%；占用盲道等专项整治点位8840个。本年度各级财政及社会投入预算资金2300余万元，区专班与区财政局联合出台《顺义区无障碍环境建设奖励办法》。无障碍环境建设专项行动在全市非重点区域综合考核中获优秀奖。

（区残联）

【接诉即办】 年内，提供法律咨询服务455人次，提供法律援助1件，参与调解纠纷7件，培训112件。处理12345便民热线残疾人诉求86件，全部解决，满意率100%。

（区残联）

【村、社区残协换届】 年内，完成全区25个镇、街477个符合条件的村、社区残协换届工作。选出残协477个，成员3332人，其中主席477人，副主席958人，专职委员544人。平均年龄46.8岁，高中及以上学历者367人，占比67.5%。

（区残联）

【《顺义区“十四五”时期残疾人事业发展规划》正式印发】 年内，《顺义区“十四五”时期残疾人事业发展规划》正式印发。提出11项发展目标、25项主要任务、32个重点项目。

（区残联）

街道 镇

光明街道办事处

【概况】 年内，光明街道办事处管辖地域范围北至减河，东至滨河南路，南至顺平快速路，西至光明南北大街，占地面积4.12平方千米。有社区居委会18个。有常住人口69615人，其中户籍人口25887人、流动人口12187人；户籍人口新出生226人，出生率7.37‰；流动人口新出生192人，出生率19.92‰。有医院1所，社区卫生服务站4个。有大学1所，中学3所，小学4所，幼儿园9所。有社区养老驿站5个。有地铁15号线贯穿其中。有为民服务大厅550平方米，文化中心1380平方米，有文化广场3处。光明街道工委贯彻落实各项方针政策，坚持党建引领，振奋精神，扎实苦干，各项事业都取得较好发展。获评“2018—2020年度北京市就业创业工作先进集体”“首都文明单位”等称号。10月26日起，光明街道政务服务中心迁至顺平东路7号。

（光明街道）

【基层监督作用】 年内，发挥基层监督作用，18个社区廉洁监督室开展廉政宣传教育207次，开展专项监督检查54次，开展谈心谈话50余次。

（光明街道）

【“我为群众办实事”实践活动】 年内，依托党史学习教育，组织开展“我为群众办实事”实践活动，制订实施方案2个，建立街、居两级三类台账，街道级11项实事、社区级实事58项100%完成；梳理党员微实事3447项，超额完成3835件。裕龙六社区党史学习教育和“我为群众办实事”事迹2次被《北京日报》刊登。

（光明街道）

【建党百年活动与保障】 年内，街居通过开展诗歌朗诵、书画作品、文艺演出等形式，庆祝中国共产党成立100周年。组织街居党员干部观看红色电影、参观焦庄户地道战遗址，重温入党誓词。召开“两优一先”表彰会，为490名老党员颁发“光荣在党50年”纪念章；开展工委书记讲党课。街道领导走访慰问为光明街居发展做出贡献的老党员。街居有57人次参加庆祝中国共产党成立100周年大会和大型文艺演出活动，完成各项工作。重大活动保障期间，发动楼门长、网格员、志愿者等群防群治力量2万余人次，发动派出所民警、安全员、兼职安全生产巡查员等专业力量1000余人次，完成重大活动服务保障工作。

（光明街道）

【光明街道疫情防控】 年内，成立街道疫情防控工作领导小组，建立“1+13”工作机制。制订完善《光明街道关于落实新冠肺炎疫情“早发现”工作方案》等多个方案。总结凝练快速排查机制，利用微信“群接龙”、敲门行动、电话联系等方式加强风险人员排查力度，每周组织机场同住人、小门店人员进行核酸检测，累计核酸采样20余万人次。抓好新冠疫苗接种，各类人群、各剂次接种率90%以上；300余名街居干部全年累计服务保障核酸检测、疫苗接种近34万人次。坚持党建引领，3000余名在职党员、志愿者守牢社区防线，实现辖区“零感染”。

（光明街道）

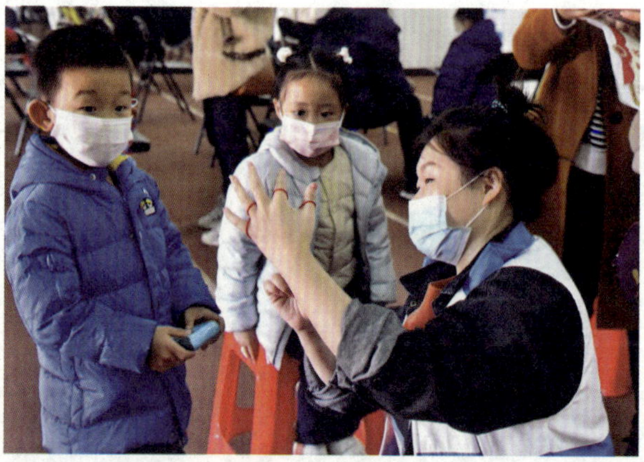

◆年内，光明街道志愿者在新冠疫苗接种留观区带领小朋友们玩“织花绳”，缓解孩子们的紧张情绪（光明街道）

【维稳工作】 年内，严格落实意识形态工作责任制，落实14项制度、守好6类阵地，意识形态领域平稳有序，区委巡察反馈意识形态10项问题全部整改完毕；提前防范化解重大舆情事项，全年回复舆情62

件。坚持党管武装，超额完成征兵任务，街道7人立功受奖。加强法治政府建设，深入开展“八五”普法，开展各类普法活动320场次，发放宣传材料2.6万份，覆盖群众1.8万人。充分发挥“街居两级调委会”“金钥匙调解工作站”“居民议事协商平台”等调处组织以及网格员、志愿者队伍作用，加强矛盾排查化解工作力度。妥善解决各类信访事件，全年处理群众来信来访14件。严格监督劳动用工，处理个人讨薪56件、集体讨薪12起，协助外来务工人员讨回工资400余万元。

（光明街道）

【公共安全】 年内，开展安全生产专项整治三年行动，聚焦3个专题8个专项领域，检查生产经营单位1766家次，企业覆盖率100%；完成线上有限空间作业审批备案197家次。开展消防安全、燃气安全、食品安全、校园周边安全等专项检查和整治2000余次。组织全区域防汛安全隐患排查，梳理出一般隐患点位52处，其中重点点位5处。针对重点消防隐患，联合区消防支队等部门进行多次研究，逐步推动整改。加强智慧平安社区建设，推动提升东兴一、二、三、四区等10个小区信息化管理水平。

（光明街道）

【接诉即办】 年内，加大接件、办件工作力度，“接诉即办”全年8次进入全市前100名，其中3次进入前50名；探索“四级网格模式”和“楼层长制”，深化未诉先办，全年诉求量下降7%，万人诉求量81.2件。

（光明街道）

【两件“关键小事”】 年内，东兴四区、裕龙二区获评北京市生活垃圾分类示范小区，东兴二区试点建设智能监控系统；实现业委会组建率95%，超额完成区级指标。

（光明街道）

【社会保障】 年内，“线上+线下”助力群众就业，线上线下登记招聘企业87家、采集空岗信息1336个，线上举办招聘会8次。提前完成4家老年餐桌建设，依托辖区5家养老驿站，划分5块责任片区，指导驿站完成与164名基本养老服务对象的认领和分配工作。完善便民服务设施，建设提升2家基本便民商业网点。推动多元共治，启动幸福楼门项目，推进双拥社区“社区书记工作室”项目建设，以双兴东区和双拥社区为试点，开展“三无”小区服务管理示范点创建。

（光明街道）

【街居环境整治】 年内，通过前期多次入户做居民工作，利用3天时间平稳有序拆除裕龙花园社区私搭乱建40户，拆除面积近1000平方米。推进“创无”工作，按照市、区两级要求，完成系统录入上报，对限期整治类图斑，协调相关部门拆除。推进创城工作，制订三年工作方案，成立1办+9个专项组，整改问题1100余项，打造“光明热心人”志愿品牌，完成“七小”门店无障碍设施改造工程162家，完成产权公厕改造8处，建设充电车棚31处、增加充电孔1644个，新增机动车停车位4093个、非机动车停放处1619处，高层社区388部电梯100%安装电动车智能阻止系统。

（光明街道）

◈年内，光明街道制作创城景观小品（光明街道）

【环境保护】 年内，加强小微水体治理，整治边沟3处，封堵排污口3处，水环境镇街跨界断面水质均达标。以7项制度为抓手全面落实林长制工作。做好辖区8处无产权绿地绿化养护，辖区累计绿化面积14424平方米，提前完成17个社区绿地问题专项治理。强化大气污染防治，裕龙一区、裕龙六区试点扬尘精细化治理。完成本年度电力内线改造项目，推进裕龙一区等3个小区的老旧小区改造工作，双拥社区老旧小区改造项目办理施工证。

（光明街道）

【教育】 年内，促进基础教育，有效解决适龄学前儿童入园学位问题；关停无证幼儿园1所。破解学校门口拥堵难题，8月完成裕龙小学及双兴小学门口等候区改造。抓好社区教育，18个社区均成立市民学习体验教室、未成年人活动场所。有效落实“双减”工作，11家有照无证学科类校外培训机构实现“清零”。

（光明街道）

【文化建设】 年内，开展“二月新春”“五月的鲜花”“十月金秋”等区内传统文化活动。依托街道文化中心，开展线上摄影、绘画、古建筑欣赏、茶文化等各类培训90余场次，线下文体活动120余场次，开展电影放映活动140场次，覆盖人群3万余人次。顺义图书馆光明街道分馆获评北京市“十佳优读空间”。严格推进软件正版化和“扫黄打非”文化市场监督检查工作。

（光明街道）

【老干部星火志愿护河队获奖】 年内，老干部星火志愿护河队获“2021新京报第十五届感动社区人物奖”。

（光明街道）

空港街道办事处

【概况】 年内，空港街道东邻北京首都国际机场，西邻温榆河畔生态走廊，毗邻朝阳区、昌平区，辖区面积27.38平方千米，有社区居委会24个。有常住人口约7.2万人，有来自60余个不同国家和地区的常住外籍人口5000余人。中国国际展览中心（新馆）坐落在辖区内；有学校21所，其中包括顺义国际学校、英国学校等多所国际学校；有中粮祥云小镇、荣祥广场、龙湾七街等7个中高端商圈。空港街道以国际人才社区建设为主线，努力建设成为“国际港城一体的示范街区、首都对外交往的窗口社区、顺义城市品质的时尚名片”。

（空港街道）

【北京市第三届“社区邻里节”顺义分会场】 10月16日，2021空港街道邻里节暨北京市第三届“社区邻里节”顺义分会场活动在荣祥广场启动，活动以“您好！邻居”为主线，突出国际融合特色，围绕艺术、欢乐、环保、自然等几个维度展开，通过打卡寻宝、集印换物、拥抱卡通玩偶、环保时装秀等活动吸引中外居民走出家门，互动交流。

（空港街道）

【中国共产党成立100周年服务保障】 年内，组织辖区4000余名治安志愿者等群防群治力量上岗执勤，出动执法检查力量1640人次、车辆428车次落实24小时巡查看护，检查企业393家，责令整改安全隐患222处；检查在建施工工地98家次、巡查河道40次，督促整改问题50个，清理堆积物180处，清理小广告169处，湿化绿地面积16.8万平方米；组织开展“永远跟党走”群众性主题宣传教育活动，成立组建由辖区居民、老党员、机关干部等30余人组成的空港街道“永远跟党走”百姓宣讲团，开展宣讲24场，覆盖群众2000余人；组织开展“回顾峥嵘岁月，奋进崭新征程”系列红色观影活动，观看《1921》《悬崖之上》《长津湖》等主旋律电影20场，覆盖辖区党员群众5000人次。

（空港街道）

【空港街道新冠疫情防控】 年内，空港街道制订并完善《空港街道新型冠状病毒疫情防控工作方案》《空港街道新型冠状病毒肺炎疫情防控工作领导小组机构职责》。做好人员排查管控工作，自主摸排中高风险地区返顺1400余人，“大数据”派单排查中高风险地区返顺3.6万余人、管控1.2万余人，管控境外返回人员、机组工作人员及同住人员5268人。多渠道完善全年龄段疫苗接种台账，接种疫苗17.4万剂次。加强机场周边重点人群及部分社区全员核酸检测工作，8月5日至12月31日，每周进行6场核酸检测，检测27.3万人次。设立党员先锋岗，国企党员、在职党员、社区志愿者投身防控一线，发动30余名国际志愿者参与门岗值守、政策宣传，服务辖区数万人。

（空港街道）

【创建全国文明城区】 年内，空港街道构建“街居联动共创—网格多元提升”创城治理体系，坚持“月部署、周调度、日研判”，用好“一线工作法”，及时协调督导急难险重任务落地落实，开展实地暗访150余次，设置《空港街道创城实地考察点位检查台账》24个，制作《空港街道创城工作简报》25期，整改创城问题8000余处；构建“1+24+N”的创城志愿服务体系，组建150人的“空港街道创城实地志愿服务队”，下设24个创城实地检查小组，以“1个队伍、24个小组、N名志愿者”为核心，让社区志愿者担任检查员、督导员，以“检查制度、督查制度、通报制度、轮检制度、培训制度”5项日常制度为抓手，开展全覆盖检查及督导工作。

（空港街道）

【国际人才社区建设】 年内，空港街道开展裕京花园及澳景园区域、金地社区人行步道及周边环境改造提升，裕丰路西侧、地铁15号线花梨坎站、地铁15号线国展站提升改造工程，打造微景观小品3处，修复及新铺道路1.4万平方米，复绿补绿1.5万平方米，清理小广告2200处，应划尽划非机动车停车位100处、机动停车位177个，6个主要路口24人次做好文明引导；开展辖区路灯维修改造项目以及配套箱变工程，更换灯头及灯杆139套；提升多元文化“软实力”，开展“社区邻里节”“mini马拉松”“学中国风 共顺义情”等中外文化活动70余场；以中粮祥云小镇为核心，联合辖区商圈定期举办微型市集商业活动和文化活动，接待客流1335万人次，营业额约13.40亿元，同比增长79%。

（空港街道）

【“两区”建设助力】 年内，空港街道充分发挥区位优势，助力“两区”建设，召开政策解读会议10场，带领走访企业70余家；新增企业1059家，其中内资企业1047户，外资企业12家；自主引进企业274家，吸纳北京华鹰商务航空有限公司、北京金虹资源再利用科技有限公司及吉发科技（北京）有限公司等项目入驻；推进北京富亿通空港仓储有限公司等老旧厂房“腾笼换鸟”，打造高端文化创意产业园区（辉煌物流明空港项目、积木剧场文创基地）；以“时尚+夜京城”为亮点，打造中粮祥云小镇多元业态网红打卡地，借助新国展二、三期建设工作，推动文化交流领域和商务会展产业领域有机融合。

（空港街道）

【安全空港建设】 年内，推进消防基础设施建设，建设电动车充电设施154处、完成电动车报警系统安装565套、安装光电感火灾探测器400个、指导23个社区完成消防通道施划工作和登高作业面的施划工作。373家完成小微企业开展风险评估、123家企业开展隐患排查清单编制及300家企业投保安责险。开展有限空间操作、119消防观摩、应急拉动演练等活动39次。开展安全知识、应急逃生相关专项培训5次，3000余人参与。开展空港街道“119”消防宣传月系列活动，印发燃气安全、消防安全等宣传材料3万余份；利用消防科普基地，开展消防“五进”活动20次；开展全民应急能力培训，480人参与，发展社区消防志愿者1000人。

（空港街道）

【民生保障】 年内，空港街道提升基本便民商业网点5个，办理住房保障申请业务78人次，完成公租房申请21户、专项配租20户；完成2所公办幼儿园新建（天裕昕园幼儿园和空港一幼金港园）及1所幼儿园改造（空港一幼三山园）；完成辖区非京籍学生幼升小宣传、审证、入学工作，审核通过264人；开展未经审批幼儿园专项治理行动，联合执法检查52次，取缔无证园6所；开设空港街道老年餐桌，推出“1+1+X+X”的助餐模式（一个配餐中心、一个社区老年餐厅、X个社区助餐点、X个送餐义工），办理就餐卡1063张，服务43906人次；发放低保金、困境儿童补助金等32万余元，服务高龄老人、困难群众等3489人次；发放残疾人相关各类政策性补贴46万余元，惠及530人次；完成无障碍通道及坡道扶手建设，投入104万余元提升改造无障碍设施点位313处。

（空港街道）

【环境建设】 年内，空港街道推进环境环保工作。开展日常巡查检查，出动人员820人次，整改裸地扬尘52处，清理非法垦殖和私搭乱建5000余平方米，复绿补绿10.3万平方米；在吉祥花园社区建设空港地区首家园艺驿站，开展宣传活动55次，植树2593株，认养新建绿地5500平方米；发动党员、居民志愿者等3000余人参与垃圾分类值守和宣传工作；开展卫生清理志愿服务活动31次，2万人次参与；开展垃圾分类驿站建设工作，完成垃圾桶和桶站标签安装等全流程配套建设，发放四色垃圾桶3100个；空港街道辖区优山美地C区、蓝星花园、中粮社区6号院、棕榈滩获评北京市垃圾分类示范小区，空港街道获评北京市生活垃圾分类推进工作先进集体。

（空港街道）

【河长制工作】 年内，空港街道落实河长制要求，加强水生态环境治理，制订《2021年空港街道河长制工作方案》，落实"清河行动""清四乱行动""清管行动""小微水体整治行动"等专项工作；街道级河长巡河66次123千米；河道管护队清理河道垃圾4100平方米，清理非法垦殖1200余平方米，封堵非法排污口5处，新设河道警示牌22块；修剪河道管护范围内树木500余棵、杂草30万平方米；开展"清管行动"，清理雨水涵管12.6千米，清淘雨水检查井4434处、雨水箅子井10483处，清理污染物11.2立方米、建筑垃圾6立方米，清除残留挡墙1处；破路疏通雨水管线9处，新做雨水篦子井3处、新铺螺纹管265米。

（空港街道）

【新时代文明实践所（站）建设】 年内，空港街道根据《空港街道新时代文明实践所站建设工作方案》，以实践所为主体，跟踪了解各实践站、基地工作动态。建立志愿者台账，记录志愿服务队名称、人数、服务领域等信息；开展"新时代文明实践志愿服务周"活动，吸引200余名区属单位职工参与志愿服务工作；开展理论宣讲、德法教育、生态环境建设、国际人才服务等新时代文明实践活动400余场，服务周边居民2万人次；常态化开展义诊、义剪等志愿服务活动40余场，将服务前移至居民家门口；成立28家新时代文明实践基地，飞行家北京太空体验馆、裕祥花园社区安全体验馆、橙天嘉禾影城获选区级新时代文明实践基地，裕祥花园社区安全体验馆在2021年新时代文明实践基地考核验收中获评示范基地。

（空港街道）

胜利街道办事处

【概况】 年内，街道办事处辖区范围北至减河，东至光明街，西至京承铁路，南至顺平路，辖区总面积约3平方千米。社区居委会20个，居民总人口近6万人。有东风小学西校区、建南幼儿园、义宾幼儿园、幸福幼儿园等一批重点学校。顺义区医院、北京市中医院顺义分院在辖区内。

（胜利街道）

【集中核酸检测工作】 2020年12月底，顺义区局部新冠肺炎聚集性疫情暴发后，胜利街道全面开展疫情防控工作，社区建设办公室作为医疗保障组，承担辖区核酸检测任务。2020年12月25日至2021年3月28日，检测126918人次。2021年8月起，针对辖区机场工作人员家属等相关人群每周开展集中检测，检测13862人。做好各类重点人群的临时检测工作，检测4179人。

（胜利街道）

【首届云春晚活动举办】 2月11日，胜利街道举办"携手抗疫 新春云聚"首届"云春晚"活动。通过歌曲、舞蹈、相声等形式，为辖区居民呈现缤纷节目。

（胜利街道）

【"6·26国际禁毒日"宣传】 6月21日，胜利街道办事处在怡馨家园一社区广场举办"健康人生　绿色无毒"主题宣传活动。通过文艺表演、参观禁毒知识展板、发放禁毒知识宣传资料等开展禁毒宣传。

（胜利街道）

【楼外飞线整治行动】 6月起，胜利街道全面开展楼外飞线专项整治，利用"吹哨报到"机制，召开创城治理楼外飞线问题协调会、推进会、现场会7次；中国联通、中国电信、歌华有线等相关单位开展为期一周的现场勘查，各单位根据辖区实际情况分别制订整治方案，对各自线路进行全面梳理。最终择优选取 1 家公司对所有老旧小区飞线问题开展集中整治。在试点成功的基础上，飞线治理工作在胜利街道 12 个老旧小区全面铺开，合计完成 198 栋楼，整理线缆 455.431 千米。

（胜利街道）

【业委会组建】 8 月 24 日，胜利街道业委会组建工作启动。专门聘请专业律师对组建工作全程指导协助。12 月 1 日，完成业委会委员选举工作，实际完成 14 个社区的组建工作，超额完成 12 个社区的组建任务目标。

（胜利街道）

【人口抽样调查】 11 月 1—15 日，胜利街道开展年度人口抽样调查，涉及义宾南区、义宾北区、胜利小区、建新北区二社区、怡馨家园一区、怡馨家园二区、龙府花园、红杉一品、永欣嘉园 9 个社区。核查建筑物及住房单元 5697 个，抽选住房单元 640 个，登记 644 户 1768 人。

（胜利街道）

【十九届六中全会辖区安全服务保障】 十九届六中全会期间，街道主要领导带队检查 4 次，开展联合检查 3 次，出动安全监管人员 84 人次，检查企业 246 家次，发现并整改隐患 137 处，整改率 100%。开展燃气（液化石油罐）安全专项检查 2 次，整改隐患 8 处；开展建筑施工工地、有限空间作业专项检查 3 次，整改隐患 8 处；每日开展预防一氧化碳重点宣传检查，检查燃煤户 11 家，整改隐患 8 处；发动群防群治力量 409 人次，每日开展社区高层、楼道、绿地等重点部位不间断巡查，整改消防隐患 165 处，清理可燃物、易燃物 2 吨；清理违规停放、违规充电电动车 31 辆。

（胜利街道）

【违法建设拆除及创无工作】 年内，在拆违和创无两项工作中，胜利街道综合行政执法队结合辖区实际情况，制订工作方案，及时做好工作部署，主动作为，多次召开“吹哨报到”会，要求相关单位落实政治责任、社会责任、经济责任，配合属地开展违法建设拆除工作，并通过区委政法委平安办与中国铁路部门取得联系，现场对铁路沿线建筑物权属进行核查确认。保持与区查违办和市规划自然资源委顺义分局紧密联系，共同研究推进工作。街道拆除违法建设 14 处，拆除建筑面积 6082.48 平方米，销账率 121.65%。在创无工作中，针对 710 处创建底图图斑逐个分析归类，其中限期整治类总面积拆除率 96.55%，是本年度创建无违法建设镇街 6 街 1 镇中唯一达到区级创建标准（拆除率≥95%）的街道。

（胜利街道）

【疏整促占道经营全年降比 20%】 年内，以疏整促工作为抓手，开展占道经营整治，助力全区创城工作。面对违法点位多、违法行为多、违法问题反弹多的“三多”特征，胜利街道综合行政执法队本着“接诉即办”“未诉先办”的原则，采取人盯车巡的方式，抓好重点点位整治、盯守，占道经营整治工作位列全区 25 个镇街前列，无新增挂账点位，每月均达到动态清零标准，并提前完成全年降比 20% 的工作目标。

（胜利街道）

◆9 月，胜利街道综合执法队开展疏整促占道经营整治（胜利街道）

【火灾预警项目完工】 年内，胜利街道在街道网格化服务中心办公楼安装火灾预警管理平台系统，在幸福西街 1 号楼楼顶、华玺瀚樗 1 号楼楼顶及建新北区 35 号楼顶 3 个点位安装摄像存储设备。

（胜利街道）

石园街道办事处

【概况】 年内，石园街道办事处北邻顺平路，东至顺福路，南至中关村顺义产业园林河工业区，西接京承铁路，辖区面积9.6平方千米。有社区居委会18个，常住人口7.2万人。有学校及幼儿园12所，医院及卫生服务站3所，生产经营企业610家，其中规模以上重点工业企业1家。

（石园街道）

【全员核酸采样工作】 1月2—3日，石园街道开展全员核酸采样工作，辖区16个社区13个采样点启用，40余名医护人员参与样本采集，完成辖区5.7万余人核酸检测工作。

（石园街道）

【安全教育展厅获评综合类二级公共安全教育基地】 1月25日，石园街道安全教育展厅经顺义区公共安全教育基地分类分级评估，被评为综合类二级公共安全教育基地。安全教育展厅位于石园北区二社区84号楼地下一层，建于2016年5月，展厅面积436平方米，划分为公共安全、交通安全、居家安全、校园安全、应急宣传教育等12个区域，兼具安全知识普及、场景模拟、互动体验等功能。

（石园街道）

【新冠疫苗接种工作】 2月6日，石园街道新冠疫苗接种工作正式启动。制定《大规模人群新冠疫苗接种工作实施方案》《新冠疫苗接种工作安排》；按照“16+8”网格管理，动员居民和职工参加疫苗接种；在城南体育中心设立疫苗接种点，配备硬质隔离桩、立式自动手部消毒机、饮水机、靠背折叠座椅等设施3项措施，保障接种工作开展。截至2月19日，组织疫苗接种4次，接种1.06万余人次。

（石园街道）

【2个社区获评首批北京市生活垃圾示范小区】 3月19日，石园西区、东苑社区正式挂牌成为首批北京市生活垃圾分类示范小区。

（石园街道）

【拆违控违】 4月16日，石园街道依法拆除石园北区小市场周边6处违法建设，总面积459.73平方米。结合辖区实际，通过宣传在先、劝导在后的工作方法，多次与相关负责人沟通，最终确定由街道按照法律程序强制拆除违法建设。拆除过程中，采取必要的防尘降尘措施，协调工程公司配备降尘车辆，做好洒水降尘、渣土清运等工作，做到场清地平。

（石园街道）

【“书香音乐节”歌唱大赛】 4月18日，石园街道2021年“书香音乐节”歌唱大赛暨“学党史、观优秀影片、唱经典歌曲”决赛在顺义区第五中学举办。邀请中央歌剧院女中音王严、中国青年男高音歌唱演员吴永飞、中国音乐学院翟德嘉担任评委。有10组选手入围决赛，最终评选出个人组第一名1人，第二名、第三名各3人，团体一等奖、二等奖各1组。

（石园街道）

【全民阅读活动】 4月23日，石园街道举办“颂读百年路，展阅新征程”全民阅读活动。活动中，居民代表朗诵诗歌《祖国啊，我亲爱的祖国》，梦想书坊主理人向社区居民赠送党史书籍。邀请北京市委社会工委市民政局党校副教授，以“中国共产党与中华民族伟大复兴”为题讲党史，开展读书分享活动。

（石园街道）

【综合应急集训完成】 5月26—28日，石园街道组织综合应急救援队全体队员开展为期3天的综合应急拓展集训活动。教授专业救生课程，了解急救基础知识，掌握徒手心肺复苏术、海姆立克急救法等急救步骤和操作手法，学习包扎、止血、制作简易担架及运输伤员等内容。

（石园街道）

【“首都老兵”志愿服务队成立大会暨授旗仪式】 6月23日，石园街道举行“首都老兵”志愿服务队成立大会暨授旗仪式，20余名社区“首都老兵”志愿者参加。会上，为街道“首都老兵”志愿服务队授旗，代表宣誓。

（石园街道）

【“两优一先”表彰暨工委书记讲专题党课会议】 6月24日，石园街道召开“两优一先”表彰暨工委书记讲专题党课会议。会上，全体党员共同观看石园街道抗疫纪录片《我们的战“疫”》，街道工委对在疫情防控和辖区建设中贡献突出的优秀共产党员、党务工作者和先进基层党组织进行通报表彰。为党龄50年以上的老党员代表颁发“光荣在党50年”纪念章。优秀党员代表、优秀党务工作者、先进基层党组织代表和党龄50年以上老党员代表做典型发言。街道工委书记为大家讲授题目为《学习百年党史滋养初心，凝聚奋进力量砥砺前行》的专题党课。

（石园街道）

【百姓宣讲活动】 7月16日，石园街道2021年百姓宣讲活动开启，百姓宣讲团6名宣讲员走进石园北区三社区老年驿站和80后义工社党支部，结合党史学习教育，以“永远跟党走”为主题，讲述自己及身边人的事迹。

（石园街道）

【石园东区园艺驿站验收】 9月10日，石园东区园艺驿站通过顺义区园林绿化局验收。驿站建筑面积100余平方米，有多种绿植，并配备多媒体设备、园艺类书籍，为居民提供家庭园艺规划设计、养护培训、技术咨询等服务。当日开展首次活动——食养文化之“花好月圆”手工月饼制作活动。

（石园街道）

【顺义区首家“少先队社区工作委员会”在石园街道北三社区成立】 10月9日，团区委联合区委教工委、区少工委、石园街道工委在石园街道食养书坊举行顺义区少先队社区工作委员会揭牌仪式，有关领导为少先队石园北三社区少工委揭牌、授大队旗。石园小学少先队员代表参加传统工艺体验课及法治课。石园北三社区少工委在青年汇建立少先队活动中心。

（石园街道）

◆10月9日，顺义区首家“少先队社区工作委员会”在石园街道北三社区成立（石园街道）

【食养书坊、石园书吧正式运营】 10月11日，石园街道食养书坊、石园书吧正式运营。石园书吧位于石园街道政务服务中心1层，室内面积200平方米，室外面积50平方米；食养书坊位于石园东区北门15号楼旁，总面积700平方米。

（石园街道）

◆10月11日，石园街道食养书坊、石园书吧正式运营（石园街道）

【政企合作整治飞线乱线】 10月起，石园街道开展飞线乱线专项整治工作。北京移动顺义分公司、北京歌华有线顺义分公司、方正宽带顺义分公司、宽带通顺义分公司4家企事业单位与街道共同研究治理方案，最终确定将8个社区平均分成4块区域开展整理工作，社区内架空线缆、飞线乱线情况得到极大改善。

（石园街道）

【3～11周岁人群新冠疫苗接种工作】 11月10日，石园街道启动3～11周岁人群新冠疫苗接种工作。为缓解小朋友的紧张情绪，街道设置小朋友专用通道，设立心理咨询台，安排专人进行玩偶互动，提供多种暖心服务。1330位小朋友完成接种。

（石园街道）

【“3+3”工作法与“五步走”推动未诉先办】 年内，将“我为群众办实事”实践活动融入“接诉即办”工作，以五里仓一社区为试点，建立“3+3”工作，通过网格员、志愿者、网络收集3种方式畅通居民诉求渠道，分层分级建立3级问题台账，形成联动机制，做到月汇总、月销账，达到快速解决问题的目的。通过听群众讲缘由、帮群众解难题、向群众讲过程、请群众来点评、和群众同分享“五步走”推动未诉先办。

（石园街道）

【多措并举提升政务服务水平】 年内，石园街道推动养老待遇资格认证、“一老一小”医疗参保等高频事项办理向社区政务服务站延伸，社区政务服务站提供帮办代办等服务，让居民不出社区即可办理相关业务。依托“北京人社”“北京社会建设和民政”微信公众号，联合各业务系统建立线上服务通道，居民可以足不出户实现“掌上办”“指尖办”。提供“早晚弹性办、午间不间断、周六有延时”及预约事项错峰办理服务。

（石园街道）

【老年人疫苗接种】 年内，石园街道为辖区老年人提供“一条龙”温暖服务。组建爱心专车，推出“专车接送”便民服务。在接种现场，工作人员贴心陪护、暖心搀扶，有序引导、答疑解惑，最大限度地给老人们提供方便。各社区开展“敲门行动”，询问老年人疫苗接种情况和未接种原因，推进老年人疫苗接种工作。

（石园街道）

双丰街道办事处

【概况】 年内，双丰街道办事处位于顺义新城马坡组团核心区，辖区面积29.49平方千米。下辖社区居委会17个（马坡花园一区、马坡花园二区、富力湾、泰和宜园、新马家园、顺悦家园第一社区、顺悦家园第二社区、顺兴家园、香悦第一社区、香悦第二社区、香悦第三社区、鲁能润园、金宝北区、花溪渡、鲁能溪园、中晟馨苑、北辰花园）和居委会筹备组2个。有常住人口53315人，流动人口15583人，户籍人口9124人，外籍人口70人。

（双丰街道）

【社区两委换届】 1月16日，双丰街道17个社区党组织完成换届选举工作，选出新一届社区党组织委员85人，其中书记17人，副书记17人，书记和副书记均全票当选，一次性选举成功率100%。

（双丰街道）

【“两会”保障】 2月26日至3月5日，坚持执法检查“白加黑”、安全防范“内加外”、暖心橙守护“早加晚”，加强辖区疫情防控检查、生活垃圾检查、燃气安全检查和街面环境秩序检查，结合地区特点，重点抓好社区、商业区、建筑施工区“三区”生产安全和消防安全，区域化推动地区社会面风险防控工作。

（双丰街道）

【汛期防汛】 汛期，针对强降雨天气，双丰街道提前部署，第一时间召开部署会；开展实地演练，确保物资到位、人员备勤；保证社区雨水箅子及排水管道出入口周边无杂物，确保降雨期间雨水通畅；及时抽取人工湖内雨水。

（双丰街道）

【双丰街道疫情防控】 年内，探索形成党建引领“大五+”基层治理体系，构建“5+8”治理模式。17个联防联控党支部靠前指挥，35个出入口全部安装电子监控，地毯式“敲门”、网格化管理、封闭式防范，26218户68226人排查率100%。启用红外热成像测温仪、电子通行证，对居家观察人员实现远端四级联防联控。未出现1例确诊病例。在14个社区建立检测点，主要服务于辖区居民；建立金蝶软件园综合检测点1个，为商户、工地、楼宇等从业人员开展检测。街道学校防控组围绕学校教学环境、卫生管理工作落实情况开展专项监督检查。2月9日，在赛马场开展新冠疫苗接种工作。11月9日，双丰街道启动3～11岁人群接种新冠疫苗工作。街道工作人员现场发放糖果、零食，安排“暖心橙”玩偶互动，缓解孩子们的紧张情绪。

（双丰街道）

【无障碍改造工程】 年内，双丰街道对辖区162处无障碍出入口坡道及小区坡道、12处低位服务设施、475处无障碍标识以及10处无障碍卫生间等共计659处全面整改和提升。截至年底，改造工程全部完工。

（双丰街道）

【我为群众办实事】 年内，细化出“告别煤气罐”“规范电动车”“共筑防火墙”“点亮一盏灯”“挤出停车位”“社区种花家”“暖心橙成长”“守护双丰人”8项实事工程。结合单位职责，围绕缓解“停车难”现象、提升社区环境、减少“飞线充电”“进楼充电”等方面，研提10项重点民生项目清单。向广大党员发出“我为群众办实事”总动员，建立党员“微实事”台账清单，因地制宜把“献爱心、美环境、促治理”等志愿服务送到党员群众身边。

（双丰街道）

【免费临时停车场再增1处】 年内，免费临时停车场再增1处。位于马坡花园二区东侧、通顺路西侧（香悦四季公交站以南30米），为待开发地块。施划停车位240个，场内路面以刨铣石铺设，配备太阳能照明路灯、智能监控设备。

（双丰街道）

【创城有我】 年内，制订《双丰街道创建全国文明城区重点时期工作方案》，成立“1办3组”，下设10个执行小组，组织区属9家单位396人次下沉干部志愿者参与创城工作，辖区870余人次志愿者参与早晚高峰路口文明引导，17个社区清理社区内堆物堆料、积存垃圾70余处，清理小广告1173处。辖区施划非机动车停放区域205处，机动车停车位397个，安装非机动车缓冲坡道120米。新建车棚14处，充电口346个，新增集中晾晒区31处，施划消防标线8162米。

（双丰街道）

【抓好两个“关键小事”】 年内，建立“守桶人+巡桶人+管理人”机制，形成“一居一策”，“1+1”检查组每日巡查垃圾分类工作情况。邀请相声演员白凯南担任街道垃圾分类公益大使，“暖心少年团”参与桶前值守，广泛开展垃圾分类宣传活动。成立业委会组建专班，建立“三级培训”+“分阶段培训”+“一对一培训”机制，组建工作细化为“5个阶段、11个分步骤、22个重要时间节点、36项重要内容”，组建业委会19个，组建率启动率100%，覆盖率95%，街道排名第一。

（双丰街道）

【“接诉即办”聚焦热点难点解民忧】 年内，坚持“专款、专用、专户”管理，统筹“顺义区市民热线考核奖励资金”275万元为民办实事，集中解决美丽汇广场、金宝外道路破损，香悦四季、润园、金宝房屋紧急维修，沁园、富力湾路灯安装，香悦一区、花溪渡、金宝、溪园社区公共区域绿地补种等问题。

（双丰街道）

旺泉街道办事处

【概况】 年内，旺泉街道位于顺义区西南部，北至城北减河，东至京承铁路，南至顺义西南二环路，西至六环路和小中河，辖区总面积12.81平方千米。下辖社区居委会20个，有户籍人口1.2万人，常住人口4.4万人，流动人口3.1万人，外籍人口107人。有医院1所（北京京顺医院），社区卫生服务中心1个、社区卫生服务站3个。有中学1所，小学2所，幼儿园5所。有养老机构3个。途经辖区公交线路23条，地铁15号线贯穿其中。有为民服务大厅500平方米、地区文化中心约3500平方米、文化广场9处。承办18项市区重点工作，清除违法建设1.65万平方米，全年累计PM2.5浓度35微克/米^3，新建设电动车集中充电设施119个，为109户居民安装液化石油气智能报警器，累计接种新冠疫苗约17万剂次，规范劳动用工企业20家，解决讨薪事件33起。

（旺泉街道）

【封控小区管理】 2020年12月28日，因出现确诊病例，对西辛南区75号楼封闭管理。1月17日，封控区域内人、物、环境同检，结果全部为阴性，在专家指导组指导下开展专业评估论证后，先行对75号楼1、2单元解封，与1、2单元58位居民签订“承诺书”，办理实名出入证。1月23日，对75号楼3单元解封，与3单元40位居民签订“承诺书”，办理实名出入证。

（旺泉街道）

【旺泉街道疫情防控】 1月2—3日，旺泉街道启动第二轮核酸检测，对街道20个社区和2个小区的居民开展核酸复检。设旺泉街道集中采样点、澜西园二区采样点等8个采样点。街道和社区的500余名工作人员，大龙控股、顺鑫控股有限公司的50名志愿者支持核酸采样工作。截至3日19时，完成4.8万余人的咽拭子采集工作。2月8日，新冠疫苗接种工作启动，设立望泉西里北区南门东侧附属楼临时接种点，为辖区年龄在18～59岁的居民免费接种疫苗。出动100余名机关干部和安保人员，保障接种现场工作的有序开展。旺泉卫生院、京顺医院的23名医务人员负责医疗保障工作。

（旺泉街道）

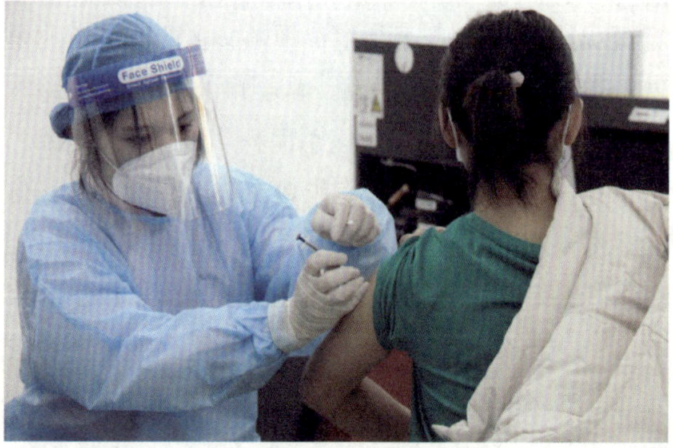

◆2月8日，旺泉街道设立临时疫苗接种点，开启新冠疫苗接种工作（旺泉街道）

【社区换届选举】 1月23日，完成20个社区党组织换届选举工作。3月27日，20个社区完成第十一届社区居委会换届选举工作，全部实现“一肩挑”。选举产生社区干部150人，其中居委会主任20人、副主任26人、委员104人，大专及以上学历148人，占比98.6%；35岁及以下79人，占比52.6%；社区干部平均年龄36.92岁。

（旺泉街道）

【无物业管理楼宇楼顶修复】 1月30日，无物业管理的甲37号楼破损的楼顶得到修复。先期，西辛社区网格员反映，该楼顶的树脂瓦被大风刮裂，破损严重，存在安全隐患。经与街道城建科、大龙物业公司共同协商，及时消除居民身边的安全隐患。

（旺泉街道）

【国家安全日】 4月15日，望泉西里北社区开展“国家安全日”宣传教育系列活动。旺泉街道副处级调研员、综治主管领导，燕顺保障房投资公司工作人员、大龙物业员工、区禁毒办民警等人员参加。活动邀请政法系统工作人员为大家讲解《中华人民共和国国家安全法》，国家安全教育日的设立、意义、推广和做法等内容。现场设立展板，宣传《国家安全法》《中华人民共和国禁毒法》，如何反诈骗等内容，向居民发放各类宣传品200余份。

（旺泉街道）

【安全检查】 5月7日、8日，旺泉街道综治办、社区建设科等科室组成联合检查组，对辖区校园安全开展督导检查。检查组先后检查西辛教育集团、澜西园二区等13家学校机构。主要检查反恐应急处置预案、反恐防暴器材的配备使用、反恐演习演练、校门封闭式管理、监控设备运行、一键报警设备等。对于检查中存在的问题和不足，检查组现场进行反馈，要求立即进行整改。5月10日，旺泉街道办事处领导带队安全科、综合行政执法队，联合仁和派出所等部门开展安全检查。检查组对宏城出租大院、前景路南两处废品收购站、云龙物资仓库进行检查。经查发现2家废品收购站属于无照经营，执法检查人员责令其立即关闭。云龙物资仓库临时用房不符合建筑规范，检查组要求其停止使用。对于检查中发现的问题责令各单位立即整改。

（旺泉街道）

【志愿服务】 6月12日，旺泉街道团工委启动城市志愿者工作，开展红色教育、城市运行、文明创城等志愿服务活动。旺泉街道城市志愿服务站点1

个，重点服务活动社区2个，城市志愿者集中上岗500余人次，累计服务时长1000余小时，服务群众5000余人次。

（旺泉街道）

【全国文明城区创建检查】 8月21日，旺泉街道工委书记带队到西辛北社区等7个社区，检查创建全国文明城区工作，旺泉街道各职能科室负责人参加。检查组一行人查看机动车占道停车、非机动车自行摆放、环境卫生整治、绿化斑秃等情况，并询问社区管理、垃圾分类、楼道堆物及小广告等情况。针对检查中发现的问题，提出具体整改要求。

（旺泉街道）

【月末清洁日】 8月28日，旺泉街道开展“月末清洁日”活动。各社区工作人员、在职党员、志愿者清理辖区绿化带内烟头、杂物等卫生死角内的垃圾、社区楼道堆积物，铲除楼道小广告等。参与桶前值守，指导居民垃圾分类，将社区内自行车摆放整齐。

（旺泉街道）

【凝心聚力抓创城】 12月，旺泉街道14支小分队严格对照实地点位检查指标，持续巡查检查社区周边600多家门店，严查门前三包、光盘行动、公勺公筷、占道经营、疫情防控等重点环节，针对发现的问题现场落实整改并开展复查。

（旺泉街道）

北石槽镇

【概况】 年内，北石槽镇位于顺义区西北部，顺义区、怀柔区与昌平区交界处，京密引水渠东西横贯全境9.2千米。镇域面积32.5平方千米，下辖16个行政村（东石槽村于2018年完成棚户区改造）。有常住人口1.5万人。属地财税收入2.93亿元，同比增长38.8%；一般公共预算收入9618万元，同比下降19.1%；农民人均可支配现金收入28965元，年均增长8.56%。西范各庄村入选“顺义区2021年第一批垃圾分类示范村”。

（北石槽镇）

【“快乐姐妹”舞蹈队多次获奖】 5月16日，2021年顺义区第十二届全民健身体育节开幕式暨“李桥杯”农民健身操舞比赛在奥林匹克水上公园开赛。来自东辛庄村的“快乐姐妹”舞蹈队代表北石槽镇参赛，参赛节目《祝福祖国》获“最佳表演奖”。9月24日，获“永远跟党走”第十六届“舞动北京”群众广场舞大赛区赛暨顺义区第五届“牛栏山杯”广场舞决赛银奖。

（北石槽镇）

◆9月24日，北石槽镇“快乐姐妹”舞蹈队获第十六届“舞动北京”群众广场舞大赛区赛暨顺义区第五届“牛栏山杯”广场舞决赛银奖（北石槽镇）

【镇域首家养老照料中心投入使用】 5月20日，北石槽镇首家养老照料中心投入使用。中心位于南石槽村，由村内老印刷厂改造而成，建筑面积3202平方米，提供床位100张，内设托养中心、活动中心、康复中心等功能空间，提供每日就餐、日常护理、医疗保健等服务，覆盖镇域16个村4000余名老年人。

（北石槽镇）

【“三级一体”服务工作推进会】 12月23日，区残联在北石槽镇召开温馨家园“三级一体”服务工作推进会。市、区残联领导一行参观下西市村温馨家园，听取镇、村温馨家园工作情况介绍，30余人参会。

（北石槽镇）

【体育设施建设】 年内，西赵各庄村利用村内荒地，通过铺设人造草坪、安置灯光设备及搭建围网，建成占地面积670平方米的足球场1处。

（北石槽镇）

【沟渠及小微水体综合治理工程】 年内，北石槽镇沟渠及小微水体综合治理工程完工。项目位于中滩营村委会北侧，总投资350余万元，涉及坑塘治理1.11公顷（16.7亩），新建中水管线约200米，渠道疏挖约900米，进七、八干渠入水口护砌1处。实现中滩营、刘各庄、二张营等周边5个村的污水中水及降雨全收集。

（北石槽镇）

【违法建设拆除】 年内，北石槽镇拆除违法建设2宗1447平方米。分别位于下西市村、西范各庄村，均为砖混结构房屋，占地面积2000平方米，建筑面积1447平方米。

（北石槽镇）

【招商引资】 年内，北石槽镇北京巅峰尊裕健康管理项目位于二张营村南，占地8533.33平方米（12.8亩），建筑面积1.4万平方米，计划投资8000万元，修建办公楼1座和训练楼3座。由上海巅峰体育管理股份有限公司开发。

（北石槽镇）

【闲置土地打造便民设施】 年内，北石槽镇将闲置土地用于打造便民设施。在西赵各庄村西街建设村民休闲活动街心小公园，占地面积460平方米，以绿化、生态透水砖铺装为主，服务周边1100余名村民。在武各庄村东口提档改造村口景观，占地面积360平方米，通过清理乱堆乱放，进行景观绿化、照明亮化、道路铺设等工程，惠及300余名村民。

（北石槽镇）

【路灯照明工程】 年内，怀昌路（顺义段）路灯照明工程全线亮灯。工程起点位于李家史山村北，终点位于西赵各庄村南，全长7.5千米，新建路灯330套。

（北石槽镇）

【东石槽村棚改安置房招标完成】 年内，东石槽村棚改项目安置房取得总包中标通知书，完成招标工作。项目规划用地面积35179.55平方米，总建筑面积110158.29平方米，其中地上面积66795.86平方米，为东石槽村棚改安置房、社区服务用房、菜市场等社区配套服务用房；地下面积43362.43平方米，为设备用房、人防及地下车库。建设住宅10栋692套，停车位797个。

（北石槽镇）

【接诉即办培训会】 年内，北石槽镇组织召开“接诉即办”工作专题培训会。邀请区政务服务管理局市民热线考核组组长为北石槽镇新一届村“两委”干部及“12345”热线专班工作人员开展业务指导。

（北石槽镇）

北务镇

【概况】 年内，北务镇位于北京市东北部，顺义区东南部，首都机场东侧。镇域面积32平方千米，下辖15个行政村。有龙塘路、木燕路等道路穿境而过，京平高速公路在北务设有出口。镇域内主要公交线路有顺18路、顺29路、S101路。北务镇坚持以优异成绩庆祝建党100周年为纲，聚焦各项中心重点工作，不断推进全镇各项事业取得新成绩。实现属地财税收入23305万元；一般公共预算收入完成4003万元；新引进企业198家，注册资金26.5亿元。北务镇获评北京市生活垃圾分类推进工作先进集体称号。

（北务镇）

【春节前困难群体慰问】 1月26日，北务镇向辖区内68户低保家庭、6位分散供养特困人员发放春节慰问物资。

（北务镇）

【2020年度基层党组织书记党建述职评议会】 3月2日，北务镇召开2020年度基层党组织书记党建述职评议会。镇领导班子成员、区第六督导组成员、包村组长、各基层党组织书记、“两代表一委员”和基层党员干部群众代表参会，会议由镇长主持。会上，9名基层党组织书记代表现场述职，相关领导对所包村、所联系单位基层党支部书记述职情况点评，参会人员对各支部抓基层党建工作情况开展民主测评。

（北务镇）

【冰雪项目体验活动】 3月下旬，北务镇开展冰雪运动体验活动，区社区体育协会工作人员到场指导，北务镇居民群众参与。活动现场设置冬季奥运会知识宣传展板，旱地冰壶、冰球、模拟滑板等项目。

（北务镇）

【村委会换届选举完成】 4月24日，北务镇15个参选村全部完成村委会换届选举投票工作。一次选举产生村委会成员79名，其中35岁及以下年轻干部22名，村委会成员得票率均在92.5%以上，“两委”交叉任职比例100%，平均年龄较上届降低2.2岁，大专以上学历人员占比较上届提升13.7%，完成“五全面、四提升、两优化、一保持”的换届目标。

（北务镇）

【“五四”青年节主题团日活动】 4月28日，北务镇团委组织辖区团员、青年开展以“建党百年正青春　跟党奋进新时代”为主题的“五四”团日活动。活动内容包括团建拓展项目和党史学习等内容。

（北务镇）

【村“两委”干部集中培训班结业】 5月24日，北务镇“建党百年路，奋斗新征程”2021年村“两委”干部集中培训班开讲，79名新任村干部参加。培训为期4天，课程包括党史学习教育专题党课、廉政警示教育和理论学习。

（北务镇）

【“五月的鲜花”群众文艺会演举办】 7月15日，北务镇举办“永远跟党走　奋进新时代”2021年“五月的鲜花”文艺演出活动，区文旅局党组成员、副局长，区文联四级调研员，北务镇宣传委员等参加。来自全镇15个村及中小幼、卫生院的演员演出节目14个。

（北务镇）

【“7.18”民主日活动】 7月18日，北务镇组织15个行政村开展本年度“7.18民主日”活动。各村召开村“两委”联席会议、村民代表大会，通报和表决需要决策的重大事项和村民事务，听取村民代表对村委会建设的意见和建议。区卫生健康委、区新城建设管委、胜利街道办事处、北京林河景盛房地产开发有限公司、北京仁和宏达电力设备安装有限公司等“一助一”帮扶单位参加现场会议。通过提供帮扶资金、走访慰问困难户、开展党日活动等形式，了解帮扶村的现状和亟待解决的问题，并讨论解决措施。

（北务镇）

【北务镇召开防汛工作部署会】 7月29日，北务镇党委书记马占磊主持召开防汛工作部署会，镇领导班子成，各科室负责人参会。会议对全镇防汛工作进行再强调、再部署，全力以赴打好防汛减灾主动战。

（北务镇）

【疫情防控专题部署会】 8月2日，北务镇召开第29次党委（扩大）会，部署全镇疫情防控工作。镇领导班子成员、各科室负责人、各村党支部书记参加。会议传达顺义区第五届委员会第十三次全体会议精神以及区疫情防控工作会议精神，通报全镇疫苗接种、重点人员排查及管控等相关工作，部署全镇疫情防控及村级疫情防控工作。

（北务镇）

【创城工作推进会】 10月13日，北务镇召开创城工作推进会，全体班子成员、各村党支部书记、机关各科室负责人及各相关单位参会，镇长主持会议。会议总结前一阶段创城工作，部署下一步具体任务。

（北务镇）

【电动车安全检查】 10月15日，北务镇召开电动自行车专项整治推进会，15个村委会副主任参会。会后，各村对村域内生产经营单位及部分村民家中的电动自行车开展摸排，发现飞线充电等安全隐患21项，全部整改完毕。

（北务镇）

【顺义区第十一届“北务杯”京津冀风筝邀请赛】 12月21日，顺义区第十一届“北务杯”京津冀风筝邀请赛在北务镇舞龙训练基地举办，来自全市的20支队伍、近百名风筝爱好者参加，最终北务自制类风筝获得前六名。

（北务镇）

【大气污染防治】 年内，持续加大扬尘管控、移动污染源和餐饮油烟治理工作力度，持续深化“一微克”行动，PM2.5全年平均自测浓度降低为39微克/米^3，较2020年同期（43微克/米^3）下降9.30%。

（北务镇）

【水污染治理】 年内，严格落实河长制，巡查整改问题隐患203处，清理垃圾、杂草、淤泥等3540立方米，清理非法垦殖40平方米。治理自然坑塘16处，实施珠宝屯水库百亩整治工程，实现生态、生活功能双提升。农村治污工程——郭家务村污水改造工程全面运行，接户率100%；于地村、南辛庄户村等12个村污水改造持续推进。

（北务镇）

【经济运行】 年内，坚持“三个一”服务机制，主动走访调研企业13次，优化解决营商环境问题19项。制定镇级招商引资政策和奖励办法，新引进企业198家，注册资金26.5亿元。完成属地财税收入23305万元，完成一般公共预算收入4003万元。

（北务镇）

【疏解整治促提升】 年内，累计拆除违法建设5.1万平方米，销账面积6.2万平方米，销账率122.2%，全区排名第三。完成便民商业网点建设1处。严控4处占道经营整治点位反弹，规范、纠正各类违法违规行为2000余起，处罚占道经营等违法行为201起。

（北务镇）

【庆祝中国共产党成立100周年】 年内，研究制订《北务镇关于在全镇基层党组织和广大党员中开展庆祝中国共产党成立100周年系列活动的方案》。组织开展“巾帼心相当·百年绽芳华”“我与党旗合个影”“再宣誓·强信念”等庆祝活动30余项。认真做好区级“两优一先”推荐表彰工作；七一前组织走访慰问1949年以前入党老党员4名、解放初期老党员5名，困难党员1名；为全镇132名老党员颁发“光荣在党50年”纪念章。

（北务镇）

【公共保障】 年内，累计发放各类补贴款项694.5万元，完成9户危房改造工作。对6户标准线边缘户和返低风险户实施常态化监测，巩固低收入农户帮扶成果。做好供暖服务保障，处理设备故障1000余次，解决率100%。规范宅基地自建房安全监管，审批宅基地翻建210宗，改造危房、抗震节能农宅43户，完成房屋安全隐患排查9190宗、整改22宗。举办网络招聘会9批次，涉及45家用人单位，提供岗位100余个。实施促进就业奖励政策，发放奖励金9.28万元，实现城乡劳动力就业103人。持续开展劳动监察，巡查18家次，受理并解决劳资纠纷6起，涉及28人20余万元。

（北务镇）

【接诉即办】 年内，完善日交办、周调度、月考核、末位约谈等机制，对标《北京市接诉即办工作条例》，修订完善镇级考核办法。围绕“七有”“五性”，建立重难点诉求台账，有力化解疑难诉求100余件。开展“主动治理、未诉先办”网格化管理工作，将全镇4030户常住居民纳入网格管理，包村干部、村干部以网格为单位，每周逐户排查矛盾隐患、收集需求建议，力争将矛盾纠纷化解在萌芽状态。本年度北务镇“接诉即办”综合成绩98.8分，全区排名第二。

（北务镇）

北小营镇

【概况】 年内，北小营镇位于顺义区东北部，北至怀柔区杨宋镇界，东至木林镇、杨镇界，南至南彩镇界，西至牛栏山镇、马坡地区界，辖区总面积55.8平方千米。行政村17个，居民委员会2个。有户籍人口38032人，常住人口39736人，外籍人口12人。新出生278人，死亡307人。有社区卫生服务中心1个、社区卫生服务站12个。有中学1所，小学2所，幼儿园2所。有养老机构1个。途经辖区公交线路14条。有为民服务大厅486平方米，有文化中心1804平方米。开展疫情防控、箭杆河（北小营）段沿岸生态修复工程、农村污水治理等重点工作。属地财税收入6.5亿元，同比增长3.5%；一般公共预算收入完成16112万元，同比下降6%。获评“首都文明村镇”“北京市生活垃圾分类推进工作先进集体”等称号。

（北小营镇）

【村委会换届选举】 4月，北小营镇17个村完成村委换届选举工作。选出新一届村委会成员85名，其中主任17名，副主任5名，委员63名。17个村均实现支部书记与村主任“一肩挑”100%的目标，全镇56名党支部委员中有52名被选为村委会委员，“两委”交叉任职比例92.9%，连选连任62名，占村委总数的72.9%。

（北小营镇）

【爱国主义基地建设】 4月，北小营镇革命教育基地被评为北京市爱国主义教育基地。基地建有革命烈士纪念碑1座、烈士墓15座，安葬烈士66名，建有70平方米的烈士事迹展室。

（北小营镇）

【镇集体林场成立】 6月1日，北京顺义北小营镇集体林场成立。北小营镇人民政府将2013年、2018年、2019年的303.61公顷平原造林地块及98.19公顷美丽乡村绿化美化长效养护地块移交集体林场。

（北小营镇）

【镇物业管理公司成立】 9月2日，北京融程物业管理中心成立，公司主要服务对象为北小营镇永利社区居民及镇域内顺木路两侧街面商户。

（北小营镇）

【北小营镇疫情防控】 年内，北小营镇各村（居）全面落实卡口管理，严格执行测温、扫码、登记、查证“四件套”措施；做好境外、重点地区返顺人员大数据排查工作，建立重点人员台账，落实好核酸检测、居家观察、健康监测等管控措施。做好全员核酸应急准备，指导19个村（社区）完成网格化全员核酸点设置。机场同住人核酸检测常态化，累计完成7000余人次。引导党员“回家报到、合力抗疫”，19个村（社区）设立党员先锋服务岗42个，906名在职党员参与疫情防控工作。后礼务村、北府村2个涉疫村落实落细各项防控措施，对重点区域、重点部位做好卫生整治、消毒消杀工作，阻断病毒传播途径，实现疫情“零扩散”。

（北小营镇）

【重点项目加快推进】 年内，北京万集科技股份有限公司、顺义区智能网联汽车测试场项目、中粮（北京）饲料科技有限公司产品检测中心项目实现竣工验收，金茂北京国际社区项目A、B地块主体结构完成封顶，新华联合发行有限公司RFID标签生产及配套用房项目开工建设，智能网联测试基地市政配套建设取得项目初步设计概算批复。

（北小营镇）

【大气环境治理】 年内，对100余家餐饮企业油烟净化器升级改造进行抽测，抽测结果均符合要求；对30余家企事业单位进行餐饮油烟在线监控安装；对工业企业、餐饮企业、涉爆粉尘和各类涉气企业开展不间断巡查检查，下发现场检查单700余份，查处各类环保违法问题800余个。环境保护工作各项指标稳定达标，空气质量显著提升，PM2.5年均浓度35微克/米^3，累计降尘量控制在5.1吨/（平方千米·月）以下，TSP浓度数值控制在75微克/米^{3}以下，排名全区前三。

（北小营镇）

【水环境治理】 年内，完成箭杆河（北小营）段沿岸生态修复工程，新建彩色沥青道路2269米，新增绿化面积133345平方米，河道清淤3490立方米，修复雨水口11处，新建钢坝1座，箱涵1座，坡面护砌4处，新建路灯192盏，新建泵站1座、敷设引水管道1150米。对河道管理范围内的非法垦殖、河道垃圾进行整治，出动车辆340余车次、人员854人次。清理河道垃圾、杂草420余平方米。持续开展小微水体整治工作，对北小营村、榆林村、牛富屯村3个村的小微水体定期抽运、清理、打捞，整改问题5处。

（北小营镇）

◈年内，箭杆河（北小营）段修复后的生态景观（北小营镇）

【村域环境建设】 年内，完成平原造林任务8.3公顷，留白增绿6.47公顷，村庄绿化美化1.15公顷。

大胡营村、小胡营村、北小营村、东府村、西府村5个村的农村污水治理工程全面竣工，铺设管线78580米，新建检查井2920座、化粪池3408座。后鲁各庄村、北府村、榆林村、小胡营村4个村利用拆除私搭乱建、乱堆乱放、闲置土地1.76万平方米，新建休闲广场3座、口袋公园7个、便民停车场6处，新增绿化面积3000余平方米。修补昌顺路等镇村道路5000平方米，完成4.2千米大荣路东路大修工程。

（北小营镇）

【疏解整治促提升】 年内，拆除违法建设21.07万平方米。通怀路一期（京承高速—昌金路）27户非住宅全部完成签约，通怀路二期（京平高速—昌金路）稳步推进。落实耕地保护制度，完成土地复耕349.93公顷。

（北小营镇）

【垃圾分类】 年内，推进农村生活垃圾分类处置，完善分类收运机制，完成居民类建筑垃圾、装修垃圾、其他垃圾、农植垃圾、有害垃圾、厨余垃圾、再生资源回收等垃圾分类体系建设。北小营镇获评北京市垃圾分类推进工作先进集体，镇生态环境服务中心主任获评北京市垃圾分类推进工作先进个人，北小营镇水色时光花园社区一区被确定为第五批北京市生活垃圾分类示范小区。

（北小营镇）

【社会治理】 年内，开展用电安全、有限空间、液化石油气、涉爆粉尘、建筑施工、三合一、电动自行车等行业领域专项整治工作，排查整改隐患2164处。强化日常巡查检查，重点开展食品安全、消防安全等专项整治工作。完成庆祝中国共产党成立100周年庆祝活动等重大活动服务保障任务。

（北小营镇）

【民生保障】 年内，推进北小营中心小学校改扩建工程，北小营镇卫生院迁建工程取得“多规合一”初审意见。持续保障劳动者权益，巡检企业用工30余次，网格化管理企业650余家，二、三产业就业率95%，城乡劳动力就业920人，农村劳动力转移就业622人。城乡居民基本医疗保险参保人数14237人，城乡居民基本养老保险参保人数8600人。检修煤改清洁能源设备1.2万余台，维护太阳能浴室17座、节能路灯6988盏。农村集体产权制度改革管理系统录入成员28430人8827户。投入70余万元，提升改造革命教育基地内部基础设施及绿化环境，制作党史学习教育橱窗。

（北小营镇）

大孙各庄镇

【概况】 年内，大孙各庄镇位于顺义区东南部，北靠张镇，东依平谷区马坊镇，南接河北省三河市高楼镇，西连北务镇。镇域总面积74.3平方千米，有农业用地5112.84公顷（76692.6亩），工业用地1270.67公顷（19060.1亩）。下辖行政村39个，有户籍人口28295人。有社区卫生服务中心1个，社区卫生服务站13个。完成属地财税收入31959万元，同比减少15.5%；完成一般公共预算收入8338万元，同比减少33.9%。获评北京市“七五”普法先进集体。

（大孙各庄镇）

【京北（大孙各庄）智慧物流园项目】 1月6日，京北（大孙各庄）智慧物流园项目取得综合实施方案的批复。3月20日，柴家林等7个村土地整治项目和吴雄寺等6个村土地整治项目取得区政府正式批复。4月20日，取得市交通委交通影响评价批复；7月23日，取得市水务局水影响评价批复。10月18日，取得增减挂钩实施方案的批复。

（大孙各庄镇）

【村级微型消防站处突】 11月10日22时21分，消防支队接报大孙各庄镇府前街7号警情，支队调集全勤指挥部、大孙各庄、张镇消防站8部车赴现场处置，起火系理发店内电气设备故障引燃周边可燃物所致，过火面积3平方米，无人员被困伤亡。联动调集周边村级微型消防站微型车12辆36人到场参与处置，最快用时4分40秒到场。

（大孙各庄镇）

【疏解整治促提升】 截至12月31日，实际完成拆违面积7.74万平方米。拆除违建面积销账率、占地面积销账率均为全区第一。

（大孙各庄镇）

【村党支部换届选举】　年内，完成39个村“两委”换届选举工作。各村“两委”班子中至少有1名35岁以下的年轻干部，新一届“两委”班子成员年龄结构、学历结构一降一升。村委会成员中女性比例32.7%。村民代表1250人，其中党员426人，占34.1%；女性478人，占38.2%。

（大孙各庄镇）

【招商引资】　年内，新引进注册企业28家，其中亿元以上注册企业3家。10月12日，镇党委会决议通过《大孙各庄镇促进经济发展扶持办法》。对新入镇企业、存量企业、中介招商平台结合镇域经济贡献分别确定扶持方式及比例，针对税收贡献较大或做出特殊贡献的企业，可采用一事一议方式提高比例。

（大孙各庄镇）

【“液化石油气下乡”】　年内，“液化石油气下乡”惠民政策惠及全镇农户11160户，实现镇域全覆盖。

（大孙各庄镇）

【村域基础设施建设】　年内，全镇7个村246条道路改造完成全面投入使用，其中新建沥青混凝土路面道路9条，修缮沥青混凝土路面道路237条，长度约34.8千米，总占地面积约19.52万平方米。为后岭上村、宗家店村、顾家庄村等10个村庄，更换LED灯1296盏，亮灯率100%。

（大孙各庄镇）

◆年内，实施乡村节能路灯更换项目（大孙各庄镇）

【水库移民项目建设】　年内，在大孙各庄村、湘王庄村铺设管道4008.5米，设置雨水检查井与雨水口214个、出水口14个，新建人行道6462.2平方米。

（大孙各庄镇）

【重点项目建设】　年内，大孙各庄镇卫生院改扩建项目纳入“多规合一”协同平台，总建筑面积1.1万平方米，总投资约12000万元。尹家府中心幼儿园改扩建项目取得可研批复及规证，项目位于四福庄村，总建设用地面积6908平方米，总投资约4289万元。9月，大孙各庄镇“提升”项目（一期）竣工并投入使用，项目位于后陆马村，总占地面积2.07万平方米，总投资997万元。11月，大孙各庄镇文体中心及风雨操场建设项目完工，总建筑面积5990平方米，总投资4755.48万元。11月，大孙各庄镇“提升”项目（大孙各庄村）取得实施方案批复，总占地面积27920平方米，总投资998万元。

（大孙各庄镇）

【行政执法职权划转衔接顺畅】　年内，综合行政执法队实行综合行政执法，行使原由城管执法部门、生态环境部门、水务部门、农业农村部门、卫生健康部门5部门下沉的548项行政执法权。执法检查量同比增长38.5%，行政职权履职率95%，全年未发生因执法不当引发的群体性事件，未发生行政复议案件。

（大孙各庄镇）

【垃圾分类执法检查推进】　年内，指导镇域39个自然村、所有餐饮服务行业及企事业单位做好垃圾分类工作，检查生活垃圾分类、处理情况，督促自查自律。先后查处涉及生活垃圾类违法行为200余起，下达《责令改正通知书》80余份。大孙各庄镇通过垃圾分类示范片区验收，东华山村获评“北京市生活垃圾分类示范村”。

（大孙各庄镇）

【燃气安全检查】　年内，在日常巡查检查的基础上，适时联合镇安全科、区燃气公司安检专职人员，坚持每季全覆盖，对镇域内所有燃气非居民用户，逐点逐条逐项检查燃气使用安全情况，现场查纠未按规定使用合格气源及气瓶、未按规定设置气瓶间、未按规定安装标准阀门等燃气使用禁止的行为。累计查收不合格气瓶40余个，消除各类燃气安全隐患240余处，下达《责令改正通知书》200余份，立案查处燃气安全类问题35起。

（大孙各庄镇）

【占道经营治理】 年内，突出府前街、焦孙路、杜尹路等主街面管控，逐家逐户签订《市容环境卫生责任区告知书》，加强大孙各庄村、东尹家府村、大段村3个便民市场的规范管理，强化日常巡查检查，及时纠正违法形态。临街商户告知书签订率100%，问题整改率100%，先后劝离流动商贩500余人次，下达《责令改正通知书》200余份，立案查处占道经营类问题84起，区占道经营挂账点位销账，未出现反弹。

（大孙各庄镇）

【扬尘污染防治】 年内，强化大小施工现场、物料存放点等易扬尘点位的巡查检查，完善基础台账，落实好周查制度。采取错时执法、突击夜查、联合执法等方式，在龙塘路、顺平南线、杜尹路等路段，严控违规收集、运输渣土行为。累计规范运输车辆400余台次，下达《责令改正通知书》100余份，立案查处违规运输散装货物行为120余起，扬尘类问题16起。1—12月，大孙各庄镇累计PM2.5浓度34微克/立方米，首次达到国家二级标准。

（大孙各庄镇）

【安全生产检查】 年内，对镇域内生产经营单位检查3403家次，发现并督促整改隐患3188处，下达《责令改正通知书》928份，隐患整改率100%。

（大孙各庄镇）

高丽营镇

【概况】 年内，高丽营镇位于顺义区西部，北与赵全营镇为邻，东邻南法信镇，南与后沙峪地区相连，西与昌平区小汤山镇接壤，处于临空经济区和温榆河绿色生态走廊的延展区域，是《北京城市总体规划（2016年—2035年）》《顺义新城规划（2005年—2020年）》确定的重点镇。辖区总面积61.1平方千米。下辖25个行政村和1个居委会，有户籍人口12705人，常住人口29727人，流动人口64893人，外籍人口61人。有社区卫生服务中心2个、社区卫生服务站11个。中学1所，小学1所，九年一贯制学校1所，幼儿园7所。有养老机构1个。途经辖区公交线路13条。有为民服务大厅404平方米，地区文化中心15000平方米，有文化广场25处和图书室25个，绿化率39%。有序推进疫情防控、违法建设拆除、精准扶贫等重点工作，拆除各类违法建设34.88万平方米，累计向张家口市万全区援助资金430万元，发动社会力量帮助万全区销售农产品累计286万元。属地财税收入18.16亿元，全区排名第四；实现一般公共预算收入4.85亿元，全区排名第三。高丽营镇人民政府获第五批全国“扫黄打非”进基层示范标兵、2021—2023年度“中国民间文化艺术之乡”，高丽营镇党群工作办公室获北京市扶贫协作先进集体称号，高丽营镇一村获2021年北京市“书香社区”称号、高丽营镇文化营村“儿童之家”获区级示范“儿童之家”称号。

（高丽营镇）

【第十二届村委会换届选举】 4月24日，高丽营镇25个村完成第十二届村委会换届选举工作，所有村均100%一次性选举成功。高丽营镇新一届村委会党员占比90.7%；新一届村“两委”交叉任职率89.6%，比上一届提升13.8%。

（高丽营镇）

【北京元航天汇硬科技智造谷项目引入“高精尖”企业25家】 4月，位于高丽营镇金马工业区的北京元航天汇硬科技智造谷项目引进高精尖企业25家，洽谈企业5家。

（高丽营镇）

【半亩方塘书苑正式运营】 4月，位于水坡村的半亩方塘书苑正式运营。高丽营镇盘活村内资源，推动实体书店建设，书苑院落采用传统徽派建筑风格，总占地面积1733.33平方米（2.6亩），其中庭院面积400平方米；书苑有独立房间12间，包含党建活动室、美育活动室、国粹教室、茶室雅间、多功能活动室、阅读室，可用于开展党建活动、亲子活动、中小型室内团建活动、商务会议等，书苑内还提供简餐、茶饮套餐服务。

（高丽营镇）

◆4月，半亩方塘书苑正式运营（高丽营镇）

【张喜庄村集体租赁房项目开工建设】 6月，张喜庄村集体租赁房项目开工建设，项目预计总投资6.6亿元，北至寺上美术馆，东侧、南侧邻近现状工业大院，西至火寺路。项目规划总面积62282.61平方米，同步实施整理规划道路约1095平方米，绿化面积约6439平方米。总建筑规模约13.11万平方米，项目建设内容为集体土地租赁住房及配套幼儿园。

（高丽营镇）

【“五好党员户”表彰大会暨“光荣在党50年”纪念章颁发仪式】 7月7日，高丽营镇召开庆祝中国共产党成立100周年系列活动之“五好党员户”表彰大会暨“光荣在党50年”纪念章颁发仪式。大会评选表彰“五好共产党员”63户，为294名50年以上党龄的老党员颁发“光荣在党50年”纪念章。

（高丽营镇）

【“十月金秋”书画摄影作品展】 9月26日，高丽营镇举办第二十八届“十月金秋”基层书法、美术、摄影作品展。活动以“庆祝北京冬奥会和冬残奥会”为主题，展出作品386件。

（高丽营镇）

【于庄村劳动力安置费发放完成】 11月9日，高丽营镇启动于庄村第7批劳动力转非安置款一次性发放工作。涉及劳动力230人，发放安置款1126.7万元。

（高丽营镇）

【再建4个“口袋公园”】 11月22日，高丽营镇西王路村改造升级北六环路南、西王路村委会西、西王路文化驿站北、Y814道路东的4块闲置地块，再建4个“口袋公园”，总占地面积11671.96平方米。

（高丽营镇）

【丽喜花园社区智能充电柜投入使用】 12月2日，丽喜花园社区内新加装的15组智能充电柜正式投入使用，可满足220辆电动车同时充电。

（高丽营镇）

【冬奥主题活动】 12月12日，高丽营镇开展“油纸伞上绘冬奥”主题活动，15组家庭参与。活动中，老师传授中国传统文化——油纸伞知识，就北京2022年冬奥会和冬残奥会开展互动。

（高丽营镇）

【高丽营镇“樱花之园”项目建设完成】 年内，高丽营镇七村利用腾退土地建设集生态、休闲、娱乐、体验和科普于一体的特色樱花主题公园——“樱花之园”，占地面积16589平方米。分为4个主题区，在保留现有乔木的基础上充分利用乡土树种，贯穿群樱景观。

（高丽营镇）

【第三届“创意生活小镇·艺术进万家”活动启动】 年内，高丽营镇陆续在南王路村、西王路村、北王路村开展第三届“创意生活小镇·艺术进万家”活动，活动以艺术进社区为主线，在全镇13个村开展茶艺、插花、烘焙、手工皂制作、便民理发等10大类型59场活动，直接受益家庭1000余户，间接受益3000余人。

（高丽营镇）

【微景观打造】 年内，高丽营镇利用各村、主要道路两侧腾退土地或闲置地块，打造微景观，先后建设一村如意公园、七村樱花公园等一批小微绿地，完成8.47公顷增绿任务。高丽营镇在火寺路、顺沙路、顺于路等主要道路两侧种植苗木，安装座椅等基础设施。

（高丽营镇）

【夏县营村回迁安置房项目持续推进】 年内，夏县营村回迁安置房项目持续推进。位于高丽营镇夏县营村村址，北至鑫鼎街，东至火寺路，南至夏鑫街，西至喜达路，总用地面积约 42.13 万平方米，建设用地面积约 23.65 万平方米，规划总建筑面积 36.92 万平方米。建设 15 栋楼、1416 个停车位，涉及居民 1280 户。

（高丽营镇）

后沙峪镇

【概况】 年内，后沙峪镇位于顺义区西南部，东邻首都国际机场，南接朝阳区，西壤昌平区，镇域总面积 42.6 平方千米。下辖 16 个行政村（其中 12 个已拆迁）、6 个居民委员会、4 个居委会筹备组。后沙峪地区党委、镇政府完成建党 100 周年庆祝活动服务保障，深入开展党史学习教育，完成镇村（居）两级换届选举，抓好疫情防控、经济发展、城乡环境、民生保障、党的建设等重点工作，实现“十四五”时期全镇各项事业良好开局。PM2.5 年均浓度 36 微克 / 米 ^{3}，完成属地财税收入 28.45 亿元，同比增长 76.1%，增幅位居全区第一、总量位居全区第三；完成一般公共预算收入 6.12 亿元，同比增长 36.9%，增幅位居全区第三、总量位居全区第二。

（后沙峪镇）

【招商引资】 年内，创新招商引资体制机制，制定《后沙峪镇新引入企业发展扶持办法》，开展精准招商、科技招商、产业链招商，引进中关村（顺义）硬科技中试服务基地、北京橡鹭科技有限公司等优质企业 91 家，累计注册资金 116 亿元，其中引入国新新格局（北京）私募证券基金管理有限公司等金融类企业 8 家，总募集资金金额 2050 亿元，基金管理规模 3000 亿元。

（后沙峪镇）

【营商环境持续优化】 年内，以“一窗受理 集成服务”领跑“最多跑一次”改革。开展领导干部“走流程”“零距离”体验政务便民服务。通过定期上门走访，量身定制“服务包”，走访服务重点企业 96 家次，掌握企业经营发展状况，解决企业难点问题，为华旭金卡申请公租房 6 套，协助解决首都航空境外返京机组人员 18 人隔离事宜。

（后沙峪镇）

【涉地难题破解】 年内，就双裕街西延涉军地块置换方案和中央军委后勤部营房处达成共识；西白辛庄村龙湖、碧水源地块开工建设；裕顺通地块剩余 49 户未签约，解决 78 名新增人口补贴问题，发放 365 万元。福环二期地块最后一宗滞留户签约，农民再教育培训基地整改第一阶段完成，华冠生态园违建自拆及搬离工作有序推进。

（后沙峪镇）

【后沙峪镇疫情防控】 年内，坚持严防严控与关心服务并重，果断处置古城实验室阳性、机关朝阳密接、国航飞训基地阳性、支援昌平警员弱阳性等突发事件。完成市委主要领导调研核酸采样能力保障等重点工作；持续开展机场周边重点人群、机场同住人员核酸采样工作，累计完成核酸检测 30 余万人次，确保核酸筛查不漏一户一人。通过开展延时接种服务、大巴车接送、送“苗”上门等措施组织开展 18 ～ 59 岁群体、60 岁及以上老年人、未成年人等群众接种，确保“应接尽接”。作为全区 4 个长期保留的临时接种点之一，累计接种 24 万剂次。

（后沙峪镇）

◈年内，顺义区后沙峪镇新冠疫苗接种点，作为全区 4 个长期保留的临时接种点之一，累计接种 24 万剂次（后沙峪镇）

【疏解整治促提升】 年内，拆除古城29号院、嘉美特等违法建设43万平方米，占全区拆违总量10%以上，位居全区第二。配合天竺综保区围网建设，7天内实现铁匠营新村13号楼环境整治项目签约、交房、拆除工作。温榆河公园及安乐故城遗址完成迁坟210座。土地复耕任务如期完成。

（后沙峪镇）

【地区综合承载力提升】 年内，后沙峪人民医院改扩建和双裕北街等市政基础项目稳步推进，温榆河公园顺义一期主体竣工，友谊医院顺义院区、马头庄村定向安置房主体结构封顶，北师大附中顺义分校建成在即，铁匠营村回迁安置房和后沙峪第二小学新建工程开工建设，升级改造铁匠营村、西泗上村社区卫生服务站，国家残疾人冰上运动比赛训练馆投入使用。

（后沙峪镇）

【优化服务】 年内，受理便民电话13058件，“一把手”每周调度，引导“接诉即办”向“未诉先办”深化，提前解决双裕东区居民楼顶漏水等问题。通过调解、司法等途径为3006人解决劳动纠纷312件，投入601万元用于医保报销、大病救助和各类救助资金。

（后沙峪镇）

【“我为群众办实事”】 年内，党群服务中心、安全体验中心、老年驿站及董各庄村街心公园等16项重点工程如期完成。龙腾世纪文化广场西侧违法停车、蓝尚家园南区地下室渗水等问题有效解决。

（后沙峪镇）

【中国共产党成立100周年庆祝活动】 年内，完成建党100周年庆祝活动等服务保障工作，深化党员慰问，制作《我是党员　在您身边》宣传视频。

（后沙峪镇）

【夯实执政基础】年内，完成镇人大换届和村（社区）“两委”换届选举工作；54件人大代表议案办理满意率100%；妥善化解《法治进行时》栏目“阿凯笛亚小区物业交接”舆情，促成新老物业交接，为新物业条例颁布后，全市首例业委会更换物业事件。

（后沙峪镇）

李桥镇

【概况】 年内，李桥镇位于顺义南部，北接顺义区仁和镇，东依潮白河，南接通州区，西邻北京首都国际机场，镇域总面积75.18平方千米。下辖31个行政村和4个居民委员会。有社区卫生服务中心1个，社区卫生服务站8个，村级卫生室14个。有中学2个，小学2个，幼儿园2个，镇办幼儿园4个。有地区文化中心70826平方米，有文化广场48处。完成属地财税收入14.24亿元，一般公共预算收入1.34亿元。李桥镇获评“北京市卫生乡镇”。顺沿特种蔬菜基地培育的“光辉”西瓜品种在2021年大兴西瓜节获小型西瓜组季军。

（李桥镇）

【李桥镇疫情防控】 2月，新冠疫苗接种工作正式启动。截至12月31日，接种疫苗22952人次。抽调30名机关干部，统筹协调20名医护人员，120套防护物资，组成核酸检测应急小组，支援高丽营镇核酸检测工作，10小时完成6500余人采样任务。完成大数据流调7500余次，通过进一步核实大数据信息，自主摸排并管控风险人员600余人。

（李桥镇）

【李桥镇专属LOGO】 4月15日，李桥镇对外公布镇域标识，打造专属LOGO。标识以李桥拼音首字母L、Q为边框，整体外形似一枚印章，色彩采用故宫红，标识中的李桥二字运用李和桥共有的“木”字，搭配繁体“乔”字。

（李桥镇）

【教育工作】 5月，为非京籍适龄儿童168名幼升小学生家长、83名小升初学生家长审核“四证”，并为符合条件的儿童开具在京就读证明，幼升小审核通过人数为140人，小升初审核通过人数为23人。8月，对辖区参加应届高考考入本科的107名学生进行奖励，发放奖励款49.8万元。9月，成立李桥镇“双减”专班，关停无证无照学科类培训机构4家。投资约287.9万元用于实施各类教育领域相关项目，其中学前教育178.28万元，义务教育109.44万元，拨付补充公用经费81万元、儿童节活动经费18万元、开展师德教育专项经费22万元。

（李桥镇）

【北京首都国际机场周边环境提升工程】 6月24日，北京首都国际机场周边（李桥镇区域）环境提升工程开工。项目总投资金额7918万元。项目包括首都机场周边机场东路、李天路、龙塘路、四纬路4条道路提升工程和道路两侧头二营村、南半壁店村部分商铺环境整治。道路提升长度总计13.8千米，其中机场东路5.5千米、李天路4.9千米、龙塘路2.4千米、四纬路1千米。李桥镇政府负责运营，北京城建远东建设投资集团有限公司施工，泛华建设集团有限公司监理。

（李桥镇）

【纪念中国共产党成立100周年大会】 6月29日，李桥镇纪念建党100周年大会召开，表彰10个先进基层党组织、20名优秀党支部书记、24名优秀党务工作者和100名“五好”党员。向部分“光荣在党50年”老党员代表颁发纪念章。

（李桥镇）

【北河小区建设】 7月29日，北京市顺义区樱花园小区房屋产权置换项目（北河小区）奠基仪式举行，区住建委、区城市管理委、市规划自然资源委顺义分局、区空港服务中心、李桥镇政府、项目实施主体北京中铁诺德晨兴房地产开发有限公司相关工作人员参加。项目建设地块毗邻李桥镇北河村、沙浮村和吴庄村，规划总用地面积约48.39万平方米，建设用地面积约30.92万平方米，总建筑面积约101万平方米，住宅楼79栋6618套。10月开工。

（李桥镇）

【招商引资】 8月4日，李桥镇2021年招商引资大会在北京国测国际会议会展中心举办。围绕北京自贸区发展需求，李桥镇明确“物流小镇”产业定位，建立集仓储管理、物流信息、口岸监管等于一体的国际物流服务平台，为供需双方提供全球化供应配套服务，构建国际智慧物流体系。李桥镇向各企业发布奖励政策，提供全方位服务。截至年底，共引入优质企业550家，累计注册资金42.8亿元。制定《走访服务企业工作要求》，走访企业75家，为企业解决各类问题8个。

（李桥镇）

◆8月4日，李桥镇2021年招商引资大会召开（拍摄者：柳松伶）

【通顺路（李桥段）道路两侧景观提升工程】 9月30日，通顺路（李桥段）道路两侧景观提升工程竣工。项目于2020年7月8日开工，投资金额1.1亿元。项目南起通州区与顺义区交界处，经李桥镇张辛村、英各庄村、李家桥村、庄子营村、后桥村5个村，北至李桥镇与仁和镇交界处（中石化加油站），经3处平交路口（机场专线路口、李堡路口、龙塘路口），2处立交路口（京承铁路桥、通顺桥），全长7.3千米，设计范围为道路两侧30米左右，总占地面积44.88公顷。李桥镇政府负责运营，北京城建远东建设投资集团有限公司施工，万宇国际工程咨询（北京）有限公司监理。

（李桥镇）

【环境保护】 9月，完成第二轮中央环保督察130件销件工作。实现全镇散乱污动态清零，无新增复产现象。全年治理PM2.5高值点位1527处，PM2.5年均浓度38微克/米^3，比2020年下降5%。整治裸地460处473.7公顷。12月24日，被市委、市政府授予“第一届首都生态文明建设先进集体”称号。

（李桥镇）

【李桥中心公园项目开工】 10月13日，李桥中心公园项目（2020年提升项目二期）开工。项目位于后桥村，北至李桥医院，东至民宅，南至李桥文化活动中心，西至通顺路。建设内容包括绿化工程、庭院工程、给排水工程和电气工程。项目总用地面积23371.42平方米。项目总投资793.1万元。李桥镇政府负责运营，北京顺鑫绿洲锦绣园林工程有限公司施工，泛华建设集团有限公司监理。

（李桥镇）

【高标准农田项目建设】 12月8日，高标准农田项目建设完工。实施高效节水灌溉面积133.80万平方米，其中粮田116.79万平方米、设施蔬菜17.01万平方米。项目地块涉及西大坨村、北河村、王家场村、北庄头村、沿河村、芦各庄村6个村。内容包括土地平整，铺设地下及地上灌溉管道，新建井房，铺设低压输电线缆，改建生产路，修建生态护坡排水沟以及栽植防护林等。

（李桥镇）

【南半壁店村环境综合整治二期工程】 12月30日，南半壁店村环境综合整治二期工程竣工。项目于2020年9月30日开工，建设地点为南半壁店村、小葛渠村，建设内容为排水沟工程、园林绿化工程、道路修复硬化工程等。工程建设总投资4801.6万元，全部由区政府固定资产投资解决。李桥镇政府负责运营，北京市顺建工程有限公司施工，北京高屋工程咨询监理有限公司监理。

（李桥镇）

【安全生产】 年内，投入30余万元聘请北京鼎晟昊冉注册安全工程师成立专家组，为全镇工业企业、涉危企业、涉爆粉尘、仓储物流等企业提供专项安全指导工作。检查企业691家，建立企业台账，分级管理。疫情防控周覆盖检查全镇工业企业45家；检查危化企业20家，包含重大危险源企业2家；检查仓储物流单位376处；检查燃气使用单位244家、LNG/CNG使用单位4家（阳光丽城温泉度假酒店、北京长润化工有限公司、北京北嘉丽禾餐饮管理有限公司、中国煤矿文工团艺术学校），对发现的主要问题约谈门店房东及经营者，提高企业责任意识，加强员工自知、自查、自改能力。配合市安委会办公室，完成对首钢气体专家指导服务工作检查中发现的33项隐患问题整改，截至12月底全部整改完毕。全镇库房建立红黄绿分级、分类标识化管理机制，设置突出隐患类红牌11个、整改检查类黄牌190个、规范管理类绿牌55个。聘请区应急局专家组开展住海油库危化专项检查。完成涉爆粉尘企业改造6家。有限空间“双审双监双见面”140家次。被市应急管理局授予“2021年北京市青年安全生产示范岗集体”称号。在北京市应急局开展的基层安全生产检查队星级评定工作中，获“星级安全生产检查队”称号。

（李桥镇）

【农村经济】 年内，李桥镇确权农户土地承包工作全部结束，11月底完成26个村6709户确权农户土地承包经营权证书的档案整理工作。解除新签、签订补充协议等实现村级经济合同整改近500份，全镇31个村全年实现增收2500余万元；备案涉地各类新签经济合同200余份。

（李桥镇）

【民生保障】 年内，为1.6万人次办理城乡居民医疗保险的参保手续，手工报销办理金额180余万元，为1.1万人次办理城乡居民养老保险的参保、缴费工作，全年发放镇级养老补贴2183.22万元。全部就业指标按时完成。完成退役军人基本情况常态化采集。为422名优抚人员体检，发放春节慰问金42.2万元、冬季取暖补助26.6万元、药费二次报销资金45万元。发放义务兵家庭优待金49.75万元，安置费47万元。处置各类劳动纠纷投诉374件，涉及金额490余万元。日常巡查企业900余家次。受理失业登记通过人员375人，受理失业金申领139人，受理就业登记301人，为160余人办理再次享受优惠政策，办理退休26人。

（李桥镇）

【水务】 年内，投资128.304万元用于47口居民饮用水井的检测及巡查工作。汛期，出动180人次保障潮白河生态补水及密云水库大流量泄洪安全。潮白河李桥段国家级考核断面、小中河李桥段市级考核断面水质稳定达标。

（李桥镇）

【村、社区党组织换届】 年内，完成35个村（社区）党组织换届工作，结合党史学习教育，压实“四方责任”（一把手政治责任、班子成员包干责任、包村干部程序责任、支部书记选民责任）、把控“四个环节”（全程督导环节、选情研判环节、政策培训环节、换届纪律环节）。累计走访党员群众2000人、解决矛盾隐患96项，选举实现“过程零失控、程序零失误、结果零事故、选情零争议”，35个村（社区）均100%一次性选举成功。

（李桥镇）

【设施农业园区建设】 年内，后桥村经济合作社对28014平方米农业设施和112723平方米露天地块进行整合，规划建设农业科技示范基地，通过创新土地流转，发展规模化设施蔬菜种植。项目已获批，正在进行前期建设准备。12月，后桥村经济合作社与镇特菜基地签署合作协议，改造南庄头村闲置温室设施，开展规模化经营，立体化种植羊肚菌、松茸等食用菌种。

（李桥镇）

【特菜基地发挥农业示范作用】 年内，顺沿特种蔬菜种植基地获评市级农业科技示范园区。与北京市农林科学院、北京市农业技术推广站等多家科研单位开展蔬菜生产、西甜瓜试验等技术合作50余项，为李桥镇及周边地区农户提供技术支撑。以镇级食品安全管理站为基础，建设高标准农产品质量安全检测中心，完成全镇农产品质量检测抽样2万份，合格率100%。

（李桥镇）

【新时代文明实践所站建设】 年内，统筹共青团与精神文明建设工作，35个村（社区）实践站建立“1+1+N”志愿服务体系，将回村（社区）报到团员编入实践站队伍，实现资源共享、活动共办，200余名青年志愿者全年参与创城、防疫等志愿服务超过300场，累计时长超过3000小时。其中以35岁以下青年为主体组建的“活力蓝”青年志愿服务队开展志愿服务918小时。

（李桥镇）

【妇女儿童工作】 年内，王家场村“儿童之家”被区妇联评为区级示范“儿童之家”。38户家庭被区妇联评为区级“最美家庭”。南庄头村任李路大街被区妇联评为区级示范“美丽街巷”。完成镇、村（居）妇联换届工作。产生镇妇联执委26名，其中妇联主席1名，专职副主席1名，兼职副主席3名；产生村（居）妇联执委506名，其中妇联主席34名，兼职副主席68名。

（李桥镇）

【环境建设】 年内，开展环境专项整治行动3次，出动人员5000人次，农用车200台次、挖掘机100台次、装载机100台次，清理乱堆乱放70余处、暴露垃圾50余吨、垃圾杂草1500余吨、非法小广告600处。英各庄村、苏活社区、翼之城、史庄村、畅顺园社区5个村（居）被北京市生活垃圾分类推进工作指挥部评为“北京市生活垃圾示范村（小区）”。

（李桥镇）

李遂镇

【概况】 年内，李遂镇位于顺义区南部、潮白河东岸，北与南彩镇，东与杨镇、北务镇接壤，西与仁和镇、李桥镇隔河相望，辖区总面积40.2平方千米。以农田生态系统为本底，潮白河滨水区域为重点，形成互为依托的平原生态格局，生态空间占镇域总面积的75%。下辖16个行政村，有户籍人口22105人，流动人口6796人。完成属地财税收入29806万元，同比增长27.1%；一般公共预算收入9838万元，同比增长9.6%。

（李遂镇）

【李遂镇域疫情防控】 年内，李遂镇隔离观察点累计接转5000余人，约占全区的30%；完成残奥运动员服务保障，获中残联致谢及区级表彰。成立疫苗接种百姓宣讲团，开展现场“面对面”宣讲和入户“点对点”宣讲。领导班子成员、机关工作人员、村党支部书记、村两委接种率100%。

（李遂镇）

【经济园区建设】 年内，制定《李遂镇双河工业园招商合作服务协议及入园企业扶持办法》，整合利用低效空间建设“一区三园”，大运河文化创意产业园、中小企业创业园、双河产业孵化园均开园运行，引进企业62家，吸引注册资金6.3亿元，其中亿元以上企业3家。

（李遂镇）

【企业纾困与重点项目推进】 年内，实施《领导班子联系企业方案》和财源企业服务计划，帮助企业解决重难点问题15项。协调区级部门，为落户李遂镇的重点项目及企业打开绿色通道。围绕区委决策部署，加快落图落地国土空间和街区规划。食安中心建设项目可研报告编制完成，大数据指挥中心全面建成投用，镇中心区基础设施提升改造取得批复。

（李遂镇）

【精细化治理水平全面提升】 年内，PM2.5年均浓度38微克/米^3，同比下降4微克/米^3，降尘量5.6吨/（平方千米·月）；百万亩平原造林完成49.79公顷（746.9亩），新增绿化美化面积3.6万平方米；棚改拔点清零，75%的回迁楼封顶；违建拆除率108%，垃圾分类月考核稳固全区前三，赵庄村、葛代子村、崇国庄村、宣庄户村、易郡小区获评市级示范村和社区；新型集体林场获评本年度北京市示范性集体林场。

（李遂镇）

【创城工作】 年内，镇党政主要领导带队检查，各部门全力配合，村“两委”成员、“双报到”党员、志愿者等多元参与，建立镇、部门、村三级共管模式，宣传环境每周覆盖检查一轮，17个文明实践所（站）全部统一元素设置，172个创城督查问题点位整改率100%，排名全区第五。

（李遂镇）

【接诉即办】 年内，实行副职领导日调度，主要领导周调度，严格落实领导包案的“四定三包”责任制，制订接诉即办新方案，强化7项机制，年度考核排名全市第40，连续2年排名全市前50，连续2年“零挂账”。

（李遂镇）

【民生工作】 年内，镇政务服务中心效能检查评比连续5个月排名全区第一；3700平方米文体中心正式开放；沟北村臭水沟变身停车场、李遂乡村公路大修12.79千米等惠民工程被北京电视台报道。

（李遂镇）

◆年内，沟北村排水沟改造后变身停车场（李遂镇）

【安全隐患综合整治】 年内，累计开展检查1149次，检查覆盖率100%，下达《责令改正通知书》527份，发现并整改消除隐患1046处。5月，开展一周攻坚、一月清底行动，对所有村院、企业进行全覆盖、地毯式消防及安全生产检查，查隐患、建台账，把突出隐患矛盾集中处理。自筹资金新建消防水鹤6座、新置消防车5部，镇域一级普通消防站建设中，镇域全年未发生安全生产事故。

（李遂镇）

【基层党组织建设】 年内，抓好镇、村换届、建强2支队伍。新调整4名村书记，完成“两委”换届，35岁以下村干部全部到位，实现“四个100%、一升一降”。开展新任职“两委”集中轮训2次。制定《加强村级后备队伍建设意见》。

（李遂镇）

【党史学习成效】 年内，建立“12345”学习机制，创建“五化工作法”，打造媒体引导、培训学习、文艺宣传、阵地教育等平台，把党史学习与加强党的建设、乡村振兴和接诉即办等重点工作相结合，把党史学习成果转化成为群众办实事、解难题的具体行动，完成重点实事14项、基层实事106件、“微实事”1206件，《北京日报》《北京青年报》相继报道。

（李遂镇）

龙湾屯镇

【概况】 年内，龙湾屯镇党委、政府贯彻落实中央和市委、区委决策部署，完成属地财税收入20883万元，一般公共预算收入4607万元，实现2年翻一番。

（龙湾屯镇）

【产业发展】 年内，依托区域化党建工作模式，整合镇域特色资源，打造“乡村振兴茶话会”品牌，被评为首批全国乡村旅游重点镇。坚持“一把手”带头抓招商，带队走访联络企业50余家，引进注册企业21家。

（龙湾屯镇）

【经营方式创新】 年内，坚持因地制宜、一村一策，打造红色资源助力乡村振兴示范项目，龙湾屯镇果蔬获评全国种植业“三品一标”基地；焦庄户村被中组部、财政部确定为红色美丽村庄试点村，山里辛庄村获评全国“一村一品”示范村；“葫芦牛”（牛成果火绘葫芦）入选全国乡村文化和旅游能人支持项目。

（龙湾屯镇）

【人居环境优化】 年内，围绕“党建＋人居环境整治提升”主题，建立“党委发动、支部推动、党员带动、党群联动”机制，12月市级人居环境检查全区排名第三，小北坞村获评北京市第二批垃圾分类示范村。

（龙湾屯镇）

【党史学习教育】 年内，策划“七学七进一实践”系列活动，整合焦庄户地道战遗址纪念馆、北京葫芦艺术庄园等红色资源，打造红色旅游精品路线，实现以观促学、以讲促学、以游促学。全年接待党史学习教育团队及个人近40万人次。

（龙湾屯镇）

【基层治理体系建设】 年内，不断健全接诉即办“三级调度、三级联动、三级通报、三级见面”机制，推动群众诉求办理提质增效。1—12月，全镇“接诉即办”工作10次进入全市前100，5次进入前50，其中10月份“三率”成绩排名全区第一。探索党建引领乡村治理新路径，柳庄户村获评第二批全国乡村治理示范村。

（龙湾屯镇）

【疫情防控常态机制】 年内，坚持“外防输入、内防反弹”基本策略，进一步完善常态化防控指挥、数据摸排、核酸检测、疫苗接种、社会面防控工作机制，保持全镇新冠疫情零感染。

（龙湾屯镇）

【重点时期安全保障】 年内，依托“1+2+N”应急防控机制，以镇平安建设办公室为应急指挥调度枢纽，统筹镇、村两级438人防火、防汛队伍，动员保安、保洁、巡防队、志愿者等N支社会力量，形成党建引领群防群治的服务保障工作格局，完成重点时期安全服务保障任务。

（龙湾屯镇）

◆年内，龙湾屯镇部署重点时期服务保障工作会召开（龙湾屯镇）

【民生实事】 年内，结合“我为群众办实事”实践活动，聚焦“七有”“五性”需求，制定《2021年度重点民生项目清单》，16项民生实事全部办结。

（龙湾屯镇）

【创城惠民】 年内，推进镇、村新时代文明实践所、站规范化建设，依托71支志愿服务队伍开展文明实践活动，累计服务群众超过7000人次。推动创城环境提升，加大投资力度，开展综合整治，修补路面3万平方米、粉刷墙面1.5万平方米、配备文化体育设施1700余件。

（龙湾屯镇）

【重点工程保障实施】 年内，年度拆违任务提前完成，建设面积销账7.64万平方米，占地面积销账9.53万平方米，均排名全区第二；完成市政重点工程木孙路（通怀路—麻张路）剩余4户“拔点”任务。

（龙湾屯镇）

马坡镇

【概况】 年内，马坡镇地处顺义新城核心区，北至顺义区委党校，东邻奥林匹克水上公园，南接顺义区行政中心，西至高丽营镇，总面积35.1平方千米。下辖21个行政村和4个社区居委会，其中8个村已拆迁完毕并回迁上楼，1个村准备回迁，剩余12个现状村为实施乡村振兴战略的重点。有常住人口2.5万人，流动人口1.7万人。全镇实现属地财税收入12.01亿元，同比增长11.1%；完成一般公共预算收入2.71亿元，同比增长19.91%。

（马坡镇）

【新城建设步伐不断加快】 12月9日，西丰乐村棚户区回迁安置房项目结构封顶。总投资1735万的泰和宜园西区提升改造工程完成竣工验收。中晟馨苑1号院3号院回迁小区产权证加快办理，涉及回迁房1935套。

（马坡镇）

【基层党组织建设】 年内，完成村、社区“两委”换届选举，21个村、4个社区100%一次选举成功；调整到龄党支部书记8人。新当选年轻干部39人。

（马坡镇）

【服务群众】 年内，60余名镇派第一书记、包村干部下沉一线，1500余名党员、在职党员、志愿者参与基层治理；深入开展“我为群众办实事”实践活动，镇领导班子13项医疗、卫生、交通等领域重点民生项目全部完成，村居“两委”53项需求清单全部完成；完成党员“微实事”活动1695件。

（马坡镇）

【安全维稳】 年内，做好中国共产党成立100周年、全国“两会”等重大活动服务保障工作。开展液化石油气、涉爆粉尘等专项检查12次，检查企业797家，发现、整改隐患5199次，覆盖率、整改率均为100%。

（马坡镇）

【马坡镇疫情防控持续深入】 年内，全镇启动一级响应，先后制定发布封闭、解封等7项工作方案、2个工作指引；防疫专班高效运转，抗疫一线45个基层党组织、24个“党员先锋岗”主动向前，67名村级网格员、470余名在职党员、800余名志愿者及全镇百姓“接力抗疫”。选定赛马场为核酸检测点。开展常态化防控，坚持“外防输入、内防反弹”，严格执行社区（村）防控指引。推进疫苗接种，累计接种14万人次。

（马坡镇）

【招商引资】 年内，引进符合新城产业定位的企业126家，其中北京鑫鑫源建筑工程有限公司等注册资金亿元以上企业4家，盘活闲置企业1家，推送惠企政策50家。

（马坡镇）

【营商环境持续优化】 年内，调研走访企业30余家，对接企业需求；协助2家企业16人申报“高精尖企业高级管理人员支持政策兑现”32.68万元。

（马坡镇）

【大气污染防治】 年内，加强裸露土地、空闲地及村民盖房、施工工地建筑原材料的巡查检查力度，苫盖村民自建房施工原材料、裸露土地、空闲地等500余处；开展辖区餐饮商户专项检查6次，检查餐饮商户1000余家次；对辖区主要路面过往的重型车辆尾气达标情况进行检查，抽查车辆12086辆。全年PM2.5浓度累计35微克/米^3，完成区级任务指标。

（马坡镇）

◆3月3日，马坡镇快速应对空气污染（马坡镇）

【水环境治理】 年内，新建污水管道350米，清理雨水口（雨箅子）1293处、入河排水口20处、排水涵管57.95千米、排水沟渠46.2千米，清理污染物93立方米。落实河长制工作要求，镇、村级河长累计巡河3286人次、巡河里程1.27万千米。

（马坡镇）

【镇域环境建设】 年内，马坡城市森林公园景观再提升，新增花卉103.8平方米、水生植物272.8平方米，改造入口广场、湖区、廊架等，加建湖区木栈道、造雾工程、循环水系统。5月1日，新建占地21.47公顷（322亩）的衙门村溪栖公园对外开放。

（马坡镇）

【城市治理】 年内，“疏整促”行动纵深推进，查处无证无照经营行为4起，新建便民服务网点4家。推进创建无违建区专项工作，累计摸排图斑2511个，摸排建档工作累计完成100%。拆除违法建设12.62万平方米，腾退土地13.44万平方米。全力保障群众出行安全，顺白路过街天桥两侧桩基基础施工完工。

（马坡镇）

【美丽乡村建设】 年内，12个自然村村庄规划和美丽乡村实施方案全部编制完成，取得区政府批复。加大人居环境整治力度，出动施工6856人次，建立问题台账852处，清理农村生活垃圾42处、生活污水712处等。

（马坡镇）

【“接诉即办”工作持续提升】 年内，在优化处置流程、强化部门督办、严格落实制度的基础上，坚持重、难点诉求“一把手”调度、专题会商制度。升级“智慧马坡平台”App，重点突出解决率和剔除材料的撰写质量和审核把关。全年累计受理服务热线12150件。

（马坡镇）

【政务服务打通“最后一公里”】 年内，全面推行延时服务、帮办代办服务，满足群众特殊需求。建立健全窗口工作台账，实行一事一记，全面跟踪办件情况。累计接待办事群众1.04万人次，接听群众热线电话约260个，为群众办理事项4775件。

（马坡镇）

【就业保障】 年内，邀请联东U谷等50余家企业参加就业帮扶会议15场，组织举办网络招聘会33场，达成就业意向521人，连续5年实现应届高校毕业生100%就业。加大企业规范用工监督检查力度，全年检查用工单位150家次，受理欠薪投诉115件，协调解决工资纠纷1700万余元，涉及1500余人。接办市民热线80件，协调解决拖欠工资1200余万元，涉及700余人。

（马坡镇）

【社会福利事业】 年内，公共设施无障碍改造166个点位验收完工。发放镇级高龄老人生活补助364.46万元。镇养老照料中心挂牌成立。

（马坡镇）

【路网建设】 年内，投资611万元，大修庙卷西路、毛洼路、荆卷东路、荆卷村南街4条乡村公路，总里程3.37千米，面积2.1万平方米。

（马坡镇）

【退役军人优抚】 年内，做好年度身份信息确认工作，全镇142名优抚对象全部按年龄段完成确认。建立退役军人台账，确保各项抚恤金及时发放，优抚政策宣传贯彻落实到位。为优抚对象报销药费37人次，金额108825.81元；发放义务兵优待金6人，金额298494元。

（马坡镇）

【创建文明城区】 年内，召开创城工作部署会、推进会12次，施划机动车停车位215个、非机动车停车位536个，清理乱堆乱放2456处、小广告8382处，新增、更换公益广告牌92处，修复公共设施813处。马坡镇、庙卷村等7个村获评“首都文明村镇”，石家营村获评“全国文明村镇”。

（马坡镇）

木林镇

【概况】 年内，木林镇地处顺义区东北部，位于顺义区、密云区、怀柔区交界，北倚怀柔区、密云区，东邻龙湾屯镇，西接北小营镇，南靠杨镇，镇域面积83.53平方千米。下辖26个行政村，户籍人口3.6万人，常住人口2.9万人。京承高速、通怀路穿镇而过。有唐指山水库、唐指山风景区、黍山风景区、国家级登山步道（木林段）等旅游观光区，有北京路星沥青制品有限公司、北京稻香村糕点生产加工厂等企业。引进项目109家，注册资金11.24亿元，同比增加163%。完成属地财税收入25724万元，一般公共预算5737万元。木林镇唐指山水库获评北京市优美河湖。全镇疫苗接种率超过94.3%，“加强针”接种率超过106.44%，疫苗接种“三色管理法”获得区领导肯定并在全区推广。

（木林镇）

【民生保障】 年内，木林镇卫生院与北京首儿李桥儿童医院结对共建，提升地区医疗卫生水平，获评北京市国家卫生乡镇。新增城乡劳动力就业1027人、城乡就业困难人员就业622人，获评顺义区就业重点工作业绩突出镇。

（木林镇）

【生产生活安全】 年内，检查生产经营单位3154家次，整改隐患1699个；全镇电动自行车集中充电场所实现各村全覆盖，村均消防车2.7台；获评北京市“应急宣传进万家”暨“安全生产月”活动优秀组织单位。

（木林镇）

【为民办实事】 年内，优化政务服务大厅办事流程，主动公开事项171件，办理业务4157项，通过政务服务中心年度考核。完善“吹哨报到”和“接诉即办”工作机制，承办12345市民服务热线11575个，镇街排名2次进入全市前100。12项民生实事、146项基层党组织实事、1646件党员“微实事”全部完成，“木林镇解决西沿头村交通难题”被《人民日报》新媒体等报道。

（木林镇）

【产业发展】 年内，镇域国土空间规划编制初步成形，围绕“城乡融合发展的山水田园康旅小镇”的发展方向，打造乡村振兴的样板镇和样板村。山东省属农业企业水发集团有限公司2家子公司——水发恒德润农（北京）农业科技发展有限公司、北京水发众禾科技有限公司注册落地。

（木林镇）

【生态环境建设】 年内，拆除违法建设20.44万平方米，腾退30.93万平方米，提前超额完成年度任务；规范农村建房（宅基地）申请审批流程，源头减少违建新增。列入生态治理清单的23处砂坑按计划完成治理17处，孝德村M0砂坑治理采取客土回填方式有序推进，占地0.53公顷（83亩）的贾山村M18砂坑生态修复工程开工。地下水位上升3.48米，唐指山水库获评北京市优美河湖。

（木林镇）

【土地管理】 年内，强化“村地区管”机制，推动农村集体产权制度改革，规范涉地经济合同管理，整改问题合同795份。结合耕地保护空间复耕工作，开展村级土地依法依规流转，实现地块规模化经营，完成复耕645.88公顷（9688.25亩）。

（木林镇）

【参与创城】 年内，结合地区实际制定《木林镇创城监督检查记录表》，主要领导调度25次，结合区级督查台账整改问题309项。依托“国门先锋”“巾帼志愿服务队”等志愿力量，开展志愿服务300余场。

（木林镇）

【建党100周年系列活动】 年内，开展区“两优一先”典型选树、走访慰问困难党员和老党员、红色文艺会演等系列活动。

（木林镇）

【我为群众办实事实践活动】 年内，依托“吹哨报到”和“接诉即办”工作机制，围绕全镇亟待解决的痛点难点问题，推进12项重点民生项目落地落实。组织新一届村“两委”班子开展“履职践承诺、开门办实事”活动，党支部列出“实事清单”，党员主动办好“微实事”。

（木林镇）

◆6月30日，木林镇为西沿头村配备便民服务车2辆（木林镇）

【党建工作亮点】 年内，深化特色党建品牌建设，培育综合行政执法队等3个类型的支部工作法；推出木林镇《建党百年，我想对您说》系列视频集4期；挖掘小韩庄村等村党支部书记“顺义村官”典型事迹；成立木林镇通怀路拆迁指挥部临时党支部，拔点攻坚5项难题。

（木林镇）

南彩镇

【概况】 年内，南彩镇位于顺义城区以东，北靠北小营镇，东接杨镇地区，南与李遂镇接壤，西接潮白河，镇域面积57.6平方千米。辖26个行政村和1个居民委员会。有户籍人口41383人，常住人口73136人。有中学2所，小学1所，幼儿园2所，卫生院2所。轨道交通15号线从域内经过。镇域经济以发展医药研发及相关服务业为主的新兴产业为动力。实现属地财税收入7.05亿元，同比增长16.7%。彩丰社区团支部获评“北京市五四红旗团支部”，彩丰社区在学雷锋志愿服务“五个100”先进典型活动中获评“首都最美志愿服务社区”；团支部书记获评“北京市第七批五星级志愿者”。南彩村巾帼服务队获评顺义区“巾帼文明岗”，南彩村妇联主席获评顺义区“巾帼建功标兵”。

（南彩镇）

【便民电话】 年内，“南彩镇12345市民服务热线管理系统”接转群众诉求12309件，较2020年增加28.29%，其中市直工单10587件，区转工单1722件；日常类诉求10603件，疫情类诉求1706件，垃圾分类诉求649件。所有诉求均按照市、区两级规范要求流转办结。

（南彩镇）

【就业保障】 年内，完成城镇新增劳动力就业1533人，完成全年任务的174%。

（南彩镇）

【残疾人社会保障】 年内，134户困难残疾人家庭享受爱心救助服务39180元，33名残疾人享受机动轮椅车燃油补贴8580元，2人享受助学补贴7800元，214户一户多残、老残一体、孤残重残等家庭享受家政服务，24户家庭享受居家无障碍改造工程，3户危房改造家庭享受建房补贴2.4万元，50名残疾人享受社会保险补贴21余万元，195名残疾人享受城乡居民养老保险补贴。

（南彩镇）

【人居环境整治】 年内，镇村清理乱堆乱放500余处、拆除私搭乱建2000余平方米，修剪粉刷树木3万余株，规范店外经营240起，维修公共设施1.3万件，完成市、区两级人居环境检查验收工作。

（南彩镇）

【彩俸北区、蓝岸丽舍小区成立业主委员会】 年内，贯彻落实《北京市物业管理条例》，彩俸北区、蓝岸丽舍小区成立业主委员会。

（南彩镇）

【保障性住房】 年内，完成公共租赁住房、公租补贴、市场租房补贴54户申请受理工作，资格变更申请60件，公共租赁住房、公租补贴、市场租房补贴复核 382 户；组织 69 户家庭参加顺义区 2021 年公共租赁住房剩余房源快速配租选房工作；完成 64 户公租补贴大数据筛查工作。

（南彩镇）

【招商引资】 年内，有 102 家企业完成工商注册手续，注册资金 9.8 亿元，其中引入注册资金亿元以上企业 4 个。镇域内取得高新技术企业认定 110 家，瞪羚企业 14 家。京北上市企业聚集区初见成效，有主板上市企业 2 家，新三板挂牌企业 10 家。引进项目、新增税源企业等招商引资任务全部超额完成。

（南彩镇）

【养殖免疫监测】 年内，按照程序强制性免疫和指导性免疫相结合，完成免疫禽流感 4.55 万只、牛羊口蹄疫 0.66 万头（只）、小反刍兽疫 0.543 万只、羊布病 0.31 万只、炭疽 0.523 万只、犬狂犬病 4504 条，达到应免的 100%。采样监测全血、拭子 522 份。

（南彩镇）

【平原造林】 年内，南彩镇北大星光银杏园纳入平原造林地块 54.46 公顷（816.9 亩），纳入乡村振兴景观绿化建设工程 18.65 公顷（279.7 亩）；地块建设基础项目基本完成。

（南彩镇）

【河长制】 年内，南彩镇跨镇河流断面考核 100% 达标，比上一年度提高 10.4 个百分点；跨镇河流断面奖励资金 561.67 万元，比 2020 年度 495.44 万元提高 13.4 个百分点。

（南彩镇）

【节水工作】 年内，完成“两田一园”高效节水工程规范化管理，涉及 24 个村 92 个地块约 666.67 公顷（1 万亩）；完成 26 个村农村饮用水计量收费工作，安装智能水表 12728 块，逐步提高居民节水、用水意识。为 26 个村申请农村饮用水补助资金 257.28 万元。完成 26 个村饮水井丰水期和枯水期水质检测工作，出具检测报告 54 份。

（南彩镇）

【体育特色乡镇创建】 年内，发挥体育特色乡镇创建专项资金作用，着重提升全镇体育场地硬件水平，系统摸排全镇健身器材，科学布局体育场地设置，新增、更换健身器材 14 处 248 件。12 月，获评“北京市体育特色乡镇”。

（南彩镇）

【智慧平安小区工程】 年内，对全镇 10 个社区启动智慧平安小区建设，项目经区财政局预算评审，总投资约 800 万元。招标工作完成，施工进行中。

（南彩镇）

【助力顺义区文明城区创建】 年内，加大辖区主要道路两侧店外经营、乱堆物料、摆摊设点等市容环境问题查处力度，采取增划自行车停放区域，在乱停乱放高发点位张贴警示标语，联合交警部门加大违规停放机动车辆告知与违法录入等手段，强化辖区机动车、自行车乱停乱放治理。组织、招募交通引导员，通过组织集中培训、现场指导等方式，不断提升辖区各主要道路交通引导能力与百姓文明出行责任意识。

（南彩镇）

◆12 月，南彩镇志愿者参与“礼让斑马线”交通志愿服务，助力顺义区创城工作（南彩镇）

【生活垃圾分类推进】 年内，成立社区垃圾分类专项工作小组，采取主动进村、进社区的方式，与主要负责人面对面沟通座谈，推动责任落实；规范社区分类桶站 33 处，更新分类垃圾桶 700 余个，配备垃圾分类指导员 33 名，统一按要求设立公示牌、宣传海报及宣传条幅；成立专项日常巡查小组，建立常态化巡查管控机制，加大巡查检查力度，确保辖区内各物业公司主体责任履职到位。

（南彩镇）

【村（社区）委会换届工作】 年内，严格落实上级部署要求，成立领导小组、专班队伍，结合摸底调研情况，将27个村（社区）分别划分为稳步推进村、重点推进村和困难推进村，实现镇域27个村（社区）选举一次成功，10年来首次实现100%“一肩挑”。

（南彩镇）

南法信镇

【概况】 年内，南法信镇北接马坡镇，东与仁和镇隔小中河相望，南邻首都机场，西邻后沙峪镇，镇域面积20.6平方千米。下辖1个居民委员会，16个行政村（整建制村9个，拆迁村7个）。有常住人口54277人，流动人口49309人。有南法信镇卫生院1所，社区卫生服务站5个。有中学1所，小学1所，幼儿园1所。途经辖区公交线路23条，有地铁M15号线贯穿其中。有为民服务大厅300平方米、地区文化中心1400平方米、文化广场1处。引进注册项目2940个，其中注册资金3000万元以上项目136个，注册资金共计98.27亿元；亿元及以上项目30个，注册资金50.76亿元。1—11月，属地财税收入实现28.87亿元，同比增长7.0%；一般公共预算收入实现3.23亿元，同比增长33.8%。

（南法信镇）

【检查隔离酒店疫情防控工作】 1月5日，南法信镇镇领导到南法信镇希尔顿欢朋、丽枫酒店集中隔离医学观察点检查接纳安置、服务保障及疫情防控工作开展情况。

（南法信镇）

【招商引资】 2月，南法信镇在运用电视、微信等媒体宣传的基础上，充分整合利用100万平方米楼宇资源，制作招商手册。建立专职楼宇联络员，定期召开楼宇座谈会；推动商务楼宇智慧平台建设，动态统计楼宇税收产出率及对比、出租率、楼宇入驻企业数量、楼宇效益排名、楼宇重点企业等数据，深入了解企业基层基本生存状况，带动招商项目引进。

（南法信镇）

【党史学习教育专题辅导报告会】 4月14日，南法信镇召开党史学习教育专题辅导报告会，邀请区委党校教授进行专题授课。领导班子成员，各村、社区党支部书记，非公企业党支部书记，机关科室负责人参加。

（南法信镇）

【HICOOL产业园落户南法信镇】 6月16日，北京海高创新科技服务有限公司与南法信镇人民政府在城建道桥大厦举行“HICOOL智能制造产业园”项目签约仪式，“HICOOL智能制造产业园”项目落户南法信镇。

（南法信镇）

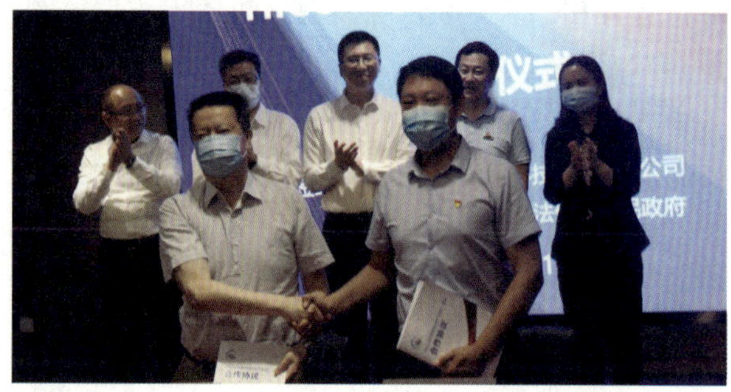

◆6月16日，北京海高创新科技服务有限公司与南法信镇人民政府举行“HICOOL智能制造产业园”项目签约仪式（南法信镇）

【企业座谈会召开】 7月13日，南法信镇“优化营商环境　服务企业发展”企业座谈会召开。镇领导、相关科室负责人及20家重点企业代表参加。会上通报2021年上半年南法信镇在疫情防控、经济发展、城乡建设、民生保障等方面工作开展情况，下半年主要工作目标、重点工作等。

（南法信镇）

【礼让行人宣传活动】 9月18日，南法信镇联合区委宣传部、区交通支队、骏马客运公司开展“文明驾车、礼让行人”主题宣传活动。

（南法信镇）

【加强免疫接种工作会】 11月2日，南法信镇新冠病毒疫苗加强免疫接种工作推进会召开。领导班子成员及相关科室负责人参加。会上通报各村（居）疫苗接种情况，指出当前工作中存在的问题。部署各村（居）、楼宇、企业及“七小门店”的疫苗接种组织动员和检查工作。

（南法信镇）

【空气污染过程期间减排措施落实情况检查】 11月3日，南法信镇武装部部长带队开展辖区企业空气污染过程期间各项应急减排措施落实情况检查。先后到北京光大纸制品有限公司、北京瑞哥标牌广告公司等重点涉VOCs行业，就空气污染过程应对工作开展情况进行现场检查。

（南法信镇）

【违法建设依法拆除】 11月18日，南法信镇对西海洪村违法建设白地建材市场进行依法拆除。违法建设位于西海洪村南侧、顺沙路北侧，建筑面积22059平方米，土地性质为集体土地，因未取得乡村规划工程许可证，被判定为违法建设，予以拆除。

（南法信镇）

牛栏山镇

【概况】 年内，牛栏山镇位于顺义区北部，北接怀柔区庙城镇，东至潮白河，南与马坡镇为邻，西至赵全营镇，辖区总面积31.4平方千米。下辖20个行政村，6个居民委员会。有户籍人口30492人。有社区卫生服务中心1个，社区卫生服务站6个，村卫生服务室16家。有大学1所，技工学校1所，中学2所，小学3所，幼儿园5所。有养老机构1个。实现属地财税收入14.98亿元，一般公共预算收入2.59亿元。接种疫苗131042针，在全区率先启动3～11岁儿童接种工作，发放加油包等做法在全区推广。获评“2021年全国体育先进单位荣誉称号”“北京市新时代文明实践创新提名案例”“2020年度首都城市环境建设管理突出贡献单位”“北京市生活垃圾分类推进工作先进集体”。

（牛栏山镇）

【樱花文化节开幕】 4月11日，顺义区2021年樱花文化节在牛栏山镇北京工业大学耿丹学院开幕。本届樱花文化节以“庆百年华诞　赏醉美樱花”为主题，除开幕式的文艺演出，还设置红色文化展示区、传统文化展示区、科技展示区、社会服务展示区、非遗展示区、阅读展示区六大展区，开展庆祝中国共产党成立100周年图片展，传统剪纸、葫芦烙画、毛猴等非遗展示，古筝弹奏现场书画交流，汉服舞蹈秀及邀请小朋友参加“游花海，品书香”主题帐篷阅读等20余项活动。

（牛栏山镇）

【村和社区“两委”换届选举】 截至4月25日，牛栏山镇20个村、6个社区全部完成“两委”换届工作，选举产生社区“两委”干部46名，村“两委”干部96名。村和社区“两委”人员交叉任职率、大专及以上学历人员占比较上届均有提升，平均年龄较上届均有下降，实现“五全面、四提升、两优化、一保持”的要求。

（牛栏山镇）

【牛栏山镇文化中心投用】 5月11日，牛栏山镇文化中心投入使用。文化中心位于香堤中路，建筑面积2650平方米，分为3层，包含乒乓球室、台球室、健身室、棋牌室、图书阅览室、书画室等。

（牛栏山镇）

【党史知识竞赛】 6月30日，中共牛栏山地区党委、政府举办“奋斗百年路　启航新征程”——2021年牛栏山镇党史知识竞赛活动。来自牛栏山镇机关支部、26个村、居党支部组成的28支队伍参加。机关初心队获一等奖，官志卷队、龙王头队获二等奖，张家庄村队、赢麓家园队、安乐队、史家口队获三等奖。

（牛栏山镇）

◆6月30日，“奋斗百年路　启航新征程——牛栏山镇2021年党史知识竞赛”举办（牛栏山镇）

【养殖小区腾退进展顺利】 年内，牛栏山镇启动安乐养殖小区腾退工作，成立养殖小区拆除腾退工作领导小组和工作专班，统筹全镇14个职能科室，组建8个专项工作组。腾退涉及农户56户，70个地块，占地面积7.33公顷（110亩），建筑面积2.6万平方米，签约率100%。

（牛栏山镇）

【牛栏山火车站改造】 年内，牛栏山镇政府出资为牛栏山火车站安装移动卫生间2个，施划停车位15个和无障碍停车位、自行车停车区，在站外设置社会主义核心价值观景观小品。

（牛栏山镇）

【招商引资】 年内，全镇新增注册企业202家，注册资本10.7亿元，其中注册资金3000万～5000万元的3家，5000万～1亿元的6家，1亿元以上1家。梳理镇域内闲置土地、厂房资源，建立牛栏山镇招商引资资源动态台账。整理出闲置土地（厂房）20处，总占地面积88.4公顷（1326亩），其中国有土地27.33公顷（410亩）；总建筑面积39万平方米，其中闲置面积7.8万平方米。

（牛栏山镇）

【动能转化进程加快】 年内，推动北京东方奥博彩涂钢板有限公司完成股权转让，协调顺鑫农业股份有限公司将闲置1.07公顷（16亩）国有工业用地进行招商。合景天汇广场项目、顺鑫颐和天璟禧润园项目、嘉寓节能科技产业园生产基地项目有序推进。

（牛栏山镇）

【营商环境持续优化】 年内，协助江河创建集团股份有限公司、国药集团药业股份有限公司、北京城建北方集团有限公等6家企业申报重大科技成果转化项目；协助企业参加中国北京国际科技产业博览会、中国国际服务贸易交易会、中国进出口商品交易会及中小企业网络专场招聘会等商务会展。协助企业申请牛栏山镇企业扶持资金1.62亿元，协助北京集顺工程咨询有限公司申请顺义区促进入区企业发展扶持资金860万元，协助北京康仁堂药业有限公司等6家企业申请高精尖企业高级管理人员支持政策资金2933万元，协助顺义牛山构件厂等3家企业申请顺义区促进产业结构调整发展项目资金270万元。退税3.3亿元。

（牛栏山镇）

【疏整促专项行动】 年内，开展各类综合执法10余次，治理违法建设9.63万平方米，留白增绿0.006公顷，临时建筑治理清零；完成精准补建便民服务网点5个；代征代建道路移交3条；施工围挡治理3处；一般制造业改造提升1家，无证无照经营及“开墙打洞”整治、群租房整治动态清零。

（牛栏山镇）

【帮扶科左中旗精准脱贫脱低】 年内，作为对口支援科左中旗牵头镇，协调12家单位参与帮扶内蒙古自治区科左中旗。牛栏山镇捐赠帮扶资金96万元，动员镇域内10个村、3家企业和2家社会组织参与结对帮扶。牛栏山镇芦正卷村与科左中旗花吐古拉镇浩日彦艾勒嘎查结为“友好村”。

（牛栏山镇）

【建党百年服务保障】 年内，排查整改隐患696处，发动群防群治力量1138人，专职巡防队员307人，治安志愿者831人，确保责任区全覆盖、无死角。组织基层党支部49名党员参加庆祝中国共产党成立100周年庆祝大会。

（牛栏山镇）

【公共服务资源不断丰富】 年内，争取区级资金715.8万元，完成前晏子村、后晏子村、相各庄村3个村文化室的升级改造；17个村级卫生室竣工；牛栏山第三幼儿园开园；椿萱茂和园养老社区新增养老床位380个。

（牛栏山镇）

【接诉即办】 年内，坚持“民有所呼，我有所应”，组建“接诉即办”市民服务热线专班，构建“专班专人接件受理、群众诉求分类派发、承办科室快速办理、主管领导督促落实、快速有效反馈回复”的闭环工作模式，受理便民电话9496件，响应率98.8%，解决率96.75%。

（牛栏山镇）

【文化惠民】 年内，定期举办牛栏山文化大集，“挑战吧爸爸”等系列特色活动、“二月新春”“五月鲜花”“十月金秋”“助力冬奥”等群众性文体活动。举办文化大集系列活动5场，放映农村固定影厅公益电影400场，流动电影20场、星火工程公益演出40场。镇文化活动中心开展文体活动60场，开展培训46场，举办文艺演出6场，接待群众近万人次。

（牛栏山镇）

◆5月19日，“奋斗百年路 启航新征程”牛栏山镇第八届健身操大赛在金牛山公园举办（拍摄者：史昭君）

【生态环境建设】 年内，PM2.5年均浓度34微克/米³，较上一年度下降10.5微克/米³。投资35万余元，结合农村治污工程整治治理小中河排污口10处，小中河各预留排污口改为雨水排口，小中河牛栏山段实现零排污，污水全部接入污水处理厂进行处理。镇、村级河长巡河1268人次，巡河里程3760余千米，通过“北京河长”App上报问题303处，问题整改率100%。

（牛栏山镇）

【城乡综合环境整治】 年内，完成生活垃圾分类示范片区创建工作，申创康乐、嬴麓、好望山、漫步三区4个北京市垃圾分类示范小区和前晏子村北京市垃圾分类示范村。张庄家园、下坡屯家园、安乐家园、颐和天璟、康乐小区、北京维尼纶厂生活区6个小区分类驿站进驻。建筑垃圾资源化处置完成转场，备案处置能力260万吨，增设装修垃圾处置项目，年处置能力10万吨。

（牛栏山镇）

【人居环境整治提升】 年内，投资832万余元，为镇域内12个自然村新建绿地公园1个、小型口袋公园1个，提升健身广场1个，新增绿化面积约10110平方米，硬化路面约9090平方米，改造提升供水管线1050米、污水管线约230米，疏挖整治排水沟1305米，村内坑塘清淤面积约11750平方米，解决属地护坡安全隐患问题2处，完善1个村村庄封闭，新建停车场4个，新增车位75个。

（牛栏山镇）

【社会保障】 年内，完成城乡劳动力就业752人，农村劳动力转移就业406人，城镇登记失业人员就业率70.3%。发放城乡无社会保障老年人生活补贴12151人次148万余元。发放重阳节慰问金934人次56万余元。利用和整合村内现有场地资源，建设完成相各庄、官志卷村2个养老驿站。

（牛栏山镇）

仁和镇

【概况】 年内，仁和镇位于顺义新城中心区的主城区组团，与首都国际机场对接。京沈线、六环路、地铁M15号线、京平高速和京承铁路穿境而过。镇域面积54平方千米，下辖23个行政村、3个居民委员会，有户籍人口4.58万人。实现属地财税收入39.0亿元、同比增长35.6%，一般公共预算收入8.0亿元，均位于全区各镇首位。

（仁和镇）

【仁和镇疫情防控】 年初，顺义区出现局部聚集性疫情，对河南村进行封控管理，镇政府组建专班进驻隔离区，完成4轮全员核酸检测22.4万人次，22天河南村解封，完成动态清零。建立“15分钟”疫苗接种服务圈，截至12月底，累计接种人数26.3万人次，位列全区第一，工作经验全市推广。在镇域内13个采样区域建成60个全员核酸检测点，构建全覆盖、无盲区的防控体系。

（仁和镇）

【经济发展】 年内，成立财源建设工作专班，建立定期调度机制，推动经济增长。制定《仁和镇促进入镇企业扶持办法》，聘请4家中介公司拓展招商渠道，全程跟踪服务。全年新注册企业962家，注册资金50.8亿元，其中亿元以上企业20家。盘活老旧企业闲置资源，引入总部型企业2家。

（仁和镇）

【营商环境】 年内，实行企业包片服务制度，镇主要领导分批带队走访镇域重点企业400余家、召开座谈会40次，帮助企业协调上市手续40余件，为34家企业申报高新技术补贴960万元，帮助6家企业完成48名高管1130余万元个税政策兑现申报 。

（仁和镇）

【城市建设】 年内，沙坨村回迁房竣工，临河村回迁房进入精装修及市政施工阶段，太平村A区安置房项目全部楼体封顶，前进村定向安置房项目部分楼体建至地上8层，仁和热力中心新建供热信息控制管理中心项目实现封顶，全市首个保障房平台集体土地保障性租赁住房项目正式签约，前进村、河南村（临河村）2处集租房项目开工建设。塔河村、杨家营村等5个村房本登记发放基本完成。完成望泉寺D地块最后1户民宅腾退，实现土地收益15亿～20亿元。

（仁和镇）

◆6月18日，仁和镇杨家营村回迁房不动产权证发放仪式举办（仁和镇）

【民生保障】 年内，做好就业工作，举办线上招聘活动19场，发布各类就业岗位6996个。投资700万元完成梅沟营养老院升级改造，可提供床位100余张。建立“高位调度、专项研究、见面沟通、提前研判、优化机制、督查督办”六步工作法，制定《仁和镇12345市民服务热线考核办法》，12345市民服务热线问题解决率、满意率均有所提升。

（仁和镇）

【社会治理】 年内，完成疏整促专项行动，拆除违建22.25万平方米。制定《仁和镇物业服务企业综合评价实施办法》，投入800万元扶持奖励物业企业，资金全部用于社区基础设施改造提升。8个小区业委会、1个小区物管会组建完成。制定《仁和镇生活垃圾分类日常考核办法》，实行垃圾分类月考核，提升管理水平。落实机场周边三年行动计划，检查生产经营场所2700余家次，整改隐患4600余条，查封关停库房33家，新建电动车充电车棚20处，新增充电车位近800个。开展信访矛盾6次大排查、12次专项排查。

（仁和镇）

【生态环境】 年内，开展3.55平方千米（5330余亩）平原生态林日常管护，治理裸地70块近1.33平方千米（2000余亩）。清理散乱污企业20余家。1—12月，PM2.5累计浓度35微克/立方米。二、三产业基地临时污水处理站扩容改造工程竣工并投入运行，窑坡村、米各庄村农村污水处理站正常运行，镇域内水质得到提升。

（仁和镇）

【宣传教育】 年内，在区级以上媒体累计刊登信息300余条，妥善处置舆情100余件。开展“党建领航·文化铸魂”系列活动，举办群众性文化体育活动100余场，参与群众9000余人次。河南村冬奥体验馆作为全区唯一一家体验馆向市残联申报冬奥示范园。开展“仁和大讲堂”进村（居）活动，完成培训149场。

（仁和镇）

◆4月20日，2021年仁和大讲堂启动大会举办（仁和镇）

【廉政建设】 年内，开展疫情防控、接诉即办、两个条例执行（《北京市生活垃圾管理条例》《北京市物业管理条例》）、村级“三资”管理、工程建设领域招投标等重点工作领域监督检查288次。开展廉政警示教育48次。招聘廉洁监督员7名，实行23个村、3个社区、12家镇属企业党支部监督全覆盖。镇人大代表之家被市人大常委会设为首批基层立法联系点。

（仁和镇）

天竺镇

【概况】 年内，天竺镇位于顺义区西南部，北接南法信镇，东邻顺义区仁和镇、李桥镇，南至温榆河，西接后沙峪镇、空港街道，辖区总面积12.24平方千米。下辖1个自然村和3个居民委员会及9个拆迁村。有户籍人口21850人，常住人口11109人，流动人口24142人，港澳台及外籍人口53人；新出生145人，死亡130人。有法人单位2368个，有中国新华航空集团有限公司、北京首都机场动力能源有限公司等重点企业。有医院1所，社区卫生服务中心1个，社区卫生服务站6个，养老机构1所。有中学1所，小学1所，幼儿园4所。有为民服务大厅、地区文化中心、文化广场各1个，图书馆1所。完成属地财税收入14.87亿元，同比增长48.9%；一般公共预算收入4.04亿元，同比增长56.8%。被北京市委、市政府授予“北京市信访工作先进集体”称号。

（天竺镇）

【天竺镇新冠肺炎疫情防控】 年内，对村、社区和社会单位严格落实疫情防控措施，并对部分村居实行定期全员核酸检测，突出抓好机场工作人员、机场工作同住人员管理。按照“应接尽接”的原则，完成9.5万人的接种工作，其中接种第一针4.7万剂次，第二针4.8万剂次，加强针4.1万剂次。同时启动3～11周岁儿童接种工作，其中接种第一针1072剂次，第二针1117剂次。全面落实“外防输入、内防扩散”，累计核查区级下发的大数据派单1万余人、组织核酸检测1.5万余人次。强化国际航班机组、重点地区来顺人员闭环管理，建立健全常态化防控机制，先后启用12家酒店用于承接密接、次密接人员和国际机组人员集中观察任务，累计接待隔离人员3000余名，转运集中观察人员130余名、核查入境抵顺机组人员2000余名。对集中观察酒店严格落实防疫措施，对在营酒店严格排查国内中高风险地区来（返）京人员，落实测温、扫码等防疫措施。

（天竺镇）

【城乡环境治理】 年内，在李天路南侧及埃力生小区周边开展环境整治工作。李天路南侧项目主要对倒伐树木树根、私开荒拾边地、偷倒渣土等问题开展整治，涉及垃圾清理、外运，场地平整等，累计清理面积76600平方米。埃力生小区整治工作主要是拆除破旧围挡3处，实施道路硬化及裸露空地绿化2000平方米。组织各村居开展垃圾分类入户全覆盖宣传工作，发放宣传折页1万余份。镇域内设置200名垃圾分类普法监督员在桶前指导分类，为社区规范设置桶站点23个，驿站点7个，统一设置建设大件垃圾投放点8个及装修垃圾投放点8个。累计完成违法建设销账建设面积50.45万平方米，销账占地面积63.9万平方米。

（天竺镇）

【生态环境保护】 年内，PM2.5年均浓度37微克/米^3，完成PM2.5年均浓度低于39微克/米^{3}的全年改善目标；年均降尘量7.1吨/（平方千米·月）。全年开展环保督察及疫情防控情况检查12次，检查镇域施工企业“六个100%”落实情况（施工工地周边100%围挡、出入车辆100%冲洗、拆迁工地100%湿法作业、渣土车辆100%密闭运输、施工现场地面100%硬化、物料堆放100%覆盖）；检查镇域餐饮企业油烟净化设施运行、油烟排放情况，询问油烟净化设施日常维护保养情况；规范安装和使用油烟净化设施，确保油烟排放无污染。检查镇域汽修企业VOCs（挥发性有机物）治理、废物管理、污水处理、垃圾分类情况，完善配套污染治理设施，做好废气、废物规范处理，雨污水分流和垃圾分类工作。镇级河长巡河32次，村级河长巡河486次，发现并处理问题62起；巡河员巡河1462次，发现并处理问题310次，包括打捞河面白色垃圾、共享单车、废旧泡沫箱、汛期阻水倒伏树木等，严格落实巡查常态化、处置及时化、执法合法化。

（天竺镇）

◆年内，天竺镇巡河员开展河道清理工作（天竺镇）

【地区经济发展】 年内，引进企业303家，注册资金40.4亿元；新引进国家高新技术企业9家，累计37家。开展企业走访，倾听企业诉求，对接洽谈企业130余家。建立服务台账，为企业协调子女入学、职工居住证办理等诉求40余件。及时协助20家企业申报扶持资金834万元。为中国石油化工股份有限公司天然气分公司申报促进入区企业发展扶持资金200万元，为北京司拓民航科技有限责任公司、北京联合货币兑换股份有限公司等18家企业申报高新技术企业补贴500万元；为天音信息服务（北京）有限公司申请高精尖企业人才奖励资金134万元。

（天竺镇）

【安全生产】 年内，为企业投保安责险251家，完成全年投保任务的114%；开展“三级标准化”评审，评审企业6家。开展安全生产检查，检查企业1823家次，发现并整改安全隐患1136项，整改率100%。开展安全生产专项整治集中行动，上账隐患126项，销账率100%。累计建设电动自行车集中充电设施354处，建设集中充电车棚700平方米，安装电动车充电插口300余个。安装出租房简易喷淋15套150个，安装居民智能烟感报警器300个。

（天竺镇）

【接诉即办】 年内，坚持“以人民为中心”的发展思想，建立“领导班子统一部署、专班协调跟进、部门推动办理”的工作机制，“督办”合力，借助“一周一会、一日双表”，解决问题向前一步。受理便民电话交办单5501件，2—4月，“三率”综合成绩在市级排名前十，8月排名第七，在顺义区排名始终名列前茅。

（天竺镇）

【地区规划及基础建设】 年内，创建无违建图斑6081个，涉及面积181.03万平方米，完成前期分类、汇总工作。截至11月30日完成上账、销账图斑4546个面积115.28万平方米。年度创无违建任务为60%，完成率63.68%。清理天柱东路、府前一街、府前二街沿途雨箅子内垃圾约200立方米。更换镇域范围雨箅子11个，井盖3个。对天柱东路、杨二营环村路、二十里堡环村路等乡村道路。

（天竺镇）

【结对帮扶】 年内，与内蒙古自治区科左中旗结对，拨付结对资金65万元。拨付抗灾资金10万元用于协助科左中旗开展抗击雪灾相关工作。组织辖区内企业召开消费帮扶工作部署会，采购科左中旗农副产品165万余元。推荐5个村、3家民企和1家社会组织与科左中旗建立结对关系，累计捐赠资金33万元，捐物折款1.3万元。开展种养殖培训1次。

（天竺镇）

【社区建设】 年内，协调各方力量加快推进翠竹新村小区居民房屋产权办理工作，取得1402套房屋的不动产权证书。推进希望家园社区多层住宅增设电梯项目，6号楼实现整栋楼加装电梯。11月10日，希望家园社区增设电梯项目二期启动，试点12个单元采用“代建租赁”模式增设电梯。业委会组建覆盖率100%。

（天竺镇）

◈希望家园6号楼实现整栋楼加装电梯（天竺镇）

【社会保障及民生】 年内，天竺一小学生食堂、天竺中学学生食堂相继投入使用。全家福保险惠及辖区内近2万名群众，理赔金额100万余元；为1250人提供城乡居民医保费补贴金额49.5万元。建设、提升基本便民网点2个，发展老年餐厅1家。

（天竺镇）

杨 镇

【概况】 年内，杨镇位于潮白河以东，镇域面积96平方千米，下辖42个行政村和4个居民委员会。顺平路、白马路、木燕路纵贯杨镇。杨镇坚持以新市镇建设为主线，以顶层规划为引领，以接诉即办服务民生为抓手，以纵深推进全面从严治党为保障，带领全镇广大党员干部以在状态、敢创新、争一流的实干作风，克难奋战重点任务，疫情防控形势持续向好、经济发展稳中有升、生态环境明显改善、民生福祉显著增进。获“2016—2020北京市法治宣传教育先进集体”“北京市卫生乡镇”称号。

（杨镇）

【再次驰援高丽营镇核酸检测任务】 1月4日，杨镇24名机关干部及1名沙岭卫生院医生组成核酸检测驰援小组，再次前往高丽营镇驰援核酸检测工作，全天检测3000余人。

（杨镇）

【新冠疫苗接种服务】 2月7日，杨镇在工业区设置新冠疫苗接种点，为18～59周岁人群接种新冠疫苗，引导群众“应接尽接”；3月15日，开设60岁以上人群新冠疫苗接种专门通道；7月25日，启动高中阶段（15～17岁）人群新冠疫苗接种工作；7月31日，启动12～14岁人群新冠疫苗接种工作；11月11日，启动3～11周岁儿童新冠疫苗接种工作。10月21日，杨镇工业区临时接种点、小店卫生院接种点正式开展新冠病毒疫苗“第三针”加强针接种工作。

（杨镇）

【杨镇双阳社区接通市政水】 3月，经杨镇党委、政府多次协调顺义市政控股集团，双阳社区1978户居民结束20年自备井供水历史，接入市政自来水。

（杨镇）

【镇村荣誉】 4月，通过垃圾分类示范片区创建验收。杨镇王辛庄村前大街获评区级示范“美丽街巷”。11月，东焦各庄村草莓入选第十一批全国“一村一品”示范村镇名单。12月，杨镇辛庄户村，阳洲鑫园、顺鑫朗郡社区获评本年度第三批北京市垃圾分类示范小区称号。12月31日，杨镇获评2020—2021周期北京市卫生镇。年内，徐庄村、东疃村、红寺村、东焦各庄村获评“首都文明村镇”；杨镇环库路、鲜花港路获评本年度“北京市最美乡村路”；86个家庭获评本年度区级“最美家庭”；小店村儿童之家获评区级示范“儿童之家”。王辛庄村、红寺村获评“北京市民主法治示范村（社区）”。

（杨镇）

【双阳公园完成提升改造正式开放】 6月26日，升级后的杨镇双阳公园正式开放。双阳公园提升改造项目占地面积约3.47公顷（52亩），耗资939万元，改造后的双阳公园新增绿植面积1.8万余平方米，照明灯具124盏，增设花池、儿童乐园、篮球运动场及杨镇特色背景墙等设施。

（杨镇）

◆6月26日，升级后的杨镇双阳公园正式开放（杨镇）

【电动自行车电梯阻车器安装完成】 8月，杨镇完成顺鑫朗郡小区电动自行车电梯阻车器安装工作，涉及16栋楼58台电梯。

（杨镇）

【7个村美丽乡村绿化美化工程完工】 11月底，杨镇美丽乡村绿化美化工程新增破罗口村、白塔村、于庄村、沟东村、曾庄村、汉石桥村、良庄村7个村，24个地块9490.9平方米栽植任务完成。

（杨镇）

【域内企业东方雨虹入榜单】 12月14日，域内企业北京东方雨虹防水技术股份有限公司入选北京首批"隐形冠军"名单以及2021胡润中国民营企业可持续发展百强榜。

（杨镇）

【3所幼儿园建设加快推进】 年内，杨镇先后启动中心幼儿园、小店分园和第三幼儿园沙岭分园3所幼儿园新建、改扩建工程。

（杨镇）

【村庄新健身器材配备】 年内，杨镇投入30余万元，在下营村、杜庄村等7个村安装篮球架、台球桌等活动设施46件，为白塔村等村安装健身器材6套。

（杨镇）

【太阳能浴室新建与改造】 年内，杨镇辛庄子村、井上村各新建太阳能浴室1处，实现太阳能浴室36个村全覆盖；投入60余万元，更新改造东庞村等5个村的浴室设施。

（杨镇）

【路灯照明三期工程】 年内，杨镇实施路灯照明三期工程，在木北路、木燕路、中干渠路段安装路灯359盏。

（杨镇）

【杨镇棚改项目回迁安置房用地规划和建筑设计方案获批复】 年内，杨镇棚改项目回迁安置房用地规划和建筑设计方案获市规自委批复。先期完成6个村2700余户民宅、497户非宅拆迁工作。

（杨镇）

【开展"我为群众办实事"实践活动】 年内，杨镇开展"我为群众办实事"实践活动，完成镇级为群众办实事项目82项，包括双阳公园提升改造项目、3所幼儿园改扩建项目、为徐庄等7个村配建文体设施、仙泽园小区大门及围墙修缮、安装烟感报警器等。办结调解纠纷、清理边沟、为儿童听诊等党员"微实事"项目1500余件。

（杨镇）

【乡村公路大修11.9千米】 年内，杨镇完成乡村公路大修11.9千米，里程数继续保持全区第一。

（杨镇）

【粮食生产和蔬菜生产超额完成】 年内，杨镇完成粮食生产1600公顷（2.4万亩），完成率143%；完成蔬菜生产1466.67公顷（2.2万亩），完成率102%。

（杨镇）

【土地复耕超额完成38%】 年内，杨镇完成土地复耕699.09公顷（10486.4亩），完成率138%。

（杨镇）

【年度拆违任务超额完成】 年内，杨镇拆违任务量29.58万平方米，完成31.48万平方米，完成率

106.43%，全区排名第八；占地面积销账 43.99 万平方米，销账面积全区第三，销账率 116.9%，全区排名第六。

（杨镇）

【美丽乡村建设】 年内，杨镇张家务村、王辛庄村等 14 个村人居环境整体提升项目稳步推进，36 个村全部启动污水改造工程，完成 12 个村。

（杨镇）

张 镇

【概况】 年内，张镇位于顺义区东北部，辖区总面积 53.45 平方千米，下辖 29 个行政村，2 个居民委员会。有医院 1 所，社区卫生服务站 8 个，村级卫生室 15 个。有中学 1 所，小学 1 所，张镇中心幼儿园 1 园 3 址。有养老机构 2 个。实现属地财税收入 16638.5 万元，增加 3205 万元，同比增长 23.9%；实现一般公共预算收入 4392.49 万元，减少 2115 万元，同比减少 32.5%。农户人均所得 25636 元，增长 1299 元，同比增长 5.34%。张镇 2 人获评顺义区优秀共产党员，2 人获评顺义区优秀党务工作者，3 个党支部获评顺义区先进基层党组织。获评 2020—2021 周期“北京市卫生乡镇”称号。

（张镇）

【张镇新冠肺炎疫情防控】 1 月 11—12 日，张镇开展第二轮全员核酸检测工作。全镇设置采集点 9 个、采集通道 26 组，25 名北京市西城区广外医院医护人员、190 余名机关干部、120 名“两委”干部和百余名志愿者参与核酸检测工作，截至 1 月 12 日晚 18:00 累计完成 2.1 万人次采集任务。下派工作组 5 个，每组由 2 名工作人员和 1 名医护人员组成，为 300 余名老幼病残人员提供上门服务，实现核酸检测全覆盖、无遗漏。10 月 31 日，张镇率先开展 3 ～ 11 岁儿童新冠疫苗接种工作。由辖区中小学、幼儿园对该年龄段在校学生进行摸排统计，建立台账。开设儿童接种专场，组织机关干部、志愿者等在现场进行引导，合理增加医护人员力量，准备“勇气礼包”，缓解儿童紧张情绪。安排儿科医生和 120 救护车现场值守，以应对各种突发情况。建立完善“台账式”管理、“动态化”监督机制，梳理出全镇符合接种疫苗加强针台账，通过开辟夜场满足上班族接种需求，安排专车方便老年人接种等多种方式助推疫苗加强针接种。全镇累计接种加强针 18372 人，全区加强针接种率排名第三。做好常态化疫情防控期间防疫消杀工作。加大清扫保洁力度，延长保洁作业时间，加大生活垃圾清运频次，确保不滞留、不满冒，重点清理垃圾桶、绿化带、树坑、背街小巷等卫生死角。对生活垃圾桶、作业车辆、公厕、果皮箱等公共设施设备全面消杀。

（张镇）

【扶贫协作】 3 月 15 日，在北京市扶贫协作总结表彰大会上，位于张镇的北京绿多乐农业有限公司总经理鲁凤岐荣获北京市扶贫协作先进个人称号。

（张镇）

【光荣在党 50 年】 七一前夕，张镇召开“光荣在党 50 年”纪念章颁发仪式。为党龄满 50 年的老党员代表颁发“光荣在党 50 年”纪念章。

（张镇）

【顺义图书馆张镇分馆对外开放】 7 月 12 日，顺义图书馆张镇分馆对外开放。分馆占地面积 300 平方米，馆藏图书 2.5 万册；设电子阅览区、儿童阅读区等区域，配备自助借还一体机等服务设施。

（张镇）

【短时强降雨天气应对】 7 月 12 日 19:30—23:00，张镇出现短时强降雨天气，降雨量 231.2 毫米。部分村庄短时出现险情，张镇党委、政府迅速启动应急响应机制，镇领导第一时间赶赴现场统筹指导防汛抢险工作，全镇 480 名抢险队员全部到岗，全体包村干部下沉一线。31 个村（居）组织人员全天对村（居）域内排水管、排水沟、雨箅子进行全面清理，对 13 户危房险户、38 名鳏寡孤独人员进行走访，对重点低洼点位设立警示牌，并安排专人进行看护，发生积水及时抽水。第一时间向区防指报告情况，调动区住建委、北京顺义龙云工业公司、北京鑫大禹水利建筑工程有限公司、中北华宇建筑工程公司等区应急抢险队伍 300 余人，投入抢险机械20余台（套）、水泵发电机20台。

（张镇）

◆7月13日，张镇工作人员雨中检查防汛情况（张镇）

【木孙路建设】 8月19日，为保障木孙路重点工程建设，提升镇域整体交通环境，张镇麻林山村委会对麻林山2处障碍点位实施保护性施工。截至年底，涉及张镇良山、麻林山段的3处堵点清除，木孙路张镇段具备通车条件。

（张镇）

【扫雪铲冰】 11月7日，做好首次降雪期间环境秩序保障工作。根据工作部署，第一时间全员上路，开展扫雪铲冰工作，督促发动商户、群众清扫门前积雪，将“门前三包”责任落实到位。执法队累计走访检查“门前三包”单位226家次，针对未落实扫雪铲冰工作的单位进行处罚。

（张镇）

【养老服务】 11月26日，浅山香邑社区养老服务驿站正式投入运营。位于林秀西路1号院二区，占地面积150平方米，委托北京浅山惠福养老服务有限公司运营，就近为有需求的居家老年人提供集中养老、生活照料、陪伴护理、心理支持等服务。

（张镇）

【营商环境】 年内，制定促进镇域经济发展办法，建立镇级“服务包”制度，落实镇领导“对接企业日程表”，开展企业走访工作，协调解决企业诉求13个。拓宽招商渠道，引进注册型企业98家，累计注册资金约1.78亿元。

（张镇）

【住房保障】 年内，为37户办理公租房相关业务、15户领取公租房补贴进行复核、169户公租房轮候家庭办理复核，完成51户参加选房意向登记，37户选房入住。张镇集体租赁房项目于上一年度4月开工建设，所有主体结构施工于5月完成并通过验收。

（张镇）

【全国文明城区创建】 年内，制定《张镇创建全国文明城区三年行动计划工作实施方案》《张镇各部门创城指标任务》，进一步加强创建工作的协调指导、督导检查和工作监督。以全国文明城区测评体系为导向，开展实地考察、点位整改工作。收到区创城督查报19期，全部完成销账，销账率100%。

（张镇）

【志愿服务】 年内，结合新时代文明实践中心建设，开展“2021年张镇新时代文明实践志愿服务”“2021年张镇创建文明城区在行动”“垃圾分类从我做起，绿驿张镇因你美丽”“垃圾分类桶前值守”“青春，远离毒品”等志愿活动，依托张镇新时代文明实践所、实践站组织开展“8+N”志愿服务活动30场。

（张镇）

【环境保护】 年内，全镇31个村（居）每天对主要道路和连村路至少洒水降尘4次。对镇域内各类企业、砂石水泥构件厂开展日常检查，联合执法检查施工工地56家次，责令停工整改6家次。按照《张镇空气重污染应急预案》完成空气污染过程应对工作。截至12月底，全镇PM2.5累计浓度32微克/立方米，全区排名第二。

（张镇）

【垃圾分类】 年内，完成全镇1万余户居民2轮入户宣传工作，组织专项宣传活动80余次，发放各类宣传品1.8万余份。永强社区、浅山香邑社区有垃圾桶站13处，每日每个桶站安排1名保洁员桶前值守，新增垃圾分类协管员15名，主要负责全镇29个村垃圾桶站看护、巡查、管理工作。2个社区按照区级标准各新建生活垃圾分类驿站5处，为全镇31个村居社区新建大件垃圾和装修垃圾投放点。分别与有资质的专业垃圾清运公司签订厨余垃圾、其他垃圾、有害垃圾、大件和装修垃圾、可回收物6种垃圾清运合同，实现全部六类生活垃圾收集、清运、处理环节的闭环管理。

（张镇）

【接诉即办】 年内，全面贯彻“以人民为中心”的发展思想，结合全镇工作实际，调整优化工作方案，明确办理流程，建立包片领导及主管领导、包村居干部及科室负责人、村居党组织书记三级联动机制，全面规范派发、响应、回复、回访、反馈全闭环工作流程。接收市民热线工单11511件，月均959件，办结率100%。市民热线考核市级直派成绩平均分96.05分，位列全市第113位，全区第13位；市级直派加区级转派综合成绩平均分95.79分，位列全区11位。其中7月诉求量最大（1246件），12月成绩最好（全市排名第28）。

（张镇）

【电动自行车监管】 年内，开展电动自行车销售市场专项整治工作，重点查看电动自行车经营者的主体资格是否合法有效，产品标识、产地、厂名、厂址、生产日期、质量合格证明等是否齐全，现场核查经营商户的供货商资格、产品进货台账等，严禁销售不合格电动自行车和非法改装电动自行车等违法行为。联合相关单位开展夜查，进一步预防电动自行车火灾事故的发生。

（张镇）

【安全生产】 年内，严格落实安全隐患闭环管理机制，检查生产经营单位3471家次，消除隐患5609处，隐患整改率100%；安责险投保357家，均超额完成安全生产指标任务。在本年度区级有限空间大比武应急组中获一等奖。

（张镇）

【法制宣传】 年内，以国家安全日、国际禁毒日、安全生产月、《反间谍法》颁布日、119消防宣传月、全国交通安全日、国家宪法日等为契机，通过政策讲解、发放宣传材料、专题讲座等形式开展宣传教育活动，开展各类讲座、培训等活动20余场次，发放宣传手册、挂图、折页等材料2万余份，提供法律咨询130余次，小区显示屏滚动播出安全提示120条，组织安全演练及拉练10余次。

（张镇）

◆9月16日，张镇开展“青春，远离毒品”禁毒宣传进校园活动（张镇）

【就业促进】 年内，实现城乡劳动力就业人数682人，完成全年指标157%；农村劳动力转移就业人数360人，完成全年指标124%；城镇登记失业人员就业率66.9%，超额完成全年指标任务。应届高校毕业生115人全部实现就业，就业率100%。举办“春风行动”“民营企业招聘月”“就业援助月”“百日千万招聘活动”等网络专场招聘会12次，吸引镇域内企业98家提供就业岗位2532个。新增失业登记323人次，办理领失业金手续88人次，办理就业手续132人次。为128名城镇就业困难、灵活就业人员申请办理保险补贴，为225名符合条件的农业户口灵活就业人员申请保险补贴，为899名符合条件人员申请重点地区劳动者跨区域就业通勤补贴89.9万元。

（张镇）

【劳动监察】 年内，开展夏季和冬季根治欠薪、清理整顿人力资源市场、超时加班问题集中排查化解和女职工产假、哺乳时间等权益专项检查。在浅山香邑小区门口和木孙路二标段施工工地开展集中宣传活动，现场发放《致农民工朋友的一封信》100余份，为他们详细讲解《保障农民工工资支付条例》的内容及重要性。按照镇“疏整促”工作小组要求，每天开展联合检查，检查企业286家次，发现问题及时处理，妥善解决泰达峰机动车检测厂因疫情、暴雨等因素拖欠20余名工人工资问题。开展建筑工地用工专项检查，确保全镇工程建设领域在建、新建项目实现工程款支付担保、分账管理、农民工工资专用账户、总包代发工资和农民工实名制管理制度全覆盖。处理关于劳动保障监察方面的投诉22件，涉及196人，工资约230万元，经过市民服务中心多次调解，双方协商解决，工资全部发放完毕。

（张镇）

【残疾人关爱】 年内，为838名肢体残疾人开展康复服务，覆盖率100%。为511名困难残疾人申请生活补贴，339名重度残疾人申请护理补贴。为74名低保户残疾人发放爱心救助卡，15名白内障患者落实白内障复明工程，3名残疾儿童发放康复补贴。为187名重度残疾人办理养老助残券，131名严重精神障碍患者监护人申领看护管理补贴。为残疾人发放辅助器具151件。

（张镇）

【河长制工作】 年内，镇、村两级河长使用北京河长App巡河率始终保持100%，外业水环境问题整改率100%。无名河西双营、金鸡河疙瘩头2处市级地表水处境考核断面和水环境区域补偿跨境断面，稳定达标地表水V类的标准。在河长制月考核中取得平均96.6分，获得上级河长制奖励资金。

（张镇）

【农村污水治理】 年内，有25个村同步实施农村污水治理工程，其中侯庄村、后苏桥村、港西村、李家洼子村、刘辛庄村、贾家洼子村、前王会村、前苏桥村、大故现村、王庄村、朱庄村、聂庄村、小三渠村、柏树庄村、雁户庄村、吕布屯村16个村完成全部工作量，其余9个村加快实施进度，预计2022年底完成基本建设。

（张镇）

【畜牧防疫】 年内，接种口蹄疫、布病、禽流感、小反刍兽疫、狂犬病等六类强制免疫性疫苗的畜禽27.67万头（只），免疫率达到应免的100%。采集疫病监测和抗体检测样品2647份，检测药残350份，检测结果全部合格。举办文明养犬和防治人畜共患传染病宣传活动2次，发放各类疫病防控宣传材料1126份，到场户监督指导511次，无害化处理病死畜禽397头（只）。

（张镇）

赵全营镇

【概况】 年内，完成属地税收11.28亿元，同比减少13.1%。完成一般公共预算收入2.44亿元，同比增长21.6%。完成固定资产投资24.2亿元，其中500万元规模以上固定资产及房地产投资17.8亿元；完成建安投资8.3亿元；完成规模以上工业总产值82.3亿元；三大支撑性指标完成量均位列全区前三。打造“四大活动矩阵”组织12场群众文体活动，织密“三张惠民网络”办好52件民生实事。赵全营镇政务服务中心迁址至镇中心小学西侧，进驻社保所、计生办、民政科、农业科4个部门，主要面向群众提供补换社保卡、就业失业管理登记等87项服务内容。赵全营镇林业站和小高丽营村分别获批2020年度“首都绿化美化先进单位”和“首都绿色村庄”荣誉称号。

（赵全营镇）

【观光农业】 4月25日起，“2021年兴农天力醉美油菜花旅游文化节”在北京兴农天力农业园举办，为期11天，分为南、北两区，占地面积约16公顷（240亩）。其中5月1—4日，接待游客2420人，带动周边农户创造经济效益21.5万元，较上一年度增长40%。

（赵全营镇）

【农村产权交易平台挂牌交易成功】 10月12日，赵全营村某地块，土地面积25.05公顷（375.73亩），以每亩1600元/年的价格被摘牌并签订合同，为农村集体经济组织增收60.1万元。为全镇首次通过农村产权交易平台完成土地出租。

（赵全营镇）

【区域企业发展】 8月12日，北汽越野车公司新一代BJ40环塔冠军四星版限量上市。10月25日，北京连山科技股份有限公司信息安全产品研发生产基地项目开工建设。11月30日，吉源生物医药科学研发项目完成主体结构施工建设，项目总投资3.7亿元，占地面积面积2.4万平方米（36亩），建筑面积4.62万平方米，建立间充质干细胞存储和制备中心，主要用于新生儿脐带干细胞存储、膝关节修复及治疗糖尿病的干细胞制剂的研发和生产。12月16日，北京怡和中源科技有限公司细胞基因工程项目取得施工许可证，总投资39600.57万元，占地面积19340平方米，规划建设高层研发楼1栋、多层研发楼6栋及配套服务楼1栋，主要用于细胞基因工程等医学研究和实验发展，打造“专精特新”中小企业全生命周期产业孵化平台。埃米空间新材料孵化器获批2020年度北京市科技企业孵化器。中天众达科技发展集团有限公司获北京市2021年度第一批专精特新“小巨人”企业认定，中天众达智慧城市科技有限公司获评国家级专精特新“小巨人”企业。

（赵全营镇）

【招商引资】 3月，北京众驰伟业科技发展有限公司将注册地址及税收迁入赵全营镇，主要从事研发、生产、销售医疗检验仪器及体外诊断试剂耗材，本年度纳税235万。11月25日，海斯坦普新能源汽车组件（北京）有限公司落户赵全营镇，完成工商注册。项目总投资2亿元，占地面积面积1.85万平方米。新引入思灵机器人、微构工场等6个区级重点项目，累计获取项目信息源15个。

（赵全营镇）

◆3月，北京众驰伟业科技发展有限公司将注册地址及税收迁入赵全营镇（赵全营镇）

【民生服务】 年内，抓好接诉即办，化解矛盾于诉前，诉求量同比减少24%。提升镇域文化服务水平，更新26个村居文化设施，充实镇图书馆图书储备2万余册；优化教育资源，板桥幼儿园新增学位540个。对全镇6000盏节能路灯维修管护，安装9300块水表实现镇域全覆盖，修复赵红路、兰白路、北高路的破损路面。

（赵全营镇）

【安全基石不断夯实】 年内，完成中国共产党成立100周年等重要时点服务保障工作。严格落实安全生产责任制，建成并投用充电车棚17个；为211部电梯安装智能阻车系统实现全覆盖。科学应对联庄村聚集性疫情，23天打赢疫情防控歼灭战。加强针接种38509人，接种率98%。

（赵全营镇）

【区域承载力持续扩容】 年内，完成《国土空间规划（2020—2035）》编制，提前启动北医三院土地一级开发。推进“疏整促”专项行动，拆除并销账违法建设31.37万平方米。梳理闲置厂房8个17万平方米，盘活4.6万平方米。

（赵全营镇）

【营商环境持续优化】 年内，走访慰问重点企业70余家次，“一企一案”帮助企业解决临电、排水、项目备案以及外籍高管入境等实际困难，挽留7家拟外迁企业。帮助北京北汽越野汽车有限公司、威乐（中国）水泵系统有限公司申报16人近500万元的高管人员支持补贴，为威乐水泵提供基础设施升级改造费用40万元。完善“一站式”服务，实现工商、食药、税务、环评所有手续“只跑一次”。

（赵全营镇）

【物管会组建】 年内，组建物管会2个，党组织覆盖率100%。

（赵全营镇）

【板桥村基础设施建设提升项目】 年内，板桥村基础设施建设提升项目获立项批复。项目总投资503.95万元，总占地面积11125.29平方米。主要包括新建停车场、健身步道、休闲活动广场、绿化美化等，同步实施灌溉、电气等配套服务设施。

（赵全营镇）

【违法建设拆除】 年内，拆除位于西小营村违法建设1处，涉及房屋11栋，建筑面积8000余平方米，土地性质为建设用地，未取得规划许可证，当事人同意拆除，现场恢复场清地平。

（赵全营镇）

【完成智能水表入户安装】 年内，选定小官庄村、忻州营村2个村庄521户为试点，通过“一事一议”确定收费标准、收费形式等事项，挖建户外观察井519个，安装水表9271块，安装率100%。以点带面推进水计量收费工作。

（赵全营镇）

【北汽越野车公司2个研发项目获市科学技术进步奖】 年内，北汽越野车公司2个研发项目获2020年度北京市科学技术进步一等奖。分别为《新一代军民通用高端轻型越野汽车研发及产业化》和《高安全性车身结构用钢制造及应用关键技术集成与创新》。

（赵全营镇）

【“科技小院”】 年内，北京兴农天力农机服务专业合作社全区首家“科技小院”揭牌成立，有现代化农机装备281台（件），粮食种植2000公顷（3万余亩），设施大棚200栋。

（赵全营镇）

【助力全国文明城区创建】 年内，充分发挥镇纪委监督作用，全程参与创城工作部署、拉练检查、问题整改等环节，下沉村居监督检查26次，及时通报工作进展，查纠推进不到位、整改不彻底等问题。全覆盖走访昌金路、南陈路、板桥大街等各类商铺450余家，严格监管垃圾分类投放、乱堆物料以及占道经营等行为，发现问题190余处，规范店外经营等行为为43起，劝离流动摊贩24人次。设置景观小品、宣传海报等创城公益广告230处，深入村（居）开展“文明养犬”“社会主义核心价值观”“文明路口引导”等主题宣传活动110场。

（赵全营镇）

【垃圾分类】 年内，创建锦绣园、红铜营村等生活垃圾分类示范小区（村）7处，群众知晓率95%以上。依托2处建筑垃圾暂存场及红铜营建筑垃圾处置站，接收658户建筑垃圾21.6万吨，生产再生骨料12.96万吨、还原土8.64万吨。招募小巷管家277名，累计巡访1665小时，发放宣传材料3.6万余份，劝导垃圾未正确分类、投放1200余次。

（赵全营镇）

【地区企业获奖】 年内，镇域内威乐（中国）水泵系统有限公司68个型号高能效水泵入选工信部“能效之星”节能装备产品目录。

（赵全营镇）

荣誉

先进人物

国家

个人

序号	姓名	所在单位	荣誉称号	授予部门
1	朱建娜	顺义区人民法院	全国维护妇女儿童权益先进个人	全国妇联
2		顺义区人民法院	全国优秀法官	最高人民法院

北京市

集体

序号	单位（部门）名称	荣誉称号	授予部门
1	顺义区信访办公室	首都文明单位	北京市首都精神文明建设委员会
2	区纪委区监委	北京市扫黑除恶专项斗争先进集体	北京市扫黑除恶专项斗争领导小组
3	区纪委区监委	首都文明单位	北京市首都精神文明建设委员会
4	顺义区财政局社会保障科	2018—2020年度北京市就业创业工作先进集体	北京市人民政府
5	顺义区人民法院	北京诉讼服务先进法院	北京市高级人民法院
6	顺义区人民法院	首都文明单位	北京市首都精神文明建设委员会
7	顺义区人民法院	北京市扫黑除恶专项斗争先进单位	北京市扫黑除恶专项斗争领导小组

个人

序号	姓名	所在单位	荣誉称号	授予部门
1	陈　婧		北京市优秀团干部	共青团北京市委员会、 北京市人力资源和社会保障局
2	朱建娜	顺义区人民法院	北京市优秀共产党员	中共北京市委
3	李雪鹏	顺义区人民法院	北京市信访工作先进个人	中共北京市委、北京市政府
4	郭清河	杨镇	北京市优秀共产党员	中共北京市委

统计资料

2021年顺义区国民经济和社会发展主要指标统计表

项　目	计量单位	2021年	2020年	同比增速
基本情况				
土地面积	平方千米	1019.89	1019.89	100.0
街道办事处	个	6	6	100.0
建制镇	个	19	19	100.0
村民委员会	个	426	426	100.0
社区居委会	个	152	149	102.0
总户数	户	285061	283824	100.4
农业户	户	102450	102860	99.6
总人数	人	666387	662075	100.7
农业人口	人	239576	242205	98.9
非农业人口	人	426811	419870	101.7
常住人口	万人	132.6	132.4	100.2
地区生产总值	万元	20767700	18492533	110.6
第一产业	万元	164821	158462	100.0
第二产业	万元	5666364	5208675	105.2
第三产业	万元	14936515	13125396	112.8
地区生产总值构成				
第一产业	%	0.8	0.9	88.2
第二产业	%	27.3	28.2	96.8
第三产业	%	71.9	71.0	101.3
农业				
农林牧渔业总产值（现价）	万元	440456.7	428571.8	102.8
主要农副产品产量				
粮食	万吨	6.8	5.2	130.8
夏粮	万吨	2.9	2.3	126.1
秋粮	万吨	3.9	2.8	139.3
蔬菜	万吨	28.5	24.5	116.3
干鲜果	万吨	2.0	2.1	95.2
出栏猪	万头	12.0	12.8	93.8
出栏牛	万头	0.8	0.9	88.9
出栏羊	万只	3.9	4.9	79.6
出栏鸡	万只	29.3	32.8	89.3
出栏鸭	万只	31.1	51.8	60.0
鲜蛋	吨	2607.6	2235.7	116.6
#鸡蛋	吨	2589.5	2206.1	117.4
牛奶	吨	40649.7	39356.1	103.3

续表

项　目	计量单位	2021年	2020年	同比增速
工业（规模以上）				
工业总产值	万元	15696372.0	14882333.0	105.5
工业主营业务收入	万元	17315629.0	16354556.0	105.9
工业利润总额	万元	365289.9	-88039.0	—
外经·外贸				
三资企业签约项目	个	108	62	174.2
合同外资额	万美元	66107.7	12824.6	515.5
实际利用外资额	万美元	87512.1	70270.4	124.5
注册资本	万美元	111127.3	17144.4	648.2
投资总额	万美元	111997.9	17144.4	653.3
固定资产投资				
固定资产投资（不含农户）	万元	—	—	102.6
#房地产开发投资	万元	—	—	110.1
批发零售·住宿餐饮				
社会消费品零售额	万元	6089699.8	5624706.6	108.3
财政·金融				
地方财政收入	万元	3001433.0	3300272.0	90.9
#一般公共预算收入	万元	1711784.0	1709840.0	100.1
地方财政支出	万元	4707917.0	5899066.0	79.8
#一般公共预算支出	万元	3092814.0	3153583.0	98.1
各项税收	万元	4820562.2	4476839.7	107.7
各项存款余额	万元	29925144.7	27479645.4	108.9
#城乡居民储蓄余额	万元	12653217.9	11491473.3	110.1
各项贷款余额	万元	14791161.6	15017149.2	98.5
劳动工资				
年末从业人员人数	人	420618	414895	101.4
第一产业	人	1311	1363	96.2
第二产业	人	116854	125516	93.1
第三产业	人	302453	288016	105.0
全年工资总额	万元	6571621.2	6168717.7	106.5
第一产业	万元	9937.4	10541.2	94.3
第二产业	万元	1514682.3	1561747.2	97.0
第三产业	万元	5047001.5	4596429.3	109.8
教育				
学校数				
普通中学	个	34	34	100.0
职业中学	个	6	7	85.7
小学	个	51	50	102.0
在校学生数				
普通中学	人	27361	26947	101.5

续表

项　目	计量单位	2021 年	2020 年	同比增速
职业中学	人	140	278	50.4
小学	人	55541	53743	103.3
毕业生数				
普通中学	人	7728	8200	94.2
职业中学	人	156	69	226.1
小学	人	6841	6888	99.3
文化体育				
文化馆・站	个	26	26	100.0
公共图书馆	个	1	1	100.0
公共图书馆藏书	万册	181.1	111.8	162.0
电影放映单位	个	406	415	97.8
农村放映单位	个	405	402	100.7
区级以上重点文物保护单位	个	9	8	112.5
卫生				
医疗卫生机构数	个	795	753	105.6
#医院及卫生院	个	219	221	99.1
医疗卫生机构实有床位数	张	4445	4418	100.6
#医院及卫生院实有床位数	张	4055	4028	100.7
卫生技术人员	人	14524	11804	123.0
#执业（助理）医师	人	6254	4048	154.5
每千人口拥有执业（助理）医师数	人	4.7	3.1	151.6
每千人口拥有医院及卫生院床位数	张	3.1	3.0	103.3
人民生活（抽样调查资料）				
全区居民人均可支配收入	元	45548	41803	109.0
城镇居民人均可支配收入	元	54193	49749	108.9
全区居民人均消费支出	元	29035	25743	112.8
城镇居民人均消费支出	元	35842	31813	112.7
城市建设与环境				
全区公路总里程	千米	2937.4	2936.1	100.0
天然气管道供应	万户	26.8	26.0	103.1
天然气销售量	万立方米	58912.5	56322.4	104.6
城镇污水处理率	%	99.6	99.0	100.6

注：1. 地区生产总值增速为不变价增速。
2. 每千人口拥有执业（助理）医师数和拥有医院及卫生院床位数，人口按常住人口计算。
3. 按照市统计局工作规定，固定资产投资（不含农户）及其相关指标总量数据不予对外公布。
4. 劳动工资统计范围是扣除私营法人单位后的全部独立核算的法人单位。

附录

组织机构负责人名单

一、区委机关

（一）中国共产党北京市顺义区委员会

书　记	高　朋		
副书记	龚宗元	张　良（5月免）	张金玲（12月任）
常　委	宋建明（12月免）	支现伟（9月免）	贺亚兰（女，12月免）
	张晓峰（12月免）	张艳林（9月任）	刘国强
	张爱冬（12月免）	徐晓俊	方　洁（女，9月任）
	李增明	赵　鹏（9月任）	刘怀生（9月任）
	李在东（12月任）		

（二）中国共产党北京市顺义区纪律检查委员会（北京市顺义区监察委员会）

书　记	刘国强		
副书记	史卫东	荫春涛	张瑞英（女）
常　委	杨立平（满族）	张海涛	赵前程
	王海涛（7月免）	李德亮	李靖楠（12月任）
主　任	刘国强		
副主任	史卫东	荫春涛	张瑞英（女）
委　员	杨立平（满族）	张海涛	王海涛（7月免）
	张　霞（女）	杨东伟（女）	
巡察办主任	张瑞英（女，10月免）		
	杨立平（满族，10月任）		

（三）区委工作部门

办公室主任	李　衍	
保密委员会办公室（区国家保密局，设在区委办公室）主任	孙　皓	
档案局（在区委办公室加挂牌子）局长	郝光保	
机要局（区密码管理局，在区委办公室加挂牌子）局长	郝光保	
组织部部长	张金玲（女，12月免）	方　洁（女，12月任）
常务副部长（正处级）	张友生（5月免）	
分管日常工作的副部长（正处级）	王鉴远（5月任）	
区公务员局（在区委组织部加挂牌子）局长	刘红岩（3月免）	
	郭龙杰（12月任）	
宣传部部长	贺亚兰（女，12月免）	赵　鹏（12月任）
分管日常工作的副部长（正处级）	张海东（3月免）	王猛元（3月任）
精神文明建设委员会办公室（设在区委宣传部）主任	张海东（3月免）	王猛元（5月任）
区人民政府新闻办公室（在区委宣传部加挂牌子）主任	卢海珀（女）	
区新闻出版局（在区委宣传部加挂牌子）局长	刘金燕（女）	
网信办（加挂区互联网信息办公室牌子）主任	张　晖	
政法委书记	张晓峰（12月免）	刘怀生（12月任）
分管日常工作的副书记（正处级）	赵庆江	
统战部部长	张爱冬（12月免）	李在东（12月任）
常务副部长（正处级）	王振林（2月免）	王卫军（2月任）
政府侨务办公室（在区委统战部加挂牌子）主任	于会婧（女）	
民族宗教事务办公室（在区委统战部加挂牌子）主任	金　良（回族）	
研究室主任	王秀刚	

区委改革办（设在区委区政府研究室）主任　张　良（5月免）　张金玲（女，12月任）
分管日常工作的副主任　王秀刚
直属机关工作委员会书记　李　衍
常务副书记（正处级）　赵金明
老干部局局长　赵庆江（3月免）　张海东（3月任）
机构编制委员会办公室主任　贾文禹

二、人大机关

北京市顺义区人大常委会

主　任　车克欣（女，12月免）　宋建明（12月任）
副主任　吴建国（12月免）　张晓峰（12月任）　张爱东（12月任）
盛德利（4月免）　丁文强　张尚强
白丽洁（女，不驻会，12月免）　陈小燕（女，不驻会，12月任）
办公室主任　朱新生（8月免）　王文荣（女，8月任）
研究室主任　田晓丹（女）
代表联络室主任（市人大代表联络处处长）　杨卫民（女）
教科文卫体办公室主任　田庆江
农村办公室主任　李长勇
财政经济办公室（预算审查办公室）主任　范士永
法制办公室（备案审查办公室）主任　李慧哲（女）
信访接待室主任　李赛楠（女）

三、政府机构

（一）顺义区人民政府

区　长　龚宗元
副区长　支现伟（9月免）　张艳林（9月任）　徐晓俊
赵为民（9月免）　李向英（女）　杨大胜（9月任）
李在东（12月免）　刘　洋（9月免）　梁　斌（5月免）
冉　灏（9月任）　冯江全（12月任）　杜　跃（12月任）

（二）区政府工作部门

办公室主任　张小军
政府对外联络办公室（在政府办公室加挂牌子）主任　张小军
政府外事办公室主任　梁志刚
应急管理局局长　张香东
发展和改革委员会主任　马　强（9月免）
黄永志（9月任）
教育委员会主任　冯江全
政府教育督导室（在区教委加挂牌子）主任　冯江全
科学技术委员会主任　袁日晨（满族，3月任）
市场监督管理局局长　李　刚
食品药品安全委员会办公室（在区市场监督管理局加挂牌子）主任　李　刚
知识产权局（在区市场监督管理局加挂牌子）局长　李　刚
民政局局长　李宝东
司法局党组书记　董国林
局长　王雪岩（女，满族）
财政局局长　范学智
人力资源和社会保障局局长　王文荣（女，8月免）
王海松（8月任）
住房和城乡建设委员会主任　张春和

住房保障办公室（在区住建委加挂牌子）主任	张春和
房屋征收办公室（在区住建委加挂牌子）主任	张春和
城市管理委员会主任	郝蔚泉（9月免）
	马卫国（9月任）
城乡环境建设委员会办公室（在区城管委加挂牌子）主任	郝蔚泉（9月免）
	马卫国（9月任）
城市管理综合行政执法局局长	王忠诚（3月免）
城市管理综合行政执法局（区城管委管理的副处级行政执法机构）局长	马　利（3月任，8月免）
	李志浩（10月任）
交通局局长	郭崇峰（3月免）
	马建辉（3月任）
农业农村局局长	黄海鹏
商务局局长	杨登科（12月免）
	杨蓬勃（12月任）
粮食和物资储备局（在区商务局加挂牌子）局长	杨登科（12月免）
	杨蓬勃（12月任）
文化和旅游局局长	申志红（女）
卫生健康工委书记	王新兵（女）
卫生健康委主任	于宝鑫
医疗保障局局长	赵靖宇
审计局党组书记	曾中坚
局长	王　民
生态环境局局长	陈　笛
统计局局长	武　捷
水务局局长	马卫国（12月免）
	何长华（12月任）
经济和信息化局局长	兰雄景（畲族）
大数据局（在区经济和信息化局加挂牌子）局长	兰雄景（畲族）
制造业创新发展办公室（在区经济和信息化局加挂牌子）主任	兰雄景（畲族）
体育局局长	李　成
园林绿化局局长	刘晨光
绿化委员会办公室（在区园林绿化局加挂牌子）主任	刘晨光
信访办公室主任	王　辉
人民防空办公室主任	刘海丰
政府国有资产监督管理委员会主任	蒙连胜
金融服务办公室主任	王　卿（女）
政务服务管理局局长	姜惠琴（女，8月免）
	王永生（8月任）
退役军人事务局局长	李正义
北京临空经济核心区工委书记	支现伟（9月免）
工委副书记、管委会副主任（正处级）	黄永志
北京顺义绿色生态产业功能区管理委员会（推进浅山区建设办公室）主任	张文生
中关村科技园区顺义园管理委员会（科技创新产业功能区管委会）	
工委书记	支现伟（8月免）
工委副书记、副主任（正处级）	张建国（8月免）
中关村科技园区顺义园管理委员会［京创新产业集群示范区（顺义）管理委员会、北京中德国际合作产业园管理委员会］主任	兰雄景（畲族，8月任）

四、政协机关

政协北京市顺义区委员会

主　席	周颖博（12月免）	贺亚兰（女，12月任）	
副主席	单成刚	郭振江（12月免）	李　衍（12月任）

王鉴远（12月任） 刘 静（女，不驻会，12月免） 杨凤辉（不驻会）
于宝鑫（不驻会，12月任） 周 鑫（女，不驻会，12月任）
秘书长 王 颀
办公室主任 王学武
专委会工作一室主任 单晓梅（女）
专委会工作二室主任 刘 峰（2月免） 岳彩华（女，2月任）
专委会工作三室主任 徐晓武
专委会工作四室主任 秦拥军
专委会工作五室主任 王 江
专委会工作六室主任 王海荣（女）
研究室主任 皮志杰（女）

五、综保区机关

北京天竺综合保税区管理委员会

主 任 龚宗元
常务副主任 宋建明
副主任 张 征（女，1月免） 宋 鹏 张志刚（9月免）
满群杰
办公室主任 袁日晨（满族，8月免） 张 涛（8月任）
规划建设处处长 刘 哲
经贸发展处处长 郑晓辉（女，满族）
保障处处长 赵习文
信息处处长 王永宝
党群工作处处长 刘相宏

六、群众团体

总工会主席 丁文强
党组书记、分管日常工作的副主席 赵洪涛
共青团顺义区委员会书记 刘 琳（女，7月免） 蔡 宇（7月任）
妇女联合会主席 王新兵（女）
残疾人联合会理事长 李 黎（土家族）
工商业联合会主席 王庆国
党组书记、分管日常工作的副主席 黄学英（女）
红十字会会长 李向英（女）
党组书记、分管日常工作的副会长（正处级） 袁树旺
文学艺术界联合会主席 姜 蒙
科学技术协会主席 田法德

七、政法军事

北京市公安局顺义分局局长 赵为民（3月免） 杨大胜（9月任）
政委 车 炎
检察院检察长 张 豫（9月免） 姜淑珍（女，12月任）
法院院长 李旭辉（9月免） 王晓艳（女，12月任）
武装部部长 闫勇辉
政委 李增明

八、镇、街道办事处

（一）街道办事处

光明街道 工委书记 刘 琳（女）
办事处主任 陈志勇（1月免） 马 征（1月任）

胜利街道	工委书记	王洪涛	
	办事处主任	雷　雨（8月免）	张家丰（9月任）
石园街道	工委书记	徐志国（8月免）	饶党辉（8月任）
	办事处主任	饶党辉（8月免）	李士宾（8月任）
旺泉街道	工委书记	宋　森	
	办事处主任	周国忠	
双丰街道	工委书记	杜　跃	
	办事处主任	周　健	
空港街道	工委书记	衣　晶（女）	
	办事处主任	赵长松（8月免）	王　斌（8月任）

（二）镇（地区）

仁和镇（地区办事处）	党委书记	胡小兵	
	镇长（主任）	周靖慧	
马坡镇（地区办事处）	党委书记	贾　睿（8月免）	徐志国（8月任）
	镇长（主任）	高福良（8月免）	雷　雨（8月任）
牛栏山镇（地区办事处）	党委书记	王鉴远（8月免）	姜惠琴（女，8月任）
	镇长（主任）	王永生（8月免）	李　明（8月任）
赵全营镇	党委书记	陈　红	
	镇　长	刘川海	
高丽营镇	党委书记	王海松（8月免）	马占磊（8月任）
	镇　长	张　涛（8月免）	马　利（满族，8月任）
北石槽镇	党委书记	乔　龙	
	镇　长	黄海厚	
南法信镇（地区办事处）	党委书记	李光明	
	镇长（主任）	王　雪	
后沙峪镇（地区办事处）	党委书记	李　强	
	镇长（主任）	孔祥伟	
天竺镇（地区办事处）	党委书记	李子腾（9月免）	郝蔚泉（9月任）
	镇长（主任）	郭小军	
李桥镇	党委书记	于长雷	
	镇　长	陈志勇（1月任）	
南彩镇	党委书记	张　敬	
	镇　长	夏自景（8月免）	赵长松（8月任）
杨镇（地区办事处）	党委书记	李　莉（女）	
	镇长（主任）	何长华（12月免）	
张镇	党委书记	李　浩	
	镇　长	姚国柱	
北小营镇	党委书记	胡小刚	
	镇　长	冯　健	
木林镇	党委书记	王忠诚	
	镇　长	李　芒	
龙湾屯镇	党委书记	张国宇	
	镇　长	李　杜	
李遂镇	党委书记	李泽钧	
	镇　长	赵　楠	
北务镇	党委书记	马占磊（8月免）	张建国（8月任）
	镇　长	聂树生	
大孙各庄镇	党委书记	李志刚	
	镇　长	安建军	

九、事业单位

职务	姓名	姓名
区委党校校长	张 良（5月免）	张金玲（女，12月任）
分管日常工作的副校长	张 洁（女）	
行政学院分管日常工作的副院长	张 洁（女）	
档案馆馆长	柳亚辉	
农村合作经济经营管理站站长	王猛元（6月免）	李大如（6月任）
党史地方志办公室主任	焦庆海（3月免）	金向东（3月任）
地震局局长	孙雪松	
投资促进中心党组书记	李晓军（女）	
局长	杨凤辉	
汉石桥湿地自然保护区管理中心党组书记	牛玉江	
主任	蔡春铁（女）	
机关事务管理服务中心主任	韩立稳	
政府招待所所长	蒲朝夕（女，苗族）	
长青林场场长	李瑞军（4月免）	
市场经营管理中心主任	申志勇	
房屋征收事务中心主任	王建军	
北京天竺保税区综合服务中心主任	陈 光	
新城建设管理服务中心主任	陈向东	
北京空港建设管理服务中心主任	魏 伟（3月免）	程 虎（4月任，12月免）
空港服务中心主任	程 虎（12月任）	
融媒体中心主任	杨进军	
园林服务中心党组书记	王振军（4月免）	
主任	周 鑫（女，4月免）	
园林绿化服务中心党组书记	李瑞军（4月任）	
主任	周 鑫（女，4月任）	
种植业服务中心主任	史长生（4月免）	
农机服务中心主任	冉京山（4月免）	
农业技术综合服务中心	史长生（4月任）	
城镇环境卫生服务中心主任	王华雄	
教育研究和教师研修中心主任	张 海	
牛栏山第一中学校长	张华礼	
总部企业和临空经济高端人才服务中心主任	董敬红（女）	
城市管理指挥中心主任（副处级）	邱广宝（4月免）	
城市管理指挥中心主任（正处级）	邱广宝（4月任）	
信息中心主任（副处级）	韩瑞军	
文化创意产业促进中心主任（副处级）	郭文超	
住房保障事务中心主任（副处级）	李晓霞（女）	
社区教育中心主任（副处级）	李建军	
卫生监督所所长（副处级）	侯 宁	
疾病预防控制中心主任（副处级）	陈雪清（女，7月免）	彭 涛（7月任）
区医院党委书记（副处级）	黄建柏（7月免）	
区医院院长（副处级）	赵跃华	
中医院党委书记（副处级）	魏 青	
劳动服务管理中心主任（副处级）	梁 勇	
社会保险事业管理中心主任（副处级）	李 军	
劳动人事争议仲裁院院长（副处级）	李 栋	
新农村建设服务中心主任（副处级）	王旭冉	

十、企业单位

北京燕京啤酒集团公司党委书记、董事长　耿　超

北京顺义市政控股有限责任公司党委书记、董事长　李守义

经理　杨学文（3月免）

北京市顺建工程有限公司党委书记、董事长　张殿友

经理　郭舫军

北京市顺义区供销合作社党委书记　申志勇

北京顺义商业集团有限公司党委书记、董事长　张福海

经理　杨登科（12月任）

北京顺鑫控股集团有限公司党委书记、董事长　王　泽

经理　李颖林

顺义区国有资本经营管理中心党委书记、经理　赵柏青

北京顺义金融控股有限责任公司董事长　赵柏青

经理　董文利（6月免）

北京综合保税区开发管理有限公司党委书记、董事长　杨文科（2月免）　宋学农（2月任）

经理　杨继军

北京天竺空港经济开发公司党委书记、董事长　赵志齐

经理　石振东

北京顺义文化旅游投资集团有限公司党委书记、董事长　任建军（4月免）　纪品良（4月任）

经理　李晓勇（4月任）

北京顺义科技创新集团有限公司党委书记、董事长　赵洪峰（3月免）　魏　伟（3月任）

经理　宋立松（4月任）

北京大龙控股有限公司党委书记、董事长　马云虎

经理　杨祥方

北京顺义建设投资服务有限公司党委书记、董事长　刘福海

经理　姚仕松

北京市燕顺保障性住房投资有限公司经理　李文江

北京顺义新城发展有限公司党委书记、董事长　宋学农（2月免）　杜井龙（2月任）

经理　纪品良（4月免）

顺义物业公司整合重组筹备组组长　杨学文（3月免）

北京顺义物业服务集团有限公司党委书记、董事长　杨学文（3月任）

经理　李建军（3月任）

十一、双管单位

北京市规划和自然资源委员会顺义分局局长　杜井龙（2月免）　何剑枫（3月任）

北京市路政局顺义公路分局党委书记　刘元则

国家税务总局北京市顺义区税务局局长　胡永进（满族，1月免）　张贻民（1月任）

国家统计局顺义调查队队长　孙洪博

北京市顺义区经济社会调查队队长　贾思华

北京市顺义区烟草专卖局局长　洪伟峻（白族，11月免）　舒　俊（12月任）

北京市共青林场场长　律　江（5月免）

北京市共青林场管理处党委书记、主任　律江（5月任）

北京市顺义区气象局局长　韩晓峰

北京市顺义区邮政局局长　贾小燕（女）

十二、临时机构

新国际展览中心项目领导小组办公室主任　李晓勇

创新型产业集群和“2025”示范区领导小组办公室主任　兰雄景（畲族）

樱花园置换工作领导小组办公室主任　魏　伟（3月免）　程　虎（4月任）

顺义区 2021 年国民经济和社会发展统计公报

2021 年，在市委、市政府和区委、区政府的坚强领导下，顺义区上下坚持以习近平新时代中国特色社会主义思想为指导，统筹推进疫情防控和经济社会发展，坚持稳字当头、稳中求进，以城市总规为引领，聚焦功能定位，真抓实干、攻坚克难，各项工作取得新成效，群众获得感持续增强。

一、综合经济

经济运行：根据地区生产总值统一核算结果，全区实现地区生产总值 2076.8 亿元，按可比价格计算（下同），比上年增长 10.6%。其中，第一产业增加值 16.5 亿元，与上年基本持平；第二产业增加值 566.6 亿元，比上年增长 5.2%；第三产业增加值 1493.7 亿元，比上年增长 12.8%。三次产业结构由上年的 0.9 ∶ 28.2 ∶ 71.0 调整为 0.8 ∶ 27.3 ∶ 71.9。

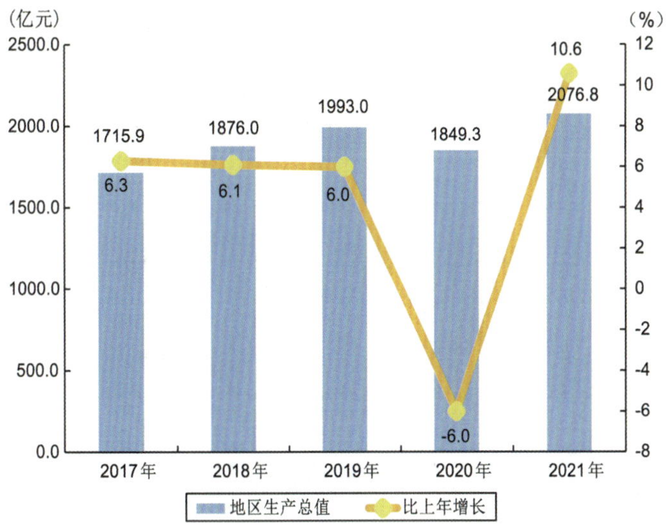

图 1　2017—2021 年地区生产总值及增长速度

2021 年顺义区地区生产总值统计表

表 1

指标名称	绝对数（亿元）	比上年增长（±%）	比重（%）
地区生产总值	2076.8	10.6	100.0
按产业分：			
第一产业	16.5	0.0	0.8
第二产业	566.6	5.2	27.3
第三产业	1493.7	12.8	71.9

财政：全区完成一般公共预算收入171.2亿元，比上年增长0.1%。其中，国内增值税45.8亿元，比上年增长2.7%；企业所得税21.5亿元，比上年增长16.6%。全区完成一般公共预算支出309.3亿元，比上年下降1.9%。其中，用于教育、社会保障和就业、卫生健康支出分别比上年增长1.1%、19.0%和 7.2%。

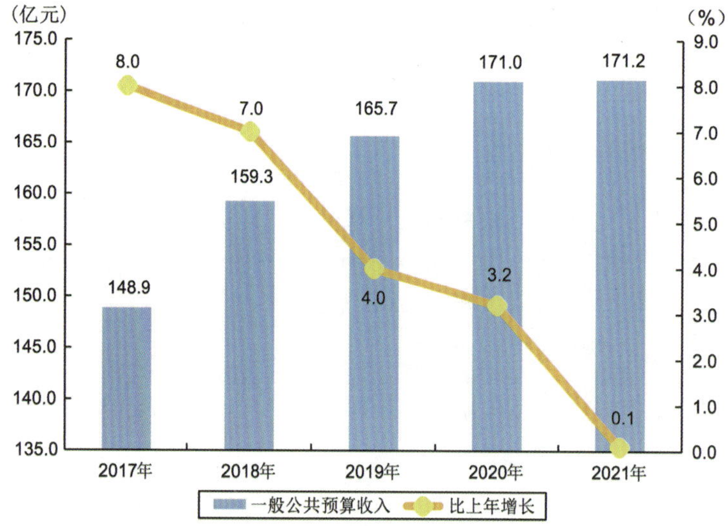

图2　2017—2021年一般公共预算收入及增长速度

二、农业

全区实现农林牧渔业增加值17.2亿元，比上年下降0.9%，占全区地区生产总值的0.8%。

全区完成农林牧渔业总产值44.0亿元，比上年增长2.8%。其中，农业产值18.0亿元，比上年增长16.8%；林业产值11.1亿元，比上年增长9.2%；牧业产值11.7亿元，比上年下降13.0%；渔业产值0.4亿元，比上年增长13.5%；农林牧渔专业及辅助性活动产值2.8亿元，比上年下降 17.9%。

2021年顺义区农林牧渔业总产值统计表

表2

指标名称	产值（亿元）	比上年增长（±%）
农林牧渔业总产值	44.0	2.8
其中：农业	18.0	16.8
林业	11.1	9.2
牧业	11.7	-13.0
渔业	0.4	13.5
农林牧渔专业及辅助性活动产值	2.8	-17.9

全区共有观光园70个，比上年增加2个；实现总收入1.3亿元，比上年增长25.6%；累计接待游客59.6万人次，比上年增长0.9%。乡村旅游农户（单位）162个，实现总收入0.1亿元，比上年增长1.1倍；

接待游客 23.5 万人次，比上年增长 61.7%。

三、工业和建筑业

工业：全区实现工业增加值 519.5 亿元，比上年增长 5.5%，占全区地区生产总值的 25.0%。

全区规模以上工业企业实现工业总产值 1507.2 亿元，比上年增长 3.6%；实现工业销售产值 1507.7 亿元，比上年增长 3.7%；实现工业出口交货值 85.3 亿元，比上年增长 9.3%。

全区规模以上工业企业完成营业收入 1710.4 亿元，比上年增长 6.6%；实现利润总额 29.2 亿元，比上年增长 253.2%；税金及附加 39.2 亿元，比上年下降 6.1%；应交增值税 40.2 亿元，比上年增长 17.2%。

从全区规模以上工业企业主要产品产量看，完成钢材 202.8 万吨，比上年增长 10.0%；金属切削机床 1201 台，比上年增长 45.9%；饮料酒 96051.1 万升，比上年增长 6.6%；汽车 30.3 万辆，比上年下降 25.7%。

2021 年顺义区规模以上工业企业主要产品产量统计表

表 3

产品名称	单位	产量	比上年增长（±%）
钢材	（万吨）	202.8	10.0
乳制品	（万吨）	5.0	-4.7
饮料酒	（万千升）	96.1	6.6
啤酒	（万千升）	74.0	18.9
金属切削机床	（台）	1201	45.9
数控金属切削机床	（台）	556	44.4
汽车	（万辆）	30.3	-25.7
基本型乘用车（轿车）	（万辆）	18.1	-35.9
新能源汽车	（辆）	1426	-64.1
集成电路	（万块）	608.0	-26.1

建筑业：全区实现建筑业增加值 89.6 亿元，比上年增长 3.2%，占全区地区生产总值的 4.3%。

全区具有资质等级的总承包和专业承包建筑业企业完成建筑业总产值 639.6 亿元，比上年增长 9.0%。其中，在本市完成 167.8 亿元，比上年增长 11.9%；在外埠完成 471.8 亿元，比上年增长 8.0%。本年新签合同额 627.9 亿元，比上年增长 20.1%。

四、交通运输、仓储和邮政业

全区实现交通运输、仓储和邮政业增加值 522.7 亿元，比上年增长 24.6%，占全区地区生产总值的 25.2%。

全区规模以上交通运输、仓储和邮政业企业实现营业收入 2388.5 亿元，比上年增长 25.9%；从业人员 11.7 万人，比上年下降 3.0%。

五、金融

年末全区金融机构人民币各项存款余额 2992.5 亿元，比上年增长 8.9%。其中，单位存款（对公存款）余额 1257.8 亿元，比上年增长 9.6%；城乡居民储蓄存款余额 1265.3 亿元，比上年增长 10.1%。

金融机构人民币各项贷款余额 1479.1 亿元，比上年下降 1.5%。其中，短期贷款余额 413.9 亿元，比上年下降 3.8%；中长期贷款余额 1055.4 亿元，比上年下降 0.4%；其他贷款余额 8.4 亿元，比上年下降 17.6%。

六、固定资产投资和房地产开发

固定资产投资：全区固定资产投资（不含农户）比上年增长 2.6%。其中，基础设施投资比上年增长 4.7%。分产业看，第一产业投资比上年下降 71.2%；第二产业投资比上年下降 21.5%；第三产业投资比上年增长 8.8%。

房地产开发：全区房地产开发投资比上年增长 10.1%。其中，住宅投资比上年增长 8.9%；办公楼投资比上年下降 26.7%；商业营业用房投资比上年增长 11.9%。

年末全区房屋施工面积 1300.3 万平方米，比上年增长 12.4%；房屋竣工面积 250.7 万平方米，比上年增长 169.3%；商品房销售面积 118.7 万平方米，比上年增长 39.0%；商品房销售额 464.0 亿元，比上年增长 63.7%。

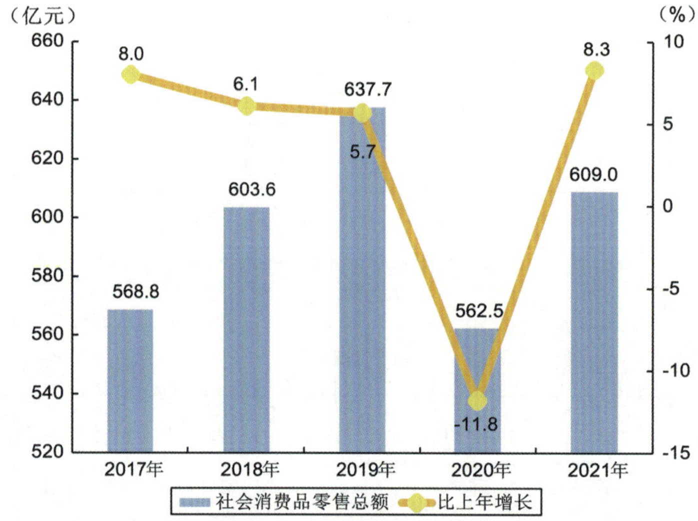

图 3　2017—2021 年社会消费品零售总额及增长速度

七、市场消费

全区实现社会消费品零售总额 609.0 亿元，比上年增长 8.3%。其中，限额以上单位通过公共网络实现零售额 224.5 亿元，比上年增长 7.9%，占全区社会消费品零售总额的 36.9%。按限额标准分，限额以上单位实现零售额 423.7 亿元，比上年增长 13.2%；限额以下单位实现零售额 185.3 亿元，比上年下降 1.6%。按行业分，批发业实现零售额 124.2 亿元，比上年增长 18.3%；零售业实现零售额 442.1 亿元，比上年增长 4.5%；住宿业实现零售额 4.8 亿元，比上年增长 31.4%；餐饮业实现零售额 37.9 亿元，比上年增长 23.5%。

八、对外经济

全区新批三资企业 108 家，比上年增加 46 家。合同外资额 6.6 亿美元，比上年增长 407.7%；实际利用外资 8.8 亿美元，比上年增长 24.5%。

九、城市建设、能源和环境

公共交通：年末全区客运车辆 1931 辆，比上年减少 453 辆；客运收入 2.2 亿元，比上年增长 41.5%。

能源：全区天然气销售量 5.9 亿立方米，比上年增长 4.6%。年末实有燃气用户 41.8 万户，比上年增长 1.9%。全区燃气管道长度达到 2449.8 公里，比上年增长 6.0%。

环境：全区污水处理率 95.5%，比上年提高 0.4 个百分点。其中，农村污水处理率 79.0%，比上年提高 1.8 个百分点。

区域环境噪声平均值 50.3 分贝，比上年下降 0.3 分贝；道路交通噪声平均值 67.0 分贝，比上年下降 0.5 分贝。

细颗粒物（PM2.5）年均浓度值 33.0 微克 / 立方米，比上年下降 5.7%；可吸入颗粒物（PM3.0）年均浓度值 55.0 微克 / 立方米，比上年下降 1.7%；二氧化硫（SO_2）年均浓度值 3.0 微克 / 立方米，与上年持平；二氧化氮（NO_2）年均浓度值 25.0 微克 / 立方米，与上年持平。

十、人民生活、就业和社会保障

人民生活：全区居民人均可支配收入 45548 元，比上年增长 9.0%；其中，城镇居民人均可支配收入 54193 元，比上年增长 8.9%。全区居民人均消费支出 29035 元，比上年增长 12.8%；其中，城镇居民人均消费支出 35842 元，比上年增长 12.7%。

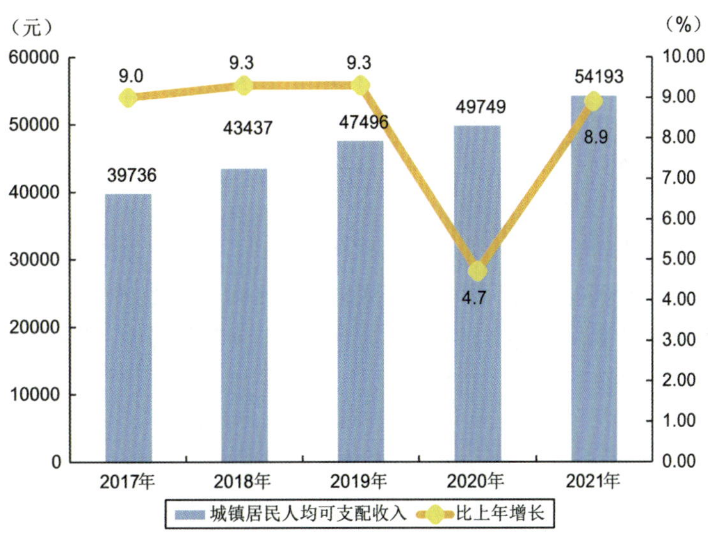

图 4 2017-2021 年城镇居民人均可支配收入及增长速度

就业：年末全区实有城镇登记失业人员 4479 人，比上年末增加 485 人。城镇登记失业率 4.0%，比上年下降 1.0 个百分点。城镇户籍登记失业人员就业率 67.6%，比上年提高 10.3 个百分点。

社会保障：年末全区共有各种社区服务机构 605 个，其中社区服务中心 26 个。

十一、教育、文化、卫生、体育

教育：全区幼儿园112所，招生10874人，在校生34870人，毕业生8199人；小学51所，招生9630人，在校生55541人，毕业生6841人；普通中学34所，招生9221人，在校生27361人，毕业生7728人；各类职业中学6所，招生15人，在校生140人，毕业生156人；特殊教育学校2所，招生39人，在校生324人，毕业生24人。

文化：年末全区有公共图书馆1个，总藏数181.1万册，比上年增加69.3万册。

卫生：年末全区共有卫生机构795个，其中医院20个。卫生机构实有床位4445张，其中医院3391张。

年末全区卫生技术人员达到9876人，比上年末增加538人。其中，执业（助理）医师4229人，注册护士3806人。

体育：全区运动员共获得比赛奖牌349枚，其中金牌82枚，银牌100枚。

公报注释：

1.2021年数据均为初步统计数。

2.根据国家统一要求，依据第四次全国经济普查结果对地区生产总值和社会消费品零售总额历史数据进行了修订，图中相关数据为修订后数据。

3.三次产业划分依据国家统计局2018年修订的《三次产业划分规定》，行业划分执行《国民经济行业分类》（GB/T4754-2017）。

4.规模以上工业企业是指年主营业务收入2000万元及以上的全部法人工业企业；限额以上批发和零售业单位是指年主营业务收入2000万元及以上的批发业、年主营业务收入500万元及以上的零售业单位（包括法人单位、产业活动单位和个体经营户）；规模以上交通运输、仓储和邮政业企业是指年营业收入合计2000万元及以上的法人单位。

5.公报中部分数据合计数或相对数由于计量单位取舍不同而产生的计算误差，均未做机械调整。

资料来源：

本公报中财政数据来自顺义区财政局；存贷款数据来自中国人民银行营业管理部；合同外资额、实际利用外资数据来自顺义区商务局；道路建设数据来自顺义区公路分局；公共交通数据来自顺义区交通局；天然气主要数据来自顺义区城市管理委员会；水资源、污水处理数据来自顺义区水务局；环境数据来自顺义区生态环境局；就业数据来自顺义区人力资源和社会保障局；社区服务机构数据来自中共北京市顺义区委社会工作委员会北京市顺义区民政局；教育数据来自顺义区教育委员会；文化数据来自顺义区文化和旅游局；卫生数据来自顺义区卫生健康委员会；体育数据来自顺义区体育局；其他数据来自顺义区统计局、顺义区经济社会调查队和国家统计局顺义调查队。

索 引

说 明

1. 本索引为主题词索引，又称内容分析索引。主题词（标目）以《北京顺义年鉴 2022》正文中出现的专业名词或名词词组、机构名称、会议名称、活动名称、文件名称等为主。

2. 本索引按汉语拼音音序排列。以汉字打头主题词按首字的音序、音调依次排列，音序相同时，则以第二个字排序，以阿拉伯数字和英文字母开头的排在索引的最前面。

3. 本索引的文字部分为主题词，主题词之后的阿拉伯数字表示所在正文中的页码（地址项），数字之后的小写英文字母（a，b）分别表示该页的左、右栏，主题词后有多个页码的，表示该主题词均在这些位置出现。

4. 专文、特载、大事记、荣誉、附录及正文中的表格、图片等内容不在索引范围内。

数字索引

字母索引

A

B

C

D

E

F

G

H

K

L

M

N

P

Q

R

T

W

X

Y

Z